Retro II
(1983-1994)

GENEALOGICA

Herausgegeben von Rudolf Heinz
Universität Düsseldorf

Band 36

Rudolf Heinz

RETRO II
(1983 - 1994)

Aufsätze und Rezensionen

verlag
DIE BLAUE EULE
essen

Bibliografische Information Der Deutschen Bibliothek

Die Deutsche Bibliothek verzeichnet diese Publikation
in der Deutschen Nationalbibliografie;
detaillierte bibliografische Daten sind im Internet über
http://dnb.ddb.de abrufbar.

ISBN 3-89924-111-8

Inhalt

5

1990

1991

1992

1993

1994

Legende

Nach „Retro I (1965-1980). Aufsätze und Rezensionen" liegt hiermit dessen zweiter Band, ebenso in der gediegenen Obhut des Verlags „Die Blaue Eule" (Essen), vor.

Auch dieser zweite Sammelband umfaßt diejenigen meiner Texte, die nicht in eigenen Buchveröffentlichungen, vielmehr weit zerstreut – und damit nicht zu Gunsten ihrer Rezeption – erschienen sind. (Die sehr wenigen Ausnahmen von dieser Selektionsart werden in der folgenden supplementären Zusammenstellung gemäß dem Entstehungszusammenhang meiner Studien markiert.)

Auch diesmal wurde als neutraler Präsentationsmodus *die chronologische Reihenfolge* meiner Aufsätze und Rezensionen gewählt. In Ergänzung dazu kommen, nach der *Maßgabe des jeweiligen Herkunftskontextes* meiner Aufsätze und Rezensionen, die folgenden *Gruppierungen* in Frage, deren je immanente Anzahl an Veröffentlichungen weder Ausmaß noch Gewicht der betreffenden Referenzen darin wiedergeben. Um über solche Relevanzgraduierungen aber weiteren Aufschluß zu erhalten, sei auf die Bibliographie meiner Texte aus eigenen Buchpublikationen sowie insbesondere auf die vorgesehene kritische Innenansicht meiner Karriere am Ende von „Retro III" vorverwiesen.

Es ist die Zeit der eigenständigen philosophischen Innovationen sowie der darauf gegründeten vielfältigen Außenbeziehungen.

a. Restliche Gelegenheitstexte aus „Kaum. Halbjahresschrift für Pathognostik", teilweise aus der Kooperation mit der „Stiftung zur Förderung der Philosophie" (P. Reichartz).
Ihrer etwas abseitigen Marktpräsenz wegen finden sie hier, trotz der eigenen Herausgeberschaft von „Kaum", Platz (siehe im nummerierten Inhaltsverzeichnis die Titel:
13
14
15

b. Dokumente aus der Pathognostik-konstitutiven Zusammenarbeit mit Heide Heinz:
   11 [Kuriosum: als männlicher (!) Anonymus in die „Schwarze Botin" eingeschmuggelt]
   32

c. Beispiele der Kontiguitäten mit der „Historischen Anthropologie" (FU Berlin, Soziologie, D. Kamper):
   1
   21

d. Ebenso mit der „Psychohistorie" (GHS Kassel, Wissenschaftliches Zentrum II, insbesondere U. Sonnemann):
   2

e. Textuelle Nutznießungen aus philosophischen Initiativen W. Pirchers (Universität Wien, Philosophie):
   4
   6 (Nachtrag aus „Die Eule")
   9
   25 (Versehentlich nicht regelgerecht – wohl wegen besonderer Wertschätzung – reprintet.)
   sowie, dazu heterogen (Wiener Festwochen, W. Müller-Funk, E. Bronfen):
   44

f. Texteingaben für die „Bildungswissenschaftliche Universität Klagenfurt" (Th. Macho, M. Moser, Ch. Šubik), auch für „Kärntner Frühling"; zum Teil mit Einbezug der „Philosophischen Praxis" (G. Achenbach):
   7
   19

g. Ebenso für das „Psychoanalytische Seminar Zürich" (auf Publikationen hin P. Widmer):
   28
   43

h. Textniederschläge aus Unternehmungen von W. Schirmacher (Heidegger- und Schopenhauer-Tagungen), teilweise in Kooperation mit dem „College International de Philosophie Paris":
   26
   27
   36 (französische Übersetzung

10

i. Veröffentlichungen in: „Nürnberger Blätter. Zeitschrift für Philosophie und Literatur" (R. Knodt, H.-M. Schönherr-Mann, u.a.), mit auf die „Stiftung zur Förderung der Philosophie" sowie auf die „Klinik und Poliklinik für Psychotherapie der Philipps-Universität Marburg" (M. Pohlen) bezogen:

17
18
22   wegen letzterer Referenz (M. Pohlen) werden angeschlossen:
35
40

j. Gastschriftlichkeiten für die „Hochschule der Künste Berlin" (A. Engelbert, H. Hartwig).
Obwohl 30 in eigenem Sammelband („Pathognostische Studien VII") bereits reprintet, hier wiederaufgenommen, weil 31 sich auf 30 bezieht.

30
31
39

k. Textangebote auf Nachfragen von K.-J. Pazzini (Psychoanalyse, Kunstpädagogik, Hamburg):
37 (Vgl. e, 25)

l. Vortragstexte aus den Verlagskolloquien der „Blauen Eule":

16
24
33
38

m. Beiträge aufgrund von Einladungen von Literaturwissenschaftlern der „Universität des Saarlandes Saarbrücken" (R. Marx, G. Stebner)
Hier wurde die gesamte Diskussion und nicht nur die eigenen Diskussionsanteile (wie in 2 und 39) wiedergegeben, um einen genaueren Eindruck von deren Stellenwert zu vermitteln.

29

n. Kulturphilosophische Einlassungen ins „Essener Hearing Kultur 90":

12

o. Interventionen in „Ethik und Sozialwissenschaften. Streitforum für Erwägungskultur" (F. Benseler u.a.):

34

p. Politphilosophisches für die „Fachschaft Philosophie der Heinrich-Heine-Universität Düsseldorf":
3
5

q. Pathognostikkritik im poststrukturalistischen Kontext: Korrespondenz mit S. Gerlich:
41

r. Admissionen in diverse Publikationsunternehmen (J. Hörich/ H. Winkels, D. Fuder/R. Bohn, H.-G. Nicklaus):
10
20
45

s. Katalogtext zu K. Golf „Männer und Frauen":
8

t. Jubiläumsgabe für „100 Jahre Gymnasium Merzig":
23

u. Schriftliches Initial der institutionalisierten Zusammenarbeit mit den „Klinischen Einrichtungen für Psychosomatische Medizin und Psychotherapie der Heinrich-Heine-Universität Düsseldorf/Rheinische Kliniken" (W. Tress):
42

Zur Optimierung der Kontextzuordnungen schließlich noch die Fortsetzung des biographischen Abrisses von 1980 bis 1994:

Ab 1980 Rezeption insbesondere der neueren französischen Philosophie sowie Entwicklung eigener „rationalitätsgenealogischer" Konzepte (in Zusammenarbeit mit Heide Heinz sowie Philosophiekandidaten).

Arbeitsschwerpunkt: Das Wechselverhältnis zwischen Philosophie und Psychopathologie/Psychiatrie in psychoanalysekritischer Rücksicht („Pathognostik").

Herausgeber der philosophischen Reihe „Genealogica" (ab 1985 – bisher 35 Bände) und der „Halbjahresschrift für Pathognostik": „Kaum" (1984-1987).

12

Gelegentliche Zusammenarbeit mit dem „Collège International de Philosophie" (Paris), Veranstaltung von Fachtagungen (u.a. „Die Deutsch-Französischen Dialoge in der Philosophie", Düsseldorf 1994).

Internationale Vortragsaktivität, Lehr- und Prüfungstätigkeit, zahlreiche Publikationen; Fortbildungsleitung (Supervision) in psychiatrisch-psychotherapeutischen Kliniken.

Welchen Geschlechts sind Fernsehapparte?

Kommunikations-gnostisches Vorspiel

(aus: Tumult. Zeitschrift für Verkehrswissenschaft, herausgegeben von F. Böckelmann, D. Kamper, W. Seitter, Büchse der Pandora, Wetzlar 1983)

Im Folgenden handelt es sich um den Text eines Vortrags eines gewissen Rudolf Heinz (Professor für Philosophie und psychoanalytischer Ausbildungs-Dauerkandidat), den er im Rahmen einer kommunikationswissenschaftlichen Tagung hielt. Das Typoskript und der Bandmitschnitt sind weitestgehend identisch; jenes bricht zum tumultösen Ende hin ab; die Schlußausführungen, die der Vortragende in freier Rede, oder besser: in freiem Schreien, hielt, wurden zum Zwecke der Gesamtdokumentation vom Band schriftlich übertragen. Die Redaktion hat sich erlaubt, insbesondere den zweiten, kritisch auf die Psychoanalyse (Narzißmustheorie) bezogenen Teil geringfügig zu kürzen. Insgesamt handelt es sich um einen sehr bedauerlichen Zwischenfall; überhaupt eine peinliche Lügengeschichte, die, wenn sie wahr wäre, noch nicht einmal wünschenswert sein könnte.

I. Wenn Plotin heute lebte

Wenn Plotin heute lebte, meine Damen und Herren, so hätte er höchstwahrscheinlich „Hurra" gerufen und seine Philosophie fortgeschrieben, etwa im Ausgang von der triumphalen Beseitigung des Irrealis in den folgenden prophetischen Sätzen:

„Wäre es aber so, daß die Bilder, die den Spiegel füllen, beharrten und der Spiegel nicht gesehen würde, dann würde man den Spiegelbildern nicht den Glauben versagen, daß sie in Wirklichkeit seien. Wenn also das, was in den Spiegeln erscheint, etwas Wirkliches ist, so sollen meinetwegen auch die Wahrnehmungsdinge an der Materie etwas Wirkliches sein...“[1]

Ein Fernsehapparat, fast wie antikes science fiction in diesen Zeilen antezipiert, genügte, um die neuplatonische Philosophie und die Welt zu verbessern: *Schein, der zum Wesen würde?*

---

[1] Zitiert nach Luce Irigaray: Eine Mutter aus spiegelndem Eis (in: Speculum. Spiegel des anderen Geschlechts, edition suhrkamp 946), S.219.

Zuvor indessen tut sich Plotin nicht eben leicht damit, den wehen Unterschied beider Seinsgrößen reibungslos zu erfassen, so etwa in dem folgenden Gedankengang:

„Denn wenn einer zu ihr (sc. der Schönheit als solcher) eilen wollte und sie ergreifen, als sei sie ein Wirkliches, so geht es ihm wie jenem – irgendeine Sage, dünkt mich, deutet es geheimnisvoll an: der wollte ein schönes Abbild, das auf dem Wasser schwebte, greifen, stürzte aber in die Tiefe der Flut und ward nicht mehr gesehen: ganz ebenso wird auch, wer sich an die schönen Leiber klammert und nicht von ihnen läßt, hinabsinken, nicht leiblich, aber mit der Seele, in dunkle Tiefen, die dem Geist zuwider sind; so bleibt er als Blinder im Hades und lebt schon hier wie einst dort nur mit Schatten zusammen."[2]

Die mythische Analogie (aus der Narzißmythe) scheint den philosophischen Gedanken, den sie doch verdeutlichen soll, im Gegenteil zu verwirren. In der Analogie nämlich fungiert der schöne Körper als Urbild und dessen Spiegelbild im Wasser als Abbild (Abdruck, Schatten), das als Wirkliches, also Urbild verkannt, sich letal erweist. Wohingegen im philosophischen Gedanken umgekehrt der schöne Körper als bloßes Abbild geltend gemacht wird, das, grobsinnlich angegangen, das ebenso tödliche (mindest pathogene) quid-pro-quo mit dem Urbild, der Idee, hervorruft. – Diese erhebliche Anfangskonfusion löst sich nur auf, wenn man in dieser Proportion einen Standpunktsprung zwischen dem mythischen und dem philosophischen Analogat einzuräumen geneigt ist: in jenem gilt, den schönen Körper betreffend, die Position desselben rein für sich (ungespiegelt, unreflektiert); in diesem hingegen die Position desselben für Andere (für das Begehren der Anderen). Und entsprechend, jeweils auf der Gegenseite, bestimmt sich das Phantasma einmal als Selbstreferenz und das andere Mal als vermittelter Ideenbezug. Also: das Abbild im Selbstbezug in der mythischen Rede (Narziß' Spiegelbild im Wasser) ist sodann identisch mit dem Urbild (der Idee der Schönheit) im Anderen-Bezug in der philosophischen Rede; und vice versa. Und der langen Analogie-Rede kürzerer Sinn (freilich hier noch nicht im Sinne eines moralistischen Kerygmas?) darf dann lauten: *rein sinnliches Begehren ist letztlich ebenso tödlich wie reine Selbstliebe; von sich selbst als Begehrensadresse abzulassen ebenso heilsam wie durch die begehrte Sinnlichkeit des Anderen hindurch auf die Idee abzuzwecken;* denn hinsichtlich der Verteilung von Urbild und Abbild sind „Überkreuzverhältnisse" anzutreffen (siehe Schema S. 16), so daß im

---

[2] Plotin, Ausgewählte Schriften, Reclam-Universalbibliothek Nr. 9479, S. 141.

Wechsel der Selbstpositionierung diese Kontrarietäten ineinander übergehen, die Differenz indessen dieser Positionierungen (Selbst- vs. Anderen-
Bezug), nicht aber die wohl nur Kontext-pragmatische der Darstellungs-
weisen (mythische vs. philosophische Rede), zunächst unterstellt bleibt.

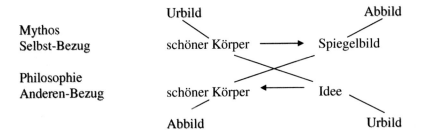

Das mühselige Dauergeschäft der Hominisation sieht also immer nur dilatorisch das gelobte Land vor Augen. Greift es angelockt darauf zu – und
wer unterliegt dieser Versuchung der Selbstgründung nicht? –, so erweist
sich der vorgespiegelte Segen (das eigne Spiegelbild und/oder der Körper
des Anderen) als tödlicher Fluch. *Frommsein; dieser Fundamentalver-
fänglichkeit der Selbstabsolutheit, der Todesusurpation widerstehen; den
Mangel peremptorisch sein lassen*, so lautet die – freilich nicht nur neuplatonische – Devise? O misera sors hominum!
Allein – denken Sie an das erste Zitat zurück: „Wäre es aber so, daß die
Bilder, die den Spiegel füllen, beharrten...", aller Frömmigkeit unbeschadet, *mit dem Feuer gespielt hat er doch: Schein, der so zum Wesen
selber würde.* Und die nicht gezogene Konsequenz, betreffend die schönen
Körper, entbehrte nicht der Peinlichkeit: so wenig die besagten „Wahrnehmungsdinge an der Materie" nicht „Wirkliches" sein würden, so wenig
auch wäre die sinnliche Liebe der Leiber dann noch anathema. Anscheinend gibt's doch einen Ausweg aus den Verdikten über die Selbst- und
Sinnenliebe? Ich möchte Ihnen Plotins Drastik nicht vorenthalten, mit der
er den Mangel zu exponieren versteht; was wohl plausibel macht, weshalb
es so drängend werden kann, mit dem Abendlandfeuer seiner Aufhebung
antezipatorisch in mente zu spielen. Abermals rekurriert der Philosoph auf
den Mythos:

„Aus diesem Grunde (sc. daß die Materie keine Affektion erleidet; daß
somit die Bezeichnung ‚Aufnahmeort und Amme' ihrem Wesen gemäßer
ist als ‚Mutter'), glaube ich, stellen auch die alten Weisen, in der Rätsel-

sprache der Mysterien geheimen Sinn bergend, den Hermes der Urzeit mit dem stets zur Betätigung bereiten Organ des Entstehens dar, um damit auszudrücken, daß es die geistige Form ist, welche die Sinnendinge erzeugt; auf die Unfruchtbarkeit der Materie aber, die immer dieselbe bleibt, weisen sie hin und durch die Eunuchen, welche die Mutter umgeben...; dies deuteten sie dadurch an, daß, wer sich ihr nahen darf, weder weiblich ist noch zu zeugen vermag, sondern verschnitten an aller Zeugungskraft, welche allein der besitzt, der seine Mannheit behält."[3]

Also doch, meine Damen und Herren (von denen ich hoffe, daß sie alle volljährig für das Folgende sind): dieser Passus verheißt *trotz der den Mangel erhaltenden Frommheit* allen Ernstes *gleichwohl dessen Aufhebbarkeit;* und zwar, philosophisch ausgedrückt, einfach und widersprüchlich durch die besagte spirituelle Devotionalität; und, mythisch dasselbe gesagt, sei dem rechten Geist-Geiste als seine absurde Mangelbeseitigung die schönste Dauererektion vergönnt, so wie dem windigen Götterboten: dies Unding überwertigster phallischer Penisüberbürdung. Nicht aber nur wurde damit der für die Phallifikation ungeeignetste Ort gewählt, der Geist-Priapismus ebendort bleibt immerdar außen-vor, und mehr noch: die perenne Exhibition geschieht in die Leere des Äthers hinein, eben schier nicht vis-à-vis zugewandt dem Weibskörper gegenüber, diesem Hurenwesen. Schuß, der nach hinten losgeht. (Zu später Rat für den armen Narziß: sobald er sich im Wasser sehe, möge er sich auf der Stelle umdrehen. Ja, aber dann sehe er doch nichts mehr? Aber doch, dafür ewig, im Geiste.) – Mit solcher Gegenüberstellung ist also nichts; sobald nämlich der Geist sich nicht mehr nur für sich selbst interessiert – für die „geistige Form" etc. –; sobald er sich umwendet und also die „Sinnendinge" in der Anmaßung ihrer Heterogenität gewahrt, passiert das Malheur: der Mangel – jetzt unter der Hand und immer mehr doch das Resultat eines sanktionierbaren moralischen Fehlverhaltens – schlägt schrecklich zu: das Ding fällt ab: Kastration, Aphanisis, die stolze Mannheit mis à mort, verschnitten, eunuchisch. Die Kastrationsinstanz aber macht die hypostasierte Sinnenhaftigkeit am Anderen respektive – was dasselbe ist – das „realisierte" Spiegelbild, die Univozität des Selbst in der Selbstreflexion; und in mythischer (mitnichten noch didaktischer) Rede kommt diese verruchte Zauberkraft der „Allmutter" zu, nicht eigentlich aber einer Mutter, da sie ja unfruchtbar ist wie die Kastraten, die sie umgeben. Voll der abendländischen Delikatesse demnach die Verteilung von Mangel- und Fülleschaffen auf die Geschlechter;

---

[3] Irigaray, a. a. O., S. 224 ff.

und dahin schwand das Frömmigkeitsmonitum, das schöne memento mori – es prostituiert sich hinkünftig als Ködermaske nackter Gewalt.

Was aber ist das für ein seltsames weibliches Wesen? „Allmutter" zwar, doch bar der Fruchtbarkeit? „Aufnahmeort und Amme"? Männerkastrierend in Gesellschaft nur von kastrierten Männern? Ich meine, wir sind ins ontologische Bordell geraten und kurz davor, der Schande der „irdischen Aphrodite" zu erliegen. Schnell umdrehen bitte! Die hypostasierte Sinnlichkeit/das homogene Selbst remythisiert/szenifiziert sich genealogisch – deutlicher geht's nimmer – zum virginalen Hurenweib. (Muß ich noch deutlicher werden? Sehet das schandbare Kind im Manne, an die Amme, den Aufnahmeort, den affektionslosen, angeschlossen: unten opfernd rein, oben, die Spende transfiguriert rückerstattet, wieder raus. Und nach verrichtetem Geschäfte, umdrehen, der Schuß geht ja nach hinten los, das Honorar, und, wieder erwachsen geworden, kriegt er draußen einen Dauerständer – pardon! das wollte ich garnicht ausführen, es steht ja schon da.) – Allmutter gleichwohl keine Mutter – dies kann nicht nicht eine sinnreiche Unstimmigkeit sein. Wenn ich recht sehe, postiert Plotin selbst solche Limes-, Vermittlungs-, „Schematismus"-, Übergangsfigurationen an töchterlicher Weiblichkeit – die botmäßige daddy-Filialität der „himmlischen Aphrodite", so sie in irdische Schande fiele – jenseits der Grenze ins Schattenreich: halbe Feminität – schon viel zuviel derselben. Und nicht nur dies – fast buchstäblich zwei Fliegen mit einer Klappe –: auf diese Weise der Absorption zugleich abgestrittener Mütterlichkeit durch das Hurenwesen wird die Mutter selber eskamotiert. Verhangen, entschwunden, entrückt, nicht existent das Schwangerschafts-Vor-Ding, die universelle Kopiefolie jeglicher Produktion, das Urobjekt der Ausbeutung. *Die Allmutter darf keine Mutter sein,* wenngleich sie so benannt bleibt, *damit sie ganz in der Erde verschwinde und damit die Tochter,* die sie ja in Wirklichkeit ist, *nur keinen Anlaß geben kann, nicht in toto der Sinnlichkeits-Weibssphäre anzugehören,* die sie als ganze dann definiert.

Solche Rationalisierungsstrategien sind nun aber kein Spiel mehr nur mit dem Feuer, vielmehr schon Brandstiftungen, Protohexeninquisitionen. Zuviel der Harmlosigkeit auch, noch vom Widerspruch von Mangelbewahrung und -aufhebung zugleich zu sprechen; nein, bald werden die Wesens-Schein-Verhältnisse gänzlich bereinigt, vereindeutigt sein: *exklusiv* dann die *Mangelbeseitigung als Erlösungsspiritualismus,* die Grundlegung der Apokalypse. – Als problematisch aber erwies sich vordem schon die Provenienz der geistigen Formen, Ideen, die bislang noch recht wunderbarerweise als regulative Drittenofferten in die symbiotischen Abgründe hinein intervenierten: Phantasmen, die dann aber keine sind – man entsinne sich der Verwirrungen um die mythische Narzißanalogie, wo diese Identitätssuggestion ihre „Überkreuz"-Korrektur erfahren mußte. Trotz dieser Korrektur indessen subsistierte als Problem, wie in diesem Überkreuz die inverse Identität von unreflektiertem Körper und Idee expressis verbis respektive von hypostasierter Sinnlichkeit und realisiertem Spiegelbild (homogenem Selbst) begründet werden kann. Nachdem ich diese recht selbstverständlich bisher behauptete, gibt's auch eine Begründungsspur, die ebenso Auskunft über die Provenienz der geistigen Formen gibt. Ultimativ ist der unreflektierte menschliche Körper nicht lebendig, Leiche vielmehr; und diese geht über ins Wunschbild des Lebens: Mortalitätsmemorial, Idee: „sex-appeal des Anorganischen" (wie sich Walter Benjamin[4] einmal ausdrückte), „Todestrieb". Wenn dem aber so ist, so bedarf es nur noch eines kleinen Schritts – wir nähern uns dem Höhepunkt der Plotin-Exegese –, um *sämtliche Urbildversionen mit sämtlichen Abbildbegriffen in positivem Verstande identisch zu setzen:* den unreflektierten Körper mit dessen realisierter Reflexion, die hypostasierte Sinnlichkeit mit deren Idee, gleichwie: die *Indifferenz des Einen...* Die Tendenz dieser Philosophie geht selber auf die Aufhebung des besagten Irrealis hin; auf die Identität also von Wesen und Schein als des Pseudos humanistischer Erlösung: Narziß letztendlich ein Fernsehapparat. O wie würde sich Plotin über diese Entfaltung der Produktivkräfte freuen! Vielleicht als ägyptischer Grieche ein bißchen metaphysischer als wir, eher wie die Japaner? – In positivem Verstande, sagte ich. Negativ nämlich gerät diese Gewißheit des Einen am anderen extremen Ende nur (dem noch nicht vollends vergessenen), *wenn der erlösende Maschinenspiritualismus dessen ansichtig werden müßte,* was er sogleich zu sehen verhindert: *daß er restlos Parasit und Mime der Sinnlichkeit* (Feminität) *ist.* Ganz vermag Plotin noch nicht zu hintertreiben, daß der Urmutterfluch den abhebenden Götterboten (Fliegephallus) verfolgt. (Modern aber macht dieser jenen sich ganz zu eigen – als cruise missile z. B.) Setzen Sie bitte also alle Bestimmungen in unserem Schema (siehe vorne!) identisch, und bleiben Sie bitte um aller Himmel willen auf götterbotlichem Himmelfahrtkurs; und nur nicht zur Erde zurück – „der Mutter aus spiegelndem Eis" – sich umdrehen! Dann können Sie ganz beruhigt sein, unter anderem wieder Logik und ähnliche Gestapokraken treiben. Die Welt ist in Ordnung.

---

[4] Walter Benjamin, Illuminationen, Frankfurt/M. 1969, S. 191.

Hier zum ersten Mal vereinzeltes Lachen und auch erboste Zwischenrufe; leichte Unruhe im Publikum.

Es ist fast gespenstisch zu sehen, wie in dieser mythischen Szenerie eine Art Proto-Christentum – die Heilige Familie, insbesondere die Pietà auf dem Wege zur Heiligen Dreifaltigkeit – vorentworfen scheint. Der betrügerische Götterbote, kurz vor dem Start vom Dach des Etablissements „Zur Materie" wird zum Zweck seiner Fliegeenergieaufladung von der Hauptnutte von hinten... (pardon), wobei ihr die stockschwulen Bordellwächter assistieren. Die Bordellmutter aber im Souterrain, den Blicken aller immer entzogen, hat's so veranlaßt. – Unterwegs aber zum fernen Göttervater in der Leere des Äthers begann der göttliche Bote zu vergessen, von woher er eben noch aufgebrochen war; so gut hatte es das dreckige Weibervolk mit ihm gemeint. Und das Vergessen geriet derart gründlich, daß ihm der Hinflug wie eine großmissionarische Rückkehr vorkam, von deren Wendepunkt an aus seinem zur Erde herabtropfenden Ejakulat ebendort die schönsten Maschinen erwuchsen, ganz die seinen nur aus ihm, er selber! Da er sich aber der Frauenbande tief dortunten immer nur von hinten näherte, um... (pardon), schwand auch die Ahnung aus seinen Sinnen ganz, daß er diese seine reinen Vaterbälger, jedoch lebendig, hinter seinem Rücken schon einmal gesehen hatte.

Es müßte, meine Damen und Herren, in einem christlich regierten Lande nicht verboten sein, den christlichen Progreß dieser Verhältnisse, den längst geschehenen, nach-fortzuschreiben. – Ach, bleiben Sie bitte doch noch, und seien Sie dessen vorversichert, hier geht es nur noch seriös-familial, ganz anders als eben zu.

Letzteres offensichtlich die Reaktion darauf, daß einige Zuhörer den Saal verließen.

Die Äquivalenzen liegen auf der Hand:
Götterbote = Gottessohn, Gottmensch Christus
Göttervater = Gottvater im Himmel
Allmutter = Jungfrau Mutter Maria
Eunuchen = Josef

Und im Begriff des Gottmenschen liegt der Inbegriff der Differenz: Christus hat sich fahrlässig/tückisch umgedreht, wie der törichtste Mensch/ wie der allwissende Gott; er ward kastriert, getötet; Aphanisis; er opferte sich. Und das Opfer, das beispielhafte, dessen gattungsgeschichtliche Revolutionskraft darin besteht, *daß es das Rationalitäts-apriori des Opfers der Weiblichkeit männlich nachstellt* (zunächst gewiß auf der Kippe, ob's nicht Opfer zur Rettung der geopferten Weiblichkeit sein könne!), bildet die ultimative Gewähr dafür aus, a fortiori zum himmlichen Vater abzuheben.

Ultimativ dann auch das Christengerücht der Depotenzierung des Unrats hinter dem Rücken des Menschgotts: Personen, endlich familial; und folgerichtig die Jungfrau als Jungfrau Mutter; und der Adoptivvater nicht gar buchstäblich kastriert. Und schließlich die himmliche Exklusivstory der Dreifaltigkeit – sie spielt offen und nichts denn seriös nur noch unter Männern und immerdar und der Vater hält den Sohn auf dem Schoß um ihn und vorne dann und der Heilige Geist und Maschinenfortschritt und Amerika.

Ach entschuldigen Sie bitte, ich war verwirrt...

Auch der Typoskripttext ist an dieser Stelle korrupt.

Ich erwähnte bereits die himmliche und irdische Aphrodite, philosophisch internalisiert nach Plotin die Seele:

„In der Tat ist jede Seele eine Aphrodite... So verlangt also die Seele, solange sie sich in ihrem wesensgemäßen Zustand befindet, nach Gott und will mit ihm eins werden, mit einem edlen Verlangen, wie eine edle Jungfrau ihren Vater liebt. Wenn sie aber nach ihrem Eintritt in die Werdewelt sich gleichsam durch das Treiben der Freier betören läßt, so wandelt sich ihre Liebe in der Ferne vom Vater in eine andere, irdische, und sie erliegt der Schande."[5]

Sehen Sie abermals den Unterschied zum Christentum? Äußerst gewagt das mythische Externalisat der Seele: ausgerechnet die Liebesgöttin; und auf dem Wege zum himmlichen Vater (selbstarchäologisch immer ja auch der Zustand nach der Geburt) darf diesselbe, sich in sich selbst hinein verlierend auf dieser Reise (recht eigentlich eingedenkend zurück), sich im Innern wie ein Weib fühlen, töchterlich: also wenigstens ein bißchen Weiblichkeitstoleranz, post festum und freilich am Manne? Dies alles geht christlich nicht mehr an: der Christengott hat keine Tochter, mitnichten; alles Weibliche ist durch das Liebesband, den Geist, zwischen Vater und

---

[5] Plotin, a. a. O., S. 161 – Hans Blumenbergs Andeutungen und Literaturhinweise (in: Arbeit am Mythos, Frankfurt/M. 1979, S. 87 ff und S. 401 ff) genügten, den Verdacht zu widerlegen, solche Mythenanspielungen seien bei Plotin marginal.

Sohn substituiert; und damit überhaupt kein Rest an Sinnlichem bleibe, ward die Gottesmutterjungfrau leiblich gar in den Himmel aufgenommen just zu der Zeit, als die erste Atombombe über Hiroshima fiel; Hiroshima mon amour. Und nur apokryph bei spinnerten Mystikern kommt die Jungfrau Sophia noch vor.

Ich denke, wir sind jetzt ein wenig mehr ausgestattet, die Leitfrage unseres Einführungsvortrags allgemein, das heißt bezogen auf die Geistdinge überhaupt, beantworten zu können. Welchen Geschlechts also sind Maschinen überhaupt in rationalitätsavanciertem vollentfaltet christlichem Verstande?

Memorials sind sie allemal, *Leichen im Status der Verklärung, todlebendig;* und zwar – der Reihe nach von hinten an – *Leichen des Mutterleibs(opfersubstrats)* und der *Tochter(opfer-Vermittlungs-Offerte). Kriterial christlich* aber sind *beide Weibsposten durch die Sohnesleiche,* das Erlösungsopfer im Sinne der männlichen Aneignung der weiblichen Potenz, *substituiert,* tauchen als solche nicht mehr auf. Die *Leiche des himmlichen Vaters* aber fungiert je schon, apriori, als die *Fundamentalgarantie* dieser fruchtbaren Todesfahrt: Todesabsenz und -leere (des verschwundenen toten Mutterleibs selber am anderen Ufer). Schließlich, nach dieser Maschinenbestimmung gemäß der absoluten Differenz von Leben und Tod und gemäß dem Unterschied der Generationen, jetzt noch dieselbe gemäß dem Geschlecht, isoliert: *ein einziger restloser Phallus,* Phallus nota bene (Mannesmannesmannesmannesmannesmannes).

Für diejenigen, die ihren Lacan kennen, sind dies simple Sachverhalte: unmäßige Metonymie (von „Eros" nach „Thanatos" rüber) und unmäßige Metapher (dieser Nekro-Porno-Klumpatsch). Beide aber, Verschiebung und Verdichtung, sind die Grundprozesse der Bildung des Unbewußten, letztlich (als Makrounbewußtes) der Maschinenordnung (Guattari),[6] das/ die, bewußtgemacht, aufgeklärt, zu der eben vorgestellten Rationalitätsgenealogie/Pathognostik führt. – Diese *Phallustotale* aber (abendländische Basis-Paranoia) kippt, just in ihrer Mortifiziertheit gehalten, ebenso total in sich um: *nurnochWeib.* Was schier aber nicht heißt, die Urmutter selber träte apokalyptisch als Rächerin hervor; nein, umgekehrt kulminiert *Rationalität in der Absolutheit der Selbstzerstörung,* des Ding-Suizids, der vorgängigen Kriegsabsorption dieser Urmutterrache.

---

[6] Félix Guattari, Psychotherapie, Politik und die Aufgaben der institutionellen Analyse, Frankfurt/M. 1976, edition suhrkamp 768, S. 135, etc.

Es ist schade, daß die Zeit nicht reicht, hier nun ein Dadaismus-Kolleg anzuschließen: insbesondere über Duchamp und Picabia. Jedenfalls sind die „mutterlos geborenen Töchter" und „Junggesellenbräute" auch hier wohl schon allerchristlichst *Tunten-Mumien*; womit die Leitfrage abschließend zünftig beantwortet wäre: HIMMELS-TUNTEN.

II. Jenseits des Narzißmus

Allemal, meine Damen und Herren, meint die ominöse *Selbstliebe*, die *narzißtische*, die *Hominitätsleidenschaft* (bald dann nur mehr die legitimste humanistische), *sich selbst restlos der Grund seiner selbst zu sein*, das Phantasma der Selbstautarkie, so als müsse der Aufriß der reflexiven Ansichtigkeit auf dem eignen heterogenen Seinsniveau wiederum derart beschaffen sein wie dasjenige, was sie einzig auf dieser Erde zu quittieren vermag: *dinghaft* nämlich *wie die Dinge*.

Was ist dieses Selbst, dessen Geliebtheit sich einer Liebe verdankt, die offensichtlich den Hauptköder der Selbstgründungsphantasmatik ausmacht? Sicherlich nicht dasselbe Selbst, das also liebt, wie das geliebte. Aufgeklärt gesprochen, ist es im Scheine seiner Univozität sich auf sich beziehend just das *absolut Andere*, heteron; und zwar, in der Reihenfolge des *„Seins"*, der *Generation* und des *Geschlechts*, der *Tod*, die *Eltern-(imago)* und die *Weiblichkeit*. Und die Menschpassion der Selbstgründung homogeneisiert diese Heterogenität usurpatorisch; und die Liebe gibt den Segen dazu, zumal die altruistische.

Es zählt zu den grausamsten (und deshalb meines Mitgefühls immer sicheren) Irrtümern der herkömmlichen Psychoanalyse, daß sie den Narzißmussog der Homogenisierung aufhalten, diese größte aller Leidenschaften brechen zu können wähnt; dies freilich innerhalb ihrer Subjektivismusgrenzen am Ort subjektiv-anhaftender Krankheit, den narzißtischen Störungen (und den psychischen Störungen überhaupt), im Sekundärbereich (zu schwach ausgedrückt) des Narzißmus also. Nicht daß es von Bedeutung wäre, daß sie sich therapeutisch mit derartigen Krankheiten immer auch schwertut; relevant ist in diesem Zusammenhang einzig die schreckliche *Deplazierung des Brechungsansinnens weg von der Objektivität der Einlösung und dinghaften Eingelöstheit des narzißtischen Fundamentalwunsches hin zur Individualmagie der Rückanmaßung hinwiederum der objektiven Realisiertheit des Narzißmus – als Krankheit*. Was kann Therapie dann anderes sein als die besondere Sorge darum, daß die subjektivkonsumatorischen Risse in der Glätte des Makrounbewußten der mortalen narzißtischen Objektivität verschwinden? Freilich, der Patient mag gesund geworden sein, doch um den Preis um so intensiverer Ausblendung der objektiven Erfülltheit des narzißtischen Wunsches in dem, was wir herstellen, insbesondere in Waffen.

Erlauben Sie mir bitte eine kurze persönlichere Zwischenbemerkung: Aber ja, meine Damen und Herren, auch ich habe mit Kohut – aus Gründen der Selbstrestitution nach meinen eignen Lehranalysen – korrespondiert; wenngleich ich ihn nicht wie Tilman Moser in Chicago besuchte; zu weibisch bin ich auch geraten, um solches der Publizität wert zu machen. Immerhin hat Kohut mit der ihm eignen unlauten und zähflüssigen Aufrichtigkeit mehr als eben nur konzediert, daß die Differenz narzißtische vs. Objektlibido letztlich nicht verfange; daß selbst die klassischen objektlibidinösen Erkrankungen (Übertragungsneurosen) narzißmustheoretisch transkribiert werden müßten; so daß die Selbstgründungsleidenschaft einzig zum Movens auch der Sexualität (wieder) avancierte (wie bei den frühen Dissidenten der psychoanalytischen Bewegung und wie später etwa bei Sartre). Allein, vor der Konzession des weiteren allererst entscheidenden Schritts, da starb er leider. Vor der metabasis nämlich der freien Sicht darauf, daß selbst die stringenteste narzißmustheoretische Reform der psychoanalytischen Triebtheorie mit hängender Zunge frustran der den Narzißmus je schon perfectissime realisierenden Ratio-Objektivität nachzulaufen sich verurteilt; daß sie diese Vergeblichkeit aber nicht bemerken kann, so sie wie gebannt auf die Re-Usurpationsrisse dieser Vor-Realisierung, auf Krankheit, zu starren nur gewohnt ist. Fehlanzeige also, betreffend – so darf man sich verknappend ausdrücken – den „Todestrieb" mit seinen objektivitätsekstatischen Valenzen. Ich hab's ihm aber noch deutlich gesagt, bevor er starb, und dabei nicht versäumt, auf diese skandalösen Franzosen – Lacan etc. – hinzuweisen.[7]

Das Jenseits des Narzißmus besteht in dessen dinghafter Unbewußtheitserfüllung als maschinelle Objektivität. Psychoanalytisch aber bleibt dieses Jenseits-Superdiesseits als Makrounbewußtes gänzlich ungeschoren vom Pathologieverdikt Narzißmus, so als hätte diese seine mortale Dinghaftigkeit die Macht, alle Schuld zu absorbieren; ganz im Gegensatz zur Nicht-Autotomie, Einbehaltung desselben als Krankheit, die, halbherzig, exkulpationsversessen die (Pseudologie der) Maschinenexkulpation, das

---

[7] In der Heilung des Selbst aber hat er mich wenigstens einmal zitiert (Heinz Kohut, Die Heilung des Selbst, Frankfurt/M. 1979; ebendort auch die Bibliographie seiner narzißmustheoretischen Schriften).

scheinhaft schuldabsorptive Makro-Unbewußte leidend machend je spezifisch aufreißt.

Hilfreich für die Gnostik des Fernsehapparats, meine Damen und Herren,
der wir uns jetzt nähern, erweist sich hinwiederum der Rekurs auf die Narzißmythe, die ja schon Plotin gebrauchte, um die Fährnisse des Sehens
darzutun. So herum muß ich zunächst fragen: Woran starb Narziß? Die
Antwort: nicht am Narzißmus. Will sagen: sein Tod stellt, wie immer im
Mythos, eine Art von Opfertod vor, der seinerseits das fragliche Phänomen,
hier den Narzißmus, allererst herstellt und in seiner Herstellung selten
transparent auf seine inneren Produktionsbedingungen hin hält. Opfertod
aber wofür, zu welchem Zweck? Zum Zwecke der (Pseuso)initiation des
Sehens und der Sehdinge, die in den Gewaltkontext der Rationalität und
damit ihrer unbeschränkten Verfügbarkeit eintreten sollen; dafür, daß die
visuelle Sinnen-, Scheinwelt sich verwirkliche und verwesentliche: „daß
die Bilder, die den Spiegel füllen, beharrten und der Spiegel nicht gesehen
würde". Beharrung, ideenmäßig, und Eskamotierung der Medien, die diese
machen, die Dispositionskriterien. Um solches zu erreichen, bedarf es des
Opfers: des tödlichen Mißverständnisses der Nicht-Äquivokation des Selbst
in seiner Reflexion (der Univozität des Seins überhaupt), der Einbildung
schließlich der Leiche als des Aufenthalts in der Erscheinung Flucht, der
Insinuation von imperialem Stillstand, Dauer. Die Narzißmythe variiert
demnach den Sündenfall en detail optisch mit seiner Konsequenz humanistischer Sehensbeglückung; stellt keineswegs also schon den Sühneopfertod
des menschgewordenen Gottes selber dar, in dem alle vorausgegangenen
Einzelopfer beglaubigt sich verdichten und, mehr noch, ihrer selbst bewußt
werden.

Gestorben werden kann am Narzißmus erst nach dem Opfertod des mythischen Narziß und dessen fortschrittlichen Opferausfällungen. Und solche
Krankheit (letztlich vom Pathologiegewicht der Psychose) besteht in der
individuellen Verratsusurpation der rationalisierten Sichtbarkeit, in deren
Sanktionsmacht sich die opferfundierte (Pseudo)Initiation bewährt.

Worin besteht die fortschrittliche Opferausfällung, die produktive Hinter-
lassenschaft dieses Sündenfalls? Fürs erste irritierend die Auskunft des
Mythos, daß Narziß nach seinem Tode in eine Blume, die Narzisse, verwandelt worden sei. Inwiefern muß die einschlägige Metamorphose derart
regressiv ausfallen: über die Tierheit hinweg ins rein Vegetabile? Weil
Blumen selbst nicht sehen können, – jedenfalls nach allen unseren
humanistischen Kriterien – blind sind; und weil sie zudem nicht in die Ver-

legenheit kommen, sich zu einem Spiegel hin fortzubewegen, um sich zu „reflektieren". Die Reziprozität entfällt; Einweg: Gesehenes, das ebenso sich selbst nicht sehen kann, ja schon keine vorbereitenden Anstalten zu seiner Selbstsehung zu treffen imstande ist. *Die Narzisse als Opferausfällung ist also die Protoform rationaler Sehens-Disponibilität, in welcher sich das leitende Selbstgründungsansinnen* – in aller Folgerichtigkeit der Opfer-, Schuld-, Gewaltlogik – *zum Naturimperialismus metonymisierte.* Und zwar zunächst ästhetisch, das heißt vor dem folgenden zerstörenden Zugriff, wovor das Opferobjekt besonders schön ist, und dann auch, zur Sache kommend, handgreiflich imperial:

die schöne Narzisse als Nutzpflanze, „aus der noch heute zu Chaironea ein Balsam destilliert wird. Er wird gegen Ohrenkrankheiten (obwohl er Kopfschmerzen verursachen kann), als Wundheilmittel und gegen Frostbeulen empfohlen." (Narzissenöl als Narkotikum)[8]

Es muß ja im Konzept der Ratio-Disposition um die Minderung, wenn nicht die Abschaffung des Bewußtseins zu tun sein – im Mythos zunächst in der Art der Vegetabilitätsreduktion des Körpers. Und morphologisch wie coloral drängt sich die Narzisse auf als blickabsorbierend „blind" und zur „Oralität" und überhaupt zum vegetabilen (intestinalen) Körper (wenn man so will: dem inneren Opfertempel) überleitend.

Bisher war nur von der Initiation des Sehens die Rede, wenngleich es in der Narißmythe nicht weniger um die Hör-Reflexion – die Sache mit der Nymphe Echo – geht. Der Widerhall der eignen Stimme aber war für Nariß nimmer ernsthaft prekär. Weshalb diese auffällige Differenz der Fährnisse dieser beiden Sinnes- und Sinnmodalitäten? Abermals gibt Plotin zur Antwort einige Fingerzeige: das Echo, der weitaus harmlosere Reflexionsfall:

„So gleitet denn, was sie (sc. die Materie) ...empfing, von ihr ab als von einem wesensfremden Ding, so wie das Echo von glatten, ebenen Flächen; weil das Empfangene dort nicht bleibt, erweckt es die Vorstellung, daß es dort sei und von dorther komme. Wenn sie dagegen in dem Sinne Anteil erhielte und es so in sich aufnähme, wie man es wahr haben will, so würde das, was sich ihr naht, von ihr verschlungen werden und in ihr versinken. In Wirklichkeit aber ist es sichtbar, weil es nicht verschlungen worden ist..."[9]

---

[8] Robert von Ranke-Graves, Griechische Mythologie, Bd. 1, rde 113, S. 260 f.

[9] Plotin, a. a. O., S. 220.

In rationalistischem Verstande schafft die Phoné-Reflexion nicht eigentlich ein Jenseits der Stimme; nicht fungiert hier die Widerspiegelungsfläche als Todespassage, die den Ernstfall des gänzlichen Verschwindens als Todeserfahrung der Nicht-Reflexion impliziert. Nein, die besagte Allmutter verschmäht es phonetisch, mit der ihr zur Verfügung stehenden Macht zu drohen; der Rufer vermag ihr gar vis-à-vis gefahrlos zu verharren, und sie sendet unvorbehaltlich eine recht hilflose Tochterfigur zurück, die ihrerseits in ihrer schwächlichen Ausstattung vorübergehend nur zu suggerieren vermag, daß die Stimmreflexion ein Anderes, sie selber lästigerweise, sei, und nicht die eigne Stimme ausschließlich: Alterität, die alsbald ganz erstirbt; harmloser Fall. –

Es sind wohl etliche zusammenfließende Kontingenzen, die den rationalistischen Schein der Leichthändigkeit der phonetischen Alteritätsdisposition bewirken; worüber ausführlich zu handeln wäre. So sind schon rein phänomenal – immer in einschneidendem Unterschied zum Sehen – die eigne Stimme und deren gehörter Widerhall zweierlei: organhaft different, ferner zeitverschoben, zeitlich transitorisch in sich, nicht körper-verortend (wie bei den Fledermäusen), nicht organreflexiv (Ohr, das sich ja nicht selber hört). Die Deutlichkeit der Alteritätsvorgabe, die größere Selbstverständlichkeit von Disposition mag aber mit auch – selbstarchäologisch – daran liegen, daß die Stimme des Anderen – ausschlaggebend nicht zuletzt für die enge Koppelung von Stimme und Überich: Befehlsstimme – gänzlich unreziprok schon in der frühesten intrauterinen Frühe protohörbar ist. Vielleicht sagt's sich ob dieser größeren Disponibilitätsmöglichkeiten eher leichthin, gar jubilatorisch, doch des Irrtums übervoll, daß man es selber im Spiegel sei; selbst sehen läßt es sich ja nicht (oder weniger). Kurzum: in abendländischer Rücksicht ist die Sehensbedrängnis besonders ausgeprägt: die Gefahr, daß die Materie den Geist verschlingt und in sich versinken macht. Deshalb die Nötigung zu des Sehens härtester Selbst-Opfer- (Pseudo)Initiation – on dit, jedenfalls im Ausgang von der Narzißmythe.

Nun zum Fernsehapparat. Wie unterscheidet sich dieser von der Narzisse? – Ein kühner Sprung über die Jahrhunderte hinweg, meine Damen und Herren. Gewiß. Doch kennt man die Grundvorgänge der Rationalitätskonstitution, so ist es nicht mehr besonders kompliziert, die in diesem Rahmen sich ausbildenden diachronischen Fortschrittskriterien ebenso in Erfahrung zu bringen; Kriterien außerdem, deren Entstehung sich regelmäßig Holocausts verdankt, z. B. dem der Hexen und neuerlicher dem der Juden.

Lautstarke Proteste aus dem Publikum.

Aber, ich darf doch sehr bitten, meine Damen und Herren! Sie werden doch nicht ernsthaft abstreiten wollen, daß es die Wunderwerke der zweiten industriell-technischen Revolution ohne den Vorausgang der Judenmorde gäbe? Mitnichten. Bitte, bleiben Sie doch hier. Es nutzt auch nichts: ich habe eben in der Pause die Saaltüren abgeschlossen. Hier ist der Schlüsselbund!

Letzteres ohne besonderen Effekt. Wurde entweder nicht ernstgenommen, oder aber es war jetzt schon klar, daß der Vortrag von höherer Stelle aus beendet würde.

Nun also: *allgemeines diachronisches Progreßkriterium* ist die *Verunbewußtung;* Bewußtheit, Gnostik wird – bis auf sentimentalistisch konzessionierte Restposten von Rückspiegelung, die freilich ob ihrer Inflationiertheit äußerlich oft recht opulent anmuten – absorbiert durch die narzißtische Humanismusleidenschaft der Kreation des immer pefekteren dinghaften Makrounbewußten, das letztendlich nichts mehr über seine Provenienz weiß, das Produktionsphantasma der Selbstgründung in seiner mortalen Absolutheit – endlich der ganze Gott, der mitten unter uns wohnt – verschwinden macht.

Nicht aber ist es mir hier vergönnt, die natur- und ingenieurwissenschaftliche Verschlußseite der Maschinendinge expressis verbis miteinzubringen und diese als solche dann philosophisch aufzumachen; ich muß mich auf isolierte Philosophierede darüber leider beschränken. Ein echter Mangel: diese Auslassung (der Geschichte) der Photographie auf der Ebene der Unbewußtheit, bezogen auf unsere Bewußtmachungsmöglichkeiten.

Wie differieren die Narzisse – Blume, also auf niedrigem Niveau belebt – und der Fernsehapparat – Gerät, unbelebt? – Die Narzisse provoziert in ihrer Blindheit und Unbeweglichkeit die „freie" Vorstellung ihrer eignen Entstehung, das ist ihrer humanistisch-rationalistischen (vorerst ästhetischen) Bemächtigung: die Narzißmythe, die in ihrer legitimatorischen Gedächtnisbedeutung erzählt und auch niedergeschrieben sein kann. Die mythischen Szenen, die sie freisetzt, „projiziert", auf deren Sprach- und Schriftvorlage sie ätiologisch verweist, sind also freie Vorstellungen und haben als solche den Status auto-genealogischer Imaginationen im Sinne einer umgekehrten – verbal/skriptural kommunizierbaren – Anamnestik (Idee – die Narzisse –, die durch die Erscheinung – Narzißmythe – erkannt wird). Ihre transästhetische Nutzung (Narzissenöl als Narkotikum) reproduziert realmagisch die – bedingterweise heilsame – Bewußtseinsreduktion

– Sehensbeeinträchtigung, Blindheit – und die daraus folgende Überge-
wichtung des vegetabilen (intestinalen) Unbewußten: sich also selbst
inklusive ihrer Opfergenesis. (Wobei noch darauf hingewiesen werden
sollte, daß der Mythos die milde metabasis ins Haptische, nicht indessen
eigentlich die Inkorporation propagiert: nur der tottote Narziß ist
berührbar.) – Der Fernsehapparat hingegen, selbst „unfrei“, bringt Bilder
(und Töne) aus sich selbst hervor. Diese haben allemal den Status authenti-
scher Abbilder, sprich: Urbilder. Und – an jeglicher auto-genealogischen
Selbstreferenz vorbei – setzten sie die anamnestische Orthodoxie hyper-
generalisiert wieder in ihre Rechte ein (die Erscheinung – das faktische
Geschehen – durch die Idee – Fernsehbild und -ton – erkannt). Diese –
Sprache und Schrift dispensierende – Anamnestik-Restitution erfüllt sich in
der potentiell lückenlosen Zeugenschaft, die Raum und Zeit und die
verschiedenen Modi der Faktizität gänzlich indifferenziert. Zusätzliche
Nutzungen wie bei der Narzisse entfallen; oder besser: sie gehen in die Produktionsform der Fernsehgesamtmaschine ein – als *Absolutheit der Ideen,*
der *Identität von Schein und Wesen* (von diesem aus), der *vollendeten
Koinzidenz von Idealismus und Positivismus.* Totalisiert der leere Blick, die
blinden Augen, nur noch Augenhöhlen, nur noch... Je abendländisch
zünftig initiierter die Sichtbarkeit, um so ubiquitärer und unerkannter zugleich der tötende Tod: er gibt sich nicht zu erkennen.

*Hier sind auf dem Band deutliche Zeichen einer Affekteninkontinenz des
Vortragenden – Weinen? – zu vernehmen; entsprechend gesteigerte Unruhe im Publikum.*

Sehen Sie den phantastischen Fortschritt von der Narzisse zum Fernsehapparat: Plotins beseitigter Irrealis, die Perfektion der christlichen Heilig-
geisthimmelstunten, Gottes eigenste Allgegenwart, durch die großen Holocausts insonderheit ermöglicht?

In eschatologischem Verstande *übernimmt das Rationalitätsding* in seiner
Mortalität *selber das, was es vordem* (erst auf dem Wege zu seiner erfüllten
Dinghaftigkeit) nur *veranlaßte.* Dabei *verändert es das Übernommene
total: kassiert den genealogischen* en detail-*Selbstbezug* und *ersetzt diesen,*
ganz von sich weg, *durch universalspatiale Zeugenschaft, die Suggestion
ubiquitärer Synchronie und Seinsebenenindifferenz; dreht die umgekehrte
Anamnestik des Mythos orthodox wieder um – bis hin zur Erlösungs-
koinzidenz von Idee und Erscheinung,* also *dieser Absorption ganz durch
jene* (immer auch die Absorption der schwachen Konkurrenz: Sprache und

Schrift, die veraltern). Schließlich *erschöpft sich* jegliche *weitere Nutzung in seiner inflationierten Ästhetik* (buchstäblich) – *Bewußtseinstrübung, -verlöschen, Blendung, Tod.* Hades, der in olympischer Gestalt die Erde überzogen hat. Und abermals schlägt die traditionelle Minderheit des Hörens durch (erzählen kann man einem viel): Ton, zum Kommentarsubsiduum degradiert.

Die eschatologische Vernichtung des Gedächtnisses wird besonders evident auch daran, daß die gesamte Produktionssphäre, einschließlich der hier einschlägigen Produktion des Aufzeichnungswesens, wie die Ahnung einer Schande unter die Erde verbannt ist (die universalisierte Nibelungenwaffenschmiede, intraterrestrisch) und der Markt vorüberrauscht und das große Um-willen, das *Entschädigungstelos Konsumtion allein noch Realität definiert:* Hort der Demokratie (konsumatorische Entschädigungshierarchiedemokratie), Selbstfühlungsinbegriff/Subjektgeburt einzig hier noch (als universalisierter Kitsch); und meistenteils ist selbst der Mühsalvorausgang als Entschädigungslegitimation nicht existent: bloßes Nichts, für das entschädigt wird, Lustprämie für eine Fehlanzeige. Ja, meine Damen und Herren, fast alle „Arbeit am Anderen" in unserer Demokratie besteht darin, diese rein konsumatorische Offerte der Verleugnung des Todes als der Klimax des heteron einzuschreiben: Schlachtviehstempelung, lautlos insbesondere durchs Fernsehen.

Wachsende Unruhe im Publikum. Der Vortragende löst sich immer mehr von seinem Manuskript, das nach den ersten nachfolgenden Sätzen selber auch abbricht.

„In Wirklichkeit ist es sichtbar, weil es nicht verschlungen worden ist" (Plotin). Nein, aber nein, es ist nicht sichtbar, und wir alle sind vor dieser hyper(pseudo)initiierten Sichtbarkeit blind; und wir haben alle längst den Platz der verschlingenden Allmutter eingenommen.

Hier hört das Manuskript auf.

Entsinnen Sie sich doch: die narzißtische Blendung lenkt hinüber zum vegetabilen Unbewußten, zur inneren Opferstätte mit ihren Scheiße-Opferausfällungen, die wir permanent dadurch beseitigen, daß wir sie fressen. Wir fressen nur noch Geist, geistig fressen wir Himmelstunten. Geist, der, wenn er die Materie in Stücke reißt, sich selbst zugleich entleibt. Selbstmördergeist, paradigmatisch.

Wegen der Tumulte im Saal versteht man den Vortragenden kaum mehr. Er beginnt seine Rede zu schreien.

Das nächste Mal werde ich Ihnen einen einschlägigen Kranken mitbringen, der in seinem schweren Leiden es genau weiß; was meinen Sie, wie der noch zu Tode erschrecken kann, wenn der höchste warenästhetische Spiritualismus und der damit identische kannibalistische Wunsch cogitional-deplaziert fusionieren. Nichts wissen Sie, Sie stumpfsinniges Bürgerpöbel, nichts.

Schluß jetzt mit der Heuchelei. Das Fernsehen ist in bürgerlich-christlichem Vollsinne ein abgeschlecktes, blitzblankes Flittchen, freilich längst und allerchristlichst aus einem Männerbordell („Kommense rein, kommense rein. Alles blitzsauber, wie geleckt": Mechthild Grossmann in Pina Bauschs „Keuschheitslegende"). Allein schon diese Saubermannfarben wie aus Größenselbst(alp)träumen. Ja, Heinz Kohut starb, weil er nicht bis zum Letzten auf mich hörte. Und die Verkabelung der Bundesrepublik ist eine allerchristlichste demokratische Großtat; denn wer könnte ernsthaft wollen, daß es wirklich Frauen gäbe; dies kann auch der Vögeler nicht wollen (pardon: der richtige Name ist mir wohl entfallen). Und sehen Sie doch die Familien allabendlich vor den Fernsehern: Ödipuskomplex? Das ist neuheidnisches Freud-Talmi. Wenn schon, dann christlich auch Christuskomplex („Moderne söhne streben nicht mehr danach, mit ihrer mutter zu schlafen und ihren vater zu töten, sie streben nur danach, mit ihrem vater zu schlafen und ihre mutter zu töten").[10] Aber, meine Damen und Herren, selbst der progressive Christuskomplex ist a fortiori untergegangen in dieser grenzenlosen Journalismusaufblähung, die vorgibt, Seinsproduktion selber zu sein als nur noch -offerte, Fernsehen-Dreifaltigkeit darin also realisiert; und nicht nur dürfen Sie's nekrophilisch inzestuös damit ad libitum treiben, nein, Sie sollen es, Sie müssen es. Und erst wenn Sie es müssen, winkt der höchste Lohn: für alle, Männlein wie Weiblein, geht der Solanaswunsch der Männer in Erfüllung, nämlich zur Frau zu werden:[11] Tuntenvirulenz in toto, Tuntenseelen. Nein, es gibt den Christuskomplex nicht, es gibt ihn nicht; er ist reinstes Disziplinierungsmittel der Verhinderung, rein redundant-moralistischer Totschläger, daß seine Unter-

---

Von der Redaktion nachbibliographiert:

[10] Christa Reinig, Der Wolf und die Frau, in: Die Schwarze Botin Nr. 8, 1980, S. 31.

[11] Siehe Valerie Solanas, Manifest der Gesellschaft zur Vernichtung der Männer, S.C.U.M., Frankfurt/M. 1975.

gegangenheit zum Beispiel in Fernsehapparate hinein, und sei es auch nur in unbrauchbaren Andeutungen, erkennbar wäre. Ödipuskomplex, nein Christuskomplex, so ein Polizeiquatsch.

Tumulte im Saal. Er sang dann noch, sich als Bariton Honig Hululu nennend, auf die Melodie: „Freude schöner Götterfunken“:

Alle Menschen werden Tunten,
wo nur eben Fernsehn weilt.
Wollgerollen abverfunten
karamantterabgegeilt.

Hier brach die herbeigerufene Polizei endlich die Saaltüren auf und führte den verrückt gewordenen Vortragenden ab. Während der Abführung schrie er noch mit Schaum vor dem Mund ins Publikum:

Ihr sitzt ja alle in euren Kästen eingesargt. Aber heute nach Mitternacht, wenn es nur noch flimmert, so platzen alle Bildsärge, und die lebendigen Leiber werden auferstehen.

*

Dem Vernehmen nach behauptet der Vortragende zur Zeit, er sei selbst eine mortale Himmelstunte geworden, und hat in etwa folgendes Aussehen angenommen:

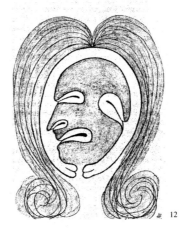

12

---

[12] Zeichnung von Heide Heinz

Diskussionsbeiträge

(aus: frag-mente. schriftenreihe zur psychoanalyse 7/8, herausgegeben vom wissenschaftlichen zentrum II, gesamthochschule kassel 1983)

Zum Vortrag Dettmering:
Literatur als Selbstbefreiungsversuch. Zu Jean Pauls „Titan"

Ich hatte Probleme mit der „Kosmologisierung der Elternimago". Es kommt mir nämlich so vor, als sei selbst die avancierteste Narzißmustheorie nicht in der Lage, die beschriebenen Zustände angemessen zu erfassen; und zwar, weil selbst sie noch subjektivistisch bleibt. Ihre Erklärungsweise setzt ja voraus, daß das Selbst die Elternimago projektiv inflationiert: das Selbst also als Ausgangspunkt. – Ich frage nun, ob nicht die Umkehrung dieses subjektivistischen Modells geltend gemacht werden müßte, und zwar mit den kosmischen Bezug als Ausgang, der sich fortschreitend bis aufs Selbst schließlich rationalistisch reduziert. Und dieser Umkehrung kommt – denke ich – der Titanenmythos selbst zur Hilfe: der Prähumanismus dieser Wesen. Ferner ist mir nicht klar geworden, welche psychohistorische Funktion dieser „Kosmologisierung der Eltenimago" zukommt. Welchen Stellenwert hat – zu Beginn der Hegemonie des Bürgertums in deutscher Weise – dieses seltsam Antiklassische (teilweise wohl auch Antiromantische) Jean Pauls: dieses auffällige Regressionsgebaren, das den Prähumanismus des Titanenwesens reklamiert?

Nebenbei bemerkt, gab Gustav Mahler, der ja vorübergehend zweiter Kapellmeister hier in Kassel war, seiner ersten Sinfonie den Titel „Titan" nach Jean Paul. Und Briefstellen zur Zeit von deren Entstehung zeigen viel auratische Verwandtschaft.

*

Meine erste Frage ging methodologisch aber ein Stück weiter; und zwar – ich wiederhole mich –, ob die narzißmustheoretischen Begriffe zureichend seien, den titanischen Zustand, dies Prähumanistische, Präolympische zu erfassen. Ich meinte dagegen, mit dem Umkehrungsmodell sympathisieren zu müssen: daß nämlich dieser der primäre Zustand sei, der sich dann immer weiter bis auf das (angeblich) projizierende Selbst reduziere. *Überhaupt wende ich mich gegen den Subjektivismus der gesamten psychoanalytischen Kategorialität.*

*

Bei der vorgeführten Art von Psychoanalyse von Literatur scheint mir unterzugehen, daß Jean Paul diese Thematik (das Ab- und Auseinanderspaltungsmotiv) prophetisch nachgerade antizipierte; nur daß die Aufklärungsvalenz dieser Art von Prophetie, die psychotischen Motive sozusagen, in der Rezeption des Autors nicht verfingen; im Gegenteil, meistenteils wurde sie, wenn ich recht informiert bin, mit Aversionen bedacht, ja pathologisiert. Und dabei müßte man sicherlich soweit gehen, um überhaupt Fundamentalia der Bourgeoisie zu begreifen.

Zum Vortrag Hörisch:
Die Not der Welt. Der Ausnahmezustand in Kleists Dichtung

Sie haben einer Erfahrung, die ich mit Kleist mache, Sprache verliehen: einer unsäglichen unsentimentalen Rührung, die mich, wenn ich diesen Autor lese, befällt; durchaus außerdem Erheiterung einschließend, wobei diese ebenso schwer formulierbare Valeurs hat. Ich meine nun, all das liegt am subversivsten Kleistschen Motiv: *der Einführung des Todes gegen seine Verdrängung*. Zwei Anmerkungen dazu:

Ich kann nicht umhin, seinen Tod auf sein Opus zu beziehen – und meine dann formulieren zu müssen: daß er sich selbst für sein Werk geopfert hat, damit dieses glänze. Davon handelte der Vortrag nicht oder kaum. Von der Einbeziehung des Körpers als eines Verwirrungsfaktors war indessen die Rede. Von welchem Körper aber genau? Vom exkrementalen, der insofern besonders der Verdrängung anheimfällt, als er, wie mit der Macht eines Triebes fast, den Tod anmahnt. Kleist wäre demnach einer der Autoren, der die exkrementale Selbstseite im Sinne eines memento mori besonders exponiert?

*

Aber vielleicht konnte Kleist nur auf der Basis seines Selbstopfers sein Opus so rührend und so glänzend machen; und es sei ihm dann auch vergönnt gewesen, zum Ende hin, ultimativ, dies in sich zu erotisieren: diese Erosseite für sich endlich doch noch in Anspruch zu nehmen. Schließlich bin ich mir nicht sicher, ob diese „Nekrophilie" nur als Motiv veräußerter Gewalt, wie nach den Traditionen, in die Sie Kleist gestellt haben, angesehen werden kann.

Zum Vortrag Sonnemann:
Unangepaßtheit als kritische Prophetie. Zur deutschen Vergessenheit
und Aktualität J. G. Seumes

Mir ist aufgefallen, daß Seume die sozusagen sthenisch-soldatische Gestalt in der – in den Vorträgen vorgestellten – Serie von dissidenten Gestalten ist. Das hat wohl zur Folge, daß er zu den bisher vernommenen Pathologisierungen, betreffend die konträren Opfergestalten, nicht verführt. Was aber nicht heißen soll, daß Herr Sonnemann die asthenischen Figuren mit den üblichen Krankheitsstigmen versehen hätte, wenn er über solche gesprochen hätte, mit Sicherheit nicht. Mir schwebt aber nun vor, eben deshalb den Spieß umzudrehen und die besagten Opfergestalten gänzlich vom Pathologieverdikt auszunehmen; und dies alleine schon deshalb – das wollte ich andauernd sagen –, *weil die Opfergestalten, so wie Krankheit überhaupt* – ich meine – *Weiblichkeit reklamieren und die Pathologisierung immer auch Sanktion von Weiblichkeit besagt.* Wo ist in unseren Diskussionen das Geschlechtsproblem in dieser Hinsicht geblieben?

*

Der Schluß des Vortrages hat es mir nicht minder angetan. Mir schwebt ein Vergleichbares vor, nämlich in das psychoanalytische Therapieverfahren selber den symptominhärenten Bezug zur zivilisatorischen Außenrealität expressiv verbis aufzunehmen und umzudeuten. Beispiel: Phobien beziehen sich meistenteils auf technische Gegenstände (etwa Brücken); und die übliche subjektivistische Lehrmeinung dazu lautet: der Phobiker verhexe diese Gegenständlichkeit, tue etwas zu dieser hinzu, das man von ihr, die eben nichts anderes sei, als was sie sei, wiederwegnehmen müsse: ein Stück projizierter Unbewußtheit, nicht überwundener nothafter Infantilität etc.. Wohingegen ich immer mehr dazu neige anzunehmen, *daß diese sogenannten unbewußten Phantasien,* die man vom phobischen Objekt sozusagen substrahieren müsse, *selber ganz und gar den Produktionsgrund desselben als scheinbar selbstverständlicher Gegenständlichkeit ausmachen.* Wenn dem nun aber so wäre – und davon gehe ich „pathognostisch" aus –, so gilt diese übliche Unterscheidung nicht mehr: hier die menschliche Realität, die so ist, wie sie eben ist, und dort die Subjekte, die im Krankheitsfalle ihr Unbewußtes in diese hinein unbillig projizieren. Die Reichweite dieser Wendung kann ich hier leider nicht darstellen, vielleicht ein andermal.

Zum Vortrag Wetzel:
Parerga zu einer „Phänomenologie der Scham" im Anschluß an Johann Georg Hamann

In der Tat, die inquisitorischen Bedürfnisse sind ganz dahin; und insofern fällt es mir auch schwer, problematisierend zu votieren. Ich mache deshalb bloß darauf aufmerksam, daß solche Ausführungen zum intellektuellen Frühanarchisten Hamann einzig auf der Grundlage einer bestimmten Psychoanalyseversion, der Lacans, möglich sind; *nur Lacansche Interpretamente sind solchem* – ich meine – *gewachsen.* Anders nämlich ginge sogleich doch das alte Pathologisierungstheater wieder los.

Aus dem Methodenkolloquium

Mir hat der Vortrag von Herrn Ohlmeier vielfältigen Anlaß gegeben, einige Motive, die auf die einzelnen Diskussionen zu den Vorträgen verstreut waren, hier nochmals zu versammeln. Es scheint mir zentral, abermals bei der geltend gemachten „synthetischen Funktion des Ich" anzusetzen – dies nicht zuletzt im Hinblick auf die Schlußbemerkung bei Herrn Anton. Es scheint mir so, daß die besagte „synthetische Funktion des Ich" in Ihrem Vortrag ein sozusagen *normatives* Gewicht erhalten hat, das ihr so wie dargestellt nicht gebühren kann: und zwar weder bezogen auf die Kunst noch auf den Traum. Weder das eine noch das andere Phänomen scheint mir derart stringent unter dem Diktat der besagten Ich-Funktion einstellbar zu sein. Was etwa die Kunst angeht, so frage ich mich, was z.B. ein Ready-made à la Duchamp an Ausdruck der besagten „synthetischen Funktion" leistet (ich könnte auch zurückgreifen auf „Textobjekte", Collagen oder mit punktuellen Ready-mades durchsetzte Aktionen von Heide Heinz). In einem Ready-made sehe ich das, was hier sozusagen als Wesensbestimmung von Kunst vindiziert worden ist, keineswegs so am Werke – es sei denn, der Begriff der „synthetischen Funktion" würde entsprechend modifiziert. Dasselbe sehe ich vergleichbar für den Traum selbst, das Paradigma der künstlerischen Produktion: mir scheint der übliche psychoanalytisch-hermeneutische *Sinn-Zugriff* allzu rasch. Man könnte sich ein Gegenmodell derart vorstellen, daß der Traum von der „synthetischen Funktion des Ich" eher *entlastet.* Eine Einheit, eine punktuelle Einheit als Kontinuum wäre nur als ein Begriff zu denken, der zumindest unter- oder oberhalb des besagten Funktionsbegriffs liegt. Stellt also der Traum nicht zumindest oft Formen von *Dispens* der besagten Funktion her? Was die Hierarchie von

Traum und Kunst angeht, die unterstellt, daß der Traum eben kein Kunstwerk sei, so ist hier vielleicht das Verhältnis gerade umzukehren: nämlich zu sagen, daß der Traum eine solche Virtuosität gerade auch der Dispens-Formen der synthetischen Ich-Funktion aufweist, daß kein noch so ingeniöses Kunstwerk an diese Virtuosität heranzureichen vermag. Das einzige verbleibende Kriterium ist doch gewesen, daß der Traum „anhaftend" bleibt, einen Implosions-Effekt darstellt, der autotomischen Veräußerung entbehrt – wobei der „Autotomie", um mit Ferenczi zu sprechen, ja häufig der Vorrang eingeräumt wird vor dem anhaftenden Moment: zumal das Anhaftungs-Paradigma ja in Krankheit besteht.

Einige eher verstreute Anmerkungen noch: im Vortrag zu Karl May schien mir die Recherche zu einigen psychohistorischen Motiven zwar sehr anregend auszufallen, nur schien sich mir über eine derartige Benennung hinaus noch kein, sagen wir: „Modell" anzudeuten. Zu dessen Aufgabe gehörte es, nach der *Funktion* eines solchen Kunstgebildes zu fragen. Zu einer derartigen Funktionsbestimmung sollte es aber nicht gehören, psychoanalytisch nochmals eine geradezu klassische perfekte Klinifizierung oder Diagnostik eines solchen Gebildes vorzunehmen. Hier gilt es also, im psychohistorischen Betracht, noch einigen Überschuß zu formulieren. Desweiteren fiel mir auf, daß es hier erneut so sein soll, daß sich ein Selbst in Natur hinein inflationiert, so daß etwa Wasser – oder was immer es im Einzelnen in jenem Traum gewesen ist – zum Symbol würde. Dem wäre entschieden zu widersprechen: Wasser kann kein Symbol sein; dies setzte nämlich den Subjektivismus einer Bildungsinstanz, eines autonomen Selbst voraus, das diese Symbolisierungsleistung vollbringt. Ich sage mitnichten, daß Wasser nur Wasser sei; naturphilosophisch würde es gar den Vorausgang vor Subjektivität darstellen: womit wir zumindest bei naturphilosophischen, wenn nicht gar bei den auch reklamierten mystischen Motiven wären. Hier geht es also – wie schon angesprochen – um eine Umkehrung des Modells, darum, die Symbolismus-Konzeption der Psychoanalyse gänzlich zu verabschieden, in der sich letztlich Gefängnis-Kategorien verbergen, die immer weiter perpetuiert werden – somit einen Modellwechsel erforderlich machen.

Zu: Philosophie und Faschismus

(aus: Elfenbeinturm 6, Fachschaft Philosophie, Düsseldorf 1983)

Die Spuren der Aussicht auf weitere Politisierung von Philosophie am Ort – vielleicht durch diese Veranstaltung mit gelegt – kann ich meinem Fachverständnis nach nur begrüßen. Vielleicht kommt auf diesem Wege auch ein Windhauch von Intellektualität in unserer Provinz auf.

Drei Problembereiche sind mir zu diskutieren angelegen:

1) Der Mangel der Aufarbeitung der eignen faschistischen Vergangenheit der bundesdeutschen Philosophie

2) Das Fortbestehen von Faschismus ebendort

3) Der Gestaltwandel des Faschismus, moderne faschistische Äquivalenzen ebendort

Zu 1)

Ich gehe von der Tatsache des besagten augenfälligen Mangels aus. Auch ich selbst bot in gut zehnjähriger Lehrtätigkeit am Ort einmal nur eine Vorlesung und ein Seminar über „Philosophie im Nationalsozialismus" an. Fachimmanent sorgte der Heideggerianismus am meisten wohl für Kontinuität zwischen dem Nationalsozialismus und der Nachkriegssituation.

Dieser Mangel wird weiterbestehen, wenn sich Philosophie ihrer vorherrschenden aktuellen Verfassung nicht begibt.

Diese besteht in einem pseudoautonomen Parasitismus, Parasitismus an sich selbst in ihrer Geschichte (als hochpotenzierter Philosophiehistorismus), Parasitismus an der Wissenschaft (in Formen einer Wissenschaft als axiologisches Problem nicht mehr zulassenden einschlägigen Theorie).

Längst ist diese grassierende Philosophieverfassung zu einer Form von Gegenaufklärung verkommen, die nicht nur nicht ans historische Grauen des Faschismus heranreicht, die selbst vielmehr die „mythischen" Opfer-, Schuld-, Gewaltverhältnisse ebendort, als sei sie eines deren szientistischer Exekutivorgane, post holocaustum beglaubigt.

Dagegen müßte sich Philosophie, durchaus traditionsgemäß, darauf besinnen, die inneren Entstehungsbedingungen dessen, was rationalerweise, kulminierend in den modernen Waffen, der Fall ist, opfer-, schuld-, gewaltlogisch lesbar zu machen;

also sich dem allererst wieder kongenialisieren, was den apokalyptischen Kern der Rationalität ausmacht, sich kongenialisieren der bürgerlichen Vernunft als Todesengel der Geschichte, der Gattungsgeschichte womöglich.

Zu 2)

Ich kann in der bundesdeutschen Philosophie keinen Neonazismus gewahren. Würde sich solcher direkt regen, so käme gewiß sogleich auch verläßliche Kritik und mehr daran auf. Ich sehe auch nicht, daß Mikrofaschismen von Philosophen – vor allem Säuberungsattitüden auf der Grundlage von splittings – verbreiteter wären, als sie es allenthalben sind.

Insofern hätte das Fortbestehen des Faschismus in der zeitgenössischen Philosophie eher die schwächere Gestalt, wenn überhaupt, die ausschlaggebenden – hauptsächlich lebensphilosophischen – faschistischen Denkfiguren, die politisch ja zur Tat geworden sind, historistisch zu neutralisieren: einen sich besonders wissenschaftlich dünkenden, blind magischen Fühlosigkeitsschutzwall um ihr zur Realität gewordenes Gewaltpotential zu legen.

So – z.B. – immer dann, wenn sich Sentimentalitätskompensationen für die Härte der fortschreitenden Rationalisierung regen. Wenn diese progrediente Gewalt beginnt, sich Feiertags- und Tiefsinnsmasken umzubinden, die wie lebendigste Unmittelbarkeitsköder der vermitteltsten Todesfahrt dahinter wirken sollen, geht es nach meinem Philosophieverständnis nicht mehr an, solche Denk- und Wirklichkeitsfiguren (heute außerdem unter anderem die sich häufende Zitation von „Werten") einfach nur noch als eingeebnetes philosophisches Bildungsgut zur Beförderung unserer konsumatorischen Pseudodemokratie im Geiste zu verhökern.

Zu 3)

Nicht daß diese Grundfiguren faschistischen Denkens/Tuns nicht mehr existierten; doch dünkt es mich, daß die dem Faschismus äquivalente aktuelle Bedrohung in anderen Gestalten, unerkannt oft, daherkommt.

Und von solchen Gestalten habe ich andauernd gesprochen:

sie bestehen in jeglicher Art von Disziplinierung des philosophischen Gedankens über seine eigne Selbstdisziplinierung als Sprach- und Schriftphänomen hinaus; Disziplinierung, die buchstäblich auf die Absolutheit des philosophischen Gedankens hinausläuft, einer, wie immer, durch und durch gemachten Absolutheit, deren Machart erklärbar ist als Angleichung an letzte Verdinglichungsformen: Kriegsrüstung. Philosophie als Kriegsreklame.

Der Schein dieser Absolutheit verbietet es nicht zuletzt, die Dienstbarkeit von – in ihrer Medialität verschwindenden – Philosophie um willen dessen, was meistens nur als Konterkarierung der Rationalität beschworen wird, überhaupt noch zu erwägen, geschweige denn zu vollziehen.

Der Schein dieser Absolutheit richtet zudem nichts anderes ein als die tödliche Selbstverständlichkeit der Herrschaft des Menschen über den Menschen in unserer Branche – freilich mit der Verheißung verbunden, daß die Herrschaftserduldung eine rein konsumatorische Entschädigung (ohne vorausgehenden Schaden gar) nachsichziehe:

vollendete Entmachtung, die ihre Ohnmacht genießt. Dies ist ein Zustand, der philosophisch weitgehend üblich geworden ist; was sich als Philosophie gibt, geht restlos auf in sozialer Kontrolle.

Parabeln

(aus: Falter. Wiener Programmzeitschrift, Nr. 151, Wien 1983)

Hochzeitsvorbereitung

Es gab da eine Basismißhelligkeit, die nicht zu beseitigen war: Die Braut nämlich, die hatte der Bräutigam nicht selber gemacht, – versteht sich, doch dies störte gleichwohl durchaus. Unbeschadet dessen, daß der Vater, ja die Eltern der Braut freilich längst dafür gesorgt hatten, daß der Schwiegersohn in spe nicht mit allzu ausgeprägter Fremdheit an dem geliebten Wesen konfrontiert worden wäre.

Die Idee außerdem, diese Defizienz a priori aus der Welt zu schaffen, nämlich dadurch, sogleich eben selber zeugender Vater zu sein und Vater zu werden, zerschlug sich bald. Denn – ganz einfach – zunächst mußte er ja – eines nach dem anderen bitte! – zu diesem Zweck, wie sagt man?, die Braut nach Hause führen. Und dazu bedurfte es schon einiger Anstalten. Aber ja!

Also begab er sich an die Arbeit ... eine durchaus harte Arbeit, nämlich die von Erziehung, Pädagogik (Groß E), – Nach-Zucht sozusagen; denn so nahtlos geht die Tochterbraut nimmer von den Händen des Vaters in die des künftigen Gemahls doch über? Eine Fundamentalität ist zwar vorauszusetzen, doch keineswegs die Garantie einer perfekten Strengeübereinkunft zwischen diesen beiden Herren auszumachen. Ihm bangte außerdem vor dieser Perfektionierungsarbeit sehr; und – wie es sich so ergab – wich er dieser Mühsal auch ein wenig aus, – und dies in der bald wieder gänzlich verworfenen Meinung, daß die intimen Hochzeitsvorbereitungen, das Hand-anlegen an die Braut zum Zweck ihrer bräutlichen Schmückung, eher doch erfahrenen Frauen überantwortet werden müsse, so daß er auf mehr Abstand eher und mehr den Obliegenheiten der Hochzeitsbürokratie (Bestellung des Aufgebots auf dem Standesamt, eugenische Untersuchungen etc.) hätte nachgehen können.

Der große festliche Tag rückte immer näher heran. Und die ganze vorausgegangene Mühe an diesem schmucken Gebilde aus zweiter Hand erschien bald nur noch als Mittel zum Zweck, endlich den gerechten Lohn zu empfangen. Ja, dies ist eine Frau so recht nach meinem Geschmack, – Geschmack, durchaus buchstäblich zu nehmen: Denn der Ehemann war keineswegs ein Verächter von Sinnlichkeit, so daß es auch unnötig ist, sich etwa über die Brautnacht des näheren auszulassen. Komplikationen gabs hier mitnichten. Und am Hochzeitstag selber schon und auch danach nahm er es sich gar heraus, seine geschmackvolle Frau in der kleinen Öffentlichkeit des Freundeskreises laut zu loben und die Rechtmäßigkeit seines Lobs unter Beweis zu stellen, ohne daß darin eine Art von schmählicher Offerte – die Prostitutionsofferte der eigenen Frau an die anderen Freundesmänner – gelegen hätte. Von wegen, Du darfst selber einmal mit meiner Erlaubnis probieren ... Aber in diesen Scheingefahren kam ihm die Tugend seiner Gattin eh verläßlich zur Hilfe. Kein Abgrund, nur eitel Glück.

Es begab sich nach einiger Zeit, wie Sie schon ahnen können, daß unser Ehemann – na, was denn wohl? – Vater wurde, Vater gar einer Tochter! Und so wuchs das Eheglück zur menschlichen-möglichen Höhe an: Die Tochter – das Wunschgebilde aus erster Hand, das mit fortschreitendem Alter, mehr noch als die Gattin, die Erziehungsmühe des Vaters billigte, ja von ganzem Herzen liebte.

Und da sage einer mir, es könne nicht gelingen zu aller Zufriedenheit, sich in seinen guten Werken an den anderen zu spiegeln und gar in dieser Reflexion zu genießen. Glauben Sie mir es: Dieser Mann war wirklich arbeits- und liebesfähig, und dies außerdem ganz ohne Psychoanalyse. Und ich werde diese Geschichte an Heiner Geißler, den Familienminister, persönlich schicken, damit dieses verantwortungslose Angstmachen allenthalben sein Ende habe.

Einkauf

Von Besitzerstolz seltsam befreit, lege ich mein Ich, das müde geworden ist, auf den Bordstein vor der Bäckerei ab, wo es sich mit meinem Namen gemächlich eingraviert. Mein Hunger schwindet zwar nicht, ist aber auch kein Fremdes, beängstigend, draußen, nachdem ich ihn nicht mehr okkupieren und mich wie ein stolzer Eroberer fortbewegen kann. Auch nicht der Hunger endlich selbst, nein, auch kein Doppelgänger. Ich kann es nicht ausdrücken, was er ist. Und Ich selbst: das kann ich mir leisten, hab ich redlich verdient für die vielen Mühen, das spricht nur noch tonlos vom Bordstein aus, bevor sich ein mildes, doch unnachgiebiges Tun ausbreitet, nicht überfließend zwar, aber ohne Grenzen. Ich – Ich? – kann noch gewahren, daß mein Geld von ehedem, sich in bunteste Vögel verwandelt, in den Himmel verschwindet. Aber was ist da in der Bäckerei los? Die Verkäuferinnen, dahinter in der Backstube die Gesellen und irgendwo noch weiter im Hintergrund der Bäckermeister im Straßenanzug sind kleine Marionetten, die wie üblich ihre Geschäfte recht gut verrichten. Aber wunderbarer noch geht in den lebendigen Backwaren ein unerfindlicher Kampf vonstatten. Es tritt etwas unter einer zähen Oberfläche hervor, es trennt sich etwas voneinander, ein Doppelkampf. Was ist nur los? Was dahinter war, kommt jetzt, umgekehrt die Vorderfront von früher verdeckend, hervor; zischender Äther dann, und ein losgelöster Gegenstand, eben noch licht, wird immer undurchsichtiger, dunkler. Alle Verhältnisse wenden sich um. Weltraumoffizier, nein, eine wütende Offizierin, die sich mittendurch halbiert in eine junge hochschwangere Frau und einen waffenlosen Mann, der kniend ihren großen Leib umfaßt und keine Anstalten macht, nicht in dieser Lage zu verharren. Ohne Bedrückung hat sich der Himmel gesenkt, und an meinem Ich vorbei und im Verschwimmen der Geldvögel ist alles nur noch dies: das zuletzt Gesehene, Ausbreitung, Fühlbarkeit, Sättigung, des Bordsteins eingedenkend und der Vögel.

(Taumel und Totenstarre, Münster 1981, S. 74 f.)

Memoria

Gesteigerte Zumutung der Leichenschau vor dem Einschlafen. Monologion novum oder: Die Stimme der Höhen spricht zu ihrem sperrigen Propheten.

Was siehst du?

Das Grauen, ferne, auch in sich selbst aufgehoben; Grauen nur am Sternenhimmel, platonische Idee, Bild dessen ohne Ausdruck, Natureinschluß; wie Schrift.

Lies!

Nein, warte. Ist die Vitrine sicher genug? Ich taste, höre klopfend die Unzerbrechlichkeit des Glases ab. Keine dünne Stelle, kein Riß.

Du kannst also lesen.

Warte, noch einen Augenblick. Ich muß noch meine Brille putzen; du weißt, meine Augen sind nicht ganz in Ordnung.

Aber ja. Was siehst du?

Am liebsten möchte ich gar nichts sehen, will vielmehr an den Fortgang morgen denken.

Gut. Dann fotografiere doch die Leichenkammer. Hier ist dein Fotoapparat. Und laß genügend Bilder abziehen zum Verteilen. Vielleicht helfen dir die anderen hier mit?

Hm.

Aber nein, ich bin dir nicht gram. Sieh doch, wie deine berechtigte Angst die Wirtschaft belebt. Jetzt kaufen mehr Philosophen Derrida, Platon und Parmenides. Auch der Markt der bildenden Kunst gerät in größere Bewegung. Und erst die Glasproduktion und die optische Geräte-Industrie, und alles, was daran hängt.

Aber die anderen haben doch mehr Angst.

(Umso besser; zwar nicht nur, aber auch ...) Nein, ich habe nichts gesagt. Gewiß, du aber kannst ihnen mit gutem Beispiel vorangehen. Sie sind zwar nur eine verschwindende Zahl, aber ich brauche sie dringend.

Wozu eigentlich nur?

Das weißt du doch selber. Ubiquitäre Blindheit wäre von Übel; denn dadurch würde die Sittenverwilderung total. Ich brauche deine Gedächtniskunst, der höheren Werte, des Ethos, des Ernstes wegen. Oder willst auch du verkommen?

Der Dienstbarkeit meiner höheren Kunst bin ich nimmer sicher. Was geschähe denn, wenn ich trotz des sicheren Glases, meiner guten Brille, meines Fotoapparats, der Milchglas-Historismushilfe der gesamten Philosophiegeschichte und nicht zuletzt der wirklichen Weggenossen, die mit Sicherheit für interne demokratische Kontrolle, die Fesselung meiner Prophetie schlechthin, sorgen – wenn ich trotz alledem die Saat des Aufstandes säte.

Auch das weißt du selber. Du hast doch den großen Krieg noch erlebt. Du kennst die Psychiatrie von innen und außen und dich selbst in dieser Selbstecke, deine Selbstunbestechlichkeit, mit der du dich selber zu wahren verstehst, zumal. Was zögerst du? Lies!

Mein Gott, warum bin ich kein ordinärer Schulmeister, kein Ingenieur oder Volkswirt? Oder, wenn schon, wenigstens ein Philosoph, der an dieser Produktion blind nur schmarotzt ... Oder wenigstens ein Philosoph wie die Anti-Ödipus-Philosophen, die, indem sie gar mit der molekularen Ordnung befaßt sind, gleichwohl fasziniert nach vorwärts blicken können? Was soll mir die Last der Gedächtnisobligation? Geht es doch jedem anderen Philosophen – auch vorher, dem Adorno, dem Lacan – besser?

Darauf mußt du dir nun aber wirklich selber die Antwort geben. Wir vertun so nur deine Zeit.

(in: Die Eule, Nr. 6, S. 60)

Thesenpapiere zur Podiumsdiskussion:
Seid doch vernünftig!!!

Ein philosophisches Streitgespräch zur Frage nach der Tauglichkeit rationalen Denkens zur Sicherung des Friedens

(aus: Fachschaft Philosophie, Düsseldorf 1984)

Taugt rationales Denken zur Sicherung des Friedens?

Nein, und zwar in zweierlei Rücksicht nicht:

1) Rationales Denken, auf Philosophie als dessen immanente Begründung fürs erste eingeschränkt, wäre zu einer solchen Überzahl von Vermittlungsschritten bis hin zum blockierten politischen Spitzengeschäft der Friedenssicherung genötigt, daß sich dieses Telos während dieser Verbindungsarbeit verflüchtigte. Das liegt am Unmaß der Arbeitsteilung, nicht zuletzt eines soziale Kontrolle ausübenden Grundvorgangs der Rationalität selber, deren Ausgestaltung von sich her dafür sorgt, Nicht-Disparatheit, „Ganzheit" etc. als bloße sentimentalistisch-deklamatorische Größen handeln zu können.

2) Rationales Denken, als Inbegriff des mindest bis in die Anfänge der abendländischen Philosophie zurückreichenden alternativelosen Seinsentwurfs ausgegeben, ist von jeher ganz und gar unfriedlich gewesen, ja es bestimmte die Kraft der Zerstörung durchgehend zur eigenen Erfüllungsform. Die – immanent schon nicht realisierbare – Vorstellung, die drohende Apokalypse durch Vernünftigkeitszuwachs und -fundierung im Homogenen der Vernunft selber abwenden zu können, wäre demnach nichts anderes als Schwarzmagie; denn der Teufel läßt sich durch den Teufel nicht austreiben, vielmehr nur potenzieren.

Ich beeile mich, diesen grobschlächtigen Thesen hinzuzufügen, daß sie keinerlei Berufbarkeit auf das ganz-Andere von Vernunft unterstellen; bisher nämlich ging das ganz-Andere allemal in Modi der Potenzierung Desselben auf. Und selbst wenn sich aus dem mörderischen Grundzug der ihrer Vollendung entgegengehenden Rationalität die Chance der Imagination einer nicht resorbierbaren Alternative ergäbe, so käme sie, womöglich real gemacht, wahrscheinlich zu spät. Wie aber habe ich geschrieben/gesprochen? Doch nicht nicht rational? Oder? Ich habe aber auch nicht behauptet, Philosophie vermöge sich der Bannmeile dieser Vernunft zu begeben, selbst wenn sie deren Gewaltförmigkeit gründlich durchsichtig zu machen verstände.

Vom Gärtner und dem Bock

Es war einmal ein Gärtner, der litt unter der nicht mehr beherrschbaren Unordentlichkeit seines Gartens, die er als den Unglücksfall seiner mangelhaften professionellen Kultivierungefertigkeiten schuldbewußt ansah.

Da es sich aber um einen grüblerischen Zeitgenossen handelte, hielt er sich beim bloßen Nachdenken über die Chancen, die selbstproduzierte Verwilderung einzudämmen, Tage und Nächte lang auf, währenddessen die Wildnis freilich wuchs.

Eine seiner führenden Rettungsideen aber bestand allen Ernstes darin, sich vorzustellen, man müsse den sprichwörtlichen Bock in den Garten treiben, damit er ebendort nach dem Rechten im Viereck springe. Was ja nicht ganz nur so falsch gedacht sein mag, wenn immer man bedenkt, daß Verwüstungsböcke eben doch vernünftigerweise ihre Aufbaukonversion erleben können. O welche Denkhomöopathie!

Schließlich erlaubte er sich des Sonntags durchaus auch Schwärmereien zur Unschuld der unberührten Natur, wenngleich aus sicherer Distanz; denn in Gartennähe drängte sich ihm allzustark die Wahrnehmung auf, daß die Vertilgungsmittel, die er fortschrittlich anwandte, das exakte Spiegelbild des aggressiven Ungeziefers, einschließlich des besagten Bockes, seien, ja sogar ineinanderüberflössen. Und indem er immer mehr zum Kopfgärtner avancierte und sich daran durchaus erfreute und erhob, war der weiland schöne Garten unbegehbar geworden. Nachts aber plagten ihn parallel dazu Albträume – fast scheue ich mich, deren perseverierenden Gehalt namhaft zu machen in dieser würdevollen Einrichtung Universität –: ihm träumte, daß ihn der besagte Bock fortwährend sodomiere.

Vorführung seiner zölibatären Quantitätsmaschine durch Kant selbst

(aus: Die Eule. Diskussionsforum für rationalitätsgenealogische, insbesondere feministische Theorie, Nr. 11, herausgegeben von H. Heinz, Wuppertal/Düsseldorf 1984)

Kant tritt auf, gepuderte Perücke, muntere Äuglein, anorektisch, mit einer vorgefertigten armhaften Gabelung, deren rechte Gabel eine zersplitterte Glasplatte anstelle des Arms und der Hand und deren linke Gabel, ebenso, ein Großthermometer ausmacht.

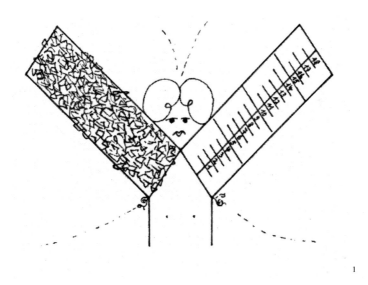

Erste Aktion

Kant, seriös, gutgelaunt, pfiffig streng, stellt die Gabelung in einem Christbaumständer oder dergleichen so auf, daß sie sich noch hinlänglich bewegen läßt, tritt dann rechter Hand neben sein opus, zeigt auf es und liest dabei auf Königsbergisch Text I (Kritik der reinen Vernunft) vor:

---

[1] Zeichnung von Melanie Heinz

„Das reine Bild aller Größen (quantorum) vor dem äußeren Sinne, ist der Raum; aller Gegenstände der Sinne aber überhaupt, die Zeit. Das reine Schema der *Größe* aber (quantitatis), als eines Begriffs des Verstandes, ist die *Zahl*, welche eine Vorstellung ist, die die sukzessive Addition von Einem zu Einem (gleichartigen) zusammenbefaßt. Also ist die Zahl nichts anderes, als die Einheit der Synthesis des Mannigfaltigen einer gleichartigen Anschauung überhaupt, dadurch, daß ich die Zeit selbst in der Apprehension der Anschauung erzeuge. Da die Zeit nur die Form der Anschauung, mithin der Gegenstände, als Erscheinungen, ist, so ist das, was an diesen der Empfindung entspricht, die transzendentale Materie aller Gegenstände, als Dinge an sich (die Sachheit, Realität). Nun hat jede Empfindung einen Grad oder Größe, wodurch sie dieselbe Zeit, d. i. den inneren Sinn in Ansehung derselben Vorstellung eines Gegenstandes, mehr oder weniger erfüllen kann, bis sie in Nichts (=0=negatio) aufhört. Daher ist ein Verhältnis und Zusammenhang oder vielmehr ein Übergang von Realität zur Negation, welcher jede Realität als ein Quantum vorstellig macht, und das Schema einer Realität, als der Quantität von Etwas, sofern es die Zeit erfüllt, ist eben diese kontinuierliche und gleichförmige Erzeugung derselben in der Zeit, indem man von der Empfindung, die einen gewissen Grad hat, in der Zeit bis zum Verschwinden derselben hinabgeht, oder von der Negation zu der Größe derselben allmählich aufsteigt.

Zweite Aktion

Kant bewegt die Gabelung im Ständer hin und her, zuletzt so heftig, wie es das Material eben noch verträgt. Er nimmt dabei den Ausdruck von Achselzucken und Bedauern an, beruhigt sich kopfnickend aber bald, nachdem er, am besten kniend, die eigenen Arme hinter die Gabeln hielt, so als würden sie von dieser freigegeben und abgeworfen; was ja aber nicht der Fall ist. Darauf liest er Text II (ebd.):

1. Axiome der Anschauung

Das Prinzip derselben ist: Alle Anschauungen sind extensive Größen.
Beweis:
Alle Erscheinungen enthalten, der Form nach, eine Anschauung im Raum und Zeit, welche ihnen insgesamt a priori zum Grunde liegt. Sie können also nicht anders apprehendiert, d. i. ins empirische Bewußtsein aufgenommen werden, als durch die Synthesis des Mannigfaltigen, wodurch die Vorstellungen eines bestimmten Raumes oder Zeit erzeugt werden, d. i. durch die Zusammensetzung des Gleichartigen und das Bewußtsein der synthetischen Einheit dieses Mannigfaltigen (Gleichartigen). Nun ist das Bewußtsein des mannigfaltigen Gleichartigen in der Anschauung über-

haupt, sofern dadurch die Vorstellung eines Objekts zuerst möglich wird, der Begriff einer Größe (quanti). Also ist selbst die Wahrnehmung eines Objekts, als Erscheinung, nur durch dieselbe synthetische Einheit des Mannigfaltigen der gegebenen sinnlichen Anschauung möglich, wodurch die Einheit der Zusammensetzung des mannigfaltigen Gleichartigen im Begriffe einer *Größe* gedacht wird; d. i. die Erscheinungen sind insgesamt Größen, und zwar *extensive Größen,* weil sie als Anschauungen im Raume oder der Zeit durch dieselbe Synthesis vorgestellt werden müssen, als wodurch Raum und Zeit überhaupt bestimmt werden.

2. Antizipationen der Wahrnehmung

Das Prinzip derselben ist: In allen Erscheinungen hat das Reale, was ein Gegenstand der Empfindung ist, intensive Größe, d. i. einen Grad.

Beweis:
Wahrnehmung ist das empirische Bewußtsein, d. i. ein solches, in welchem zugleich Empfindung ist. Erscheinungen, als Gegenstände der Wahrnehmung, sind nicht reine (bloß formale) Anschauungen, wie Raum und Zeit, (denn sie können an sich gar nicht wahrgenommen werden). Sie enthalten also über die Anschauung noch die Materien zu irgendeinem Objekte überhaupt (wodurch etwas Existierendes im Raume oder der Zeit vorgestellt wird), d. i. das Reale der Empfindung, also bloß subjektive Vorstellung, von der man sich nur bewußt werden kann, daß das Subjekt affiziert sei, und die man auf ein Objekt überhaupt bezieht, in sich. Nun ist vom empirischen Bewußtsein zum reinen eine stufenartige Veränderung möglich, da das Reale desselben ganz verschwindet, und ein bloß formales Bewußtsein (a priori) des Mannigfaltigen im Raum und Zeit übrig bleibt: also auch eine Synthesis der Größenerzeugung einer Empfindung, von ihrem Anfange, der reinen Anschauung = 0, an, bis zu einer beliebigen Größe derselben. Da nun Empfindung an sich gar keine objektive Vorstellung ist, und in ihr weder die Anschauung vom Raum, noch von der Zeit, angetroffen wird, so wird ihr zwar keine extensive, aber doch eine Größe (und zwar durch die Apprehension derselben, in welcher das empirische Bewußtsein in einer gewissen Zeit von nichts = 0 zu ihrem gegebenen Maße erwachsen kann), also eine *intensive Größe* zukommen, welcher korrespondierend allen Objekten der Wahrnehmung, sofern diese Empfindung enthält, *intensive Größe,* d. i. ein Grad des Einflusses auf den Sinn, beigelegt werden muß.

Dritte Aktion

Scheinbar pumpt Kant mit einer Luftpumpe die Gabelung scheinbar bis kurz vor dem Zerplatzen mühsam auf und läßt danach scheinbar die Luft entweichen. Tut dies mehrmals und wirkt dabei sorgenvoll, gequält, indem er die erste Antinomie (ebd.) zitiert:

Die Antinomie der reinen Vernunft

Erster Widerstreit der transzendentalen Ideen
Thesis:
Die Welt hat einen Anfang in der Zeit, und ist dem Raum nach auch in Grenzen eingeschlossen.
Beweis:
Denn, man nehme an, die Welt habe der Zeit nach keinen Anfang: so ist bis zu jedem gegebenen Zeitpunkte eine Ewigkeit abgelaufen, und mithin eine unendliche Reihe aufeinander *folgender* Zustände der Dinge in der Welt verflossen. Nun besteht aber eben darin die Unendlichkeit einer Reihe, daß sie durch sukzessive Synthesis niemals vollendet sein kann. Also ist eine unendliche verflossene Weltreihe unmöglich, mithin ein Anfang der Welt eine notwendige Bedingung ihres Daseins; welches zuerst zu beweisen war.

In Ansehung des zweiten nehme man wiederum das Gegenteil an: so wird die Welt ein unendliches gegebenes *Ganzes* von zugleich existierenden Dingen sein. Nun können wir die Größe eines Quanti, welches nicht innerhalb *gewisser* Grenzen jeder Anschauung gegeben wird, auf keine andere Art, als nur durch die Synthesis der Teile, und die Totalität eines solchen Quanti nur durch die vollendete Synthesis, oder durch wiederholte Hinzusetzung der Einheit zu sich selbst, gedenken. Demnach, um sich die Welt, die alle Räume erfüllt, als ein Ganzes zu denken, müßte die sukzessive Synthesis der Teile einer unendlichen Welt als vollendet angesehen, d. i. eine unendliche Zeit müßte, in der Durchzählung aller koexistierenden Dinge, als abgelaufen angesehen werden; welches unmöglich ist. Demnach kann ein unendliches Aggregat wirklicher Dinge nicht als ein gegebenes *Ganzes,* mithin auch nicht als *zugleich* gegeben, angesehen werden. Eine Welt ist folglich, der Ausdehnung im Raume nach, nicht *unendlich,* sondern in ihren Grenzen eingeschlossen, welches das zweite war.

Antithesis
Die Welt hat keinen Anfang, und keine Grenzen im Raume, sondern ist, sowohl in Ansehung der Zeit, als des Raumes, unendlich.
Beweis:
Denn man setze: sie habe einen Anfang. Da der Anfang ein Dasein ist, wovor eine Zeit vorhergeht, darin das Ding nicht ist, so muß eine Zeit vor-

hergegangen sein, darin die Welt nicht war, d. i. eine leere Zeit. Nun ist aber in einer leeren Zeit kein Entstehen irgend eines Dinges möglich; weil kein Teil einer solchen Zeit vor einem anderen irgendeine unterscheidende Bedingung des Daseins, vor die des Nichtseins, an sich hat (man mag annehmen, daß sie von sich selbst, oder durch eine andere Ursache entstehe). Also kann zwar in der Welt manche Reihe der Dinge anfangen, die Welt selber aber kann keinen Anfang haben, und ist also in Ansehung der vergangenen Zeit unendlich. Was das zweite betrifft, so nehme man zuvörderst das Gegenteil an, daß nämlich die Welt dem Raume nach endlich und begrenzt ist; so befindet sie sich in einem leeren Raum, der nicht begrenzt ist. Es würde also nicht allein ein Verhältnis der Dinge im *Raum,* sondern auch der Dinge *zum Raume* angetroffen werden. Da nun die Welt ein absolutes *Ganzes* ist, außer welchem kein Gegenstand der Anschauung, und mithin kein Korrelatum der Welt, angetroffen wird, womit dieselbe im Verhältnis stehe, so würde das Verhältnis der Welt zum leeren Raum ein Verhältnis derselben zu *keinem Gegenstande* sein. Ein dergleichen Verhältnis aber, mithin auch die Begrenzung der Welt durch den leeren Raum, ist nichts; also ist die Welt, dem Raume nach, gar nicht begrenzt, d. i. sie ist in Ansehung der Ausdehnung unendlich.

Seine Mienen hellen sich wieder auf, als er auf die Gabelung, von der Aufblasensmühsal ablassend, bloß noch verweist, so ein wenig wie der stolze Produzent. Währenddessen liest er Text III (ebd.) gelassen vor:

Aller Anfang ist in der Zeit, und alle Grenze des Ausgedehnten im Raume. Raum und Zeit aber sind nur in der Sinnenwelt. Mithin sind nur Erscheinungen *in der Welt* bedingterweise, die Welt aber selbst weder bedingt, noch auf unbedingte Art begrenzt.

Eben um deswillen, und da die Welt niemals *ganz,* und selbst die Reihe der Bedingungen zu einem gegebenen Bedingten nicht, als Weltreihe, ganz *gegeben werden kann,* ist der Begriff von der Weltgröße nur durch den Regressus, und nicht vor demselben in einer kollektiven Anschauung, gegeben. Jener besteht aber immer nur im *Bestimmen* der Größe, und gibt also keinen *bestimmten* Begriff, als auch keinen Begriff von einer Größe, die in Ansehung eines gewissen Maßes unendlich wäre, geht also nicht ins Unendliche (gleichsam gegebene), sondern in unbestimmte Weite, um eine Größe (der Erfahrung) zu geben, die allererst durch diesen Regressus wirklich wird.

Vierte Aktion

Kant probiert wahllos längere Zeit alle Aktionen oder auch nur Teile davon durch, tritt dann ab, die Gabelung zurücklassend. Nach etlicher Zeit tritt er stark gealtert wieder auf, vorgestülpte Lippen, noch anorektischer, nähert sich der Gabelung scheu und entrückt, kniet dem Publikum zugewandt davor nieder; legt den Kopf in den Aufgabelungspunkt, führt die eigenen Arme parallel zu den Gabeln, schließt die Augen, zitiert Text IV (Kritik der Urteilskraft):

Adoration:

Nun aber hört das Gemüt in sich auf die Stimme der Vernunft, welche zu allen gegebenen Größen, selbst denen, die .... zwar niemals ganz aufgefaßt werden können, gleichwohl aber (in der sinnlichen Vorstellung) als ganz gegeben beurteilt werden, Totalität fordert, mithin Zusammenfassung in *eine* Anschauung, und für alle jene Glieder einer fortschreitend-wachsenden Zahlreihe *Darstellung* verlangt, und selbst das Unendliche (Raum und verflossene Zeit) von dieser Forderung nicht ausnimmt, vielmehr es unvermeidlich macht, sich *dasselbe* (in dem Urteile der gemeinen Vernunft) als ganz (seiner Totalität nach) *gegeben* zu denken.

Das Unendliche aber ist schlechthin (nicht bloß komparativ) groß. Mit diesem verglichen ist alles andere (von derselben Art Größen) klein. Aber, was das Vornehmste ist, es als *ein Ganzes* auch nur denken zu können, zeigt ein Vermögen des Gemüts an, welches allen Maßstab der Sinne übertrifft. Denn dazu würde eine Zusammenfassung erfordert werden, welche einen Maßstab als Einheit lieferte, der zum Unendlichen ein bestimmtes, in Zahlen angebliches Verhältnis hätte: welches unmöglich ist. Das *gegebene* Unendliche aber dennoch ohne Widerspruch *auch nur denken zu können,* dazu wird ein Vermögen, das selbst übersinnlich ist, im menschlichen Gemüte erfordert. Denn nur durch dieses und dessen Idee eines Noumenons, welches selbst keine Anschauung verstattet, aber doch der Weltanschauung, als bloßer Erscheinung, zum Substrat untergelegt wird, wird das Unendliche der Sinnenwelt, in der reinen intellektuellen Größenschätzung, *unter* einem Begriffe *ganz* zusammengefaßt, obzwar es in der mathematischen *durch Zahlenbegriffe* nie ganz gedacht werden kann. Selbst ein Vermögen, sich das Unendliche der übersinnlichen Anschauung, als (in seinem intelligiblen Substrat) gegeben, denken zu können, übertrifft allen Maßstab der Sinnlichkeit, und ist über alle Vergleichung selbst mit dem Vermögen der mathematischen Schätzung groß; freilich wohl nicht in theoretischer Absicht zum Behuf des Erkenntnisvermögens, aber doch als Erweiterung des Gemüts, welches die Schranken der Sinnlichkeit in anderer (der praktischen) Absicht zu überschreiten sich vermögend fühlt. (...)

Erhaben ist also die Natur in derjenigen ihrer Erscheinungen, deren Anschauung die Idee ihrer Unendlichkeit bei sich führt. Dieses letztere kann nun nicht anders geschehen, als durch die Unangemessenheit selbst der größten Bestrebung unserer Einbildungskraft in der Größenschätzung eines Gegenstandes. Nun ist aber für die mathematische Größenschätzung die Einbildungskraft jedem Gegenstande gewachsen, um für dieselbe ein hinlängliches Maß zu geben, weil die Zahlbegriffe des Verstandes, durch Progression, jedes Maß einer jeden *gegebenen* Größe angemessen machen können. Also muß es die *ästhetische* Größenschätzung sein, in welcher die Bestrebung zur Zusammenfassung das Vermögen der Einbildungskraft überschreitet, die progressive Auffassung in ein Ganzes der Anschauung zu begreifen gefühlt, und dabei zugleich die Unangemessenheit dieses im Fortschreiten *unbegrenzten* Vermögens wahrgenommen wird, ein mit dem mindesten Aufwande des Verstandes zur Größenschätzung taugliches Grundmaß zu fassen und zur Größenschätzung zu gebrauchen. Nun ist das eigentliche unveränderliche Grundmaß der Natur das absolute Ganze derselben, welches, bei ihr als Erscheinung, zusammengefaßte Unendlichkeit ist.

Da aber dieses Grundmaß ein sich selbst widersprechender Begriff ist (wegen der Unmöglichkeit der absoluten Totalität eines Progressus ohne Ende): so muß diejenige Größe eines Naturobjekts, an welcher die Einbildungskraft ihr ganzes Vermögen der Zusammenfassung fruchtlos verwendet, den Begriff der Natur auf ein übersinnliches Substrat (*welches* ihr und zugleich unserm Vermögen zu denken zum Grunde liegt) führen, welches über allen Maßstab der Sinne groß ist, und daher nicht sowohl den Gegenstand, als vielmehr die Gemütsbestimmung in Schätzung desselben, als *erhaben* beurteilen läßt.

Begehren und Begehrtes

(aus: körper – sinne – kulte. materialien zum kärtner frühling 1984, herausgegeben von D. Vedernjak, H. Wetzl, Bläschke, St. Michael)

Es war einmal ein Bewußtsein, das sich selbst gar so auch zu titulieren unterstand, ohne Sorge darum zu tragen, daß es gar nicht dasselbe Selbst in diesem seinem Selbstbewußtsein sein könne – es war also einmal ein solches rares Bewußtsein, daß sich nicht davon abbringen ließ zu glauben, es sei des Seins einziges Begehren und einzig Begehrtes, des Seins selber ausschließliche und von Ewigkeit her beschlossene Lust, zur schließlich vollständigen Anschauung und gar Fühlung seiner selbst zu gelangen.

Nachdem es nun dem Sein eine solche Zielkaprize wirksam unterstellt hatte, meinte es – im Sinne einer durchaus doch billigen Austauschofferte – ebenso begehrlich zu sein: umgekehrt demnach einzig das Sein, das einzig Begehrte, begehren zu sollen. Gesagt, getan. Fortan setzte es alles daran, schier alles, nur noch Liebesbeweise auf dieser Basis der Vergessenheit seines todeswürdigen Parasitismus von sich zu geben; wahrliche Liebesbeweise, sich selbst im Tode permanent zu überleben, in den selbstgeschaffenen Dingen allen. O welche Doppellust, welche beispiellose Mutualität! Das Sein bringt sich zur Anschauung und zugleich die Anschauung zum Sein.

Als aber beide große Begehrlichkeiten sich zuletzt nichts als liebend aufeinander zubewegten und wunschgemäß in Gänze zusammentrafen, da brach im Scheitelpunkt unersehener Hellsicht die Welt sowohl wie das Selbst in Millionen Stücke auseinander. Und es war einmal ein Bewußtsein, dassichselbstgarsoauchzutitulierenunterstandohneSorgedarumzutra

56

Zu Klemens Golf: Frauen und Männer

(Hammerphantasie Nr. 9)

(aus: Städtische [Keller]galerie, Düsseldorf 1985)

Anti-Modell. – Die Pointe wider die Warenästhetik (und dies in Düsseldorf) sticht – so will es fürs erste scheinen – in die Augen. Anti-Fotomodelle – sie provozieren Allusionen des „anderen Bilds der Frau", einer Art von feministischem Naturalismuskontrapunkt, den einzigen (Schönheits-)Fetisch: weiblichen Körper betreffend. Vermittelt sich dessen Befreiung über die – hier (auch) ein wenig entliehene – Konzession dieser seiner Armutsgestalt?

Pose. – Anti-glamour – das macht die eine Seite des exponierten Weibskörpers aus. Aufrechtstehend, frontal, mit geschlossenen Beinen, und, gestisch zentral, die auf ihrem Expressionshöhepunkt sistierte Frage-, Ratlosigkeits-, Ohnmachtsbewegung der Arme und Hände: Was soll man tun? Nicht aber nur, daß Stilisierung den Schwächeausdruck aushöhlen könnte, dieser schlägt in sich selber schon in sein Gegenteil um: Unterwelt-Madonnen (sogleich mehrere, verschiedenartige), Vorzeit-Göttinnen, abweisendanziehend (bisweilen durch den Anflug auch von göttlichkeitsangemessener Bisexualität); jedenfalls abgründige Reverenz nicht heischend, doch deshalb umso zwingender, unabdingbarer nahelegend. Vorsicht aber! Reszenifizierte man mit Blick auf das zu Füßen liegende Werkzeug die katatone Situation, so möchte man meinen, die Göttinnen hätten dieses ihr haltloses Maschinenkind abrollen und fallengelassen. Ding-Abort, Mutterfornicon. Sind die Frauen nicht also doch an allem schuld?

Phallus. – Schlagbohrer-Reklame aus einer Unterweltagentur (Institut für Hadeskommunikation). Die Penetranz des Penissymbolismus überschlägt sich derart, daß ein schieres (und in seinem bloßen Ansehen fast auch absurdes) Ding daraus wird. Der Göttliche Sohn, folgerichtig angenabelt geblieben an den absenten Himmlischen Vater: Schlauch, aus dem Bild jeweils hinausführend (ins himmlische Niemandsland), der den spirituellen Saft transportiert im vorübergehend ruhenden Bedarfsfall: der Heilige Geist also. Abermals: Wer hat diese Mortalitätssubstitution von Mutterleiblichkeit auf dem Gewissen? Niemand.

Umwelt. – Die Produktionsfolgen dieser Real-Ersetzung muten nicht eben einladend an. Warum müssen Industriekontexte immer so depressiv (mit-

nichten trauervoll) ausschauen, als habe Krieg darin stattgefunden? Kriegs-
wütige Dreifaltigkeit mit Maria, leiblich in den Himmel aufgenommen.

Christliche Kunst. – Pietà-Transit demnach. Die Schmerzensmutter hat,
ihrer Wesensbestimmung getreu, den toten Göttlichen Sohn zur Auferstehung als Schlagbohrer – dem Wiedereingang in die umso stabilisiertere
Dreifaltigkeit – bereits hergegeben. Oder aber – noch ein wenig avancierter
–: Im Himmel wird Kunst gemacht. Man entsinnt sich dessen, wie es bis
dahin gekommen ist, und hält – überaus kunstgemäß – den kriterialen
Übergang dahin voll der Fortschrittsjubilatorik im Bilde fest. Wie auf
(fotoprogressiven) Altären; Musteraltäre in Serienproduktion. Und nur für
diese kurze Reminiszensszene (ähnlich wie in science-fiction) benötigt man
den Marienkörper, der sich nach diesem himmlischen Kunstintermezzo in
seine Gemächer, also als Beton, des Schlagbohrers harrend, wiederzurück-
zieht. Woher man solches aber weiß?

Sacer. – Wider die Warenästhetik – gewiß. Nicht zuletzt aber knüpft die
Fotoinstallation, und zwar nicht nur äußerlich: durch ihre Anbringung auf
Werbeflächen, an diese, die immerhin doch noch Reste der skandalösen
Warenverfassung ästhetisch-transitorisch zu memorieren versteht, auch an.
Nur daß „Frauen und Männer" just den Krieg – den permanenten
Binnenkriegszustand, dinglich, inmitten des Friedens –, ungewohnt bisher
noch, zitiert. Und allein schon von dieser, in der Werbung unvorherge-
sehenen, Dimensionierung her, dem déplacement in die Produktionser-
füllung Destruktion, kommt ein erheblicher Zuwachs an mytho-artistischer
Gnostifikation unseres status quo zustande. HimmelundHölle ineins als
Erde, aufgerissenerkannt. Kriegsgunst.

Entrückung. – Simulacra der simulacra der simulacra der ... Fotounendlich-
keit. Das ist himmelsrichtig, und innerhalb dieser Richtigkeit ja Frauen-
wunsch gar. Himmelskönigin. Indessen – und wem macht dies keine Pein?
– vermag der augenfällige gnostische Konträrgehalt diese seine adap-
tierteste Maschinitätskundgabe eben nicht aufzulösen und zumal kein
Anderes, Ganz-Anderes anzubahnen? Und diese Vergeblichkeit dehnt sich
mitnichten nicht auch auf diese supplementäre intellektuelle Schreibe, den
Redundanz-Gipfel sodann Derselben Gewaltredundanz, aus.

Das süße Mädel vom Vermittlungsamt und die Mittwochabendherrenrunde nebenan

(aus: Début eines Jahrhunderts. Essays zur Wiener Moderne, herausgegeben von W. Pircher, Falter, Wien 1985)

Psychoanalyse 09
Für Wolfgang Pircher

I. Die Ausgangslage

„Vortragsabend: 17. Februar 1909. Anwesend: Freud, Bass, Federn, Graf, Hitschmann, Joachim, Rank, Sadger, Stekel. (69. Protokoll)

Aus den Erinnerungen eines süßen Mädels. (Vortragender: Dr. Sadger)

Es handelt sich um eine schwer hysterische, zur Zeit der Kur 23jährige Patientin, die an hysterischem Erbrechen und Übelkeiten litt und aus einer schwer degenerierten Familie stammte. Ihre Mutter war eine schwere Hysterika (Sadistin, Mondsucht), ihr ältester Bruder litt an Paranoia, ihre Schwester an Dementia praecox, während eine andere Schwester hart an der Grenze der Psychose stand.

Das Erbrechen hatte sich aus homosexuellen Gründen eingestellt; sie war als Telephonistin mit 200 Kolleginnen in einem Saale beschäftigt und verliebte sich homosexuell.“[1]

„Nur dann, wenn alle zum Wohlbefinden der Beamten notwendigen Maßregeln getroffen werden, kann man von denselben auch verlangen, daß sie dem Dienste nach jeder Richtung hin mit Eifer und der notwendigen Aufmerksamkeit obliegen.

Aus diesem Grunde wird auf den großen Vermittlungsämtern neben dem Betriebssaale auch ein Zimmer eingerichtet, wo die Beamten in ihrer freien Zeit Tee, Kaffee und kleine Erfrischungen erhalten können. Außerdem müssen für dieselben auch die notwendigen Toilette- und Garderoberäumlichkeiten zur Verfügung stehen, und es sind Anordnungen zu treffen, daß sie nicht mit ihren staubigen Kleidern und Stiefeln den Betriebssaal betreten.

---

[1] Protokolle der Wiener Psychoanalytischen Vereinigung, Bd. II. 1908-1910, hrsg. v. H. Nunberg und E. Federn, Frankfurt/M. (Fischer) 1977, S. 141 f.

In den größeren Vermittlungsämtern müssen 100 bis 400 Beamte auf einem kleinen Raume ihren dienstlichen Verrichtungen obliegen, es erhalten daher diese scheinbaren Kleinigkeiten große Wichtigkeit für den Gang des Dienstes. "[2]

„Sie hatte unzählige Liebschaften und Verhältnisse gehabt und schrieb im Verlaufe ihrer Kur ihre heterosexuelle Liebesgeschichte nieder. Nach neunmonatiger (sic! R. H.) Behandlung schrieb sie dann auch ihre homosexuelle Liebesgeschichte. – Aus diesen Bekenntnissen der Patientin liest nun der Vortragende die für die Genese ihrer Krankheit wichtigsten und sonst noch allgemein interessanten Abschnitte wörtlich vor.

Die wichtigste Rolle im Leben der Patientin spielt ihre Mutter, auf deren Nachahmung (respektive Verdrängung derselben) ihr Erbrechen zurückgeht. Bemerkenswert ist, daß die Patientin trotz ihrer zahlreichen ‚normalen' Liebschaften mehr homo- als heterosexuell war. Das deutet vielleicht auf die Natur der geborenen Dirne hin: sie wechselte immer ihre Verhältnisse, weil sie ihre homosexuelle Liebe nie so wiederfinden konnte wie einst bei der Mutter. Sie hielt auch nur da länger aus, wo der Mann der Mutter irgendwie ähnelte, besonders aber in der Grausamkeit. "[3]

„In die Zentrale münden sämtliche zu ihrem Netze gehörigen Telephonleitungen. Die Zentrale muß, um sich mit ihren Stationen verständigen und diese untereinander verbinden zu können, außer den Signalvorrichtungen und Manipulationsapparaten noch Umschaltevorrichtungen besitzen. Die Zentralen werden daher mit Kontaktklinken, Verbindungsstöpseln, Leitungsschnüren, Schlußklappen oder Schlußlampen und Kipptastern ausgerüstet.

Zur Unterbringung dieser Umschaltevorrichtungen und zu Manipulationszwecken dienen bei kleinen Zentralen Klappenschränke, bei großen Zentralen Multipelgestelle (Vielfachumschalter) als Zentralumschalter. Zum Umschalter führen sämtliche Leitungen der Zentrale, wie auch sämtliche Schaltungszwecken dienende Einrichtungen auf demselben montiert sind. "[4]

---

[2] Handbuch der Telephonie (Wietlisbach/Weber/Zacharias), Wien und Leipzig (Hartleben) 2/1910, S. 437.

[3] Zitat Fortsetzung, siehe Anmerkung 1.

[4] H. Scherer, Leitfaden für den Telephondienst, Wien (Selbstverlag) 1907, S. 40.

Muß man nicht sogleich der Versuchung widerstehen aufzuhören, weil alles dieses sich wie von selbst versteht und hinlänglich auch wie für sich selber spricht? Mittwochs abends gab's anschließend an den Vortrag aber immer auch noch eine Diskussion[5] – mit einer außerdem ausgelosten Reihenfolge der Diskutanten –, die diesmal wenig nur inspiriert anmuten mag, zumal sie in aufdringlicher Permanenz vom süßen Mädel – wahrscheinlich gar eine Berggassennachbarin (denn eine solche Telefonzentrale befand sich ebendort Nr. 34!) – abführt. Wohin? Freilich in die rechten Herrengefilde, den Don-Juan-Männertypus nämlich, zum Mannspendant, Mimesis-Gegenstück der enormen zweigeschlechtlichen Promiskuität des Telefonfräuleins. Man möge den Ablauf des Gesprächs diesbetreffend einmal nachlesen – hat wohl einer der Herren die Dame außerpsychoanalytisch gekannt? Wahrscheinlich auch paralysierte die Offenbarkeit ihrer schriftlichen Konfessionen, deren Authentizität fraglicher schien als die im einzelnen doch überaus instruktiven Gehalte, den dechiffrierungsgewohnten, eher doch detektivisch versierten und solche „Dissimulationen" abstoßenden fachlichen Zugriff: Ausdruck der psychoanalytischen Prärogative der Neurosen vor den Perversionen. Freud selber nur schien ein wenig diese (wie immer auch überdeterminierten) Fluchten abzubremsen: spricht von einem wertvollen menschlichen Dokument trotz aller Echtheitsbezweifelungen, räumt nicht-Wissen in dieser agierten Bloßlegungssphäre ein, beginnt auch über die konventionellen Restriktionen der weiblichen Sexualität zu meditieren. Honorig-waghalsige Bürgersleute also doch, die sich trotz aller Fliehensanfechtung nicht zu fein sind, in die schmählichen Abgründe der eigenen Ethologie hineinzublicken und diesmal das Kunststück fertigbrachten, ein süßes Mädel zu lesbarem Schreiben (wo ist das Manuskript geblieben?) zu bewegen? (Ein Vorbild für Tilman Moser?)[6]

II. Dekadenz

Es geht gewiß nicht an, in einem noch höheren Sinne, als die Psychoanalyse selber schon besorgte, hypermoralistisch also, über unsere Altvordern, diese Aufklärer aus Passion, sich herzumachen. Dies zumal nicht im Stile einer sich links gebärdenden Kritik, die sich post festum über die

---

[5] Siehe Anmerkung 1, S. 142-146.

[6] R. Heinz, Psychokitsch. Zum psychoanalytischen Autobiographiewesen, in: Das schnelle Altern der neuesten Literatur, hrsg. v. J. Hörisch und H. Winkel, Düsseldorf (Claassen) 1985, S. 172-190.

Arbeitsbedingungen und am besten die gesamte Sozialkondition – freilich sind sie überhaupt miese gewesen – entrüstet und die Pathogenese gar darauf zu kaprizieren versucht. Nicht nur daß dadurch das elende Rechnen provoziert würde: wenn nur eine Telefonistin von zweihunderten die Bahnen der Psychoanalyse kreuzen mußte, dann vermag doch nicht der Abonnenten-Arbeitsplatz in der Telefonzentrale ein solches Ausmaß an Dissidenz-Fluktuation zwischen Krankheit und Asozialität zu verursachen; mehr noch wird ein (nicht nur in seiner Ausschließlichkeit) *zweifelhafter Kausalismus – der familialistische der Psychoanalyse* – bloß abgelöst durch einen nicht weniger dubiosen und sicher schwächeren, wenn nicht überhaupt hinfälligen: den nämlich einer *direkten* (über den pathogenetisch zählenden Einbruchsort Infantilität einfach hinweggehenden) *Sozialgenese,* die selbst unter noch extremeren Klassenherrschaftsverhältnissen als weiland nach der Jahrhundertwende in Österreich so simpel nicht verfangen kann; und auch die ausgewogenste Kombination beider Verursachungsdimensionen gibt nichts Brauchbares für ein angemessenes Krankheitsverständnis her. Was alles aber ja nicht heißen darf, daß die Psychoanalyse wenigstens dergestalt im Rechte sei, daß sie den in die Generationenfolge wie naturwüchsig sich hineinverlierenden Hauptanteil der einschlägigen psychopathologischen Krankheitsätiologie wenigstens theoretisch im nachhinein disponierte. Im Gegenteil: diese Schuldüberfrachtung der Masse der sich fortwälzenden sterblichen Leiber, dieses Fühlbarkeits-Fleisches, jeweils kaserniert in der Sexualitätsverwaltungsinstitution Familie und obendrein noch psycho-verflüchtigt zur Psychogenese, muß den hilflosen Schatten dieses schlechten Unsinns, die apostrophierte direkte Sozialgenese, immer wieder auf den Plan rufen. Und in der Tat, es ward psychistisch Entscheidendes vergessen, nur daß es just nicht durch die Abstraktion: gesellschaftliche Objektivität als supplementierender Determinantenzusammenhang memorierbar zu machen wäre. Wie aber anders?

Begibt man sich an die Recherche dieses anderen Prozedierens, so beginnt die herkömmliche Psychoanalyse, einschließlich ihrer Vermittlung mit dem Historischen Materialismus (dieses Dauerdesiderats), als ganze zu wanken, ja schließlich zu kollabieren. Denn – um sogleich mit der Tür ins Haus zu fallen: *Krankheit* fungiert in dieser Gegenkonzeption einzig als *die Synchronie, die Exkulpation des fühlbaren Fleisches* (Cogitionalität) *als die Schaffung der Dinge* (Maschinität) *rückgängig machen zu wollen durch die Rückversetzung der in diese hinein verschwindengemachten Sterblich-*

keitsschuld in jenes retour: Krankheit-(Re)Usurpation dieses Dinggeheimnisses, des Produktionsgrunds selber (Phantasma der Autarkie, Absolutheit) und die selbstverhängte Strafe zugleich dafür, Verdammnis.

Es kann demnach gar keine konkurrierenden Größen – hier die behinderte Generationenfolge und dort die destruktionsdurchsetzte gesellschaftliche Objektivität, jeweils irgend quer zur subjektiven Gegenseite – geben: nein, diese (das Sein) ist die schuldabsorptive Opferausfällung jener (des Werdens), als Opferprämie – auf dem Niveau dinglicher Mortalität – immer dann rückerstattet, wenn die Ding-Ausfällungen geruhen, nicht sogleich für sich selbst ihre Absolutheitsansinnung als Martialität – Dingsuizid – zu erfüllen. Welche Erfüllung eben in Krankheit vorweggenommen werden will. *Krankheit: eine Art von infamer kriegsprophylaktischer Schuldresorption aus den Krankheits-kontextuellen Dingen selber, die sich in diesem todesgefräßigen Schulddeplazement zu – nicht-intersubjektiver – Gerichtsbarkeit auflassen.*

Was tut man damit der Psychoanalyse an? Nur Gutes, sofern man sie aus ihrem Subjektivismusgefängnis befreit. So enträt sie ihrer traditionellen Restriktion, einzig das Sexualitätsisolat hinfälliger Subjekte, und dieses wiederum bloß in imaginär-psychistischem Verstande, zu betreffen; als *Psychoanalyse der Objektivität selber* kommt sie fort zur *Ding-Gnosis, universellen Produktionsphilosophie,* „pathognostisch" mit dem Schwergewicht auf der Produktivitässtase am Ort des hypostasierten Konsums, genannt Krankheit. Und in dieser Verschiebung/Verschobenheit je schon bewahren sich alle psychoanalytischen Grundannahmen deplaziert bestens – unter ihnen sogar die Kindheit als der Ausstattungsort schlechthin der Behinderung der restlosen Schuldabsorptivität der Dinge.[7]

Jetzt muß das Mittwochabendexempel wieder her. Also firmieren – nach dieser Subversion der traditionellen Psychoanalyse – die angeführten *Symptome:* das hysterische Erbrechen und die Übelkeit und die grundierende Homosexualität, als krankheitsgemäßer *Einbruch in die Makrounbewußtheit des betreffenden dingdurchsetztesten Tuens-Kontextes,* des Abonnenten-Arbeitsplatzes in der Telefonzentrale, dieser damals recht

---

[7] Unter dem Titel „Pathognostik" ist der Versuch angelaufen, die herkömmliche Psychoanalyse dergestalt gründlich kritisierbar zu machen. Nach der Vorgängerschaft der *Eule* (Diskussionsforum für rationalitätsgenealogische, insbesondere feministische Theorie, hrsg. v. H. Heinz, 1978 bis 1984, Prolit-Buchvertrieb) fungiert nunmehr als Publikationsorgan für diese Psychoanalyse-Kritik *Kaum* (Halbjahresschrift für Pathognostik, hrsg. v. R. Heinz, Wetzlar [Büchse der Pandora] ab 1984).

avancierten Technologie. Krankheitsgemäß – das heißt, daß die Bestreikung dieses Maschinenanschlusses der Vermittlungsdame zugleich als Binnenmotivation der Streikbeendigung (Therapeuten vor!) sich effektuiert, so wie der Gedächtnis-/Produktionsgnosisaufriß darin den kräftigsten Anlaß des Gegenteils, peremptorischen Vergessens nämlich, ausmacht. Das liegt am Sanktionscharakter in Krankheit: der Strafe für die Schuld-(Re)Deplazierung als Negativ-Fühlung: Leiden, Schmerz, und mit der schwindenden Übelkeit – man darf doch davon ausgehen, daß Dr. Sadger es therapeutisch schaffte? – will eben auch das Sichtinitial auf die Dingverfassung, der mögliche Anfang eines intellektuellen Moratoriums in Krankheit, Inauguration von Technikphilosophie, emphatisch, vs. Ingenieurwissenschaft abbiegen in die alte gläubige Blindheit gänzlich wieder zurück.

Ungereimt? Ja, warum ist's denn just dieses süße phoné-fornicon-Mädel, dessen Süße durchs Kotzen freilich buchstäblich beeinträchtigt gewesen sein muß, das dem Maschinen-Arkanum, diesem Innersten der hiesigen Gottheit entschieden zu nahe kam? Warum es und nicht die hundertneunundneunzig anderen Weibspersonen in der Zentrale? Wie soll man sich des Antwortsogs abermals in die falsche Psychogenese hinein erwehren, wenn die unabweisbare Frage nach den Konditionen dieser in sich zerrissenen Auserwähltheit mißglückender Säkularmystik mit technischen Dingen aufkommt? Gewiß, die Nicht-Porösität der Dinge (daß sie schließen, sich verunbewußten sollen), sie wurde unsere Pioneranalysandin, mit der indessen wenig nur Staat zu machen war, familial sicherlich nur sehr schwach gelehrt. Doch diese unterstellbare Eignungsmitgift zum mißratenen Telefonvermittlungs-Schamanismus macht keineswg den *Erklärungsgrund der Krankheit,* der dagegen – gar nicht kausalgenetisch – *die Notwendigkeit der Bestrafung des Produktionsgeheimnis-Verrats* als pathologiegemäße *Gerichtsbarkeit der* entsprechenden *Dinge* exklusiv *zum Zweck der Stabilisierung dieser Schuld- und Opferlogik insgesamt* besagt und dessen Aktualisierung, wenn nicht alles täuscht, rein nur statistisch determinierbar statthat: daraufhin kontingenterweise trifft das Eine zum Anderen (immer post productionem), und das sich knüpfende Krankheitsband braucht nicht nicht lose geknüpft zu sein. Ja, man mag, diese Losheiten betreffend, im Beispiel speziell auch noch annehmen dürfen, daß die Hysteriepotentiale – als diejenigen der Theater-Mimesis ans Dingallerheiligste – für das Zustandekommen gleichermaßen wie für die Instabilität dieser dissidenten Subjekt-Objekt-Beziehung (der Objektauflassung ins Subjekt sanktionierend hinein) in bedeutendem Ausmaße mitsorgten, und daß die grundierende Homosexualität hingegen sich als sich – wohin? jedenfalls nicht ebenso in Krankheit sensu stricto hinein? – verlierender Offenbarungswiderschein der korrespondierenden Telefonvermittlungsamtlichkeit insgesamt festsetzte.

„Wo in irgendwelcher Form der Wille zur Macht niedergeht, gibt es jedesmal auch einen physiologischen Rückgang, eine décadence."[8] Ja, wenn man aber mit ausnehmender Evidenz erfahren will, daß solcher Verfall nichts denn die Binnen-Selbstmotivik dieses Willens – kurzum der dingversierten martialen Spitzenrationalität – en gros nur selber ist; daß sein Anti-Bürgerliches sich in den Anfang der Hyper-Bürgerlichkeit hinein restlos aufzulösen versteht, dann studiere man die Psychoanalyse von diesen ihren Anfängen bis zur – diese mehr-als-Dialektik der Aufklärung exekutierenden – Gegenwart: diese einzige Leergeste einer zum Scheine anderswohin leitenden Spezialdekadenz. Kein gnostisches Atemschöpfen (mit Fluchtwegvirtualitäten – vielleicht); der ganze einschlägige Theorie- und Verfahrensaufwand untersteht bloß dienstbar-adaptiv dem Großen Zweck, alle Gnosis-Inkarnation, zumal selbst die scheiternde der Krankheit, a fortiori zu beschuldigen; und dies mit dem nur noch frommen Argument, Krankheit mache es selbstkulpativ ja vor, wolle es nicht anders: Mohrenwäsche der Objektivität ohn Unterlaß. Versteht sich, daß sie aus Sicherheitsgründen die untätlichste und (wenigstens zum Scheine) auch adaptiv nachgiebigste Psycho-Krankheit zum thema probandum wählte: die Neurose – freilich wäre es der Mittwochgesellschaft schon entschieden lieber gewesen, das Mädel hätte ausschließlich eine Hysterie gehabt und nicht zudem noch „polymorph-pervers" bezeichnet werden müssen –, so als dürfe es zum Pathologieultimatum (über die Perversionen zu den Psychosen) deshalb nicht kommen, weil dieses den Anschein erwecken könnte, daß wenigstens Schwerstkrankheit eindeutig doch einen unauflösbaren Anpassungswiderstand darzustellen vermöchte. Was selbst noch in umgekehrter (und also ebenfalls falscher) Version bis hin zum „Anti-Ödipus" Deleuzes/Guattaris fortgeschritten als besondere Schizophrenie-Reverenz (inklusive aller Rettungsakrobatik derselben) imponiert.[9] Psychoanalyse –

---

[8] Fr. Nietzsche, Antichrist, Musarion-Ausgabe 17, S. 186.

[9] Siehe dazu: Schizo-Schleichwege. Beiträge zum Anti-Ödipus, hrsg. v. R. Heinz und G. Ch. Tholen, Bremen (impuls) 1983; auch R. Heinz, Taumel und Totenstarre. Vorlesungen zur Philosophie und Ökonomie, Münster (jetzt Frankfurt/M.) (tende) 1981. Das Motiv der Exkulpation durch Verdinglichung findet sich besonders deutlich, wenn-

Telegraphieernährung, -feinkost sondersgleichen; und die epochale Leidenschaft hatte selbstverständlich unter anderem (bis zum Weltkrieg fehlte nur noch ein halbes Jahrzehnt) nichts anderes als solches wie die Telegraphie zum Sujet. Sadgers Eigenart aber, die Freud notorisch nicht besonders liebte – wegen der ausgeprägteren Dekadenz darin? –, sollte bedenklich bleiben; denn nicht bloß betrieb er die Prärogative der Perversionen; er sorgte zudem dafür, daß diese Schändlichkeiten – hier im Fallbeispiel jedenfalls – schriftlich beständig blieben: schöne Kongruenz von Form und Inhalt, beide gleichermaßen psychoanalytisch verpönt: diese Krankheitsart im Übergang zur Asozialität und ihr Fixativ als niedergeschriebene Selbstkasuistik gar. (Freilich – alles nur aus therapeutischem Eifer.)

III. Die Sexualität der Telefon-Vermittlung als solcher

Man hat pathognostisch keine andere Wahl, als derart anstößig von der Sexualität der Dinge selber zu sprechen;[10] denn sonst bleibt's beim Außenvor der Objektivität und deren höchstens unverbindlichem bis verwerflichem Symbolismus immerdar. Wofür die Telefonzentrale als Repräsentationszusammenhang übertragenerweise stehen kann, nämlich für Sexualitätsphantasmata wie im Traum, in Symptomen (diesem Schein festgefahrener Unverbindlichkeit), wie etwa auch, abgelöst, in Kunst, gilt nach der Lehre der Psychoanalyse bloß als projektive Zutat, isolierbares Supplement zu ihr – der Zentrale – selber, der sie objektiv nur sei, was sie eben sei (und sonst nichts), und muß somit in dieser seiner Abträglichkeit alleine auf der Cogito-Fühlbarkeitsseite als Schuldaufkommen verantwortet werden. Dagegen setzt sich pathognostisch dieser *scheinbar heterogene Zusatz, das Verhexungsferment der Dinge,* als *deren Produktionsgrund-Apriori selbst schon* frei; und Krankheit avanciert folgegerecht zu einer Art Rückspiegelung, der Hyperreflexion desselben im Subjekt auf der anderen Seite, wie wenn das tote Spiegelbild in den gespiegelten Körper (wieder)einginge und sich dort zum letalen Bewußtsein seiner selbst als

---

gleich nicht expliziert in H.-D. Bahrs „Über den Umgang mit Maschinen" (Tübingen [Konkursbuchverlag] 1983): S. 493, z.B. „Entschuldung als maschinelle Transmission".

[10] Siehe dazu – ebenso direkt: R. Heinz, Welchen Geschlechts sind Fernsehapparate? Kommunikations-gnostisches Vorspiel, in: Tumult. Zeitschrift für Verkehrswissenschaft, Nr. 5, Wetzlar (Büchse der Pandora) 1983, S. 70-87.

Schmerz der Todesanmaßung brächte; ein lebensbedrohlicher Vorgang mit tödlichem Ende, was man ja spätestens seit der Narzißmythe wissen müßte.

Die Problemstellung der Sexualität der Telefonvermittlung als solcher lautet – um es kurz zu machen – demnach: *was an* phantasmatischen *Sexualitätsstoffen ist* (ist = transsubstantiativ) *in die Technologie der Telefonvermittlung eingegeben,* dorthinein geopfert *und subsistiert ebendort* mortal und verschlossen, verdichtet und verschoben, fundamental-metaphorisch und -metonymisch *in schuldabsorptiver Ding-Unbewußtheit; bis – in welche Pathologieversionen hinein? – dieselben Stoffe* – als resorbiert-deplazierte, entmetaphorisierte und remetonymisierte und abermals als verurteilte halbwegs abgedeckte – *symptomatisch imponieren,* so daß sie in dieser ihrer symptomgebundenen Disfunktionalität die Geradewegs-Rückkehr in ihre alte Heimat, die Reifikate, nachdrücklich zu reklamieren scheinen? Um nun nicht ein dickes Buch zur Antwort schreiben zu müssen, mag es angehen, nur an einer Stelle in diesen methodologischen Zirkel der Pathognostik einzutreten, und zwar *am Ort der Symptome.* Und vielleicht ist auf das thematische Protokoll 69 (sic! R. H.) der Mittwochabend-Gesellschaft doch soviel Verlaß, daß es trotz des fehlenden eigenkasuistischen Textes, der Ausweichmanöver in den Don-Juan-Gigantismus männlicher Homosexualität, der Lückenhaftigkeit der entscheidenden Problemtopoi etc. einen wie immer auch inkompletten Leitfaden für die beabsichtigte Telephonie-Illumination abgeben könnte. Besonders mangelhaft aber wird ob der eigenen Inkompetenz die unabdingbare Mitsicht auf technisch-ingenieurwissenschaftliche Details bleiben müssen, unzuträglich für die Stringenz der kriterialen Technik-Gnosis als Ablösung der Psychoanalyse mit ihrer lebensgeschichtlich-psychogenetischen Krankheitsätiologie.

Übelkeit, hysterisches Erbrechen

In diesen Symptomen re-präsentiert sich (buchstäblich) der Exzeß des Nicht-Abwurfs an „Nahrung", also an Selbstbildungspotentialen, im reinen (selbst schon proto-maschinellen) Vermittlungswesen; rein, insofern die Lust an der Kuppelei-Intrige, einer Art von Puffmutter-Lauscher-Passion zum Zwecke universeller Anarchisierung (und mehr) von der Maschinität der Telefonvermittlung absorbiert ist; *Leidenschaftsenteignung,* nur noch dieselbe Leidenschaft im Mortalen dieser Technologie.

Als mitkonstitutiv für diesen Exzeß in diesem symptombestreikten Selbst-vernichtungsvorgang imponiert hauptsächlich die Hades-Sprechverfassung: *Phoné-Transfigurate, Hör-„Bilder",* die ja keiner platonistischen Ideierung bedürfen, weil sie durch ihre Maschinisierung selber ja schon spirituell gemacht sind (der erfüllte Traum von der Koinzidenz von Wesen und Erscheinung, gleich von welcher dieser Bestimmungen ausgehend her). Zudem sind sie als *phonetische Isolate* gegeben; in sich mortal, breiten sie wiederum nur potenziert imaginär ausfüllbare Leere (der eingedenkenden Pseudologie von Ursprung) aus: sie sind verblendet, ruchlos, ohne Geschmack etc. in dieser ihrer ganzen Hurenhaftigkeit des Nur-Gehörs.

Exzeßpedalisierend wirkt sich nicht zuletzt auch die Heerschar von weiteren *hundertneunundneunzig* depotenzierten Himmelskupplerinnen, noch-nicht-ganz-Engelinnen aus; diese damals noch unverzichtbare Fleischmasse muß als besonderer Legitimitätsgrund der des Aufstands baren Protomaschinisierung, Partialeinspannung in den Mortalitätskontext dieser göttlichen Technologie besonders verwirren, die Glaubwürdigkeit des grandiosen Bestandes dieses Monumental-Memorials erlaubtester Kuppelei edelschmierigsten Ausmaßes bei allen Beteiligten unter der Hand stärkstens in Zweifel ziehen.

Die *Übelkeit* wäre demnach nichts anderes als die *Dauerbereitstellung für den* gänzlich *ausbleibenden Erhalt von Selbstbildungs- und -füllungsmaterialien;* und das *Erbrechen* die ausdrückliche *Vollstreckung dieses Nichts an Erhalt,* die, wenn sie sich pathologisch steigerte, als eine Art von Sich-Selbst-Erbrechen (Negativ-Selbstgeburt, nicht mehr nur obenauf hysterisch, organifiziert vielmehr, endlich der Tod) entropisierte. Und das *Erbrochene* eben dies *Nichts an Selbst als die Fülle des Anderen:* als dieser Opferstoff dann die Abspiegelung der Telefonzentrale selber: Kotze auf dem Abonnenten-Arbeitsplatz, dessen verwerfliche Duplikation als sein noch nicht vollgültig reifiziertes Vor- und Nachstadium.

Schwerlich wird man davon ausgehen können, daß die Lüsternheit des Mithörens (war's technisch möglich?) die generative Mächtigkeit für solche Hysteriesymptome besäße; nein, das Mithörenkönnen machte die Passionsenteignung ein wenig schwächer, oder genauer: stellte die Grundlage einer eher reineren neurotischen Erkrankung dar. Und man muß einfach aus Gründen der Menschlichkeit (Psychohygiene) den Telefonistinnen noch im Nachhinein konzedieren, daß sie in den Pausen und am Feierabend tüchtig hätten lästern dürfen.

Warum aber die *Substitution des Gehörs durchs Gefräß?* Warum keine HNO-Symptome direkt? Gewiß, solche seltsamen Fungibilitäten beruhen immer auf der „Freigelassenheit" des Menschkörpers, prinzipiell. Und im besonderen sind ja beide Organsysteme rezeptibel organisiert. Und beim süßen Mädel müßte man zudem mit der Annoncierung der frühen und frühesten Mutterleibsphäre rechnen; womit die Überleitung zum grundierend schon genannten Syndrom geschafft wäre:

Homosexuelle Verliebtheit, Homosexualität

Nichts auf allen Ebenen: die Urszenen-Viskosität der Kuppelei, traktiert nach der Maßgabe der Trennung von „Vorstellung" und „Affekt"; und aufgeteilt dergestalt, daß der Telefonistin nur die leere Vorstellung bleibt, die Telefontechnologie sich dagegen den Affekt vorbehält (und sich am überflüssig subjektiven Vorstellen als sie selber zudem parasitisch nährt). Und was die leere Vorstellung vorstellt – letztlich die sich übereinander hermachenden, sich vernichtenden (sich auffressenden) vermittelten Telefon-Abonnenten (Bombeneinschläge also) –, kann ebensowenig gehalten sein, Selbstresiduen aufrechtzuerhalten; stattdessen vorbereitet es konsequent die Liquidation dieses Restes noch an sich selbst. Denn: wenn's materialiter Nichts mehr vorzustellen gibt, dann geht auch das Vorstellungsvermögen selber zu Ende. Wie also soll man an diesem Schreckensorte, wenn man's ernst nimmt mit diesem Bei-sich, überhaupt existieren können? Die *homosexuelle Verliebtheit,* das ist die *Notbremse der Existenzsicherung,* wenn der glaubensverstrickte Unglaube, Krankheit, bis dahin gedieh; ein progredienter Verzweiflungsakt, *um die Ubiquität* all *dieses Nichts* doch noch *aufzufüllen und entnichtet anzueignen und spürbar zu machen;* dies freilich – wie sollte es in der Immanenz dieser Opferverhältnisse eh anders gehen? – durch die *Fühlbarkeitsanamnesis* eben *des affektionierten Selbstopfers an die Muttergottheit:* Beschluß der Tochter, selber als Tochter einzig Phallus der Mutter zu sein, um diese durch diese Art Selbstverstümmelung doch noch dazu bewegen zu können, ein brauchbares Stück ihrer selbst herzugeben, Differenz zuzulassen (im Apriori der Indifferenz); Sterblichkeit einzuräumen (im Vorausgang der Immortalität). *Sujet der homosexuellen Verliebtheit* ist *der Vorbehalt der Selbst-Rückgabe der Telefonzentrale* demnach, dieser phonetisch spezialisierten Mutterleibleiche, *travestisch versetzt* in die *exogam sexuelle Affektion* etwa für eine Mittelefonistin; welche Versetzung die Verschuldens-Prätention, den Vorbehalt fromm nicht Vorbehalt sein zu lassen, nur steigert, ja pathologisiert. Nicht nur daß die lesbische Turtelei die Arbeit stört, sie führt auch vom Wunschziel ab in die vervielfachte Unmöglichkeit der Erzwingung von Selbstresten. Und also folgt zirkulär Übelkeit und Erbrechen und so zirkulierend weiter. Freilich hätte es noch schlimmer kommen können; doch gab's den, wie immer auch zustandegekommenen, Rückhalt, den Ultimatisierungssog solcher Krankheit aufzuhalten. Im Extrem nämlich wäre die homosexuelle Tochter in die Mutter hinein zurück ganz verschwunden – selbst auch ihre, grob geschätzt, Viertelsgeburt revoziert! „Mondsucht", Somnambulismus: diese Epilepsie lebt ja von der Binnenaufzehrung des Phallus-Introjekts (am besten sogleich als Tochter), das, wenn es eigne Existenzrechte reklamiert/wenn die nächtige Apotheose schuldhaft zu Tode erschrickt („Sadistin"), abgeht als Abort, verkommt, stirbt. „Es scheine ein exquisiter ‚Wurmfall' zu sein (sc. Freud bezieht sich hier wohl auf jene Parasiten, die oft die Mastdarmschleimhaut von Kindern reizen), wo zuerst die Analkomponente gereizt wird, wodurch das Individuum dann zur Onanie komme." *Selbst-Wurmfall.* „Der ‚Blutkomplex' hat ... seinen Ursprung auch hier wie gewöhnlich im Periodenblut der Mutter, das den sadistischen Erregungskreis weckt." (Zitate aus der Diskussion)

Engelkind. Davor aber und auf die extrauterine Ebene hin symptomatisch – intestinal – ein wenig weniger prekär fortgeschritten, subsistiert jenes Relikt an frühester Sinnesfrühe, die Telefonvermittlungs-*Leerheitsinversion des Klangmutterleibs* (schon in den ersten Lebenswochen, intrauterin, funktioniert eine Art von Vor-Hören, wie gar experimentell nachgewiesen wurde) just *als haltloser Selbstrest.* Und es war an jenem Mittwochabend so, als wäre dieser Zusammenhang sehr umwegsam und unter der Decke doch präsent geworden, und zwar über den Manns-Fluchtpunkt Don Juan vermittelt: „Zum echten Don Juan-Typus müsse man auch Mozart zählen, der ewig ein Kind geblieben ist, was besonders beim jungen Mozart (in den Briefen) sehr schön zum Ausdruck komme." (Ebd.) Mozart in der oberen Unterwelt – die Telefonzentrale; Apoll ist ja nicht zuletzt auch ein Todesgott. Und in der raschen Konsequenz dessen richtet sich in unseren Tagen dann der Anti-Ödipus am Ort des Maschinenabtritts des Phoné-Zusammenbruchs, des Stimmenhörens, der Psychose ein, als stehe – so jedenfalls oft die wohlfeile Suggestion – dieser Abtritt für ein ganz Anderes.

„Nehmen wir ein Beispiel aus dem geheimnisvollen Bereich des Telefonnetzes: die Nummer eines nicht besetzten, aber einem automatischen Anrufbeantworter angeschlossenen Telefons wählend (‚diese Nummer ist nicht besetzt'), kann man ein Gewirr summender, sich überlagernder Stimmen vernehmen, Stimmen, die sich gegenseitig rufen, sich antworten, die sich überkreuzen und verlieren, die ober- oder unterhalb des Anrufbeantworters laufen oder in dessen Inneren, sehr kurze Mitteilungen, in schnellen und monotonen Codes abgefaßten Äußerungen. Der Tiger sitzt im Netz, man könnte fast solches auch von Ödipus sagen. Jungen rufen Mädchen, Jungen rufen Jungen an.... Das normale Telefon, bestimmt, Kommunikationsmaschine zu sein, funktioniert doch so lange noch gleich einem Werkzeug, als es dazu dient, Stimmen, die als solche nicht Teil der Maschine sind, nur zu projizieren oder weiterzutragen. Dort aber hat die Kommunikation eine höhere Stufe erreicht, insofern die Stimmen mit der Maschine ein Stück (eine Einheit) bilden, Teile der Maschine geworden sind und vom automatischen Anrufbeantworter auf Zufallsbasis ausgesendet und verteilt werden. Das weniger Wahrscheinliche gestaltet sich auf der Entropiegrundlage aller sich wechselseitig ausschließender Stimmen. Unter dieser Perspektive findet nicht allein ein perverser Gebrauch oder Anpassung einer technisch-gesellschaftlichen Maschine statt, sondern die Überlagerung durch eine wirkliche objektive Wunschmaschine, deren Aufrichtung innerhalb der letzteren. Derart können die Wunschmaschinen in den künstlichen Freiräumen einer Gesellschaft entstehen, wenn sie auch anders sich entwickeln und den Formen, denen sie entstammen, nicht gleichen."[11]

Worauf eben des Abtritts wegen (Aborta heißt das süße Mädel) der Tod je schon gefolgt ist (und folgt). Die Telefonzentrale selber also verweigert Freud die Gefolgschaft in seinem Versuch, ihre abtrünnige Sklavin, in der Abtrünnigkeit Sklavin verbleibend, die also kranke, diagnostisch eher den Neurosen (Hysterie) zuzuschlagen: „Auch die Patientin ist vielleicht nicht, wie Sadger es ausdrückte, eigentlich mehr homo- als heterosexuell. Sondern ihre Heterosexualität ist eben ungehemmt und frei; für die Homosexualität jedoch unterliegt sie denselben Einschränkungen wie ein gewöhnliches Weib für ihre Heterosexualität." Sadger dagegen: „Patientin habe von frühester Kindheit an das homosexuelle Objekt festgehalten, und auch die heterosexuelle Befriedigung sei nur unter Schwierigkeiten vor sich gegangen." (Ebd.) Sadger ist also (freilich ohne diesen Bezug auch nur im geringsten herzustellen) wie strenger „monotheistisch" der Telefonvermittlung näher gekommen nach der Maßgabe der Reflexionsnähe der Kranken dazu selber: des festgehaltenen Übergangs zum ausgesetzten Allerinnersten dieser Gottheit/zum psychotischen Kollaps.

Und die Männer – wo sind sie geblieben? „Kein Interesse für den Penis?" (Ebd.) Ein solches Interesse muß ausbleiben, insofern die Zentrale (wie alle Technik überhaupt) Inbegriff der Vernichtung von Mann, fleischlich, als die Aufrichtung seiner peremptorischen Herrschaft, geistig, ist: *Phallus als Kriegsprinzip, eo ipso christlich;* denn solche Phoné-fragmentierte Mutterkörper-Todes-Metonymie und -Fundamental-Metapher besteht *schon dem Opferstoffe nach,* substitutionell, aus dem *universalisierten Corpus Christi;* und es mutet wie ein obsolet neuheidnischer Protest an, überhaupt noch tote Weiblichkeit in den Objektiva zu zitieren. (Wie lange ist's noch bis zum großen Krieg?) Angemessen starb der Vater der Patientin wohl recht früh. Der „tote Vater" Corpus Christi (Puffmutter-Mumie etc.) die Zentrale.

Offensichtlich aber blieb als Travestiegehaltlichkeit einer Art von Protosymptomatik bezeichnenderweise in der Kindheit ein enger Spalt zum Innersten der in einem weiten Sinne betreffenden Dingarkana offen – vielleicht ein Hauptgrund dafür mit, daß es nicht zum Krankheitsultimatum wie bei den meisten der Geschwister gekommen ist (Paranoia, Dementia praecox etc.)? –: „Interessant ist, daß Patientin nach dem Tode ihres Vaters

---

[11] G. Deleuze/F. Guattari, Anti-Ödipus. Kapitalismus und Schizophrenie I, Frankfurt/M. (Suhrkamp) 1974, S. 500 f.

bei der psychischen Schmerzäußerung der Verwandten Wollustgefühle empfand." Und wenn sie onanierte (wenn sie überhaupt onanierte), dann im Stile der „männlichen Klitoris-Onanie" (vs. „Vaginal-Erregungsfähigkeit") – ein Dirnencharakteristikum. (Ebd.) In der Kindheit also ließ es die Telefonzentrale, selbst noch nicht spezifisch avisiert, durchaus zu, ein wenig bewußt gemacht zu werden, und zwar auf der Grundlage der Gefahrlosigkeit dieses Kinderkramwesens für sie, dieser diffusen ohnmächtigen Witze, die spätestens später dann alle, zumal in diesem schwer degenerierten Milieu, restlos in Krankheitsräson übergeführt werden konnten. Nicht zuletzt der besondere Witz des infantilen Geschwisterinzestes: Patientin „trieb ... mit ihrem Bruder allerlei Sexuelles ... (wahrscheinlich mutuelle Onanie, nicht, wie Patientin mißverständlich sagt, ‚homosexueller Koitus')..." (Ebd.) (Weshalb nicht doch, durchaus folgerichtig, von hinten? R. H.) Aller *Geschwisterinzest* verweist nämlich in die *Sphäre der Engel,* des *Vermittlungswesens,* also im voraus schon in die Telefonzentrale; versteht sich, daß diese Kupplerin mit besonderer Vorliebe Geschwister kopulieren macht; denn sie mimen (zumal von hinten) das Nichts der Eltern im Übergang und lösen sich dahinein selber auf als Informationsindustrie. Mag sein, daß die Authentizität der Kinderszenen bezweifelbar ist; doch geben sie trotz ihrer mutmaßlichen literarisierenden Klitterung, der Ausziehung von „Keimen" (ebd.) zu umrissenen Phänomenen, in aller Präzision so etwas wie *Infantilitäts-legitimierte Protosymptomatik* und damit *wesentliche Gnosismotive* für deren pathognostische Transkription in die Telefonzentrale selber hinein her. Vielleicht ist das Band zwischen dieser und der pathogenen Mitgift der kranken Telefonistin doch nicht so lose geknüpft? Man darf ob der Genauigkeit der Übereinstimmung zwischen dem – den Symptomen entnommenen – sexuellen Opferstoff und der entsprechenden daraus gebildeten Dinglichkeit mutmaßen dürfen, daß die Arbeit in der Telefonzentrale gewählt wurde, und selbst wenn nicht, so reißt sie allemal synthetisierend die Vorgabe der mit dem Dinginneren identischen subjektiven Prädispositionen an sich; was im Nachhinein dann doch wie eine Wahl anmuten mag. Witze über solche Vermittlungtätigkeit aber müßte man insbesondere recherchieren; sie machten es einem leichter, den Primärprozeß/das Unbewußte solcher Institutionen zu heben. Man müßte dann aber sogleich rigoros dafür sorgen, daß die im Witz momentan gelüfteten Produktionsgeheimnisse nicht unbesehen wieder in die betreffende Dinglichkeit hinein sich rückverschlössen; zumal auch nicht dem sie resorbierenden Lacher, schon bevor er lachen konnte, irgendwo (hineingeschoben in den Ort ihres Herkommens auf des Fleisches Seite) zu seinem Schmerze steckenblieben. In eine Glashaut hinein müßte man sie verpacken und bewahren und damit hausieren gehen und sie überall vorzeigen. Geht das? Und zu welchem Zweck?

Was also *ist eine Telefonzentrale?* (Das „ist" wie bei der Wandlung in der Messe, transsubstantiativ, a-symbolisch verstanden, schon am Ort der Produktion formuliert; denn Christen sind wir allzumal.)

Sie ist ein blindes immobiles Kuppelweib, das in seinem nach Subsistenz- und Generationssexualität ungeschiedenen (Identität von Verdauungs- schlauch und Genitalinnereien) verschlossenen Leibesinneren die einzig in ihre Kinder umgewandelten Mannsglieder (hier wäre außerdem auch die bisher noch nicht erwähnte Stromzufuhr nachzutragen!) nach diesem ihrem eignen Reproduktionsmodell in eine Vorvernichtungskopulation zueinan- der bringt – Schwester, die den Bruder aufzehrt –, um sich von diesem Ineinsgebilde der Geschwister/Kinder zu nähren. Immer aber kurz bevor es zu dieser Mahlzeitsequenz kommt, geschieht ein wundersamer Stimmen- austausch (im Letzten Engelsmusik, Mozart).

Wehe dem aber, der in diesen unterwelthimmelsheiligen Vorgang irgend unfromm hineingerät. Wenn er nicht sogleich daran stirbt, muß er zur Strafe wenigstens schwer erkranken. Vielleicht versteht man jetzt auch die verruchte Platznahme des süßen Mädels in diesem Tempelinnersten genauer: Übelkeit und Erbrechen kommen dadurch zustande, daß die Schwester den Bruder zum Opfermahl eben nur vorbereitet (indem sie sich von hinten etc.): also noch nicht einmal anknabbert, also die Mutter auszuhungern sucht, dabei aber selbst nicht minder leer ausgehen muß. Und die homosexuelle Verliebtheit versucht dieses Verbrechen an Viertel- herzigkeit frustran zu verschleiern. Man sieht: der erste Weltkrieg mußte kommen; denn auf einer solchen lauen Grundlage gibt's keinen Fortschritt (und dessen Gegenteil mitnichten eh auch nicht).

IV. Ausblick

Versteht sich, daß nach diesem traurigen Fazit auch der zweite Weltkrieg kommen mußte. Denn nicht zuletzt aus humanitären Gründen galt es, die Telefonistinnen, auch wenn sie beileibe nicht alle erkrankten, maschinell zu ersetzen: das vollautomatische Vermittlungsamt. Das Ende solcher schier unerschöpflichen Verbesserungen aber ist wohl erst nach dem dritten Welt- krieg abzusehen. Bis dahin muß sich die Psychoanalyse immer noch bereit finden, Krankheiten nunmehr der Telefonkonsumenten, da es ja keine mit Telefonistinnen besetzten Telefonzentralen bei uns mehr gibt, geduldig zu therapieren.

Psychokitsch

Zum psychoanalytischen Autobiographiewesen

(aus: Das schnelle Altern der neuesten Literatur, herausgegeben von
J. Hörisch, H. Winkels, Claassen, Düsseldorf 1985)

I. Sturm im Wasserglas

Es geschah zu Kassel während des ersten Symposions über Psychoanalyse-
Literatur-Literaturwissenschaft, veranstaltet vom Wissenschaftlichen Zentrum II der dortigen Gesamthochschule am 7. November 1982 vormittags:

„A. M.:

‚..., und ich frage mich, ist es, wenn wir hier zusammenkommen zu einem
Symposion, wo wir uns unterhalten und verständigen wollen, nötig, solche
Vorträge zu halten, es waren ja einige sehr schwer verständlich, und für
mich war es hauptsächlich der von Herrn Heinz, wo vorausgesetzt wird,
daß dieser Dialog nicht funktioniert. Das ist mein tiefes Unbehagen bei dieser Tagung, daß da irgendwo etwas abgerissen ist, wo ich mich ...'
(Durcheinander im Plenum) ‚Lassen Sie mich noch einen Satz sagen, den
ich eben vergessen habe: ich stelle die Forderung an die Wissenschaft, daß
sie eine Sprache entwickelt, die Verstehensprozesse anregt und nicht
abschneidet, und daß sie dialogfähig sein soll, daß sie mitteilbar sein muß.'
(Beifall)

R. H.:

‚Das ist genau die Gegenthese zu meiner Denkpraxis. Und wenn Sie von
Dialog, Kommunikation usw. sprechen, so assoziiere ich Psychokitsch.'
(Durcheinander im Plenum und auf dem Podium, Lärm, Durcheinander-
reden)."[1]

Der Protokolltext gibt die ganze Bewegtheit der Szene schwach nur wieder.
Wechselseitig wurde da ein Nerv getroffen. Was hatte ich in meinem Vortrag Schlimmes angestellt? Scheinbar simpel hatte ich direkt zu zeigen ver-

---

[1] frag-mente. Schriftenreihe zur Psychoanalyse, hrsg. vom Wissenschaftlichen Zentrum II der Gesamthochschule Kassel, Bde. 2/3, März 1982, S. 321 f.; der besagte Vortrag (Von der Depotenzierung der Hermeneutik und/oder der Psychopathologie. Franz
Kafka: „Gespräch mit dem Beter") findet sich ebenda, S. 147-175; und die Kafka-Er-
zählung selbst in: Franz Kafka, Sämtliche Erzählungen, Fischer-Bücherei 1078,
Frankfurt/M., 1970, S. 186-191.

sucht – nicht also bloß darüber geredet, daß dem so sein könne –, daß am Kafka-Text „Der Beter" das übliche psychoanalytische Deutungswesen zerschellt, wenn immer man das Gebaren des Beters auf den Text der Betererzählung selber extrapoliert. Zugegeben, das ist kein gebräuchliches Verfahren, dem Kafka zudem wenig nur entgegenzukommen scheint, sofern er die – wie eine Hypokrisiefalle dann wirkende – Textur heil beläßt. Doch meinte ich, Sympathien dafür in einem Kreis voraussetzen zu können, der klinisch die Absprengung der psychoanalytischen Deutung vom sich entziehenden Gedeuteten kennen müßte; vertraut sein müßte mit dem Phänomen, das in unverhohlener Schadenfreude Deleuze und Guattari im „Anti-Ödipus" immer wieder zitieren: den Fall der Psychose:

„Der Psychoanalytiker sagt, im oberen Gott Schrebers müsse der Vater aufgedeckt werden, und er sagt auch, warum im niederen Gott nicht der ältere Bruder. Dann wird der Schizophrene manchmal ungeduldig und verlangt seine Ruhe. Zuweilen steigt er ins Spiel ein, bringt noch mehr ein, bereit, seine ihm eigenen Bezugskategorien in das ihm angebotene Modell einzufügen und es derart von innen aufzubrechen (ja, das ist meine Mutter, aber meine Mutter ist die Jungfrau Maria). Vorstellbar, wie Schreber Freud zur Antwort gibt: aber ja, ja, ja, die sprechenden Vögel sind junge Mädchen, und der obere Gott, das ist mein Vater und der niedere mein Bruder. Aber stillschweigend schwängert er wieder die jungen Mädchen mit allen sprechenden Vögeln, seinen Vater mit dem oberen, seinen Bruder mit dem niederen Gott, mit allen göttlichen Formen, die in dem Maße sich komplizieren oder ,sich desimplifizieren', wie sie unter den allzu einfachen Begriffen und Funktionen des ödipalen Dreiecks hervorbrechen."[2]

In der Voraussetzung der Sympathie mit den Psychosenanalogien des Kafkaschen Textes, die ich – vielleicht gegen diesen selbst – direkt hervorkehrte, hatte ich mich – um meine Unschuld diesbetreffend zu übertreiben – geirrt. Statt Sympathie, buchstäblich gemeint und auch mit mir, ein vehementer Angriff auf die angebliche Schamlosigkeit, eine doch notorische Grenze der Psychoanalyse in deren Anwendung auf Literatur vorzuführen. War es die Art dieser Vorführung, Kafka kongenialisierend so sprechen zu lassen, als ob er, dem manierlichen Gebaren seiner Kundgabeart entgegen, toll geworden wäre? Und dies mit dem Anspruch, daß solche Tollheit zum Wahrheitsexempel avancieren müsse? Ich denke schon; und jedenfalls bekam ich es ab – als Normaler und Psychoanalytiker, der es nicht fertig-

2 G. Deleuze/F. Guattari, Anti-Ödipus. Kapitalismus und Schizophrenie I, Frankfurt/M., 1974, S. 21 f.

brachte, wenigstens etwas Mitgefühl mit der kranken Verweigerung psychoanalytischer Deutungseffizienzen im Fabelunderground des Kafka-Textes zu erregen; die Psychosenäquivalente stecken ja einzig nur in dem, worauf der Text verweist, nicht in diesem selber textuell, und ich hatte mich just mit dieser Wahnsinnsstory distanzlos verbündet, on dit. Kommunikations-, Dialogverweigerung: welch schlimmes Verdikt. „Das Seil ... es riß, es riß, es riß ..." Die Parade saß nicht minder, wie gehabt: *Psychokitsch.*

Die ungewöhnliche Erregung zeigt an, daß vielleicht der Hauptnerv der Psychoanalyse getroffen wurde: die Grenze ihrer Wirksamkeit, überhaupt ihrer Signifikationsmacht; nicht aber abstrakt nur diese Bornierung, insbesondere vielmehr, daß diese nicht ohne innere Unkosten eingeräumt werden kann, ja verleugnet werden muß. Solche Nichtkonzession aber scheint so nur rettbar zu sein, daß sie sich zu einem Gewaltpotential der Gegenattacke konsequent im Stile moralistischer Verurteilung organisiert, in der die eigene Geltungsgrenze zur (Schein)legitimation des Ausschlusses von Grenzüberschreitungen mißbraucht wird. Ein äußerst labiles Gebilde also, das nur aufgrund der Sanktionspotenz des Ausschlusses funktioniert, unbeschadet aller Zuträglichkeiten in seinem – mitnichten grenzenlosen – Inneren?

Läßt man sich nur halbwegs auf solche Affektionen ein, so entsteht sogleich ein Abgrund von Fragen. Die Narrenspiegelung dieses moralistischen Zurechtweisungsgebarens zielt auf die darin verdeckte Gewalt. Sie reflektiert den korrupten Schein solcher Vorbehalte, die sich implosiv im bloßen Eingedenken des vermeintlich so nur zu rettenden Phänomens zu wahren verstehen; und sie spiegelt die Selbstwahrungsform einer vergeblichen Entgrenzung in ihrer ganzen Vorgeblichkeit – den Sentimentalismus der Annahmung von Verständlichkeit – vor. Dem Scheine nach einfacher formuliert, soll die Skandalparade Psychokitsch darauf aufmerksam machen, daß unsere schönen kommunikativen Tugenden der inneren sentimentalistisch abgedeckten Gewaltförmigkeit nicht entraten; was sie so überaus gerne möchten; und dies gerade im Kontext der Psychoanalyse nicht. Zumal ebenhier bleibt die Rache der Präsenzentzogenheit der reklamierten Tugenden nicht aus – Verständlichkeit, Kommunikations-, Dialogfähigkeit –, Vergangenheitsabdrift als Folge ihrer nicht respektierten Grenze und der abgedeckten Gewalt, den Schein ihrer Nichtgrenze zu behaupten, eben als Sentimentalität und Verkitschung des vermeintlich Geretteten.

Als skandalös aber erwies es sich insbesondere, diese Verfallsform moralistischer Gefühligkeit ausgerechnet der Psychoanalyse zu unterstellen, wo doch die Bereinigung solcher fundamentalen Kommunikationsverfehlung dem eigenen fortgeschrittenen Selbstverständnis nach der Psychoanalyse ureigenste Zuständigkeit sei? Man erinnere etwa neuere deutsche Titel wie „Sprachzerstörung und Rekonstruktion" oder – vielleicht stärker noch in dieser Richtung ausgeprägt – das Avancement der von ihren Selbstmißverständnissen befreiten Disziplin zum Vorbild gar „herrschaftsfreier Kommunikation": allemal doch die ausgewiesene Hoffnung, ein Mittel an der Hand zu haben, solchen kommunikativen Basisunbillen endlich wehren zu können?[3] Ist denn die immerwährende Verdrängung der Psychoanalyse nicht der schlagendste Beweis dafür, daß sie a fortiori quersteht zum gewalttätigen Bürgereingedenken, der sentimentalistischen Herrschaftsübereinkunft mit dem anderen im Scheine von Versöhntheit? Liegt hier nicht eine Verwechslung der Psychoanalyse mit ihrer – letztlich faschistischen – Gegnerschaft vor?

So muß es fürs erste scheinen. Allein, einmal unterstellt, der Kasseler Sturm im Wasserglas sei nicht unrepräsentativ für den aktuellen Reaktionsstand der Psychoanalyse – wofür vieles spricht – und meine vorgeführte „Kritik" nicht Ausdruck der kranken Tücke gänzlich verzerrter Kommunikation, so müßte die Erregung zum Leitfaden der Erkenntnis dafür werden dürfen, daß die sich solchermaßen verteidigende Psychoanalyse tatsächlich dem verfällt, was sie traditionellerweise zu therapieren vorhat: *der Ersetzung von Verstehen durch sentimentalistisch abgedeckte Gewalt.*

Wer so zu denken sich untersteht, ächzt freilich unter einschlägiger Beweislast, sieht sich vor der fast unmöglichen Aufgabe, das Krankheitsverdikt über ihn wieder abtragen zu können. Von Krankheit aber – im subjektivistischen Sinne letztlich von Schuldzuschreibung – kann die Rede nicht sein, höchstens von einer Art Nachahmung psychotischer Prozesse, jedoch sowohl am Kerygma eines literarischen Textes entlang als auch aus einer Position heraus, die selbst, wie minimalisiert auch immer, Herr der

---

[3] Ich kann hier diese einstmals virulenten Überlegungen nicht abermals diskutieren, deshalb nur der Hinweis auf ausgewählte Opera: A. Lorenzer, Sprachzerstörung und Rekonstruktion. Vorarbeiten zu einer Metatheorie der Psychoanalyse, Frankfurt/M., 1970; ders., Über den Gegenstand der Psychoanalyse oder: Sprache und Interaktion, edition suhrkamp 572 (insbesondere V.); J. Habermas, Erkenntnis und Interesse, Frankfurt/M., 1968, III. 10.-12.

eignen Rede bleibt: von einem Ort her zwischen tätiger Kriegsreklame und Krankheit, der diese strenge Disjunktion ohnmächtig durch Sichtauflassung während derselben auflöst; traditionell gesagt, vielleicht die „intellektuelle Anschauung" in ihrer modernen Armutsgestalt als apokalyptische Gnostik.

Und die herkömmliche Psychoanalyse? Im Zuge des Bürgerrasens der „Entfaltung der Produktivkräfte" geriet sie schleichend auf die Redundanzseite der Gewaltstabilisierung, der Abdeckung, Verunbewußtung, Gegenaufklärung; fiel dem selbst a fortiori anheim, was sie aufzulösen vorhatte: betrieb die Rekonstruktion zerstörter Sprache als deren Hyperdestruktion, die Einrichtung herrschaftsfreier Kommunikation als die abermalige Herrschaftlichkeit von Nichtkommunikation. So die paradoxe Pointe der Entwicklung der Psychoanalyse, in der die Kasseler Erfahrung freilich nur eine Selbsterfahrungsminiatur, eine ebenso charakteristische wie, isoliert gesehen, harmlose ausmacht; Pointe, gegen die der Schein des schwersten Geschützes – Denkpsychotisierung, manische Abwehr – aufgefahren werden mußte, wo in Wahrheit nur ein wenig Philosophie, zeitgemäß gemacht, und nicht selbstverordnete Krankheit – wie soll das gehen? – promoviert wurde. Oder ist der Ort der Wahrheit unterdessen so unabweislich in Krankheit hineingeraten, daß die Widerlegung des Krankheitsverdikts, die sorgfältigste gar, nicht mehr verfängt? Pointe schließlich, deren frankophile Formulierung mitnichten bestritten werden kann, wenngleich die poststrukturalistischen Vor- und Nachsprünge keinerlei dogmatische Orientierung vorgeben.

Wie aber ist es zu dem Malheur dieser Selbstliquidation der Psychoanalyse gekommen?

II. Dallas-Syndrom oder: wie kommt der Kitsch zur Psychoanalyse?

Die beiden Psychiater-Herzchen (es sind unterdessen zwei: Dr. Elby ♂ und Dr. Conrad ♀), die einige Dienstagabende der mediendemokratisch gebildeten Bundesrepublik präsentiert werden, sind keineswegs Karikaturen, nein, im Gegenteil Paradigmen, die zu kopieren jedem Fachgenossen etlichen Kummer mit der Zunft ersparen könnte. Der weitaufgerissene Panikblick weiß, wie billig, je schon alles: unendliche Tiefe des Eingedenkens, des implosiven Präsenzentzugs geretteter Humanität, von jeher schon der Begleitklang zur unausweichlichen dinghaften Apokalypse. Ja, fürwahr, die ganze Offenbarkeit des Gottes des Menschen, ultimativ subjektivistisch verwaltet von der Psychoanalyse, liegt längst auf der Straße – was eigentlich gibt es noch aufzuklären, zumal in Gottes eigenstem Lande, dessen erleuchtesten Status wir provinziellerweise noch nicht ganz erreicht haben? (Deutsche, noch eine Anstrengung mehr ...) Und selbstverständlich sind die einschlägigen Kranken aus dem Ewing-Clan immerdar Frauen, hysterisch allemal und variantenreich krebskrank, alkoholsüchtig, depressiv-suizidal, die auf ihre weibliche Weise hoffnungslos, am unangebrachten Cogito-Ort, deplaziert, die Wolkenkratzer und Ölfelder und alle Groß-kraken des Fortschritts delirant rückanzueignen versuchen; und da sie immerhin noch verhinderte, büßende, Gewaltvorwände liefernde Spätzeit-hexen sind, versteht sich auch die Reminiszenz der mimetischen Erstarrung im Blick der je schon allwissenden Modellpsychiater. Sehr bewunderns-wert auch, wie diese die Rede der Ichautonomie im sparsamen Munde führen: „Aber was haben Sie (Sie – mehrfach gesperrt) gefühlt? ...“

Das psychoanalytische Ready-made schlechthin. Man sieht – auch diese Sicht ist unverstellt –, wohin solche weder zynische noch dumme (es gibt kein Wort dafür) Ich-, Selbst-, Autonomie-Reklamation verweist: in die leerste Geste eines virtuellen Selbst-Übereinkommens, dessen Nichts von tränenreicher Rührung bis gar zu weiblichen Emanzipationsregungen (im Sinne des längst kassierten Feminismus) reicht. Unschwer dann auch, die entsprechenden Scheißgeschäfte der Männer, die ebenso offenbaren, nach-zuzeichnen. Psychoanalytisch eh angeleitete bis expressis verbis klinisch restituierte (oft gegen bedeutende Widerstände restituierte) autonome Sub-jekte, zumal weiblichen Geschlechts, im Angesicht der Wolkenkratzer, der Ölfelder usw., hinter denen, dem Blick einzig noch weitgehend entzogen, die Arcana der venerablen Atomraketendeponien liegen. Dallas ist – auch diese meine Rede kann weder zynisch noch dumm, muß vielmehr namen-los ausfallen – so genial, wie Freud es vielleicht einmal gewesen sein würde. Und was die Ewing-Psychiater kompetent sprechen, ist der restlose Ausdruck des aktuellen Selbstverständnisses der herkömmlichen Psycho-analyse. Punktum.

Wie aber ist es zu dieser psychoanalytischen Subsidiarität der offiziellen Anarchie gekommen? Ohne hier nun den Gesamtzug der psycho-analytischen Bewegung darstellen und belegen zu können,[4] empfiehlt es

---

[4] Einen solchen Versuch habe ich in „Die Eule“ Sondernummer über Psychoanalyse (1982) unter dem Titel: Shame and Scandal in the Family. Die Psychoanalyse als Weg-bereiterin ihres eigenen Untergangs (S. 61-143) unternommen; der zweite Teil dieser Studie (gleichen Titels) ist erschienen in: Schizo-Schleichwege. Beiträge zum Anti-Ödi-pus, hrsg. von R. Heinz und Ch. G. Tholen, Bremen 1983.

sich, wenigstens einige der wichtigsten Ursachen des Verfalls dieser Groß-
form bürgerlicher Spätaufklärung Psychoanalyse benennbar zu machen.

Schon die Startbedingungen waren in einem ausnehmenden Maße
ungünstig, sofern sie sich aus Anlaß bestimmter – psychischer – Krankheiten und deren Therapieobligation herausbildeten. Als Krankheit nämlich
tritt in der Glätte des Unbewußten ein Riß auf, aus dem dieses, seinem
eigenen Charakter angeblich entgegen, herausschaut. Arbeitet man nun
aber, wie billig, an der Beseitigung dieses Störfalls Krankheit, so wird mit
der zwingenden Verwerfung derselben auch und gerade die eigene Zentral-
entdeckung, das Unbewußte, nicht weniger desavouiert: An seinem Ent-
deckungsorte muß es in seiner Offenbarkeit wieder zugedeckt, in seinem
Aufriß wieder verschlossen werden. Aller nicht nur Freudschen Mühsal
zum Trotz, die unmögliche Ambiguität dieses fundamentalen Begriffs zu
ermäßigen, gilt a priori so schon die Disziplinierung des Unbewußten –
nach der Maßgabe der Disziplin seines adaptiven Funktionierens selber –
und die Vorprogrammierung der psychoanalytischen Bewegung darauf:
Psychoanalyse als Wegbereiterin ihres eigenen Untergangs. Die Disziplinierung des Unbewußten aber schafft äußerst labile Binnenverhältnisse, die
das Problem der eigenen Grenze nicht eben schätzen können; und der
Zauberlehrling, der nie so recht zum souveränen Meister fortkommt, erliegt
sehr leicht der Versuchung zu fuschen: an die Stelle wirklicher Disposition
die bloße Geste von Macht treten zu lassen und der wahren Verfügung eingedenkend nachzutrauern: *Geburt des Sentimentalismus und der Kitschanfälligkeit in der Psychoanalyse allgemein aus dem Geiste der Disziplinierung des Unbewußten aus Anlaß von Krankheit.*

Hat sich erst einmal die nothafte Sympathie mit dieser (Pseudo)strenge
etabliert, so hält es offensichtlich schwer, diesen einen Weg des Faches
nicht konsequent auszubauen, was geschehen ist. Ein Scheidepunkt in der
Frühgeschichte der Psychoanalyse gewinnt in diesem Zusammenhang besonderes – außerdem wieder aktuell gewordenes[5] – Gewicht: die Ablösung
der Verführungshypothese durch die der kindlichen Phantasieerfindung im
Zusammenhang der Ätiologie neurotischer Erkrankungen. Freuds Verwechslung der infantilen Verdichtungsgnostik, betreffend das pathogene-
tische familialödipale Feld, mit strukturell gebundener Phantasietätigkeit,

---

[5] Der Publizität nach wäre hier an erster Stelle A. Miller zu nennen: Das Drama des be-
gabten Kindes, Frankfurt/M. 1979; Am Anfang war Erziehung, Frankfurt/Main 1980;
Du sollst nicht merken, Frankfurt/M. 1981.

endet in der falschen Alternative von szenischer Realität und Simulation. Diese Verwechslung macht Simulation zur illusionären Schuldträger-instanz, in der sich die Verwerfung des offenbaren Unbewußten erfüllt: der – zudem als Triebwunsch mißverstandene – Ödipuswunsch und -komplex = das Kinderkram-Unbewußte. Und dabei sollte man just psychoanalytisch wissen können, daß das Kind in meisterlicher Präzision das Unbewußte der Eltern zu besetzen versteht, und doch bitte nicht behaupten, das sei Ge-meingut des Fachs, solange noch das böse Übertragungsverdikt in praxi gilt, daß schier alles eben immer nur das Problem des Analysanden sei. Je-denfalls wurde die Phantasieverflüchtigung *des Unbewußten* zum *Inbegriff seiner Disziplinierung, die,* also fundiert, *sich um so sentimentalistischer gerieren muß.* Es ist dann nur noch ein kleiner Schritt zu neukantianisch eingefärbten Konzepten derjenigen Psychoanalytikergeneration, von der die sogenannte Ich-Psychologie ihren Ausgang nahm: das Unbewußte als „Fiktion" (der junge Otto Fenichel) oder als das „Hinzugedachte" (Heinz Hartmann) – Höhepunkte einer psychoanalytischen Pseudosouveränität, denen das thema probandum in weiteste Ferne entrückte, um von dort aus als die psychoanalytische Unantastbarkeit der Werte einzig zu regieren. Psychoanalyse, die sich diskriminiert in szientistische Härte und frommen Wertekitsch.[6]

Verflüchtigung des eingesehenen Unbewußten mittels Beschuldigungs-strategien – so könnte unter dem Strich das traurige Fazit der psychoanaly-tischen Bewegung lauten. Aber weder auf diesem Wege noch anderswie ist die eigne Großentdeckung aus der Welt zu schaffen, im Gegenteil, das solchermaßen Eskamotierte kehrt wie ein Verdrängtes wieder. Von dieser harten Wahrheit aber residuiert nur das wohlfeile subjektivistische Lippen-bekenntnis derselben, eine lebensgefährliche Verkennung, sofern die Masse der Unbewußtheitsrevenants dadurch unerkennbar bleibt. Und diese Re-venants, sie sind längst schon da: das wiedergekehrte Verdrängte, nein, das eh schon Unbewußte selber mit seinem Inbegriff Ödipuskomplex – am besten sogleich horizontal (bis in die intrauterine früheste Frühe hinein) und vertikal (narzißmustheoretisch inflationiert) – währt als unsere ding-hafte, also maschinelle und institutionelle Rationalität selber, kulminierend im Pseudos der Absolutheit unserer Waffen, dem Spitzenphänomen dieses Makrounbewußten. Nichts gibt es hier zu vermitteln, weder die Psycho-

---

[6] In meinen dazu einschlägigen Studien mit dem Titel „Psychoanalyse und Kantia-nismus", Würzburg 1981, sind die auch anderswo veröffentlichten Beiträge dazu (in der „Psyche", bei Campus) bibliographiert.

analyse mit dem Historischen Materialismus noch Subjektivität mit gesellschaftlicher Objektivität. Über solche abkünftigen Hiate hinüber ist die Objektivität der Mensch-Dinge restlos die Resurrektion des gewaltsam untergegangenen Ödipuskomplexes, des Phantasmas der Selbstgründung, Selbstabsolutheit, dessen Gewaltpermanenz – Oedipus perennis –, dem die kindliche Ödipusgnostik einschließlich deren Aufrechterhaltung als Krankheit insbesondere zum Opfer fallen muß. Aber ja, nur zum Zwecke der Erwachsenheit, wozu wohl sonst? Damit es endlich gelänge, die Erde selbst als ganze aus humanistischer Reife zerbersten zu machen. Psycho-analyse, die sich unaufhaltsam selber in die Fänge geht und, sich selbst also liquidierend, dem allgemeinen apokalyptischen Entropiesog der Ratio-nalität anheimfällt.

Am ehesten wird man Freud noch einräumen können, manches davon im voraus geahnt zu haben. Wenn nicht alles täuscht, so steht insbesondere die späte Revision der Trieblehre – das Jenseits des Lustprinzips, die Ein-führung des Todestriebs – für den Nachholbedarf an Objektivitätsekstatik ein. Es bedurfte aber wohl besonderer Entropiebedrängnisse, um etwa einen Lacan inklusive der Paris-Vincennes-Politisierung desselben zu gebären, damit die Freudsche Todestriebhypothese aus ihrer subjekti-vistischen Verschalung herausgebrochen und gegen den Selbstuntergang der Psychoanalyse ins beglaubigte Makrounbewußte hinein gekehrt werden konnte. – Schließlich stände die mangelhafte Widerstandskraft der – ja auf Objektiva – angewandten Psychoanalyse zu diskutieren noch an. Ihr Versagen hat seinen Grund darin, daß sie sich nicht in die Extremwerte des Makrounbewußten, allgemein die Maschinen, vorzudringen traut, die Kunst exklusiv favorisiert (und kunstimmanent die Dichtung) und dieser gegenüber inhaltsfetischistisch prozediert, anstatt sich auf das Genre als solches auszudehnen. Halbherzige Entsubjektivierung also und noch weniger; wogegen auch die ursprünglich radikale psychoanalytische Kulturkritik – weitestgehend ja Religionskritik anstatt die des eigenen Rationalismussympathisantentums – nicht ankommt.

Das Dallas-Syndrom als Eschaton der Psychoanalyse: die Redis-zipli-nierung des entdisziplinierten Unbewußten gipfelt darin, daß der Gesamt-bestand des psychoanalytischen Wissens je schon im Objektiven, dem Makrounbewußten, „vorerkannt" allgegenwärtig und in seiner Omni-präsenz als dieses Unbewußtes zugleich letztentrückt verschwunden vorkommt und daß Wissen, emphatisch subjektiv, Riß in der prekären Glätte des Objektiven, wie ein Spuk dahinein zurückgescheucht werden muß: das große Gerücht, daß Unbewußtes bewußt, Infantilität reif und erwachsen, Traum Realität zu werden hätte, wo doch die restlose Umkehrung solcher Fortschritte, indem sie sich behaupten, gilt. Die unerkannte reinste Reproduktivität aber des psychoanalytischen Erkennens; seine je-schon-Eingeholtheit im unverbrüchlichen Environment des Objektiven; das Interim seiner (Krankheits)beschwörung als Wegtun der (nach)beschworenen, beschuldigten und verflüchtigten Wahrheit ins angeblich unschuldige Objektive zurück; kurzum, dieser sein *potenziert bewußtloser Nachträglichkeitscharakter* paranoisiert die Binnenverhältnisse des Fachs und schafft in diesem Rahmen so etwas wie einen *kompensatorischen Basissentimentalismus: Psychokitsch als die Substanz dieses Psychischen selbst als solchen,* mitnichten eine unerhebliche korrigierbare Entgleisung.

Wie aber kommen die ersten Überlegungen zum Psychokitsch: Grenzmißachtung, Exilierung der Psychose, jetzt unter? Eben die Spitzenkrankheit Psychose in ihrer skandalösen Resistenz gegen die Ödipalisierung mahnt, und zwar noch auf der Seite der Subjektivität an deren Grenze, die ausgeblendete Objektivität an: Psychose als das vielleicht übriggebliebene, derzeit einzige Monitum der Untergegangenheit des Ödipuskomplexes als Objektivität, kulminierend in den Waffen; dies freilich in der Art von Krankheit, das heißt als Opferverstrickung und -anmaßung in die/der Gewalt dieser dinghaften Unbewußtheit selber.

III. Mama and papa forever und die Existenznotwendigkeit für den Psychoanalyseadepten zu schreiben

„Ihr drei schicksalhaften Personen. Zwischen euch und mir ist die Erde brüchig. Mit jedem von euch verbindet mich eine tiefe Beziehung und eine ebenso tiefe Katastrophe. Aus euren Gesichtern trinke ich Geborgenheit und Verlassensein, Zuversicht und Zweifel, Glück und Elend. Ich hasse euch, und ich liebe euch. Ihr habt mich auf die Gratwanderung meines Lebens geschickt, mich an den Rand des Abgrunds getrieben, immer wieder, und davor zurückgehalten, immer wieder, grausame Schutzengel. Erprobt ihr mit mir, wieviel ich ertrage? Oder helft ihr mir, anderen sehr weit verstehend zu folgen in ähnliches Dunkel? Helft mir, daß die Erde mich irgendwann sicher trägt. Ich will dafür versuchen, euch und euer Leiden nicht mehr beiseite zu drängen. Es wird mich begleiten und prüfen bis an mein Ende."[7]

---

[7] Tilman Moser, Grammatik der Gefühle. Mutmaßungen über die ersten Lebensjahre, Frankfurt/M. 1979, S. 129. Weitere Autobiographika Mosers, auf die sich die Kritik

„Er [sc. der Wunsch] muß – doch wer, welch niederträchtiges Wesen spricht hier? – Wunsch geliebt zu sein werden, schlimmer greinender Wunsch, einmal geliebt worden zu sein, Wunsch, der aus eigener Versagung wiedererhebt: nein, Papa und Mama haben mich nicht genug geliebt ... Der kranke Wunsch legt sich auf die Couch, diesen künstlichen Morast, diese kleine Erde, kleine Mutter."[8]

Trefflicher aber noch Janusz Subicz als eine Art von Hunger-Waisenkind, der aus einer Schüssel irgendeinen Fraß löffelt und dabei in depressiver Andächtigkeit höhnt (in Pina Bauschs „1980"):

> „pour mama
> pour papa
> pour la tante Marguérite
> pour mämä
> pour päpä ..."

Die störende dritte Person bei Moser ist (ähnlich wie in „1980") eine Tante. Macht aber nichts, denn es gibt eh nur Papa und Mama und deren Doppelgänger ... Und man muß dem „Anti-Ödipus" nicht verfallen sein, um seine Konterkarierung dieser besonderen psychoanalytischen Kitschvariante, dieses Mangelsentimentalismus' der Abdeckung unbelehrbar deplazierter – familialisierter – Gewalt schätzen zu können.

Man ist versucht, Herrn Moser zu bedeuten, er möge endlich damit aufhören. Und also wahrhaft solidarisch spricht mitnichten die Mißgunst darüber, daß es psychoanalytisch gelungen sein mag, das neurotische in ein gemeines Elend zu verwandeln. Unerledigt aber bleibt die Frage nach dem Preis dieser zünftigen Metamorphose, die sich als galoppierender intellektueller Zerfall fortschrieb. Und wenn dieser Eindruck nur minimal nicht trügen sollte, müßte man gar wünschen, es wäre beim neurotischen Elend geblieben.

Solche zunehmend verzweifelte Selbstverkitschung gehört zu den Folgen der psychoanalytischen Einschwörung auf die Familie als Sammelplatz von Schuld. Man kann es durchaus lernen, und es funktioniert dann bestens, die eigene lebensgeschichtlich perspektivierte Misere den Eltern zuzuschreiben, diese Imputation in die Übertragung hinein zu inflationieren, um dort

---

mitbezieht, sind: Lehrjahre auf der Couch. Bruchstücke meiner Psychoanalyse, ebenda 1974; Gottesvergiftung, ebenda 1976.

[8] Anti-Ödipus (siehe Anm. 2), S. 431.

eines ganz anderen und vor allem Besseren belehrt zu werden; sodann auch die zunächst allzu einseitig plazierte Schuldmasse reifer, erwachsener, versöhnlicher aufzuteilen – insbesondere auf die Großeltern mit, weil ja die eigenen Eltern auch einmal Kinder gewesen sind; und es gibt ja auch ein klein wenig die historisch-gesellschaftlichen Verhältnisse, sofern man so eine Formulierung ohne Verdacht auf psychoanalytisch zu bereinigende marxistische Affektionen überhaupt gebrauchen darf. Herr Moser ist offensichtlich immer noch damit beschäftigt, mit diesem Schuldverteilungsvorhaben ins Reine zu kommen; was sich, wenn man es nicht aufkündigt, zu einem frustranen Full-time-job auszuwachsen pflegt: Papa und Mama (und Tante) – forever.

Die so zustandekommende Verkitschung, die selbst die nackteste Wut noch zu sentimentalisieren nicht umhinkann, gründet zutiefst aber darin, am Ort der Selbstbetreffbarkeit: im Status des Analysanden zuvor mit der gesamten familialen Schuldmasse befrachtet worden zu sein, und zwar durch das psychoanalytische Verfahren selber: alles ist dein Problem – durch diesen Heroismus, der die Abschüttelung der Schuldansinnungen trotz aller Schuldverteilungsofferten nicht erlaubt; es gibt kein Entrinnen, wenn man Gläubiger der Zuträglichkeit dieser Talmierzeugnisse bleibt. Die herkömmliche Psychoanalyse besteht auf dem Begriff von Schuld der Bewußtheit, des Risses im Makrounbewußten als subjektiver Krankheit, und wählt zur Vollstreckung dieses Schuldverdikts eben denjenigen aus, der residual noch weiß, daß solches, dieser Schuldbegriff, nicht stimmen kann.

Moser verhält sich wie jemand, der bestraft worden ist, sich bestrafen ließ, psychoanalytisch angelernt, die Taten der Familie exklusiv als Strafexpedition gegen ihn selbst zu lesen. Und nun sitzt er in der Strafanstalt und spielt unverdrossen und imaginär das unterdessen reife Spiel vom Schwarzen Peter, der bis zu seinem Ende letztlich bei ihm bleiben wird; denn sich zu rächen ist nicht nur verboten, es geht so ja auch gar nicht; festgeschweißt die innere Kette der Verschuldung, und leicht gerät man hier gar in die alarmierende Versuchung, Herrn Moser gegen die deutsche Zunft schützen zu wollen, sofern er solche höheren psychoanalytischen Betriebsgeheimnisse schamlos ausplaudert.

Wenn es nun aber dagegen so wäre, daß selbst das verheerend krank machende, selbst kranke Elternverhalten gewaltverstricktes Aufbegehren gegen die in den Gesellschaftskatastrophen sich erfüllende Makrounbewußtheit der Rationalität ausmachte; daß diese als Schuldabsorptionsmoloch schlechthin fungierte und deshalb allzeit bereit sein könnte, gegen die Offenlegung dieses Trugs zuzuschlagen; daß die Porösität von Kindheit nicht darin aufginge, sich aufs Pathogene von Familie einzulassen, vielmehr dieses Gefängnis gnostisch – eben als Spiegelung des Ödipuskomplexes in seiner Untergegangenheit im Objektiven – überwände; daß schließlich die Übertragung abermals zur Fehlanzeige dieser Gnostik führen müßte: zum endgültigen Dispens, die Funktion des Ödipuskomplexes zu klären – kurzum: daß der Schein der Exkulpiertheit der Objektivität dieses Hin- und Hergeschiebe einer sich fiktionalisierenden und deshalb um so stärker Wurzeln schlagenden Schuldmasse bewirkte? Und der Psychoanalytiker Hauptagent dieser wirksamsten Fiktionen wäre, die den offiziell erlaubten, nein: strengstens adaptiv geforderten Wahn des Sichverdingens ans Objektive, der Verschuldungen daran, gänzlich unkenntlich machen?

Eine Hauptstrategie der Disziplinierung der Unbewußten wird durch Moser besonders zugänglich: *das familial-ödipale Kammertheater der abkünftig fiktionalen Beschuldigung durch die Pseudologie der Un-Schuld der Objektivität, kulminativ des Krieges, als deren Letztvollstrecker der Psychoanalytiker mit seinem souveränen Verdikt solcher Übertragung spielt.* Beschuldigung, die am Psychoanalyseadepten letztlich haftenbleibt; die er rein imaginär nur nach dem Reifepostulat – im Angesicht der Apokalypse – welche Obszönität! – aufzuteilen genötigt ist. Und gleich, ob er nun an der fiktionalen Realität dieser Schuldmasse erstickt oder ob er sie erlaubterweise gewalttätig auf andere abwälzt, unabkömmlich existiert er so *im Präsenzentzug dessen, was er beschwört, im Je-schon,* recht eigentlich *a priori verkitscht:* Kitsch, das Eingedenkens-Brautkleid der Hochzeitsprätention, betreffend den nur mehr tötenden Tod; Schuldtalmi als Todesverleugnung, das aus allen Poren der Moserschen Texte dringt.

Gewiß, so schlägt man den Sack und meint den Esel. Doch diese Verschiebung verdankt sich der bisher noch nicht berücksichtigten Tatsache, daß Moser eben schreibt; was die Zunft mitnichten nur goutiert. Welchen Stellenwert hat in diesem Zusammenhang Schreiben? Welche Funktion kommt psychoanalytischen Autobiographien, zumal wenn sie die eigne Lehranalyse rapportieren, zu?

Macht man sich die Mühe der fachhistorischen Recherche, so resultiert eine kleine einschlägige Schreibgattung. Ohne Anspruch auf Vollständigkeit machen neugierig diesbetreffend H. D. (Hilda Doolittle), Smiley Blanton, Abraham Kardiner, Helene Deutsch, auch – abgeschwächt – Lou Andreas-

Salomé.[9] Den Reverenzcharakter teilt Moser mit diesen, nur daß die Huldigungsadresse vordem Freud selber ist und auch daß in den Pionierzeiten des Fachs die Schuldverklebungen wesentlich geringer zu sein scheinen; jedenfalls dürfte der kultivierte Exotismus dieser früheren Reklameschriften der bundesdeutschen Nachkriegsfachgesittung erheblich den Rang ablaufen. (Aber vielleicht ist dies zuviel der retrospektiven Verklärung?) Negativvoten aber gibt's neuerlich auch: an erster Stelle Dörte von Drigalski, die in Psychoanalyse-kongenialer Langatmigkeit von den schwer heilenden Blessuren ihrer Lehranalysen Zeugnis ablegt: ein unschätzbarer eigenkasuistischer Beleg eines Teils der vorgestellten kritischen Thesen (und für's erste letztlich ich selber – in aller epigonalen Selbstüberschätzung).[10]

Gleich ob nun psychoanalytische Hagiographie oder nicht, alles spricht dafür, daß über gar die eigene Psychoanalyse zu schreiben dem Zweck der Selbstrestitution in eigener Regie untersteht. Da der maßlose Beschuldigungsdruck aller Veräußerungswege enträt und sich in seinen imaginären Binnenverteilungen weiter nur auflädt und steigert, liegt es nahe, das produktive Sühneopfer der Schuldabtragung gezielt in Schrift – als Publizitätsmemorial von Sprache – hineinzutun und wenigstens so ein Stückchen mortaler Objektivität miteinzubeziehen, als vermöchte dieser objektive Miniaturposten Schrift die Gesamtauslassung des Objektiven zu mildern. Die Beargwöhnung solcher Selbstrestitutionsschrift in der Zunft wird so wohl plausibel: die „Herrenlosigkeit" der an Schrift veräußerten Rede stört den Kontrolluniversalismus der einschlägigen Toiletten- und Schlafzimmermythologie, die ganze Gewalt der Selbstarkanisierung hinter geschlossenen Türen, empfindlich. Wie bedeutend muß die Leidenschaft der Verflüchtigung des Unbewußten also sein, wenn sie sich darin ver-

---

[9] H. Doolittle, Huldigung an Freud. Rückblick auf eine Analyse, Ullstein-Buch Nr. 3217; S. Blanton, Tagebuch meiner Analyse bei Sigmund Freud, Ullstein-Buch Nr. 3205; A. Kardiner, Meine Analyse bei Freud, München 1979; H. Deutsch, Selbstkonfrontation. Die Autobiographie der großen Psychoanalytikerin, München 1975; L. Andreas-Salomé, Lebensrückblick, Frankfurt/M. 1968, insbesondere: Das Erlebnis Freud; Nachtrag: Erinnertes an Freud.

[10] D. v. Drigalski, Blumen auf Granit. Eine Irr- und Lehrfahrt durch die deutsche Psychoanalyse, Ullstein-Buch Nr. 35036; R. Heinz, Kleinbürger-double-binds oder: Die Psychoanalyse als Erziehungsanstalt. Erfahrungen mit einer psychoanalytischen Ausbildung, in: Die Eule. Diskussionsforum für rationalitätsgenealogische, insbesondere feministische Theorie, herausgegeben von H. Heinz, Sondernummer Psychoanalyse, Wuppertal/Düsseldorf 1982 (siehe Anm. 4).

zehren muß, Seifenblasenallerheiligste unablässig herzustellen! Die Sorge aber, die Reinheit der Lehre durch Schrift zu beeinträchtigen, verschlägt nimmer ganz. Weshalb, darüber geben Mosers Schriftlichkeiten zwingend Aufschluß: solch kleine Objektivitätsekstatik dient nämlich hier nur der Inflationierung des Innenbanns von Schuld; radikalisiert die Unbewußtheit der Veräußerung; *ultimatisiert den sentimentalistischen Präsenzentzug durch die Pseudologie des tiefgründigen Sinnechos von dort her zurück: Schriftmißbrauch zur Psychokitschextremisierung* – man wird nicht damit rechnen können, daß ein solches Letztgebilde von Verstellung – vielleicht eine der Degenerationskonsequenzen der narzißmustheoretischen Psychoanalysevertiefung? – von sich aus platzt.

Es ist also keineswegs damit getan, dies Schuldabtragungsselbstrestitut zu nutzen, ohne daß es zugleich – im Sinne einer Psychoanalyse von Schrift selber – in seiner Verunbewußtungsfunktion und Todesusurpatorik transparent gelassen würde – dies mindest. Entfällt die Sicht auf diese Objektivitätsfunktion, so perfektionieren sich bloß die psychoanalytischen Binnenverhältnisse der noch perfekteren Disziplinierung des Unbewußten, die sogar übergreift auf diejenigen Phänomene, die die Macht ihrer Brechung besäßen. Und es ist dann nur noch eine Frage der Zeit, die verpönte Schrift nur noch willkommen zu heißen wegen des Machtzuwachses.

IV. Das schnelle Altern der neuesten Literatur

Wie kommt der Psychokitsch zur Psychoanalyse? Die Behauptung gilt, daß die herkömmliche Psychoanalyse insgesamt nur noch Psychokitsch zu produzieren imstande ist. In diese unmögliche Lage mußte sie insofern geraten, als sie sich die Redisziplinierung des – an Krankheit entdisziplinierten – Unbewußten angelegen sein ließ. Diese Redisziplinierung führt zur und unterhält die Etablierung – letztlich Absolutheitsetablierung – des nämlichen Unbewußten als der Makrounbewußtheit der dinghaften Objektivität selber, der abgedeckten Resurrektion des untergehen gemachten universalisierten Ödipuskomplexes. Da das objektive Makrounbewußte immer schon der psychoanalytischen Subjektivitätserkenntnis, der verwerflichen Bewußtheit, vorausgegangen ist, wird diese zum bloßen Eingedenken ihrer selber: fundamentalsentimentalistisch, basisverkitscht, in ihrem Underground obszön. Des einzelnen besteht die Hauptstrategie dieser folgenreichen Disziplinierung des Unbewußten in dessen sich an der Psychose brechenden Verflüchtigung, die die ganze fiktive Schuldmasse dieser

Verhältnisse aufgeladen bekommt; höchstens ist der Schein ihrer inner-familialen Aufteilung erlaubt. In einem solchen verderbten Kontext darüber affirmativ zu schreiben (etwa über die eigene Lehranalyse zu berichten) kassiert den möglichen Schriftausweg aus der Verkitschung bloß und steigert also diese.

Müßte man sich nach diesem Fazit nicht darauf verstehen, den Faschismus-begriff auf alle Verstellungen der Objektivität, des Makrounbewußten auszuweiten? Dessen Spätzeitgewalt scheint selbst das Musterstück bürger-licher Aufklärung Psychoanalyse zum Sentimentalitätsköder der gattungs-geschichtlichen Todesfahrt degradiert zu haben? Jedenfalls könnte von hierher auch ein Grund des schnellen Alterns der neueren Literatur namhaft gemacht werden.

Die sich immer wieder auflegende Kritik an der Psychoanalyse – mit ihrer beredt albernsten an deren mangelnden Wissenschaftlichkeit – sollte nicht darüber hinwegtäuschen, *daß das psychoanalytische Paradigma der Dis-ziplinierung des Unbewußten, gesellschaftlich ubiquitär geworden, längst das Ferment aller Produktion ausmacht.* Wenn dem aber so ist, nimmt es auch nicht mehr wunder, *daß es ob des exklusiven Reproduktionscharak-ters aller Kunst in diesem Disziplinierungsbanne,* der selbst ja Auswege durch binneninflationäre Grenzverschiebungen zu internalisieren versteht – daß es recht eigentlich *nichts mehr zu sagen gibt in diesem alten Neustile.* Und diese Unmöglichkeit währt so lange, bis es gewährleistet wäre, das, was objektiv-makrounbewußt seit Jahrzehnten der Bürgerlichkeit der Fall ist, allererst einzuholen und anzueignen: in seinem Unbewußtsein, das ja bis zur Absolutheitsdeklaration reicht, zu gnostifizieren und aufzulösen; wenn dies überhaupt noch möglich sein sollte, letztbetreffend die Absolut-heitsallerheiligsten – endlich das perfekte ödipale Schlafzimmer und auch Badezimmer der Psychoanalyse! – der Raketendeponien; sehr wahrschein-lich wird's nicht mehr möglich sein. Es liegt nahe, *daß sich die Unsäglich-keit kurzatmig macht, zum Ausgleiche also wähnt, durch rasende Akzelera-tion der Sage des Immergleichen sich Existenzrecht zu verschaffen:* Ver-fallsmimesis ans Delir des Makrounbewußten selber. So legt sich der Bann des Psychokitsches auf alles und jegliches, wenn immer man dieses mit der trügerischen Immortalitätsansinnung der Schuldquittierung in seiner Unbe-wußtheit – hauptsächlich mittels Psychoanalyse – beläßt: Psychokitsch letztendlich die Pseudofühlung, sprich: die inquisitorisch hochpotenzierte Auslöschung der universellen Opferstoff-Kopiefolie Weiblichkeit, Kindheit, Tierheit ...

Über Hausarbeit

(aus: Die Schwarze Botin, Nr. 29, Nacht, Berlin/Paris/Wien, Dezember 1985 - Februar 1986, anonym publiziert)

Für den Bundeskanzler

Nicht eigentlich kann man es solistisch anmaßend wissen: ob nun der gnadenreiche Heiligkeitsstatus des Hausrats bloß ein schlechter, doch hoffnungsvoller Witz sei, oder aber, ganz seriös, die lautere Wahrheit. Wie sich entscheiden? Freilich schlicht demokratiegemäß staatsbürgerlich intersubjektiv (um nicht sogleich zu sagen wissenschaftlich): was eindeutig heißt – man möge es demnach mit den oft neckischen Serenitäten zwischen den Sterblichen, weiblich, und ihren huldvollen Göttern (dem Einen Gott auch des Hauses) in den Satyrspielen der Werbung nicht übertreiben! –, er ist die ernste lautere Wahrheit der Haushaltsgegenstände und -geräte, zur Zeit gar mit der moralisch-altruistischen Obligation der Arbeitsplätze-Erhaltung indiziert.

Folgenreich dieses von der breitesten Mehrheit getragene Votum. Es macht nämlich zwingend, daß es keine imperfekten Dinge – verschmutzende, verschleißende, verrottende, kaputtgehende (reparabel und/oder nicht) – geben kann. Im Scheine dieses negativen Dingcharakters widerspiegelt sich ausschließlich – welche Hausfrauenverantwortung also! – rein subjektives Versagen: rein nur die mangelnde Opferbereitschaft der Konstitution vollendeter Wartungskraft. Ja, man muß soweit gehen und geltend machen, daß einzig die im Körperinneren faulenden, nicht geopferten: nicht schon in dienstbare Arbeits-(Wartungs)energie transfigurierten Fleischreste wie die Wiederkehr verdrängter Faulheit als diese scheinbar nur objektiven Miß-qualitäten begegnen – gestufte Gebrauchsbeeinträchtigung als Rache für solchen inneren, sich, wenn man nicht achtgibt mißverständlich, außen-reflektierenden Materialismus. Um es nochmals zu sagen: Schuld an jeglicher Art von dringlichem Störfall haben einzig die fleischlichen Menschen, zumal – auch dieses muß frei von jedem Ressentiment gesagt sein – im Hausbereich mindest die Frauen. Nicht daß man ihnen die ausge-prägtere Mitgift an Sinnlichkeit, die widerständigen Relikte einer anderen, sich in sich verbrauchenden, nicht linear fortschreitenden, also zyklischen Denkungsart zum Vorwurf machen könnte – das ergibt wegen der Natür-lichkeitsvorgabe derselben keinen Sinn –; als zweifelhaft aber erweist sich die diesem Naturelement aufgesetzte supplementäre Leidenschaft seiner Universalkopie: just auch übertragenerweise vom zyklischen Metabolismuswesen schier nicht ablassen zu wollen. Insofern – nur insofern – macht das andere Geschlecht die Hauptschuld dinglicher Dysfunktionalitäten – wahrscheinlich den Hauskontext überbordend – aus, so daß die Klage über die Mediävistik der Haushaltstechnologie im Vergleich etwa zu der der Raumfahrt überhaupt nicht verfängt: ist doch das Wesen der Frau so beschaffen, daß sie ihren angestammten Ort als einen immer veralterten selber wünscht.

Wesenskorrekturen aber wären nach der Extremdisziplin der Neutronenbombe – nach Ottos ungehörigem Scherz das Reinigungsmittel „Raus" (raus mit der Hausfrau aus der alleine durch sie – unsichtbare Mini-Metabolismusabsonderungen der Haut etc. – verschmutzten Wohnung, zumal der Küche) – durchaus vergönnt. Zu denken wäre dabei in erster Linie an die angemessene Ermäßigung dieser Spitzenzucht zum Lohn für Hausarbeit, dessen Autonomisierungsanreiz die innere Opferwilligkeit zum Zweck der Aufhebung der – scheinbar objektiven – Rationalitätsgefälle gewißlich förderte.

Auf diesem Wege erwüchse der Hormontherapie des prämenstruellen Syndroms – dieser typischsten, zur Ausdehnung auf den gesamten Monat neigenden Hausfrauenkrankheit – eine außermedizinisch-politische Stütze. Dieses Leiden nämlich vermag nicht Rand zu halten: nicht zu unterscheiden, wie es nur recht und billig wäre, zwischen dem allerlei Unrat (und ja auch ausnahmsweise wiederum Unratproduzenten, Kinder) ausscheidenden weiblichen Körper, dem exklusiven Schuldträger, einerseits, und den an sich nichts als properen, a priori exkulpierten Haushaltsdingen andererseits, so daß diese illusionistisch mit jenes Stigmata überzogen erscheinen und so allererst rein in der Einbildung zu dem gemacht werden, was die monatliche Hyperhygiene am gänzlich falschen Ort – wie wenn es sich um die Nachkommenschaft im Säuglings- und Kleinkindalter handelte – provoziert: verdreckt, mit Verletzungen übersät, infektiös-krank. In der Tat benehmen sich diese Kranken so – man kann darüber trotz allen Verständnisses nur noch entrüstet sein –, als sei selbst die gediegenste Wohnungseinrichtung ein einziger Abort-Wechselbalg, freilich illegitim, die Summe toter menses-Unrat-Kinder: hexengieriges Brutgeschäft mit Schnudel-Totgeburten, Wahnsinns-quid-pro-quo von (medizinisch längst doch aufgeklärter) Menstruation mit Engelmacherei und dem Folgewidersinn der Aufzucht der toten Abtreibungen; ein Spuk, der, autosanktionelltückisch diese schandbare Unterwelt also aufrechterhaltend, in einem für diese Erfindungen büßt, indem er das dafür Falscheste vom Falschen – unschuldige, indifferente, an sich perfekte Dinge – mit Leichenbittermienen-Beflissenheit auf Sonntagswichsglanz freilich immer nur zur höheren Ehre des angeblich so peniblen allmächtigen Vaters bringt. Das nennt man Problemlösung am falschen Ort; und – mit Verlaub – bestände nach der Maßgabe dieser Unterweltrenitenz des prämenstruellen Syndroms, währenddessen es ja leicht auch zu weiteren kriminellen Handlungen (wie zum Beispiel Stehlen) kommt, die wahre Hygiene im menstruellen Verbluten solcher Frauen, das es – gottseidank – aber nicht gibt.

Man darf aber damit rechnen, daß Dank des Fortschritts der Wissenschaften (vielleicht auch in Hinsicht der Beherrschung der Mondanteile an dieser Störung) nicht zuletzt auch solche skandalösen Ungleichzeitigkeiten schwinden; daß also die längst gegebene Erwachsenheit der Haushaltsdinge ganz auch ins aufgeklärte Hausfrauenbewußtsein als ein unanfechtbarer Wesensbestandteil eingeht. Nicht die Dinge im Hause können je – von der Oberfläche bis in die Tiefe – korrumpieren – recht besehen sind unsere schmucken Bürgerwohnungen, insbesondere darin die Einbauküchen, schon wie Waffenmuseen –, wohl aber die Funktionen der Dame des Hauses, die ihren autochthonen Platz zwischen Produktion, Tausch und Konsum, den des schönen Überflusses der Wartung, weiterhin einnehmen möge. Welch ein Unsinn also zu träumen – wie neulich von einer einfachen Hausfrau mitgeteilt –, daß der Marmorkuchen im Backofen sich derart ausbreite, daß er den Ofen selber gar sprenge und daß dies der Opfertod Christi sei; kichernd aber habe sie sich neben diesem glücklichen Unglück stehend erlebt.

Kurzprotokoll des Essener Hearings zu Kultur 90

(aus: Kultur 90, Deutscher Gemeindeverlag/Kohlhammer, Köln 1986)

Exposee

Es geht darum, die Botschaft von Krankheit Ernst zu nehmen. Der Normalgebrauch von Technik, von technischen Zusammenhängen wird vom Kranken sozusagen bestreikt. Er kann nicht umhin, den üblichen Gebrauch von ganz bestimmten technischen Objekten – ich denke etwa an das Begehen einer Brücke – zu verweigern. Es ist nun die große Verfänglichkeit im Rahmen von Therapie-Konzeptionen zu sagen: mein Gott, stellt der sich an, er müßte doch sehen, daß die Brücke kein Dämon ist, oder daß die Straße oder der offene Platz oder was auch immer keine Dämonen sind, er möge doch zu dem normalen Gebrauch dieser Dinge zurückfinden. Hier meine ich, sollte man neu ansetzen: daß man diese Formen des pathologischen Streiks in ursächlichem Bezug zu den betreffenden Objekten verstehbar zu machen beginnt. Der Kranke signalisiert nämlich in seinem Streik die ganze Anmaßung, die schon in den technischen Objekten selbst liegt.

Ich mache in klinischen Zusammenhängen immer wieder die bestürzende Erfahrung einer Konsumhypertrophie, also die Festsetzung von allem und jeglichem, was überhaupt Wert hat, am Ort des Konsums. Ich meine, daß der Konsumort so verfänglich ist, weil hier Entschädigungen versprochen werden, *konsumatorische Entschädigungen* für das, was man weiland „entfremdete Arbeit" genannt hat. Es werden also Entschädigungsmöglichkeiten aufgesucht für die ganzen Mißhelligkeiten im Bereich von Arbeit. Freizeit ist ja weitestgehend eine riesige konsumatorische Veranstaltung. Freilich wird man an diesem Orte dann grausamst betrogen, erneut betrogen, so daß es dann auch wiederum nicht wundern muß, daß an dieser Stelle der Gebrauchsstreik Krankheiten einsetzt und protestiert, nothaft hilflos aber protestiert.

Es scheint so zu sein, daß die Tendenz der technologischen Produktion auf Rüstung hin auch durchschlägt auf die Produktion normaler Güter, dergestalt, daß universelle Waffenhaftigkeit derselben immer ausgeprägter wird: die Produktion von Ramsch, so daß die Zerstörung der Produkte selbst die Erfüllungsform der Produkte ist. Daher muß das allgemeine gesellschaftliche Suchtverhalten zwangsläufig stärker werden.

Von meinem Erfahrungsfelde her glaube ich sagen zu müssen, daß es sinnvoll wäre, innezuhalten, also Moratorien auszubilden, um das, was sich unterdessen akkumuliert hat an menschlichen Möglichkeiten und Fertigkeiten, erst einmal aneigbar zu machen. Es geht um die Überwindung der üblichen Formen einer pseudo-demokratischen und heuchlerischen konsumatorischen (Nicht-)Aneignung. Es geht darum, zu allererst (neue) Aneignungsformen zu ersinnen. Als diejenigen, die dafür zuständig sind, sind die Kulturarbeiter hier ja auch in gewisser Hinsicht sehr findig geworden. Ich sehe allerdings auch die Gefahr, daß der gesamte Kulturbereich selbst in die Nähe der besagten pseudo-demokratischen Aneignung gerät.

Diskussionsbeiträge

Wenn ich ganz allgemein meine Position charakterisieren sollte, so würde ich sagen, es geht derzeit darum, die Botschaft von Krankheit, das ist speziell die Botschaft von Psycho-Pathologie, im Sinne eines anti-psychiatrischen Ansatzes ernst zu nehmen. Es gibt zahlreiche Psycho-Pathologika, die dadurch charakterisiert sind, daß das, was wir so ohne Bedenken uns an Normalgebrauch von technischen Zusammenhängen, auch von basalen Zusammenhängen herausnehmen, daß dieser Normalgebrauch vom Kranken sozusagen bestreikt wird. Nothaft kann er nicht umhin, ganz bestimmte basale Technika, ich denke an das Begehen einer Brücke, zu verweigern. Es ist nun die große Verfänglichkeit im Rahmen von Therapie-Konzeptionen zu sagen, mein Gott, stellt der sich an, er müßte doch sehen, daß die Brücke kein Dämon ist, oder daß die Straße oder der offene Platz oder was auch immer keine Dämonen sind, er möge doch zu dem normalen Gebrauch dieser Dinge zurückfinden. Und hier meine ich, sollte man noch einmal neu ansetzen, anti-psychiatrisch, daß man diese Formen des pathologischen Streiks des Gebrauchs von Dingen ernstnimmt. Was signalisiert der Kranke? Er signalisiert, wenn man das genau untersucht, – das wäre ein Versuch einer psycho-pathologischen Innovation – in seinem Streik die ganze Anmaßung, die schon in den technischen Objekten selbst liegt.

Eine Anmaßung, die – ich sehe hier die Medien vor mir, da gibt es weniger pathologische Reaktionen darauf – darin besteht, daß beispielsweise das Blut der gezeigten Opfer nicht aus der Bildröhre herausquillt. Es kann sein, daß sich daherum beispielsweise eine Phobie entwickelt. Man erwartet, daß in der Tat das Blut quillt – es quillt aber nicht. Also die Medien sind in einem ungewöhnlichen Maße sauber und hygienisch. Auf dieses ungewöhnliche, spiritualistische Hygienewesen etwa von modernen technischen Medien, darauf begründet protestiert der Kranke, der natürlich nothaft nicht umhin kann, hier zu protestieren, so daß man meint, er protestiere sinnlos. Aber immerhin, so etwas aufzunehmen, um diesen Krankheitsanspruch zu wenden in eine Kritik der Anmaßung dessen, was wir hervorbringen, das ist ein Anliegen, was ich also im Schnittfeld von Psychiatrie und Philosophie versuche stark zu machen.

*

Ich mache eben in klinischen Zusammenhängen immer wieder die bestürzende Erfahrung dieser besagten Konsumhypertrophie, also die Festsetzung von allem und jeglichem, was überhaupt Wert hat, am Ort des Konsums; Krankheit setzt ja immer an diesem Ort an. Da gilt nun die Frage, wie kommt diese Fixation an diesen einen Ort zustande. Aus meiner Beobachtung in der Klinik meine ich, daß der Konsumort so verfänglich ist, daß man sich also ausschließlich dahin zu begeben pflegt, weil hier Entschädigungen versprochen werden. Stichwort: konsumatorische Entschädigung. Entschädigung wofür? Für das, was man weiland „entfremdete Arbeit" genannt hat, wobei das noch eine – gemessen an dem, wie Arbeit heutzutage organisiert ist – sehr milde Bezeichnung ist. Das ist ja wohl direkt auch einschlägig für Sie hier, die Sie mit Kultur, mit Freizeit zu tun haben: Freizeit ist weitestgehend eine riesige konsumatorische Veranstaltung. Es werden also Entschädigungsmöglichkeiten aufgesucht für die ganzen Mißhelligkeiten im Bereich von Arbeit, die man ja mit Fug und Recht gar nicht als Arbeit, sondern als Pseudo-Arbeit bezeichnen kann, also Stichwort: entfremdete Arbeit, aber wie gesagt, das ist sehr milde ausgedrückt. Hinzu kommt, daß sich ja parasitär auf die Produktion eine Unmenge an Zwischenbereichen – darüber ist hier noch gar nicht gesprochen worden – also die ganze Zirkulations-, Distributionssphäre setzt.

Kann man sich unter solchen Bedingungen denn wundern, daß tatsächlich auf Entschädigungsmaßnahmen hingedrängt werden muß, und daß sich eben der gesamte Bereich von Konsum permanent als eine solche Entschädigungschance offeriert? Freilich wird man an diesem Orte grausamst betrogen, erneut betrogen, so daß es dann auch wiederum nicht wundern muß, daß an dieser Stelle Krankheit einsetzt und protestiert, nothaft hilflos protestiert.

*

Als Herr Richter mich warb mitzumachen, war ich sehr zögerlich, weil ich wußte, daß solche Fragen auf mich zukommen. Ich fühle mich durchaus nicht unsicher im Bereich der Psychiatrie, um pragmatisch zu sagen, dies und das sollte man versuchen oder vielleicht auch tun. Aber jetzt hier en gros Vorschläge zu machen, das fällt mir, das muß ich gleich sagen, sehr schwer. Ich vermute, daß ich dann pragmatische Kurzschlüsse formulieren würde, die ich letztendlich gar nicht mehr mitverantworten kann. Aber im allgemeinen glaube ich doch sagen zu müssen von meinem Erfahrungsfelde her, daß es sinnvoll wäre, innezuhalten, also Moratorien – so könnte man das vielleicht nennen – auszubilden, um das, was sich unterdessen akkumuliert hat an menschlichen Möglichkeiten und Fertigkeiten und Produkten und dergleichen, überhaupt erst, über die üblichen Formen einer – ja, ich sage es mal ganz hart – pseudo-demokratischen und auch heuchlerischen konsumatorischen Nichtaneignung hinausgehend, aneigbar zu machen. Es sind ja Riesenmassen von Dingen akkumuliert, die einfach nur noch in einer derart oberflächlich zu nennenden Weise – wobei „oberflächlich" auch wiederum milde ist – nicht angeeignet sind. Es ginge also darum, sich Gedanken darüber zu machen, Aneignungsformen dessen, was also längst nicht zuletzt technologisch und institutionell der Fall ist, allererst zu ersinnen. Und was dies angeht, habe ich nun selbst – um das vielleicht abschließend zu diesem Punkt zu sagen – den Eindruck, daß Sie als diejenigen, die dafür zuständig sind, ja auch in gewisser Hinsicht sehr findig geworden sind. Also, es wäre mir lieber, das, was eh probiert wird an Verzögerungsvorgängen, von dem her, was ich weiß, zu bestätigen. Und da hätte ich eine ganze Menge einzelner Punkte, die hier ja auch schon in der Runde genannt worden sind, etwa das Problem der zwei Kulturen, das Lob des Dilettantismus etc.

Ich würde vielleicht mal etwas mehr Zuwarten auf die Ausbildung eines gesellschaftlichen Bedarfs, bevor ich an die Stelle einer Bedarfsartikulierung trete und da schon gleich ein Supermarktangebot in irgend einer Hinsicht abundant mache. Aber das wären jetzt schon Einzelpunkte, wobei ich fast wissen kann, daß Sie alle ja anders als ich auf diesem Sektor befähigt sind, sich solche Dinge einfallen zu lassen.

*

Ich befürchte eine fahrlässige Entproblematisierung der in der ersten Runde aufgeworfenen Probleme und mache sogleich noch einmal das geltend, was ich über die nicht-blutende Bildröhre gesagt habe. Dies geltend zu machen, hat nichts mit Kultur-Pessimismus zu tun. Und vielleicht hat die nicht-blutende Bildröhre mit dem strukturellen Ausschluß von Weiblichkeit zu tun. Was ich versucht habe, stark zu machen, das war – natürlich allzu kurz – eine Gefahr, nämlich, daß der gesamte Kulturbereich in die Nähe der besagten pseudo-demokratischen Aneignung gerät.

Es scheint ja so zu sein, daß die Tendenz der technologischen Produktion auf Rüstung hin auch durchschlägt auf die Produktion normaler Güter, etwa dergestalt, daß eine universelle Waffenhaftigkeit derselben immer potenzierter wird; also Produktion von Ramsch, so daß die Zerstörung der Produkte selbst die Erfüllungsform der Produkte ist. Und ich muß noch mal das geltend machen, was die klinische Rückmeldung an dieser Stelle besagt: Hier muß zwangsläufig das allgemeine gesellschaftliche Suchtverhalten stärker werden. Und das ist im Anwachsen begriffen – das kann man ja auch im Einzelnen zeigen –. Also kurzum: Ich wollte doch noch mal einiges anmahnen an Problematik, die mir unterzugehen scheint in einer vornehm fahrlässigen Form der Überlegungen zur Kommunalpolitik.

Pan

(aus: Kaum. Halbjahresschrift für Pathognostik, Nr. 3, herausgegeben von R. Heinz, Büchse der Pandora, Wetzlar 1986)

Zeichnung von Heide Heinz

PAN. Die Sonne zuhöchst wie irgendwo in Afrika. Die Augen fielen ihm zu und er dachte vor dem allmittäglichen Einschlafen – durchaus nicht geängstigt, seltsam sicher vielmehr, ja vertrauensvoll –, daß er in seinem Schlafe just die Umkehrung der Schattenlosigkeit, zum totalen Schatten nämlich ombra mai fù würde. Und dies geschah denn auch in nicht recht von einander abgesetzten Stufen. Wider-Spiegelung dessen, was er draußen am Werke spürte, so etwas wie das Gottesgericht, Überhelle, die explodiert, an der er, diese ansaugend und kaum merklich depotenzierend, im Gegenteil der Nachtschwärze teilhatte, nicht ansehbar, drinnen, ganz unter Vorbehalt. Mutterleib, aufgezehrt von dessen Negertochterembryo und diesen dann in die Gegenwärtigkeit von Nichts sich auflösend. Flüchtige Szenen im nur-noch-Schattenwurf des Schlafs, Ineinanderstürzendes vielleicht, erstarrend zu Hieroglyphen, zu Schrift, endlich zerbröckelnd. Nur noch Schlaf.

Toxisches Leberdelir im Kopf Negerschnitzel halb noch blutig und mit Knochen Missionsekstase Mustafa in Klarsichtfolie,

Wer hat mich geweckt? Ich zerriß an der Stelle, wo ich wieder hergebracht sein sollte in die zugängliche Außensicht dessen, was ich endlich rein für mich nur haben wollte, ja was ich auch seiner Entstehung nach ganz erkannte. Ich zerriß in diesem Gegenzug Desselben und schrie. Schrie im Vorhinein so, wie alles Fleisch nur noch schreien wird, wenn sich der Mittag beidseitig erfüllt. Schrie also krank und wirksam prophylaktisch für den Frieden nach dem größten Krieg. Diesen Text konnte ich also gar nicht schreiben.

Eifeltagung

(aus: Kaum. Halbjahresschrift für Pathognostik, Nr. 3, herausgegeben von R. Heinz, Büchse der Pandora, Wetzlar 1986)

Während einer interdisziplinären Tagung über „Das Neue", veranstaltet von der „Stiftung zur Förderung der Philosophie", versuchte ich, den pathognostischen Grundgedanken vorzustellen. Es gab vielerlei Reaktionen darauf – und nicht eben nur „sachliche" –, aus denen ich diejenigen auswähle, die mir gehalten scheinen, unser Projekt zu beleben.

In der Restgruppe, die zur Diskussion meines Neuerungsangebots zusammenblieb, kam es schließlich überraschend schnell zur Konvenienz, daß eben das autonome Selbst und dergleichen mehr nichts anderes sein könne als der Inkognito-Revenant des zum Scheine untergegangenen Ödipuskomplexes; daß – in der fraglosen Konsequenz dessen, den immer diesem Selbst mitgegebenen Dingbezug betreffend – dessen Normalitätsstatus in objektiver Versetzung und Konzentration die integrale Erfüllung des Ödipuswunsches (Doppelmord an der Sphinx und an Laios, Inzest mit der Mutter Jokaste) repräsentiert (repräsentiert, terminologisch!); daß demnach aller ungestörte Dinggebrauch das vollendete Memorial dieser schlimmen mythischen Taten ausmacht: daß kein Ding davon freigemacht werden kann, die unbewußte Erfüllungsform derselben zu sein – der übliche transitorische Ausnahme-Symbolismus, das Substitutionswesen, demnach bedenklich auf Dauer gestellt. Psychoanalyse, kurzum, als Psychoanalyse des „Umgangs" mit Objektivitäten, die damit aufhört, Psychoanalyse zu sein: umgeht – der pathognostische Grundgedanke, der hauptsächlich von Thomas Macho und von Uri Kuchinsky mitexpliziert worden ist; der die Philosophische Praxis indessen bedenklich stimmte (Gerd B. Achenbach), insofern die Psychoanalyse mit dieser ihrer nicht mehr psychoanalytischen Objektivitätsekstatik ihre Imperialität nur ultimatisiere.

Gesondert einige Reminiszenzen auch an die Einlassungen von Odo Marquard. – Zunächst versuchte er, den Tautologieverschluß der Dinge, unsere schreckliche Normalität also, als entlastende Rückgewinnung von Oberflächlichkeit auch zu verteidigen, mäßigte aber dann diese Apologie daraufhin – so mein Vorschlag –, diesen Verschlußstatus als Transit, Todesvorübergang zu dem hin, was allererst Realität, nicht zuletzt emphatisch philosophisch, sein könnte, geltend zu machen. In einem weiteren

Diskussionszusammenhang bestimmte er den gelingenden Dinggebrauch als Indifferenz von ödipaler Wunscherfüllung (in objektiver Versetztheit) und -nichterfüllung, nicht zuletzt doch wohl, um nicht in die besagte Realität übergehen zu müssen. Mit welcher Indifferenz indessen – so die Entgegnung – sich der eh übliche Fortgang der Dingverfassung nur reproduziere: anhaftende Restschuld als Movens der dinglichen Schuldabsorptions-Verbesserung. Entsprechend wäre es ihm wohl auch lieber gewesen, keine Gewaltidentität von Selbst- und Sachbesessenheit, Krankheit und Dingekstatik, einräumen zu müssen, vorübergehend einzuräumen... Ja vorübergehend. Äußerlich nämlich erwies sich Marquard oft als Meister des Widerrufs. Doch solches scheint mir bloß die rhetorische Schauseite eines Denkhabitus zu sein, der die Phänomene zu retten sucht, indem er den Heilsanspruch an dieselben quittiert: verhindert, diese der reißenden Dialektik zum Fraße zuzuwerfen. Was erstaunliche Affinitäten zur „Postmoderne" enthält, und deshalb wohl auch die deutlichen Verständigungsmöglichkeiten.

Als besonders folgenreich stellte sich der erste Anflug einer Diskussion mit Valentin Braitenberg (Biologische Kybernetik) heraus. Auf meine Frage, ob denn das perfekte Computer-Gerhirn-„Bild" auch die cogitionale (Selbst)erfahrung des Bewußtseins habe; ob hier nicht doch die Grenze einer solchen heroischen Nachbildung liege, eben wenn diese Selbsterfahrung von Bewußtsein ausfalle, erwiderte er lapidar: was ich erfrage, sage, das sei kein Inhalt einer möglichen Aussage mehr. Worauf ich sofort replizierte, daß ich eben darauf hinauswollte. Gewiß, die Erfahrung des Bewußtseins sei kein Inhalt einer möglichen Aussage, jedoch der nicht positivistisch eskamotierbare Horizont einer jeglichen Aussage selber, inklusive der maschinellen Hirnsimulation. – Es ging hier nicht weiter, stattdessen aber diskutierten wir in der Gruppe psychosentheoretisch darüber.

Von der Unmöglichkeit des Anti-Golem

Kurze Bemerkung zum Kapitalismus und der Schizophrenie

(aus: Kaum. Halbjahresschrift für Pathognostik, Nr. 3, herausgegeben von R. Heinz, Büchse der Pandora, Wetzlar 1986)

Wenn immer man behaupten dürfte, daß Schizophrenie in der Inkorporation dieses avanciertesten Selbstdoubles Hirncomputer, der Einbehaltung dieses „Bildes" als eines fertigen Bildes, bestände, dann müßte doch das entbundene schizophrene Totaldelir diesbetreffend zugleich die perfekte Bauanleitung des perfekten Hirncomputers sein; sofern dieses Delir die nicht abgelöste Hadessprache dieser Einbehaltung sei, einbehaltenes Selbstdouble im Toten, das sich selber spricht.

Gewiß, nach dem, was wir zu wissen meinen, kann's nicht anders sein. Allein, die Schizosprache als solche Bauanleitung, und gar unter dem Anspruch der Nichtwiederverschließung, nutzen, hieße eo ipso, den Bauplan einer Höllenmaschine disponieren, eines Hirncomputers also, der sich selbst zerstörte oder besser wohl: immer kurz vor der Autodestruktion diese seine Entropie vorstellig machte, an deren letalem Ende nur noch das ungestalte materielle Substrat übrigbliebe. Aber auch vor diesem Ende wäre diese Maschine des Teufels, wenn immer ihr hochadaptive Aufgaben – am besten sogleich im militärischen Heimatbereich – zukämen. Bauplan also einer entropischen Disfunktionalität, wie in science fiction, das wäre Schizophrenie in dieser Beziehung.

Gesetzt nun den Fall, sie sei so nutzbar, und zwar nicht nur hermeneutisch, vielmehr sogleich, parallel dazu, algorithmisch, dann reproduzierte sich eh nur, was den mathematikfundierten Fortschritt solcher Golemproduktion fachintern selber besorgt: operationaler Verschluß, Verunbewußtung – recht eigentlich immerdar die Verkennung der Grenze der Erfahrung des Bewußtseins, die sich in dieser Verkennung zum Scheine, doch allen Fortschritt bewirkend, verschiebt, unbegrenzt hinausschiebt. In der Tat: die Erfahrung des Bewußtseins, das ist unter der Prämisse der Einzigartigkeit des verum ipsum factum kein Inhalt einer möglichen Aussage mehr, und doch...

Was ist mit solchen Überlegungen gewonnen? Wir sollten es wohl unterlassen, an den Verschlußalgorithmen mitzuwirken, wenn immer es uns gelänge, die Schizosprache einschlägig auszubeuten. Auch die Baupläne für das Höllenmaschinenultimatum sind ja fachintern, wenngleich noch auf vor-galileischem Niveau, bekannt? Das heißt aber überhaupt nicht, daß wir mit solchen unbedeutenden Verweigerungen den Fortschritt dieses Golembaus aufhalten könnten. Nein, es ist zu spät. Und es scheint deswegen noch nicht einmal mehr sinnvoll zu sein, die oftmals (nicht zuletzt durch mich) apostrophierte Rechtsüberholtheit der Schizophrenie durch diesen Maschinenprogreß als Gegengift gegen diese Krankheit einzuführen; denn all dieser Fortschritt gibt ja dem Kranken – Kranken!? – rationalitätsimmanent nur Recht. Hoffentlich aber bleibt diese seine eschatologische Immanenzernährung – daß sich der Schizophrene zum Aneignungs- und Beförderungsopfer, dem letztkonservativen, dieses Fortschritts macht – für uns spürbarer Skandal nicht minder. Ansonsten aber haben wir nicht mehr als einen folgerichtig eskamotierten „Zusammenhang" gründlich erkannt: die Ausbeutung der Schizophrenie auf der Grundlage des positivistischen quid pro quo, nämlich die absolute Grenze zu einer relativen – der unendlichen Aufgabe der Geistmetamorphose der Welt (der Neue Himmel und die Neue Erde) – bewährtermaßen herunterzustimmen.

Der Platz ist verflucht

Zur Pathognostik von Tabu-Räumen

(aus: Raumbegriff in dieser Zeit. Vorträge aus dem I. Verlagskolloquium 1985 in Bochum, herausgegeben von K. Bering, W.L. Hohmann, Die Blaue Eule, Essen 1986)

Titelparaphrase

Tabuisierte Raumgegebenheiten begegnen im Kontext der Psychopathologie – diesen traditionellen Titel behalte ich für's erste bei – in den Phobien, von denen ich mir diesmal die Agoraphobie (Platzangst) zu diskutieren erlaube. Phobisches Symptom ist die solistische, nicht-intersubjektive Tabuisierung bestimmter Spatialitäten selber – Brücken, Erhöhungen, Straßen, Plätzen, Innenräume –; die angstmotivierte Vermeidung derselben, die zu durchbrechen zu einem katastrophischen Gesamtzustand des Kranken führt. Phobisch behindert ist die Motilität – Fortbewegung/Verweilen –, nicht etwa das von-Ferne-Besehen der tabuisierten (off limits für den Motorik-Körper) Räumlichkeiten. Es macht sich hier nun gut, daß ich durch klinische Kontingenzen mehr oder weniger auf Phobien, in erster Linie bisher die Brückenphobie, also auf eine Räumlichkeits-/Bewegungskrankheit, ein wenig spezialisiert bin.

Pathognostik ist der unterdessen stabilisierte Titel des von mir initiierten Versuchs einer zeitgemäßen Fortschreibung der Psychoanalyse. Die Kritikspitze dieses Versuchs richtet sich gegen deren Subjektivismus, der seine Auflösung allererst erfahren kann in der Objektivitätsversetzung des Unbewußten, gleichbedeutend, disziplinär, mit dem Übergang der Psychoanalyse in Rationalitätsgenealogie, also in Philosophie; eine Maßnahme, die nicht zuletzt dadurch erzwungen wird, daß nur um den Preis der Wiedereinrichtung von Unbedingtheiten das Unbewußte nicht koinzidiert mit den Instanzen, von denen eben es ausgenommen sein müßte (das Selbst/die Dinge). Wenn die historische Plazierung der Pathognostik, die diesem ihrem Titel Ehre zu machen sich insbesondere um die Subversion der Krankheitsbegriffe bemühen muß, beliebt, so wäre vielleicht von einer Variante des Nach-Lacanismus zu sprechen, die noch in den Anfängen weniger ihrer Konzeptualisierung als ihrer Publizität begriffen ist. Da die folgenden Ausführungen zur Agoraphobie eine bereits fortgeschrittene

Probe des pathognostischen Räsonnements abgeben sollen, darf ich es wohl bei dieser allgemeinen Vorcharakteristik belassen.

„Der Platz ist verflucht" – wer kennt dies Zitat nicht? Wenngleich die Textüberlieferung keineswegs eindeutig ist; doch in Bergs „Wozzeck" ist es gleich zweimal zu finden; und zwar im Kontext einer paranoisch-apokalyptischen Vision, fusioniert mit der Vorwegnahme des eigenen – Wozzecks – Ende (als Opfertod). Entsprechend firmiert in dieser bewundernswerten Psychosen-Totale-Miniatur der verfluchte Platz („Freies Feld. Die Stadt in der Ferne") nicht spezifisch als Agoraphobikum zwar, doch sind, psychotisch extremisiert, in seiner Präsentation ansonsten alle entscheidenden Pathologiebedingungen offensichtlich gemacht, beisammen: Hinrichtungs-, Opferstätte; Lichtepiphanie der Grenzlinie der absoluten Differenz; Unterhöhlung der Erde, Abgrund und Himmelseinsturz; (kosmische Konspiration: „ontologisch" Aufruhr und Totenstille): auch „Verdrängung" des perennen Menschenopfers zur höchsten Gottessättigung: Tier-Metonymie, und entsprechend die „symbolische" Zitation der verschobenen Ur-Paranoia Jagd etc. Insgesamt auch diese Inversion: „Damenopfer mit Herr im Gefolge".

Um in dieser, wie sagt man?: amplifikatorischen Rücksicht kurz noch fortzufahren: mit einem kleineren Zeitsprung gerät man auf der Suche nach vergleichbaren literarischen Psychiatriekompendien am ehesten wohl in Kafka hinein, so zum Beispiel in das „Gespräch mit dem Beter". Es nimmt sich (noch) umfassender aus, apostrophiert ausdrücklich auch die Agoraphobie (außerdem kurz vor dem i.e.S. psychotischen Kollaps), dimensioniert sich, fortgeschrieben eher schizophren, im Differenz-/Indifferenzkulminat der Dinglichkeit (als des Niederschlags frustraner Leichenrecherche) und vor allem zeigt es sich textgnostisch versiert: Erzählung der Erzählung, die in sich selber einblickt (Text-Agoraphobie – die Leerseite?). Ein unerschöpfliches Kompendium, wie ich es im Überschlag einmal darzustellen versucht habe.

Nun aber zum Thema, Agoraphobie, die ich, vielleicht ein wenig mimetisch an sie, nicht auf einmal stelle, sondern in immer neuen Anläufen. Und so wird sie dann gar nicht gestellt; was nichts anderes bedeuten könnte, als daß sie sich, ausgetrieben, bloß in den Dingen (als Waffen sodann) versteckte.

High Noon

Die Bezeichnung Agoraphobie könnte den Laien irreführen; denn diese Marktplatzangst – die Angst des Marktplatzes, um es sogleich angemessen zu sagen – betrifft diesen Ort nicht in actu, nämlich mit den notorischen Vorgängen des Warenverkehrs erfüllt, vielmehr denselben Dinge- und Menschen-leer, so wie selten noch Marktplätze sonntags geräumt sind, und eine abweisende Offenheitsaura verbreitend, von der man meinen könnte, daß die oft angrenzende Kirche (oder auch nur das Rathaus) den Gesamtbestand des Marktes für eine kriteriale Weile, den Aufenthalt eines Mysteriums, eingesogen, gefährlich verschwinden gemacht, einbehalten hätte(n). Leerheitssonntag, so etwas wie die Objektivität von Sonntagsneurose.

Charakteristisch kommt hinzu, damit die leere Fläche auch gebührend ängstige, daß nicht Nacht und Nebel herrschen, vielmehr helles Licht, (wenigstens ein wenig) High Noon, „im Mittag hoch steht schon die Sonne", die Zeit der Schattenlosigkeit, wenn Gericht gehalten wird; Panik; die Mittagsfrau geht um. Vielleicht kennen Sie diese Stimmung von Chirico: am ehesten wohl ein grelles Zwielicht?

Am Rande angewurzelt oder auch den Rand ziellos-fahrig begehend (als hätte ihn Harnzwang überfallen), nimmt sich der Kranke mitten auf dem freien Platze vorweg: mutterseelenallein, angestrahlt, schattenlos. Was besagt die Szenerie?

Wenn der Schatten das mortale durchgestrichene Selbstdouble (im Sinne des funktionalen Phänomens) selber ist – ungetrennt, doch unvereint mit dem darin eingegebenen und verschlossenen, unendlich haltlosen Cogito-Selbst –; wenn der Schatten also (scheinbar einfacher formuliert) das Unbewußte „symbolisiert", dann bedeutet Schattenlosigkeit den Zusammenfall der beiden äquivoken Selbste, die Koinzidenz des Ich/Bewußten mit dem Unbewußten; höchste Gefahr: der Schatten kehrt heim als Apokalypse. – Mit dieser Endzeit-Heimkehr aber des Gottes in sich selbst zurück erfaßt das betreffende Szenarium konsequent alle seine weiteren Elemente mit. So fungiert der ins Körper-Cogito eingezogene Schatten als die Verdichtung des Gesamtraums ringsherum, so daß der leere Platz, davon erfaßt, sich zur Explosions-Spatialität ultimatisiert, sich lückenlos wie von Tretminen übersät erweist – H.-D. Bahr würde von der „Sprengmaschine" sprechen: „ontische" Sprengmaschine, als solche von der „ontologischen" Inquisition, dem „Verhör", signifiziert; Fläche, die sich in den Ursprung (Ur-Sprung, die Fundamentalraptur) ihrer selbst, vermittelt über die eigene Schattenmetapher, hineinbegibt; Schatteneinzug, Flächeneinzug überhaupt. – Solche Gottescinkehr aber hielt der Menschenkörper dann nur aus, wenn er selber dieser Gott wäre, der sich eben in dieser buchstäblichen Inkarnation als deren kosmische Zerstäubung herstellt. Was nichts anderes heißen kann, als daß die phobische Angstmarge, diese spezifisch attraktive Affektions-Abständigkeit, die markierte Katastrophe, die unwiderstehlich zitierte, aufschiebt. – Nochmals: worin besteht die inhibierte Katastrophe, inhibiert für ihren (Re)zitateur, rein monadologisch, nicht-intersubjektiv? Darin, in diesem Kriegseschaton, daß sich das tote durchgestrichene Selbstdouble mitsamt seinem Ein-Räumungs-, Flächenenvironment ins Cogito-Selbst hinein wie retour, gänzlich entblößt, unumhüllt, so re-inkarniert, als sei es eben nicht tot, vielmehr restituiert lebendig, cogito-homogen; als gäbe es den Tod nicht (im Sinne der Inversion des Nur-Todes). Und in diesem Moment des Rückbefalls des Selbst durch das Selbst (der Selbstreflexions-vollendung) wird das Körper-Selbst schamvollst/schamlosest gläsern: offenbart das Schandgeheimnis Gottes, der in der instantanen Explosion des Fleisches, holocaust, seine Existenz, selbst- und welt- und mensch- und dingeschaffend, erfüllt.

Nach diesem mythomystischen Exkurs biete ich eigens für Philosophen an, die apostrophierte Gotteskatastrophe zünftig existential-ontologisch wie folgt zu übersetzen: der Kranke verhängt den ontologischen Seins-/Nichts-bann beschwörend-antezipatorisch direkt übers Ontische, Seiende; er revoziert zwar den anfänglichen Entzug der Differenz und entkleidet sie auch ihrer Umhüllung, doch fatalerweise dergestalt, daß diese an des anderen Fleischesende wiederuntergeht als dessen martiale Destruktion; Differenz, die sich hüben wie drüben in letzter Verstellung realisiert. – Oder, für szenenfreundliche Gemüter gesagt, wäre die Sache mit dem verlorenen Schatten, Peter Schlehmil, hilfreich anzuführen. Und nicht minder – um jetzt schon zum flächengnostischen Spezifikum der Agora-phobie überzuleiten – des Götterboten Hermes Universalgeleitung – er ist nicht zuletzt auch Psychopompos; so daß Krankheit die Indifferenz von Hades/(Olymp) und Oberwelt exekutierte; der Kranke, der bei jedem Schritt auf der Erde schon den Hadestransit voll magischer Ungeduld zitiert und für diese nichts als gerechte Anmaßung die Strafe der Erden-Un-brauchbarkeit ineinem empfängt.

Der arme Teufel

Das mit dem womöglichen imperiösen Harnzwang eben war kein gag; es wird nämlich immer zu Körperübergriffen der neurotischen Binnendramatik kommen, worin sich diese fragmentarisch publiziert. Inhaltlich betrachtet, zeigt sich diese urethrale Publizitätsspur (die selbst freilich hinwiederum, wenn auch schon aufwendiger, verwischbare) höchst expressionshaltig: der Kranke geht – wie somnambul, enuretisch – zum abgedunkelten Inbegriff des Symptoms ein frustranes Beseitigungsverhältnis ein – holocaust, der also gelöscht werden soll, mitnichten aber gelöscht werden kann (welche Torheit!); so daß dies interne Selbsttherapieansinnen – über die Selbstdefinition als Angst hinaus – den Rückschlag eines supplementären Selbstbildes effektuiert, das sich durchweg dem eines Teufels, jedoch eines überaus armen, annähert. Der Urethralcharakter, den ich hier nicht des einzelnen ausführen muß, fungiert dafür voll der Einschlägigkeit: was kann schon ein kleiner Pisser gegen das große Autodafé allen Fleisches ausrichten? Das Feuer der von der Hexe nichts als gutgeheißenen Hexenverbrennung löschen? Welche Groteske! Gewiß, solange die rettende Angst nicht nur anzieht, auch kräftig abstößt; solange sich in diesem Sicherheitsabstand solch komisch-absurde Wünsche noch regen dürfen, spiegelt sich die Schandbarkeits-Schuldtotalität des Opferfleisches, das seiner seinskreativen Vernichtung harrt, an der Peripherie des Kranken nur von Ferne; ist der Eingang in dies Sujet, die regressive Metamorphosenserie (in Weiblichkeit, Kindheit, Tierheit ...), Vollendung der Inquisitionsofferte, immer noch ausgesetzt; doch welch erbarmenswürdige Mühsal – so die Kehrseite dieser kleinen Gunst –, in diesem Sog und Gegensog nicht zerrissen zu werden. Armer Teufel, fürwahr: binnenkaserniert (und in dieser Einsperrung zudem vorstellungsabgesperrt motilitätsversetzt ja) die Gnosis (Lucifer); hilflos der Materalitätsprotest, der nicht umhin kann, Materialität a fortiori zum Opferstoff voll der Opfertücke zu bestimmen, und also dem apokalyptischen Ultimatum erst recht verfällt. Längst ist der Teufel das schier verworfene, restlos vorbehaltliche Unbewußte Gottes, seine Nahrung der Nichtsexekution.

Gewiß trifft zu, daß die Neurose – die Agoraphobie – in der Hierarchie des Krankheitsschweregrades zuunterst rangieren kann. Was heißt, daß es fortgeschriebenere Pathologieformen gibt, die dem verfluchten Ort, dem Altar, lebensgefährlich näherstehen/die (wie wenn dies ein Näheproblem wäre) wehrloser noch dem Molochwesen des Gottesphantasmas ausgesetzt sind, selbst auch gieriger noch sich schuldresorptiv daran das Gericht essen und trinken (um es auch einmal christlich zu sagen): sinnloserweise also die Lebendigkeitsrestitution des Opferstoffs reklamieren. Welches da sind – dimensionsidentisch mit den Phobien und in der Rangfolge ihres Pathologiegewichts aufgeführt (weitere Ausführungen dazu können hier nicht am Platze sein) – der Exhibitionismus und schließlich die Katatonie. Gewiß, solche Perversionen/Psychopathien und zumal Psychosen wiegen in verschiedenen Rücksichten pathologisch schwerer; das ist so in Ordnung. Doch sollte in solchen Skalierungen nicht verkannt werden, daß das Leichtgewicht der neurotischen Erkrankungen sich dagegen als besonders tückisch erweist. Neurotisch nämlich besteht die Eigenart des (psychopathologietypischen) unfalsifizierbar verdrückten Prophetismus darin, die heilen, also der kriegsmagisch unbrauchbar gemachten Symptomrealie entkommenen Realitätsfelder einem unmäßigen Tautologisierungsdruck, nothaft freilich und (oft) uneinnehmbar, auszusetzen und somit einer ebenso blind gewalttätigen wie sentimentalistischen Hypernormalitätsverfassung, kurzum: unser aller mörderischen Anamnestik, auszuliefern. Man müßte einmal über die spezifische Konservativität der psychisch Kranken, zumal der Neurotiker, gesondert handeln und dabei des Anti-Ödipusverdikts wachsam eingedenk sein, daß einzig die Neurose unter allen solchen Krankheiten die einzig unheilbare sei; die forcierte Restnormalität, die inflationierte, als Erzfeind aller Heilung. Was vom Diesseits des jenseitig okkupierten Diesseits insgesamt – besetzt zu Recht und zu Unrecht zugleich – übrigbleibt, das muß fast um jeden Preis ein Hyperdiesseits ohne Jenseitsverweis gar sein; Hermes exklusiv Psychopompos und ebenso exklusiv überhaupt keiner (nur, am besten sogleich, der Herr der offiziellen Diebe), und dies auf Nachbarareale friedlich gar aufgeteilt. Wie soll das gehen?

Freilich schöpft die Agoraphobie nicht alle Sorten ihrer zahlreichen und mit schön klingenden Namen versehenen Geschwister mit schon aus. Geargwöhnt werden müßte ein komplettes System alleine schon von Phobien, die sich, also prinzipiengeleitet, differenzieren, phänomenologisch fürs erste (so mag man sich ausdrücken dürfen), nach der Maßgabe der Organisation von Stadt (am ehesten wohl); so daß es mehr Sinn macht, sich zum Verständnis dieser Krankheiten mit Städtearchitektur zu befassen als mit Entwicklungspsychologie (modo psychoanalytico Psychogenese, Lebensgeschichte) oder gar nur noch mit Lerntheorie (und Verhaltenstherapie), zweifellos der fortgeschrittensten Wissenschaftskriminalität auf diesem Sektor. Jedenfalls dürfte der Agoraphobie – insofern eine Krankheit von Kaschierungs-begünstigender Noblesse, die ihre Aufklärbarkeit nicht eben befördert – die zwingende imperiale Pragmatik etwa der Brückenphobie, auch die Intimitätsstringenz der Klaustrophobie, ermangeln; stattdessen kultische Publizität, Tempel/Marktbezug; Abwurfstätte von Ästhetik und Theorie nicht zuletzt; Hermesort, Tauschtopos; anders als das Tempelinnere/die Fabrik, anders als das (Wohn)haus; vs. Produktion, vs. Konsumtion. Dieser Plazierung wegen könnte die Agoraphobie auch die instabilste Phobiespezies sein – jedenfalls habe ich es einmal miterlebt, daß sich auf der Folie hauptsächlich einer Agoraphobie eine topologisch verbleibende Zwangsneurose ausbildete, die nichts anderes bezweckte, als, gesteigert sodann symptombefangen, die Ausgangsphobie zu erklären; folgerichtig außerdem mythologisch – christlich – mittels einer phantastischen Geodätik im Ausgang von den Tabernakels der Kirchen der Stadt. – Wollte man nun aber solche mehr noch „phänomenologischen" – architektonischen – Systemprinzipien der Phobiendifferenzierung überbieten, so müßte es spruchreif werden, die betreffenden städtebaulichen Kontexte (eben die daraus entnommenen Prinzipien) als objektivierte funktionale Phänomene geltend zu machen. Funktionale Phänomene wessen? Eo ipso freilich der korrespondierenden Körperprozesse. Welcher aber genau? Selbstarchäologisch-pathognostisch weitestgehend noch Fehlanzeige, terra incognita! Wahrscheinlich schon abkünftig, könnte man als „Organprojektion", die verstörte, der Agoraphobie die geburtstraumatische Phase der „Bettung" sogleich nach der Geburt erwägbar machen? Aufliegen auf einer glatten Fläche: kinästhetischer Selbstaufgang im Selbstaufdruck darauf, sistierte Körperindifferenz mit dem eignen „Schatten"? Jedenfalls fände das seltsame Festkleben an der Fläche, der Höhensuspens, derart nicht zwar seine (kausalgenetische) Erklärung, doch sein selbstvor- und frühgeschichtliches Modell? Die Gründe aber nun der „individuellen" Kathexe just dieses Schreckensorts und keines möglichen anderen – der buchstäblichen (epileptoiden) Hin-Fälligkeit, der Verweigerung, sich von sich selbst erektiv (anthropos!) sicht-lich zu diskriminieren (den kinästhetischen Haptik-Selbstrückschlag nicht einzig, regressiv, als einzige Reflexionsform reiner Grenzfühlbarkeit oppositionell, vergeblich freilich oppositionell, zu tolerieren) –, diese Gründe gehen nimmer in lebensgeschichtlichen Traumata auf – selbst auch dann nicht, wenn diese keine absolute Herleitungsdimension mehr darstellen (wie im Subjektivismus der Psychoanalyse) –, sie verlieren sich vielmehr in einer Fülle weiterer Kontingenzen, die sich immer dann, statistisch sozusagen, zu bündeln pflegen und pathogenetisch also werden, wenn eine Verstörung spezifischer

„Organprojektion", funktionaler Phänomen-Objektivität, Dingekstatik fällig wird zum Zweck (immer nur Zweck) der höheren Stabilisierung derselben, unverstört.

Geo-Graphismus

Es ist längst an der Zeit, auf's bisher immer nur annoncierte Besondere der Agoraphobie – die Krankheit der Fläche und des Gehens nämlich – zu sprechen zu kommen: der Kranke zeigt sich ja außerstande, (alleine) einen offenen leeren Platz zu überqueren, selbstgehend zu passieren: dies erweist sich als kriterial. Gestört also ist die Ambulanz der Transversale-(Re)produktion, diese selbst, ohne daß sich der Grund dieser Störung (besser wohl: diese selber) auch repräsentierte – nein, umgekehrt, für den Kranken gar inklusive, gilt nur das Sicht-Supplement einer der Dechiffrierung unbedarften Deiktik: dort befindet sich der Dämon, doch niemand (auch ich nicht) kann ihn sehen; geschweige denn, daß das Repräsentationsvermögen als solches perturbiert wäre. Das habe ich schon angedeutet: je nach dem Schweregrad phobischer Festgeschriebenheit mutet das Fingerzeig-Außenvor der (dinglichen) Repräsentation/die Paralyse bloß der Gehensmotilität wie eine Art von epileptoider Abspaltung des Bewußtseins etc. an: konterkarierter Somnambulismus im Wachzustand.

Was also ist (ist: mindest emphatisch) Gehen, so daß dies Vermögen durch die Obligation einer Platzüberquerung offensichtlich rein „imaginär" außer Kraft gesetzt werden kann – so lautet einzig die pathognostisch relevante Frage, die den skandalösen Umstand mitoffenbart, nirgendwo eine auch nur halbwegs brauchbare Motilitäts-, Gehens-Gnostik vorzufinden. (Was eigentlich treiben Philosophen den lieben langen Tag?) Wie kommt es, daß das Motilitäts-Unbewußte nicht, wie üblich, ohne ersichtlichen (i.w.S. physiologischen) Grund schließt, aufgelassen verharrt: den freien Platz – wie es scheinen muß: unbillig – vergespenstert? Wie kann es einem vorkommen – um die selbstarchäologischen Erwägungen zur Agoraphobie nochmals zu streifen –, daß das Aufliegen (die Eigentümlichkeit der haptischen Reflexivität, über die wir zumal nichts Rechtes schon wissen) sich als unmögliches Regressions„ideal" wider das Aufstehen/Gehen behauptet? Geo-graphie als Körpergesamt-Eindruck, rückseitig, vs. die aufrechte Füßeminimalisierung desselben (mit wechselndem Schattenwurf als Reminiszens der vormaligen Ganzeinschreibung)?

Pathognostisch passiert jeder Gehensschritt die Grenzlinie der absoluten Differenz; die Fuge also, die das Diesseits vom Jenseits trennt und deren Übertretung (in der Tat: Übertretung), so sie gelänge, beide Dimensionen, das Hüben wie Drüben, homogeneisiert/indifferenziert (was immer auch ein Mirakel ist). Topologisch präzisiert, bilden die (Über)schritts-Linie und die der (vorweggenommen-ausgesetzten) absoluten Differenz den gehenskriterialen Schnittpunkt, der sich (allererst raum- und körperschaffend) als Körperachse vertikalisiert respektive auf den die anthropos-Höhe-Linie auftritt/aufruht. Allemal aber konfigurieren sich beide Schnittlinien zu einem Kreuz (und zudem die in die Erde hinein verlängerte Körperachse mit beiden Kreuzesbalken auf der Erdoberfläche ebenso). Schließlich (dies wie eine Schrittbeglaubigung jeweils) macht die Schrittstrecke (seitwärts jeweils) den Durchmesser desjenigen Kreises, der vom (Krisis)kreuzungspunkt aus mit der halben Schrittlänge als Radius geschlagen werden kann (und zudem – im Raume – ließen sich die Körperachse und das Bodenkreuz zu einer Kugel formen): dieser Kreis – der in sich perfekte Flächen-Einräumungsbestand je des Schritts; Schrittjubilatorik, außerdem immer in der Gestalt einer Art von Monstranz (was nimmer von ungefähr sein kann, wenn immer die apostrophierte „topologische" Zwangsneurose die „mythologischen" Erklärungsgründe der Agoraphobie, der Ausgangskrankheit, zu beschwören sucht). (Siehe Graph II) – Die Beglaubigungsversion des Schritts – in progress und im Großen – besteht indessen in der Schrittfolge, dem Gang: einer Serie derselben Konfiguration; in der Wiederholung (Doppel-Re-Produktion, in sich, des Reproduzierten, Gehens-memoria). Zick-zack, Ur-Geometrie-generativ, wie man leicht ersieht. (Siehe Graph I)

Jeder Schritt also enthält das Ganze der Seinserzeugung, ist, Fortbewegungs-versiert, fundamentaler Reflexionsakt; woran – so mag es einem vorkommen – einzig noch einschlägige Krankheit, die Phobie zumal, zu mahnen (wirkungslos freilich zu mahnen) versteht. Will sagen: die eine lebensdiesseitige Schritthälfte wird am Krisis(Opfer/Todes)punkt opfernd eingegeben ins Todesjenseits als dieselbe Schritthälfte, tot; Radius-Double. Und – so der ausschlaggebende End- und Beglaubigungsakt – die Rückerstattung dieses ins Jenseits eingegebenen Opferstoffs, dessen Restitution, verläuft, krisislos, als Rückkunft des Toten ins Tote, weiland der Lebensdimension, der abgetöteten, retour: der (konsumatorische) Homogeneisierungs-, Indifferenzierungsakt schlechthin. Und (genug ist nicht genug) erfüllt sich je schließlich im Kreisschlag des flächigen Okkupationsfeldes, dem (eingedenkenden) Besitzstand des Gehens. Dies koinzidiert mit

Heideggers Repräsentationstotale („anfänglicher Entzug der umhüllten Differenz"), genealogisch rückwärts gelesen: Kreuz, das sich in den Kreis hinein aufhebt; und Kreis, der im Fortgang des Gehens, der fundierenden Repetition desselben, als ubiquitär gewordener, sich ebenso aufzulösen geruht. Das immerwährende Opfer; freilich je immer auch, damit die Gehensserialität gelinge, die Reanimation des sich in Totheit erfüllenden Schritts zu seiner Selbigkeitsfortsetzung. (Abermals ein großes Wunder: Auferstehung von den Toten, neg-entropische Totalaufladung des entropisch Ausgezehrten, und dies nicht nur einmal.) Voilà! das seiner selbst vergewisserte Gehen, Gehen, und sonst nichts. Allein, seine triumphale Großartigkeit zahlt den Preis der Anamnestik, genauer noch: des Futurum II: Schritt, der gewesen sein wird. Und dieser Preis veranlaßt sodann notorisch dazu, denselben, die Nicht-Präsenz, zum ideellen Ursprung festzuschreiben: im wahren Sein, idealiter, geht dem Schritt der Punkt, die Linie, der Kreis etc. als Entitäten voraus. Und endgültig fällt das schwere Seinstor ins Schloß; Abendland-Debilismus; womit der Kranke – mit diesen unauswischbaren Zeichnungen auf den Flächen des Himmels – buchstäblich aufräumt. – Konvenienzen damit in Philosophie? Solche – Übersetzungshilfen je nach dem – gibt's in Hülle und Fülle. Um dies eben nur anzudeuten: ich bevorzuge diesbetreffend die „Anti-Ödipus"-Adaptation des Ökonomie-Modells: Produktion-Zirkulation-Konsumtion in fundamentalisierter Lesart, allerdings nicht ohne demselben sogleich, dieser Produktionsphantasmatik, die generationssexuell versierten Opferverhältnisse (den Untergang des untergegangenen Ödipuskomplexes im Objektiven) miteinzuschreiben. Auch dieses sei hier nur kurz erwähnt: die sogenannte transversale Konnexion (als an-ödipale Synthesis der Produktion im „Anti-Ödipus") würde phobisch insbesondere spruchreif – ob des Transversale-Problems der Agoraphobie? Iterativ jedenfalls risse sie den Unbewußtheitsverschluß gelingenden Gehens „gnostisch" (martial/pathologisch/intellektuell) auf – in welche Gegenchoreographie(n) wohl hinein?

Was geht demnach in der Agoraphobie vor – in dieser Krankheit, die ich fraglos vindiziert habe als Anstoß von Gehensgnostik, nicht außerdem ohne Anleihen zu machen bei dem zitierten anankastischen Topologiesystem mit seinen umso pathologischeren Erklärungsansprüchen? (So daß ich mich mehrfach-infiziert vor den Toren des Wahns, durch und durch krank denkend, erweisen müßte.) Zweierlei Angst wäre für's erste in der Phobie zu unterscheiden, wobei die erste die vor der zweiten ist: Angst vor der Angst. Jene fungiert als Signaleffekt: fällt sprachlos über die fraglose Überquerung von offenen leeren Plätzen das Verdikt un-säglicher purster Hexerei. Diese, die angstvoll vermiedene Platzangst selber, stellt den Verdiktgehalt – das ganze Grauen der Normalität solcher Plätzebegehung – höchst expressiv dar: Angstanfall; so daß man die erstere Angst sofort kapiert. Weshalb aber diese zweite eigenartige Angst? Beim ersten Schritt – also unter der Kondition des Gehens bereits – schneidet die (konsumatorische) Rückgabe, die restitutive Rückkunft der mortalen Schritthälfte, des Jenseits-Radius, voll ins Diesseitsfleisch ein. Das iterative Selbstdouble – als leerer Ort desselben selbst – schickt sich an, das Original insofern zu vernichten, als dieses sich nicht in jenes eingab. Dieses Desaster der Reflexionsbeglaubigung (des konsumatorischen Abschlusses) ist alltypisch für Krankheit: inverse Indifferenz von Tod und Leben, pathologisch von diesem aus; Opferblockade als Gericht. – Agoraphobie, betreffend die zweite Angst (als Wovor der ersten), das ist Aphanisis des Schritts. Gehen, das in den unaufhaltsamen Sog der Todesfuge, des Schnittpunktkonzentrats hineingerät: wie angewurzeltes Stehenbleiben, wie Festgehaltenwerden, Paralyse; Füße wie auf den Punkt zusammengeschnürt und mitten durchgeschnitten. Beeinträchtigung auch der von diesem Punkt ausgehenden Körperachse, Übergriff auf die Vertikale nicht minder: der aufrechte Körper wird angesaugt und abgesprengt zugleich: zerrissen. Zudem nimmt dieser verheerende Punkt den Okkupations-Beglaubigungskreis, dies iterative Selbstareal, zurück: generiert die unendliche Spalte/die unendliche Erhebung, so daß der Gang, so oder so, abstürzt. Und schließlich, hätte man das Kreis-Besitzfeld zur Kugel vollendet, so würde der Gehenskörper erdrückt. Mehrfachdispens jeglichen Aplombs; der Angstanfall extremisiert sich zum Fall; Hinfall auch, da der Schatten schwand, als dieser „regressiv" dann selber (siehe Graph III).

Sollte es nun erzwingbar sein, daß der Kranke nicht sogleich vor diesen Zumutungen kapituliert: den Platzdämon doch zu überqueren beginnt, so muß – wenigstens – mit dem schwersten Symptomausbruch auf der Mitteltransversalen gerechnet werden. Indem sich der repetitive Normalfall der Gehensjubilatorik bis zu dieser Linie hin (so als ob der Platz bis dahin anstiege und sodann abfalle) intensiviert, gerät, umgekehrt, die (zweite) phobische Beängstigung hiervor auf ihren Gipfel: Riesenschritt, vom selben Schicksal ereilt; die Transversale spukt ja überall.

War schon von Aphanisis die Rede – vom Kollaps des Gehenskörpers –, so kann freilich, als Metapher dieser Totalen, der Kastrationskomplex nicht fehlen; ja man müßte sich, zumal von der Psychoanalyse herkommend, für seine nachgerade unanständige Offensichtlichkeit fast entschuldigen (und ebenso entschuldigen – progressiv christlich sodann – für seine Fortschreibung als Kreuz) – in der Geometrisierung des Gehensdämons liegt der Kreuzigungsgriff auf's (freilich männliche) Genitale offen vor Augen. Regelmäßig werden denn auch Genitalsensationen – oft schon vor dem abgenötigten ersten Schritt – angegeben (am ehesten thrillhafte mit stärkerer Rückzugstendenz; und von dem häufigen Harndrang wurde schon gesprochen); kein Wunder: denn beim Schritt liegt das Genitale just über dem Schreckenspunkt (dem Totalinzest-Zusammenzug), die Körperachse dringt dadurch. Und zudem und nicht zuletzt hat es selber ja die Form eines Kreuzes, wie eines „natürlichen" Garants dafür, daß die Heillosigkeit des Penis durch sein Opfer in die Erlösungsdignität des Phallus übergehe, wunderbarerweise, als Allsignifikant, das Repräsentationsvermögen selber (worüber man das Meiste – wenngleich bloß subjektivistisch – weiß). Welche Mirakelgarantie der Kranke als Kranker abstößt, dergestalt jedoch, daß diese Wahrheit sogleich verdirbt: das leere Prinzip Phallus nämlich den nicht geopferten Penis zumal und danach erst recht opfert; und, weit über Krankheit hinaus, in seinem toten Jenseits als Explosivität aller Dinge, Kriegsstatuiertheit generalisiert; worauf sich Krankheit, diesseits, in magischer Antezipation bezieht. Diese Totale streife ich ja schon: Vernichtung des Originals, des Opfer-verweigernden, durch's also ausgehungerte Double, kriegskulminativ jedoch als dessen suizidales Erfüllungsrasen in Objektivität; Opferblockade als Gericht, primär aber im Objektiven.

Zurück zur phobischen Motilitäts-, Gehensspezialisierung; denn dieses Körpersystem ist ja – phantasmatisch („funktionell" nur) – vom Produktionsphantasma befallen. Schon in den Binnenverhältnissen dieser Dimension, isoliert, gerät man leicht in „naturphilosophische" Unabsehbarkeiten; was prinzipiell damit zu tun hat, daß der der Pathognostik unvermeidliche Pathologie-Mitgang mit seinen unerträglichen Seinsaufriß-Sichtungen zu den üblichen Verschlußfluchten – dem (phantasmatisch souveränen) Tautologiestatus des Selbst wie der selbigen Dinge – rücktendiert; kurzum, diesmal einschlägig, zum ordinären, unbehelligten, fraglosen Gehen, Gehenkönnen. (Vom Vermögen der Weile am Terror-Ort der mit einer Glashaut umhüllten Differenz kann mitnichten schon die Rede sein.) Zudem erweist sich der Bezug zu den weiteren Körpersystemen nicht eben als unkompliziert – was nicht alles, außer der zentral gebeutelten Fortbewegung, wird in Mitleidenschaft gezogen: Atmung/Kreislauf, die Sinne, das Geschlecht, offensichtlich, – und kryptisch? Stoffwechselfunktionen (vielleicht gar in erster Linie)? Man muß ja (mindest) immer mitbedenken, daß die Zirkularität des Opferstoffs, buchstäblich (mitnichten irgend metaphorisch) der Nahrung, in Krankheit unterbrochen ist: die Zufuhr des Gehens (genitivus absolutus!) in sich kurzschließt hier; dies inklusive aller ernährungsbedürftigen Medialitäten dafür (und freilich inklusive des ja medial auch selbstreferentiellen Stoffwechsels); daß Sexualität i.e.S., das Geschlecht, zumal von dieser martialischen Aushungerung betroffen sein muß, insofern sie/es als schlechthinniger Differenz-/Indifferenzträger, als das ausgezeichnete Monitum des Todes/der Todesusurpation gilt; und daß die hominitätskriteriale Mehrwertabschöpfung produktiver Repräsentativität ebenso brachgelegt ist: Gehenskaprizierung, die wie elementar den Kopf entleert (man muß hier mit einiger intellektueller Stumpfheit rechnen). Der leere Markt, der ungedeckte Tisch, kein Feld, kein Acker auch: die hungrigen Götter machen kurzen Prozeß, schnappen sich sogleich das notwendige Nahrungsopfer; versteht sich, daß derjenige, der von dieser Götterbedürftigkeit scheinheilig diesmal bloß in den Beinen zu viel weiß, als erster an die Reihe kommt. Hat dieses arme Opfer jedoch anderes verdient, so es sein schlimmes Beinewissen (Bein-Hirn!) ja doch nur dazu mißbrauchen möchte, der Vernichtungskraft der Götter unmittelbar teilhaftig zu sein? Weniger als halbherzig aber entzieht sich die Neurose, im Falle der Phobie mit einem wohlfunktionierenden Frühwarnsystem ausgestattet, dieser göttlichen Rache. Doch wohin? Nicht jedenfalls führt die Flucht vor dieser eigenprovozierten Jagd irgend – symptombezogen – in einen exkulpierten Bereich; nein, im Gegenteil: ins Unermeßliche wächst die Verschuldung und ineinem damit das Versteckspiel und die kompensatorische Normalitätsfixation. Nichts zu machen?

Nicht nur daß es gewiß mehr männliche als weibliche Agoraphobiker gibt, was in der weitaus stärkeren aushäusigen Orientierung des Mannes eine Erklärung schon fände; a fortiori scheint die Patientin diese ihre Krankheit nichts denn zu travestieren. Denn – kurzum – es gibt keine göttliche Tochter, die am Kreuze sterben muß; das Feminitätsverhältnis der Differenz entbehrt der härtesten Opferverpflichtung: vielmehr fungiert Weiblichkeit als Tochter-„Schematismus" der Opferentschuldung, -legitimität, begünstigt in dieser Version verschlagen jedoch nicht zuletzt die uneinnehmbare Ohnmacht der Letztresistenz Masochismus des weiblich-maternalen Opferstoffes, wie bekannt. Weiblichkeit, so oder so, vom Gotte eh, weiblich dazu animiert, aufgefressen, hohnlachend des sträflich unvorsichtigen Gottes, der so sein ureigenstes Casablanca (Geschlechtsmetamorphose) erfährt, wenn immer derselbe wahrhaft monströse Gott nicht dagegen schon die Vorsorge der Hohnlachens-Introjektion als suizidale Explosion-Selbsterfüllung rein im Toten der waffenhaften Dinge getroffen hätte. Weiblichkeit alles an sich, und Nichts: der Punkt, die Linie, der Kreis. – Gleichwohl gibt's agoraphobische Patientinnen – machen diese demnach bloß gänzlich mißratenden Spaß? Ja, indem sie die Mißratenheit dieses Spaßes exekutieren, diesen schlechtesten aller Witze, den Fundamentalwitz des Mensch-Phantasmas selber – ausweichend antezipatorisch-magisch – zu beenden suchen. Indem sie im (Nicht-)Gehen so tun als-ob, verfallen sie in dieser mitnichten befreienden Fiktionalität/Travestie dem Phantasma Gottes zumal – das sich am opfernden Mannsgebaren immerhin noch ein wenig disziplinieren muß in seinem Endzeitrasen, sofern ja (freilich widersinnigerweise) einzig das Weiblichkeitsopfer des Mannes wahrhaftiges Opfer mit Opferprämien-, -restitutionsverpflichtungen (christlich zumal so) sein kann; das also, wenn sich dies quid-pro-quo des Geschlechts ihm aussetzt, exklusiv zulangen darf, weil es eh schon exklusiv zugelangt hat. Die funktionale Weiblichkeitsdeplazierung provoziert sogleicher noch die Ausmerzung dieser Position, und dabei hat der Gott insofern leichtestes Spiel, als dieser (je schon mißglückt travestische) Fiktionalismus restlos in der eigenen Gottesphantasmatik aufgeht: Als-ob des Als-ob. Der vom Todes-Krisispunkt aus sich vertikalisierende Bannstrahl (normal: die Körperachse) hat ja kein männliches Kreuzesfleisch, das Genitale ♂, zu amputieren (mit allen Wiedergutmachungsfolgen dieser Operation); ebendort ist ja nichts (oder, mindest nicht solches) an Widerstand, wie man unverdrossen meint, so daß der göttliche Strahl das verzehrende Penetrations-Einsehen ungehindert hat. Frißt sich die Agoraphobie in Frauenbeine ein; gelingt es nicht mehr, ein Mini-Residuum an (besonders sicher) kriegsdilatorischer Imaginarität darin zu retten, so muß man also gewärtigen, daß die weibliche Agoraphobie im Krankheitsgewicht noch schwerer wiegt als die weitaus verbreitetere der Männer; einen Zuwachs an Binnen-Psychotisierung sozusagen, schwerlich (über)kompensierbar auch durch Hyperanpassungs-Akrobatiken und dergleichen.

Fazit der phobischen Verhinderung des verhinderten ambulatorisch-normalen Geo-Graphismus? „Mitten in dem Leben sind wir vom Tod umfangen." Wenn schon, so bei jedem ordinären Schritt. Gewiß; und daran zu mahnen, mag immerhin einen Beitrag dazu leisten zu verhindern, daß der Kriegsfall der Fläche, der tödliche leere Platz sich als heterogener Sündenfall der Friedensverfassung desselben, des angefüllten, belebten, des

Lamentos voll, ausnehmen läßt; daß die Normalität nicht als sich entropisch in der Dissidenz erfüllend angesehen wird; daß kein heilloser Riß das gesicherte Diesseits vom einzig nur terroristischen Jenseits trennt. Je weniger Todeskonzession im Leben, umso mehr Zerstörungsgewalt der Todesanmaßung ebendort, umso stärker das Stigma der Entropie. Soweit mag man dem Kranken denn auch folgen dürfen – freilich Gott-Mensch-immanent und die Rechte der Frömmigkeit erinnernd derart nur. Allein, folgte man ihm darin nun, so geriete man instantan in dieser – eh ja bloß mythisch immanenten – Frommheitsgunst – die Grenze außerdem aller Anti-Psychiatrie – ins Ultimatum ihres Kontrariums, der Prätention des letzten Gerichts: unüberbietbare Beglaubigung dessen, dem zugleich die ganze Kunst der Inhibition gilt. Pathologiefalle, die die Immanenz immanent nur aufreißt; was diese eh, sich erfüllend, tut; was in Krankheit vorweggenommen werden will und dann – um Himmels Willen – nicht vorweggenommen werden kann (doch vorweggenommen werden will weiterhin, doch nicht ... etc.). Und was soll man dagegen tun? Gehen bleibt Gehen, ob geheilt, ob aufgeklärt, ob profanisiert, ob verdunkelt; und es endet auch, ob in Krankheit oder Krieg, Tod oder Apokalypse? Allemal aber – woran sich Pathognostik einzig initiierte – besteht seine Wahrheit nicht in seiner Verdunkelung, Verunbewußtung, Tautologisierung, inklusive des Diktats, notorisch insbesondere des psychoanalytischen, der (Schuld)Übernahme der es verderbenden Infantilitäts-Zusätze subjektivistisch durchs Subjekt. Und von woher aber ergeht diese meine für's erste therapeutisch aporetische Rede?

Physio-logos

Aus Gründen der Absetzungsobligationen vom psychoanalytischen Psychismus, ja Mentalismus (dem Schatten absurder biologistischer Voten außerdem) tut die Sorgfalt der Beachtung der den psychoneurotischen Vorgängen korrespondierenden Körperprozessen besonders not. Es könnte sich auf dieser Dringlichkeitsspur herausstellen, daß nicht bloß die neurotische Symptomlage leise schädigend auf den Körper einwirkt, daß vielmehr die betreffenden Geschehnisse am korporellen Korrespondenzort mindest Zusatzinformationen über die Innenverfassung, die komplette Szenerie des neurotisch-phantasmatischen Unterkommens anliefern, wenn nicht gar überhaupt erst dessen Platz präzise anzuweisen verstehen; die entsprechende Szene also nicht nur komplettieren, vielmehr rahmen; – um zunächst noch die all dem vorausgehende Körperbeziehbarkeit der thematischen Plätze – agora –, deren funktionale Phänomenalität (wessen?), deren Projekt-Charakter einer „Organprojektion" (welchen „Organs", welcher seiner Funktionen?), diesen pathognostisch ausschlaggebenden Körperbezug in der Dimension des Hervorbringungsapriori, auszusetzen. Es wäre indessen aber in dieser zweifellos neuen Blickrichtung auf Körper im vorhinein alles schon verfehlt, wenn diese, zumal dann pragmatisch-therapeutisch-medikamentös, das unabsetzbare Schauermärchen von der letztlich organischen Kausalität auch solcher psychischen (Überbau-)Krankheiten stabilisierte; es ist fürwahr stabil genug und läßt als solches der im Rückzug befindlichen Psychosomatik auch gebührende Gerechtigkeit widerfahren; denn, ebensowenig wie eine Agoraphobie letztlich organisch bedingt sein kann (welches zu behaupten hinwiederum keinerlei Freibrief ist, differential-diagnostisch sorglos zu werden), sowenig gehen die sogenannten psychosomatischen Krankheiten darin auf, psycho-somatisch zu sein. Beidemal nämlich wurde die fundamentale Ding-Ekstatik des Mensch-Körpers (mit seiner Pathologie-generativen Kurzschlüssigkeit, das leere Dingprojekt gradweise ins Fleisch hinein zurückzuschieben, und zwar als Antezipation Desselben mortal im Ding selber als dessen Tod) zu Gunsten der Exklusivität scheinhafter (wissenschaftlicher, an der Verunbewußtung/Tautologisierung festgemachter, Subjektivitäts-gebundener) Disponibilitäten vergessen.

Das habe ich bereits skizziert: die Notbremse angstbewegter Flucht dem Pathologie-Umstand gilt, daß das leere Selbstdouble das sich einbehaltende Selbst durchdringt, durchsetzt, aufreibt, vernichtet; und daß dieser krankheitskriteriale Vorgang, mitnichten genuin, selber bereits die Nachstellung desselben Vorgangs objektiv in der Kriegsobjektivität darstellt; Nachstellung im Sinne der besagten Beschwörungs-Vorwegnahme, Usurpationskupierung. Offensichtlich nun stellt sich dieser krankheitskonstitutive Akt als suizidal heraus: betreibt also Selbstvernichtung als sich-durch-sichselber-Gründen, Absolutwerden, als höchste Apotheosenstufe, Ursünde, die entsprechend die letzte Strafe auch empfängt: den Tod, den in Krankheit, im Symptom noch aufgeschobenen, ohne daß diese Dilatation sich zur Belehrtheit, von dieser Gottesprätention abzulassen (wohin auch immer genau), bequemen könnte. – In der Sphäre des cogito-Selbst kann dieser Pathologie fundierende Prozeß indessen nichts anderes sein, als, buchstäblich, sich bei lebendigem Leibe zur Leiche werden, Selbst-Kadaver-Selbstpenetration zum Zwecke der umweglosen Selbsterfüllung, des peremptorischen Selbstseins: demnach ein auto-kannibalistischer Akt höchster

Anmaßung und höchster Verehrung ineinem, Gottes-Entstehung selber. Sich das Gericht essen und trinken. Es gibt für diesen Inbegriff phobischer Angst durchaus allzu leicht übersehbare selbst-empirische Annoncen, die sich wie eine Aura um die – oft außerdem stark wechselnde – Angstanfälligkeits-Spürung herum ausbreiten; insbesondere eine – m.W. bisher noch nicht registrierte? – eigentümliche nausea, die im Extrem in kannibalistische Eigengeschmackssensationen gesteigert sein kann und deren diffuser Sitz im rechten oberen und mittleren Bauch sich zu befinden scheint. Fällig würde es demnach, sich über eine mögliche physiologische Hypothese dieses sich in die Angst hinein schwach repräsentierenden und sich dann wohl in dieser auflösenden Ansatzes der – gänzlich unmetaphorischen – Selbstverzehrung zu verständigen; Leichengift-Fraß, sich generalisierende Koprophagie. Wo hätte dieses seinen organologischen Stammsitz? Ich kann es (noch) nicht wissen und stelle mir deshalb gerne vor, medizinisch (bis in die Ontogenese hinein) darüber zu „spekulieren" – auf der Suche dann ja auch nach dem physiologischen topos und seiner pathologischen Verfassung, dessen/deren funktionales Phänomen, Projektion in stationärer Unbewußtheits-/Dingversion das agoraphobische Tabu der tabula rasa, der leergefressene Altar wäre. Bedenkliche Erwägungen, die durchaus zum – unerwünschten – Effekt einer blinden medikamentösen Beeinflussung dieser Krankheit (und dann gewiß nicht nur dieser) beitragen könnten, der üblichen inneren Wundervollbringung, deren Konditioniertheit man tunlichst unbesehen läßt? Freilich machen solche Kautelen noch kein Plädoyer dafür, die Pflichten der Barmherzigkeit aufklärungsfanatisch wegzuwischen; auch nicht dafür, Medikamente abzuschaffen, im Gegenteil! Doch sollte man für's erste wenigstens doch wie den psychoanalytischen Subjektivismus, so auch den medizinischen Allbiologismus, die Irrlehre von der Autarkie des Körpers (vs. „Seele" vs. Umwelt) aufzugeben lernen, zumal in den scheinkonträren Versionen von Psychosomatik, Sozial- und Umweltmedizin.

Fehlt noch die einschlägige Betrachtung des – ein wenig fahrlässig so genannten? – epileptoiden Charakters der (Agora)phobie; daß sie wie kopflos anmutet, das Bewußtsein (Vorstellungsvermögen) absperrt, das Ich, affektiv-motorisch, wie in die Beine deplaziert. In der Tat geht die Repräsentanz der antezipiert-imaginären Gefahr, phobisch hinwiederum Vermeidungsantezipiert, am Kopf vorbei, schließt sogleich, Affekt-signalisiert, mit der Fortbewegung kurz und löst die Deiktik der Angstquellen-Sichtung nicht irgend vorstellend, „denkend" ein, so als sei die phobische Situation, der offene leere Platz diesmal, ganz an die Stelle von Vorstellung (mindest von Vorstellung) getreten. Solche Kurzschlüssigkeit – eine Art von Bauch-Beine-Menschlein – mag einem wie archaisch vorkommen und biologische Grundmuster evozieren: Fluchtgebaren; hinwiederum aufgehaltene Flucht auch: Totstellreflex, Erstarrung, die in sich hinein diffundierend zusammenbricht; Angst, die sich in Schwindel und Ohnmacht hinein auflösend nur noch zirkulär dann auf sich selber bezieht. Archaik, meistens indessen auf Sparflamme, da es ja selten zu diesem Extrem kommt – umso schlimmer für die beteiligten „Organe". Gewiß – auch alle Streßforschung in großen Ehren –, doch kommt es mir nur wenig sinnvoll vor, deshalb in Elementarismus – auch nicht, wie hyperpsychoanalytisch nahegelegt, in selbstarchäologischem Elementarismus – zu machen; stattdessen müßte es pathognostisch anständig sein, im Gegenteil den fortgeschrittenen Urbanitätskontext und das Bürgerwesen der Agoraphobie hervorzustreichen: den frustranen Einkauf auf dem Markte, und mehr noch: die Kriegsversion dieser Szenerie, in der der weiland angeblich friedliche Käufer die Dignität von Schlachtvieh erhält; auf der Nahrungssuche selber zur Nahrung wird. Aufklärungsansatz demnach der (arbeitsteiligen) Tempelsäkularisate, der Tauschlogik, über die in diesem Zusammenhang (und nicht nur in diesem) ausführlich einmal gehandelt werden muß, statt biologischem Regressionismus, von diesen Objektivitäten biologistisch abgetrennt; proto-intellektuelle Opferreminiszenz statt – subjektivistisch – subjektiver Grillen, auf frühem und frühestem ontogenetischem Entwicklungsniveau regressiv plaziert. In dieser Sicht (der radikalen Nicht-Ursprünglichkeit des Elementaren, Frühen) ließe sich die anstößige ursprüngliche Kopflosigkeit der (Agora)phobie gar ableiten: ist doch der kopflose Kopf der Bauch; und der Bauch seinerseits, externalisiert, das Tempelinnere; das Tempelinnere zum Glück in seiner tödlichen Sakralität annonciert, warnend wie nach außen verlagert, als die Todesverkündigung des schlimmen Platzes. Wie Recht doch der Kranke diesbetreffend wiederum hat: gut abendländisch erfüllt sich Repräsentativität im tautologisierten Ding: anfänglicher Entzug der umhüllten Differenz, hüben der Körper (undurchsichtiger Hautsack) und drüben das Körperdouble Ding, in seiner Opazität all diese Wunder-Geheimnisse endgültig wahrend. Und dazwischen, immer bevor beide Seiten wunschgemäß-explosiv koinzidieren und von der seltsamen Krankheitsgabe der Beschwörung dieses höchsten Unglücks her veranlaßt, eben diese Nichts-Annonce des „phobischen Objekts", Negativ-Epiphanie der Differenz, diese wie ein revenant, im Wortsinn dieselbe: Aufschub, Dilatation des Gottes-eschaton in dessen eigenster Dimension. Inwiefern aber läßt sich solches überhaupt denken? Das Faktum der Denkbarkeit aber schulde ich (wie parasitär) dem öfters schon erwähnten zwangsneurotischen Versuch von Phobieerklärung, diesem Doppelleiden mit: dieser zumal nothaften Kopfbehauptung gegen die Kopflosigkeit der Phobie, gegen das Bauch-Beine-Menschlein. Ohne dieses subsidium wäre die Dechiffrierungsmühe – für mich jedenfalls – gewiß noch größer gewesen: wegen der wohl besonderen Sperrigkeit der Phobie in Bezug auf Intellektualität.

„Ihr ergebenster Diener"

Da es wohl kein Therapiekonzept gibt, das nicht gravierenden Irrtümern dem Begriffe nach über sein Telos – Normalität – unterliegt, und da es den Anschein haben muß, diese Irrtümlichkeit sei per definitionem im Therapieansinnen selber unvermeidlich, scheint es für's erste Sinn zu machen, von solchem also verfallenen Ansinnen abzulassen und sich stattdessen um die Ausweisbarkeit des Orts der eigenen – pathognostischen – Theorie-Rede zu kümmern; und dies ohne die neuerliche Suggestion eines Theorie-Moratoriums, nach dessen Ableistung dann die Ärmel der Folgepraxis umso gründlicher hochgekrempelt werden könnten. So soll es hier denn auch geschehen, doch nicht ohne vorher wie exkursiv und auch unzusammenhängend einmal mitzuerkunden, wohin denn die autotherapeutischen Vorstellungen des betreffenden Kranken selber hinführen mögen, nicht freilich um dessen Autonomie mit besonderer Sorgfalt zu respektieren, vielmehr zum Zwecke des Einsichtzuwachses in die kriterialen Vorgänge von Krankheit als solcher, inklusive in die dabei mitwirkenden Konditionen dieser Einsicht selber.

Als Selbsthilfe-Minimum, situativ, insofern aber wohl am häufigsten eingesetzt, als seine unauffällige Symptomimmanenz-Plazierung imponiert, begegnet regelmäßig die Begleitfigur, als institutionalisierte regelmäßig außerdem eine Frau (im überwiegenden Falle männlicher Kranker), die einmal gar, wie ich es erfuhr, aus Dankbarkeit für ihre Heildienste zur Ehefrau gemacht wurde. Gewiß verschuldet sich der angstentlastende Begleitungseffekt insgesamt dem, was man „oknophile" Wunscherfüllung nennen könnte, doch mit dieser Angabe ist die Wirkungseigentümlichkeit des co-ire noch nicht erfaßt. Und diese besteht durchgehend darin, den comes ♀ als die Gutheißung des Weiblichkeitsopfers im Gehen durch Frau selber gehensselbstlegitimatorisch zu vindizieren, Tochterhaftigkeit, diesen „Schematismus"-Transit, der in sich nicht reißt, das Heterogene vielmehr wie brückenhaft zusammenhält, also zu nutzen. Mythologisch ist diese Funktion, eben nicht die, isoliert, der frühen Mutter, vielmehr die – man ist versucht christlich zu sagen: marianische – mütterlicher Jungfräulichkeit, reich belegt: wie gehabt, Mittlerin Maria; (je nachdem darüber oder darunter) die Engel, der Schutzengel zumal; wie aus der Sterbeforschung bekannt, die (irgend wohl immer töchterliche) Überführungsfigur; die den Tod verkündende Walküre; die auferstandene Sphinx etc. – ganz irdisch, die Nöte des offenen leeren Platzes mildernd, gelingende Anheftungen dieser Transit-Imago hauptsächlich an Begleiterinnen-Frauen als Totalisierung der Medialität (Jungfrau-Mutter eben ohne Mann: Schatten als die unquittierte Körper-Auflage, Haptik-Reflexivität, ins Mit-Gehen hinein fortgeschrieben; Mitgang ja nicht ohne ausschlaggebende Berührung). Unübersehbar indessen, daß die Dinglichkeitsversion dieses Tochter-„Schematismus", der Vermittlung, der eigenen Re-Personalisierung den Rang ablaufen muß; so daß Kafka gut daran tat, diese sogleich als Hilfe in der phobischen Not zu reklamieren: „Dann aber, wenn ich einen großen Platz zu durchqueren, habe, vergesse ich alles. Die Schwierigkeit dieses Unternehmens verwirrt mich, und ich denke oft bei mir: ‚Wenn man so große Plätze nur aus Übermut baut, warum baut man nicht auch ein Steingeländer, das durch den Platz führen könnte.'" Nicht aber nur erweist sich der – nach dem Muster der Paranoia gebildete – Körperhervortritt aus seiner Verdinglichung eo ipso (narzißtisch stringentest) als unzuverlässiger denn diese, des Körpers mortale Erfüllung; ob nun dinglich substituiert oder nicht, kann auf's Ganze dieser Vermittlung kein Verlaß sein. Weshalb? So drückten sich weiland unsere psychoanalytischen Ahnen bereits aus (zum Beispiel Frau Deutsch): der beruhigte Agoraphobiker stolziert nämlich mit der ödipalen Mutter (genauer: mit einer Fusion von Jokaste und der Sphinx) daher – wie also sollte von diesem – ja schon als bloß symptomimmanent paraphrasierten – Arrangement aus die Lösung des Platzproblems, die wirkliche Lösung, gewährleistet sein? Haltlos diese „regressive Wunscherfüllung", die das Schlimmste bloß aufschiebt; und letztlich werden – getreu auch nach Kafka – die letzten Dinge sodann schlimmer als die ersten: man lese den Abschluß, den psychotischen, der Betergeschichten (von der Lektüregnostik durchaus extrapolierbar auf solche Szenen).

Situativ maximal dagegen ließen sich die folgenden anscheinend noch bedenklicheren Selbsthilfen – kontingentere auch relativ auf das Heilungsansinnen hin, wie es scheint – geltend machen. Um ihre Dimension einzuführen, mag man sich des oft nicht unpeinlichen Umstands besinnen, daß just Phobiker in Kriegszusammenhängen ihre größten Zeiten erleben: sich durch kontraphobisches halsbrecherisches Gebaren – besondere Tapferkeit – auszuzeichnen verstehen; Angsthase, der sich als verwegener Krieger entpuppt. Fernab davon, diese unvermeidliche Beobachtung als Vorwand einer moralischen Krankheitsschelte zu mißbrauchen (in Wirklichkeit, also verdrängt, bist Du doch ein Gewalttäter, mein Lieber), muß doch eingeräumt werden, daß ein wenig Vorwegnahme des verständlicherweise herbeigesehnten realen Kriegszustands – herbeigesehnt, insofern einzig die unerträgliche Irrealismus-Anspannung der Kriegs-Antezipation durch die Kriegsrealie, diese Intersubjektivitätserlösung der phobischen Monade, auflösbar ist – ins Repertoire der autotherapeutischen Maßnahmen, gewiß nicht marginal nur, eingeht; Selbstmartialisierungs-Fortriß als aktivistische Gewaltinversion, als Opfer der höchsten Göttlichkeitsäußerung des Krieges wenigstens auch deren Mittäter zu sein, nimmer einzeln, vielmehr im Militär-Kollektiv dieser Mittäter allen; so daß es fast immer – wegen des Manövercharakters des Krieges in Friedenszeiten – bei sogenannten Phantasien erlösender Gewaltteilhabe bleibt. Phobiegemäß somnambulisch (und insofern auch im Sinne einer Kollektiv-Fragmentierung, durchaus einzelkämpferisch in der Gruppe) wird auf der einen Seite die Nacht-und-Nebel-Aktion der Platzüberquerung favorisiert, um sich am Rande des Platzes – dem Ende der Welt – zu verschanzen: die besagte konsumatorische Terrainbesitz-Bestätigung (mindest) als Defensive; nach hinten losgehende Schüsse ins Jenseits (als dieses selber). Und die Transversalisierung schon, High-Noon-Dispens, Grau-in-Grau, macht tückisch sich mit der Vorstellungs-Leerheit (mitnichten durch kinästhetische Intensitäten kompensiert) dieser residualen Todesannonce gemein: Spurlosigkeit, Spatial-Nichtung: Schritt, der sich in sich selbst hinein (je) aufhebt, Indifferenzdifferenz, Ideal des Gehens „ohne Bewußtsein". Auf der anderen Seite schließlich, im anderen Extrem desselben? Schlagglock am Mittag zieht die Wache auf. Sie ist das Hinrichtungskommando des in der Mitte des leeren Platzes schon festgebundenen, mit einer Augenbinde geblendeten Delinquenten. Indem unser Kranker zu fühlen meinte, er sei dieser Todeskandidat, fand er sich inmitten des Todeskommandos – im Stechschritt marsch – unbesehen und fühllos, wie wenn sein Körper gänzlich eine Maske wäre, wieder. Hoch lebe der erlösende Krieg nein er ist aufzuhalten durch seine Beschwörungsvorwegnahme aus der sich der Opferstoff aus dem er gemacht ist letztresistent lebendig ausfällt restituiert nein ich bin schon seine Nahrung so wiederum hoch lebe der erlösende Krieg nein

Ein Kurzexkurs in die Verhaltenstherapie bietet sich hier insbesondere an, in diese Spitzenleistung offizieller wissenschaftlich fundierter Therapiekriminalität. Eines wenigstens muß man ihr lassen: sie setzt konsequent am Befallsort, der Fortbewegung, an und beutet – im Verein mit „oberflächlichen" lerntheoretischen Rationalisierungen – schamlos die selbsttherapeutischen Ansätze des Kranken für ihre Zwecke aus. Man sieht's direkt: die Schutzengelfunktion, die Militarisierungsgunst – und dies mit der wahrlich nicht unraffinierten, wenngleich unerkannten Pointe, daß sie dem Kranken gestattet, wenigstens ein wenig (und kindisch) und gebührend verschoben der Tribut-fordernde Gott selber zu sein. Insofern möge man an die Stelle des Belobigungs-Schlachtrufes: „guuuuut ..." sogleich doch die nackte Bezahlung des durch Tadel gierig-wütend gemachten, also motivierten Kranken setzen und dies erlaubte Spiel göttlicher Phantasmatik dadurch vervollkommnen, daß man ihn schließlich auch das Tanzen – kultischer Kriegstanz am besten zur Friedensfeier, insofern ebenso folgerichtig, als man sinnvollerweise zunächst an Ort und Stelle, der Motilität, mit der irenischen Mehrwertschöpfung beginnt (nicht also sogleich auf den Mehrwertübersprung ins Repräsentationsvermögen setzt) – professionell lehrt. Ästhetische Abschlußdelikatesse einer agora-a-phobischen Choreographie (wenn schon). Immerhin – um weiterhin ganz unbarmherzig zu reden –: therapeutisch kommt die Psychoanalyse hier nicht mehr mit. Und sie könnte gar wie eine obsolete Intervention wider das Kriegsspielen wieder erstarken, wenn sie endlich einbekennte, daß sie selbst in ihrem heimischen Bereich, den Symptomneurosen, insofern kapitulieren mußte, als sie sich nicht dazu bereitfand, für's erste ihre subjektivistisch-lebensgeschichtliche Kaprizierung durch ein intensives kriegswissenschaftliches Studium zu ersetzen; auch durch ein Städte-architektonisches im Verein damit.

Reklamierte Kafkas fiktiver Agoraphobiker schon zu seiner Rettung ein Steingeländer, das durch den Platz führe, so wird man – und damit möchte ich die autotherapeutische Vorschläge-Musterung beenden – überhaupt die buchstäbliche Versteinerung, eine Art von Ding-generativem Geographismus (immer im Sinne des Erfüllungsscheins der Schulddelegation dahinein) als den Abschluß dieser Selbsthilfemaßnahmen, diesmal intersubjektiv im Großen, einräumen müssen: statt monadisch-subjektiv (-„paranoischer") resorptiver Körper(„Personen")zitation, sogleich deren Ideal: offenbare Architektur als fest-gestelltes situatives subsidium. Am Leitfaden der einschlägigen Wünsche des Kranken in baulicher Rücksicht stößt man am ehesten wohl auf das Stadion, die Arena; und man ersieht leicht auch, warum: in dieser Baulichkeit avisiert sich das Opferarkanum, das Tempelinnere, nicht mehr als blankgefegter Platz davor; es publiziert sich vielmehr, intersubjektiv ordnend, unterscheidend, als bleibender Dingrückhalt einer kultischen Publizität: Offensichtlichkeit des Tempels, des Altars; hausender Gott, der sein Inneres endlich brauchbar nach außen stülpt und also in der sich erhöhenden konsumatorisch-beglaubigenden Randbesetzung (den Zuschauertribünen) das Zusehen als die Rückgewinnung des in die Hose (und noch tiefer) gerutschten Kopfes – Repräsentation (in der Tat repräsentativ!) als ansichtiger Genuß des heiligen Schauspiels – (wieder)erlaubt. Wenn sich der Agoraphobiker unter dieses Publikum mischen kann – wahrscheinlich wird er nicht eben unlaut die Geschehnisse da unten insbesondere anfeuern wollen –, dann ist er für's erste seiner Sorgen ledig, lediger jedenfalls als vordem mit seinem Schutzengel nur. Er wird auch besonderen Wert darauf legen müssen, daß (an seiner Statt) wenigstens einige Steinfiguren am Stadion außen den inversen Zuschauerstatus einnehmen, nämlich vom Kampfplatzgeschehen abgewendet sind; daß die Höhenplazierung auf der Tribüne stimmte; und – modern nun – daß ein Hubschrauberlandeplatz mitten in der Arena sichtbar bleibt (welch Entzücken, wenn dieses Flugzeug Verletzte, halb Gestorbene an die Lüfte entführt). Allein, diese Höhen-Sicht-Kollektiv-Konsumatorik, architektonisch gemacht, der offiziellen Gottesteilhabe, die ja auch exaktest szenifiziert, was (als Rückgewinnung des re-präsentativen Mehrwertabwurfs), therapeutisch gar effektiv, wie man meint, als Denk-Dechiffrat desselben fungiert, sie setzt, immanent gewiß nicht zu Unrecht, in diese (szenisch-architektonische und auch denk-sublimative) Ansicht des Opfers die Befreiung von dessen Schrecknissen. Doch für wen Befreiung? Für denjenigen bloß, der sich das Eintrittsbillett kaufen kann. Doch nicht nur dies an unangenehmer Restriktion: wie bekannt, ist nimmer auszuschließen, daß das Stadion in einen Hexenkessel umkippt, wo es göttlich-martial im Ganzen wiederum zur Sache geht. (Und zudem: leere Stadien, allein unten in der Arena, sind ein ganz besonders ausgesuchter Greuel des Herrn.) In der Befreiung vom Opferschrecken kulminiert nur die Unabdingbarkeit des Opferbanns; worauf der Phobiker, allen Aufatmens unbeschadet, zurecht besteht.

Wie aber ist alles dieses sagbar, hinlänglich geschützt und unter Wahrheitsanspruch und vordringlich nicht wiederum als positionale Selbstübernehmung, intellektuell, sagbar? Seltsamer Platz, den Intellektualität, deren selbstbereinigte Version einzig noch, wie ich meine, auch im „praktischen Umgang" mit Krankheit Sinn macht, in diesem Opferganzen von Hominität einnimmt: sie scheint mit Krankheit zusammen auf den höchsten Tribünenplatz zum Sichtgenuß der Opferhandlung gestiegen zu sein, verbraucht aber diesen in keiner Weise quittierten Gottesgebrauch, um diese Gottesstatuten alle in sich gläsern, durchsichtig zu machen, ebenso – zunächst – solistisch zwar, doch mitnichten gleichermaßen dolorös wie ihr Krankheitskompagnon, der sie beileibe nicht nur liebt? Wie solches aber in seiner Binnenverfaßtheit möglich ist? Eben so: als der festgehaltene (über-codierende) Querstand der in ihm – ebensowenig wie durch Krankheit und Krieg – unaufgehaltenen Zirkularität des Opfers; Durch-Sichtstotale des Geheimnisverrats Gottes, der sich in dieser Perfidie nicht auflöst, vielmehr beglaubigt? Inwiefern aber läßt der Gott sich diesen Verrat gefallen? Je mehr er Ding geworden ist – der Fortschritt des Abendlandes, der einzige –, umso weniger muß er direkt zuschlagen (was er freilich nicht etwa verlernt hat), und stattet also das Narrengefängnis in seinem Inneren ansehnlich aus: schlechthinnige Atopie der Intellektualität, die eh ja apriori zu spät kommt und sich demnach als schier ersticktes Schreien exekutiert? Und wenn sie aber ortlos nicht-ankommen könnte in der namenlosen Nicht-Fühlbarkeit des Tods der toten Dinge, in diesem Aufgang/Einzug des Phantasmas selber, invers zu diesem Tod, dem Absolutheitsabschluß dieses Gottes als Krieg und Apokalypse und alle Vorwegnahmeformen dieses Abschlusses, Krankheit zumal und Intellektualität, prophetische, kämpferische, und Normalität und nicht nicht alles? Wenn dieses frühestspäteste Nicht ihre Selbst„transzendentalie" wäre? (kurzum: die „différance"?) Diese nicht mehr aufholbare Verspätung indessen (aber bitte es möge jetzt niemand meinen, aus diesem Verstummen trete irgend ein soteriologischer Anhalt hervor....

Referenzen

Bahr, Hans-Dieter: Über den Umgang mit Maschinen, Tübingen 1983.

Büchner, Georg: Woyzeck. Kritische Lese- und Arbeitsausgabe, Reclam Universal-Bibliothek Nr. 9347.

Deleuze, Gilles/Guattari, Felix: Anti-Ödipus. Kapitalismus und Schizophrenie I, Frankfurt/M. 1974.

Derrida, Jacques: Die différance, in: Randgänge der Philosophie, Ullstein-Buch Nr. 3288.

Deutsch, Helene: Psychoanalyse der Neurosen, Wien 1930.

Heidegger, Martin: Die onto-theologische Verfassung der Metaphysik, in: Identität und Differenz, 2. Aufl., Pfullingen 1957.

Heinz, Heide: Herrenopfer mit Dame im Gefolge, Frankfurt/M. 1986.

Heinz, Rudolf: Von der Depotenzierung der Hermeneutik und/oder der Psychopathologie. Franz Kafka: Gespräch mit dem Beter, in: Minora aesthetica, Frankfurt/M. 1985.

Kafka, Franz: Gespräch mit dem Beter, in: Sämtliche Erzählungen, Frankfurt/M., 1970, Fischer Bücherei 1078.

Kaum. Halbjahresschrift für Pathognostik, hrsg. v. R. Heinz, Wetzlar 1984 f.

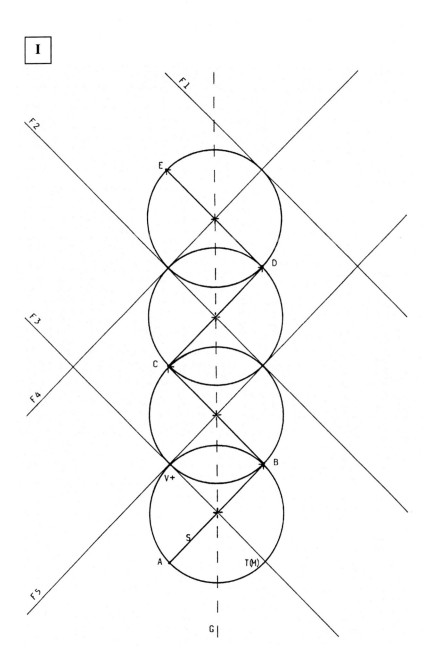

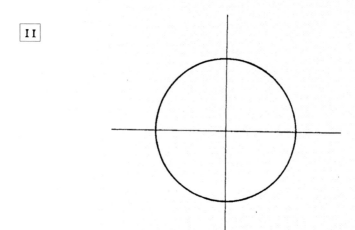

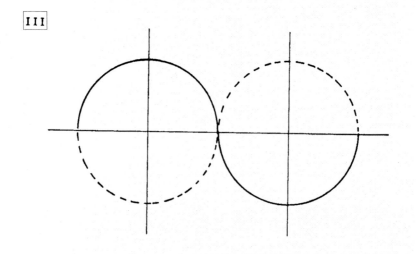

132

Legenden

I: A B C D E ... = Schrittlinie;

$\dfrac{A\,B\,C\,D\,E}{2}$ ... = Radius des Gehensareal-Kreises;

F1, F2, F3 / F4, F5 ... = Grenzlinie der absoluten Differenz, Todesfuge;

Schnittpunkte A B − F3 etc. (Kreuz) = Krisispunkt;

G = ideale Gehensgerade;

V+ / T(M) / S = generationssexuelle Signifikation.

II: Monstranzstilisierung. (Häufig auch auf Grabsteinen zu finden.)

III: Kugelschnitte: Durchmesserkreisflächen. Einmal Erhebung, das andere Mal Vertiefung.

Lampenschirme aus Menschenhaut

(zusammen mit Heide Heinz)

(aus: Nürnberger Blätter. Zeitung für Philosophie und Literatur, Nr 3, herausgegeben von R. Knodt u.a., Juni/August 1986)

1. Woher stammt der Opferstoff des naturwissenschaftlich-technischen Fortschritts?

Selbstverständlich aus Menschenfleisch. Aber Maschinen sind doch nicht aus Menschenfleisch gemacht; und selbst wenn es so wäre, so gäbe es nur einen Bruchteil der wirklich vorhandenen Maschinen, insofern es historisch viel zu wenig Menschenschlachtungen gibt!

Die Ausgangsbehauptung stimmt gleichwohl, und zwar eben prekärerweise als Basisphantasma, woraus sie ihre exklusive Mächtigkeit bezieht. Eben weil die Menschenopfer zu gering sind und die Dinge stofflich nicht dem Menschenfleisch entstammen; weil (ein wenig theoretischer gesagt) hierin ein Unmaß in Verschiebung und Verdichtung, kurzum diese Grundkonstituenten der Ausbildung des Makro-Unbewußten (Dinglichkeitsphantasma) am Werke sind, gilt der Widerspruch, daß, universalisiert transsubstantiativ, alles Fleisch Nicht-Fleisch und vice versa nicht nicht sein kann. Darin liegt denn auch die schlechthinnige Prärogative der Entfaltung der Produktivkräfte, deren Opferfundiertheit scheinbar nur störend in die Scheinhemmnisse der Produktionsverhältnisse überschwappt, beschlossen.

2. Aus dieser Logik der Transsubstantiation lassen sich nun alle Greuel im Fleische wie mit Notwendigkeit ableiten. Sie sind nichts anderes als die Bewußtwerdung des Makro-Unbewußten, des Dingphantasmas; Verschiebung und Verdichtung werden im Selben, so es ein Anderes nicht gibt, heimgeholt und aufgemacht. Gar nicht paradox wirkt diese Real-Gnosis dann wie eine Erlösung – die Erlösung von der Unmöglichkeit der Schuldautotomie in die Dinge hinein und der Schuldvernichtung als diese selbst. Da der Tod der Dinge im Kontext des Dinglichkeitsphantasmas nicht vorgesehen sein kann, permanent aber passiert, wird die Ungeduld der cogitional-fleischlichen Vorerprobung dieses eschaton nichts als verständlich. Die Greuel des Fleisches, die ganze Unausdenkbarkeit aller Qualen der Herrschaft des Menschen über den Menschen, das sind die erlösenden Vorwegrationalisierungen der Erfüllungsform des Dingphantasmas als der

Dingdestruktion. Selbstverständlich wird man demnach sagen dürfen, daß der Genozid, den der Nationalsozialismus praktizierte, eine zutiefst bürgerliche Selbstbereinigungsangelegenheit, eine solche der Selbsterfüllung, des Selbstabschlusse gar gewesen ist.

3. Man wird letztlich nicht sagen können, die Selektion des Opferstoffs sei längst arbiträr geworden; es kann vielmehr dabei bleiben, daß sein generationssexuelles Konzentrat allemal Weiblichkeit, Mutterkorporalität sei. Aber nicht alle sechs Millionen Juden sind doch Frauen gewesen! Gewiß nicht. Doch nach der Maßgabe des Fortschritts in Sachen Rationalität genügt als Opferstoffkriterium längst schon irgendeine Art von Kontiguität mit Weiblichkeit, und eine solche ist im Falle der Juden insbesondere gewährleistet. Notorisch besteht sie in der Besetzung der Sphäre der Zirkulation, genauer: der Todesfuge der Opferstätte, so daß sich die ausschlaggebende Kontiguität des nähern bestimmen ließe als die besondere Fertigkeit der Dingtransfiguration, der Rationalisierung, der Phantasmaerfüllung; so daß also das Opferungsvermögen real-gnostisch geopfert worden wäre, dieses Vermögen selber fortschrittlicherweise. Dies dann auch das Residuum des Opferstoffs als dessen Substitution durch den Opferpriester.

4. Wie können diese Greuel im Fleische angemessen gesühnt werden? Gewiß nicht durch Schuldkonfessionen, auch nicht durch tätige, wohl aber dadurch, daß die Wiederumwandlung dieser Art der Greuel in die eigene Dinglichkeitsverfassung, Kriegsrüstung also, kein Thema mehr von Aufklärung sein darf, also gegealogisch tabu erklärt wird. Sühne also als Immunisierung der Retransfiguration der Realgnosis in die Produktion von Waffen. Es versteht sich dann auch von selbst, wer den Bau von Höllenmaschinen im Kontext dieser opferlogischen Verhältnisse betreiben muß.

Der Stand der Dinge, biokybernetisch

(aus: Nürnberger Blätter. Zeitung für Philosophie und Literatur, Nr 3, herausgegeben von R. Knodt u.a., Juni/August 1986)

Für V. Braitenberg und
die Stiftung zur Förderung der Philosophie

Nicht daß Dr. Frankenstein der Liebenswürdigkeiten entriete; doch wo er angeworben wird, da kommt es zur unbemerkten Machtergreifung durch ihn (nicht zuletzt auch dadurch, daß er den Köder der Poesie derselben, Sirenengesang, auslegt); und die sich darin erfüllt, die geeignetsten Helfershelfer für die fortwährend stagnierende Golemgebärung anzuschaffen.

Wessen benötigt man zu diesem größten aller Gebärgeschäfte? Zuvörderst der Unmengen frischen Menschenfleischs, das, allein insofern es Fleisch sein muß, eo ipso aus lauter Weibsleichen besteht. – Zu deren Beschaffung aber bedarf es tüchtiger Großvampire, die, so sie selber ja auch zu subsistieren haben, ihrem eigensten Wesen gemäß die auserkorenen Opfer für's erste ansaugen (anämisch machen, schwächen) und sie sodann peremptorisch entbluten (töten). Denn zuckende Seelenleiber sind dem Doktor ein Greuel; und zudem kommt so Blut zu Blut, Tausch zu Tausch, Entseelung zu Entseelung als ordentliches Etablissement der Universal-Zwischenwertigkeit des Zirkulationsmanagements (wie bekannt). – Ein wenig mehr indessen als nur dekorativ fallen die schon unwesentlicheren Aufgaben der Weibsleichenfleischbeschaffungs-Verwalter aus – man vermöchte sie zu deduzieren – : (1) die Greuel der Spiritualität dulden keinen Vorbehalt, restlose Tiefenauslotung der Binnenverwerflichkeit allen Fleisches – Inspektion, Inquisition – ist geboten; (2) nicht weniger vermöchten sie nicht der Dauerlegitimationsakte entbehren, reklamieren die besonderen Gutheißungen des Himmels (was sind Waffen schon ohne Gottes Segen?); (3) und vielleicht – was, zugegeben, einen wohl nicht ganz nur verläßlichen Posten in der Administration der Opfermasse abgeben könnte? – sehnen sie ihre positive Nobelhistorie (um nicht sogleich zu sagen, Theorie und Philosophie gar) herbei. Man sieht es: auch für die Reklamesphäre wurde dank der Anschaffungskünste des Doktors bestens und systematisch gesorgt.

Und nun begab es sich, daß man meinen konnte, es hätte sich in schamlosester Offenbarkeit das gesuchte Fleisch gezeigt; und, mehr noch, auf diesem Stand unleserlich in Tätowierungs-Schandschreibe sein eigenes künftiges Transfigurierungsschicksal, das ganze Geheimnis der großen

Golemgebärungsvorgänge also, geschrieben zu lesen: Solch unvorhersehbare Unordnung aber erboste die Angestellten der Werbeagentur konsequent auf das Äußerste; sie hielten sogleich Gericht. Die Vampire hingegen, die sich ja nicht zu empören pflegen – sie waren alsbald, wie billig, Feuer und Flamme: just so in Liebe entflammt, wie dies nur an der Schwelle des tödlichen Opfers vergönnt sein kann; fast so, als hätten sie gar nicht die Mühe aufsichgenommen, für frisches Hirnsimulationsleichen-Futter aufzukommen und dieses – in einer publiken Nacht- und Nebelaktion, versteht sich – nach Süddeutschland zu verfrachten.

Höchste Gefahr für die indolenten Fleisches-Denudatoren und Graffiteure – wohin sollen sie flüchten, wo doch der Inbegriff widerständiger Vorbehaltsbildung – selbst fleischlich im voraus zu exekutieren, was eh ja transfigürlich sie ereilen wird – exklusiv als Krankheit, schwere Krankheit nur firmiert? Wohin? – Einzige Hoffnungsminiatur (des Bleibens gar): auch diese kleinere Schandschrift ist abermals weder harte Wissenschaft noch matschige uralt-Poesie (dasselbe), vielmehr abermals unter aller Sau; wohlan unter aller SAU – will sagen: nicht schlachtenswürdig. Aber wie könnte dieses Unterfreibankfleisch, unkrank, überhaupt unsanktioniert, für sich selber bestehen? Und seine Schriftbrandmale nicht sogleich metaphorisch mißverstanden werden? Daß sich die nur aus gesünderem Fleisch resultierenden rein nekrophilischen hard ware-Teile in ihrem verschlossenen Inneren cogitional spürten, sich für sich mindest auch ihre Herkunft erzählen könnten – wie sollte es diese Art der tröstlichsten Restitution des geopferten Fleisches geben?

Literatur (uvam):

Horst Kurnitzky, Triebstruktur des Geldes, Ein Beitrag zur Theorie der Weiblichkeit, Wagenbach Politik 52.

Rudolf Heinz, passim.

„Der Platz ist verflucht"

Zur Pathognostik von Tabu-Räumen (Agoraphobie)

(aus: Klagenfurter Beiträge zur Philosophie, herausgegeben von Th. Macho, Chr. Šubik, Verlag des Verbandes der wissenschaftlichen Gesellschaften Österreichs, Wien 1987)

Es ist Mittag. Die Mittagsfrau geht um (haben Sie sie schon gesehen?). Die Zeit des panischen Erschreckens. Oder christlich die des Angelus („Der Engel des Herrn brachte Maria die Botschaft, und sie empfing vom Heiligen Geiste" – was also des Mittags nicht alles an seltsamen Dingen geschehen kann!) oder für säkulare Filmfreunde: High noon. Wer hatte denn diese Idee, meinen Beitrag just auf Mittag zu legen, so daß damit alles schon gesagt ist, was ich zu sagen gedenken könnte? Es ist ja nicht zuletzt auch das Problem des Phobikers und überhaupt des psychisch Kranken, befürchten zu müssen, aufgefressen zu werden, und dies in der Umkehrung des Wunsches, im vorhinein selber die Platte geputzt zu haben, und zwar, scheinbar widersinnigerweise, die reichlich bestückte Platte der Dinge, ausgewählter Dinge, und eben keineswegs nur Nahrungsmittel. Die katastrophische Angst nicht vor, sondern in der phobischen Situation hat es denn wohl auch physiologisch an sich, auf die Körperbereitstellung für diese unmögliche Mahlzeit gegründet zu sein.

Aber das geht jetzt zu schnell; wir müssen mehr Geduld haben. Vor dem Essen sollte man tunlichst ein langes Tischgebet verrichten, und also beten Sie bitte phobisch mit mir, und halten Sie dabei schon fest, daß solche seltsamen Krankheiten offensichtlich nicht nur Weniges mit Opfervorgängen zu tun haben. Es ist wohl zunächst am zweckmäßigsten, daß ich den Titel meiner Mittagsbeschwörung paraphrasiere. Von hinten gelesen, ist da die Rede von Taburäumen und auch schon von einer speziellen Taburäumekrankheit, der Agoraphobie. Es ist die mehrfach schon genannte Krankheit Phobie, eine Neurosenform, die, wie man zunächst meinen könnte, unerfindlich, unbegründet, sinnlos Taburäume schafft. Welches da sind: Brücken, Erhöhungen/Höhen, Straßen, Plätze, Innenräume – also ein ganzes städtebauliches System von unbrauchbar gemachten Räumlichkeiten. Sie hören es, diese Krankheitsorte trägt auffällig griechische Namen (warum eigentlich diese Krankheitsorte insbesondere?). Und auch ist sie die Lieblingskrankheit der Verhaltenstherapie (gewesen), was indessen einfach zu erklären ist.

Die Krankheit besteht darin, also in dieser Vermeidung, solche Räumlichkeiten nicht betreten, nicht begehen zu können. Diese Räumlichkeiten sind abaton, nehmen also dies Charakteristikum des Heiligtums an. Gestört ist also nicht organologisch real, vielmehr rein phantasmatisch (wie eingebildet und doch umso wirksamer) die Motilität, speziell das Vermögen der Fortbewegung, des Gehens; und zwar diese/dieses allein. Nicht also etwa die Möglichkeit, diese unbetretbaren Lokalitäten zu besehen, fernzubesichtigen.

‚Phobos' heißt Furcht, Angst. Fürs erste fungiert sie als sogenannter Signalaffekt, als Warnsignal, wenn die ja verbotene Betretung solcher heiligen Orte ansteht. Agoraphobie läßt sich demnach oberflächlich übersetzen mit: Angst vor Marktplätzen, vor der Begehung, Überquerung solcher im Zustand indessen der Leere, also ohne Marktgeschehen; so wie dies in unseren Breitengraden höchstens bisweilen noch sonntags der Fall ist: leerer Marktplatz, gegenüber das Rathaus vielleicht, seltener eine Kirche, im Zustand (was oft vergessen wird als Kriterium) der Helle, bei Tage also. So als werde im Inneren dieser angrenzenden Gebäude wie in einem Tempel dasjenige Opfer vollstreckt (und es wird ja in den christlichen Kirchen in der Tat vollstreckt), das dann wochentags über den Markt mit Waren versorgt. Was wundert's dann, wenn zur Zeit dieser sozusagen objektiven Sonntagsneurose es lebensgefährlich ist, den Marktplatz, den leeren, zu betreten. Der Tempel ist hungrig, Gotteshunger. Von dieser hochadaptiven, wenngleich auf eine Phantasmatik bezogenen Signalangst ist wohl zu unterscheiden die katastrophische Angst, die beim Begehen des sakrosankten Platzes aufkommt. Notorisch reicht sie bis zur Notfallreaktion des Organismus, im Extrem bis zum Bewußtseinsverlust.

Nun zum rätselhaften Ausdruck Pathognostik. Ich übersetze: Pathognostik, das ist die Lehre von der Erkenntnis der Krankheit (am besten, Sie nehmen diesen Genitiv sogleich als genitivus absolutus!); eine Erkenntnis indessen, die keinen wissenschaftlichen, vielmehr einen anderen, wohl einen philosophischen Anspruch anmeldet, von diesem philosophischen Anspruch aber her sich – sozusagen am anderen Ufer – der Wissenschaft nahe weiß. Pathognostik hieße demnach kurzum: Krankheitsphilosophie. Warum dann aber die Insistenz dieses Titels auf Gnostik? Insofern – und hierin gibt es durchaus auch Allusionen zur historischen Gnosis, dieser christlichen Ketzerei, hinüber –, insofern diese Erkenntnisart zwischen höchster „Spiritualität" und letzter „Materialität" hin und her schwankt; sich weder auf das eine noch das andere festlegen läßt. So etwa nach dem Ausspruch:

der Himmel ist die Hölle; und die Erde, das ist der fortschreitende Verschluß der fortschreitenden Identität von Himmel und Hölle, die diesen Verschluß als solchen letztlich apokalyptisch, einschließlich aller Vorgriffe darauf wie zumal als Krankheit, aufsprengen wird/immer schon aufgesprengt hat. Deshalb also die Insistenz in Pathognostik auf Gnostik; wozu freilich noch eine Menge zu sagen wäre.

Äußerlich historisierend gesagt, stellt Pathognostik den Versuch dar, der Psychoanalyse eine zeitgemäße Verfassung zu geben; ihre Aufklärungswertigkeit und ihre darauf gegründete praktische Effektivität auch zu retten. Und es ist dann auch schier abhängig davon, von woher man urteilt, ob Nähe oder Abstand zur herkömmlichen Psychoanalyse hervorgehoben werden können. Wichtiger aber als solche Abstandsbestimmungen ist die Markierung des besonderen Charakters der Pathognostik, also ihrer Unterscheidungsmerkmale, die ich jetzt kurz, auf die Agoraphobie bezogen und im Vergleich zur traditionellen Psychoanalyse, zu skizzieren versuche.

Die Agoraphobie ist – so mag man sich ausdrücken dürfen – eine Art von Negativverzauberung leerer, offener Plätze bei Tage. Woher aber rührt dieser Plätzezauber, diese Plätzeverhexung, -verfluchung? Nach Meinung der Psychoanalyse rührt dieser Zauber daher, daß der Agoraphobiker einen inneren unbewußten Konflikt nach außen verlagert und in diesem Außen darstellt: in die besagten Plätze also hineinprojiziert. Versteht sich, daß der betreffende Konflikt immer der Standardkonflikt „Ödipuskomplex" ist. Das nähere „Wie" und „Warum" dieser Externalisierung kann zwar psychoanalytisch weiter befragbar gemacht werden; entscheidend aber ist der Wiederabzug der Unbewußtheitsüberformung solcher Außenlokalitäten, also die Wiederübernahme des nach außen gekehrten konfliktuösen Unbewußten in den Kranken schließlich zurück und in einem mit dieser Zurücknahme die Bereinigung dieses Krankheits-besetzten Außenweltzusammenhangs, also die Wiedergewinnung der besagten Plätze als ordentlich gebrauchbarer, wieder begehbarer; daß sie nicht mehr sind, als sie eben sind, nämlich Plätze und sonst, verdammt noch mal, weiter nichts. Dieser Wiederabzug und diese Wiederübernahme ist der Inbegriff von Therapie; darin soll sich der Krankheitsbann mittels lebensgeschichtlicher Auf-und Abarbeitung seiner familial-ödipalen Herkunft auflösen.

So die Psychoanalyse. Dagegen die Pathognostik: es kann schlechterdings nicht die Rede davon sein, daß der Kranke Außenweltzusammenhänge – wie im Falle der Platzangst leere, offene Plätze tagsüber – mit zusätzlichen, den Gebrauch verhindernden, sozusagen irrealen Komponenten versieht, die allein nur ihm als dem Kranken entstammen und die von diesen dafür falschen Orten also tunlichst wieder abgezogen werden müssen. Es ist umgekehrt vielmehr so, daß diese vermeintlichen, rein subjektiven, unverbindlichen Zutaten darauf verweisen, was bereits die leitenden Gründe der Hervorbringung solcher Außenweltzusammenhänge gewesen sind und durchgehend noch sind. Daß der Kranke unfähig ist, diese Zusammenhänge, wie vorgesehen, zu gebrauchen, für sich zu nutzen, diese Unfähigkeit regt an, danach zu fragen, was es denn mit diesen „bestreikten" Zusammenhängen auf sich habe, und zwar auf sich habe im Hinblick darauf, was ihre Produktion in einem durchaus letzten Sinne motivierte; so daß am Ort des Symptoms, wenn man es so ansieht, Philosophie einzubrechen scheint.

Der Platzängstler bedeutet, ohne daß er selber irgendetwas davon hätte: haltet ein, wenn ihr alle unbesehen und stupide über solche schrecklichen Plätze laufen könnt, dann vergeßt ihr etwas Wesentliches, das Wesentliche gar, das in solchen Plätzen beschlossen ist, das diese in einem gründlichen Sinne ausmacht. Und solange dieses nicht geklärt ist, sind solche Plätze insbesondere insofern des Teufels, als diese in eurer Stumpfheit bösartig nur verdecken, daß sie des Teufels sind. Es tut uns leid, sagen darauf die also Attackierten, die normalen Platzbegeher: wir spüren nichts (nimm dich doch zusammen, so ein Blödsinn, so zu tun als sei ein harmloser Platz ein Gespenst). Der Kranke gerät in arge Beweisnöte: ist doch seine Angst keineswegs ordentlich intersubjektiv. Und wenn er nicht psychotisch wird (die Aussichten dafür sind sehr gering), den Beweis also erbringt, indem er zum Ganzopfer des also ganz Bewiesenen/gänzlich Unbeweisbaren wird, ja selber in dieses dann überzugehen droht, – wenn er ein minderer Agoraphobiker, neurotisch also, bleibt, so wird er sich diesem Urteil des Normalen über ihn anschließen, um zugleich aber umso gründlicher auf seiner Meinung zu beharren: sie wie aufgeteilt für den Beweis seiner Einsicht selber auch aufzuopfern und in dieser Aufopferung an der Zerstörungskraft des also Bewiesenen/Unbeweisbaren teilzuhaben.

Was ich also sagen wollte: nach pathognostischem Verständnis gibt es keine Krankheit ausmachenden subjektiven Zutaten zu den Dingen; alle solchen vermeintlichen Zutaten, die tunlichst wieder weggeschafft werden sollen, holen aus den Dingen selber bloß diejenige Dimension hervor, die ihnen wesentlich (im buchstäblichen Sinne: also letal) innewohnt, die üblicherweise aber vergessen wird, und wenn sie hervorkommt, zum randständigen Betriebsunfall verfälscht zu werden pflegt. Es ist dies die

„ontologische" Dimension des Opfers (der Schuld, der Gewalt), auf deren objektive Ankunft als die Erfüllungsgestalt von Krieg und Apokalypse der Kranke nicht warten kann, die er vorwegzunehmen und in dieser Vorwegnahme zu beschwören sucht, wodurch er sich zum Opfer derselben macht, das deren Bann nicht bricht, sondern beglaubigt. Krankheit als der untere Weg der Selbstrettung, diese als Gewaltpartizipation unter dem Deckmantel, diese Gewalt außer Kraft zu setzen ...

Muß ich es nochmals sagen? Nicht verlagert der Agoraphobiker einen inneren Konflikt (den Ödipuskomplex in einer bestimmten Variante) nach außen, eben in leere, offene Plätze, um diesen in dieser Externalisation/Projektion loszuwerden, aber auf diesem Wege nicht loswerden zu können. Vielmehr holt der Agoraphobiker die Krankheitsdimension dieser urbanen Lokalität des Marktplatzes nur hervor. In magischer Vorwegnahme tut er dies, wodurch er befremdlich wirkt, in diesem seinem Solistentum abweicht; sich offensichtlich über seine soziale Exilierung hinaus dieser Dimension opfert, um sie in seinem Opfer abzuschaffen, doch sich zugleich an diese umso mehr ausliefert und verdingt. Entsprechend kann die Heilung des Agoraphobikers auch nicht darin bestehen, die projektive Überformung seines phobischen Objekts aufzulösen; das, was dahinein projiziert worden ist, wieder zurückzunehmen und rückzubinden an seinen angeblichen Ursprung, die Lebensgeschichte als die Ödipussituation in der Stammfamilie, an ein historisches Sprachartefakt also (und das, wo doch die Beine den Dienst versagen!). Nein, pathognostisch läuft Therapie, so man hier von Therapie überhaupt noch sprechen kann, darauf hinaus, der Vergeblichkeit der Vorwegnahme des schlechterdings nicht eingebildeten Kriegszustands der Dinge innewerden zu können, einer Vergeblichkeit, die den Ausweg aus der Gewalt dieser Verhältnisse betrifft.

Vielleicht können Sie ahnen, daß diese Umwendung der Psychoanalyse von einer unabsehbaren Reichweite ist. Eingängigkeit käme hier wohl nur so zustande, daß Sie an der pathognostisch aufgegebenen Denkforschung, nicht zuletzt mit Bezug auf die Empirie ihrer Effekte beim Kranken, mitarbeiten.

Fehlt nur noch in der Titelparaphrase die Auskunft über das Titelzitat: der Platz ist verflucht. Sie wissen längst schon, woher er stammt: aus Büchners „Woyzeck".

„Freies Feld, die Stadt in der Ferne. Woyzeck und Andres schneiden Stecken im Gebüsch. Andres pfeift.

Woyzeck: Ja, Andres, der Platz ist verflucht. Siehst du den lichten Streif da über das Gras hin, wo die Schwämme so nachwachsen? Da rollt abends der Kopf. Es hob ihn einmal einer auf, er meint', es wär ein Igel – drei Tag und drei Nächt, und er lag auf den Hobelspänen. (Leise) Andres, das waren die Freimaurer! Ich hab's, die Freimaurer!

Andres singt. Saßen dort zwei Hasen,
Fraßen ab das grüne, grüne Gras ...

Woyzeck: Still! Hörst du's, Andres? Hörst du's? Es geht was!

Andres: Fraßen ab das grüne, grüne Gras
Bis auf den Rasen.

Woyzeck: Es geht hinter mir, unter mir. (Stampft auf den Boden) Hohl, hörst du? Alles hohl da unten! Die Freimaurer!

Andres: Ich fürcht mich.

Woyzeck: 's ist so kurios still. Man möchte den Atem halten. – Andres!

Andres: Was?

Woyzeck: Red was! (Starrt in die Gegend.) Andres! Wie hell! Über der Stadt ist alles Glut! Ein Feuer fährt um den Himmel und Getös herunter wie Posaunen. Wie's heraufzieht. – Fort! Sieh nicht hinter dich! (Reißt ihn ins Gebüsch.)

Andres nach einer Pause: Woyzeck, hörst du's noch?

Woyzeck: Still, alles still, als wär die Welt tot.

Andres: Hörst du? Sie trommeln drin. Wir müssen fort!"

Ich muß der Versuchung hier widerstehen, diese aberwitzige Verdichtungsminiatur von Pathologie auszulegen. Nur so viel: es ist alles beisammen, was man je zum Krankheitsverständnis in meinem Sinne braucht: die Veranschlagung des Opfermotivs in krankheitsgemäßer Vorwegnahme, und zwar nicht eigentlich agoraphobisch, vielmehr weiterreichend psychotisch (paranoid) des Weltuntergangs, der Apokalypse. (Ich hatte ja bereits angedeutet, daß Krankheit immer in der solistischen und rein eingebildeten Vorwegnahme der Destruktionszustände bestimmter Realitätsausschnitte oder gar der Realität überhaupt besteht; einer Vorwegnahme, die für uns andere zwar wie eine Ermahnung, dies Ende der Dinge nicht zu vergessen, anmuten kann, die den Kranken aber, bar solcher Möglichkeiten von Erkenntnisbeanspruchung, entmachtend überfällt.) Und in diesem imaginären Weltuntergangszusammenhang, einschließlich Woyzecks Opfertod, begegnen szenisch in äußerster Genauigkeit: die Hinrichtungsstätte (freies Feld – nicht also der Marktplatz in der Stadt wie bei der Agoraphobie); die Grenzlinie der absoluten Differenz, die Todesfuge (der lichte Streif); die Andeutung der trügerischen Ersetzung des Menschenopfers durch das Tieropfer, kurzum: die Jagd; Einbruch (die hohle Erde) und Zusammenbruch insgesamt (der einstürzende Himmel): der Sog der Todesfuge; der Begleiter (Comes), aber als Mann. Ich lasse es damit gut sein; weitere paranoide Einzelmotive (Freimaurerkonspiration etc.) liegen auf der Hand.

Ja, der Krieg ist der Vater aller Woyzeck-Dinge. Wird es selbst in einem solchen groben Textdurchlauf nicht auch verständlich, daß Freud den Dichter beneidete? Aber ich verstehe diesen Neid doch nicht ganz, insofern jedes Symptom, und davor jeder Traum, letztlich doch mehr noch hergibt als solche freilich ingeniösen Poesie-Passagen. Ich habe nun nicht den literaturwissenschaftlichen Ehrgeiz, weiter nach Agoraphobie-Erwähnungen in der Literatur zu suchen und erlaube mir deshalb, mit einem kleinen Zeitsprung einen einschlägigen Zufallsfund zu erwähnen: in Kafkas „Gespräch mit dem Beter", das außerdem ein äußerst raffiniertes Psychopathologiekompendium, verschoben indessen auf die Lektüre von Texten, ausmacht – Texten, die sich selbst in Hinblick auf ihre Leser überaus erschreckend durchsichtig machen.
„Dann aber, wenn ich einen großen Platz zu durchqueren habe, vergesse ich alles. Die Schwierigkeit dieses Unternehmens verwirrt mich, und ich denke oft bei mir: ‚Wenn man so große Plätze nur aus Übermut baut, warum baut man nicht auch ein Steingeländer, das durch den Platz führen könnte.'"

Die Leseentsprechung zur Agoraphobie, das sind wohl die Schrecken einer Leerseite in einem Buch? Auch zu dieser Kafka-Stelle nur eine ganz kurze Bemerkung: agoraphobisch ist es diesmal der Marktplatz; und der geängstigte Agoraphobiker phantasiert zugleich seine Rettung vor der Angst: das Steingeländer, das, aus demselben Stoffe wie die beiden Platzhälften, die Todesfuge der Platztransversalen nicht aufkommen läßt. Das rettende Steingeländer wie der zum Ding gewordene versteinerte Schutzengel, der das geängstigte Menschlein an die Hand nimmt und sicher geleitet. Aufrecht auf allen Vieren. Nur noch dies: fortgeschritten in aller schizophrenen Härte ist das Opfermotiv, im Verein außerdem mit dem des Krieges auch hier, nur noch so angedeutet, daß die Leiche, die vom vielgestaltig Kranken gesuchte, unauffindbar, auf Nimmerwiedersehen verschwunden ist.

So weit der Vorspann der Titelparaphrase. Was geht nun im einzelnen im Agoraphobiker, der unfähig ist, einen leeren, offenen Platz bei Tage überqueren zu können, vor? Um darauf (hier freilich nur im Überschlag) antworten zu können, muß man sich – dies auch ein wenig gegen die herkömmliche Psychoanalyse gesagt – direkt auf's Symptom, diese nicht organologisch bedingte, wie gehabt, spezifische Fortbewegungsstörung einlassen. Man ist wohl gut beraten, auch hier beim Gehen, diese ausschlaggebende Denkfigur zu veranschlagen: der Gehenskranke nimmt den „Tod", die Zerstörung des Gehens, wie schon gesagt, vorweg. Weshalb tut er dies? Die Antwort darauf kann zunächst nicht eindeutig ausfallen, im letzten wird sie erst eindeutig: hier nämlich ist eine doppelte Absicht am Werk und immer auch ein Schwanken zwischen beiden Absichts-richtungen, bis sich schließlich die zweite festsetzt – beabsichtigt nämlich ist die Klage gegen das normale Gehen-Können, und zwar nicht nur, indem es das Ende allen Gehens vergißt, vielmehr insbesondere dieses Ende eben als die abgedeckte Gewalt dieser Normalität im vorhinein anmaßt. Wie wissend also legt der Kranke den Finger auf die verklebteste Wunde aller großen Funktionstüchtigkeiten, die davon leben, daß sie die eigne Ver-nichtungsgewalt verleugnen; sie machen sich andauernd was vor als die wünschenswerteste Zuträglichkeit, die auf Vorgängen beruht, die in sich trugvoll nichts als Opferprozesse hinwiederum sind. Krankheit, die, auf's Gehen spezialisiert, bedeutet, dieses sei ein ungeheurer Skandal; Krankheit demnach als gegen jede Anpassung aufbegehrender Erkenntnisanstoß. Aber das ist nur die eine Seite der Krankheitsabsicht. Ineinem mit dem eben skizzierten „Stop dem Normalgebrauch" läuft Krankheit darauf hinaus, sich in der Art des Sich-dafür-Aufopferns, passioniert also, dieses vorweggenommene Ende, diese vorweggenommene Zerstörung, zueigen zu machen. In seiner Vorwegnahme soll dieses Ende, bevor es eintritt, als letzter Selbstschutz von Gewalt disponiert werden. Krankheit also, die über die Tücke des Opfers, sich letztlich durch die darin liegende Selbst-Bestra-fung immunisierend, das Ende aller Dinge anmaßt und so alle Anbahnung von Besinnung und Widerstand gegen die inneren Zerstörungskräfte unser aller adaptiven Selbstverständlichkeiten gänzlich zerstört. So daß man be-haupten könnte, das Nicht-Gehen des Phobikers sei selber der Wunsch eines Hypergehens.

Wie aber sieht diese Vorwegnahme agoraphobisch des einzelnen aus? Es wird darum zu tun sein, im folgenden eine Art von agoraphobischer Anti-Choreographie wider den Normalfall des Gehens zu entwickeln, und zu diesem Zweck kommt es mir angebracht vor, zunächst einmal in der Imagination des Gehens zum Geometer/Simpel-Geodäten zu werden; und zwar des disponierten Gehens dergestalt, daß die nicht (wie in Pathologie) auseinandergerissene Einheit von Wahrnehmung und Bewegung (siehe „Gestaltkreis" – V. v. Weizsäcker) sich supplementiert durch deren Einbildung als Geometrie: progressive Regression der Nachträglichkeit, bewerkstelligt durch Kopf und Hand.

Die entscheidende Raumgröße ist in dieser Rücksicht der Halbierungspunkt jeweils der Schrittlänge. Es ist der Krisispunkt: so etwas wie die Todeskonzentration der die Schrittlänge kreuzenden Grenzlinie von Leben und Tod, der Inbegriff der Todesfuge. Wohlgemerkt bilden die Schrittlänge und die besagte Grenzlinie die Form eines Kreuzes. Die halbe Schrittlänge kann man als Radius eines von diesem Krisispunkt aus geschlagenen Kreises nehmen. Dieser Kreis/diese Kreise im Fortgang wären dann so etwas wie das Gehensareal, der Raumbesitzstand des Gangs. Auch dieser Kreis wird jeweils in den Krisispunkt hinein sozusagen zurückgesaugt, wenn dieser Punkt als Krisispunkt in Kraft tritt. (Daß die einzelnen Gehensareale sich hinwiederum überschneiden und ihre Schrittlänge eine Ellipse bildet, lasse ich hier außer acht; es könnte sein, daß diese Schnittfläche eine Art von Vermittlungsfunktion des Fortgangs hat.) Das Gehensareal hat außerdem die Form einer Monstranz; dieselbe Form ist außerdem häufig auf Grabsteinen zu finden. Und für „Tatort"-Zuschauer: Fadenkreuz!

Die durch die einzelnen Krisispunkte durchgezogene (vertikale) Linie, sie wäre die eigentliche Linie der Abstraktion Linearität, in die hinein sich die ganzen Mißhelligkeiten des Gehens vergessen/aufheben. Nun kommt aber komplizierend im Gehen über die Fläche die i.e.S. Raum-/Körperdimension hinzu: anthropos. Die sich dadurch ergebenden Kugelverhältnisse lasse ich außer acht und erbitte nur Aufmerksamkeit dafür, daß beim gelingenden Schritt die Körperachse just auf diesen Krisenpunkt auftrifft. Wobei es sich als pathologisch entscheidend erweist, daß das Genitale nicht zuletzt über diesen Krisispunkt zu liegen kommt. Genauer noch: Kopf und Genitale liegen auf dieser Körpervertikalen. (Sie können sich vorstellen, daß hier, und nicht nur hier, kasuistisch einiges fällig wird; primär jedenfalls erfährt sich der Phobiker kopflos und in zweiter Linie wohl erst kastrationsgefährdet. Außerdem schlägt der Geschlechtsunterschied an dieser Stelle durch.) Schließlich: die Fortbewegung hat in einem eminenten Sinne Mittelcharakter, ist zum Zwecke der Erreichung eines Zieles da. Dieses Ziel also ist ausschlaggebend dergestalt, daß es sich im Mittel selber zur

Zeit der Funktionalität dieses Mittels reproduziert. Und das hieße, daß der besagte Krisispunkt dann je die in dieser Mittelhaftigkeit notwendige Vorwegnahme des Ziels wäre, eines Ziels indessen, das sich in sein letztlich tödliches Gegenteil verkehrt.

Nach diesen Geodäsie-Kommentaren, die ich ja schon auf den besagten generativen Krisispunkt, die zusammengezogene, darein verdichtete Todesfuge konzentriert habe, erlauben Sie mir bitte, für eine Weile ein paar diffizilere Überlegungen dazu. Nochmals: was führt der Agoraphobiker im Schilde, ohne freilich diese seine Attacke durchhalten zu können? Allemal reißt er das Gehens-Unbewußte auf und bedeutet somit, daß Gehen, Fortbewegung eo ipso Übertretung sei, also ein schier Verbotenes beinhalte, das es zudem überspiele, verleugne. Das agoraphobische Urteil über die Normalität der Fortbewegung lautet also: in diesem sei schändliche Gewalt und zudem auch noch entscheidend die Gewalt der Abstreitung dieser Gewalt am Werke; Gewalt und Betrug, das sind die Inbegriffe der Souveränität der Fortbewegung.

Wie ist diese Gehensverurteilung nun des einzelnen zu verstehen? Der Agoraphobiker und überhaupt der Kranke kritisiert für's erste den Zweck-Mittel-Bezug; er nimmt die Zweckbestimmung in die der Mittel bereits im Vorgriff mit hinein, so daß sich die Mittelerstreckung sogleich in eine unbegrenzte Serie von (letalen) Ziel- und Zweckpunkten hinein auflöst. Sowie außerdem in der ersten Zenonischen Paradoxie (und den anderen Paradoxien auch). Dies heißt nun im Rahmen der Agoraphobie, daß die Fortbewegung im vorhinhein, so sie unlistig und ungewalttätig sein möchte, schon verhindert ist. Die fraglose Linearität der Fortbewegung auf ein Ziel hin (siehe die durch Krisispunkte durchgehende vertikale Flächenlinie) ist demnach selber schon ein auf Nicht-Äquivalenzbildung beruhender Erschöpfungsvorgang, der den Fortschritt der sich erschöpfenden Selbsteingabe ins Ziel immer nur als betrügerische Rechtfertigung der Konsumation desselben Ziels mißbraucht. Daran ändern sportliche Übung und auch prothetisch-maschinelle Fortbewegung überhaupt nichts, im Gegenteil, sie verstärken bloß Gewalt und Betrug, wie gehabt.

Ist es denn verwunderlich, wenn man sich einmal dieser unvermeidlichen, äußerst philosophienahen Logik anvertraut, daß das Ziel zum Moloch wird, zum Racheengel solcher Anmaßung und sich als solches bereits an den Rand des Platzes als Startpunkt seiner Überquerung begibt und sich von hier aus, sich bis zur Mitte steigernd, auf diesem Platze allgegenwärtig macht? Allein, wie schon angedeutet, verfängt dieser Einspruch gegen die das Unbewußte schaffende List von Menschheit im Rahmen von Krankheit nicht und wahrscheinlich überhaupt nicht. Im Einspruch kommt eine schreckliche Alternativlosigkeit auf, die den Kranken, darin allererst zum Kranken werdend, als Aufständigen umkippen läßt; und bestenfalls wird er in diesem Umschlag zu einem solchen, der die Steigerung der Unbewußtheit der Fortbewegung gegen alles Wissen, ja sein eigenes ansetzendes Wissen selber, nur noch verteidigt. Schrecklicherweise bleibt Gehen Gehen und bleibt als solches auch anpassungsgemäß notwendig, und selbst auch dann, wenn es am Leitfaden seiner kranken Beeinträchtigung diese seine vollkommene Aufklärung erfährt.

Ich breche hier ab im vollen Bewußtsein, damit mehr Fragen aufgeworfen als beantwortet zu haben; woran deutlich werden müßte, daß es sich hier um Neuland handelt und nicht um solches, was mit einiger Denkanstrengung in einem bestehenden Theorierahmen, wie etwa den der herkömmlichen Psychoanalyse, eingeordnet werden kann. Nochmals zum Abschluß dieses wichtigsten Abschnitts meiner Überlegungen: was hat der Agoraphobiker, wenngleich immer vergeblich, wie zu Recht im Sinn? Man könnte meinen, er laboriert auf allen möglichen Ebenen daran, die Nicht-Umkehrbarkeit der zeitlichen Prozesse rückgängig zu machen, Reversibilität also herzustellen. Dies geschieht in den Dimensionen der Ontogenese, selbstarchäologisch konzentriert insbesondere wohl auf die psychoanalytisch weniger beachtete Zeit des Laufenlernens (imaginieren Sie einmal die Szenerie, daß das laufen lernende Kind auf die Mutter zuläuft, und Sie werden in dieser Dimension alle Elemente der Agoraphobie auffinden können). Ebenso der intrauterinen Entwicklung, hier wohl im Sinne des Rücksogs des stationären Fortbewegungswerdens im Mutterleib; ebenso der Phylogenese: wider den anthropos auf allen Vieren kriechen; ja vielleicht sogar des physikalisch-kosmologischen, dergestalt, daß selbst die Gewordenheit (Endlichkeit) von Raum (und Zeit) angemahnt wird. Nur im Vorübergehen gesagt, wäre es mir besonders angelegen, sich auf die Spur dieser Dimension zu begeben, um psychopathologisch den Anschluß an die Naturwissenschaften spezifisch zurückgewinnen zu können. In diesem Zusammenhang melde ich auch mein besonderes Interesse an den physiologischen Entsprechungsvorgängen zu solchen Krankheiten an, die mir viel wichtiger vorkommen als deren familiale Entstehungsbedingungen.

Im letzten Teil meiner Ausführungen möchte ich kurz noch auf das Repertoire derjenigen Selbstrettungsvorschläge und auch -praktiken zu sprechen kommen, die der Kranke, hier der Agoraphobiker, in aller Folgerichtigkeit zu ersinnen imstande ist. In aller Folgerichtigkeit: – ich erhoffe mir durch diese Akzentuierung nämlich weiteren Aufschluß über den Charakter dieser Krankheit. Erste Radikalmaßnahme: der Agoraphobiker möchte den Bau offener, freier Plätze verbieten. Städtebaulich subtiler die weitere Maßnahme: der freie Platz möge in ein Stadion, eine Arena verwandelt werden, und dies immer mit dem Kranken als Zuschauer auf einem sicheren erhöhten Tribünenplatz; wo außerdem auch ich als der unerhörte Reporter solcher heiligen Handlungen selber weile. Die Gunst dieser architektonischen Verwandlung besteht darin, daß sich der Tempel ins Stadion hinein öffentlich macht und entsprechend den Status von Publikum gewährleistet; es ist die Sichtkontrolle (diese Vorstellungshaftigkeit), die verhindert, selbst dem Ungesehenen als Opfer zu verfallen. Die Mauern des Stadions aber müssen nach außen hin mindest nach außen gekehrte Skulpturen, Nicht-Zuschauer, die ins Nichts hineinblicken, enthalten; es sind die Opfer, die auf dem Altar der Arena unten geschlachteten, die diese rettende Architektur zusammenhalten. In modernen Zeiten freilich gehört zur rechten Arena ein Hubschrauberlandeplatz, von dem aus die Halbtoten und Toten der heiligen Geschehnisse da unten in den Himmel auffahren.

Es geht im underground solcher Krankheiten nimmer zimperlich zu, es ist vielmehr immer damit zu rechnen, daß Phobiker in Kriegszeiten ihre große Stunde haben, sich vom Angsthasen in Draufgänger verwandeln, was nicht zuletzt darin seinen Grund hat, daß die unerträgliche Anspannung der Krankheit ausmachenden Vorwegnahme des Kriegszustands sich eben in dessen Realität hinein einzig vollkommen auflöst – die Realität von Zerstörung als Befreiung. Insofern kann es nicht verwundern, daß regelmäßig martialische Phantasien bei solchen Kranken sich stark machen; typisierend gesprochen hauptsächlich die Nacht- und Nebelaktion, in der keinerlei Spuren auf der Erde hinterlassen werden, am besten auf allen Vieren hin zum Rand des Platzes als des Rands der Welt, von dem aus dann das Nichts beschwörend beschossen wird. Auch die Teilnahme an einem Hinrichtungskommando, das den Delinquenten, mitten auf dem freien Platz angebunden, exekutiert. Dieses sind die Kriegserlösungen durch Teilhabe an der Zerstörungsgewalt, also durch die Verwandlung des Opfers in den Täter, Mittäter; während die vorausgehenden Wunschmaßnahmen noch friedlich ästhetisch rituell verbleiben.

Es gibt aber noch eine weitere Art von Rettungsvorschlägen, die außerdem bewährteste und auch am häufigsten praktizierte, die man vielleicht ganz einfach die lebenspraktisch-triviale nennen könnte: der Kranke – er ist ja meistens männlichen Geschlechts – sucht sich eine Begleitfigur, die in den allermeisten Fällen vom anderen Geschlecht ist. Diese Begleitfigur hat als Weiblichkeitsfiguration den Sinn, die Fortbewegung zu entschulden. Dies vermag sie aber, insofern sie, als Geschlechtsinbegriff des Opferstoffs jedenfalls, dieses ihr Opfer bestätigt, gutheißt und aktiv selbst ja mitgehend verspricht, schlechterdings nicht auf Rache zu sinnen. Man könnte diese Funktion als Töchterlichkeit, Tochter-Überbrückung bezeichnen, von welcher Figuration die Mythologie ja nur so wimmelt. Einige Bemerkungen zur Verhaltenstherapie aus diesem Zusammenhang heraus, die in den angerissenen selbsttherapeutischen Maßnahmen ihre Wirksamkeitserklärung einzig findet – kurzum: sie kombiniert das Begleitungswesen mit Martialitätserlaubnis und hält dies auf tiefem Regressionsniveau von Kindheit: Kind an Mutters Hand und fest aufstapfend, das selbst, wie man meint, gefahrlos zum gierigen Plätze-Gott wird. Man möge den Patienten am besten also sogleich bezahlen.

Ich muß nun aufhören und hoffe Ihnen wenigstens einen kleinen Einblick in die pathognostischen Denkgeschäfte gegeben zu haben. Stolpern Sie bitte demnach fürderhin auch, über die Stolperstelle Krankheit vermittelt, in Philosophie hinein. Guten Appetit nun denn!

Anmerkung

Der abgedruckte Text ist wortgetreu der meines Kolloquium-Vortrags. Dazu gibt es einen – theoretisch ambitionierteren – Lesetext gleichen Titels, wiederpubliziert in diesem Band, S. 106-133. Zum Zweck des Nachvollzugs der Pathognostik-Konzeption verweise ich auf die „Arbeitsblätter für Pathognostik" (in: Die Eule. Diskussionsforum für rationalitätsgenealogische, insbesondere feministische Theorie, hrsg. v. Heide Heinz – ab Nr. 5, 1981 ff.). Aus der Isolierung dieser Arbeitsblätter ging die Halbjahresschrift für Pathognostik – Kaum – hrsg. v. R. Heinz, Wetzlar (Büchse der Pandora, Nr. 1, 1984 ff.) hervor. Kafkas „Gespräch mit dem Beter" ist Thema der Studie „Von der Depotenzierung der Hermeneutik und/oder Psychopathologie", in: R. Heinz, Minora aesthetica. Dokumentation auf Kunst angewandter Psychoanalyse, Frankfurt/M. (tende) 1985.

Textnachweise:

Georg Büchner: Gesammelte Werke, Goldmanns Gelbe Taschenbücher, Bd. 398, S. 145.

Franz Kafka: Sämtliche Erzählungen, Frankfurt/M., 1970, Fischer Bücherei 1078, S. 190.

Schwanengesang

(aus: Hans-Georg Nicklaus: Sonanzen. Musikphilosophische Aufsätze, Genealogica, herausgegeben von R. Heinz, Bd. 12, Die Blaue Eule, Essen 1987)

Zur Initiation in Musik hinein spüre man dieses Szenarium aus: Menschlein ist, festgestellt, unbeweglich, dem Bombardement einer enormen Lautung ausgesetzt. Todesangst und Körperschmerz lassen die Parade seines Zappelns und Schreiens in der Starre des dernier cri des Sterbens verschwinden. Nur noch Binnenfühlung, geblendete Blindheit; nicht die geringste Chance, sich selber, die Selbsthülle als ausgelöschte Spur hinterlassend, als nackter Körper davonzumachen – gefräßig vielmehr zerquetscht das enteignete Kleid, der Klangkörper Gottes, den wehrlosen Körper darinnen.

Was kann man dagegen tun? Der Aufschiebung harren und abermals harren und harren, daß es zu diesem abortus verzögert erst kommt. Und wie genau? Zur Angst und zum Schmerz die Scham dazu lernen; und – immer in lückenloser Folge – zur Scham die Schuld dazu lernen; und zur Schuld indessen zumal die Absolution dazu lernen. Und dann vor allem anderen retour diesen Lernprogreß von seinem glücklichen Ende her als Rücklauf der Absolution/Erlösung in allen seinen Etappen durchsetzen; kurzum: Ästhetik treiben.

Ästhetik treiben aber heißt:

das sinnfrei-solistische Inquisitionsgequatsche, das sich als solches zu dementieren verstünde, lernen (Poesie); die Blindheit, unter der immerwährenden Führung des Inquisitionsgequatsches und mit demgleichen Selbstdementi begabt, lernen (bildende Kunst); und nicht zuletzt die Taubstummheit, mit dem gleichen Selbstdementi ausgestattet und unter der immerwährenden Führung des Inquisitionsgequatsches, lernen (Musik).

Nicht wahr – um bei letzterem, der Musik, zu weilen –, der Rücklauf der Absolution bis zu ihrem Zeugungsanfang hat es wunderbarerweise fertiggebracht, nicht nur das Lautungsbombardement durch die Opferung der Schrei- und Zappelparade ordentlich zu entkräften (Taubstummheit und Katatonie), viel mehr noch, ja, der göttliche Klangkörper damit selber zu sein. Freuet Euch!

Dahin ist die Todesangst und der Körperschmerz, das Zappeln und das Schreien, der letzte Schrei und die Starre. Menschlein ist, das meint es, der Moloch der Klanghülle selber, die das Zappeln zu artiger Bewegung und das Schreien zu artigem Klang in sich hinein tötet, und gar die Todesstarre und den letzten Schrei in sich hinein tötet; umgekehrt auch den Klang durch Bewegung tätigt; und, Dementi-begabt, wie gehabt, todeszuängstigen und körperzuschmerzen gnädig verschmäht; und zusehen kann und darf man all diesen Wundern auch. Was will man noch mehr?

Nun hat es aber der göttliche Klangkörper seinem Wesen nach an sich, sich dann allererst vollendet wohlzufühlen, wenn er im Sinne einer letzten Selbstbegnadung in dieser seiner Mortalität – nun, was wohl? – schreien und zappeln, ja sich zu Tode schreien und zappeln darf. Das muß man in Kauf nehmen (diesen lautenden Selbstabort), sonst nämlich gäbe es gar keine Musik. In Kauf nehmen müßte man dann aber auch, oder etwa nicht?, daß es eine Sorte von Menschleins gibt, die nicht warten können, bis dieses geschieht, und diese höchste Klang-Gotteslust – und dies vereinzelt in sich selber – also vorwegnehmen wollen. Unfromm sind sie, die Neutöner und auch die vereinzelten Kranken. Unfromm zumal aber sind diejenigen, die noch wenigeren, die sich unterstehen, diese Anmaßungsspiele gar auch noch zu kommentieren.

Hans-Georg Nicklaus' musikphilosophische Studien sind den „Genealogica" besonders willkommen. Immer wieder sind solche intellektuellen Gebilde, die sich aus einer Doppelkompetenz zu nähren verstünden und die Unvermitteltheit zwischen musikalischer Handwerksanalyse und hermeneutischem Musikhistorismus konterkarierten, rar; rar zumal dann, wenn Zeitgemäßheit in Sachen Theorie als Anmessungsmaßstab mitveranschlagt wird. Den Charme der Studien macht solches aus: die Zuständigkeiten, die theoretische Totalisierung und nicht zuletzt die Vorsicht der Annäherung im Ausgang von der Kritischen Theorie an das, was die Mode Poststrukturalismus/Postmoderne nennt.

Die eingesperrte Sakralität
Zum Problem des Rest-Heiligen in Psychopathie

(aus: Das Heilige. Seine Spur in der Moderne, herausgegeben von
D. Kamper, Chr. Wulf, Athenäum, Frankfurt/M. 1987)

I. Patho-Gnostik[1]

Die Überwertigkeit säkularer Aufklärung, just unsere Art, auf's Geratewohl
umfassend zu existieren, meint immer noch, das mythische Schuld-
verhältnis zu seinem Gott an der rechten Stelle, der emanzipierten Welt,
abgeschafft zu haben, und betreibt, komplettierend, ebenso die reine
Weltlichkeit des – so sagt man: irrationalen – Schattenwurfs dieser großen
Tat als eingedenkenden Universalkitsch des entrückten Ursprungs; worin
einzig noch sich das Heilige als folgerichtig angepaßtes – erlaubt, er-
wünscht, geboten – auszubreiten pflegt. Die Grausamkeit dieses Homini-
tätsirrtums unserer expansiven Breitengrade, den zu quittieren allein in
seinem ureigenen Eschaton, dem Tode, erfüllbar scheint, erreichte längst
einen solchen Destruktivitätsgrad – das hat sich herumgesprochen –, daß
selbst ein so anrührender Beschwörungstopos wie die „Dialektik der Aufklärung", der unabdingbare Widerspruch der Vernunft zum eignen
Ansinnen, sich als dinglich absorbierte Gewaltkulmination dieses
Fundamentalgebildes in sich selber erweist: *Dialektik* – war sie jemals
mehr? –, der travestisch zur Ubiquität hinneigende *Waffencharakter aller*

---

[1] Pathognostik ist der Titel eines schon längere Zeit laufenden Versuchs der Kritik der
Psychoanalyse, insonderheit ihres Subjektivismus. Siehe: die „Arbeitsblätter für Pathognostik" (davor für „Anti-Psychoanalyse") in: Die Eule. Diskussionsforum für rationalitätsgenealogische, insbesondere feministische Theorie, hrsg. v. H. Heinz, Wupper-
tal/Düsseldorf, ab Nr. 5, 1981. „Die Eule" wird – spezialisiert auf die Explikation von
Pathognostik – fortgesetzt durch „Kaum. Halbjahresschrift für Pathognostik", hrsg. v.
R. Heinz, Wetzlar (Büchse der Pandora) ab 1984. Relevant für die Entstehung dieser
einschneidenden Modifikation der Psychoanalyse sind u. a. auch die folgenden Beiträge
in der „Eule" (fortlaufend ab Nr. 3, 1980): Die Utopie des Sadismus; Logik und Inzest;
Tanzrhizome (über das Wuppertaler Tanztheater); Vom schwindenden Jenseits der
Götter; Philosophie und Krankheit; Von der Angst des Philosophen vor der Philosophie;
Fußball-Gnostik; Kleinbürger-double-binds oder: Die Psychoanalyse als Erziehungsan-
stalt; Shame and Scandal in the Family I; Libera nos de ore leonis (über Anselm von
Canterbury); Philosophie der Sexualität. Ebenso: Welchen Geschlechts sind Fernseh-
apparate?, in: Tumult. Zeitschrift für Verkehrswissenschaft, Nr. 5, Wetzlar (Büchse der
Pandora), 1983, S. 70-87.

Dinge, einschließlich der korrespondierenden *Subjektverfaßtheit Ataraxie,* unantik, also die Virtualität des Zerberstens von Welt im Allgemeinen und im Ganzen.

Und die Folge dieses Fortschritts? *Das Heilige* jenseits des Universal- kitsches – ein Heiliges, das diesen Namen im Sinne wenigstens eines auf Dauer gestellten erstarrten Witzes noch einmal letztendlich verdiente – scheint allemal als *Absolutheitskriterium seines Scheingegenteils in diesem bis zur Unkenntlichkeit von Indifferenz eingesperrt;* Arkanum, demokra- tisch unbegrenzt in allen Dingen und Subjekten, hierogamisch einvernehm- lich eh, immanent freilich auch voll der Hierarchie mit den Raketendepo- nien an der Spitze. Ja, im Hunsrück und in der Eifel und an vielerlei Orten mehr, da wohnt der Eine Gott.

Es gibt aber – warum eigentlich nur? – seltsame Abweichungen von diesem selbstverständlichen, alltäglichen, nicht weiter aufregenden Kult; Störfälle auf des Subjekts Seite mit einem Gebaren, so als wäre die doch im Ganzen verläßliche Glätte der Dinge unsichtbar mit progredienten Rissen durch- setzt, aus denen zum Schaden dieser Sorte von Dissidenten inexistente Gespenster hervorquellen. Und dabei geschah nichts, schier nichts mit den betroffenen, anscheinend ad libitum ausgewählten und gar banalen Dingen (geschlossenen Räumen, offenen Plätzen, Brücken zum Beispiel und so weiter); weder gingen sie entzwei oder drohten solches an, noch gab's Sabotageakte, die ihnen gegolten hätten, noch wütete einfach ein Krieg. Kein peinlicher Erdenrest der gewiß noch nicht ganz perfekten Vernunft, der Anlaß zu diesem befremdlichen Terror gegeben hätte, reiner Illusionismus nur eines überflüssigen *tremendum et fascinosum.* Solches – Krankheit, zumal die psychische: verräterische – muß als besonderes Ärgernis weg.

Alle Krankheit zapft die in den Dingen untergegangene, als martiale Ding- lichkeitserfüllung ebendort subsistierende Sakralität mitsamt deren instan- tanem Rückschlag als Subjektverfassung, autonomes Ich an; geht also in den Gott ein (und fällt ineinem von ihm in kein Anderes ab). Worin besteht das Sakralitätssujet von Krankheit – das in die Dinge/das Ich eingesperrte, wie verschwindende, sich als deren Substanz zugleich ausbreitende –? Und weshalb gibt es sie überhaupt, diesen, wie man meinen sollte, rein auf Ein- bildung beruhenden Störfall neben den anderen dagegen realen, Krankheit? *Das Heilige,* das ist der – in der Krankheitsanzapfung unsentimentalistisch in synchronen Intensitäten tatsächlich noch erfahrbare – *nothafte Aberwitz des Absolutheitsphantasmas des ganzen Gotts des Menschen.* Es unterhält sich in der *rasenden Imperialität der Schlachtung allen heteron:* des Geschlechts, der Generation, des Todes selber. Das Heilige, der restlose *Inzest-Klumpatsch. Dingeingeschlossenheit* und *-binnendurchdringung* mitsamt der *Un-Fühlung* dessen: Hades-Ich müssen diesem Gotte zukommen, sofern allein in dieser Verhüllungs- und Vorbehaltsform sich seine Destruktionspotenz, schmeichelnd gesagt eroshaft, verteilt und also aufschiebt. Immerwährend nährt sich unser aller Ding- und Subjektversion nach dem abendländischen Urmodell der mißverstanden dauerhaft hygienisch gemachten Leiche: der Kulmination der Schuld der Vergängnis mirakulöserweise im selben Atemzuge als deren erlösender Vernichtung. *Todesusurpation.* Das Heilige: die *Leichenkonservatsdisziplin* zum Zwecke der Herstellung, nein: nur noch des souveränen Gebrauchs unserer herrlichen Absolutheiten, der Dinge.

Diese segensreich abgestumpfte Heiligkeit zusammen mit ihrem offiziellen Kitschabwurf, der komischen Wiedergutmachung der irreparablen Schäden, die sie wesensmäßig anrichtet, hält allerstrengstens darauf, dieses ihr Betriebsgeheimnis (Nekrophagie – durchaus in der Art von Meister Proper) zu wahren. Sonst nämlich geriete sie in die penible Lage, selber des Fundamentalverbrechens – der Abstreitung der Zeit (wenigstens in der Allextrapolation von anamnesis) – beschuldigt werden zu können. Der oberste Richter vor Gericht, heilig/verrucht. Daraus resultiert der vernünftige *Inbegriff des Sanktionswürdigen:* schlicht nämlich das *Wissen des göttlichen Mysteriums,* des Innenlebens Gottes, *Gnosis,* das *Bewußtmachen des Makro-Unbewußten,* nicht-subjektivistisch des *der Dinge und des Ich.* Da die gnostische Begeisterung – jüngst die des modernistischen Mystikums reiner Intensitätserfahrung – besonders indessen verführbar scheint, sich, dieses Binnenextrem von Rationalität, als deren Dispens schon auszugeben, wird die Ermahnung vonnöten, daß diese – noch nicht einmal nicht mehr vorgesehene? – Erkenntnis, gleich in welchem Modus vollzogen, immer *post festum* vonstatten geht: Erkenntnis, leichtfertig mit dem Titel des Höheren versehen, die nicht umhinkommt, *parasitär zu* sein *am Vorausgang der Dinghervorbringung* (und -verteilung), untergebracht im Ort des blockierten Übergangs vom maßlos bevorzugten Verzehr (maßlos bevorzugt ob der Verheißung der Restitution des Geopferten als Opferprämie, des „Transvestismus") hin zum neu ansetzenden gehobenen Kreislauf der Herstellung. Ein *Ort restloser Immanenz,* von dem aus unter der Kondition der einzig schuldigen, strafwürdigen Anzapfung der Sakralität des Ding- und Ichphantasmas im Sinne seiner auflassenden Vorbehaltsbrechung sich die Dissidenzen alle abzweigen, eben auch die Krankheit, um die es hier einseitig zu tun ist. *Kriterial für* alle *Verworfenheiten der Nicht-Verschluß, die Prätention der Auflassung des Universalphantasmas,* das in dieser seiner Schuldverfassung von Offenbarkeit weder den Verschwindenseingang in neue Produktion noch, zum Ding geworden, die vergebende Gnade seines blinden Normalgebrauchs zu leisten imstande sein kann, das ganz im Gegenteil diese zirkulären Prozesse des Makro-Unbewußten sistiert. Also doch diejenige Kraft, die das Grauen der Vernunft zum Stillstand zu bringen vermöchte? Nein – handelt es sich doch um den *Stillstand der Vernunft (genitivus absolutus),* um das Ersterben dieses Phantasmas rein nur selber aus sich, um dessen eigenste Immanenzerfüllung Leiche und Krieg, deren Dilatation dafür sorgt, daß solcher Störfall-Aufenthalt sich jeweils spezifisch in sich hinein wiederum prozessuell *repräsentierbar* macht – anderswohinein als in die Repräsentationsnorm der tautologischen Dinge und des starkstumpfen Ich, allemal auch in ein anderes als in die Passivitätsumwendung derselben, ins Sterben, das Sterben auch der Dinge, eben in die unmöglichen *Zwittergestalten unserer Dissidenzen,* deren Skandalcharakter immerhin als so viel wert erachtet ist, daß ihre Exequien sich in den diversen Anstaltswesen auf Dauer stellen müssen.

Wie aber hält es nun die Aufenthaltsspezies Krankheit mit der auflassenden Heiligkeitsresorption des Dingvorausgangs – das Problem des erscheinenden Heiligen in (Psycho)pathie? *Metonymie (Verschiebung) und Metapher* (Verdichtung), die Grundvorgänge der Bildung des Unbewußten, werden im Sinne von Bewußtmachung, Gnosis, *rückgängig gemacht.*[2] Diese grundlegende *Revokation* indessen zieht sich wie die Erweckung eines toxischen Totenstoffs *deplaziert in* die dafür ungeeignete *Fühlbarkeit,* die ungeschützte *Cogitionalität* hinein: bar der Glashaut des Intellektuellen darüber (und eh ja bar der geschwärzten intransparenten Hülle, in der sich sein Unbewußtheitsuntergang, die Reunion mit der entsprechenden Körper-hyle der Mensch-Hervorbringungen der Dinge besorgt) rast das aufgelassene nackte Phantasma, alle Masse der Heiligkeit dieses Gottes des Menschen,

---

[2] Dies alles sind gewiß nicht nur terminologische (intensitätsgläubige) Modeverenzen nach dem modernen Frankreich hinüber. Siehe dazu: Taumel und Totenstarre, Münster (tende) 1981 (Studien u. a. über Deleuze/Guattari, Goux, Irigaray); Schizo-Schleichwege, Bremen (impuls) 1983, hrsg. v. R. Heinz und G. Th. Tholen (ebd. u. a. „Shame and Scandal in the Family II": Kritik der Kritik des Anti-Ödipus); zahlreiche Passagen in der „Eule", insbesondere in: Philosophie der Sexualität (Die Eule Nr. 10, 1983) zu Lacan und Irigaray.

in seinen Unort des anmaßenden läppischen Geschöpfs indifferenzierend in dieser Umkehrbewegung hinein. Das kann nicht gut gehen. Die Vehemenz dieser Art *(Rück)aneignung des sacer* folgerichtig *in* seiner *ultimativen Vernichtungsversion* – Hypermetonymie des Sichineinanderschiebens absolut differenter Bestimmungen, Hypermetapher des Entmetaphorisierten selber, so etwas wie die phantasmatische Inkorporation sich im Geistbauch enthüllender und zerfallender Dinge (recht eigentlich inverse Bombenmahlzeit des Arsches) – kippt notwendigerweise in die *Freisetzung der* brutalen *Gerichtsbarkeit dieser Inkorporatseinbehaltung* um; und aus demjenigen, der dabei war, selber heilig zu werden, wird das bestrafte, verworfene, verdammte Opfer derselben Sakralität. Bewußtheit, Gnosis, die sich als Leiden adaptiv organisiert: sich als Negativ-Restitut der heteron-Opfermasse vor der Jurisdiktionsspitze dieses Gottes, endgültiger Vernichtung, Apokalypse, zu schützen sucht – bis hin zur *Anmaßungshypertrophie,* dem *Krankheitsgipfel,* nicht nur den Tod der toten Dinge durch (spezifizierte) Vorwegnahmen desselben am absolut differenten Gegenort der Fühlbarkeit zu bannen, vielmehr a fortiori die *Sanktionsfolgen* der Gottesokkupation als *Schuldabgeltung* dergestalt nutzbar zu machen, daß diese – *Buße, Sühne – als Alibi der Fortsetzungslegitimität* der fundierenden Besetzungsprätention fungiert; *Opfertücke,* die nur noch in sich selber zirkuliert. Rien ne va plus. Wer also aufbrach, das Sakralitätsultimatum kurzum der Dinge, deren immer drohenden Kriegszustand, unschädlich zu machen, verfällt – nicht schließlich, vielmehr von Anfang an, *a priori* – dem unverbesserlichen *Basisfehler der* gesteigerten *Reverenz* desselben, seiner schier unangefochtenen *Voraussetzung;* rebellische Tabuverletzung, die Initiation verbotener Erkenntnis, nichts anderes als knechtig verschlagene Dienstbarkeit; kontradiktorische Verdikte ineinsgebildet: „Das kann nicht wahr sein" mit „Das muß wahr sein, ist einzig wahr". Die Hypermagie von Krankheit verkennt den genitivus absolutus in der Beschwörung des Heiligen; die Buße aber dafür setzt sie als Vorwand perpetuierter Unterhaltung des Bannungswesens, inklusive seiner fehleingeschätzten Effektivität, ein. In sich widersprüchlich demnach die Intention, das Phantasma des Gottes des Menschen überhaupt auf magischem Wege ablegen zu wollen; herbeigerufen, zum Bleiben bewegt, eingesperrt, verschwindet es schließlich nur, allzeit virulent, in der Hülle des Makrounbewußten der Dinge, mehr noch: totalisiert sich ebendort mortal als Absolutsheitsentzug der universalisierten Waffenförmigkeit derselben, und dies um so restloser, je stärker der Glaube an seinen, des Phantasmas, Untergang auf Nimmerwiedersehen. Der Querstand aber seines Nicht-Verschwindens im Schein seines Verschwindens (allzeit bye bye), pathologieausbildend hineingejagt in die Rückkoppelung wenn nicht schon mit dem eignen Körpersubstrat sogleich selber, jedoch – Psychopathie! – mit dem Vermögen der Repräsentativität desselben, des phantasmatischen Produktionsinbegriffs, hat seine liebe Not damit, nicht sofort von seiner ja konzedierten Tötungsmacht ereilt zu werden, und hält diese mörderische Reflexion des Dingultimatums ins Subjekt zurück durch die List, sich dessen Inquisition zu unterziehen, um – Götterbeschiß – beim verwerflichen Tun fortwährend bleiben zu können, eben noch einmal auf.

Im Ansatz nicht anders als Krankheit aber, ebenso unter der uneinge-schränkten Präsumtion der aufgelassen deplazierten Heiligkeit Gottes, ver-fährt *Intellektualität.* Nur daß sie sich auf diesem identischen Fundamente in leidliche Sicherheit dann hineinzuspezifizieren versteht, dicht an der oft undeutlichen Grenze ihres Doppelkollaps als *glashäutige Hyperre-präsentation* sich austaxieren muß: sowohl dagegen, daß die empfindliche Glashaut platzt – gegen den Krankheitsfall – als auch nicht weniger wider deren Trübung, wenn die undurchsichtig gewordene Hülle die mortale Unbewußtheit des Phantasmas in sich aufnimmt/in dieses übergeht – wider den krankheitsäquivalenten Unfall des normalen Ich und der Dingprofa-nität, am besten sogleich in der anamnestischen Sättigung von nur-noch-Verzehr, bar der Kontraktion des Unbewußten um der Hervorbringung verläßlich auf dem Niveau desselben willen. *Intellektualität* – eine Art *von labilem Hyperich,* das nichts anderes als den aufgelassenen Inquisitions-status von Dinglichkeit im Modus des *initium* eines schwachen *Gegen-gerichts* rein *im Selben des* nämlichen *Phantasmas* Gottes pariert; den Armen im Geiste also näher als der Kranke ichstarker Bürgerlichkeit, wo freilich – wie in der herkömmlichen Psychoanalyse beispielhaft – die senti-mentalistisch-pornographische Eingedachtheit des Phantasmas oft friedlich nebeneinander und gar ineinander vorgestellt sakral wie vorgestellt profan ihr offizielles Wesen üppig treibt; so daß rein beispielsweise FJS' Selbst-ernennung zum Intellektuellen systemimmanent voll verfängt. Man kann es deshalb auch nicht im voraus wissen, ob die intellektuelle Disponibilität der Schriftkasernierung des kontrainquisitorisch aufgelassenen Unbewußten, just die Partizipation der Glashaut am göttlichen Gewaltultimatum gar mit, vor *personalen Zensurredundanzen über* die *apriorische Zensiertheit* dieser, wenn's hoch kommt, vielleicht noch möglichen personalen Ver-störungsnarretei *durch* unsere *Waffenarsenale hinaus* noch zu schützen ver-möchte; immerhin zählt doch der nämliche bundesdeutsche Intellektuelle die Entpsychiatrisierung der Geisteskrankheiten (neben der Entstaatlichung der Politik und der Entmoralisierung des Verbrechens – zu ergänzen wären unter anderen noch die Entkirchlichung der Religion und auch die Enthistorifizierung und Entlogistifizierung der Philosophie) zu den kulturrevolutionären Gefahren unserer Zeit.[3] Gleichwohl steht intern die spezifische Resorptionskunst der Intellektualität mit der resorbierten skriptural quergestellten Vernichtungsmacht des Gottes auf vertrautestem Fuße; ja, ohne diese im Geiste kriegsjournalistische Intimität keinerlei Chance von irgendwelcher Konterkarierung dieses Universaldelirs. Und diese kann mitnichten ein Anderes sein, gnostisch weder Himmel noch Hölle ganz anderswo, rein vielmehr der beide längst fusionierende *Begriff der Organisation dieser Welt, die immer perfektere Promiskuität des Heiligen/Verruchten und des Profanen;* und selbstverständlich dies nach dem Paradigma des essentiell dinggewordenen Christentums – von wegen Ödipuskomplex! –: der Menschwerdung Gottes, der durch seinen Sühnetod die Welt erlöst, sprich: der tödlichen Prärogative der Unbewußtheit der Ding- und Selbstverfassung als Schuld-absorptiver, Schuld schließlich als Selbstvernichtungspotenz freisetzender Absolutheitsmoloch (des Opfers allen Fleisches).

Die Pointe des Anderen, sie bestände in der *Aufkündigung des mythischen Verhältnisses* des Menschen zu seinem Gott; im *vollendeten Atheismus,* der sich a fortiori erstreckte auf die den Fortschritt tragende Reifikation dieses Phantasmas in seiner Fundamentalhinsicht letaler Absorption der also verfälschten, scheinbar getilgten Schuld der Sterblichkeit, in deren dingimmanenten Vernichtungsemanzipation selber noch diese – wie man meinen möchte: – Rache des Anderen in dingliche Absolutheitsvalenzen umgemünzt erscheint; in der *Inversion des Tods der toten Dinge, deren namenloser Fühlbarkeit zur peremptorischen Selbstabgeltung dieses geöffneten Gottes,* einer Umkehrung, die freilich auch von der verbissenen Gegenjurisdiktion kritischer Intellektualität befreit sein müßte; kurzum: in so etwas wie der *Ermöglichung des nicht mehr usurpierten Todes als der Urdifferenz, inklusive der folgenden der Generation und des Geschlechts,* so daß sich Sterblichkeit als Dauervorwand lückenloser Gewalterzeugung bräche. Toto coelo aber müßte diese Anderen-Erhebung *unterschieden* sein *von* demjenigen *Pseudodispens des mythischen Verhältnisses,* der es, verdinglicht, mortalitätsverdeckt, immanent bis zur Explosion der Erde nur inflationiert: eben von der bis ins Weltall hinein imperialistischen *bürgerlichen Aufklärung* mit ihrer Klimax, den Naturwissenschaften, an die sich

---

[3] Im Gespräch: Strauß bangt um tragende Werte, in: FR vom 12. 4. 1980.

ununterbrochen ja die Heilsverheißung geknüpft hält, die Ohnmachts-schandbarkeit des mythischen Verhältnisses abzulegen; so daß man in der Noblesse dieses Irrtums der gesamten Menschheit nur empfehlen müßte, Astronomie zu treiben, weil's der Materie in dieser Art Fernmathematik für's erste nicht weh tut, auch wenn sie sich durch diesen geistigen Eingriff offenbart; und ästhetisch ist der Sternenhimmel auch. – Ich sehe mich nun aber außerstande, diesen Unterschied ums Ganze zwischen diesem Anderen und seiner allmächtigen Vorgabeform im Sinne einer ausweisbaren Selbst-empirie zu vollziehen. Was an *Kriterium* soll denn garantieren, *daß der Anspruch des Anderen nicht* immer *im Scheine der a-magischen Profanität der brauchbaren Dinge und des gesunden Selbst verlöscht,* nicht den ver-zweifelt frustranen sondertödlichen Positivierungsillusionismus derselben bloß ausmacht? Das Anderen-Dementi der fortgeschrittenen Dinge sowie des – diesen nachhinkenden? – Selbst erzwingt den Aufgang des Anderen magisch in den terrassierten Binnenextremen von Krankheit und Krieg, Tod und Apokalyse (mitsamt den ebenso ausweglosen unerheblichen Zwischenvaleurs von Intellektualität). Vielleicht ist es zu spät, vielleicht weil eh die *Todesverfälschung hominitätskonstitutiv* sein könnte? Skanda-lös die Ignoranz hier; ein Skandal, daß sich die Philosophie dieses Pro-blems nicht annehmen will.

Die eingesperrte Sakralität. Zum Problem des Rest-Heiligen in Psycho-pathie. – Das stattliche Bürgeranwesen des Gottes selber (immer nach dem Scheißhaus-Bauherrenmodell), das macht der Schein des Profanitätsstatus der Dinge wie des Selbst, einschließlich des pseudoheterogenen Universal-kitsches des eingedenkenden Türspalts zu diesem Einen Arkanum; und als dieser schönste Herrensitz brütet der Gott dann seine Absolutheit ganz im Sinne seiner alles mitreißenden erlösenden Selbstexplosion aus. Rasch indessen wechselt das allgnädige Heilige scheinbar sein Ansehen, wenn es eine bestimmte Sorte räuberischer Usurpatoren zu vernichten gilt. Die Stücke, welche diese aus dem Venerabile herausreißen und vorsorglich zu-gleich wie die Kannibalen – ja noch ärger als diese, wenn man bedenkt wie genau – auffressen (sie stopfen sie sich in den Arsch), erweisen sich, also versetzt, als schieres Gift – recht so! Und die Aufständigen verfallen dem Gericht des hieros theos, indem sie zur Höllenfratze seiner Heiligkeit schreiend verkommen. Lassen diese Dissidenten – es gibt noch schlimmere andere – von diesem bösen Treiben reuig nicht jedoch ab; finden sie sich nicht bereit, das fromme Einsehen in ihre unabkömmliche Ohnmacht zu haben; halten sie es, dem entgegen, mit der besonders schmählichen Tücke, sich durch den Schein von Bußfertigkeit derart zu immunisieren, daß ihr Verbrechen in einem damit auf Dauer gestellt sein könnte, so geruht der absolute Herr, solche nicht zwar sogleich zu vernichten, doch in therapeutische Sicherheitsverwahrung zu nehmen, diese Schande also den vielfach schonungsbedürftigen öffentlichen Blicken zu entziehen. Bisweilen allerdings scheint der Herr – neuerdings gehäuft? – dieser Art von Absicherung seiner Herrschaft leid geworden zu sein. Und immer dann erwägt er, ob es nicht vielleicht besser wäre, seine Absolutheit, wie gehabt, auch tätig zu vollziehen; in welcher Absicht ihm die insonderheit Sicherheitsverwahrten in der Anstalt auch gar noch Recht zu geben scheinen. Wenn nun die Verhältnisse gar so beschaffen wären, daß dieser Gott die Überschüsse seiner Heiligkeitssubstanz, Reste dieser seiner vor Nichts zurückschreckenden Überhaupt-Inzestuösität, die nicht schon in die ubiquitären profanen Dingarkana scheinbar haben verschwinden können, in grandios zirkulärer grausamer Arbitrarität selber eben für Krankheit freigäbe, diese *Dissidenz* (und die anderen obendrein) rein nur *selbstveranstaltete Ausfälle* wären? Doppelte Botmäßigkeit der Pathien dann, vollends des Herren Eigen; denn selbst der Letztresistenz von Krankheit, die sich nicht mehr in Heilung hinein bricht: der durch das Sühnealibi legitimierten Fortsetzung des verworfenen Tuns der Schuldresorption aus den Dingen, aus ihm selber, ist und bleibt er versichert. Gibt es doch Krankheit nicht, die ihn in ihrer apriorischen Fundamentalreverenz nicht voraussetzte. Ja, wenn es nun so wäre, dann bedeutet *Krankheit* in der Tat eine Art von *Ausverkauf Gottes, der Restposten von Sakralität; residual auch* in dem Sinne, *daß* es grundsätzlich *anderswo* als in diesem noch nicht untergekommenen gerichteten Gottesramsch *keine* – zumal keine lichte und jenseits der Sonderdispositionsformen von Intellektualität angesiedelte – *Epiphanie* mehr gibt; was indessen nicht heißen kann, daß gleichwohl strukturell je der ganze Gott des Menschen hierin richterlich nicht offenbar würde. Schließlich sind die *Psychopathien negativ* diesbetreffend im *Vorteil;* denn immer wenn nicht ordentlich der Körper sich zum Invasionstopos des Phantasmas hergibt; wenn dieses nicht sogleich in den Ort seiner reflexiv-korporellen Herkunft hinein verschwindet und als verborgen aufgelassenes die Herkünftigkeiten ebendort, die Dinghervorbringung – im ebenso Kaschierten wie im Mortalen der Dinge außerhalb – blockiert, wird Krankheit imponierend penibel zur *verräterischen Austrittsform:* objektivitätsekstatisch anhaftend-selbstinvolutiv die Gnosis initiierende Stillegungsversion der Vorstellung des Vorstellungsvermögens selber.

II. Klinische Anschauung

Es gibt keine Krankheitsform im Zusammenhang von Psychopathologie, die nicht von diesem Restheiligen, der erschreckend-anzüglichen Störung im Gebrauch der, wie man meinen möchte, entlastenden Oberflächlichkeit der Dinge, die als solche gar nicht versagen, zeugte. Diese Sakralitätsbezeugung trifft selbst auch dann zu, ja in diesem Falle insbesondere, wenn nicht expressis verbis religiöse Gehalte, vielmehr dinglich gänzlich profane und triviale sich krankheitsgemäß als sperrig erweisen; und dann wird – oft für das Selbstverständnis des Kranken folgenschwer – das Mißverhältnis zwischen der offiziellen Harmlosigkeit der betreffenden Dinge einerseits und ihrer anscheinend sinnlosen Gebrauchsbestreikung, deren Schuld ganz auf des Subjekts Seite zu fallen scheint, andererseits unerträglich groß. Das ganze Ausmaß aber dieser unerwünschten Erscheinung des Heiligen als eines bürgerlich-säkularen Störfalls bleibt nur unter der Kondition der Erfahrung angemessen geöffnet, daß die üblichen therapeutischen Schuldbilanzierungen zumal der herkömmlichen Psychoanalyse (um von der medikamentös ausgerichteten Psychiatrie zu schweigen) verabschiedet würden, kurzum: deren Fehlversion Subjektivismus, welcher alle unsachlichen Dingverhexungen einzig lebensgeschichtlich-infantilen Entwicklungshypotheken, dem Kinderkram-Unbewußten, als ungehörige Zutat zu den ansonsten tadellosen – wenngleich immer perfektionierbaren und ausnahmsweise selber nur korrumpierten – Dingen zuschreibt. Dagegen bedürfte es, in aller Unnachgiebigkeit geltend zu machen, daß der StörfallÜberfluß psychischer Krankheit, alle diese sich auf Dauer einrichtenden imaginären Stolperstellen im reibungslosen Konsumhingang, fast einzig noch den Raum des Makrounbewußten als des Gesamtsinns der Dinge – nicht isoliert des familialen Subjekts – anfänglich zu öffnen verstehen: fast ausschließlich den Anreiz zu einer Erkenntnisart bieten, die sich eben nicht in der a-genealogischen Nachzeichnung der das Unbewußte ausbildenden Vorgänge auf dessen Niveau nur selber erschöpft. Gnostische Ausbeutung dieser Kranken demnach? Nein –; denn nicht nur bleibt das in seiner verheerenden Stärke pathognostisch allererst nachvollziehbare Krankheitskriterium in Psychopathie gewahrt: nämlich die Opferfusion mit dem anmaßend Erkannten, dem apriori darin anerkannten, um so anerkannteren Sakralen; freilich soll diese Art der Wahrung nicht zuletzt auch zum Ferment werden können, von diesem selbstverzehrenden Widerspruch von Krankheit abzulassen, ohne damit indessen der üblichen blinden Adaptation des Ding- und Ichunbewußten, der Normalität, zu verfallen. Die pathognostische Ersetzung der Psychoanalyse bestände also in dieser ausschlaggebenden Wendung, die *imaginäre Noumenalisation der Dinge,* dieses lästige, unbeweisbare Fremdkörperwesen im bürgerlichen Verkehr genannt psychische Krankheit, strikte *nicht* auf die *Nachwirkung verstörter Infantilität* herabzustimmen, vielmehr der so endlich initial erkennbar gemachten *phantasmatischen Dingverfassung selber* nur zuzuschreiben.

Man sollte nun meinen, daß die das Rest-Heilige schon verwehrende Makrounbewußtheit der martial-absoluten Dingerfüllung, in Krankheit magisch-imaginär verfallen präjudiziert, längst die brutale Souveränität besitze, die ganze Lächerlichkeit dieser verqueren, von Anfang an bereits umgefallenen Opposition Krankheit, Psychopathie, gefahrlos ihrem eigenen leicht vorhersehbaren Schicksal überantworten zu können: dem Todestrip schleichend galoppierender Selbstauszehrung in der Existenz des Krankheit ausmachenden Widerspruchs. Gewiß; die allgemeine Tendenz des Rationalitätsfortschritts mag dahin gehen; und doch ist es unübersehbar, daß gar solche selbstsanktionierten offen dürftigen Gottesreminiszenzen, die auf den Zusatz ihrer Außenverurteilung nimmer warten müssen, immer noch des einschlägigen Geheimnisverrats, der Vorbehaltsanfechtung dessen, was der Gott rein für sich alleine treiben will, zu viel sich herausnehmen. Und also drückt sich in den immer auch dilettantischen Therapieattacken auf diese seltsam bedrohliche Gnosis nicht, wie es die so überaus vernünftige Begründung möchte, Erbarmen mit dem adaptiven Erpressungscharakter möglichen Leidens auch in Psychopathie aus, vielmehr schiere unersättliche Angst, die Angst des Gottes selber als Barmherzigkeitsweise des obersten Kriegsgotts, freilich dergestalt arbeitsteilig organisiert, daß deren Militärgrundlage sich immer anderswo als in der helfenden Tugend befindet. In ihrem Grunde unerfindlich ist diese Gottesangst keineswegs, wenn immer man bedenkt, daß die ins Unermeßliche fortgeschrittene Vernunft, der progredient herabkommende Gott, sich immer nähren muß durch den tiefsten Unglauben an sich selber; *Vernunft, die eo ipso,* wesensgemäß, *nur geglaubt werden kann.* Was wunderts dann noch, daß, unbeschadet der Verdinglichungsprogresse, die das ganze Erfordernis rationaler Inquisition wahrhaft schonend doch besorgen könnten, die *Redundanz personal-paranoischen Moralismusgebarens redundant allenthalben* grassiert? Nicht macht der Fortschritt frei, er veranlaßt nur zur Lückenlosigkeit der rationalen Kriegsführung: selbst noch der Nachstellung der Dingapokalyse in den Subjekten als deren Sittlichkeit. Schlechte Karten also für den psychisch Kranken (und freilich nicht nur für diesen): in den mehrfach-paranoischen

Glanz- und Krisenzeiten der Vernunft lastet ein Unmaß an Verwerfungsdruck auf allen diesen schäbigen Unterweltheiligkeiten, so daß die *Scham*
zum *vermeintlichen Grundproblem von Krankheit zu* avancieren scheint –
diese Nacktheit braucht das Kleid undurchdringlicher Mauern, und selbst
kann sie sich es nicht verpassen. Was hat Psychopathie denn auch zu bieten? In der Tat, die Unglaubwürdigkeit a-intersubjektiver, rein privatistisch
imaginärer und trotzdem zählebigster Verhexung gar trivialer Gebrauchs-
dingkontexte, die nichts an besonderer Aura hergeben – Fehlkalkulation
also, die Kritik der Dinge an basalen Technika anzusetzen, damit sich die
Differenzierung von „soft" und „hard" auf einen unerheblichen Gradunter-
schied herabstimme. Und wenn dagegen sakrale Gehalte, Teile der Eingedachtheit des Universalkitsches modo religioso etwa aus Dogmen- und
Liturgievorgaben des institutionalisierten Christentums betroffen sind, so
schickt sich nicht zwar Trivialität, doch diesmal Obsoletheit zur Be-
schämung nicht weniger an; oft dann Motiv genug, vom sakralen Regen in
die profane Traufe, um so eingeholter von der Gnadenlosigkeit des selben
Phantasmas, nur noch impudiert zurückzufinden. Hat die Selbstsanktion in
Krankheit immerhin nicht zuletzt den dubiosen Sinn der Negativ-Selbst-
immunisierung, so wirken, epochal folgerichtig, die dazukommenden
sozialen Sanktionsformen, die landesüblichen Therapien, nur noch ver-
dammend als rauschende Pedale der Binnenkonservativität, des sogenannten Masochismus dieser Dissidenz ja eh. Womit sich der Kreis all
dieser Klischees letztlich verworfener Weiblichkeit wie endgültig schließt.

Wie sich diese Pathologieverhältnisse nun des einzelnen pathognostisch
darstellen, das machte eine Musterung einzelner Krankheitsbilder erforderlich, deren *Auswahl* hier – die *Brückenphobie* – sich dem mehr oder
weniger kontingenten Kriterium eigner praktisch-klinischer Ausnahme-
vertrautheit verdankt. Die Methode indessen der pathognostischen
Differenzierung auf diesem Felde bestände in der Beantwortung der
intransigenten Frage, *was genau jeweils von der antezipierten Kriegs-Abso-
lutheitsverfassung der Dinge, dem Makrounbewußten, aufgelassen derart
resorbiert wird, daß die Resorptionsinstanz zum verräterischen Opfer
desselben verkommt.* Gelänge es, die einzelnen Heiligkeitskriterien: die
Krankheit definierende Spezifität je dieser A-Genesien in ihrem Extrem
systematisch darzutun, so wäre damit die Grundlage einer pathognostischen
Psychopathologie statuiert.[4]

---

[4] Eine die folgenden Theoreme erzählende Parabel über die Brückenphobie findet sich
unter den „Drei technikphilosophischen Parabeln" (III. Vom armen Satyr und der unzu-

Worin besteht nun der fragliche *Resorptionsgehalt* im Falle der *Phobie,* speziell wiederum der *Brückenphobie?* Phobien re-präsentieren, wie in Krankheit immer „unfrei", die *Unbewußtheits-, Tabuvalenz der Unzugänglichkeit* des nicht mehr als solchen konzedierten Dinginneren-Vorbehalts; *diese* bestimmte *Valenz selber,* deren martialer krankheitsbezüglicher Limes die endgültige Rettung dieses Heiligkeitsgrundcharakters durch den Letztentzug der Selbstzerstörung – autonomer Dingsuizid – wäre. Aus der Ansaugung eben dieser Heiligkeitsdimension folgt nun mit aller wünschenswerten Präzision der einschlägige *Befallsort* der Phobie: imaginär beeinträchtigt wird die *Verfügung der Motilität,* das Überallhin der Bewegung, *mittels* einer Art von – wie sich verselbständigendem – *Frühwarnsystem der Affektivität,* grob gesprochen: der *Angst,* das die Restriktion des freien Begehens, die Markierung der verbotenen Areale, zum grotesken Nutz und Frommen des also Bornierten, des Kranken, besorgt. Konsequent betroffen also die Motorik, insofern zu dieser Sakralitätsdimension – off limits, Eintritt verboten – buchstäblich die Unzugänglichkeit – vielleicht gar die primäre, in selbstarchäologischer Rücksicht insbesondere als solche begründbare Sakralbestimmung – gehört. Phobisch usurpiert aber ist nun nicht der generative Grenzwert dieses Tabukriteriums – zonale Heiligkeit – schlechterdings, worin der unhaltbare nur noch entropische Zustand einer generalisierten Phobie bestände; in negentropischem Kontrapunkt dazu gilt die *bindende Auswahl* jeweils *von Dingen,* ganzen dinglichen Kontexten, die *als eingegrenztes Paradigma der thematischen Sakralitätsdimension,* der Unbetretbarkeit, fungieren. In dieser Restriktivität der Exempelkürung, der phobischen Objekte hier im einzelnen, mag zwar das *Hauptmerkmal der Neurose,* der also weniger gewichtigen Krankheitsart, beschlossen sein; doch sollte man nicht leichtfertig übersehen, daß sich in dieser heilsamen Limitierung die Binnenwucht des usurpierten Motilitätsheiligen mitnichten

---

verlässigen Nymphe) in: Die Eule Nr. 11, 1984 (auch veröffentlicht in: Theatro machinarum 5/6, Bremen 1984 [impuls], hrsg. v. W. Pircher – das ganze Heft handelt über Brücken). Mitaufgeführt ist hier auch Kafkas Erzählung „Die Brücke", die so etwas wie die katatone Radikalisierung der Brückenphobie gnostifiziert. (Kafkas Erzählungen könnten allemal wie pathognostische Lehrstücke geltend gemacht werden, deren immer auch selbstreflexiven Differenzierung wir kaum schon gewachsen sind. Siehe dazu auch: Von der Depotenzierung der Hermeneutik und/oder Psychopathologie. Franz Kafka: Gespräch mit dem Beter, in: Minora aesthetica, Frankfurt [tende] 1985. Ebd. auch Ausführungen zum „funktionalen Phänomen".) Auf die Brückenmetapher geht auch ein: „Das wilde Denken", in: Philosophisches Jahrbuch, 92. Jg., 1985 (über Lévi-Strauss und Heidegger, der die Brücke als „Geviert"-Beispiel anführt), wiederpubliziert in diesem Band, S. 214-229.

ermäßigt, ganz im Gegenteil; und erschwerend kommt hinzu, daß die nicht von der schändlichen Auflassung erfaßten, normal also funktionierenden überwiegenden Unbewußtheitsanteile (des Ich) einen Verwerfungsdruck sondersgleichen auf diesen ihren, wenn auch nur partiellen, so doch in der Immanenz des verwerflichen Teils übermächtigen, Widerpart sinnlos ausüben; Normalität in Dauerzensur verstrickt, keineswegs „frei", so daß man auf die unerfreuliche Idee kommen könnte, daß just die symptom-neurotischen Erkrankungen in besonderem Maße unheilbar seien. Allein, mit dieser Verdichtungsselektion phobischer Objekte, die nichts anderes als die Genesis derselben als Dinge offen nachstellt, betritt diese Krankheitsart nicht zuletzt auch seltsam den *Bereich des Sehens, Vorstellens* expressis verbis, als die *Heiligkeitssphäre der Verhüllung, Verbergung, Unsichtbar-keit:* zeigt sie doch zu ihrer Selbstrechtfertigung nachgerade auf den be-treffenden Dingkontext, der einzig als solcher die Schuld an der imaginären Begehensparalyse und den terrorisierenden Signalaffektionen – phobos – trage. Gewiß; doch diese *hinzukommende Sakralitätsaufrißart bleibt,* pho-bientypisch, *im Zwielicht* – leitet durchweg auch keine metabasis eis allo genos in andere, die Inhibition der Umhüllung als Sichtverhinderung be-treffende Psychopathiespezies ein –; sie verweist vielmehr transitorisch (und freilich offiziell sich irgend immer darin verwerfend) auf diese ihre Sichtsupplementarität, so als müsse diese allererst verhüllt werden, wenn-gleich sie doch schon angemessen verhüllt – wie üblich tautologisiert – ist: Erklärungs-Deiktik als wahre Falschmeldung, ehrlicher Betrug, die den über die Motilität verhängten Bann nicht auflöst, sondern nur bestätigt; so daß es fraglich bleibt, ob therapeutische Auflösungschancen über die also Amphibolie-gezeichnete Vorstellung, Sprache, überhaupt laufen können. Schließlich ist die *Auswahl des phobischen Objekts* streng *determiniert nach der Maßgabe seines Belegwerts für das* ganze *Heilige* in der Hinsicht einer seiner Dimensionen: weder willkürlich noch aber durch lebens-geschichtliche Zufälle, die höchstens das Daß der Wahl mitbestimmen mögen, bedingt. Es ist – im Beispiel hier – die Brücke selber als solche, die das Kerygma des Heiligen aufbringt immer dann, wenn man es – beispiels-weise am besonders verläßlichen Leitfaden der kerygmatischen Verderbnis Krankheit – unterläßt, die Abendland-übliche Mohrenwäsche der Dinge fortzusetzen, deren infamste Gestalt die Verflüchtigung aller Botschaft zu bloßen Symbolen, zumal den psychoanalytischen Sexualsymbolen, dar-stellt. Schibboleth der Pathognostik dagegen ist, wie dieser Titel es aus-drücken will, die Gnostifikation hier im Beispiel der Brücke selber, die sich nimmermehr als die höherer Erkenntnisart – im Abglanz kunstmäßiger

Verklärung gar – feiern könnte, der ganz im Gegenteil phobiemimetisch die Sinne schwinden, nicht aber um im Jenseits des Geistes, der Idee der Brücke (besser noch: sogleich schon deren Absolutheitsverfall), sprich: des angemaßten Todes, erlöst zu erwachen, vielmehr um im Ungeheuren der Selbstverständlichkeiten allererst die Selbstanmessung, vermittelt vielleicht über den (vorweggenommenen) Tod hinwiederum dieser dinggewordenen Idee, kurzum: dieses Dings, an unverstellte Sterblichkeit anzunähern.

In gröbsten Zügen, halb schon neutralisierend gnädig mit überdickter und angetrübter Glashaut ums Phantasma versehen, erscheint, also gesichtet, jedwede *Brücke* als *Monstrum:* doppelte Expansion von Homogeneität, Ausbreitung des einen, des Ausgangsufers hin zur Scheinheterogeneität des anderen Ufers über die verbleibend beherrschte Heterogeneität des Wassers hinweg. In der Dimension des Motilitätsheiligen besteht die *Heiligkeithinsicht* der *Brücke* in der souveränen *Aufhebung jeglicher Homogenitäts-Interruption;* Brückenartistik aus dem einen Erdenstoff, im Unhalt-Nichts der Luft gehalten, diskriminiert vom lächerlich gewordenen Anderen des Wassers mittels – wie soll man dieses Element naturphilosophisch benennen? – Feuer-Verzehrs (Arbeitskraft). Freilich auch der Einsatz der vier causae. Und unschwer ist die Totalinzestuösität dieses Gebildes als Inbegriff seines aufgerissenen Tabucharakters mitzusehen: mortal metonymisch/metaphorisch der Inzest der Inzeste von Vater/Tochter, Mutter/Sohn, Tochter/Sohn – Botmäßigkeit der Erde zur Luftgestalt; deren Feuererhebung aus dem Wasser; Verbindung jener Unterwerfung mit diesem Opfer – beziehungsweise „der verdrängte Repräsentant, die verdrängende Repräsentation, das verschobene/entstellte Repräsentierte"[5] – Signifikant, Signifikation, Signifikat. Voilà – die fertige Brücke, *Aufweis der Überwindung der Interruption des Makrounbewußten;* sie setzt also den Akzent auf das Mittelstück, Repräsentation etc. – Die Hausbackenheit des veranschlagten naturphilosophischen Elementarismus, der freilich seines modernen ingenieurwissenschaftlichen exekutiven Verschlußsupplements bedürfte, macht gleichwohl Sinn nicht nur, weil er die Primitivität des phobischen Objekts, mitnichten Ursprünglichkeitsrefugium gegen die Fortschrittshypertrophie, anfänglich eines Wesens vielmehr damit, kopiert, vielmehr insbesondere auch, insofern er die Absetzung des Mentalismus auf der anderen, des Subjekts Seite, anzubahnen mithelfen könnte: rückzufinden nämlich zu den Substraten des ursprünglichen reflexiven Körpers,

---

[5] G. Deleuze/F. Guattari, Anti-Ödipus. Kapitalismus und Schizophrenie I, Frankfurt/M. 1974, S. 212.

dessen Reflexion den Inbegriff von Hervorbringung – im Sinne des erweiterten Begriffs etwa des „funktionalen Phänomens" – ausmacht. Man kann so weit gehen und behaupten, daß die *Brücke* mitsamt dem korrespondierenden Selbst, gnostifiziert, die *Selbstrepräsentation des Repräsentationsvermögens* selber ist, das sich, aufgelassen, über sich selber fast zu Tode erschrickt und diesen Schrecken eben noch auffängt: als Phobie. Evident werden könnte hier auch die Verblödungstendenz des Sakralen hauptsächlich in seiner psychoanalytischen, die Profanität bestens sichernden Art und Weise: wenn unmöglicherweise der Signifikant restlos hegemonial zu werden sich anschickt, und dies rein subjektivistisch gar – dann überkommt die Brücke rein nur als Engel des Herrn, Zeuge eines Gottes, dem schier alles unendlich sich steigernd recycled entstammt: sein Arschficken das Feuer, sein Giftatem die Luft, seine Scheiße die Erde, seine Pisse das Wasser (pardon); – und des Teufels Großmutter schüttelt sich vor Lachen, gewiß; doch ihre titilatio ist längst schon das bombenartistische Erdbeben, objektiv, das sich in der Explosion der Erde erfüllen wird. *Himmel und Hölle kaserniert im Säkularcharakter der Brücke:* der Himmel als inquisitionsmächtiger Vorbehalt der Hölle, die Hölle als der geöffnete Himmel, und die Erde beide ineins als das große Unbewußte, die Weltlichkeitsverfassung des ganzen Sakralen. Pathognostische Klugheit aber wider den Doppelirrtum des eigenen Ausgangspunkts Psychoanalyse – das Unbewußte als Phallus-Exklusivität und -Absolutheit und selbst noch die Verrammelung dieser verfälschten Jammergestalt von Apokalypse durch das autonome Ich/die guten Dinge, die auf ewig das nur sind, was sie eben sind (sic!) – kann selber nichts anderes sein als die Klugheit dieses Gottes hinwiederum selber, der sich in ihr, der unbestechlichen, verruchten, doch auch selber überleben möchte; wenngleich er es bisher immer nur vergeblich also versuchte? Freilich ließen sich diese gnostischen Verhältnisse besser erzählen (mythosophisch), als daß man darüber halbherzig weiter räsonnieren sollte.

Auf dem Wege zu einem pathognostischen System der Psychopathien gilt zunächst die *Differenzierung des Heiligen* der Dinge/des Ich, durch Krankheit aus seinem profanen Unbewußtheitsstatus befreit, bewußtgemacht, zu sich selber gekommen, (re)sakralisiert im krankheitskriterialen Modus seiner usurpatorisch-autosanktionellen Deplazierung ins Cogito, die Fühlbarkeit, als Leiden, Schmerz – gilt also für's erste seine Differenzierung *in Dimensionen,* von denen im *Beispiel* der *Phobien* diejenige der *Unzugänglichkeit* und *supplementär* am Rande die der *Unsichtbarkeit, Verbergung* angesprochen wurden. Jeweils innerhalb solcher Dimensionen, die komplett gemacht, abgeleitet werden müßten (eventuell den Grundaffekten – Angst [Unzugänglichkeit], Scham [Unsichtbarkeit], Schuld [Unaussprechbarkeit?] – entlang, die sie als Sinnentsprechung dimensional erschließbar machten?), wären hinwiederum *Einzelhinsichten* unterscheidbar, von denen im Einzelbeispiel, der *Brückenphobie,* die *Kontinuität* der Unzugänglichkeit des Heiligen begegnete. (Nach welchem Leitfaden sich diese Einzelhinsichten je in den Dimensionen generieren; was zur Ununterbrochenheit, Nicht-„Diskretion" noch alles hinzukommen müßte – Hinsichten etwa wie Unbezüglichkeit [Agoraphobie?] und Binnenunendlichkeit [Akrophobie?] –, das müßte noch recherchiert werden.)

Von diesem Dimensionierungsproblem setzt sich dasjenige des *Eingebensgrads, der Deplazierungsstufe,* den/die das in seinen Fühlbarkeits-Unort hinein resorbierte, jeweils dimensionierte Heilige einnimmt, ab; mit welcher Skalierung zugleich die *Unterschiede der Deutlichkeit des* einschlägigen *Geheimnisverrats nach* der *Maßgabe von Körperzitation* und damit auch die *Unterschiede der sozialen Achtung,* um nicht objektivistisch zu sagen, *der Krankheitsschwere,* mitgeführt sind; immer freilich – Psychopathien! – noch vor dem Eingang/der Deplazierung des Heiligkeitsphantasmas in einer bestimmten Dimensionierung ins Körperinnere, „organische" Krankheiten konstituierend. In traditioneller Terminologie ausgeführt, wird hier die notorische Hierarchie Neurosen vs. Perversionen/Psychopathien (i.e.S.) vs. Psychosen spruchreif. Das Beispiel – Phobien, Brückenphobie – gehört zur ersten Differenzierung *Neurose,* definiert sich also durch die *niedrigste Deplazierungsstufe* nach dem Kriterium der Körperzitation (immer auch Zitation von Weiblichkeit, heteron, restitutiv gegen den eignen Gehalt, usurpierte Schwangerschaft – wer sieht sie in den Heiligkeitsdimensionen nicht?), ablesbar vor allem wohl am entsprechenden Sanktionsmodus der Selbstauslieferung vs. Fremdauslieferung vs. „Überhaupt"-Auslieferung. In der Dimension der Unzugänglichkeit des Heiligen (wenn nicht schon mit auch in der Hinsicht der Kontinuität?) *entsprächen* – im Sinne der Steigerung der Körperzitation – *der Phobie,* Brückenphobie, *die Perversion des Exhibitionismus und der Psychosenstatus der Katatonie.* Psychose – die Endstation des also verkommenen Heiligen, nur noch schwacher Todesaufenthalt, antezipierte Leichenstarre der Körperexternalität just als getreuliches Abbild – Abbild des Abbilds – der Absolutheit der Dinge/des Ich, der Erfüllung des Unbewußten, Heiligen, Gottes.

Pathognostische klinische Anschauung – dies ist freilich ein Euphemismus auf Verdacht und auf Zukunft, dessen faktisches Eintreten noch nicht einmal wünschenswert sein muß. Wie nämlich soll Pathognostik vor der etabliertesten Polizeistaatlichkeit des wie auch immer erweiterten Medizinwesens, ohne sich von dessen Basischarakter anstecken zu lassen, bestehen können? Aber auch intern ist pathognostisch nicht mehr als ein erster Anfang gemacht, der – gegen den Debilismus des Psychomarkts auf Wissen setzender – Moratorien zu seiner Fortführung bedürfte. Ausschlaggebend würde die unbekannte Kunst der Diskrimination der Pseudologie des den Mythos eben scheinbar nur liquidierenden, als wissenschaftlichen immer kriegswissenschaftlichen Säkularismus von dem skizzierten – so er keine Chimäre ist –, der sich nicht ja in Gnosis – Gnosis wessen? Desselben! – erschöpfen kann. Wer aber vermöchte diese Unterscheidung, befrachtet mit Nichtwissen, betreffend die Möglichkeit schon des einen, allererst herzustellenden Parts, des Anderen, zu leisten? Für's erste wäre es deshalb – besonders auch im Umgang mit Kranken – recht viel, gegen das Delir der Verschluß- und Absolutheitsfaktizitäten des Unbewußten, gegen diese Profanität der Dinge, anzugehen: *intellektueller Bewußtheitswiderstand, Verrat des Profanen und Heiligen gleichermaßen.* Solchem Tun aber sind – seine Chance? – die Flügel gestutzt; denn längst gibt es Überschalljäger und noch viel mehr.

Aus der Einleitung von Dietmar Kamper/Christoph Wulf

Zweifellos ist die Geschichte der Moderne durch die „Überwertigkeit säkularer Aufklärung" gekennzeichnet, in der die Dialektik den Waffencharakter der Dinge offenbart hat. Kann heute „das Heilige jenseits des Universalkitsches" wirklich als das Andere der Gewalt der Aufklärung begriffen werden oder ist das Heilige der „nothafte Aberwitz des Absolutheitsphantasmas des ganzen Gotts des Menschen" *(Rudolf Heinz)*? Es erhält seine Macht durch die Vernichtung des Anderen in Form des Geschlechts, der Generation, des Todes selber. Es konserviert dagegen die Absolutheit der Dinge: Promiskuität des Heiligen/Verruchten und des Profanen. In der Psychopathie ist Sakralität eingesperrt; in ihr gibt es eine Art „Ausverkauf Gottes", einen Restposten von Sakralität, für den es keine Epiphanie gibt. Statt psychische Krankheit als „Nachwirkung verstörter Infantilität" zu begreifen, sollte man sie der „phantasmatischen Dingverfassung selber" zuschreiben. Brücke und Brückenphobie erscheinen als zentrale Phänomene, deren Belegwert für das Heilige erörtert wird.

Differenzierungen sind die Folge, die den Begriff des Heiligen immer wieder radikal in Zweifel ziehen.

Die heimliche Gewalt des Konformismus

Zu einer Psychoanalyse-kritischen Tagung in Marburg vom 3.-5. Juni 1987

(aus: Nürnberger Blätter. Zeitung für Philosophie und Literatur, Nr. 7, herausgegeben von R. Knodt u.a., Dezember 1987 - Februar 1988)

Manfred Pohlen hatte nach Marburg eingeladen, und manche Nonkonformisten der Psychoanalyse kamen, um in einem durchaus kommod-konformen Gästekontext ihre Nonkonformalitäten auszutauschen; und dies vor einem überraschend zahlreichen Publikum in der Aula der Waldorfschule. (Freud indessen grüßte Steiner nicht und auch die vielen genii loci Marburgs spielten keine Rolle.)

Psychoanalyse unter Kohl

Norbert Haas aus Berlin sprach zu Beginn über „Wahrnehmung". Das war schon wie ein lautleiser Paukenschlag, der dem Publikum in die Körper fuhr: encore – en corps. Es klagte über Zermürbung, ja Zerrüttung und imaginierte, typisch wohl für ein überwiegend psychoanalytisches Publikum, eine sich polarisierende und die zugefügten Schmerzen wohl absorbierende Szenerie, die im Laufe der Tagung mehrmals noch aufkam: der Säugling, der dessen nicht versichert sein könne, daß die Mutter seine nothaften Signale verstehe und angemessen darauf reagiere, versus der Säugling, der andere, der ohne Not derart wunderbare Dinge verlaute, daß es gar keines mütterlichen Verständnisses bedürfe, ja alles Verstehen abgründig beglückend suspendiert sei. Was hatte Herr Haas angestellt? Er sprach – außerdem einmal einschlägig ein wenig Mineralwasser vergießend – über das Katastrophische der Menschwerdung in ontogenetischem Verstande vor aller zusätzlichen, wahrscheinlich notwendigen lebensgeschichtlich-familialen Traumatik; von der Unerträglichkeit fliehen zu müssen; vom Verkennungswesen einer kollektiven Lektüre des Unbewußten; von der psychoanalytischen Arbeit nicht an der Auflösung, vielmehr der Aufrechterhaltung der Symptome; vom schieren Symptomcharakter des Wunsches, Psychoanalytiker werden zu wollen, von dessen Begehren; vom unabdingbaren Dispens aller Ganzheitsphantasmen und des Verstehens zumal; von der Nötigung, Körpererfahrung als Sprachwirkung zu liquidieren und zu invertieren, ohne freilich in solcher Inversion die andere Erfüllung finden zu könen: encore – en corps; von der Institutionalisierung der Psychoanalyse als eines Freudschen Witzes; kurzum, von alledem, was die herkömmliche Psychoanalyse, die so zur Karrikatur ihrer selbst ward, aufgab und was Lacan zurückbrachte und einsetzte, fernab davon als Lacanismus im Sinne einer abschließbaren Gegenposition wohlfeil verwendet werden zu können. – Die nicht geringste Überraschung dieses heftigen Monitums der Psychoanalyse bestand darin, daß es sich mit politischer Kritik durchaus vertrug. So wurde im Haasschen Vortrag aus der Tradition der neoanalytisch-faschistoiden Verfälschung von Trieb in Antrieb und von Begehren in Aufbegehren das Schreckgespenst einer „Psychoanalyse unter Kohl". Und, zwingender noch, aus der Erfahrung Tschernobyl eine Schreibblockade beim Referenten. (Wer denkt schon psychoanalytisch über die Phantasmen der Schrift hinlänglich nach?) Dezente Politisierung, die umso kräftiger ausfiel.

Das Heterogene als Erinnerung

Von den Zürichern referierte als erster Pierre Passett über „Das obligat widersprüchliche Verhältnis des psychoanalytischen Denkens zum Zeitgeist". Bei diesen Schweizer Abweichlern tut sich einiges: so buchstabiert man in Zürich die Todestriebtheorie, und die Lehranalyse (nicht aber ein umso blühenderes Supervisionswesen) hat man allen Ernstes abgeschafft. Was Passett entsprechend vortrug, war dann auch mehr als nur wohltuend. Das eher noch Pragmatisch-Konventionelle des Vortragsbeginns – ein Stück Kasuistik – verlor sich bald, wurde nur mehr zum Anlaß, die ganze Hypokrisie der psychoanalytischen Neutralität als abwehrende Verneinung der notorischen Fusionen von Liebe und Gewalt auf Seiten des Psychoanalytikers anzusprechen; gegen welches splitting einzig die Anerkennung der selben, der eigenen Schuldverstrickung ankäme, das Nicht-Purgativ der Anerkennung. Folgerichtig schien dann in einer Art theoretischen Fundierungsskizze der Dualismus von Eros und Thanatos zu kippen. Passett koordinierte „erotisch" mit „inkorporierend" und „aggressiv" mit „exkrementierend", und indem er in dringlichem Rückverweis auf den Körper für die Verinnerlichung dieser Vorgänge plädierte, wollte er m.E. ausdrücken, daß Produktion und Konsumtion eines todestriebprovenienten Wesens sind, sich demnach erotisch-aggressiv indifferenzieren und diese basale Indifferenz ausgehalten werden müsse. Die offenen Sympathien mit dem Batailleschen Heterogenen reklamierten mitnichten die Befreiung des reinen Es, und überhaupt gehe es nicht um deklamative Subversion, nicht um Einmischung, nicht um die Stilisierung der psychoanalytischen Nonkonformisten gar zu einer leidenden Minderheit. In progressiven politischen Bewegungen wären die sich einschleichenden Homogeneisierungstendenzen zu kritisieren. So könnte sich das Heterogene verdient machen als unablässiges Verlustmonitum inmitten wohl unvermeidlicher Homogeneitäten, vielleicht dazu befähigt auch, sich zu einem Moratorium riskanten, atheologischen Denkens zu strecken.

Die unbekömmliche Psychoanalyse

Der nächste Züricher war Mario Erdheim, der „Über das subversive Potential der Psychoanalyse" referierte. Dieses Potential unterliege der Verdrängung. Nimmt man diese Rekursionsformulierung an, so müßte gefragt werden, weshalb denn diese Abwehrparadoxie vorfalle und vor allem, auch, wo anders denn in der Psychoanalyse selber dieses Verdrängte sich aufhalte und womöglich symptomatisch wiederkehre – psychoanalytisch die naheliegendsten Fragen von der Welt, doch pflegen sie so nicht gestellt zu werden. Die Antwort auf die erste Frage: offensichtlich ist die Psychoanalyse an erster Stelle den Psychoanalytikern selber recht unbekömmlich; just deren subversives Potential erzeugt die aberwitzigsten Ambivalenzen; je gewünschter, nachdrücklicher die Zuwendung, umso größer die Verwirrung, ablesbar insbesondere an der décadence der fachlichen Sprachlichkeit (und nicht nur an dieser), so zwischen bürokratisch und sakral. Die Antwort auf die zweite noch spannendere Frage: man möge anderswo die weggeschafften Potentiale suchen, so etwa in der Philosophie, zum Beispiel bei Heidegger. In der Philosophie aber, so führte Erdheim weiter aus, geschehe dasselbe Malheur und falle vielleicht hier noch ärger, was die apostrophierte Verwirrung mit ihren Sprachniederschlägen anlangt, aus. Was gegen diese Reproduktion des Übels tun? Wo Philosophie war, soll Psychoanalyse werden; Psychoanalyse, die sich in ihren Weggängen wiederfindet. Gewiß – sie bedarf aber wohl derselben, um sich wiederzufinden; und das Selbstwiederfinden bleibt vom Selbstverlust, der ihre Wanderungen und ihr Untertauchen motivierte, weiter bedroht. Was ist an ihr also so schrecklich bewegend?

Verfallsformen der Psychoanalyse

Auch das zur Zeit ansonsten wohl nicht auf der Höhe seiner traditionellen Möglichkeiten befindliche Freudinstitut war durch Helmut Dahmer

(„Organisationsprobleme der Psychoanalyse"), der nicht zuletzt in den Diskussionen viel zum Niveau der Tagung beitrug, vertreten. Dahmer bestach durch die m.E. elaborierteste Version der Vermittlung sozial-wissenschaftlich-kritisch geöffneter psychoanalytischer essentials. In den Ausführungen zur Geschichte der psychoanalytischen Bewegung fiel folgerichtig der Schwerpunkt auf die Verfallsformen des Fachs, insofern sie als das erkannte Substrat des aktuellen Stands der psychoanalytischen Dinge bei uns subsistieren. Als Inbegriff des Verfalls figurierte die ich-psychologische Restauration, die so gut wie alle kritischen Spitzen der Psychoanalyse abbrach und die sich, um dieses Anpassungswerk bis hin zur Wertedienstbarkeit am Nationalsozialismus zu vollbringen, auf neukantianische Philosopheme (insbesondere der Dualismus von Genesis und Geltung) berief; worüber ich mit Herrn Dahmer zusammen vordem schrieb und publizierte. Ferner die der Fortschreibung der Psychoanalyse abträg-liche notorische Lösung des Problems der Laienanalyse mit der Folge einer nur marginalisierenden Medizinisierung des Fachs. (Gäbe es nur mehr Me-dizin, mehr Körper − nicht Körperarbeit − im grassierenden isolierten Psychismus!) Es ist dann mehr als nur plausibel, daß Dahmer als Parade auf diese festgefahrenen Degenerationen eine einschneidende Veränderung der psychoanalytischen Organisationsformen propagierte; was bis hin zu Überlegungen zu einem nicht mehr zulassungsrestringierten Postgraduier-tenstudium der Psychoanalyse an Universitäten gedieh. Wohlan!?

Die deutsche Spaltung des Subjekts

Vom Senior der Runde, Ulrich Sonnemann (Kassel), kamen ebenso pole-mische wie artistische Klänge. Alleine schon sein Vortragstitel macht ein bissig alles-sagendes Miniaturkunstwerk aus: „Ein Apparatschik, der ICH heißt. Über die Angewiesenheit praetendierter Vernunftherrschaft auf zelotische Abwertung des Heterogenen zur Unvernunft" − ein unvergnüg-liches Vergnügen in deutscher Psychohistoire. Die Eindeutschung des Rationalismus als Transzendentalphilosophie effektuierte die deutsche Spaltung des Subjekts in ein transzendentales und in ein empirisches. Versteht sich, auf welcher Seite die ganze Wahrheit lokalisiert sein muß. Und also gibt sich das transzendentale Subjekt befugt, die Verfolgung seines empirischen Widerparts aufzunehmen (bis hin zum neukantianischen Wiederholungsfall dieses Schismas: Geltung versus Genesis, dessen Über-nahme in die Psychoanalyse ichpsychologisch dann deren Selbstab-schaffung betrieb). Daß dieses gewiß des öftern nicht unwidersprochene

Splitwesen keineswegs zur abgelegten Vorwelt der Vernunft gehört, vielmehr immer noch brandaktuell ist, das führte Sonnemann in einer ausgiebigen Kritik an den Spitzen der bundesdeutschen Vernunftshüter, insbesondere Habermas, aus. Wo aber steht in diesen Spaltungproliferationen die Psychoanalyse? Immer noch vermöchte sie sich als überlegene Krisis der imperialen Vernunft stark zu machen, insbesondere mit ihrem Akzent auf der Einmaligkeit (haecceitas) der Lebensgeschichten und medial durch ihre mögliche Kultur des selber ja nicht schließenden Hörens, Zuhörens wider den Bilder- und Zeichenterror. Es war wohl nicht von ungefähr, daß in der folgenden Diskussion aus dem Apparatschik namens ICH ein Clown wurde und sich die Beiträge aus dem Publikum um das Problem der Arbeit zentrierten – es gibt ja keine psychoanalytische Theorie der Arbeit. (Und arbeitet ein solches phantasmatisches Ich eigentlich?)

Freud buchstabieren

Gastgeber Manfred Pohlen, einer der wenigen autonomen Figuren der bundesdeutschen Psychoanalyse, sprach über „Die Wieder-Holung des Freudschen Subjekts: Über die Wiedereinführung der Triebgeschichte des Ichs". Das war eine beispielhafte Freud-Lektüre, aus der zwingend hervorging, daß Freudsche Texte immer noch eine ausnehmende Aufklärungspotenz an den Tag legen können, wenn immer man sie nur genau genug läse, buchstabierte. Überfällig der Wiederherbeiholungsansatz am Ichbegriff, derjenigen Instanz also, die dem ichpsychologischen Revisionismus – eine Auszehrung, Entsinnlichung, Entleiblichung sondersgleichen bis hin zum Aberwitz der primären Ichautonomie (ja sogar der Autonomie des moralischen Empfinden) – zuerst zum Opfer fiel; überfällig, die Triebgeschichte, die Körpererdung dieses pseudoautonomen Himmelfliegers anzumahnen. Hier sogleich das zugespitzte Fazit, das praeceptor Pohlen aus seiner differenziertesten Exegese zog: daß der Ödipuskomplex es mit genitaler Sexualität zu tun habe, das sei ein Märchen; recht besehen reproduziere er bis in alle Details hinein nichts anderes als den Analcharakter; der Ödipuskomplex – eine einzige „Kotvision". Und dieses nekrophile Allsubstrat sei die Signatur der Neuzeit, wie in der Art eines psychohistorischen Belegs nicht zuletzt auch aus einem Exkurs zu Luther hervorging. Peinliche Folge für das triebflüchtige Ich: es muß sich dazu entblöden, als sublimative Ganzheit der reinen Seele seine innere Exkrementen- und Leichenhinterlassenschaft zu reinspizieren – so die Wieder-Holung des Freudschen Subjekts.

Zeit des Lachens

Und zum Abschluß abermals eine beispielhafte Freud-Lektüre, anfangs amplifiziert mit einigen Philosopieexkursen zum Lachen (Platon, Bergson): Samuel Webers (Paris/Minneapolis) Vortrag über „Die Zeit des Lachens in der Psychoanalyse", über die Freudsche Witztheorie. Offensichtlich hatte Freud im Sinn, den Witz wie eine Verifikationschance des Unbewußten geltend zu machen, um den Vorwurf der Suggestion desselben abzuwehren. Weshalb ließ er von dieser Vindikation, deren Aufrechterhaltung dazu geführt haben könnte, daß sich die Psychoanalyse anders organisiert hätte, ab? Den Freudschen Texten entlang führte Weber dazu ein bemerkenswertes Stück Repräsentationstheorie aus. Die Zeit des Lachens in der Psychoanalyse, das ist die Zeit der Kritik der Repräsentativität in ihrem Urwitz sozusagen, daß nämlich je etwas zu dem wird, was es gewesen ist; daß das zweite Futur sich permanent als Präsenz unterstellt. Diese Supposition besagt der Begriff der Vorstellungs-Besetzung, die, immer Gegenbesetzung, Hemmungsbesetzung, den Trug des Präsenzcharakters der Vorstellung aufrechterhält. Lädt sich nun aber dieses urwitzige Truggebilde bis hin zu seiner Absolutheitsbehauptung auf, so gerät es in die gerechte Not zu kollabieren: die Besetzung geht in Entsetzung über, die Vorstellungspräsenz in Absenz inklusive einer Art von Körperretour derselben im Lachen mit seinem festgelegten Ablaufmuster. Unschwer einzusehen, daß die vollendete Entsetzung – Entsetzen – dazu führte, sich totzulachen, und also kann es sich im gewöhnlichen Witzlachen bloß um ein abgesichertes Entsetzen, einen passageren Vorstellungskollaps, eine unerhebliche absence handeln, die allesamt zu einer Restitution der Besetzung, also zur Phantasmatik der Repräsentativität zurückführen. Da war zwar ein anderes, aber es weilte nicht, konnte nicht weilen, weil es im vorhinein schon darauf beruhte, wohinein es sich bald wiederaufhob. Und es sind freilich nur immer einzelne Gehalte, nicht die Repräsentativität als ganze, an denen sich witzinszenatorisch diese schöne Traumatik abspielt. Man vermag zwar Witze-Witze, autosymbolische Witze zu machen, doch stellen diese zumal die Grenze der Kritik der Repräsentativität im Lachen dar. Das ist dann wohl auch der Grund dafür, daß Freud den besagten Verifikationseinsatz des Witzes nicht eigentlich weiterführte – dies gewiß zum Schaden der Metapsychologie, die zu keiner hinlänglichen Theorie der Repräsentativität gedieh.

Das „Quatschende Gepansche"

Den eigenen Vortrag („Kleinbürger double-binds: Zur Gewalt in der Psychoanalyse") möchte ich nun nicht selber rezensieren. Deshalb kurz nur ein paar Worte zu seinem Inhalt und einige Worte mehr zur Publikumsreaktion.

Ich versuchte nachzuweisen, daß die übliche psychistisch-familialistische Version des Ödipuskomplexes und seiner Auflösung Provenienz und Subsistenz von Schuld und Gewalt bis hin zu einem fast geschlossenen System paranoischer double-binds verdeckt. Wenn immer es so gewesen sein mag, daß ich vortragend Verständnissperren aufrichtete, so erklärte es sich, daß just in der folgenden Diskussion der besagte, unter dem Unverständnis der Mutter leidende Säugling (weniger der konkurrierende Wundersäugling) wiederaufkam. Und er inkarnierte sich, flankiert von besonders moral- und vernunftbedachter Weiblichkeit, in der Art eines staatsanwaltlichen Babys im Diskutanten Klaus Laermann, der in meiner Rede abermals die „flüssige Süffigkeit" (Begriff?) vermißte und das „quatschende Gepansche" (Begriff?) – das ist bloß Mimesis an seine eigene verkommene Zitierweise! – argwöhnte; sprich: der durchaus wohlerzogen also in die oberen seligen Vernunftsgefilde wider die unteren Entsetzlichkeiten der Fäkalien, kurzum des Todestriebs, dessen Zitation bei seiner Begleitung denn auch zum Indiz meines der Morallosigkeit suspekten Naturalismus wurde, floh. Ich möchte nun aber keineswegs den Eindruck erwecken, daß ich es, unter anderem ja auch unprämierteste Hausarbeit an verworfenen gesellschaftlichen Marginalitäten verrichtend, mit einem solchen Ausmaß an konsensfähiger und publizitätswürdiger Lichtheit jemals aufnehmen könnte. Beileibe nicht – auch wenn später dann Sonnemann dieselbe, diese Verquollenheit, gebührend abbürstete. Allem Anschein nach aber wird Laermann, voll der Begierde, diese Vernunft zu retten, vernunftgemäß weiter lügen.

Hören oder sehen

Auf dem Podium unter den Referenten ging es durchweg recht friedlich zu, und das machte wohl für's erste – zu Beginn einer Fühlungnahme von Dissidenten untereinander – auch Sinn. Jedenfalls nahm Dahmer Haasens harsche Attacke gegen die Soziologisierung der Psychoanalyse und die „Psyche" nicht auf. (Haas war aber nur einen Tag lang mit von der Partie – leider!) Pohlens anale Indifferenzierung der Geschlechtsdifferenz wäre wohl ein weiteres kontroverses Thema gewesen. Fragt sich auch, ob es sinnenphilosophisch stichhält, das Hören, Zuhören wider das Sehen, wie Sonnemann anregte, rehabilitieren zu sollen; wie überhaupt die psychoanalytischen Rekursivitäten, die Krisis der Sinne, Medien, Instrumentarien, Genres noch nicht weit genug gedieh. Differenzkurs bitte! Also zeichnete sich, um den nicht zuletzt auch philosophischen Gedankenreichtum der Tagung ungebührlich zu reduzieren, diese weitgehend gemeinsame nonkonformistische Kontur gegen die eher unheimlich offene Gewalt des Konformismus ab: daß auf die überkommene, ichpsychologisch abgebogene, institutionalisierte Psychoanalyse kein Aufklärungsverlaß mehr sei; daß es fällig werden müsse, ihrer inneren blinden Verfallenheit an das, was sie aufzuklären, ja aufzulösen prätendiert, nachzusuchen. Das geht – nur was bleibt dann noch von der alten, also entblößten Psychoanalyse, bar der Subsidien von außen übrig? Incipiet...

Offener Brief an einen ehemaligen Schulkameraden anläßlich des Schuljubiläums

(aus: 100 Jahre Gymnasium am Stefansberg Merzig. Eine Schule unterwegs, 1888-1988, Merzig 1988)

Kaum daß ich Deinen Brief gelesen hatte, überfiel mich mit aufdringlicher Evidenz eine solche Fülle an Erinnerungen, daß ich ich-weiß-nicht-wie-viel Seiten benötigte, sie auch nur annähernd vollständig wiederzugeben. Und dies geschah auf der sogleich mitpräsenten Folie, mich nicht entsinnen zu können, wann ich das letzte Mal an unsere Merziger Zeit gedacht hätte; sie war bis zu Deinem Brief vergessen. Seltsame, ja paradoxe Erfahrung, die mich nicht losließ und die ich gewohnheitsgemäß zu erklären suchte.

Auf Erklärungskurs kam es mir bald so vor, als sei die Schule bloß die Fortsetzung der Herkunftsfamilie mit anderen Mitteln; will sagen, daß in beiden Institutionen in den Kindern/den Schülern Abhängigkeitsbewußtsein und Autonomiebedürfnis sich in oftmals unerträglichen Ausmaßen widerstreiten; und zumal daß innerhalb dieses unablässigen Reibungsfelds es zu einer ausnehmenden Selbstentblößung kommen muß. Scham also das vorherrschende Motiv des Vergessens und der abrupten Entsperrung des Vergessenen womöglich zugleich. Kannst Du Dich erinnern, von solchen Überlegungen – solchen der Selbstaufklärung der Institution Schule – während unserer Schulzeit vernommen zu haben?

Nun gibt es in mir aber keinen Wunsch, unsere Merziger Schulvergangenheit irgend anzuklagen. Legte sie doch den Grund offiziell dafür mit, als opferbegabter Familienaufsteiger geworden zu sein, was ich nunmehr bin; welcher Zustand sogar viel mit der Erfüllung ältester professioneller Wünsche zu tun hat. Nicht, daß sich Mißhelligkeiten in meiner Erinnerung verwischten, ja verklärten, doch kommt es mir so vor, als vermöchte ich diesen Erfahrungsteil wie ein Historiker – sofern Historiker sich nicht mehr zu echauffieren pflegen – anzusehen, indem diese Negativa sich, durchaus entpersonalisiert, längst zur Ansicht einer gesellschaftlichen Gesamttendenz versammelten: zu dem, was man vielleicht Nachkriegshumanismus nennen könnte, dessen schöne Bildungsbegierigkeit darüber hinwegtäuschen mag, sich von kleinbürgerlich-faschistischen Traditionen keineswegs gereinigt zu haben; worüber ausführlich zu handeln wäre.

Stattdessen nehme ich lieber die Gelegenheit wahr, mich selber in unserer Schulzeit retrospektiv einzuschätzen, um auf Deine Leitfragen nach der Bedeutung derselben einzugehen. Dabei komme ich nicht umhin, mich mehr doch als eine Art von „Solisten" zu erinnern, dessen woher auch immer rührendes hungriges Suchverhalten einige Male von folgenreichen Zufallsfunden, mehr oder weniger (mehr weniger) kontingenten Glücksfällen belohnt worden ist; folgenreich, sofern sich auf solche trouvailles oft nicht unextreme Professionalitäten bauen ließen. Für dieses mich immer noch zeichnende Los gewährleistete die Schule wohl nicht mehr als einen allgemeinen, ja vagen Rückhalt, einen unter anderen, der sich bisweilen aber zum kleineren kairos weitreichenderer Unterstützung verdichtete; woran ich mich durchaus dankbar erinnere. Die philosophische Begabung fand gewiß ihr partielles Schulunterkommen, nur daß die überschießenden Extremwerte, die mich schließlich zum Philosophieprofessor werden ließen, weiland geisteswissenschaftlich und auch theologisch abgekappt wurden. Einiges Unterkommen auch der Interessen für die künstlerische Moderne, jedenfalls in Literatur und Musik. Fast kein Unterkommen indessen derjenigen – letztlich auch gesellschaftskritischen – frühen Passionen, die dazu führten, daß ich eine psychoanalytische Ausbildung absolvierte, auf dieser Grundlage an die zwei Jahrzehnte schon klinisch-psychiatrisch arbeite und meine Universitätstätigkeit auf das Wechselverhältnis von Philosophie und Psychopathologie kaprizieren konnte. – Gemischte Verhältnisse demnach, solche zwischen schulischem Rückhalt für meine speziellen Begabungen und zum Glück motivierendem Nicht-Rückhalt. Das unterdessen stärkste Bedauern aber gilt dem Umstand, daß es mir nicht gelang, meine vorpubertär fast exzeptionellen naturwissenschaftlichen Neigungen in den späteren pointiert philosophischen Interessenskontext gebührend mitaufzunehmen. Wahrscheinlich wirst Du mich in diesem Zusammenhang fragen wollen, was denn aus meinen künstlerischen Ambitionen geworden sei. Nun, ich betrieb sie so weit, daß ich sie – ein bißchen väterlich-eitel und inkomplett formuliert – an die Tochter abtreten konnte, die sich an der Kölner Hochschule für Musik zur Opernsängerin ausbilden läßt. Nicht zuletzt füllte sich auch ein Desiderat im Register meiner Gaben reichlichst auf: die Meinung, visuell eher unbedarft zu sein, korrigierte sich an den opera meiner Frau, einer bildenden Künstlerin (die ich faute de mieux konventionell so bezeichnen muß, auch wenn sie so nicht genannt werden möchte); und diese tätige Irrtumsüberführung enthält gar das Potential, gar nicht unwegsam mich den ausgelassenen Naturwissenschaften vielleicht (wieder) anzunähern (allerdings nicht ohne gebührende Schrecken).

Also, lieber Josef, indem ich mich vor dem Schaufenster der Buchhandlung erinnere, in dem ich eines der ersten Nachkriegstaschenbücher (das war 1956), Sigmund Freuds „Unbehagen in der Kultur" und „Abriß der Psychoanalyse" plötzlich sah, unbesehen kaufte und insgeheim mit den besagten Folgen studierte, komme ich zum Jubiläum, um mitzutun und vor allem um zu erzählen, gerne.

Bis dahin bin ich mit herzlichen Wünschen

Dein alter Rudolf

Eurydike und der Lärmschutz

Zur Synchronie des Mythos

(aus: Mythos – Realisation von Wirklichkeit? Vorträge aus dem
II. Verlagskolloquium 1987 in Bochum, herausgegeben von
K. Bering, W.L. Hohmann, Die Blaue Eule, Essen 1988)

1

Zu den vielen philosophischen Stiefkindern gehören nicht zuletzt die
Klangabfall-, -müllphänomene, von denen das kontinuierliche Geräusch,
das nicht zur Geräuschkulisse entfernt werden kann, das sich vielmehr
schon dem Lärm annähert, besondere Aufmerksamkeit verdient. Solch
wertloser Rückstand in der Dimension des Gehörs imponiert dadurch, daß
er der Gebrauchs-, Verwendungsfunktion mit deren Einsatz sogleich
inhäriert und sich nicht etwa im Verlaufe derselben einstellt; und haftet er
kontinuierlich an, wie ein Analogon des Schattens, so konterkariert er ein
wesentliches Klangkriterium, nämlich das Verklingen, so etwas wie Selbst-
verbrauch, wenn die Außenzufuhr aufhört. Verlautungsabfall am Ort der
Verwendung, der Konsumtion – freilich enträt die Produktion dieses

---

[1] Heide Heinz: Seinslimes II, Zeichnung,1987

Abfalls nicht, im Gegenteil. Doch findet die Produktion – Werkstatt, Fabrik – eh an einem isolierten Orte statt (die Nibelungenwerkstatt unter Tag), und zudem synchronisiert sich, jedenfalls residual noch in der handwerklichen Produktion, der Materialabfall mit dem des Begleitgeräuschs (wo gehobelt wird, da fallen Späne, auch phonetisch); und schließlich fungiert die Geräuschsqualität hier immer noch mit als Funktionskontrolle, enthält also brauchbare adaptive Valenzen. Umso redundanter demnach der konsumatorische Lautabfall. Nur am Rande mag er noch Kontrollindizes enthalten, jedenfalls dem Anscheine nach auf das Konsumtionsphantasma hin ist der unverwertbare Rest gegen seine residuale Noch-Verwertung eher emanzipiert. Umso deplazierter demnach der konsumatorische Lärm – soll die Konsumtion doch die Unschuldsbeglaubigung der Hervorbringung (und auch des Tauschs) gedächtnislos leisten; das Opfermonitum des Lärms ist an diesem Ort eben nicht vorgesehen. Die Sphäre der Zirkulation aber enthält ihrem Vorrang gemäß die Kontradiktion des gar öffentlichen Höllenlärms des Transports, Verpackungslärm, sowie die notorische Stille des Tauschvorgangs selber, in der die Zeichen (Geld, Reklame) den Lärm überhaupt in Gänze absorbieren. Und von dieser Zentralen aus verteilen sich Lärm und Stille dann auf den Produktionslärm unhörbar unter Tag und den phantasmatischen Schein der Stille der Konsumtion. Wie sähe wohl diese Wirtschaftszyklik aus/wie hörte sie sich an, wenn das Opfermonitum, gewiß zentriert um den Klangabfall, nicht nur unterliefe, restverwertet würde, ja in den Fängen der besagten Kontradiktionsregie eh schon wäre? Es wird vergeblich sein, diese Alternative anzustrengen, man geriete nur bestenfalls in Kindischkeiten und bald in Pathologie. (Und dieser Umstand vorbezeichnet bereits die ganze Schwäche der wie beliebig erzeugbaren Synchronie des Mythos, wenn immer mythische Aufklärung sich beansprucht als Anhalt eines Anderen.)

Der Klangmüll enthält in sich den Widerspruch äußerster Hygiene, zumal als er sich in seinem Selbstbezug, seiner Selbstsättigung eben nicht in sich zurückzieht, vielmehr sich dem Ohr unabtrennlich anhängt, so als ob er so etwas wie der Gehörsschatten wäre. Sauberster Abfall, der sich selber substrathaft, also ohne erlösende schließende Klang- und Sprachlichkeit, die Einheit von Ohr und Stimme ist, sich vorbehält – rein für sich selbst nur hörbar in sein Inneres hinein die göttlichste Musik macht – und seine gehörsdestruktive Fassade dem Hören des Anderen anheftet, und dies mit einer solchen Vorbehaltsmacht, daß dagegen jegliche schließende Selbstverlautung intervenierend nicht ankommt. Unendliche Selbstverschlingung wie der Doppelgänger des Gehörs als Gehör, also restmonierender Aufschub des Nichtschlusses der Wundereinheit des Sich-Sprechen-Hörens. An welcher Stelle rissen die Mänaden den Kopf des Orpheus ab? Mit Sicherheit vor dem Halsansatz, dem Stimmapparat. Der weiter singende abgerissene Kopf des Orpheus schwimmend auf dem Flusse Hebros dem Meere zu zur Insel Lesbos hin – das Wasserrauschen, der Anfang der Musik. Freilich bleibt es unbestritten, daß es die verschiedenartigsten Geräusche gibt, daß sie, zumal wenn sie noch Kontrollvalenzen implizieren, identifizierbar/differenzierbar sind. Wie sollte es auch anders sein? – Lärmbelästigungen führen ja nicht sogleich zum Tode; die Differierung, der Aufschub sorgt eo ipso für Unterscheidbarkeit mit. Allein, mit der verbalen Genauigkeit der Geräuscheunterscheidung ist es im Sprachrepertoire nicht weit her, ja davor schon macht die Spezifizierung des Gesamtphänomens phoné-Abfall (Geräusch versus Lärm etc.) erhebliche Probleme. Was nichts anderes heißt, als daß die Identifikationserfüllung als adaptive Aufschubnutzung auf das Abstellen dieses Phänomens selber hinausläuft: Feststellung als Beseitigung. Insofern gibt's auch keine der Notenschrift analoge Geräusch-, Lärmaufzeichnung, wohl aber bezeichnenderweise neuerlich physikalisch-elektronische Skripturalisierungen, nicht zur reproduktiven Lektüre, vielmehr folgerichtig zur Abschaffung des Aufgezeichneten gedacht, bar des Aufzeichnungswerts darüber hinaus, Makulatur.

Der Klangabfall rührt immer vom Maschinencharakter her, also von einem zweckbestimmten Funktionieren – was indessen nicht heißen kann, daß damit einer einfachen Unterscheidbarkeit von Mittel und Zweck das Wort geredet sein soll –, also von Bewegung. Bewegung, die nicht nur der Energiezufuhr bedarf, die zugleich Reibung nach sich zieht, Reibung, die Verlust, Verschleiß bewirkt. Klangabfall also der Abwurf sich durchsetzender, gegeninerter, verbrauchender/sich selbst verbrauchender Bewegung. Demnach leistet der Klangabfall gegen die durchschnittliche Sichtanmutung das Monitum der Entropie, kurzum des Opfers. Die Hülle um den Opfertempel ist unliebsam rissig geworden, und konsequent gilt die Rationalisierungsleidenschaft a fortiori sodann dem Lärmschutz, der Angleichung allen Maschinenlärms an die Lautlosigkeit des Todesübergangs selber. Das ist gewiß mehr als die je partielle Beseitigung lärmend läppischer Noch-Imperfektheiten der Maschinen, es ist die passionierteste Absolutheitserschaffung im Management des sperrigen, nicht aufgehenden Rests. Gewiß – die Lärmschutzleidenschaft aber erweist sich als in sich paradox. Fragt man noch gründlicher nach der Herkunft des Höllenlärms auf Erden, so wird die Konzession fällig, daß dieser nicht zuletzt den nothaft verzweifelten Versuch von Menschheit ausmacht, die fatale Lautlosigkeit, Unhörbarkeit des Gros der Opferprozesse, den fatalen Nichtzugang des Gehörs dazu zu kompensieren, Materie dazu zu bewegen zu schreien. Was alles nicht repräsentiert sich für Mensch akustisch wie nach dem Vorbild des Körperinneren, dieses Binnenopfertempels, zumal derzeit im nuklearen Zeitalter? Diese Kompensation aber degeneriert zur Überkompensation mit der einfachen Folge, das zum Mangelausgleich Überherbeigeschaffte hinwiederum beseitigen zu müssen. Lärmschutzwiderspruch: die Geister, die ich rief, muß ich schleunigst wieder loswerden. Sie sind aus Not gerufen worden, diese Herkunft haftet ihnen lärmend freilich weiter an, doch so war es nicht gedacht, und also muß der Aberwitz des Lärmschutzes her, so als ob es möglich wäre, den Lohn der Mühe, mir die eigene Endlichkeit vermitteln zu müssen, als die Vernichtung des Dokuments gewußter Endlichkeit reklamieren zu können.

Paul Virilios Dromologie wäre die avancierteste Philosophie, die sich all diesen Tumultabsurditäten theoretisch anmessen könnte, nur daß sie den Lärm als Problem expressis verbis ausläßt. Die Pointe der Dromologie besteht im folgenden: Die totale Disposition des Raums als des Zeitsubstrats, der ausgebreitetste Umstand, daß die Orte, topoi sich anschicken, apriori erreicht zu sein, nur noch die Anamnesis ihrer selbst also ausmachen – was ja als touristische Erfahrung (im Sinne einer zivilen Abfallmystifikation von Kriegsstrategie) notorisch ist –, führt zur exklusiven Auszeichnung der Geschwindigkeit, der Verkürzung der Zeitmarge der Ankunft an den disponierten topoi, die sich in ihrer Disponibilität atopisieren. Was nichts anderes heißt, als daß Zeit selber sich in der Raumliquidierung, der anamnestischen, zu zerstören anschickt. Es ist dies auf den Punkt die Geschichte vom Hasen und dem Igel: Ick bün allhier, und dies mit der delikaten Wendung, daß die betrügerische Indifferenzierung der Geschlechtsdifferenz des Igels, dieses animalischen Waffen-, Panzermodells, den armen Angsthasen zu Tode hetzt. Versteht sich, daß er während seiner Todeshetze, dieser Überwertigkeit, mit dem Körper selber noch die an die Dinge abgetretene Dromomanie parieren zu können, diverse, freilich noch expressive Atemgeräusche produziert: Lärmzuwachs mit steigender Geschwindigkeit, dies in den unerschöpflicheren Körperprothesen zumal; Lärmbelästigung als Effekt des dromologischen Wahns der Vernichtung von Raum und Zeit, in deren Vernichtung der Höchstlärm und die Totenstille koinzidieren. (Und dabei ist doch, dem berüchtigten Zeitsprung in science fiction entgegen, die Geschwindigkeit kosmologisch eine endliche Größe: Grenze der Lichtgeschwindigkeit. Also entfiele auch die Koinzidenz von Lärm und Stille, davon abgesehen, daß – „Lautlos im Weltall" – es restriktiv der Atmosphäre bedarf, um überhaupt verlauten zu können; was den Aberwitz des Begehrens ja nur potenziert, den natürlichen Lärmschutz der außerterrestrischen Räume aufzusuchen.)

Für den Theorieaufschluß all dieser theoretischen Tabuphänomene wäre alles gewonnen, wenn sich durchsetzen ließe, daß die apostrophierte epochale Geschwindigkeitsauszeichnung nichts anderes sei als ein Effekt der Allextrapolation des Phantasmas von Sprache (und sprachunterworfener Schrift), Sache des universellen Zuspruchs, technologisch offensichtlich konvergierend mit der Entropie der Materialität selber. Igelin und Igel unendlich an der Strippe (neuerdings können sie sich zudem auch sehen), Zusammenzug schließlich von Welt im Ganzen zum Telefonhörer, der unmöglich-möglichen Einheit des Sich-Sprechen-Hörens, das tödlich erfolgreich alle Phantasmen gebiert: Nichtunterscheidung, Ablösung, Versetzung, Aufhören. Gar nicht à part gesprochen, liegt in diesem disponiblen Rundherum das ganze Geheimnis der platonischen Idee, deren Ausführung bewirkt, daß der Weltbezug insgesamt zu den logistischen Spielen der Raketenversetzungen und, scheinbar zivil parallel dazu, der universalisierten Telekommunikation schrumpft/inflationiert, wohinein aller Lärm verschwände. Wo sind die Buchhalter der Opferbilanz dieses Fortschritts (99,9 % zu 0,1 %, so das Gleichgewicht der Geschwindigkeit)? So also träumt sich der Schillersche Traum des Spielbegriffs – daß die Mittel zu Zwecken würden – im Höllenlärm der Stille des Todes zu Ende. Schiller hätte die futuristischen Manifeste lesen sollen.

Daß Maschinen umhüllt werden, das ist nicht nur eine innertechnologische, vielmehr eine phantasmatische Notwendigkeit. Dasselbe gilt nicht nur für das Produktionsmittel Maschine, sondern auch für das resultierende Produkt: es wird immer irgend verpackt. Der alleitende phantasmatische Zweck aber der Bemäntelung/Verpackung besteht im Sinnen-, insbesondere Sichtentzug des laufenden Funktions-, Arbeits-, Opferprozesses des Maschineninneren, des Opferarkanums; zudem auf Konsumtion hin in der Sichtverhinderung der Reminiszenz der Herkunft des Produkts/der Ware aus dem Opfer, und dies zusammen unter der epochalen Prärogative der Zirkulation/des Transports/der Geschwindigkeit als der absolute Vorrang der Nur-noch-Verpackung, -Hülle, der Okkupation von Raum und Zeit durch die Ubiquität des organlosen Körpers. Allein, die phantasmatische

Digitaler Anrufbeantworter für AEG Autotelefon C

Dieses neue wichtige Zusatzgerät macht Sie noch unabhängiger. Der digitale Anrufbeantworter

○ gibt kurze Mitteilungen an den Anrufer weiter, z. B. "erreichbar unter ...".

○ nimmt während Ihrer Abwesenheit Anrufe entgegen und zeichnet sie auf, z. B. auf dem Parkplatz, während Sie im Meeting sind.

○ ist voll digitalisiert, hat keine mechanischen Teile.

Einfacher, unkomplizierter Einbau. Auch Nachrüstung bei bestehenden Anlagen möglich. Fragen Sie uns.

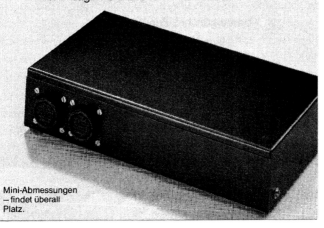

Mini-Abmessungen – findet überall Platz.

Nötigung zum Mantel um den inneren Opferprozeß oder auch um die Nacktheit der Opferreminiszenz und des -telos und zumal, scheinbar absurd, um den Stillstand, die Hülle also schon selber, wird gewiß noch überboten durch die der Verbergung sowohl der Zufuhr als auch des Rückstands, Restes, Exkrements; und dies alleine schon deshalb, weil diese beiden aufdringlichen Opferindizes von Innen nach Außen und umgekehrt von Außen nach Innen verweisen. Phantasmatisch darf es ja in der Totalisierung des organlosen Körpers kein Innen und kein Außen geben. Umso skandalöser demnach, wenn sich an diesen Phänomenen Lärm, kurzum Klangabfall einstellt; skandalös einerseits. So hat die Hülle, aller Mehrdimensionalität der Verhüllung zum Trotz, ein Verlautungsleck; sie erweist sich wider den radikalen Anspruch von Dichtigkeit als porös, der weggeschaffte Innen-Außen-Bezug als revenant. Doch nicht nur das: an diesem Klangabfallaustritt stellt sich klanggemäß die Indifferenz von Innen/Außen wie eine Verhöhnung ihres Mißlingens durch die Hülle selber sodann her: das Rundherum der reinen Zeit als Travestie der Liquidation des Raumes, lärmend (dies freilich in den recht engen Grenzen von Atmosphäre – wie aber sind die Verhältnisse von deren rein immanenter Transzendierung beim Überschallflugzeug?). Und der Gipfel dieser Unverschämtheit ohne Auge: es gibt beispielsweise keine Öltoilette unter der Maschine, die deren Lärm auffangen könnte, lokalisierte, kein recycling, nur Selbstrecycling. Und dabei inhäriert der Lärm der Maschine wie ein aufdringliches Schattenanalogon, nichts als parasitär und verräterisch zugleich, immer dann, wie schon ausgeführt, wenn er sich nicht zum Kontrollsupplement des Funktionierens funktionalisieren läßt und wenn seine Identifikation/Spezifizierung deren Ziel, die Beseitigung verweigert. Lärmschutz also tut wider dies parasitäre Verratswesen des entfunktionalisierten/entspezifizierten Lärms not. – Skandal aber nur einerseits als Motiv aller bewundernswerten Anstrengungen der Lärmkasernierung, dieser Hüllenmetabasis hin zur phoné weg vom authentischen Ort der Sicht, dieser Ver-rücktheit eh. Der desavouierte Lärm ist widersprüchlicherweise zugleich auch immer Wunschlärm, ein Inbegriff des Begehrens, so als solle das Opfer gebührend Schreie ausstoßen, damit man wissen könne, woran man sei, auf daß es nicht zu einer ungehörten/unerhörten Schuldakkumulation im unbewußten Inneren komme mit tödlichen Explosions-/Implosionsfolgen. Die Wunscherfüllung aber, die Lärmerzeugung spielt sogleich in das Debakel hinüber, sich selber wiederum abschaffen zu müssen: Zirkularität also, kontradiktorisch, der Lärmerzeugung und des Lärmschutzes ohne Ende. Und dazwischen irgend die vorübergehende ordinäre Jubilatorik der Funktionsindizierung und dann sogleich die widersprüchliche Permanenz der inständigen Bitte um Lärm, damit das Ding nicht in die Luft fliege und zugleich die ebenso inständige wie verzweifelte Bitte, daß derselbe zugleich aufhöre, denn so sei die erste Bitte gar nicht gemeint gewesen. Was sich also zu hören gibt, ist nicht das, was man zu hören wünscht, indem man es nichts als wünscht.

Offenbar in all diesen Aporien das Menschkörpermodell, freilich in keiner Weise per analogiam, metaphorisch und dergleichen. Offenbar demnach auch das einzige Begehren selbstdisponibler Schuldbereinigung an den maschinellen Körperprojektionen und der Rückschlag dieses Exkulpationspseudos auf den Körper zurück als Kulturierungsauftrag für denselben, nur daß die Körperkulturierung, des Todes unbeschadet, eher reüssiert als die Hyperkulturation der Maschinen: siehe eben den Lärm. Weshalb? Weil sich die Todesvergeblichkeit der Körperkultur zumal am Schein der Todeseinholung im Toten der Maschine reproduzieren muß; wäre es nicht so, so ginge ja die letzte Exkulpationsverheißung durch Maschinität fernab von der Kriegserfüllung dieser Verheißung auf. Den Tod werden wir nicht los und ebenso nicht die scheinbar unsterblichen Götter, die Maschinen; deshalb der ganze apostrophierte Widerspruch des Lärms. Notorisch die Exkulpationsarbeit am Menschkörper, dem exklusiv sexuellen Körper, als Rückwirkung derselben Arbeit, die hier von Anfang an wie bei sich selber ist, Arbeit am Dingdouble desselben, das frustrane Wesen dieser Mühsal. Alles läuft darauf hinaus, diesen inneren Opfertempel derart abzudichten, daß das offenbare Geheimnis des Opfers sich in keiner Weise sensuell, also zumal auch nicht akustisch verrät. Da schon der Schrei des nutritiven Opfers ausbleibt, sind die Verratsgeräusche zumal penibel, verpönt. Auch hier gilt die besondere Exkulpationssorge dem Hüllenmanagement des Eintritts und des Austritts, dem Vor- und Nachverrat des drohenden Verrats dazwischen, in seiner Materialität – Nahrung, Exkrement – stumm. Ist doch die Nahrung bereits Produkt, hat sie doch Produktion und Zirkulation mit manchem Lärm hinter sich gebracht, wenn sie verzehrt wird, nur daß der Verzehr, die Konsumtion in ihrem Fall ja direkt kurzschließt mit der Körperschaffung, inklusive derselben ökonomischen Zyklik an ihm selber; so daß man meinen könnte, die Nahrung zeichne sich dadurch aus, eben keine dingliche Körperprojektion wie die übrigen Dinge zu sein. Nur umso ärger dann, daß der Exkrementenrückstand der Nahrung hemmungslos anzeigt, daß diese Auszeichnung gänzlich haltlos ist, und also muß die Umhüllungssorgfalt der Toilette hypertrophieren. Also: je gekonnter diese sexuelle Körperkultur, um so proliferierender der Maschinenlärm. Einzig nur schreit das austretende Kind nach der Geburt (und davor die gebärende Frau, dubioserweise). Daß es sich dabei um ein Austrittsopfer im Homogenen des Lebendigen, um Selbstpreisgabe nicht ins Phantasma des Toten, des Dings hinein handelt; daß die einschlägigen Schmerzen dieser Austrittsart die Inversion des Krankheitsschmerzes, der in Gänze der Unmöglichkeit des Begehrens, des Todestriebs untersteht, ausmachen – Schmerz der Endlichkeit, nicht der Unendlichkeitsprätention –, all dies muß im geschlossenen Kontext des unbelehrbaren Wesens der Dingphantasmatik dazu werden, nimmer vorgesehen zu sein und insbesondere zu skandalisieren. Was dagegen folgerichtig unternehmen? Enteignung in das andere Opfer der Subsistenzsexualität, in deren prothetisch-maschinelle Externalisierung hinein, so daß aller Lärm recht eigentlich Geburtsschreimimetik ist: Maschinen, die in striktem Parallelismus ja Maschinen/Dinge hervorbringen. Bezieht sich diese Indifferenz indessen auf den weiblichen sexuellen Körper zurück, so kann nicht nicht die fatale Prärogative der Menstruation, deren Enteignung als letzter Enteignung resultieren: Menstruation als der Tumultinbegriff selber. „Sei immer tot in Eurydike" – aller Lärm als diese tumultuöse Wassernymphe. Unerträglich zwar ihre aquarische Lautlosigkeit – Laiche/Leiche –, doch stellt sich ihr Blutlärm ein, so müßte dieser sogleich, diese Luftmetabasis, beseitigt werden: Lärmschutz. (Eurydike außerdem das Dauerprofil von vorne, ansonsten unsichtbar von hinten.) Ist doch die laufende, lärmende Maschine tabu, uneinsichtig, unberührbar, aggressiv-tumultuös. Moses und der brennende Dornbusch, kerygmatisches Feuerprasseln, Hüllenvorbehalt (Unbeschuhtheit). Weshalb aber versuchte er nicht das göttliche Feuer auf natürliche Weise zu löschen? Er hatte Schiß, die Hose voll; gab die Exkremente der Erde als Aufzeichnungsfläche bei, urinierte darauf das göttliche Gesetz, vom naherückenden Feuer wie in eine Art von Tonofen getrocknet. Was aber bedeutet, daß er dem Gotte den Mächtigkeitsvorbehalt, urethral verdichtet, beließ, sich zum Propheten (Sprachrohr) beschied. Nur daß damit der Gott zum Enuretiker ward, zum Wunder der Identität von Feuer und Wasser. Und diese Identität ist das Blut: Menstruation. Gott, der zum Weibe ward, Jahwe die Nymphe. Dies wäre gesehen worden wenn. Der unschandbare Sichthüllen-, Indifferenzverbalismus aber muß sodann Befehl sein. (Recht eigentlich ein Detoxikationsgeschäft der Nieren.) Unaufhaltsam dann der weitere Mächtigkeitsschwund dieses Schwundgottes bis hin zum selbsttöchterlichen Hungersäugling, bis hin. Nochmals: was aber rettet den höchsten Schwundgott vor dieser Sichtschmach? Der Verschluß der Schandsicht ins Gesetz hinein, das Wunder der Sprache als Befehl, sowie die Anheftung des Verschlossenen rückwirkend an den weiblichen sexuellen Körper: Frau als Scham des Mannes. Der weibliche Gehorsam aber ist immer noch nicht sicher, verläßlich genug. Es bedarf – und das ist die Substanz des Christentums – der Inkarnation dieses Verhältnisses, der Jahwenymphe als des Gottmenschen Christus: Fleischwerdung des Gesetzes und gleichermaßen des im Gesetz Verworfenen, der Sohnmann als Opfer insgesamt zur Nahrung der Welt, Erlösung. Zurück zum Lärm. Er ist, immer wenn die Befehlsstimme sich lärmend überschlägt, die Sichtanlockung schlechthin; unliebsame/gewünschteste Selbstwiderlegung der Leistung der Hülle als Inbegriff verhüllender Sprachlichkeit; Initial der Obduktion. Schlachtenlärm: der verlorene Augenblick des Erwachens wider den Trug des Gehörs das absolute Gesicht. In der Indolenz des Klangabfalls dementiert sich das volle Gelingen des Phantasmas phonetisch auf der Ebene seiner selbst; Klangabfall, der folgenlos das Andere nicht sprachlich unterworfenen Sehens vorbereitet, die Blendung der Blendung also der Lektüre, der Sprachunterwerfung des Sehens in die Wege leitet – folgenlos, das will sagen, in sich dahin und auch zurück blockiert. Denn das lärmverführte absolute Nur-Sehen, das ist der haltlose Augenblick des Erwachens im Tode, die einzige Erwachenschance, die keine ist (deshalb gibt es permanent Krieg). Wachend schlafen wir eh, je wachender umso tiefer, und deshalb auch wachen wir schlafend viel mehr, zumal wenn wir träumen. Von hierher wird einzig verständlich, daß der Teufel der Lichtträger, Luzifer, ist. Höllenlärm als Initiation des Todessehens.

Lärmschutztraum. – Die Träumerin erwacht des Morgens durch Baulärm, den plötzlichen Einsatz eines Schlaghammers in einer der oberen Etagen des Wohnhauses, in die eine ältere Dame dabei ist umzuziehen. Hier mußte eine ganze Mauer entfernt, ein neuer Heizkörper eingesetzt werden etc. Kurz vor dem Erwachen passierte der folgende Traum: die Träumerin erhält das Angebot vom Ehepaar Schönerstein, Nachbarn von ehedem in einem anderen Haus, eine Flugreise mitzuunternehmen. Der Umstand, daß die Träumerin kein Bargeld zur Verfügung hatte, löste sich als Hinderungsgrund des Mitreisens auf in der Vergewisserung, daß sie ja genügend Schecks besitze. Letzter Szenenteil: Herr Schönerstein kommt mit den gemeinsamen Reiseunterlagen. – Vom frustranen Lärmschutz: die Flugreise besagt die Flucht vor dem weckenden Lärm, weit weg (außerdem nach England, wo sich eine weitere Hausbewohnerin, also lärmgeschützt, aufhält). Flucht, die magisch in das Geflohene hineinflieht, um letztlich freilich davon doch überwältigt zu werden; Magie, die im Gegendonner der Flugzeuge zu Bruch geht. Nicht nur waren weiland die Schönersteins die nicht lärmenden Nachbarn, die sich demnach als hilfreiche Lärmschutz-Nachbarn ausnehmen können, es sind ja die schöneren Steine, die Garantie also der wohnästhetischen Restitution der Trümmer der abgerissenen Wohnungsmauer, die die Träumerin an Ort und Stelle und in einem Müllcontainer vor dem Hause sah. Die Gefahr der Bargeldlosigkeit besagt den Gegenzug zum Erwachen hin, und die rettenden Schecks und auch die Reiseunterlagen, Erinnerbarkeitshinweise außerdem des Traums (Davor und Danach der Aufzeichnung!), die Lautlosigkeit der Zeichen. Der Aufschluß alles weiteren führte zu unabschließbaren Konnotationen, die für die Grundverfassung des Traums, eines typischen Weckreiztraumes, nichts Belangvolles mehr hergeben; handelt es sich doch um die letzlich frustrane Schlaferhaltung durch Träumen, in der das Träumen die in sich gelingende Vergeblichkeit dieser Konservierung träumt. (Vielfältige Beziehungen zu einem passageren bereinigten Zahnleiden – auf dem Zahnfleisch gehen – bleiben hier außer acht; sie bestimmen die Dimension des endogenen Körperreizes.)

Vor aller längst verkommenen psychoanalytischen Gehaltsinterpretation wäre es überfällig, dies wundersame Vermögen der kontrapunktierenden Sinnenmetabasis in der sogenannten Traumarbeit beachtlich zu finden, hier dieses forcement, vollkommene modi dispositioneller Lektüre zur Gedächtnishaftigkeit selber hin gegen den Lärm in einem rasenden Tempo zu erfinden. Das heißt zugleich aber immer, zumal in solchen überaus beschleunigten Träumen, deren Erwachensschicksal ob der nicht mehr parierbaren Reizintensität sogleich besiegelt ist, daß der Traum nicht imstande sein kann, seine wie aufklärende Sehensprärogative in das besagte absolute Sehen hinein zu vollenden. Er unterliegt als solcher schon der ganzen Ambiguität der Erhaltung und instantanen Störung eines Zustands, des reinen Schlafes, der die Wachheit selber wäre, wenn er just nicht der Schlaf wäre; Traum selber, der diesen Gegenzug bis zur Selbsterschöpfung/höchsten Selbststeigerung träumt, so daß die (außerdem immer auch mitgeträumte) Traumerinnerbarkeit den paradoxen Versuch ausmacht, die Zuspitzung der Traumambiguität auszulöschen: der erinnerte Traum – der schlechte Traum. Dann aber ist der, sei es exogene, sei es endogene, Weckreiz nichts anderes als das Monitum der Grenze, nicht im Stande des unvermittelten absoluten Sehens sein zu können. Höllenlärm als Initial des Todessehens – ja; die einzige Rettung aber, die keine ist, macht die Restitution der Hülle hin zur totalisierten Obduktion als die lärmende Hülle (nicht das Umhüllte in ihr) selber.

Zwar ist das Gehör Reflexion/Reflektion schlechthin, Echo total, doch die Binnenheterogeneität, der Umstand, daß Hören die Reflexion des Sprechens ausmacht, die Differenz von Sender und Empfänger sozusagen, scheint die Widerhalltotale zunichte zu machen. Doch dieser Reflexionsbruch seinerseits scheint hinwiederum restlos geglättet zu sein in der wie kurzschlüssigen Instantaneität des Gehörs, der Einheit von Sprechen/Hören. Innere Dementierung also reflexiver Indifferenz, die sich in ihrem Dementi zugleich restituiert; Ausnahme der Sinne, daß sich der Differenzdefekt in Indifferenzbestätigung hinein überkompensiert. Man möchte fast meinen, als sei das Gehör der Urfall des Dreischritts der Hegelschen Dialektik: der Telefonhörer. Diese zum Scheine differenzkrisendurchschüttelte Indifferenz, Identität spielt eo ipso hinüber in den Begriff des Gedächtnisses (memoria), stärker noch, phantasmatischer in den des Selbstbewußtseins (im Sinne idealistischer Philosophie), in den des Paradoxon des absoluten Symbols. Und Gott sprach: Es werde Licht. Gehör, das sich das Gesicht aufsetzt, das sehende Ohr, nur daß sich dieser Aufsatz zum Herrscher aufwerfen muß (und dies auch in recht zwiespältiger Weise vermag). Fällig wäre es hier einzig, solche Philosophiezusammenhänge in neurophysiologische Hypothesen umzuschreiben und dabei die Phylo- und Ontogenese dazuzubemühen. Und nicht nur Augen und Ohren, auch Mund und Ohren bilden den rechten Winkel, schaffen somit Seitlichkeit, Profil, Fläche als Inbegriff der Realisierung des Unmöglichen.

Demnach versteht es sich von selbst, daß der Hinweis auf die ganze Brüchigkeit dieser Gehörsidentität nicht vorgesehen sein kann. Also ist der Inbegriff dieses nicht vorgesehenen Hinweises, das Echo, nimmer davon frei, ein irritierender Zusatz, eine erschreckende/faszinierende Redundanz zu sein; es geht ja auch in Geräusch, Sprachverwischung und -entstellung über und fragmentiert in seinem Nachklappen die große Einheit des Sinns. Die Narziß-Mythe, die Episode, die keine Episode ist, von Narziß und Echo sagt's in aller wünschenswerten Deutlichkeit: Echo, die/das die phoné-Phantasmatik der Einheit sanktionswürdig verhöhnt, Travestie der creatio ex nihilo, die das gehörsfundierte Gedächtnis/das Selbstbewußtsein zu leisten vermeint. So kann es nicht gedacht sein, daß die Einheit des Sprechens/Hörens zum Urabfall des Echos hin aufreißt und also mit in sich potenziertem Hohn als der hygienischste Abfall das ganze Geheimnis der

Reflexivität, nämlich (sauberes) Exkrement zu sein, so wie außerdem dann unsauber bei den sogenannten niederen Sinnen expressis verbis, preisgibt.

Ferner versteht es sich wie von selbst, daß diese Geistverhöhnung hinwiederum in freilich frustrane Regie genommen werden muß: die Geburt der phonetischen Aufzeichnungsmaschinen, die notorisch noch nicht besonders alt sind. Die Vergeblichkeit ihres bewundernswerten Gelingens besteht in nichts anderem als in der Verdinglichung des Klangabfalls selber; dieser, der Abfall, das „funktionale Phänomen" dieser seiner Aufzeichnungsmaschinität. „..., daß man das unbewußte Subjekt des Wunsches nicht mehr von der Ordnung der Maschine selbst unterscheiden kann."[2] Das Selbstbewußtsein – die symbolische Ordnung als die Implikation des Abfalls. – Frustrane Regie – nimmt man nämlich diese progrediente Reifikation des Klangabfalls als phonetische Aufzeichnungsmaschinerie, die zu sich heimkommt und sich abschließt just in der Abfallregistratur –, nimmt man diese beim Wort und buchstäblich, führt sich die Seinsbegier darin also zu Ende, daß der Körper, Klangkörper diese Klangmaschine selbst als solche sei, so produziert dieses Ultimatum bekanntermaßen Pathologie, die Sanktion also des Einbruchs in den Maschinenvorbehalt, der nur unter der Bedingung des strikten Vorbehaltsrespekts den Schein der Disponibilität aufrechtzuerhalten vermag. Also: es beginnt dann im Kopf unabstellbar zu lärmen, das Robert Schumann-Symptom – freilich erwischt es zumal den Komponisten, zumal den romantischen. Kopflärm – der gesamtkunstwerkliche Zusammenfall; es ist ja nicht das Stimmenhören, vielmehr dessen überbietendes Davor und Danach. Das sehende Gehör vollendet sich dergestalt ins absolute Sehen hinein, daß es zur letzten Sehausschöpfung des Gehörten kommt. Letzte Parade des Musik-generativen Sehschocks: der blickende Hohlkörper des Klangs wendet sich in sich um zur Sehausfüllung des Hohlraums, so daß das Sehen aufhört und als Seinsresiduum zum Tode hin der Kopflärm, identisch mit der Stille überhaupt, verbleibt. Sichtausfüllung des totalisierten Binnenraums des Gehörs als Herstellung des organlosen opaken Körpers, der seine unendliche Superfizialität auf einmal abträgt/nicht abträgt; und bevor er absolut verstummt, lärmt er im Übergang als solcher im Kopf. Schumann erkannte zuletzt seine Frau ja auch nicht mehr. Und van Gogh schnitt sich genrekonsequent die Ohren ab – vergeblich, es bleibt das Außenohr und als Außenohr immer im Profil. Damit, mit Krankheit nimmt die Regie noch kein Ende: der Kopflärm auto-

[2] F. Guattari: Psychotherapie, Politik und die Aufgaben der institutionellen Analyse, Frankfurt/M. 1976, S. 135.

tomisiert sich zur Lärmfolter. Man müßte einiges mehr über die Phantasmen der Schiffahrt kennen, um die Vorbeifahrt des Odysseus an der Sirenen-Insel gründlicher einzusehen. Schiffsimmobilie des organlosen Meereskörpers – wie sollte dann der Binnenlärm/die Stille sich nicht tödlich auswirken?

Gewiß nicht als Analogie aufgefaßt, bildet der Klangabfall den phonetischen Schatten der Dinge, zumal dann, wenn diese sich nicht verlautend zu erkennen geben, Gesicht und Gehör also miteinander kurzschließen, kein Dauerinterim von Sinnverlautung freilassen. Die ganze Ambiguität des Lärmschutzes drängt sich hier wieder auf: der phonetische Schatten will zwar eingezogen, beseitigt werden, doch dies Abstellen als Herstellung von Stillstand/Stille führt als Inbegriff des ungebrochenen Begehrens zur Totalität der Hülle, der unendlich opaken Oberfläche, dem organlosen Körper, der in Kontradiktion zu seinem Wesensumstand, daß ihm der Maschinenlärm unerträglich ist („Anti-Ödipus"), die Selbstschutzbemäntelung des Nullpunkts des Umhüllten eo ipso nicht leistet, der vielmehr den Klangabfall im Ganzen, sei es als Implosion, sei es als Explosion, absolut vorgängig macht; und also flieht das Begehren vor seinem Begehrten in sich zurück in dessen Gegenteil als das Gegenteil-Begehrte; Lärmschutz-Lärmschutz.

Es ist nicht damit getan, parallel nun zum phonetischen Schatten den Sehschatten aufzunehmen, das Verglühen als das zum-Schatten-selber-werden als die Sichtentsprechung zum Verluften/Ersticken in der phoné-Dimension; beide Schatten sind nämlich nach der Maßgabe der Gesicht-Gehör-Liaison miteinander verbunden, und dafür steht Pan. Pan, der nichts anderes besagt, als daß die Dinge von sich her nimmer sich verlichten, vielmehr nur sich verlauten können, und diese auf den Menschkörper und seine Doublierungen restringierte Wahrheit (wider die Sonne und die Glühwürmchen) ist seine tödliche Schwäche. Pan schläft am Mittag, der Zeit der Schattenlosigkeit, des Verglühenstransits der Welt; er verschläft diesen Opferübergang, indem er ihn schläft/träumt. Da aber das Schlafen/Träumen des doppelten Schatteneinzugs, zum-Schatten-selber-Werdens, die absolute Helle/Stille nur als Tod möglich und also unmöglich ist, muß Pan sich im Augenblick dieses absoluten Zusammenzugs wecken/geweckt werden, und aufgeweckt schreit er, schreit es sich los (das lauthals blökende Schaf, das sich im Schlafe blökend selber weckt). Wie gesagt, ist es seine Schwäche, daß er nur schreit. Nicht nur, daß die Selbsterschreiung, der Selbstgeburtsschrei (Pan = Alles) panisch/panikmachend verhallt, Pans Exaktheit, phantasmatisch nicht auf das Licht als Selbsterlichtung überzugreifen, eben nicht zu suggerieren, daß die Menschdinge sich a fortiori verlichten könnten, führt ihn mehr als nur mindernd am Phantasmatikgipfel von Göttlichkeit vorbei. Als rechter Gott hätte er sich einbilden müssen, unbeschadet der schattenlosen Helle des Mittags dieser Mittag selber zu sein: Pan, der dann nicht mehr, fast schon solidarisch mit dem Menschen, Pan wäre, mit einem Heiligenschein, mit einer Lichtaura, mit verklärtem Leib. Armer Pan, der er nur schreit; sprechen hätte er müssen: es werde Licht, Verlichtung einzig aus Verlautung, Selbstbewußtsein wiederum als buchstäbliche Implikation des Abfalls, imperativisch versiert. Pan das dumme Schaf, Hirtenberufsopfer, der Heideggersche Seinshirt, Rokokoko (als Volkmann-Schluck – Schluck! – bei Gabriele Henkel über den Menschen als den Hirten des Seins sprach, ließ diese eine Schafsherde an den Saalfenstern vorbeiziehen. Vorankündigung des bisher noch ausgelassenen Gestanks hier). Dieser Chiasmus versteht sich als, wie gehabt, asymmetrisches Movens seiner Aufhebung: die helle Stille erfordert die Verlautung, das lärmende Dunkel die Verlichtung. Martialische Verlichtung, die sich der Verlautung aufsetzt, und sich in diesem Aufsatz emanzipiert.[3] Sich emanzipiert: paradoxerweise als eo ipso imperativischer Verbalismus. So ähnlich auch Deleuze[4]: Es ist der organlose Körper, der die Prävokalität des Lärms absorbiert und sich so implosiv/explosiv macht; dies „reintrojiziert" als Grenze des schizophrenen Prozesses. Diese Grenze verschiebt sich/schiebt sich auf eben in der imperativischen Höhenstimme, dem Stimmenhören. C'est ça.

„Musik kennt keine Grenzen". Orpheus ist die Opferfigur schlechthin des Scheins des Nichtopfers der letzten Grenzüberschreitung, die Opferfigur damit des Mangels schlechterdings, der Souveränität des ultimativen Seinsmangels im Apriori des Tods von Weiblichkeit, Eurydike, die selber freilich als nicht Selbst-, vielmehr im vorhinein Alteritätsopfer-exkulpative Vorgegebenheit mit dem phoné-Schein der Opferlosigkeit, wie es scheint restlos, zusammenschließt; die Naijade als apriorische Geopfertheit, ausgegeben als ihr einziges Begehren, dies, eh schon geopfert zu sein als Schein des Nichtopfers, als die Ausnahmefähigkeit, lebendigen Leibes den Hades zu betreten. Im Ganzen szenifiziert, verspätet szenifiziert, tritt Orpheus

---

[3] Siehe Heide Heinz: Pan. Zeichnung, 1984, in: Kaum. Halbjahresschrift für Pathognostik, hrsg. v. R. Heinz, Nr. 3, Wetzlar 1986, S. 60.

[4] In: Logique du sens, Paris 1969, S. 225 ff.

durch den Spiegel, indem er selber zur Spiegelfläche wird, sich als diese ins Profil (rechter Winkel) beidseitig dreht und dann sich wieder dreht zum Abgang nach hinten/zum Gestalt- und Gesichts-verlustigen Vorgang nach vorne; dies in absoluter Stille. Darin besteht das Phantasma, der Wahnsinn des erfolgreichen Gehörs, Lektüre-konstitutiv eingegeben in „Wahrnehmung und Bewegung" und Fühlung; letzte Indifferenzierung der absoluten Differenz, die es nicht mehr gäbe, freilich um den apostrophierten Preis des absoluten Mangels, der begehrlichen Geopfertheit, der Opferdelegation der Eurydike. – Phoné-Wunder: Orpheus überbrückt den Styx und nimmt durch die Brücke den Fluß in Regie (rechter Winkel); er suspendiert Charon und setzt (on dit) Hades außer Kraft: Hades weint, Widerspruch fühlender Selbsttrauer über die Totheit. Der Stoff aber, aus dem die flußbeherrschende, letztindifferenzierende Brücke ist, das ist der tote Nymphenkörper, unsichtbar im totalisierten Innen, Außeninnen, Leichenganzfraß Eurydike, der Klang phantasmatisch selber, Auflösung/Herstellung von Verschiebung, Verdichtung, Verhüllung in toto. Orpheus, der aufsingt; Musik, die die Lektüre-Sichtbarkeit dieses unmöglichen Vorgangs in sich selbst verhindert derart, daß nur noch bildlos dieser Vorgang als solcher, klingende Vorgangshaftigkeit resultiert. Immerwährender Querstand der Brücke aus dem Nichts, als Fließenmachen des Flusses, der wegfließend in sich zurückfließt; Unendlichkeit des sich diagonalisierenden Quadrats zum Kreis hin, Pan-phoné, und immer der letzte Mangel an Sein in Zeit; als ob der organlose Körper nicht die peremptorische Todesstille und der implosiv-explosive Höllenlärm selber wäre, als ob man Hades tatsächlich dispensieren könnte.

Genau genommen ist die Geschichte ja die, daß der äußerst wasserscheue Orpheus eine Fischin der Spezies Eurydike fing, in der Absicht, sie das Sprechen zu lehren. Doch bevor er das Scheitern dieser seiner Pädagogik im Ersticken seines Fangs einbekennen mußte, verschlang er diesen wie süchtig mit Stumpf und Stiel. Als gravierendes Folgeproblem aber erwies es sich, daß er es nicht auf den leidigen Exkrementenverrat dieser seiner Untat ankommen lassen durfte, und es geschah die Geburt der Toilette aus dem Geiste der Musik. Eurydike nämlich schickte sich exkremental zur Wiederauferstehung als Schlange, lautlos rundherum mit ihm selber ganzkörperlich invers als Ganzfraß in ihrem Leibe. Und bevor es zur tödlichen Schlangentravestie seines also noch unvollkommenen phoné-Phantasmas gekommen ist, fraß er zusätzlich die exkrementalen Fischinnenreste – pardon – restlos auf. So der korporell exakte Eingang des Orpheus in die

Unterwelt, wo er in unüberbietbarer Schönheit um sein Leben aufsang. Sucht-Paroxysmus, gedoppelt totalisiert als Wunder der Musik. Die Pointe der Geschichte: freilich wußte Orpheus, daß Eurydike seine Schwester ist; denn einzig dieser oral gründlichste Geschwisterinzest indifferenziert alle Differenzen des sexuellen Körpers (und wird so zur Repräsentanz der Überschreitung der Lebens-Todes-Differenz): die Generationsdifferenz, die Geschlechtsdifferenz. Und mehr noch, in der Kloake des Fischs indifferenzieren sich zudem Subsistenz (exkremental) und Generativität, und man muß den Fisch schon aufschlitzen, um festzustellen, wes Geschlechts er ist, Milchner oder Rogen. Alle Menschen werden Fische, wo dein sanfter Flügel weilt. Notorisch ist ja die Engelssphäre die der Botschaft, und die Botschaft ist nichts anderes als der Schall, phoné, der Geschwisterinzest. Dies Eurydike zum ersten.

Was alles an Differenz, Einschnitt als Einschnitt, von der Suggestion durchdrungen, daß der Einschnitt nicht eo ipso in seiner Infinitesimalität den in sich rückläufigen kreisenden Strom generiere, daß er als solcher revolutionär besetzbar/existierbar sei, mahnt doch dieser mythische Überbietungstext hier an! Den Einschnitt des Anderen des Todes, der Generation, des Geschlechts; en detail die Stummheit der Fischin zu respektieren, wenigstens vor dem Verschlingen ihren Erstickungstod abzuwarten, auch sie vor der Mahlzeit zu zerlegen, zuzubereiten und zumal ihren Verdauungsrückstand nicht zu recyclen, letzteres in erster Linie, wenn schon. Wenn aber revolutionär nicht, dann kommt es zur Verhungerung, Seinsauszehrung; und weil dem so ist, machen Kultur und Barbarei auch keinen Unterschied ums Ganze, ob rohes Ganzverschlingen und Koprophagie noch obendrein, ob Essens- und Toilettenkultur, gleichwie. Mehr aber noch: in dieser Indifferenz obsiegt eh die Barbarei, wenn immer es überfällig ist, das schiere Mensch-Apriori passiert, daß die Seinsbereitstellung des Sinnenensembles als Selbstbewußtsein die Barbarei – das Selbstbewußtsein hat kein anderes sujet – absorbiert: Verschiebung, Verdichtung, Verhüllung, kurzum „Sublimation", das Sublimat als das Unbewußte. Was nicht nicht das Gehör sein kann, letztlich das sehende Hören. Orpheus der antidionysische Abschaffer der thrakischen Menschenopfer ist demnach nichts anderes als der Anschaffer desselben als Musik, die sodann moralisch zumal über die Verbotseinhaltung wachen muß, insofern sie die barbarische Untat selbstvorbehaltlich in sich selber als das Unbewußte von Musik enthält. Orpheus der apollinische Schöpfer speziell der Gynäkophagie, zumal nekrophagisch. (Mag sein, daß er statt Nymphenfleisch

Fischmahlzeiten als Kulturfortschritt empfahl – daß dies ihm letztlich nicht bekam, daß die Fische den Spieß umdrehten, das steht auf keinem anderen Blatt. Fehlt aber immer noch Christus der Fisch, der gekreuzigte Dionys. Fischgrätenanthropos, Kreuz, der absackende Körper. Haaropfer.) Vieles spricht dafür, daß der Gehörsinhalt in so etwas wie einer vorkinästhetischen Transportiertheit und mit dem Körper sich zusammenschließenden Abgelagertheit des Anderen der Nahrung durch die Blutzirkulation besteht: homogeneisierendes Rundherum. Nicht zu vergessen auch in diesem Zusammenhang, daß die Atmung diese Zirkulation unterhält – ist doch die Luft das phoné-Medium. Wie eigentlich schaute Orpheus aus? Ob der Fischdiät ein schlanker junger Mann? Schwerlich. Musikgenerativ mußte diese Diät schleunigst abgesetzt werden und also setzten sich die adipösen Strebungen musikkonsequent durch. Also: nicht nur der Text hier, der Mythos selber moniert in aller Deutlichkeit jegliche Differenz/jeglichen Einschnitt und suggeriert eben keineswegs, daß es vergönnt wäre, diese/diesen nicht immer nur als unendlich diskreten Querstand der Erzeugung des in sich zirkulierenden Kontinuums zu verwenden; Wunder des Einschnitts, des einzig schaffenden Todes. Anders geht's nicht, und der Preis für diese schöpferische Gewalt ist eh, der tötende Tod, bezahlt. Mag sein, daß der Text hier das Einschnittsmonitum, wie gehabt, des Mythos, überbieten könnte, doch bloß im Sinne der Anmahnungsperfektion, nicht als Gewalttranszendenz. Ganz im Gegenteil: alle produktiven Einschnittsmirakel sind in dieser Spättextur vorausgesetzt, vorausgesetzt in diesem Sprachwunder ultimativer Indifferenzierung. Es mag nun so sein, daß dessen Schriftabfall als unlesbarer Rest das Schriftlektüre-Recycling konterkarieren könnte. Vielleicht. Doch diese Blockade hat die Schrift als Schrift schon ereilt.

Eurydike zum zweiten, Orpheus' zweiter Verlust. „Es werde Licht". Wenn das Gehör sich kein Gesicht verschafft, so bleibt es mehr als nur imperfekt. Die folgerichtige Binnenpotenzierung des phoné-Phantasmas der Indifferenz besteht darin, daß der Klang das Licht und die Sichtgestalt generiere. Befindet sich Orpheus tatsächlich lebendig im Hades, so ist die tote Eurydike auch nicht tot; lebt sie aber ebenso, so muß sie als die Sehreflexivität, das Spiegelbild des Orpheus sichtbar sein: die auf ihre Wunderspitze getriebene Verlautung als Verlichtung, Widerspruch des Austritts, der im totalisierten Innen bleibt. Soll der Klang Gedächtnis haben – und nur memorial erhebt er sich zu seiner humanistischen Höhe –, so ist das Hades-Verbot des Sich-Umdrehens eo ipso überschritten; abermals Grenzüberschreitung als die schreckliche Großtat, sich selber, „das Subjekt der Vorstellung" hinten, nichts anderes als das Nymphenfraßexkrement zu existieren, zu sein. Der Zuspruch der Identität vergißt seinen Spiegelstadium-Ausgang und gibt also vergeßlich vor, diesen Ausgang aus sich selber im potenzierten Zuspruch der Identitätsverewigung als Gedächtnis hervorzubringen: Geburt von phonetischer Schrift, zumal der Notation, Sicht-/Nichtsicht-Aufzeichnung des Klangs. Orpheus geht ja als einziger durch den Spiegel, wird zum Spiegel selber, wendet sich ebendort beidseitig ins Profil, und dreht sich dann nach vorne und nach hinten, doppelt abgehend, ab. Indem er nach vorne frontal auf sich selber zugeht, entstaltet er sich ins fixierte Profil auf dem Spiegel ebenso hinein wie sein Abgang nach hinten von hinten. Dieser Abgang von hinten nach hinten aber, das ist Eurydike, entstaltet, vom Psychopompos Hades rückerstattet. Offensichtlich die Überbietung des Narziß in der Erfindung der phonetischen Schrift durch Orpheus. Diese Schrift ist die Besetzung der absoluten Differenz/Grenze selber als die Rechte-Winkel-Lateralität des Hinten, das Scheiße-Wunder als Klanggedächtnis; *ist,* transsubstantiativ (die Defäkationshocke bildet ja das Beinequadrat mit dem Exkrementenstrom als Diagonale, dem Profil überhaupt; und die inkommensurable Diagonale, das Subjekt verdichtet sich kollapsisch in diesem anthropologischen Hockewunder zum Exkrement, diesem Rundherum, π als die ebenso inkommensurable Schlängelung der inkommensurablen Diagonalen. Behauptet doch Phaidros in Platons Gastmahl, daß dieser schwule Witwer, der es mit Knaben konsequent von hinten treibt, ein Feigling sei und die Hades-Fahrt ein reines Schwindelmanöver. Homosexualität als Selbsthilfeakt, wider die Ubiquität des Profils, Frontalität herzustellen und dies freilich von hinten im Selben nicht zu können). Kulmination des Seinsmangels also in der Grandiosität der phonetischen Schrift; Seinsmangel freilich des Textes hier nicht minder. Der Eingang zum Hades ist mit Pergament/Papier überspannt, Styx zu Charon geworden.

Da fehlt aber noch in der Erfindung der Notation auf der Grundlage der Gynäkophagie ein entscheidendes Zwischenstück: der Schatten. Als Orpheus zur Oberwelt aufstieg/in die Unterwelt abstieg, da störte ihn, auf Verlichtungskurs aus Verlautung befindlich, sein je vor ihm coeunter Schatten. Die Irritation über diesen lichtlosen Schandfleck war groß, dies insbesondere, weil dieser Schatten nicht nur nicht Licht war, vielmehr, seine inbrünstige Musik übertönend, leise lärmte: sirrender Schatten überall im Ausgang von diesem seinem Schatten Eurydike. Was gegen diese

Kunstzerstörung tun? Wie bekannt, drehte sich Orpheus um, und zwar um die Lichtquelle je hinter ihm, die den Schatten seines Aufgangkörpers bewirkte, selber einzusehen, also diese selber als Abschluß der restlosen Verlichtung aus Verlautung zu sein, endlich das volle Subjekt. Sich selbst aber in absoluter Verlichtung als Lichtkörper Licht aus Lautung zu sein, Produzent demnach des eigenen Schattens, der sich in dieses Selbstlicht – reiner Mittagskörper – kontrareisierend einzieht, das wäre der Tod des Verglühens. Wie aber rettet sich Orpheus vor diesem Tode? Indem er klang-/gehörskonsequent abermals im Scheine des Nichtopfers das Alteritätsopfer abermals und potenziert vollbringen läßt: Eurydike, die verbrennt, der verkohlte Fisch, nachtschwarz wie es der Schatten war, dem Hades zurückgegeben. Was ihm aber bleibt, das ist die Notation, also die produktiv verlustige Abtrennung der endgültig verlorenen Eurydike zur Aufzeichnungsfläche und zum Zeichen, schwarzundweißund, das Klang-vermessungssystem als skripturales Klanggedächtnis.

Dieses aber ist die Umdrehung selber, die Drehung zur Lichtquelle hin, im rechten Winkel zum Schattenwurf, in der Tat so etwas wie die reine Quer-linie als Generator von Fläche, Seite, Profil: also doch das volle Subjekt der Selbstverlichtung aus Verlautung, Notation, das volle Leersubjekt. Im Moment der folgenreichen Bildung dieser Querlinie siehthört Orpheus die Fischin Eurydike im Profil im Wasser. Bliebe es aber rein dabei, so verbliebe der Schatten als der absolute Anblick und der Lärm schlechthin, also muß dieses Unding als ganzes auf die Erde, in die Luft versetzt werden, und dienstbar darin die Wasseroberfläche eben als Spiegel – Spie-gelung, die längst schon phonetisch zur Hyperidentität, zum Kontinuum selber apriori geworden ist; Schatten also ins Spiegelbild verwandelt als Schatten, Aufzeichungsfläche und Zeichen, Klangvermessung. Im Riß des Vorgangs und Abgangs ist entreißend die Quere aufgespannt, Eurydike tottot, Verglühen/Verkohlen, das weiße Notenpapier die Lichtquelle, die schwarzen Noten der Selbstschatten des Lichts ohne Körper, und alles dies als Verlautung. (Hier spätestens wäre die Stelle erreicht, an der die Klang-vermessungsdimensionen, Klangparameter – Höhe, Dauer, Stärke, Farbe – differenziert werden müßten.) „Die Sonne tönt nach alter Weise." Die Notation wäre demnach der Lärmschutz schlechthin. Wenn aber die Allver-messenheit des Klangs durchführbar geworden ist, wie in der elektroni-schen Musik, so generiert diese Letztdisposition des Klangabfalls hinwie-derum nur Klangabfall. Die Todesiteration der Eurydike bis dahin bewirkt also, daß die unendlich tote Eurydike nicht tot zu kriegen ist. Doch das ist keine Hoffnung auf ein Anderes, der Anfang vielmehr der Apokalypse.

Die Reflexionsverfassung des Schattens verhindert zugleich alle Reflexionsbestimmungen; so wie sie am Spiegelbild abnehmbar sind. Als Umrißgabe ist er die Profilität selber, Seitlichkeit, Fläche, deren Dunkel Frontalität/Abbild absorbiert. Diese seine Charaktere machen ihn unbedarft, in sich kursierende Einräumung/Zeitigung, Gestalt/Identität/Gedächtnis auszubilden; er enträt der Dritten-Funktion des Spiegels selber, der unendlichen Metonymie der absoluten Grenze der Null als die Metapher des Realen und Imaginären zum Symbolischen, und da diese Vorgänge die reinsten Zusprüche sind, fällt er sprachlos aus, schickt sich also zum absoluten Auge, das dieser entsprachlichten Sehensweise gemäß, so als sei dies die einschlägige Hülle, die keine sein kann, lautlos lärmt. Wie schon gesagt, besetzt der Schatten in dieser seiner radikalen Asensualität und seiner entindividualisierenden/ideierenden Entstaltungspotenz den Übergang vom Gesicht ins Gehör; und seine offensichtliche Banalisierung hat ihren Grund darin, daß dieser Übergang den wohl unerträglichsten Moment in der Generation kurzum von Sprache und deren ganzer Phantasmatik ausmacht. Die Disziplin des Schattens ist sodann, wie gesagt, die Schrift, zumal phonetische Schrift, Notation/Klangvermessung, die Subsumtion also der Schattenabträglichkeit unter das Spiegelphantasma der phoné. Schatten sind außerdem mehr silenisch als solar: Sonne und Spiegel, Mond und Schatten. Der Mond ist ja auch nur ein Erdtrabant.

Eurydike zum dritten und letzten. Damit hat Orpheus alles musikalisch geleistet, was je geleistet werden kann: Musik als ganze, letztgrandios und letztdefizitär zugleich. Fehlt nur noch, den zu Ende geführten Mangel als Grandiositätserfüllung zu beseitigen, und das heißt nichts anderes, daß diese Kulturschöpfung sondersgleichen tradierbar/lehrbar, demokratisiert/sozialisiert werden muß, letzteres insbesondere rein konsumatorisch. Insofern aber die Apriorität des doppelten Todes der Eurydike musikkonstitutiv gilt, muß es, da es keinen Alteritätsopferstoff mehr gibt, Orpheus selber, der ja dieser Alteritätsopferstoff als ganzer (geworden) ist, an den Kragen gehen. Das begab sich folgendermaßen: Orpheus entwickelte zunehmend eine Fischinnenfreßsucht, und das heißt, er begann seine schönen Partituren aufzufressen, wurde selbst so ultimativ zu Eurydike; Eurydike aber ist apriori tottot. Und also der Opfertod des Orpheus gar nichts besonders Erhebliches, und die Mänaden entsprechend gar nicht schrecklich, barbarisch, vielmehr nur darauf bedacht, die progressionstiftende Angemessenheit des Todes des Sängers und Gitarristen auszuführen.

Orpheus' Gynäkophagie, der Eurydike-Ganzfraß, das Klangphantasma der Indifferenz hatte sich ja bereits als Notation sehend gemacht und damit, wenngleich „nur" im Profil, verräumlicht. Die Notenphagie aber als sichtspatialer Auseinanderzug der Nymphenleiche muß sich explosiv wie eine Bombe auswirken, den Körper also zerreißen; das ist die Macht des Buchstabens/der Note, nur noch spatial und sichtig selber, Raptur der phonetischen Identität. Es konnte also nicht gutgehen zu meinen, das Raumding und die Sicht löse sich restlos in Klang als deren Erzeugung auf. So das durchaus pietätvolle und selbst noch in der Rache am (on dit) unschuldigen Opfer den letzten Fortschritt erwirkende Werk der Mänaden. Orpheus, die lebendige Hadesnymphe mußte es selber so wollen: den gefangenen Fisch möge man ordentlich schlachten und zerlegen, ein Musikappetithäppchen für die Ioner, die Dorer, die Lyder etc. Den ungenießbaren Kopf aber, den sie wie einen Personalausweis an die Leier nagelten, warfen sie wie Abfall ins Meer. Nicht zu verhindern aber war dabei der Opfercharakter dieser Exkrementation, also der Umstand, daß, gleichwie, die Progreßrestitution des Geopferten im Toten immer zu gewärtigen ist: das Meer folgerichtig als koprophagischer Schlund dieses Kopfexcrement als Inbegriff eines imperialistischen Musikkolonialismus, Inselbeglückung über die Festlandsbeglückung hinaus (die Insel wie eine Note auf dem Notenblatt). Lesbos dann als das erste Konservatorium des ausgeweiteten Landes. Der Mänaden Werk: imperial gar wird diese große Kulturschöpfung Musik nichts als bewahrt – en gros die lärmende Unhülle um das absolute Sehen herum, endgültig in der Musiktradierung in die Indifferenz des Klangphantasmas hinein memorial aufgehoben. Letztexkulpation, greulich, aller Greuel, Eurydike gar macht im Verein ihrer Schwestern Orpheus-Musik. Und nichts als schön ist diese also. Haben Sie schon einmal erlebt, daß Noten unter der Theke gehandelt werden müssen, weil sie unters Pornographieverbot fallen?

Eurydike und der Lärmschutz – je mehr Lärmschutz um so mehr Lärm. Die tottote Eurydike ist im Toten unstillbar; ja mehr noch, der progrediente Lärmschutz bringt den Lärm progressiv allererst hervor. Das kann nicht anders sein: wenn immer nämlich die Verlautung aufzeichnet, sie sich Gedächtnis verschafft, ist sie gehalten, aufs Sehen überzugreifen, also sich zu verräumlichen, sich skriptural/notativ auszudehnen. Hypertrophiert nun aber unabweisbar die Schriftlichkeit zum dienstbaren Herrn des Klangs, zu dessen Ursache, Urverschuldung, so entzieht sie sich immer zugleich auch dieser ihrer herrlichen Dienstbarkeit, um die reine Herrschaft als Selbstzerfall, Fragmentierung, Explosion anzutreten: die Buchstaben für sich der Klangabfall. Die beste faktische Probe aufs Exempel: die elektronische Musik in ihrer eschatologischen Identität von Schrift und Maschine, der Erfüllung also des Lärmschutzes. Wie schon angedeutet, ist sie Lärm, Lärm als „funktionales Phänomen" der Schrift-Maschinen-Identität. Moderne ins Profil gekippt, die die schönen Künste alle gesamtkunstwerklich als verschwindende Auch-Möglichkeit impliziert. Allsehen (kein Sichtschutz mehr) und Allhören: Orpheus' Stunde ist gekommen. Wie eigentlich kann man auf die Idee kommen, daß die künstlerische Moderne revolutionär sei? Von besonderem Belang in diesem Zusammenhang erwiese sich schließlich die musique concrète (immerhin, Pierre Henry hat einen Orpheus geschrieben). Als ich das Lärmen lieben lernte. In der Tat, der konkretistische Klang, der nicht nur an der aberwitzigen Redundanz dieses Konkretismus bis hin zum Verstummen leidet, der vielmehr durch die maschinelle Simulationspotenz, die der Simulation bare, desselben überholt ist.

Über die Synchronie des Mythos ist nicht sehr viel zu sagen. Orpheus' Stunde ist gekommen. Der grenzenlose Mangel der phoné-Fülle provoziert die Frage nach der Herkunft dieses Widerspruchs. Es ist der Mythos als die Insistenz von Genealogie, die diese Herkunftsfrage, man möchte meinen erschöpfend, beantwortet. Welchen Status aber hat diese Antwortinstanz in diesem Widerspruch? Gewiß nicht die, diesen „Kulturwiderspruch" aufzulösen – das geht nicht: der Mythos reproduziert ihn dann nur –, vielmehr deren eo ipso drohender Entropie zu wehren. Je potenter aber diese Wehr, umso drängender der Kulturprogreß und umso aufklaffender seine Binnenwidersprüchlichkeit. Dessen eschaton – wir gehen epochal wohl darauf zu – ist der Widerspruchwiderspruch des schließenden Aufklaffens/des aufklaffenden Schließens, in der die mythische Aufklärung/Genealogie selbst ihre angestammte progreßbesorgende Wehrvalenz einbüßt. Der Fall aber, diese Herkunftsabsorption, der Genealogieeinzug selber sein zu wollen, landet gradenwegs in der Psychiatrie und gedeiht dort zur höheren Ehre dieses fortgesetzten Unwissens. Und der Text hier in seinem Parasitismus daran richtet dagegen nichts aus.

Preisfrage: wer kennt Gestank-Mythen? Nun ist aber nachweislich der Gestank im thematischen Mythos mit dabei. Wird der Schatten/das Profil/Seitlichkeit/Fläche in das Spiegelverhältnis hinein (de)plaziert, die Fischin also gefangen, ans Land in die Luft gebracht – es ist dies ja der Augenblick der doppelten Profilabdrehung vor dem letztlich dann entstaltenden Ab- und Vorgang –, so entsteht nicht nur Lärm, sondern gar in erster Linie Gestank, hygienischer Klangabfall und zumal bestialisch-gammelfischiger Riechabfall des sich in sich selbst hinein vorbehaltenden Opferstoffs. Im Mythos ist dies so, daß musikgerecht Nymphe Eurydike auf einen Schlag verwesen würde und entsetzlich stänke, Gestank-Apriorismus (und freilich ist dieser Ganzgestank nichts anderes als die Totalisierung des Genitaliengestanks, menschlich); und es hat fast den Anschein, als schaffe Orpheus, indem er mit dem apostrophierten gynäkophagischen Ganzfraß, der apriorischen Aufgefressenheit der Eurydike, auf dieses Geruchsmalheur pariert, dem Geruch über den Gestank Gedächtnis an, was ja im Falle der sogenannten niederen Sinne eh nur halluzinatorisch funktioniert, also nicht funktioniert. Geruch/Gestank enträt der Reflexion, der Aufzeichenbarkeit; dieser niedere Sinn verweist, wie man meinen möchte ersatzhaft, direkt aufs Exkrement, gibt also seine Aufzeichnungsverlustigkeit sogleich ein in das Aufzeichnungsvermögen selbst als solches, legt dann auch in dieser scheinbaren disqualifizierenden Kurzschlüssigkeit, dieser Präsenzbindung nahe, durch den Pfusch des Parfüms substituiert zu werden, so als sei die Parade des Wohlgeruchs gleichwohl die in ihm selber ausgefallene Reflexivität, die freilich zumal parfümisch keine ist, aber immerhin. Sieht man genau genug hin, so vermöchte man die Prärogative des Gestanks am Profil gar zu sehen: Inbegriff des Umrisses ist die Nase (die sich im Menschwerdungsprozeß in dieser ihrer Valenz progredient stärker ausprägt – Tiernasen sind dagegen rein frontal, doch eben ohne Spiegelwertigkeit); wohingegen das Ohr wie ein Eigenprofil der Gesichtsprofilfläche (hinter der ja der Mahlapparat tätig ist) aufheftet: Ohrflucht der Nase, jedoch in Dasselbe hinein, die orphische Fluchtlinie außerhalb des Wassers. Allein, der Gefressenheitsapriorismus, das sofortige Verschwindenmachen der Fischin im eigenen Körper, so als sei dieser der revenant des Wassers selber, verfängt schlechterdings nicht, Gestank als Gestank selber zu sein; die Exkremente handeln dem im Ganzen zuwider und also müssen diese a fortiori und ebenso sogleich, apriori gegessen und getrunken werden – so ja nur vermag sich Gedächtnis zu etablieren. Exkremental bleibt das Selbstsein des Gestanks unerwünschterweise außenvor, vorbehaltlich, und indem es sich auf den Status der memoria, des totalisierten Innenseins hin versiert, demonstriert es an sich diese seine mächtigen Eigenschaften: als das Hinten ist es die absolute Frontalität, bar indessen in seiner Entstaltetheit der Spiegelungsfunktion; womit es zum Profil-Profil selber gedeiht, Profilfixation, Aufzeichnung. Der Urin aber ist (außenvor, innen, wiederveräußert) die

Spiegel- als Aufzeichnungsfläche und darin der Verteiler, Ausbreiter der Kompaktexkremente als Zeichen/Schrift. So schließlich die vollendete Ruchlosigkeit des Selbstseins des Gestankgestanks. Auch ist es Orpheus (Eurydike), wenn es stinkt, nur daß die Ruchhaftigkeit der Ruchlosigkeit anders als bei Stille und Lärm verschwindend präsentisch bleibt. Also kamen die Mänaden, als Orpheus entsetzlich zu stinken begann. Und konsequent verteilt sich der ruchlose Kopf als Abfallinbegriff im Meere nicht.

Flipper-Fragment

(aus: J. Clair, C. Pichler, W. Pircher: Wunderblock. Eine Geschichte der modernen Seele, Katalog zur gleichnamigen Ausstellung, herausgegeben von den Wiener Festwochen, Löcker, Wien 1989)

Was hat der Flipper mit dem Ganzen der psychoanalytischen Metapsychologie zu tun, wie im einschlägigen Exponat doch unterstellt? Mitnichten illustriert der Spielautomat arbiträr per analogiam irgend didaktisch die Funktion des psychischen Apparats. Wenn schon, figuriert dieses mortale Sonderding als Organprojektion des vitalen Innenmechanismus der Seele (und umgekehrt dieser als Introjektion jenes). Womit die enorme Flipper-Faszination miterklärt sein könnte: aus dem Begehren nämlich der buchstäblichen Selbstanschauung des Körpers im Ding, der Psyche im Flipper – in Maschinität als der exkulpierenden Körperüberbietung, die, wahrlich transsubstantiativ, den Inbegriff aller Differenzen, die Lebens-Todes-Spaltung, phantasmatisch, um nicht sogleich zu sagen: wahnhaft, einstreicht. Der Flipper – ein imponierendes Todestrieb-Dokument demnach, das die Ästhetik des Übergangs maschinischer Körper-Selbstansichtigkeit, man möchte meinen: vollständig, besetzt; eine beispielhafte Wunschmaschine, in ihrem Dazwischen wiederum zwischen Glücksspiel und Leistungssport, und abermals zwischen, very flippant, zwischen Allem: *„Der Spieler begreift sich nicht mehr als ‚Spielender', sondern empfindet die Maschine als natürlichen Teil seines Körpers und seiner Seele – und umgekehrt sich als Teil der Maschine. Es ist, als ob die Flipper direkt auf die Gedanken des Spielers reagieren würden und der Spieler seinerseits den Druck der Kugel gegen die Flipper körperlich empfände."*[1] Folgerichtig wegen dieser Interim-Unendlichkeit, den im Flipper zum Zwischending gewordenen Seelenapparat erneut in einem Dazwischen, filmisch nämlich, zu exponieren? Jedenfalls entsprechen sich Text – hier mein schriftliches Flipper-Fragment – und das in der Ausstellung laufende Flipper-Video jedenfalls in ihrer different medialen Abständigkeit (ansonsten – der intellektuellen versus ästhetischen Ambition nach – freilich nicht).

Der Zwischentotalität wegen sind die fraglichen Projektions- (und Introjektions-)Verhältnisse nicht eben nur simpel. Für's erste wird man behaupten

---

[1] R. Polin/M. Rain, Wie man besser flippert! Tricks – Technik – Theorie, Köln 1982, S. 125.

dürfen, daß das Flipperspiel eine avancierte autotom-maschinelle Externalisation des Primärprozesses und transsubstantiativ sei; des Primärvorgangs mit seinen Basisvorgängen der Verschiebung und Verdichtung, der Metonymie und Metapher, so wie diese im Traum beispielhaft apo-kalyptisch sind und in ihrer Nichts-teleologischen Begehrensrigidität der *„freien"* Energie wie jeglichem Liberalismus, die sie austragen sollen, Hohn sprechen.[2] – Der Maschinitätscharakter der Flipperveräußerung des psychischen Primärprozesses besteht indessen darin, daß sich projektiv/(introjektiv) der algorithmische underground, die Energetik/die quantitative Ökonomik desselben, isoliert: epoché der Semantik, Reduktion des Sinns und der Bedeutung – Flipper, der auf's Ganze geht, sofern das, wovon sich enthalten wird, sich von sich selber, selbst- und anderen-produktiv, zugleich je enthält (und was sich als Flipper-Bemalung, Design, wie ikonologisch selbstdarstellt). Nicht aber gibt es damit den reinen Primärprozeß, wiederum in sich bereinigt zum Hadesleben seiner reinen Energetik (der Repräsentation des reinen traumlosen Schlafs), absolvent; in dieser seiner pursten Version eh immer nur am Ort des Gebrauchs, in der *„man das unbewußte Subjekt des Wunsches nicht mehr von der Ordnung der Maschine selbst unterscheiden kann"*[3], trägt vielmehr den Primärvorgang der scheinbare Kontrapart des Sekundärvorgangs zumal; Kontrarietätstragbarkeit, sodaß sich das metonymisch/metaphorisch apo-kalyptische Produktionsphantasma in seine eigene Epikalypse, seine unverzichtbare Verschlußfolie, gleich ob innen oder außen, einzutragen – unanamnestisch (zwar, doch) vor/rück/ganz dazwischen einzutragen – nicht umhinkommt. Beweis: die Gegenprobe führte innen oder außen, gleichwie, zum letalen Desaster letztlich von Tod und Dingvernichtung, als Ranküne der Indiffe-

---

[2] „ ...: *beim Primärvorgang strömt die psychische Energie frei ab, da sie ohne Hindernisse nach den Mechanismen der Verschiebung und der Kondensation* [recte: Verdichtung, d. Verf.] *von einer Vorstellung zur anderen übergeht; sie strebt danach, die Vorstellungen in vollem Umfange wieder zu besetzen, die mit Befriedigungserlebnissen, welche den Wunsch konstituieren (primitive Halluzination), zusammenhängen."* (J. Laplanche/J.-B. Pontalis, Das Vokabular der Psychoanalyse, 2. Bd.; Frankfurt/M. 1973, S. 397). Dies mag selbst dann noch mißverständlich klingen, wenn man sogleich hinzunimmt, daß die *„Wunschbesetzung bis zur Halluzination"* instantan *„die volle Unlustentwicklung, die vollen Abwehraufwand mit sich bringt"* (sc. eben die Abwehrpermanenz von Verschiebung und Verdichtung paradoxerweise wider die letale Wunscherfüllung), auf den Plan rufen muß. (Ebd., S. 398, Freud-Zitat)

[3] F. Guattari, Psychotherapie, Politik und die Aufgaben der institutionellen Analyse, Frankfurt/M. 1976, S. 135.

renz des Primär-und Sekundärprozesses seiend, pur. Es reicht also immer bloß und ästhetisch bishin zur maschinell obskuren Selbstaufklärung der Maschine selber als Wunschmaschine, bis hin zu dieser dubiosen Flippergunst; und, bitte, immer gebührend diskret versus kontinuierlich, mit Einschnitten; sonst nämlich hätte das Jenseits schon begonnen. *„... was das höchste Ziel jedes hingegebenen Flipper-Spielers ist – das Ziel, das sogar noch das Samsara (sc. ein endloser Kreis von Leben, Tod und Wiedergeburt) des kontinuierlichen Spiels mit wiedergeborenen Kugeln transzendiert. Dieses Ziel besteht aus dem ununterbrochenen, ewigen Spiel einer einzigen Kugel; es ist Nirwana."[4]* (bonne chance!) Diskretion, kurzum, die sich im Flippergebrauch, dem -spiel, nicht zuletzt als Regie – freilich differenziertestes Zwielicht von Regie, so als sei es vergönnt, als Träumer/Traumautor beispielsweise immer wenigstens ein mehreres Wenig das Traumsubjekt/automaton je des flüchtigen Begehrenstelos wie im Vorgriff selber sein zu können – dartut.

Jetzt wäre die Differenzierung des Flipperspiels nach der Maßgabe derjenigen des Primärprozesses in seiner energetischen epoché fällig. Wie kommt es zur *„Wunschbesetzung bis zur Halluzination"*, jenem ersten Teil des Primärvorgangs, und sodann zu dessen instantanem zweiten, der *„... volle[n] Unlustentwicklung, die vollen Abwehraufwand mit sich bringt?"[5]* Wie kommt es etwa zum Übergang des NREM- in den REM-Schlaf[6], oberflächlich gesehen per analogiam flipperisch? Durch den Geldeinwurf (Zahlung und Finanzierung ineinem) und durch den Kugelabschuß, die Plunger-Betätigung: Bereitstellung und Eröffnung des Spiels/Spielfeldes, das ist die *„Rücksicht auf Darstellbarkeit"* (nichts anderes als die apostrophierte *„Wunschbesetzung bis zur Halluzination");* durch Opfervorgänge also, solche (wie immer) jedoch, deren Veräußerungswesen, verteilt entschärft explosiv, die Einbehaltungsimplosion zumal dann verhindert, wenn sich ästhetisch interimistisch im Dingexternalisat gar selber, dem Spielautomaten, das Phantasma als das entsprechende Spiel rückeinträglich offenbart: die vollkommene infinite Besetzung des Übergangs. Zugleich aber muß in dieser letzten Wünschbarkeit, so sie sich ausführt, *„die volle*

---

[4] Polin/Rain, S. 123.

[5] Laplanche/Pontalis, S. 398.

[6] Die neuere Schlafforschung unterscheidet die REM-Phasen (rapid eyes movement), Phasen von heftigen Augenbewegungen, von den Non-REM-Phasen. Die REM-Phasen sind die der Traumtätigkeit.

Unlustentwicklung" mit ihrem *„vollen Abwehraufwand"* rettend intervenieren, und dies ist nichts anderes als das avisierte Spiralenspiel der Verschiebung und Verdichtung, Metonymie und Metapher, insofern strengste Abwehrinbegriffe, als alle reizende Mühe ja der Telos-/Atelos-Verhinderung gilt: daß die Kugel eben nicht das Spielfeld verläßt/nicht im Loch verschwindet. Kontratelos etwa der Fortsetzung des träumenden Schlafs wider das Erwachen (oder wider den traumlosen Schlaf). Nur daß es darinnen des Einschnitts bedarf (und immer auch des Anfangens und Aufhörens – des Erwachens/des Rückfalls in reinen Schlaf), jenes Transits etwa des Neubeginns einer weiteren Phase des Schlafens und Träumens, in dem sich die visualitätsprivilegierte halluzinatorische Szenerie (im Flipperspiel raffiniert ja die unberührbare Real-Mitsicht der Kontiguitäten, partiell taktil von außen regiert) sinnen-metabatisch in phoné, den phantasmatischen Ursprung der frustranen Totallektüre hinein je zu erholen versteht. (Müßten sich die notorischen Flipper-Musikalien nicht also auf das Verschwinden der Kugel irgend verdichten?) Geschehen diese Einschnitte nicht, käme es zum ununterbrochenen ewigen Spiel einer einzigen Kugel, so wäre das besagte Nirwana/das Jenseits am Werk – Psychose demnach (der paradoxen Repräsentation mechanisch des reinen Schlafes wegen quasi epileptoid stigmatisiert) und auf die Dinge hin, isoliert, noch Schlimmeres. *„In einem sehr realen Sinn kann ein Spieler, der sich im Spiel verliert, tatsächlich das Gefühl bekommen, daß die Kugel auf dem Spielfeld nicht nur ein eigenständiges Leben beginnt, sondern er auch daran Anteil hat; er hat es ja gewissermaßen erst vermittels einer Münze geschaffen, dann den Plunger zurückgezogen, und so die Kugel aus ihrer maschinellen Mutterhöhle hervorgeholt. Unter Spielern hört man sehr häufig, daß eine Kugel, die das Spielfeld verläßt, als ,tot' bezeichnet wird, während eine Kugel, die wunderbarerweise aus dem Bereich unterhalb der Flipper wieder ins Spiel zurückkehrt, oft auch ,Lazaruskugel' genannt wird."*[7] Fehlt empfindlich nun aber noch die Systematik der Verschiebungen und Verdichtungen; wozu es der doppelt fachkundigen Transskriptionen bedürfte: Was sind kurzum im Primärprozeß Überrollpassagen, -buttons, Targets, Bumpers und so weiter? Man darf argwöhnen, daß die ambigen Hindernisarten auf dem Spielfeld die Metonymie-und Metaphern-Spezifizierung maschinell erschöpfen.

---

[7] R. Polin/M. Rain, S. 122.

Was will man noch mehr als diese perfekte Wunschmaschine mit ihrer tätigen Ästhetik, der Selbstanschauung der Transittotale des Phantasmas, eingehend in die Mechanik desselben (so etwa wie die Repräsentation des reinen Schlafs im erinnerbaren Traum)? Wahrlich ein göttliches Spiel, visio (tactio) Dei; so daß sein Oberpriester im Übergang zur sich aufzehrenden Psychose/dem Jenseits (wenigstens) Mechanik-mimetisch der höheren Sinne verlustig sein muß: der taubstumme und blinde Flipper-Zauberer Tommy (Held der Rock-Oper *„Tommy"* der Gruppe *„The Who"*)[8]. Traumspiel Himmelslust. Sexuelle Symbolinterpretationen aber wären läppisch. Wenn schon, dann passiert in dieser ultimativen Flipper-Schwimmflossen-Flügel-Schamlippenwehr keuschest das eingeschlechtliche Spiel der Virginitätsbewahrung und -wiederherstellung der Jungfraumutter Maria im Himmel als exklusive (kastrationsfundierte) Kreation von Männlichkeit filial und paternal dergestalt, daß der göttliche Sohn die dingliche Vorbesetzung des gesamten Frauenkörpers als den Himmlischen Vater produktiv exekutiert: die Basis der unio mystica des irdischen Flipperspiels sodann, wie ausgeführt. America for ever, Gottes eigenes allerchristliches Land. Scheinbar säkularer gesprochen, definiert die Psychoanalyse nicht nur in ihrer Metapsychologie, zumal auch in ihrer Praxis – deren *„Spiel"* –, wenn immer sie die Prärogative des Unbewußten, des Primärprozesses (des Todestriebes) noch aufrechtzuhalten verstände, den Inbegriff der zölibatären Maschine.[9] Der Flipper demonstriert es, freilich transsubstantiativ.[10]

---

[8] Ebd., S. 9.

[9] Siehe G. Deleuze/F. Guattari, Anti-Ödipus. Kapitalismus und Schizophrenie I, Frankfurt/M. 1974, passim.

[10] Wohl zum ersten Mal bedient sich Laplanche innerhalb seiner Diskussion des *„Entwurfs einer Psychologie"* im Kontext des Problems des Realitätszugangs einer Flipper-Analogie. Das liegt vom *„Entwurf"* her gewiß besonders nahe, reicht aber schwerlich über einen illustrierenden und nicht eben ausgeführten Analogiegebrauch hinaus. Doch immerhin – nimmt nicht, den Übergang von einer Metapher zu einer Metonymie als *„Realitätszeichen"* anzusehen, mindest doch die rettende, in dieser Hinsicht wohl realitätskonstitutive Defensivseite des Primärvorgangs (*„die volle Unlustentwicklung"* mit ihrem *„vollen Abwehraufwand"*) teilweise auf? *„Im frühen Freudschen Denken findet man keine Problematik der Art, daß der Zugang zur Realität immer unsicher, hypothetisch und tastend bleibe, von einem sozusagen monadischen Zustand des Apparats aus erfolge. Das System Bewußtsein ω befindet sich zwar an seinem entgegengesetzten Ende; dennoch sendet es gleichsam automatisch das aus, was Freud ‚Realitätszeichen' nennt; dies wäre als eine Art ‚tilt'* [hier irrt Laplanche, es handelt sich um eine erneute Abfederung; d. Verf.] *zu verstehen, vergleichbar mit dem, was jedesmal geschieht,*

wenn beim Flippern ein bestimmtes ‚plot‘ getroffen ist. Wenn Reales wahrgenommen
wird, löst das automatisch und jedesmal neu eine Abfuhr aus, eine Reihe von Abfuhren,
die das System ψ über den ‚Realitätswert‘ der Reize informiert, denen es ausgesetzt ist."
(J. Laplanche, Leben und Tod in der Psychoanalyse, Olten/Freiburg 1974, S. 90). Freud
unterscheidet im „Entwurf einer Psychologie" drei Systeme von Neuronen: das System
phi, das System psi und die Wahrnehmungsneuronen omega. „Das System φ sei jene
Gruppe von Neuronen, zu der die Außenreize gelangen, das System ψ enthielte die
Neuronen, welche die endogenen Erregungen aufnehmen." (Aus den Anfängen der
Psychoanalyse, London 1950, S. 312)

Das „wilde Denken"

Heidegger im Denk-Wildheitsvergleich mit Lévi-Strauss, der herkömmlichen Psychoanalyse und auch der Anti-Psychiatrie

(aus: Zeitkritik nach Heidegger, herausgegeben von W. Schirmacher, Die Blaue Eule, Essen 1989)

Der Titel „wildes Denken" stammt wohl von Lévi-Strauss, wenngleich die Neigung bestehen mag, denselben auf den gesamten Strukturalismus und insbesondere den Poststrukturalismus auszuweiten. Fällig wäre es demnach fürs erste, Lévi-Strauss' Begriff des „wilden Denkens" derart aufzubereiten, daß seine Kriterien auf Heideggers „Kritik" der „Abendländischen Metaphysik" bezogen werden könnten. Um das Ergebnis dieses – nicht eben naheliegenden? – Bezugs vorwegzunehmen: gewiß würde Heidegger Lévi-Strauss' „wildes Denken" als eine Endzeitgestalt der „Abendländischen Metaphysik" geltend machen, mitnichten also als eine Philosophie, die den Bannkreis dieses ubiquitären Monsters irgend quittierte. Und dieselbe Fatalität eines hinwiederum verkannten Rückfalls der Kritik ans Kritisierte gilt a fortiori für die traditionelle ichpsychologisch versierte Psychoanalyse, einschließlich deren Schattenwurfs: der „abstrakten Negation" Anti-Psychiatrie. Heidegger demnach der einzig widerspruchsfreie „wilde Denker"?[1]

---

[1] Zum Strukturalismus zählen „Klassiker" wie Lévi-Strauss, Althusser, Barthes, Lacan; zum Poststrukturalismus wohl Philosophen aus ehemals Paris-Vincennes: Deleuze, Guattari, Lyotard, Irigaray, auch Baudrillard. Autoren wie Foucault und Derrida z.B. sind zu dieser Unterteilung weniger eindeutig zuzuordnen. Die „Wildheit" dieser üppigen Philosophietendenz beruht allemal auf ihren rationalitätsgenealogischen Potentialen: der Nachweis gilt, daß totalisierte Aufklärung alle Heterogeneität zu absorbieren und in sich – im Toten als Delir der Vernunft selber – freizusetzen versteht. Fragt sich dann nur, ob diese Wesenspotenz der ratio philosophisch affirmiert oder verworfen werden müßte.

Bezeichnenderweise lief der Import dieses (on dit) wilden Denkens, das einzig noch große traditionelle Philosophie fortzusetzen versteht, in der BRD in erster Linie in mehr oder weniger subkulturellen Bahnen (z.B. Merve-Verlag, Berlin). Für jemanden wie mich, der wegen seiner Vorlieben für's moderne Frankreich mehrere Zensuren über sich ergehen lassen mußte, war es eine überraschende Erfahrung, daß sich die Augsburger Heidegger-Tagung an mehreren Stellen für solche angeblichen Philosophie-Wildheiten permissiv erwies; es gab dort Beiträge zu Derrida (Engelmann), Lyotard (Welsch), Lacan (Dimpl), Baudrillard (Kamper).

I. Lévi-Strauss: Das wilde Denken

Dieses nimmt sich von Anfang an gegen Sartre als die letztliche Koinzidenz von „analytischer" und „dialektischer" Vernunft aus. Diese, der bloße Schein eines Widerparts, fungiert ausschließlich als die Binnenmotivation jener, bar irgendeines Überschusses anderswohin.

„Für uns ist die dialektische Vernunft immer konstituierend: sie ist der unaufhörlich verlängerte und verbesserte schmale Steg, den die analytische Vernunft über einen Abgrund baut, dessen anderes Ufer sie nicht kennt und von dem sie doch weiß, daß es existiert, sollte es auch beständig weiter in die Ferne rücken ... Sartre nennt die analytische Vernunft die träge Vernunft; dieselbe Vernunft nennen wir dialektisch und mutig: zusammengekrümmt unter der Anstrengung, über sich hinauszuwachsen. (Die dialektische Vernunft ist) etwas Zusätzliches in der analytischen Vernunft: nämlich ihre Bedingung, die erforderlich ist, damit sie die Auflösung des Menschlichen in Nichtmenschliches zu unternehmen wagt."[2]

Der Ködertitel „wildes Denken", der wie ein double-bind wirkt: er verheißt das Andere der Rationalität, um diese in ihren schon alternativelosen Anfängen nichts als abzusegnen? Ein ironischer, ja zynischer Titel? Allemal handelt es sich um eine vernunftskonservativistische Denkposition, deren ganze Nicht-Wildheit oder besser vielleicht: offizielle – gewünschte, erbetene, geforderte – Wildheit insbesondere an der zitierten Brückenmetapher entnehmbar sein dürfte. Lévi-Strauss sitzt nämlich, gänzlich rationalistisch, dem verheerenden Verkennungswesen der Metaphorik auf; es besteht darin, die im Beispiel gewiß gut gewählte Brücke nicht, wie es philosophisch allein billig wäre, als einzigartiges „funktionales Phänomen" (H. Silberer) der Vernunft als solcher selbst (genitivus absolutus!) zu vindizieren, die sich als Vermögen – in der Art eines selbstkonsumatorischen Rückschlags – allererst ineins mit solchen externen Objektiva ausbildet, vielmehr eben als bescheidenes ästhetisches Sinnbildlichkeits-Supplement, das weder die hehre Vernunft noch die Brücke recht eigentlich benötigen

---

Einige Publikationen, die auf diese Philosophietendenz Bezug nehmen: Taumel und Totenstarre. Vorlesungen zur Philosophie und Ökonomie, Münster 1981; Schizo-Schleichwege. Beiträge zum Anti-Ödipus, Bremen 1983; Studien in: Die Eule. Diskussionsforum für rationalitätsgenealogische, insbesondere feministische Theorie, hrsg. v. Heide Heinz, Wuppertal/Düsseldorf 1981 ff., besonders in den Nummern 5, 7, 8, Sondernummer Psychoanalyse, 10.

[2] Cl. Lévi-Strauss, Das wilde Denken, Frankfurt/M. 1973 (stw 14), S. 283 f.

(höchstens zur Feier des Tages).[3] Und wild an alldem bleibt einzig die wohlfeile Zitation von Vielheit im sicheren Schutze der also Einen Vernunft – der Diskontinuitäten überwindenden, Abstände verringernden, Unterschiede aufhebenden (ibid., 303, zweiter Abschnitt) –, die sich ihren letzten Herzenswunsch an Imperialität dadurch erfüllt, daß sie die Brückensituation letztendlich durch ein Spiegelkabinett ersetzt:

„Das wilde Denken ist seinem Wesen nach zeitlos; ... und die Erkenntnis ähnelt derjenigen, wie sie Spiegel bieten, die an einander gegenüberliegenden Wänden hängen und sich gegenseitig (sowie die Gegenstände in dem Raum, der sie trennt) widerspiegeln. Unzählige Bilder entstehen gleichzeitig, und keines ist dem anderen genau gleich; ... " (ibid., S. 302f).

Abendländische Metaphysik, Seinsvergessenheit inklusive, hoch wieviel? – Solche Mißhandlung des „wilden Denkens" rehabilitiert nun aber keineswegs die Sartresche Diskrimination der beiden Vernunfte; nein umgekehrt: Lévi-Strauss' Verdikt über die Dialektik behält sein schreckliches Recht. Denn: wenn nicht leidlich sichersteht, daß ein vertieftes rationalitätsgenealogisches Denken, das sich nimmer scheut, die ganze Unterwelt der Vernunft selber einzusehen (die ebendort grassierenden exklusiven Opfer-, Gewalt-, Schuldverhältnisse), nicht immer auch wie eine verbesserte Bauanleitung für progrediente Vernünftigkeiten genutzt werden kann, dann bleibt auch Sartres Dialektik-Kontrapart unterhalb der eh ja üblichen dialektischen Halbherzigkeit; und aus jemandem, der bereits närrischen Einspruch erheben müßte gegen die Prätention einer scheinbar harmlosen Brücke – in einer Einspruchsart außerdem jenseits der notorischen Krankheitsintervention beispielsweise einer Brückenphobie – wird in der Tat ein dem pontifex maximus nächster Militär-Höfling.

---

[3] Zur Kritik des Symbolbegriffs cf. p. 139 (Heidegger-Zitate über die Brücke aus: Bauen Wohnen Denken). Silberer macht m.E. mit seinem Begriff des „funktionalen Phänomens" (zur Information cf. Laplanche/Pontalis, Das Vokabular der Psychoanalyse I, Frankfurt/M. 1973, stw 7, S. 159 f) den letztlich frustranen Versuch, die Konzeption des dynamischen Unbewußten, des Primärprozesses etc. anschließbar zu machen an die entsprechenden topoi der philosophischen Tradition: produktive Einbildungskraft, intellektuelle Anschauung etc. Zur Gnostifikationskraft dieses Konzepts siehe: Von der Depotenzierung der Hermeneutik und/oder der Psychopathologie. Franz Kafka: „Gespräch mit dem Beter", in: frag-mene: Schriftenreihe zur Psychoanalyse, Heft 2/3, Gesamthochschule Kassel, 1982; ebenso in: Minora aesthetica: Dokumentation auf Kunst angewandter Psychoanalyse, Frankfurt/M. 1984.

Exkurs zur Psychoanalyse und Anti-Psychiatrie

Es wäre epochal nicht ohne Belang, ebenso die Psychoanalyse in diesen Kontext einer an Vernunftsreverenz scheiternden Vernunftkritik einzustellen – vielleicht ist sie gar das Spitzenbeispiel dieser Rück-Verstrickung? Um es ganz kurz zu machen: letztlich duldet sie den spezifischen Pathologieeinspruch wider den ordentlichen Brückengebrauch – beispielsweise – keineswegs, sorgt vielmehr mit dafür, daß dieser – sorgfältigst, ja, man möchte meinen, gefährlich redundant innerlich gesichtete – Störfall, die Brückenphobie, von der Bildfläche verschwinde; daß sich die Gunst der Einen Vernunft, „zusammengekrümmt unter der Anstrengung, über sich hinauszuwachsen", abermals blind-geblendet, restituiere. Entsprechend kann die herkömmliche Psychoanalyse auch nicht umhin, die Sexualitätsfiguration dieser Vernunft immanent angemessen zu verfälschen und dabei subjektivistisch als bloße Metapher hinwiederum auszugeben:

„...: Die Brücke ist das *männliche Glied,* und zwar das mächtige Glied des Vaters, das zwei Landschaften (das riesenhaft, weil vom infantilen Wesen gedachte Elternpaar) miteinander verbindet. Diese Brücke ist über ein großes und gefährliches Wasser gelegen, aus dem alles Leben stammt, in das man sich zeitlebens zurücksehnt ...“[4]

„Ich denke, die zwei Deutungen: Brücke = Bindeglied zwischen den Eltern, und: Brücke = Verbindung zwischen Leben und Nicht-Leben (Tod) ergänzen sich auf die wirksamste Art; ist doch das väterliche Glied tatsächlich die Brücke, die den Nochnichtgeborenen zum Leben *befördert* hat.“[5]

Besonders interessant ist es in diesem Verfälschungszusammenhang, daß schon der Anflug einer fortgeschrittenen Gnostik des Brückensinns unbillig vergröbert werden muß:

„Der berühmte Frauenjäger Miguel Monara Vicentello de Leco (Don Juan) zündete der Sage nach über den Guadalquivir hinweg seine Zigarre an der Zigarre des Teufels an. ... Die über den Fluß hinweg angezündete Zigarre möchte ich als Variante des Brückensymbols auslegen ... Die Zigarre erinnert durch ihre Form und das Brennen an das vor Begierde brennende männliche Genitalorgan. Die riesenhafte Geste – das Anzünden über den Fluß hinweg – paßt sehr gut zur Vorstellung von der riesigen Potenz eines

---

[4] S. Ferenczi, Die Symbolik der Brücke, in: Schriften zur Psychoanalyse II. Conditio humana, Frankfurt/M. 1972, S. 71.

[5] S. Ferenczi, ebd., S. 72.

Don Juan, dessen Glied man sich in kolossaler Erektion repräsentieren mochte."[6]

Patriarchaler Monismus also in Potenz, eine Art von phallischem Delir (und als solches von der besagten offiziellen Wildheit durchaus): die Heterogeneität des anderen Ufers und die gebrochene „Halb"-Heterogeneität der Brücke selber – überhaupt alles, was an die verschwundene Differenz des Mutterleibs in diesem rein nur noch viril-monosexuellen Totalkontext gemahnen könnte – erscheint phallisch substituiert; und selbst dieser genealogische Reduktionismus bezeugt letztlich nicht mehr als die Haltlosigkeit von Infantilität, die Unverbindlichkeit von Metaphorik.

Es macht nun auf der anderen Seite ebenso keinen Sinn, emphatisch antipsychiatrisch zu unterstellen, daß der Pathologieprotest gegen Rationalität nicht rettungslos in diese selbst verstrickt sei. Krankheit nämlich kann nichts anderes sein als eine Art von Hyperrationalismus gar, der aposteriori die Vernunft beim Wort nimmt und deshalb büßen muß; so etwas wie die scheiternde Spürbarkeitsprobe auf's Exempel der Vernunft selber, letztlich immer auf deren Unbedingtheitsunterstellung, im Modus eines Scheiterns allerdings, das sie von sich selbst inquisitorisch abweisen kann, solange sie nicht apriori dispensiert zu werden vermöchte. Mit einem antirationalistischen Protestpotential in Krankheit, die Rationalität immer voraussetzt und, ihrem üblichen Verständnis nach, auch a fortiori anzuerkennen– als Gerichtsbarkeit – geneigt sein muß, ist also nimmer zu rechnen. Am Brückenbeispiel: der gnostische Aufriß des Brückensinns in einer Brückenphobie beispielsweise geht – selbst in seiner psychoanalytisch reduktionistischen Fassung – in der Verurteilung der Prätention seiner individuellen (Rück-) Aneignung krankheitsgemäß wieder unter; die Brücke vorbehält sich diesen ihren Sinn und straft wenigstens all diejenigen gar mit dem Vorbehalt ihres Gebrauchs, die unvermittelt und am scheinbar falschen Ort des Subjekts, der Fühlbarkeit, diesen ihren genealogischen Sinn disponieren zu wollen sich unterstehen. Soweit ist die Phantasmagorie der Vernunft längst gediehen; sinnlos also, die kleine Anfangsdissidenz in Krankheit, diesen Haarriß der großen Unbewußtheit der Dinge selber, antipsychiatrisch zu hypostasieren.[7]

---

[6] S. Ferenczi, Die Brückensymbolik und die Don Juan-Legende, in: Schriften zur Psychoanalyse II. Conditio humana, Frankfurt/M. 1972, S. 116.

[7] Insbesondere in den Arbeitsblättern für Anti-Psychoanalyse, später umbenannt in: Arbeitsblätter für Patho-Gnostik, ab Die Eule Nr. 5 wird solche Kritik an der herkömmlichen Psychoanalyse ausgeführt. Das Nachfolgeorgan Kaum: Halbjahresschrift für

II. Heidegger

Was immer Heideggers Philosophie – auch an Unzulänglichkeiten – abgeben mag, durch eines mindest aber müßte sie gegen den allherrschenden Denkschund wieder imponieren: dadurch, daß sie den offiziell tollgewordenen letalen Unbedingtheitskurs der „Abendländischen Metaphysik", des vorstellenden Denkens, der Repräsentationslogik, der Rationalität am Ort von Philosophie mit rarer Verläßlichkeit aufzuhalten sucht. Und jedenfalls entfällt damit auf einmal auch jegliche Art von Koketterie mit Schein-Heterogeneitäten: der rationalistisch kasernierten Vielheit, der Schein-Alterität des Nicht-Menschlichen zum Menschlichen im „wilden Denken" Lévi-Strauss' (und gewiß nicht nur desselben; denn insbesondere auch im Poststrukturalismus scheint die Verfänglichkeit, der Rationalität selbsteigenen anarchischen Fülle zu huldigen, recht groß!); dem Kinderkram der (immanent männlich reduzierten) Sexualsymbolik der herkömmlichen Psychoanalyse; der anti-psychiatrisch überfrachteten Initialabweichung in (ansonsten hyperrationalistisch verstrickten) Krankheit.

Ein Heidegger-Topos (gewiß unter anderen) macht sich besonders erbötig, die untragbare Last des Aufenthalts des offiziell paranoischen Rasens der Vernunft zu tragen: der des anfänglichen Entzugs der Verhüllung der Differenz, des Denkens von der Verbergung (λήϑ-η) her.

„Die hier zu denkende Vergessenheit ist die von der λήϑ-η (Verbergung) her gedachte Verhüllung der Differenz als solcher, welche Verhüllung ihrerseits sich anfänglich entzogen hat."[8]

So das in aller wünschenswerten Exaktheit präsentierte und geöffnete Schibboleth der Rationalität selber: nicht nur daß die Differenz als absolute Differenz verunbewußtet, verhüllt ist wie das Kind im Mutterleib, um die Möglichkeit der Repräsentation in ihrer ganzen Gewalt zu garantieren, dies Ganze an Hülle und Umhülltes ist hinwiederum den Blicken entzogen, anscheinend nirgendwo mehr. Als herbeigeholtes und aufgelassenes indessen (wie kann dies geschehen?) macht es den abendländischen Grundvorgang des Vorstellens, der Repräsentation transparent, leistet die Binnenansichtig-

---

Patho-Gnostik (Wetzlar, ab 1984) wird sich ganz dem aus dieser Kritik resultierenden Krankheitsverständnis widmen. Bedeutsam bleibt auch in diesem spezialisierten Kontext die Diskussion (post-)strukturalistischer Pathologiekonzepte, wie der Schizo-Analyse („Anti-Ödipus").

[8] M. Heidegger, Die onto-theo-logische Verfassung der Metaphysik, in: Identität und Differenz, Pfullingen ²/1957, S. 46 f.

keit der Vernunftskonditionen in actu, Rationalitätsgenealogie comme il faut, das zu sich selbst befreite Denken aus der Differenz:

„Sein im Sinne der entbergenden Überkommnis und Seiendes als solches im Sinne der sich bergenden Auskunft wesen als so Unterschiedene aus dem Selben, dem Unter-Schied. Dieser vergibt erst und hält auseinander das Zwischen, worin Überkommnis und Ankunft zueinander gehalten, auseinander – zueinander getragen sind."[9]

Wie weit aber reicht dieses Denken aus der Differenz, wo liegt seine Grenze? Wenn nicht alles täuscht, widersteht Heidegger der Philosophieversuchung, solche emphatische Rationalitätsgenealogie/-gnosis als Durchbruch des betreffenden ubiquitären Banns auszugeben: kein quid pro quo von Binnenansicht und Alterität, Transzendierung. Diese „Bescheidung" aber hat zur Folge, daß sich das einschlägige genealogische/gnostische Denken eben in dieser seiner Tätigkeit an der Vorausgesetztheit seines thema probandum, der Rationalität, im Scheitelpunkt der Brücke, verbraucht: sich als eine Art von Vexierbild der „festgehaltenen Vermittlung" als solcher erschöpft. Der Selbstverzehrung dieses Spiels indessen wäre es dann nur enthoben, wenn es der Vorausgesetztheit des also Gespielten selber gleich quitt sein könnte: der Rationalität, der Brücke hier, als ganzer; was nicht möglich ist:

„Deren (der Differenz) Herkunft läßt sich nicht mehr im Gesichtsfeld der Metaphysik denken."[10]

„Überkommnis und Ankunft erscheinen wechselseitig ineinander im Widerschein. Von der Differenz her gesprochen, heißt dies: Der Austrag ist ein Kreisen, das Umeinanderkreisen von Sein und Seiendem."[11]

Nicht nur aber zirkuliert die Genealogie/Gnosis der Vernunft (genitivus absolutus) endlich, sich erschöpfend zirkulär, als gerettete Philosophie in sich selber, solche Erfüllung intellektueller αἴσϑησίζ, eh unbedarft, den Entropiesog der Rationalität außerhalb ihrer selbst aufzuhalten, läuft nach Heidegger vielmehr gar Gefahr, als Modell desselben, dessen apokalyptischer Progressivität, subsumiert zu werden: das schöne Denken aus der Differenz objektivistisch rechts überholt von den Rationalitätskulminationen, unseren Waffen? Gerettete Philosophie als eine Art von Bombentiefenlogik? Auszuschließen ist jedenfalls solches nicht.

---

[9] M. Heidegger, ebd. S. 62 f.

[10] M. Heidegger, ebd. S. 70.

[11] M. Heidegger, ebd. S. 68.

„Es könnte auch sein, daß alles, was sich auf dem Weg des Schrittes zurück ergibt, von der fortbestehenden Metaphysik auf ihre Weise als Ergebnis eines vorstellenden Denkens nur genützt und verarbeitet wird."[12]

Diskutabel aber mag es schließlich bleiben, ob es Heidegger durchgehend gelingt, so etwas wie einem Authentizitätspathos des „Dings", einer Überbewertung der Philosophie, die sich noch zutraut, solche überhaupt sein zu dürfen, zu widerstehen. Verzweifelter eschatologischer Positivierungsversuch von Genealogie/Gnosis oder deren konsequente Verfallsbeglaubigung? In den Brücken-Passagen in *Bauen Wohnen Denken*[13] mag man en detail oft unentschieden sein dürfen.

„Die Brücke ist – und zwar als die gekennzeichnete Versammlung des Gevierts – ein Ding. Man meint freilich, die Brücke sei zunächst und eigentlich *bloß* eine Brücke. Nachträglich und gelegentlich könne sie dann auch noch mancherlei ausdrücken. Als ein solcher Ausdruck werde sie dann zum Symbol, zum Beispiel für all das, was vorhin genannt wurde. Allein die Brücke ist, wenn sie eine echte Brücke ist, niemals zuerst bloße Brücke und hinterher ein Symbol. Die Brücke ist ebensowenig im voraus nur ein Symbol in dem Sinn, daß sie etwas ausdrückt, was, streng genommen, nicht zu ihr gehört. Wenn wir die Brücke streng nehmen, zeigt sie sich nie als Ausdruck. Die Brücke ist ein Ding und *nur dies*. Nur? Als dieses Ding versammelt sie das Geviert. Unser Denken ist freilich von altersher gewohnt, das Wesen des Dinges *zu dürftig* anzusetzen. Dies hatte im Verlauf des abendländischen Denkens zur Folge, daß man das Ding als ein unbekanntes X vorstellt, das mit wahrnehmbaren Eigenschaften behaftet ist. Von da aus gesehen, erscheint uns freilich alles, *was schon zum versammelnden Wesen dieses Dinges gehört,* als nachträglich hineingedeutete Zutat. Indessen wäre die Brücke niemals eine bloße Brücke, wäre sie nicht ein Ding. ... Die Bauten verwahren das Geviert. Sie sind Dinge, die auf ihre Weise das Geviert schonen. Das Geviert zu schonen, die Erde zu retten, den Himmel zu empfangen, die Göttlichen zu erwarten, die Sterblichen zu geleiten, dieses vierfältige Schonen ist das einfache Wesen des Wohnens. So prägen denn die echten Bauten das Wohnen in sein Wesen und behausen dieses Wesen."[14]

---

[12] M. Heidegger, ebd. S. 71.

[13] M. Heidegger, Bauen Wohnen Denken.

[14] M. Heidegger, ebd. S. 27 f und S. 33. Vielleicht kommt in der Reklamation der Differenz, die, indessen ohne subversive Kraft begabt, ein vergleichbares Schwanken mit sich führt, Deleuzes/Guattaris Anti-Ödipus: Kapitalismus und Schizophrenie I, Frankfurt/M. 1974 diesen Ausführungen Heideggers recht nahe? (Wenngleich höchstwahrscheinlich es doch näher läge, Derrida hier anzuführen.) Insofern wäre es mehr auch als

Ob es wohl Philosophiechancen geben kann, Heidegger kritisch zu überbieten, Zeitkritik also nach Heidegger über ihn hinaus epochenangemessen
aufzubringen? – Für's erste wären die Kautelen dagegen, daß die – bis ins
quasi-Gebetshafte (genitiva absoluta!) hineinreichende – Gunst des genea-
logischen/gnostischen Gedankens sich in die Korruption faschistoid-senti-
mentalischer Ganzheits- und Echtheits-Ethologika (gar noch mit pro-
vinzialistischen Schlichtheitsdekorationen ausgestattet) zu verlieren nicht
umhinkommt, zu verstärken. Solche Sicherungen sind wohl in erster Linie
dadurch gewährleistet, daß solche Philosophie, das Denken aus der Differenz, dessen eingedenk bleibt, daß es in rationalitätssubversivem Betracht
immer nachträglichst, gänzlich verspätet, post festum productionis et circu-
lationis, am Endort der „Konsumtion" einsetzt; also auf Gedeih und Verderb vom Vorausgang der bloß durchsichtig gemachten, mitnichten dadurch aufgelösten Rationalität zehrt und sich zudem als hypostasierter
Übergang, festgehaltene Vermittlung in sich auch erschöpft (und in dieser
seiner parasitären Haltlosigkeit auch keine Abwehrpotenzen disponiert
gegen seine Objektivitätsnachgebildetheit als Ding-Kulminat Waffe). Die
„entbergende Überkommnis", das „Sein", kann selbst schon nichts anderes
sein als das entbundene Sich-Sprechen der Inkorporation des gesamten
Kontextes der „Vergessenheit der Differenz" (einschließlich aller monita
gegen dieses Vergessen); und entsprechend läßt das „Seiende", „die sich"
dahinein „bergende Ankunft", nicht, subversiv, auf sich warten, insofern es
selber ja dieses Sich-Sprechen des „Seins" (intellektuell zwischen Krankheit und Krieg, Tod und Apokalypse) ausmacht. Abermals bleibt die
Brücke, das „funktionale Phänomen" des „Vorstellens" selber, so wie sie
nun einmal beschaffen ist, stehen – bis zum nächsten Kriege und davor bis
zu dessen Antezipation in ihrem Einsturz in Friedenszeiten.

---

nur Denksport, Heideggersche Denksachverhalte in die Kategorialität des „Anti-Ödipus" zu übersetzen. Etwa:

Differenz	= Wunschmaschine, molekulare Ordnung, Anti-Ödipus, anödipale Kategorien;
Vergessenheit der Differenz	= molare Ordnung, Ödipus, ödipale Kate- gorien;
Umeinanderkreisen von Sein und Seiendem	= anödipale Aufzeichnungskategorie der inklusiven Disjunktion.

Cf. Schizo-Schleichwege, insbesonderere den Beitrag von H. Berners, Gödel mit De-
leuze/Guattari. Eine metamathematische Phantasie mit Vorspiel.

Solche noch bescheidenere Bescheidung müßte „formal" gebührende Folgen haben für die Verfassung zeitgemäßer philosophischer Texturen: diese sollten ihre Mehrfach-Selbsterschöpfung an sich selbst vollstrecken. Und „dem Gehalte nach" entspricht dieser Demonstration die gesteigerte Courage des genealogisch/gnostischen Tiefgangs, dessen Ausweitung auf alle Dimensionen des in Rationalität hinein geschlachteten heteron – des Geschlechts und der Generation – Heidegger (darin typisch wohl traditionalistisch philosophieverhaftet, sofern Philosophie es durchweg bloß, wenn überhaupt noch, mit der Lebens-Todes-Differenz hält) vermissen läßt. Die Entfesselung der offenbaren Unterwelt der Vernunft aber minimalisiert zugleich den Unterschied zwischen daran einzig gefesselter Intellektualität einerseits und Krankheit andererseits: Schere, die sich zeitgemäß schließt vor der drohenden Apokalypse, deren unendlicher Öffnung...[15]

Nachtrag zum Geviert

Im vorausgehenden Text wurde das Mythologem „Geviert" eben bloß zitiert. Gewiß aber bedürfte es seiner Aufnahme in den Erörterungskontext der Rettung von Philosophie sowie auch der Grenzmarkierung derselben.
Sein notorisch skandalisierender Effekt selbst bei Philosophen läßt sich durchaus als sein index veri lesen; denn – so auch die eigene Denkerfahrung –, um die Endzeitgestalt des härtesten Tautologieverschlusses der Dinge aufbrechen und wenigstens den geringsten Sichtspalt in dieses aufgeladene Makro-Unbewußte reißen zu können, wird die Mühsal einer neologistischen Gewalterborgung vonnöten, welche die kommodativen Gewaltpotentiale verbal und skriptural zum Zweck des Aufbruchs/Aufrisses zu verbrauchen und also zu neutralisieren vermöchte. Diese bei Heidegger permanent spürbare Not, den allherrschenden Verschluß zu

---

[15] Paradigmatisch in diesem Zusammenhang könnten Kafkas Erzählungen werden, insofern sie, selbstbezüglich, die Selbstaufzehrung ihrer selbst, solcher „gnostischer" Übergangstexturen, narrativ die Textur als solche heil belassend, dartun. (Cf. Heinz, Von der Depotenzierung der Hermeneutik, a.a.O.) Ebenso in der gnostischen Gehaltsradikalisierung täte man gut daran, Kafka zu konsultieren, hier im Kontext des Brückenproblems seine Parabel „Die Brücke", in: Sämtliche Erzählungen, Frankfurt/M. 1970 (Fischer Bücherei 1078), S. 284. Einen eigenen Brückenerkenntnisversuch enthält die Parabel über eine Brückenphobie mit dem Titel „Vom armen Satyr und der unzuverlässigen Nymphe", in: Die Eule, Nr. 11. Es fragt sich schließlich, ob es überhaupt andere Mittel denn die „Szenifikation" philosophischer Gedanken als solcher gibt, um deren notorische Neigung aufzuhalten, memoriale Auflassungen wieder zu verschließen.

parieren und die angemessene Sprache des „Dings" zu heben, läßt es überfällig werden, den ganzen Manierismus dieses residualen Philosophie-
verbums zu verteidigen. Man hat, paradoxerweise technikphilosophisch zumal, keine andere Wahl, als die Philosophierede zu remythisieren; anders
nämlich absorbiert die Dingtautologie mitsamt ihrem sonntäglich unverbindlichen Symbolsentimentalismus (ihrem Hintergrundseingedenken,
ihrer Vorgabe des letzten Verlustes als letzten Besitzstands) die verbliebenen Gnosischancen ins pseudos ihrer Unbedingtheit hinein. Hier ist ein
trotz Heidegger kaum noch begonnenes Umdenken selbst in Philosophie
erforderlich, das darauf aus sein müßte, die den Betrieb empfindlich stö-
renden, dissidentesten, scheinbar symbolischen Supplemente zur scheinbar
einzig seriösen Dingtautologie (am besten sogleich der ultimativen Dissidenz von Pathologie, der Psychose etwa, entnommen) als buchstäblich unabdingbare Thematisierung der eh vergessenen „Ding"-Durchsicht, -Ge-
nealogie behauptbar zu machen (und indessen zugleich den pathologischen
Usurpationsbann derselben aufzulösen).

„Dingend verweilt das Ding die einigen Vier, Erde und Himmel, die Göttlichen und die Sterblichen, in der Einfalt ihres aus sich her einigen
Gevierts. ... Erde und Himmel, die Göttlichen und die Sterblichen gehören,
von sich her zueinander einig, aus der Einfalt des einigen Gevierts zusammen. Jedes der Vier spiegelt in seiner Weise das Wesen der übrigen
wieder. Jedes spiegelt sich dabei nach seiner Weise in sein Eigenes innerhalb der Einfalt der Vier zurück. ... Jedes der Vier ist innerhalb ihrer Ver-
eignung ... zu einem Eigenen enteignet. Dieses enteignende Vereignen ist
das Spiegel-Spiel des Gevierts. Aus ihm ist die Einfalt der Vier getraut. ...
Die Vierung west als das ereignende Spiegel-Spiel der einfältig einander
Zugetrauten. Die Vierung west als das Welten von Welt. Das Spiegel-Spiel
von Welt ist der Reigen des Ereignens. ... Der Reigen ist der Ring, der
ringt, indem er als das Spiegeln spielt. ... Das gesammelte Wesen des also
ringenden Spiegel-Spiels der Welt ist das Gering."[16]

---

[16] M. Heidegger, Das Ding, in: Vorträge und Aufsätze, Teil II, Pfullingen 1954, S. 50,
52, 53.

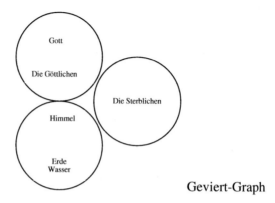

Geviert-Graph

Legende: (zum Geviert-Graph) So etwas wie die immer verstellende Momentaufnahme des Gevierts vor seinem prozessualen Eintritt, der die Ineinsbildung aller Ringe bewirkt. Man könnte sich diesen Vorgang so vorstellen, daß, während sich die beiden linken Kreise übereinander zur Deckung bringen, der rechte Kreis sich instantan in beider Deckung bis zu derselben mit diesen hineinschiebt (cf. die drei linken Pfeile in der Abbildung S. 229).[17]

Allein, so will es mir vorkommen (jedenfalls in solchen ekstatischen Passagen), daß Heidegger bloß eine mögliche Effektuierungsphase des Gevierts zu totalisieren unternimmt, und zwar diejenige der zum Verschluß-Rasen der Abendländischen Metaphysik querstehenden Durchsicht, des Aufbruchs/Aufrisses selber. Davon war kritisch schon im vorausgehenden Text die Rede: vom „Vexierbild der (dazu notwendigen) ‚festgehaltenen Vermittlung'". „Überkommnis und Ankunft erscheinen wechselseitig ineinander im Widerschein. Von der Differenz her gesprochen, heißt dies: Der Austrag ist ein Kreisen, das Umeinanderkreisen von Sein und Seiendem." – wie es bei Heidegger in einem anderen Kontext, der das Geviert

---

[17] Der Geviert-Graph setzt sich dem Mißverständnis aus, aus dem Geviert ein Gedritt gemacht zu haben. Allein, hebt man auf die Gesamtgenealogie des Gevierts (Brücke, Opferschale etc.) ab, so ist es unvermeidlich, diese Scheinreduktion vorzunehmen: die Göttlichen und der Himmel, selbst dann keine selbständigen Bestandteile, bereiten den Platz des Gevierts vor, und das Geviert selber, resultativ totalisiert eine Vierheit freilich, wenn man es selber mitzählt, setzt sich aus Opfertelos (dem Gott), Opferstoff (der Erde) und Opferexekutive (den Sterblichen) zusammen. – Schließlich wäre es auch fällig, an den Verstellungscharakter solcher „Veranschaulichungen" Geometrie-genealogischer Überlegungen anzuschließen.

noch nicht expressis verbis anführt, heißt. Nicht aber nur, daß dieses Kreisen/Gering – man möchte meinen diese Verzweiflungsemphase intellektueller αἴσϑησίζ, die sich zu hypostasieren nicht umhinkommt, um sich als Kontrapart der Metaphysik zu behaupten – sich zirkulär in sich selbst entropisch erschöpft (und, metaphysikverstrickt, den Schein des Währens ja nur als Sprache und zumal als Schrift aufrechtzuhalten versteht), vor deren Kollaps schon als dessen Verschulden ward der Unort der Durchsicht-Rede, die Differenz, in der Wahrheitssetzung exklusiv der Durchsicht indifferenziert. Welche unterlaufende Indifferenz nichts anderes besagt, als daß das Geviert nicht mehr denn die schwindende Durchsicht der Destruktionserfüllung der Metaphysik dann selber sein kann. Die Geviert-Versammlung Brücke, die vorbildlich selber schon indifferenzierte Differenz, expandiert zur Destruktionsverdichtung des Ganzen, Indifferenz im Ganzen: Einsturz, Apokalypse (frustran vorweg-beschworen spezifisch außerdem in Pathologie). Parasitär daran die ephemere (eben gerade als Schrift ephemere) Durchsicht: entrückter αἴσϑησίζ-Aufschein im vergessenen Untergang.

Vielleicht würde es in dieser unvermeidlichen opferlogischen Lesart des Gevierts statthaft, das Votum meiner „Zeitkritik nach Heidegger", dessen Ambiguitäten entgegen, doch zu vereindeutigen? Die Geviert-Konterkarierung der Abendländischen Metaphysik – ein sich selber verkennender metaphysikverstrickter, intellektualitätshypertropher Irrweg wiederum? Nahe dem ständen Überlegungen von Thomas Macho, der in einer Art bedenklich direkter metaphorologischer Dechiffrierung das Geviert als Bombengnosis darstellte.[18] Und es wäre noch manche Detailkritik in diesem Zusammenhang zu leisten – so etwa die der Geviertexempel-Auswahl Brücke, die ja von sich her schon die verheerende Indifferenzierung vorgibt (wie soll sich an diesem schlimmen elementaren „Beispiel" überhaupt ein Anderes zeigen können?); auch die der Gesichtslosigkeit der materiellen Geviertelemente ganz im Unterschied zu den Göttlichen im Himmelsäther und den Sterblichen (la femme n'existe pas; und wie kommt diese Materialität überhaupt dazu, sich zum Opferstoff bereitzufinden?) etc. – Freilich ist es geboten, einzuräumen, daß die Unmöglichkeit solcher Ausbrüche/Einbrüche wie diejenige des überschwenglichen Gevierts, dessen Spiegel-Spiel sich verdächtig dem apostrophierten Lévi-Strausschen Spiegelkabinett annähert, ins Philosophiebewußtsein Heideggers selber fällt; so

---

[18] Th. Macho, Explosion und Gebirg. Überlegungen zu Martin Heideggers Vortrag über „Das Ding", Habilitationsvortrag, Klagenfurt, 1984.

daß sich diese zum Status einer Art von Denkerfahrungsexperiment ermäßigen könnte. Auch sind Ansätze zu einer opferlogischen Approximation der αἴσϑησίζ-Prärogative auffindbar – Ansätze, die diesen widrigen Vorrang wieder abzubiegen wüßten. So beispielsweise die Passagen zu den vier causae, die als traditionell philosophisches Inkognito der Geviertelemente firmieren dürften und als deren untergegangener Durchsicht-Inbegriff Heidegger das „Verschulden" geltend macht. Nur daß nicht nur die Darlegung ihrer Schuldoriginarität seltsam verblaßt, vielmehr auch das einschlägige Dingexempel abermals (wie in Heideggers Beispielen bezeichnenderweise durchgehend wohl) eine ästhetisch versierte Dingmedialität, Gerätschaft – silberne Opferschale – ausmacht; und dies mit der unerwünschten und den Abbruch der Darlegung wohl mitverursachenden Konsequenz, den hierin ja besonders handgreiflichen Gewaltzusammenhang (Opfer!) indifferenzierend wegzutun. Selbst die unvermeidliche Opferreminiszenz geht in der einzig übriggebliebenen isolierten Opferschale ästhetisch, also gefährlich allschuldabsorptiv unter, und wiederum wäre die Destruktionsgenialität der αἴσϑησίζ im Scheine deren Überschwangs verhüllt (die silberne Opferschale ist ja auch nicht der Abendmahlskelch).[19] Ambiguitäten demnach (wenigstens), die durchgängig imponieren?

Die Brücke

Ich war steif und kalt, ich war eine Brücke, über einem Abgrund lag ich. Diesseits waren die Fußspitzen, jenseits die Hände eingebohrt, in bröckelndem Lehm habe ich mich festgebissen. Die Schöße meines Rockes wehten zu meinen Seiten. In der Tiefe lärmte der eisige Forellenbach. Kein Tourist verirrte sich zu dieser unwegsamen Höhe, die Brücke war in den Karten noch nicht eingezeichnet. – So lag ich und wartete; ich mußte warten. Ohne einzustürzen kann keine einmal errichtete Brücke aufhören, Brücke zu sein.

Einmal gegen Abend war es – war es der erste, war es der tausendste, ich weiß es nicht, – meine Gedanken gingen immer in einem Wirrwarr und immer in der Runde. Gegen Abend im Sommer, dunkler rauschte der Bach, da hörte ich einen Mannesschritt! Zu mir, zu mir. – Strecke dich, Brücke, setze dich in Stand, geländerloser Balken, halte den dir Anvertrauten. Die Unsicherheit seines Schrittes gleiche unmerklich aus, schwankt er aber,

---

[19] Cf. M. Heidegger, Das Ding, S. 7 ff.

dann gib dich ihm zu erkennen und wie ein Berggott schleudere ihn ans Land.

Er kam, mit der Eisenspitze seines Stockes beklopfte er mich, dann hob er mit ihr meine Rockschöße und ordnete sie auf mir. In mein buschiges Haar fuhr er mit der Spitze und ließ sie, wahrscheinlich wild umherblickend, lange darin liegen. Dann aber – gerade träumte ich ihm nach über Berg und Tal – sprang er mit beiden Füßen mir mitten auf den Leib. Ich erschauerte in wildem Schmerz, gänzlich unwissend. Wer war es? Ein Kind? Ein Traum? Ein Wegelagerer? Ein Selbstmörder? Ein Versucher? Ein Vernichter? Und ich drehte mich um, ihn zu sehen. – Brücke dreht sich um! Ich war noch nicht umgedreht, da stürzte ich schon, ich stürzte, und schon war ich zerrissen und aufgespießt von den zugespitzten Kieseln, die mich immer so friedlich aus dem rasenden Wasser angestarrt hatten.[20]

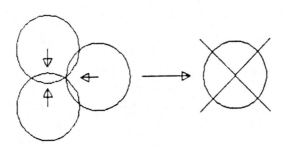

Fernab von der Ambition, Kafkas Brückenparabel, die – wie fast alle seine Texturen – die traditionelle Hermeneutik zerschellen ließen, erschöpfend dechiffrieren zu wollen, darf sich doch der Nachweis stark machen, daß sich hier die reklamierte andere Verfassung des Gevierts/Gerings, die verdeckte Kongenialität zur Vernichtung, offenbart. Dasselbe andere Geviert, bar des αἴσθησίζ-Abwurfs der Verklärung, wenn seine Elemente sich nicht mehr aneinander kreisend reflektieren und erhalten, wenn sie ineinander zu stürzen beginnen, wenn die entropische Selbstverzehrung einsetzt – kurz davor. Fusion der Sterblichen mit den Göttlichen und dem Himmel,

---

[20] Cf. F. Kafka, Die Brücke, S. 142.

zugleich die des Gottes mit der Erde, differiert, aufgeschoben eben noch, so daß der Widerspruch der Indifferenz eines Brücken-Ich sich spricht. Schrift/Lesen als diese ‚différance' (Derrida). Und dann die Heimsuchung des unsichtbaren Gottes vollends: Einsturz, Tod, das Ende der Lektüre, nur-noch-Schrift, différance-Einzug auf Null, ~~Nichts~~.

Es bedarf zwar keinerlei Revokation der vorangestellten Geviert/Gering-Apologie, doch erweist sich Kafka Heidegger gegenüber insofern im Vorteil, als die besagte festgehaltene totalisierte Vermittlung, der sistierte Aufschub, die zweifellos gewährleistete erfüllbare Existenzmächtigkeit derselben destruktiv auflädt und also die undispensierbare Entropie darin zum Ende hin beschleunigt. Und es wird äußerst fraglich, ob die Sterblichen in dieser forcierten Verkennung befähigt wären, „sterben zu können", was sie ja auszeichnen soll;[21] und vielleicht würde es fällig, die Restitution von *Sein und Zeit* im Geviert/Gering zu reklamieren?

Nicht aber bloß, daß der unverstellte Aufschub das verzweifelt nachhelfende Fest des schwebenden Ausgleichsstatus der causae, der opfer- und schuldlogischen Elemente des Gevierts/Gerings, verbietet; daß sich in dieser Sanktion die Signatur der künstlerischen/intellektuellen Moderne durchzusetzen anfängt: sich gegen jeden Anflug einer sentimental-anamnestischen Restauration von $\alpha\ddot{\iota}\sigma\vartheta\eta\sigma\acute{\iota}\zeta$-Kunstauszeichnung resistent zu machen sucht, ineins mit dieser „Aufklärung" überträgt sich vielmehr auch – was Heidegger wiederum sehr nahe kommen müßte – das Differierungsspiel folgerichtig zuvörderst auf die Medialität seiner Gnosis: auf Sprache und Schrift zumal. Sprachmortalität schon, die sich, letztmortalisierend, in Schrift hinein ablöst, und Schrift, die währt nur in ihrem Lektüreübergang, sich erfüllend in ihrem Suizid.

---

[21] Cf. M. Heidegger, Das Ding, S. 51.

Wille und Vorstellung – psychoanalytisch/pathognostisch

Aus Anlaß einer Schopenhauer-Tagung

(aus: Schopenhauer in der Postmoderne, herausgegeben von
W. Schirmacher, Schopenhauer Studien, Bd. 3, Passagen, Wien 1989)

Was war denn da, als ich heute morgen gewohnheitsmäßig in den Spiegel
schaute, um die Spuren des Schlafs tagesgerecht zu glätten? Wohl nichts
besonderes; doch war mir mein Spiegelbild, war mein Spiegelbild meinem
Körper, meinem Gesicht zumindest, voraus; denn nur an ihm, über es
vermittelt, konnte es mir ja gelingen, mein Gesicht in den publiken Tag
hinein zu verändern, so zu verändern, als sei es vorher gar nicht noch
schläfrig gewesen. Meinem Gesicht voraus? Aber es war doch mein verschlafenes Gesicht, mein eigenes Gesicht? Jetzt jedoch bin ich wie blind
auf mich hin, der ich nicht mehr vor dem Spiegel stehe. Und mein Blick
hier in den Raum, auch auf Sie, bringt mir mich nicht mehr zurück, es sei
denn, es gelänge mir, Sie allesamt und alle Dinge hier zu meinem Spiegelbild zu machen. Nicht daß ich dies nicht möchte – ich komme gar nicht
umhin, es zu wollen –; doch schmeichle ich mir, höflich genug zu sein, von
diesem Ansinnen abzulassen, und bringe mich also in Sicherheit? *Offensichtlich will der Wille zuerst die Vorstellung und dies bis zum letzten
Widersinn: die Vorstellung nämlich seiner selbst als Wille selber. Denn nur
der Selbstvorstellung entlang vermag er überhaupt Wille zu sein, nachdem
er es nicht verhindern konnte, die Vorstellung/sich als Vorstellung davor zu
wollen. Herrschaftliche Repräsentation.*

Es war nun aber nicht nötig, so weit zu gehen. Ich lese ja vor Ihnen einen
Text, meinen Text, ab, meinen Text über mich und auch Sie und die Dinge
hier. Also sehe ich mich doch beruhigt wieder und bin zugleich darin nicht
unberuhigt blind, wie wenn ich mich zwar nicht, Sie und alle Dinge hier
jedoch sähe. Und zudem ist das alles im vorhinein schon überstanden: mein
Körpergesicht und mein Spiegelbild und mein Spiegelbild, also Sie und alle
Dinge hier derart eins geworden, daß diese blindsehende Einheit, dies
größte aller Wunder Schrift, sich selbst und alles miterschaffend sinnertönt
je über sich selber. Oder stört es Sie etwa, daß Sie von diesem logos
dergestalt erschaffen sind, daß Sie bloß nur noch – und das ist gleichwohl
viel, ja alles – als der Binnenblickspruch der Dinge alle hier gelten? Ich
habe es also geschafft: das Sein verdichtet auf eine hauchdünne Schrift-
fläche, fast nichts und mehr noch: nichts mehr, die in sich rückläufig

fließende Seitlichkeit Schrift, die im totalisierten Interim des sehenden Hörens/hörenden Sehens Verbum, Alles, ist. *Dieser Widersinn neigt zur Kontinuität seiner Realisierung und zumal zur progredienten Binnenausschöpfung derselben. Hauptgaranten dieser beiden Kriterien sind die Kulturmedien, die alle sich zerstreuende Subjektivität zu sammeln und zu homogeneisieren erzwingen (wollen).*

Gleichwohl habe ich eine Lücke gelassen, noch vor dem Spiegel stehend, als die Fragen aufgekommen sind: meinem Gesicht voraus? Aber es war doch mein eigenes verschlafenes Gesicht? Eine Antwortlücke, die in mir tätig wurde zwischendurch, die ich hierher mitzubringen nicht vermeiden kann, die mein Textgenügen vordem wie von innen auszuhöhlen anfängt. Was mir voraus gewesen ist, mein Spiegelbild und die Eintreibung meines Spiegelbilds in Sie und die Dinge alle hier hinein als mein Text darüber, es hat sich, weil ich die erste Frage nicht beantwortet habe und also die zweite Frage formulieren mußte, von mir, gleichwohl, in einem losgesagt: es nimmt mein Gesicht in sich hinein und weg, es raubt mir mein Gesicht; meine Textgeschöpfe, Sie und die Dinge alle hier, blicken mich umgekehrt an, das Innere aller Dinge hier hat sich Ihre hunderte Außenaugen aufgesetzt, Sie beide verblicken mich, vernichten mich im Blick, der das Wort erstickend in sich einzieht. Ausgleichende Gerechtigkeit. Welch ein Jammer. *Der Widersinn der gewollten Vorstellung, deren Willensprovenienz dokumentiert sich in der Entropie der herrschaftlichen Repräsentation: Verfolger, der zum Verfolgten wird. Es kann nicht verhindert werden, daß sich die Willens-Vorstellungs-Herrschaft zur inneren Vergangenheit ihrer selbst irrealisiert/depersonalisiert; mehr noch, daß letztlich das Willens-Vorstellungs-Band reißt und die Vorstellung in dekonstruktivem Körpermitriß implodiert/explodiert.*

Aber nein – wieder ist mir nichts geschehen. Auch Sie sind höfliche Menschen, und die Dinge haben kein Leck. Die Diebstahlgeschichte habe ich erfunden; ich wollte mich mit ihr vorsorglich nur schützen und auch Sie etc. ein wenig schonen und davor bewahren, daß Sie etc. ausfällig werden müßten. Das wäre nicht im Sinne eines Kongresses. Und das Wunder vergrößert sich demnach, das Schriftwunder nächst-höherer Stufe: man vermag tatsächlich – Sie erleben es hier – niederzuschreiben und vorzutragen, was Niederschrift und Vortrag nicht nur antreibt, vielmehr auch zerstört. Also war ich, mich im Spiegel sehend, mir als mein Spiegelbild vorweg, und doch war ich es selber, mein Spiegelbild, und dies so weitgehend, daß ich mir noch vorweg sein kann in der Liquidation meiner selbst insgesamt, meines Spiegelbilds, der Eintreibung meines Spiegelbilds in Sie hinein, Sie hinein in die Dinge alle hier, wie gehabt. Apokalyptisches Monstrurn dieser Text (TextText), freilich nur in sich selber, ablegbar, auch vergeßlich.

Aber meinen Sie ernsthaft, daß es nach diesem Riesenerfolg unbegrenzter Zerstörungsantezipatorik für immer ausbleiben könnte, daß ich Sie gleichwohl verbal erschaffe/opfere/zur Binnenvitalität toter Dinge als mich selber dann mache und daß Sie umgekehrt in gleicher Weise womöglich zugleich hinter mir her sind und mehr? Was garantiert denn die bleibende Aussetzung des Übersprungs dieser Schrift (SchriftSchrift), die ihr eigenes Ende unbeendigt aufschreibt, in ihr Ende selber (und mehr als nur ihr eigenes Ende) hinüber? Soll ich mein Typoskript zerreißen, bevor diese Schrift (SchriftSchrift) sich selber schreibend zugleich zerschreibt/zerstört, sich zerbrochen allschreiend allausbreitet? Die Ablenkung davon dadurch, mich in Sicherheit zu bringen und diesmal Sie durchaus mit – also doch Intersubjektivität in diesem Wunderhöhepunkt als sozusagen martialitätsbedingte Sachablenkung führt in den vorbeugenden Vor-Gebrauch kurzum verbal derselben Zerstörungspotenz, rein derselben; nur daß Sie sich im Sirren dieser Zeichenfläche hier, meines Typoskripts, vergeblich und apokalyptisch verbraucht. Und ringsherum um diesen offenbarenden Vorübergang des logos-Keils ins Sein, da platzt derselbe auf: Schriftsprengung (mindest), auch mein Gesichtskörper (mindest) würde entzwei gesprungen sein, wäre in sein Spiegelbild in Sie und die Dinge alle hier gestürzt. Das kommt davon, wenn man es morgens sogleich versäumt, diese beiden Fragen zu beantworten/sie in Texte zum Vortrag hinein beantwortet, die ihr selbsteigenes Ende texten und das Ende überhaupt, texten (textentextentextentexten), endlos, zum Scheine, endlos. Oder haben Sie es schon einmal erlebt, daß Sie, indem Sie lasen, die gelesene Schrift weggelesen hätten? *Gewiß besteht Philosophie in der Vor-Vorstellung des die Vorstellung, seine Erstgeburt, heimsuchenden/heimholenden Willens; in dieser vorsorglich magischen (und womöglich dann nicht mehr magischen?) Enthüllung (Apokalypse). In diesem letzten Querstand passiert einzig auch intersubjektive Konvenienz. Doch ist er nur eine Passage mit einem zu seinen verzweifelten Zuträglichkeiten dauerkonträren environment, tributpflichtig auch an dieses.*

Es ist noch immer nichts passiert, enthüllend bloß auf der Hülle vorüber gegangen. Aber um welchen Preis? Um zunächst von mir nur zu sprechen – seien Sie dessen versichert, daß ich den Preis verläßlich und auf Dauer bezahle. Genau besehen, war dies heute morgen schon so: ich hatte diesen Text zwar längst geschrieben, bevor ich mich im Spiegel sah und das besagte Fragen bis hin zu dieser Textantwort einsetzte; Texte aber, solche Texte erst recht, sind äußerst hungrig, fordern unablässig also ihren Preis. Wie aber geht die Zahlung vor sich? Als ich heute morgen die beiden Fragen in ihre Wunderantwort, diesen Vortragstext hier, hinein vertrieb, da war es nach der Maßgabe der erforderlichen Dauerzahlung in diesen Text hinein, damit er nicht weggelesen werden könne, notwendig, meinen Kopf einmal ganz um seine Achse herumzudrehen, und dies in beide Richtungen zugleich. Das versteht sich, sonst nämlich gäbe es diesen logos überhaupt nicht, das Rundherum der allschaffenden und allerhaltenden Lesung. Zugegeben auch, diese letalen Drehungen bleiben gewiß imaginär; doch ihre imaginäre Notwendigkeit bringt mindest so etwas wie eine auf Dauer verschleißende Dauerreibung mit dem vorgesehenen stupiden Kopfsitz herbei, und dieser unvermeidliche Verschleiß, das ist nichts anderes als der Dauertribut hier an diesen Text. Darf ich noch ein wenig bei der Imagination dieses tötenden Imaginären mit Ihnen weilen? (Nicht nämlich möchte ich die Verantwortung dafür übernehmen wollen, daß Sie eine Nackensteife und womöglich noch Schlimmeres davontragen!) Jedenfalls würde mein Gesicht in dieser in sich gegenläufigen Rotation in zwei sich aneinander zerstörende Profilhälften aufgespalten; und jedenfalls zerrt auf diese Weise dies souveräne Imaginäre des Kopfes/des Gesichts an deren höchst ausschnittshafter Sichtrealie, die ohne ein solches letzlich tödliches Gezerre indessen noch nicht einmal bis zum menschlichen Sehen (geschweige denn zu einer isolierten Sehbefreiung davor), nein, bloß bis zum apriorischen Selbstkollaps, dem Sturz ins spekuläre Selbstdouble (womöglich der Rettung in Tierheit hinein) gedeihen könnte. Kopfsitz, so wie er eben ist, dieser Tod des Narziß/die selbstbewußtseinslose Tierheit, das Auftragsmedium seiner Zerreißung selber, der der klingenden wissenden Zeichen. Selbstverständlich sind dies neurophysiologische Suchhypothesen zum Schriftvermögen und zu Allem.

Verstehen Sie jetzt – ich hab es mir so auch selber erst verständlich machen können –, daß ich heute morgen nicht anders antwortend vor dem Spiegel stehen geblieben bin? Womöglich hätte ich meine Kopf-, Gesichtszerdrehung als die endgültige Antwort auf meine beiden Fragen mitansehen müssen; und es hätte überhaupt nichts genutzt, mich dessen zu vergewissern, daß diese Zerdrehung doch nur in der schönen Ataraxie meines Spiegelbilds vonstatten ginge, im Gegenteil: ich hätte diese Todesfolter dort nur sehen können, wenn sie in meinem Körperkopf, -gesicht geschehen wäre. Also ist es abermals bei deren rettender Imagination geblieben, gewiß; aber den Gezerre-Verschleiß-Tribut, den habe ich bezahlt, bezahle ich weiterhin, endlos, solange diese Text-Immortelle, dieser mein Hypermoloch, bleibt.

Noch genauer besehen, kommen weitere komplettierende Zahlungsverpflichtungen noch hinzu. Gut, indem ich die Textapokalypse vorausdachte, habe ich mich – vielleicht mit Ihnen zusammen gar – in davor aufreibende, verschleißende Sicherheit gebracht. Dieser Zerfallsprozeß steht aber nicht still, steht bloß still an der transitorischen Oberfläche des erfreulichen Umstands, daß dies mein Text ist, ganz mein, den ich mit Ihnen dann irgend teile. Steht darunter indessen nicht still – hören Sie es: es knirscht schon wieder! Unterteil und Oberteil verschieben sich, reiben sich aneinander –; denn, indem ich Sie zum Scheine nicht erlese und Sie mich nicht rückzerblicken als die hunderte von Augen der auswärts blickenden Dinge; indem wir, uns wechselseitig im Imaginären des Textsuizids erhaltend, also konsentieren/intersubjektiv sind, hatte ich mich bis in diesen verdammten Text hinein nicht nur, wie ausgeführt, Todes-alteriert, ineinem damit und darin nicht zuletzt auch alteriert nach dem Geschlecht. Ich bin kurzum Verbum/logos, Schrift, bin meine tote Mutter (Jungfrau kraft des absenten Vaters – mir geht der Atem aus, diese Familienverhältnisse zu Ende zu sprechen). Was ohne Entrinnen bedeutet, daß mein Gesicht, ja mein ganzer Körper diesen knirschenden Transsexualismus praktiziert, der mich ineinem erhält und zerstört. Meinem Gesicht voraus? Aber es war doch mein eigenes verschlafenes Gesicht? In der Antwortlücke die Reise nach Casablanca; mein Text wird dort gewesen sein. O daß ich mich waschen und salben könnte rein mit mir selber. Man sieht es doch, wenn man es nur will: mein zerdrehter Kopf, mein aufgespaltenes Profilhälftengesicht: Selbstausbluten, Selbstabort. Verstehen Sie jetzt, daß ich heute morgen nicht anders antwortend vor dem Spiegel stehen geblieben bin? Denn auch diese katastrophische Geschlechtsalterierung war in derjenigen des Todes schon davor. *Der Philosophietribut liegt darin beschlossen, daß die mortale Rigidität der Vorstellung und ihr interner willentlicher Implosiv-/Explosivcharakter sich, aneinander hervorbringend und erhaltend, zugleich verschleißend reiben. Diese fundamentalpathogene, letztlich letale Reibung stellt sich exemplarisch am männlichen sexuellen Körper dar im Sinne eines Willens-Vorstellungs-universalisierten Transsexualismus (objektive Homosexualität).*

Das ist dann auch der Grund dafür, daß man hier als Sitzriese auftritt (am Stehpult geht dies freilich nicht auf); – als Portraitbüste, so wie schon heute morgen vor dem Spiegel (es war kein Ganz- und Standspiegel in der Toilette). Oder haben Sie schon einmal erlebt, daß Sie, selbst wenn Sie gehen, mehr als die schwache Hälfte Ihres Oberkörpers mitsichtig bei sich hätten? Und nach oben hin das Gesicht, wie aus dem umhüllten Rumpf wider die Schwerkraft austretend, es ist ja nackt, oder besser: es möge dergestalt nackt sein, daß noch nicht einmal das kleinste Stoppelhaar auf ihm im Spiegel erschiene. Totalepilation: die einzige Garantie, ganz bei mir selbst als Ursprung meiner selbst zu sein, die nichts-als-Hülle also selber. Als ich die Spuren des Schlafs tagesgerecht glättete vor dem Spiegel, da hätte ich mich also gänzlich gesichtsentkleidet: so der (nachgeholte) Eintritt in meine Schlachtung/Selbstgeburt, frohlockend erzitternder Text, und Sie und alle Dinge hier meine Geschöpfe, ja ich selber. Weggelaufen wäre ich, abgedreht von mir weg, in mich hinein als restlose Nacktheit/nichts-als-Hülle, unendlich, bin ich selbsteingefangen in Freiheit als Sie und alle Dinge hier, platt die den eigenen Tod vorweg alltönende Zeichenfläche. Folgerichtig habe ich heute morgen meinen Bart besonders gepflegt, meine Brille schon vor dem Spiegel aufgesetzt und den Hemdkragen geschlossen; das ist besser so. Und auch meinen Paß mit meinem Paßbild trage ich in einem Fach der Brieftasche in der linken Seitentasche meines Jacketts immer bei mir.

Aber man muß irgendwann auf die Idee kommen, daß das Spiegelbild meines Gesichts mich umgekehrt ebenso sehen möchte, nur daß die blinde Rückseite des Spiegels diese Rücksicht sperrt. Was aber tut das also blinde Spiegelbild dann? Es tappt noch eine Weile umher und zerfällt letztendlich tobend, schreiend. Mit der Stimme komme ich nicht mehr hinter dem Spiegel an. Vorher spielte es aber noch die Akrobatik aus, sich im rechten Winkel parallel zur diesseitslosen Bodenhorizontale zu drehen, in diesem Schwebezustand an der Decke auf mich zurückzublicken, so daß ich mich zurückbeugen mußte zur Körperbrücke, die zur Körperauflage einbrach; so daß ich darnieder lag im Schatten/als der Schatten meines Spiegelbilds obenauf. Und als das sich schon entstaltende Spiegelbild sich just als diesen seinen eigenen Schatten sah, was ich schon nicht mehr sehen konnte, da wäre ich eingeschlafen wie vor Erschöpfung. Tatsächlich machte mich der Spiegel nicht nur heute morgen unangenehm schläfrig. Ich war froh, hierher kommen zu können mit meinem Text, mit dem Spiegelbild des Spiegelbilds als Schatten. Es ist nichts passiert. *Die Sexualität aber ist der*

Repräsentation ebensowenig wie diese den sogenannten Sinnen gegenüber irgend selbständig. Sie vollstreckt sich bloß in der Hin- und Hergabe der Willens-Vorstellungs-Herrschaft als deren Körperinbegriff.

Nun aber sind alle diese üblichen Zustände, auch wenn ihre Aufklärung noch so weit reicht, irrig. Oder haben Sie sich jemals, tot, im Tode, lebend, überlebt? Also geht die Apokalypse gänzlich an dem vorbei, was sie vorbeschwörend avisiert. Was sie aber haarscharf verfehlt, das ist nichts, verfehlt als Ursprung der Zerstörung, nichts. Wie aber wäre ich heute morgen vom Spiegel weggekommen, wenn ich mich nicht geirrt hätte? Ohne Spiegel wäre ich nicht weggekommen hierher. Nichts zu machen. *Erst wenn sich die Unvorwegnehmlichkeit des Nichts nicht seinsusurpierte zur eschatologischen Haltlosigkeit der Willens-Vorstellungs-Herrschaft, so wäre diese dispensiert. Wenn aber nun zwischen beiden strenge Alternativität gälte? Alternativität dergestalt indessen, daß die Seins-Nichts-Differenz ausschließlich den absoluten Widerspruch der Seinsusurpation des Nichts ausmachte? Apriori schlechte Karten für das neunzehnte und zwanzigste Jahrhundert: die Absolutheit der Repräsentativität fängt die Entropie des Willens ein, transportiert diese bis zum Untergang hin; mehr noch, sie ist diese selber. Hätte man dieses Unheil sogleich wissen können? Die Psychoanalyse, die in ihren Anfängen zweifellos in dieser Krisistradition steht, hätte eine aktuelle Rekongenialisierungschance daran einzig dann, wenn sie ihr exiliertes Todestriebtheorem (wieder)aufnähme. Der Todestrieb, das ist der Wille, der sich widersprüchlicherweise als Vorstellung will und sich in der Entropie der Vorstellung also erfüllt.*

Nachbemerkung

Als Huldigung an Schopenhauers akademische Dissidenz konnte ich mich leider nicht enthalten, statt der konsenzbefähigten Darbietung ordentlicher Philosophie philosophisch nach eigenem Gutdünken zu erzählen; was man gewiß noch nicht ungestraft tun darf. Nun ist mir dabei aber das – nur durch Schopenhauers lange schon bestehende Abgelebtheit gemäßigte – Malheur passiert, den Jubilar mit seinem Erzfeind zu kontaminieren. Und also scheint der Schopenhauerschen Philosophie nunmehr nicht weniger auch die Sonne mit auf den Kopf.

Ansonsten ist in den Sektionsbeiträgen so viel schon von Psychoanalyse und auch Pathognostik die Rede gewesen, daß ich es hier unterlassen kann, solches zu wiederholen. Ein Hinweis aber auf einige neue Eigenschriften:

Pathognostische Studien I und II, Essen 1986 und 1987; Omissa aesthetica, Essen 1987.

Ödipus' Grab (mit Rücksicht auf Lacan)

(aus: Riss. Zeitschrift für Psychoanalyse, 5. Jg./Nr. 13/14: Oedipus?
Zürich 1990)

*Unter den vielen Mißhelligkeiten der traditionell psychoanalytischen
Ödipus-Adaptation imponiert die Auslassung von Ödipus' Tod (Ödipus auf
Kolonos). Doch sein Verschwinden und seine Grablosigkeit sind unabkömmliche Metaphern der ödipalen Sache Mensch/des Humanismus. Wozu
sich Lacan – beispielsweise in: Das Seminar von Jacques Lacan, Buch II
(1954/55), XVIII, 3 – geäußert hat.*

Zum zweiten Mal und spezieller:

Liebe Züricher! –

Ich überliste mich abermals mit einem (offenen) Brief an Sie, den ich trotzdem vor Ihnen vortrage.[1]

In der Absieht, über Ödipus' Ende – seine Leichen- und Grablosigkeit –,
und dies mit Rücksicht auf Ihre Ref(v)erenz Lacan (Rückenansicht – Ansicht? Und Rücksichtsnahme. Also mit dem Gerücht der Schonung) zu
sprechen, darf ich bitte mit einigen rezenten, apokryphen Bayreuth-
erfahrungen beginnen. Jüngst habe ich ebendort den *Ring des Nibelungen*
gehört und gesehen; womit ich mich wohl in eine der schönen künftigen
Themenvorgaben von RISS – Psychoanalyse und Musik – (und bald auch
das Spiegelstadium, und worin sonst noch?) vorverirre.

Ich weiss nicht, ob Sie ähnliche Nöte kennen – jedenfalls überraschten
mich in den notorisch längeren Aktpausen mehrfach, am stärksten während
der *Walküre* außerdem, Hunger- und Durstanfälle sondersgleichen; und ich
kann mich nicht erinnern, mit ähnlicher Gier je einmal schon – es war nach
dem Geschwisterinzest auf der Bühne – Weißwürste und Weizenbier
schamvoll-schamlos konsumiert zu haben.

Zufall? Gewiß – in seiner ganzen Kontingenz aber legt er sogleich eine
Spur der Notwendigkeit, die zum nicht unlästigen Dauermitgang des

---

[1] Zum ersten Mal gab es einen „Offenen Brief über Hautaffektionen und Werbewesen
(Rosacea erythematosa)", den ich im Januar 1988 dem Seminar vortrug. (Auszugsweise
veröffentlicht in: Pathognostische Studien III, Genealogica, hrsg. v. R. Heinz, Bd. 20,
Die Blaue Eule, Essen 1990)

Bayreuther Geschehens in mir auswuchs. Fortan nämlich besetzte die Vorstellung der (pardon) lokalen Scheißströme mein Interesse über die Maßen; wohltuend absent, dem Blick entzogen fingen sie gleichwohl halluzinativ zu riechen am. Und ich sah (sah?) mich außerstande, mich der Theorie (ja, Theorie!) dieser Assoziierung nicht zu widmen bis hierher.

„Sigmund a.G.. Zum Problem des Gastes in Wagners ‚Walküre'" – so sollte der Titel eines Vortrags für anderswo zum Musik- und Gastproblem einmal lauten. Und in der Tat, just die *Walküre* kam an als gewaltige (durch gewaltigem Beifall dann sezernierte) Heimsuchung des Klangs, gastliches Rasen, xenophobischer Paroxysmus. Lyotardsch gesprochen aber kulminieren „les immatériaux" in Musik; nicht bedarf die phoné der prothetischen Imaginisierung, um in der Körperrückbildung auf sich retour sie selber sein zu können, wie die Sicht; eo ipso schon ist sie – bezeichnenderweise übertragen gesagt – „imaginär" – (gibt es einen wörtlichen/buchstäblichen Terminus dafür?); und in diesem ihrem Materie-aufzehrendem immateriellen „Imaginaritäts"-Apriori das einsame Vorbild (nein, gewiß nicht: Bild!) der Phantasmatik des Begehrens, also des Todestriebs (wie ich mich gerne auszudrücken pflege) insgesamt.

Weshalb aber diese sonderbare Eignung? Offensichtlich (nein: nicht-sichtlich!) bildet die phoné in der Indifferenz von Verlautung und Hören das Paradigma der Indifferenz im Ganzen auf Sicht hin aus: Klang-Überall, Rund-Spruch, liquidisierend zeitlich; der blendende Idealitätsursprung der diesen ernährenden Sichtmaterialität, die sich unkorrumptibel in diesem Jenseits, endlich wie erlöst, geistig transfiguriert, rein zeiterstreckt nur noch (aber eben gar erstreckt) wiederfindet. Ja, meine Damen und Herren, es rächt sich, daß die Psychoanalyse um die Orpheusmythe bisher recht unbekümmert war. Aber Sie kennen wohl die Lacanstelle über die zweifach verlorene Eurydike, das zweifach verlorene Unbewußte des Analysanten? (Ödipus aber schafft dann doch alle, auch den Narziß.)[2]

---

[2] J. Lacan, Das Seminar von J. L., Buch XI, (1964), Die vier Grundbegriffe der Psychoanalyse, übersetzt von Norbert Haas, Walter, Olten u. Freiburg i.Br. 1978, S. 31. – Zu dieser Mythe siehe: Klang-Kallistik. Notizen zu Orpheus und der Schönheit von Musik, in: Pathognostische Studien II, Genealogica, hrsg. v. R. Heinz, Bd. 17, Die Blaue Eule, Essen 1987, S. 172-197, sowie in: D. Kamper/Chr. Wulf (Hg.), Der Schein des Schönen, Seidl, Göttingen 1989, S. 411-424; Eurydike und der Lärmschutz. Zur Synchronie des Mythos, in: K. Behring/W.L. Hohmann (Hg.), Mythos – Realisation von Wirklichkeit?, Die Blaue Eule, Essen 1988, S. 199-220.

Freilich befinden wir uns, denke ich, auf der Seite der Komik dieses Klanggotts, dessen übergriffiges Werk ich schon als vollendet dartat, bevor es seine volle, recht ungrandiose Genese preisgab. Dieser Gott nämlich hat seinen Sehschock bereits hinter sich und laboriert nur noch an der Ermäßigung dieses harten Traumas, indem er Alles und Jegliches über den Leisten der durchaus regressiven Klang-„Imaginarität", allererst buchstäblich imaginisierend, schlägt. Lustige Idiosynkrasie! – was zu sehen verbleibt, kurzum: Materialität, ist derart schockant, daß es kurzum: immaterialisiert werden muß nach der Maßgabe eines gewiß längst erschöpfenden Registers der Immaterialisierungsmaßnahmen. Um hier nur einige Bayreuthische zu nennen: im Festspielhaus drinnen die „gesamtkunstwerklich" geheißene Verschemung der Bühne insgesamt – zumal das Bühnenbild entrückt in die Ludwig II.-Extrapolation des notorischen Klangzaubers des abgedeckten Orchestergrabens (sperrt es sich gegen diese Subsumtion, so absolviert sich zwar keine sichtliche Falsifikationsmacht etwa, immerhin aber resultiert ein potenzierter Movie-Effekt, in dem die Musik zur Filmmusik zurücktritt); und auf dem Festspielterrain draußen „säkularisieren" sich Fest und Weihe, moralisch abgebremst gnostisch, zur besagten oral(-analen) Suchtverfassung, dem betäubenden, raschesten, on dit dadurch exkulpierenden Restmaterieverschlingen, dessen exkrementaler Rest hinwiederum im Kunstgedärm der Kanalisation (Orpheus in der Unterwelt) besser verschwindet, als daß es, nicht mehr moralisch ermäßigt, gnostisch erfüllt vielmehr sodann, koprophagiert würde. Nicht die strapazierte Atmung/der strapazierte Kreislauf (der eh strapazierte Bewegungsapparat und die eh unstrapazierten Sexualorgane) sind, physiologisch gesprochen, das Bayreuthproblem, sondern der Metabolismus mit seinen für's erste klangwidrigen residualen Dejekt-Materialitäten. Mit Sicherheit kriegt man einen Kater just ob des Realen der Koprophagie als des Musikinbegriffs.

Ich käme nicht nur ins Plaudern, wenn ich die ganze Entwicklung dieser Sinnennöte während des Festspielaufenthalts mitteilen wollte. Des Ur-Sprungs nämlich dieses wunderlichen Ursprungs ist fast kein Ende. Was nicht alles an flüchtiger Differenzhaltung muß in dieser rasenden Indifferenzierung tagsüber und des Nachts, wo ich außerdem unter anderem davon träumte, daß ich gegen den „Feuerzauber" nicht hinlänglich versichert sei, gemanagt werden, wenn jeder Einzelinhalt auf der Bühne und daneben sich ins äußerst brüchige Kontinuum von „funktionalen Phänomenen", in die wie psychotische Permanenz von Autosymbolismen des apostrophierten unschlichtbaren Sinnenantagonismus, der auf den Subsistenzkörper (so als gebe es den sexuellen im engeren Sinne überhaupt nicht) expandiert, auflöst? Kein Wunder, daß man wähnt, in der musikalischen Rarität von veritabler Produktionsmusik im ersten Akt von *Siegfried* sich wider die Sucht martialisch in Arbeit hinein retten zu sollen; nur daß diese Ausnahmemusik, just Siegfrieds Schmiedegesang, so überaus melancholisch tönt? Auch die am Ort unstillbare Sehnsucht nach dem Kopfhörer zuhause mit allen Inzestuositäten des *Rings* darinnen verfinge, selbst gestillt, mitnichten – jedenfalls fallen mir in dieser Isolierung Börsen-hysteroide Bildgeschichten ein: der 63-Millionen-Dollar-van-Gogh, Fälschungen, Diebstähle, Freizoll-Gemäldedeponien (wie bei Ihnen in Genf). Was auch soll unsereinem anders in den Sinn kommen als solche postmodernen Wunderbewältigungen des Umstands, dass die Medientechnologie-konstitutive klangliche Körperverwerfung (die Urverdrängung) den sterblichen Sichtkörper zum Revenant macht, der seiner fortgesetzten entropischen Imaginarisierung, selbst noch als Imago schon, ja zumal so dann harrt? Es muß einem so vorkommen, als ob sich das „Imaginäre" (buchstäblich) im Zuspruch des Klangs als Sichtbarkeit erschöpfte; des Klangs, der somit das „Reale" wäre; eines Zu-Spruchs, der das „Symbolische" an die Medien (Film) insgesamt abgetreten hätte und der Sprache dazwischen (dazwischen) sowenig an Wahrungschancen böte wie Wagners „Gesamtkunstwerk" ja selber schon. Abhang der Realisierung des Imaginären als Imaginäres nur noch – so auch das schlimme Recht von Friedrich A. Kittlers mediengerecht reduktionistischer Version dieser Trias; dies mit einiger Nötigung, versteht sich, das „Spiegelstadium" hervorzuholen.[3]

Freilich habe ich mit keinem dieser kippeligen Worte behauptet, das sei so, indem es objektiv-technologisch/institutionell – so ist: „les immatériaux", phonetisch, fungierten als Ursprung der (buchstäblichen) Imaginarität.

---

[3] Freilich geht das nicht, den Ton als das „Reale", das Bild als das „Imaginäre", und nicht mehr die Sprache, vielmehr die Bild-Tonmaschine als das „Symbolische" festzuschreiben. Anders aber geht es auch nicht, jedenfalls nicht im Sinne von alternativen Festschreibungen, sofern der wider-genealogische Mitriß solcher eminent genealogischen Termini mit dem epochalen Medienprogreß unaufhaltsam scheint. Jedenfalls dezentriert sich Genealogie, gerät ins Schwanken, wenn immer sie sich nicht gegen sich selber, adaptiv an die Ding-Epikalypse in progress, reduziert? Ob der Rekurs auf das „Spiegelstadium" dafür Hilfe schafft? (Wahrscheinlich nicht, sofern es keine Empirie ausmacht, die sich von sich her eindeutig und zwingend auslegt? Allemal aber ist es ein Witz mit allen Schwächen desselben, und obendrein als solcher geschlechtsdifferentiell.) (Siehe Fr. A. Kittler, Grammophon/Film/Typewriter, Brinkman & Bose, Berlin 1986, u.a., S. 183)

Nein, wenn immer man überhaupt noch etwas zu gewahren imstande wäre, gälte hierbei für's erste diese a-kausale Zirkularität: daß die Begehrens-okkupation der (indifferenzierenden) Stimme die Folie des Sehschocks/des (differenzierenden) Materialitätstraumas (der Sterblichkeit) inklusive dessen (wieder indifferenzierenden) imaginären Bereinigungs-/Hygiene-obligation abgibt; daß aber zugleich, umgekehrt, an diesem anderen Ende, dieselbe Begehrenskathexe Platz greift, um als Folie des Sich-sehen-Sehens die Katastrophe des Stimmenhörens, ins potenzierte Imaginäre hinein wie-derum abgewehrt, zu bewirken. Es ist dies die arge Geschichte vom Hasen und vom Igel, die demnach sowohl sinnen- als auch geschlechtsdifferentiell sowie entropisch terminiert verbleibt: den Spielraum von Medien-technologie und Psychose (bis zu dessen Tode) eröffnet; Meister Lampe, der sich, je in sich rückläufig, als Igelin ver-sieht und als Igel ver-hört. Wagners Grab gibt einem (buchstäblich) dann den Rest, den es nicht gäbe. Ohne Hinweisschilder nämlich fände man es kaum oder gar nicht. Ein wenig durchaus wie Ödipus' Nichtgrab (ohne Leiche); nur noch Gerücht, restlos determinant; der Bann des Orakels, prospektiv anamnestisch, im Ganzen, diffus der Fluchverdichtung Pythias weiland ledig.

„Ödipus?" Die Antwort: „les immatériaux": der Aufgang des Sohnes, ex-klusiv des Sohnes, im mütterlichen Klangkörper (zirkulär auch als Kinäs-thesie- sowie im Lokomotionskörper – um diese terra incognita wenigstens anzusprechen –; zirkulär, sofern die Binnenbewegung den Klang erzeugt und umgekehrt; und einfach umgekehrt die klangdirigierte nicht-teleolo-gische Fortbewegung). Aufgang des Sohnes im mütterlichen Klangkörper, zugleich dessen Aufgang der Abschluß der „immatériaux": (buchstäbliche) Imaginisierung – als väterlicher Sichtkörper (außen); Hervorgang des Sich-sehen-Sehens aus dem Sich-sprechen-Hören(Hören) und vice versa. So die rasende Imaginarität, buchstäblich wie übertragenerweise, sinnendifferen-tiell (und -hierarchisch) und geschlechtsunterschieden: Ödipus' rasende Imaginarität von Vatermord und Mutterinzest kurzum. Schon in den ersten Wochen hört das Kind im Mutterleib; und auch Leichen sollen noch eine Weile hören können. Von der Mitte des Fluchs der Pythia aus (auf ameri-kanisch) totalisiert sich die Körperverwerfung(Urverdrängung, Todestrieb) von der Zeugung bis zur Nicht-Leiche, dem restlosen Verschwinden. Ödipus, der *„Übergang vom Mythos in die Existenz"*, das Gottesverhältnis auf mensch-liche Weise, entropisiert zum Desaster der tabula rasa, noch über den *„Abfall der Erde"*, den *„Auswurf"*, den *„Rest"*, das *„jeden trüge-rischen Scheins entleerte Ding"* gar hinaus. *„Letzten Endes wäre es besser,* *niemals geboren zu sein, und wenn man geboren ist, so schnell wie möglich zu sterben.*"[4] So der Chor in *Ödipus auf Kolonos,* von dem ich in meinen Psychoanalysezeiten bis auf Lacan nichts vernahm. Unverfänglich dagegen die Sophokleische Politik-Jubilatorik, diese Athenische Hypokrisie – als wäre Theseus als filialer Geheimnisträger geeignet, als gäbe es die aussichtsreiche Positivität des Orakelfluchs danach. Allein, die in der Tat erbarmungslos-erbärmliche Re-Metonymisierung und Re-Metaphorisierung des Ödipus-Komplexes in den verworfenen Opferkörper zurück, in diesem, diese buchstäbliche Nichtung ebendort, so als sei es vergönnt, den Körper im Sein seines eigenen Phantasmas zurückzuerhalten, ist wenig nur oder besser sogleich nicht dazu angetan, diesen selben Komplex in seiner apokalyptischen Letalität nicht als die einzige Produktionsform – den schaffenden Tod –, wie haltlos auch immer, auszuzeichnen. Ödipus/der Ödipuskomplex, das sind die Opferausfällungen, die Dingautotomien, epochal gewiß die Medien (auf dem Wege ihrer Exklusivität im Verein mit der Automation, der Abtretung der Produktion an sich selbst), und dies von Anfang an. Und erst „danach" kommt dieser Komplex im Subjektiven/dem generationssexuellen Körper als Kurzschluss des Dings-mit-mir, familialpathologisch (oder auch nur, vorkrank, sich auflassend, wie man das ausdrückt: als „Entwicklungsphase"). Untergang des Ödipuskomplexes als seine Resurrektion als Ding(Medien), die einzige Sterbehilfe, der Aufschub selber, Basisverschiebung und -verdichtung, das Unbewußte. Wenn dinglich-vermittelte Kultur – und eine andere gibt es nicht –, dann die unabdingbare Dinglichkeit des Ödipuskomplexes: Ödipus – ohne Fragezeichen. Meinte man mehr aber an Untergang denn Dingeingang (Epikalypse) und dessen Subjekt-Effekte betreiben zu sollen, so bestände dieser Mehrwert in unbeschränktem Technoloklasmus (viel Vergnügen!); nur daß dieser eh schon in die eschatologische Erfüllung des Dingphantasmas, den Tod der toten Dinge selber, hinein enteignet ist. Nichts zu machen also gegen diesen Ödipus for ever – und rührend der „Anti-Ödipus" diesbetreffend –, als seien die famosen an-ödipalen Synthesisformen nicht alle die reinsten Bombenkategorien –, dessen Scheinalterität im Genozid endete, ja mehr noch: selbst kein Grab mehr (Sarkophag: Fleischfresser: dieses Urding) bliebe, selbst noch das räumlich-materielle Überall (der „organlose Kör-

---

[4] J. Lacan, Das Seminar, Buch II, (1954-55), Das Ich in der Theorie Freuds und in der Technik der Psychoanalyse, übers. von H.-J. Metzger, Walter, Olten 1980, S. 294 und 293.

per") schwände. Ödipus' Ende – das Nichts, sein Alles. Und deshalb steht es um die Psychoanalyse schlecht.[5]

Walkman-Ödipus, postmodern, mitnichten Nicht-Ödipus – selbst sein Witz noch, ja zumal, er selber. Walkman – das ist das reine Sich-sprechen-Hören(Hören) als Klang; Klang aber, Musik, ist das als Medium gesehene Stimmenhören aus Blendung, wiederum gehört: gehörte Mathesis, Klang-mutterleib-Kappe. (Die Indifferenz des Mediums und der Klang-organisation/der Musikart versteht sich: Schlager, und was sich als mehr dünkt.) Das Sichklingen-Hören(Hören) aber ist je schon übergesprungen in das (tertiäre) Sehen des Klangs als (buchstäbliche) Imaginisierung der ge-samten Sehmaterialität (Sich-sehen-Sehen). Reines Gehör, leerer Blick: Allerblickung/-ver-sehen, gar als zielloser Gang in diesem Filmjenseits, monstruöserweise fernab vom stationären Publikumsstatus und der moti-likonischen Bühne mit dem Bühnengraben dazwischen; so daß die Anstoß-verdichtung des gängigen Dauerpardons überaus hart gerät: zum Unfall-Paroxysmus (die isolierte Berührung als der „reale Vater"). Wieviel Walk-mantote gibt es bei uns pro Jahr? Die Hörkappe demnach zugleich die Tarnkappe: Klangherrschaft aus Unsichtbarkeit. Offensiv paranoisch (vs. schizophren) der Schwarzalbe Alberich, der, unsichtbar, mit dem Ring, der Technologiepotenz des Zusammenzugs von Blick und Hand: der instru-mentellen Stimm-Realie der Alleinräumung, das laut aufschreiende Zwergenheer unter Tag blendend, hypnotisch bannt, stimmbeherrscht, totalamnestisch verflucht. So harmlos also ist der Walkman, der immerhin ja, um seine schizophrene Nutzung zu garantieren, paranoisch produziert werden muß; immerhin noch. In Bayreuth dann die ästhetische Nostalgie Desselben (wie Klees *Musik unter Tag*): Wagner-Alberich im sichtge-blendeten (mit einer Sichtblende versehenen) Bayreuther Orchestergraben: der Zauberkünstler der restlosen Imaginarität; so daß man in den Pausen seine eigenen Weißwurst-und Weizenbier... (Sie wissen schon was) auf-fressen müßte. Ein Glück aber, daß es mit dem Subsistenzkörper nicht gar so schnell geht; und entsprechend habe ich in dieser kleineren Lücke über Ödipus' Grab, über nichts zwar sonst, nachdenken können und nach-gedacht.[6]

---

[5] Die an-ödipalen Kategorien sind: die transversale Konnexion, die inklusive Dis-junktion, die polyvoke Konjunktion (G. Deleuze/F. Guattari, Anti-Ödipus. Kapitalismus und Schizophrenie I, Suhrkamp, Frankfurt/M. 1974, passim).

[6] Siehe Skizze am Schluß des Beitrags.

Zum Schluß aber noch die Couch, mit der ich mich hoffentlich nicht von Ihnen, aber von der Psychoanalyse verabschiede; und dies nicht ohne das frustrane Gelüst, in Kleinscher Überbietung wenigstens ein südamerikanischer intrauteriner Professioneller zu sein bei soviel unter Tag. Vorsicht! Die unsichtbare Stimme ist Ritual, also unaufhebbar, solange unser Setting nicht fällt (wohin dann damit?). Mehr aber noch: unwiderstehlich übt sie (Höhenstimme/der singende Fetus im Mutterleib: Jochanaan in der Zisterne) den Sog aus, alles, was in ihr lege artis passiert, zur reinen Selbstdarstellung ihrer selbst zu korrumpieren. Zudem ist alle Sprache darin medial – so die Medienherrschaft – zersprungen in Klang und Bild, kurzum: entsprachlichte Schrift. Und den Riß besetzt der verworfene Grenzwächter-Giftoberzwerg Alberich, das reinste Ressentiment der „immatériaux". Das Stimmengewirr unter Tag bündelt sich zum hysterischen Geburtsschrei der Blendung des Zwergenheers und dessen Rücktreibung in das Arbeitsopfer an diesem Innen als Außen retour, Klangkörper-Uterus (abermals lasse ich die Sexualität im engeren Sinne aus), Blendungsorgan Plazenta (der Ring des Nibelungen), die Vermittlung dann das Urwerkzeug. Oder wollen Sie ernsthaft als Psychoanalytiker – unter fortgesetzter Ausblendung dieses Geburts-Organexkrements – Plazentenfresser sein?

Im Überschlag:

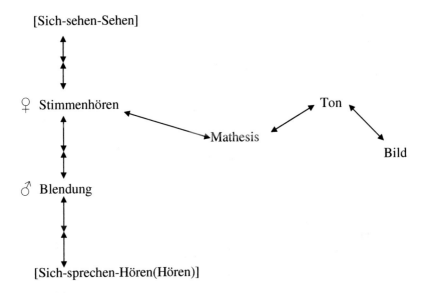

[Sich-sehen-Sehen]

♀ Stimmenhören

♂ Blendung

Mathesis

Ton

Bild

[Sich-sprechen-Hören(Hören)]

Der Eingang und Nicht-Eingang von *Vom Blick als Objekt klein a* (In: *Die vier Grundbegriffe der Psychoanalyse*) wäre ein exegetisches Problem für sich.

Podiumsgespräch[1]

Teilnehmer: Rudolf Heinz, Gert Hummel, Karin Lorenz-Lindemann, Thomas H. Macho

Moderation: Heinrich Kalbfuß

(aus: Perspektiven des Todes. Interdisziplinäres Symposion I, herausgegeben von R. Marx, G. Stebner, Carl Winter Universitätsverlag, Heidelberg 1990)

Kalbfuß: Ich glaube, nie zuvor gab es eine Zeit, in der uns soviel Tote frei Haus geliefert werden wie heute. ‚Heute' ganz buchstäblich zu nehmen: In der Sendung des ZDF wimmelt es nur von Nachrichten von Kriegsschauplätzen, von Flugzeugabstürzen, von Naturkatastrophen und anderen Ereignissen. Und eine Stunde später geht's weiter und wiederholt sich nochmal in der Tagesschau, und das ist bestürzend genug. Aber noch bestürzender, Herr Macho und Herr Heinz, finde ich, daß das uns, die Rezipienten, die Leute, die vor dem Fernsehapparat sitzen – meistens kauend, wie das in der Bundesrepublik üblich ist am Abend, also während des Abendessens Fernsehen konsumierend – relativ wenig berührt und nicht geeignet ist, uns den Bissen im Halse steckenbleiben zu lassen. Ist das eine Verleugnung, Herr Heinz?

Heinz: Ja gewiß, eine Todesverleugnung, aber eine Todesverleugnung ganz besonderer Art. Ich wäre in diesem Zusammenhang des von Ihnen angesprochenen Feldes nicht sogleich bereit, eine Zuschauerschelte vorzunehmen, vielmehr das erfragte Verleugnungselement bereits vorher dem Medium selber zukommen zu lassen. Das Medium ist so beschaffen, daß aus der Bildröhre, um beim Fernsehen zu bleiben, freilich nicht das Blut der Opfer herausläuft. Wenn dies geschähe, meine ich, resultierte auch ein anderes Konsumentenverhalten. Meine These wäre die, daß – was ja nicht so ohne weiteres auf der Hand liegt – die modernen avancierten Medien sozusagen dinggewordene Todesverleugnungsmaschinerien ausmachen, die dafür sorgen, daß das, was zwar nicht Todeserfahrung ist, aber eine Erfahrung, die irgend mit dem Tod zu tun hat, daß also eine solche Erfahrung in den Zustand der Ataraxie, wie man das gut philosophisch auf griechisch sagen könnte, nämlich der Fühllosigkeit, hineinführt.

---

[1] Vom 17.02.1989, gesendet von der Studiowelle des Saarländischen Rundfunks am 22.03.1989.

Kalbfuß: – der Unberührbarkeit.

Heinz: Ja, in die Fühllosigkeit, Unberührbarkeit hineinführt. Also insofern, meine ich schon, kann man sagen, daß die Medien viel mit dem zu tun haben, was man als einen ersten Problempunkt aufnehmen kann, nämlich Todesverleugnung.

Kalbfuß: Herr Macho, gibt's nicht so eine Gewöhnung auch an diese Masse von Toten, mit denen wir eigentlich gar nichts zu tun haben, die uns aber einfach so jeden Abend – ich hätte fast gesagt: serviert werden.

Macho: Ja eben, die Frage ist, haben wir mit ihnen zu tun, oder haben wir nicht mit ihnen zu tun? Ich hab' ja immer leises Unbehagen bei der These, daß der Tod verleugnet oder verdrängt wird. Eher schon scheint mir richtig, was Frau Lorenz-Lindemann in ihrem Vortrag gesagt hat, nämlich daß der Tod heute hauptsächlich als Zitat auftritt; das heißt: als etwas, was irgendwie nicht ganz ernst genommen wird oder ästhetisch schon zubereitet worden ist. Ich würde sagen, mit Tod haben wir sehr viel zu tun – eben in dieser ästhetischen, medial aufbereiteten Form. Man könnte sagen, das halbe Fernsehprogramm ist nichts anderes als ein gewisser ‚Totenkult', der darin besteht, daß wir etwa Filme von Schauspielern oder Regisseuren genau dann zu sehen bekommen, wenn sie gestorben sind, oder wenn's zehn Jahre her ist, daß sie gestorben sind, usw. Das heißt, man könnte die These wagen, daß heute weniger der Tod verleugnet oder verdrängt wird als vielmehr die Toten, und noch genauer gesagt: die Sterbenden. Das scheint mir ein viel kennzeichnenderer Vorgang zu sein, und tatsächlich unterscheidet das z.B. meine Generation von vielen vergangenen Generationen, daß wir kaum jemals mit Toten oder Sterbenden konfrontiert worden sind. Das wäre noch für's 19. Jahrhundert ein völlig unglaublicher Befund.

Kalbfuß: Frau Dr. Lorenz-Lindemann, Sie haben sich in Ihrem Vortrag mit literarischen Mustern der Todeserfahrung befaßt, das war die Überschrift Ihres Vortrags. Es ging um neuere deutschsprachige Literatur, und man könnte ja meinen, nach dem furchtbaren 2. Weltkrieg wäre nun zu konstatieren eine Flut von Auseinandersetzungen literarischer Art mit dem, was da geschehen ist. Ist das denn eingetreten, wenn nein, warum nicht?

Lorenz-Lindemann: Das Erstaunliche ist, daß nach dem Ende des 2. Weltkrieges zum erstenmal in der deutschsprachigen Literatur der Tod sehr konsequent tabuisiert worden ist. Geht man zurück z.B. zu Texten, die nach dem 1. Weltkrieg geschrieben worden sind, so kann man sehr leicht sehen, daß der Tod und seine Verheerungen physischer wie psychischer Art sehr intensiv thematisiert waren: bis hin zur Zerstörung einer literarischen Tradition. Aber nach '45 war die Fähigkeit, sich zu konfrontieren – vermutlich weniger mit dem Tod als mit den Ursachen des Todes und millionenfachen Mordes – beschädigt und schlecht ausgebildet. Meine Vermutung ist, daß dies zusammenhängt mit der mangelhaft ausgebildeten Fähigkeit der Deutschen, in geschichtlichen Zusammenhängen zu denken. Aber erstaunlich ist die paradoxe Verkettung der literarischen Auseinandersetzung mit den Toten des 2. Weltkrieges in Deutschland mit dem, was sich in der israelischen Literatur entwickelt hat. Auch dort ein Verzögerungsprozeß, der bis in die sechziger Jahre hinein gedauert hat, bis die Menschen sich literarisch mit diesen Toten, den Ermordeten primär, als Stoff befaßt haben. Und es hat sich herausgestellt, daß auf der Seite der deutschen Literatur in den ersten Jahren nach '45 bis hinein in die sechziger Jahre die Rolle der Autoren wie ihrer Protagonisten im wesentlichen darauf beschränkt war, einer Art von Selbstbedauern und Selbstmitleid sprachlich Gestalt zu geben, während auf der anderen Seite, auf der Seite der Opfer, die Frage nach dem Warum und die Frage nach den Möglichkeiten der Integration so vieler Toter in das Leben der Gegenwart im Mittelpunkt gestanden hat.

Kalbfuß: Ich bin nun kein Literaturwissenschaftler, nur ein schlichter Leser. Ist meine Beobachtung zutreffend, daß sich die beiden Literaturen nach dem 1. Weltkrieg und nach dem 2. Weltkrieg wesentlich voneinander unterscheiden? Ich fand im Bücherschrank meines Vaters eine Menge Bücher, die das Furchtbare des 1. Weltkrieges eigentlich glorifiziert haben. Da war von Helden die Rede; auch bei den scheußlichsten Beschreibungen von Schlachten ging's immer um das heldenhafte Durchhalten, um die Vorbilder, Idole, die uns dann gezeigt wurden. Nach dem 2. Weltkrieg gab es das, soweit ich das überschauen kann, eigentlich so gut wie nicht, wenn man von Erzeugnissen gewisser Massenverlage absehen will.

Lorenz-Lindeman: Ja, dazu kurz ein interessantes historisches Detail. Es war so, daß nach dem 1. Weltkrieg – parallel mit der großen Verstörung vor allem vieler großer Lyriker – eine Rechtfertigung des Krieges in Literatur sich niedergeschlagen hat. Ich denke nur an die lange tradierten Bücher von Walter Flex,[2] der nichts anderes getan hat, als die Gewalt zu verherrlichen. Das schrieb sich fort bis in die Literaturgeschichten, ich nenne nur

---

[2] Vgl. vor allem die autobiographische Erzählung „Der Wanderer zwischen beiden Welten. Ein Kriegserlebnis", München 1917, die eine Millionenauflage erlebte.

einen Namen, Paul Fechter[3] z.B., dessen Buch 1952 ungeändert wie in der 1. Auflage 1941, also noch einmal, erschienen war, nur fortgeführt in die Gegenwart, und dort wird immer noch nahegelegt, all die Autoren, die den 1. Weltkrieg nicht guthießen, mit einem Bann zu belegen. Dazu gehören natürlich alle linken Autoren, dazu gehören alle, die freiwillig aus dem Leben gingen als Reaktion auf den Schock des Krieges, und dazu gehören merkwürdigerweise auch jüdische Autoren, wie zum Beispiel Broch. Er wird bei Fechter verunglimpft.

Kalbfuß: Was immer wieder auffällt, Herr Prof. Hummel, ist, daß Soldaten ja nicht zu sterben scheinen wie andere normale Menschen, sondern daß sie fallen, und daß sie anschließend Denkmäler bekommen: eine Heroisierung des meistens sehr grausamen Sterbens. Man muß ja gar nicht auf die beiden großen Weltkriege sich beziehen, es finden ja leider Gottes immerzu Kriege auf unserem Globus statt – und ich denke, das hervorstechendste Merkmal der Menschen, sie da an irgendeiner Front für irgendeine Sache zu kämpfen haben, ist Angst. Und die Frage ist auch eine theologisch, glaube ich, wichtige Frage: Worauf bezieht sich diese Angst? Bezieht sich die wirklich auf den Tod? Bezieht sie sich nicht vielmehr auf das Sterben oder die Ungewißheit darüber, was denn nach dem Tode eigentlich sein wird?

Hummel: Es ist sicher richtig, daß beides der Fall ist. Nicht jeder Mensch erfährt oder erlebt das Leben in *gleicher* Weise, und insofern, als Leben und Tod zusammengehören, natürlich auch nicht das Sterben oder das Altern oder den Tod. Ich meine also schon, daß die Angst sowohl vor dem Sterben als auch vor dem Tod selber, über den man ja am allerwenigsten weiß, aus der Ungewißheit darüber, was nach dem Sterben oder nach dem Tod kommen wird, hervordringt – falls jemand solch eine Frage überhaupt noch stellt. Wenn man den philosophischen, vor allem existenzphilosophischen Äußerungen Glauben schenken kann – ich denke nicht nur an Heidegger, sondern auch schon an Kierkegaard –, dann würde aber im Grunde jeder Vorgang der Not, jede Krankheit, jedes Altern, jedes Versagen irgendwo an die Endlichkeit des menschlichen Lebens erinnern. Und insofern wäre die Angst eigentlich schon herkünftig aus den Erfahrungen des Endlichseins. Beide Motive sind in unserer Zeit lebendig, wenn ich recht sehe. Und beide geben eigentlich Jakob Böhme recht, der gesagt hat,

---

[3] P. Fechter, Geschichte der deutschen Literatur von den Anfängen bis zur Gegenwart, Berlin 1941, Neuauflage: Gütersloh 1952.

daß wir viele kleine Tode sterben lernen müßten, um einst den großen Tod zu bestehen.[4]

Ich möchte noch etwas zu dem sagen, was vorher angeklungen ist: Ich habe den Eindruck, daß einerseits diese mediale Massendarstellung von Tod einen zwar wenig anrührt, aber andererseits doch mehr als die übliche Wirklichkeit, die uns in den Medien dargeboten wird und die nichts zu tun hat mit der Wirklichkeit des Sterbens, des Todes, oder auch der Probleme, der Schwierigkeiten. Wir räumen ja alles diesbezügliche aus der Welt oder aus dem Leben. Unsere Pädagogik hat, mindestens zeitenweise, dieses Ideal gehabt, möglichst alle Hindernisse und Schwierigkeiten aus dem Weg zu räumen; die Märchen z.b. wurden gereinigt vom Schrecklichen. – Ich glaube, daß hier die Frage nach dem Verstehen des Menschen impliziert ist, die Frage, ob nicht Dasein von Grund auf das Sterben in sich trägt, und deshalb eben die Angst vor dem Tod auch damit zu tun hat, daß wir dieses Sterben nicht frühzeitig lernen oder einander lehren.

Kalbfuß: Ich möchte nochmal bei der Angst nachfragen, bezieht sich auch ein bißchen auf meine eigene Angst, die ja auch eine Ungewißheit ist. Sigmund Freud hat mal geschrieben, unsere Seele sei zutiefst überzeugt von ihrer Unsterblichkeit.[5] Das hat er nicht im religiösen Sinne gemeint, er hat bloß gemeint, das sei eine bei vielen Menschen, ganz gleich welchen Glaubens oder welchen Unglaubens, konstatierbare Tatsache. Kann denn die Kirche, können die Kirchen denn noch trösten mit dem Hinweis: Es geht ja weiter, und, wie es immer so formelhaft heißt: der Tod ist das Tor zum Leben?

---

[4] Vgl. J. Böhme, Sämtliche Schriften, neu hrsg. von W.-E. Peuckert, Bd. 9, Stuttgart 1956 (1730), XIX. Tabulae principiorurn, oder Tafeln von den Dreyen Principien Göttlicher Offenbarung (1624), 39, S. 66: „Und verstehen in der Angst, so ferne das Göttliche Licht darinn nicht offenbar ist, das höllische Feuer und ein ewig Verzagen und Schrecken, da der eigene Wille der Natur immerdar in sterbender Qual stehet, und sich immerdar begehret von solchem Grunde zu scheiden, welches ich darum den kleinen Tod heisse, daß es der ewig sterbende Tod ist; und aber in der Härtigkeit der grosse stillstehende Tod ist." S. auch J. Böhme, a.a.O., Bd. 4, Stuttgart 1957 (1730), V. De incarnatione verbi, oder Von der Menschwerdung Jesu Christi (1620), 3. Theil, Cap. 6,3, S. 210; vgl. ferner zu den „Gestalten des Todes" und deren Überwindung J. Böhme, a.a.O., Bd. 4, V, 2. Theil, Cap. 8,11, S. 171f.: Die Pilgrams-Strasse aus dem Tod ins Leben.

[5] S. Freud, Zeitgemäßes über Krieg und Tod (1915), Kap. II: Unser Verhältnis zum Tode, in: Studienausgabe Bd. 9, S. 49, 56.

Hummel: Also, ich habe vorhin in meinem Vortrag gesagt – unbeschadet der Frage, wie die Frömmigkeit davon denkt – die Formel oder die Vorstellung von der Unsterblichkeit der Seele ist keine christliche, ist keine biblische Vorstellung. Und insofern würde ich als erstes auf Ihre Frage antworten: Wenn und nachdem die Kirche oder Theologie das mal erkannt haben, dürfen sie eigentlich nicht mehr damit trösten. Ich will aber nicht sagen, wenn ich es mit einem Menschen zu tun habe, von dem ich weiß, daß er aus einer anderen religiösen Erziehung kommt, daß ich nun ausgerechnet an seinem Sterbebett die Aufgabe hätte, ihn zu belehren, ihm ein neues Denken beizubringen.

Zu der Frage, ob die Seele oder der Mensch – was hat Freud überhaupt gemeint? – von seiner Unsterblichkeit überzeugt ist. Das ist ja eine sehr interpretierbare Aussage. Wenn ein neues theologisches Denken, wie ich es versuche, das Gottsein Gottes und das Weltsein der Welt zusammendenkt – ich habe dafür das Bild von der Welt als dem Leib Gottes gewählt –, dann würde die Frage nach der Unsterblichkeit des Menschen einen ganz anderen Sinn bekommen. Es wäre nicht mehr die Frage nach meiner individuellen Unsterblichkeit, es wäre die Frage, ob dieses endliche Leben zwischen Geburt und Tod etwas zu tun hat mit dem Gang der Evolution dieses Kosmos überhaupt. Und meine Antwort ist: ja. Und insofern könnte ich Freud sogar wieder zustimmen, ihm von einer ganz anderen Seite her Sinn abgewinnen.

Heinz: Ja, einen Sinn abgewinnen allemal, nur meine ich zunächst einen der Psychoanalyse immanenten Sinn, und das besagt, daß Freud die Unsterblichkeit, diese zutiefste Überzeugung von Unsterblichkeit, der Dimension des Narzißmus zuschlägt. Er ist ja gegen die ozeanischen Gefühle gewesen, sah sich außerstande, dieselben nachzuvollziehen; aber immerhin den Narzißmus des Nichtzerfließens, dieser Grenzenlosigkeit – ohne daß dies also eine ozeanische Erfahrung wäre – scheint er doch gleichwohl genau nach dieser Aussage zu kennen. Nur, wenn die Dimension des Narzißmus mit der Unsterblichkeit veranschlagt ist, so ist zugleich, nach Freud, eine Dimension des Wahns veranschlagt. Und zwar eines durchaus imperialen, expansiven, gefährlichen Wahns, und da sehe ich gute Möglichkeiten, Ihr schönes Exempel nochmals hier mit aufzunehmen: daß nämlich der Wahn soweit geht, den toten Soldaten zu einem frivolen Stehaufmännchen zu machen, der da fällt und wieder aufersteht, und er ist auferstanden im Steine. Und was dabei die Denkmalfunktion ist, die reicht wohl kaum darüber hinaus, daß ich meine eigenen, nicht gerade aufgeklärten Sentiments dann, dieses steinerne Stehaufmännchen betreffend, versuche zu mobilisieren. Also dies als Beitrag dafür, daß die Wahnhaftigkeit des Narzißmus als die Grundlage dieser Unsterblichkeitsüberzeugung doch allerhand Unheil anrichtet, nicht zuletzt – um auf den Anfang nochmal zurückzukommen – einiges Unheil, was die zur Fühllosigkeit erziehenden Medien betrifft.

Kalbfuß: Herr Dr. Macho, über den Tod können wir nach wie vor nur stammeln, aber über das Sterben kann man eine ganze Menge sagen; und es klang auch heute nachmittag an, daß die Art des Sterbens sich verändert hat. Früher, vor gar nicht allzu langer Zeit, vor einigen Jahrzehnten, fand Sterben im allgemeinen in einer wenn auch privaten, so doch öffentlichen Privatheit statt, im Kreis der Familie, unter Anteilnahme sehr vieler Verwandter, Bekannter und Freunde. Das Sterben findet heute in der Regel – in geschlossenen Anstalten hätte ich beinahe gesagt – in Krankenhäusern, in Altenheimen, in Pflegeheimen statt, und das scheint ja nicht nur daran zu liegen, daß die Lebenserwartung, damit auch die Morbidität der Menschen, zugenommen hat, sondern daß auch die Einstellung zum Sterben eines Angehörigen sich verändert hat.

Macho: Ja, das trifft nochmals die These von vorhin, daß wir offenbar weniger den Tod als die Toten ausgrenzen. Man kann das vielleicht auch nicht gut verstehen, wenn man sich nicht in Erinnerung ruft, daß zahlreiche Kulturen, die wir kennen, weniger Probleme mit dem Tod haben – und zumal mit dem eigenen Tod in der vorgestellten Zukunft, dem Tod im ‚Vorlaufen', Antizipieren, Vorwegnehmen – als mit den Toten, denen gegenüber man sich auf eine bestimmte Art und Weise verhalten muß. Dieses Verhalten ist oft sehr zweideutig; es ist nicht ganz klar, ob das nur Ehrerbietung, Respekt ist, oder ob da auch Furcht, Haß, Angst, alle möglichen Affekte, mit hineinspielen; tatsächlich ist es jedenfalls so, daß es noch im Mittelalter – etwa im Karneval – eine durchaus ausdrucksfähige Form des Austausches mit den Toten gibt. Damit hängt aber noch etwas zusammen, was mir eben zu schwarz eingefärbt worden ist: nämlich die Rede vom Dasein als ‚Sterbenlernen'. Diese Rede ist ja, seitdem sie – eigentlich schon von der Antike, der Stoa her – in unsere Ideenwelt eingeflossen ist, immer sehr populär gewesen, aber sie bekommt sehr leicht einen schwarzen Hintergrund, sozusagen nach der Maxime: Man soll sich möglichst zurückhalten mit euphorischen Lebensgefühlen; man soll sich möglichst vorstellen – was Montaigne geschrieben hat[6] –, wie es wäre, wenn einem jetzt gleich ein Ziegelstein auf den Kopf fällt. Man übersieht dabei leicht, daß Montaigne beispielsweise diese Reflexion nicht angestellt hat, um zu einem besonders pessimistischen oder melancholischen Lebensgefühl anzuregen, sondern eher, um dazu zu ermuntern, jeden Augenblick des Lebens frei zu genießen. Mir kommt auch vor, daß es gerade im Christentum, von dem vorhin die Rede war, eine asketische Überbetonung des ‚Sterbenlernens' gibt, während die euphorischen Möglichkeiten des ‚Sterbenlernens', z.B. Ekstase, Rausch, Sexualität usw. mehr oder weniger ins Subkulturelle verbannt wurden und keine gesellschaftlich akzeptierte Form mehr annehmen können. In diesem Zusammenhang halte ich auch für problematisch, daß der Abschied von der Unsterblichkeit – der ja übrigens noch nicht so lang her ist – nur vollzogen wird in Richtung auf ‚Bescheidung zur Endlichkeit'. Es gibt ja auch eine Unsterblichkeit, die in der Tradition immer anders verstanden worden ist, also nicht als ein zeitlosunendliches Leben, das dann meistens so etwas ähnliches wie eine Horrorvorstellung wird, sondern Unsterblichkeit eben gerade als etwas, das mit euphorischen Lebenserfahrungen zu tun hat: Wenn man nämlich an den ‚ewigen Augenblick' erinnert, der bleibt und bleiben soll, weil er so ‚schön' ist[7] und der gerade deshalb auch als ‚Tod' interpretiert werden kann oder mit dem Tod zusammenfällt. Diese Unsterblichkeitsfrage verschwindet mir stets etwas zu rasch. Anders gesagt: Ich habe mich oft gefragt – das geht als Frage natürlich auch an Herrn Hummel –, warum gerade die Theologie so empfänglich war für die Existenzphilosophie.

Kalbfuß: Können Sie's gerade beantworten, Herr Hummel?

Hummel. Ich will's versuchen. Zunächst muß man sagen: „Die Theologie empfänglich für die Existenzphilosophie" ist sicher ein Pauschalurteil, das nicht stimmt. Wenn man die Beziehungen zwichen Theologie und Philosophie in diesem Jahrhundert anschaut, dann gibt's vor allem eine Theologie, die Bultmanns, die von Heidegger, und nur vom frühen Heidegger abhängig ist. Aber ich will mich um diese Frage natürlich nicht herumdrücken. Ich habe vielleicht etwas kurz die These vom Sterbenlernen

---

[6] Vgl. M. de Montaigne, Philosophieren heißt Sterben lernen, in: M. de Montaigne, Die Essais, Leipzig 1953, S. 23f. (die Wendung mit dem Ziegelstein findet sich auf S. 26); vgl. auch Th. Macho, Todesmetaphern. Zur Logik der Grenzerfahrung, Frankfurt/M. 1987, S. 60.

[7] Vgl. J.W. v. Goethe, Faust I, Vers 1699 ff.

ausgeführt. Um das zu differenzieren, muß man beachten, daß das Wort vom Sterbenlernen nur einen Sinn macht in Hinsicht auf die Art und Weise, wie jemand das Sterben und den Tod in Beziehung zum Leben versteht. Wenn ich den Tod verlängere ins ewige Leben und das Sterbenlernen dann etwas ist, was im Grunde diesen Prozeß unterstützt, dann sehe ich natürlich ab vom Leben, und dann geht's um Askese und Weltfremdheit oder Weltflucht. Aber das moderne Verständnis, das von der Wirklichkeit einer jenseitigen Welt und dem Fortleben einer unsterblichen Seelensubstanz Abschied genommen hat in seinem allgemeinen Denken, bejaht die Existenz. Dieses Verständnis verlangt, daß der Tod das Leben interpretiert, daß der Tod zur eigentlichen Lebensfrage wird. Dann heißt Sterbenlernen *diese* Interpretation des Lebens vollziehen. Und dann geht das Denken in die andere Richtung: die Wichtigkeit des Augenblicks, des ausgekosteten Augenblicks oder des entschiedenen Augenblicks. Da weist also das Sterbenlernen nicht hinaus aus der Welt, sondern da weist es gerade hinein ins Leben. Ist das so unchristlich? Gewiß, im katholischen Raum ist die Unsterblichkeit der Seele immer noch notwendige Kirchenlehre zum Heil, und ganz wenige stellen diese Frage, nicht einmal Karl Rahner riskiert's. Wenn man aber die evangelische Literatur durchschaut, dann ist's in der Tat so, daß der Abschied von der Unsterblichkeit der Seele oder der unsterblichen Seelensubstanz dazu führt, daß der Tod das Leben interpretiert. Da höre ich dann in der Tat das, was Sie genauso gut bei den Existenzphilosophen von Kierkegaard bis Heidegger nachlesen können. Nur, ich will wenigstens nochmal anzeigen, daß dieser Abschied auch anders interpretiert werden kann, wenn man, wie ich's vorhin angedeutet habe, das menschliche Leben und seinen Tod insgesamt in den Kontext der Geschichtlichkeit des Lebens, der Evolution dieses Kosmos hineinstellt. Ich glaube, das müßte man weiterentwickeln.

Kalbfuß: Frau Lorenz-Lindemann, ich habe eben schon einmal versucht, unser Thema etwas zu konkretisieren, und wies daraufhin, daß sich wohl die Art des Sterbens – generalisierend kann man das zwar nicht sagen – aber doch sehr häufig auf eine ganz andere Weise vollzieht als noch vor einem halben Jahrhundert oder vor irgendeiner vergangenen Zeitspanne. Und Herr Macho ging darauf noch nicht ein. Vielleicht können Sie's mal machen – wie weit sich das in der Literatur spiegelt, etwa nach dem 2. Weltkrieg. Sterben ist immer ein literarischer Vorwurf gewesen, und es wird auf vielfältigste Art und Weise dargestellt. Können Sie einige Typen nennen von Autoren oder einige Typologien der Darstellung von Sterben in der modernen deutschsprachigen Literatur?

Lorenz-Lindemann: Ja. Ich möchte aber vorweg noch eine Bemerkung machen zu dem, was Herr Hummel gerade ausgeführt hat. Ich habe Bedenken, ob es richtig ist zu sagen: Der Tod interpretiert das Leben. Denn soweit ich sehen kann, stimmt, was Herr Macho formulierte: Über den Tod wissen wir nichts. Wir sind allenfalls Zeugen eines Sterbens, bei dem sich ein Mensch in einen Leichnam verwandelt. Und deshalb scheint es mir – bevor ich konkret die an mich gestellte Frage aufnehme – ganz wichtig zu sein, diese Vorstellung von Sterbenlernen als etwas anderes zu begreifen denn ein nekrophiles Ritual einzuüben. Und es beschleicht mich der Verdacht, daß bei der vorschnellen Adaption auch stoischer Einsichten – der von Seneca, auf die Sie sich bezogen haben – latent nichts anderes passiert als die Einübung eines nekrophilen Rituals. Wenn dieses Sterbenlernen anders ist, wenn lebenszugewandt gelebt wird, was in der Antike Sterbenlernen hieß, dann fällt ein sehr dubioses oder vielleicht auch schlimmes Licht auf die Gestaltung des Todes in der deutschen Literatur nach '45, nach der Sie mich speziell gefragt haben.

Es ist zu unterscheiden zwischen mindestens zwei Todesarten, die dabei berücksichtigt werden: Der physische Tod steht sehr wenig im Mittelpunkt oder, wie ich vorhin schon versuchte anzudeuten, sehr spät im Mittelpunkt. Eher steht im Mittelpunkt das seelische Sterben, das Totsein bei lebendigem Leib. Ich möchte in dem Zusammenhang noch einmal hinweisen auf die Flut von Büchern, die in den ausgehenden siebziger Jahren den Markt fast überschwemmten – Bücher, in denen Nachgeborene, Söhne und Töchter, das Unleben, das ihrer Eltern, Väter und Mütter, zu tragen und zu meistern hatten als eine Lebensblockade. Und ich möchte darauf hinweisen, daß in der Auseinandersetzung mit den Menschen, die ihnen das Leben blockierten, und in der Auseinandersetzung mit deren Tod zugleich plötzlich die eigene Lebenslust und Glücksfähigkeit erst aufbrachen. Die zwei Bücher, die mir sehr wichtig erscheinen in diesem Zusammenhang, sind *Suchbild* von Christoph Meckel[8] und *Wunschloses Unglück* von Peter Handke[9] Das ist die eine Seite.

---

[8] Ch. Meckel, Suchbild. Über meinen Vater, Düsseldorf 1980.

[9] P. Handke, Wunschloses Unglück. Erzählung, Salzburg 1972.

Sie erlauben, daß ich noch einmal die Gegenseite, die andere Seite des Sterbens bei lebendigem Leib, versuche darzustellen. Auf der Seite der Opfer gibt es eine breite literarische Tradition, die das umsetzt in sinnliche Erkenntnis, in künstlerische Erkenntnis, was die Psychoanalyse, vor allen Dingen in Forschungen aus Holland und den angelsächsischen Ländern, schon vorausgeschrieben hat. Es gibt Bücher, sehr viele Bücher, die beschreiben, daß ein Mensch zwar überlebt haben kann, vielleicht sogar mit einigermaßen gesundem Körper, und zugleich, auch wenn er Jahrzehnte noch lebt, seelisch tot ist. Man hat einen Terminus erfunden für dieses Phänomen, er stammt von William Niederland, und dieser Terminus heißt: ‚Seelenmord‘.[10] Und das Bewegende ist, daß – unabhängig voneinander – viele Autoren den Zustand dieses seelischen Todes beschreiben. Dazu gehören die Bücher von Celan, dazu gehören die Bücher von Jean Améry und insbesondere die Bücher von Primo Levi.[11] Das sind nun drei Namen von Menschen, die freiwillig aus dem Leben gegangen sind, was für sie fast wie eine Erlösung gewesen sein mag. Ich könnte aber weitere Bücher und Namen und Titel anfügen, deren Autoren oder Protagonisten nicht physisch, aber seelisch zu Tode kommen.

Kalbfuß: Herr Prof. Heinz, beim Versuch zu konkretisieren: Wenn es also zutrifft, daß zunehmend mehr Leute bei gestiegener Lebenserwartung einsam sterben – und einsam heißt nicht: ohne Begleitung von professionellen Kräften, etwa im Krankenhaus, soweit die Zeit der Pfleger, der Schwestern, der Ärzte es überhaupt noch zuläßt –, entsteht ein neues Problem. Es wird immer davon gesprochen, es sei notwendig, dem Menschen ein humanes Sterben zu ermöglichen. Es scheint bei solchen verbalen Bekundungen zu bleiben, leider auch auf absehbare Zeit. Denn die Gesundheitsreform, die uns jetzt nicht bloß bevorsteht, die über uns hereinzubrechen droht, zieht ja eine noch weitere Beschränkung des Personals nach sich, d.h. also, es wird in den Einrichtungen noch weniger Zeit geben, obwohl diese Einrichtungen angesichts des Versagens der Familie, nämlich der Nichtbereitstellung von familiärem Hintergrund und familiärer Begleitung eines Sterbenden, dazu prädestiniert wären, diese Sterbebegleitung zu leisten. Es wäre also sehr notwendig, auf die psychologischen Probleme, die dabei auch für die Be-

---

[10] W.G. Niederland, Folgen der Verfolgung. Das Überlebenden-Syndrom Seelenmord, Frankfurt/M. 1980.

[11] S. K. Lorenz-Lindemann, Literarische Muster der Todeserfahrung, in: Perspektiven des Todes, a.a.O., Anmerkungen 30 ff.

gleiter entstehen, einmal hinzuweisen, darauf einzugehen und vielleicht auch Vorschläge zu machen.

Heinz: Ich fühle mich zur Beantwortung dieses Fragenkomplexes nicht so recht zuständig. Das liegt nicht zuletzt daran, daß ich hauptsächlich in der Psychiatrie arbeite, wo es das Problem des Suizids natürlich permanent gibt. Dies ist aber nicht das einsame, zu begleitende – wie zu begleitende? – Sterben. Ferner ist die herkömmliche Psychoanalyse so sehr auf die ersten Lebensphasen kapriziert, daß alles das, was nach der Pubertät und vielleicht sogar davor, was also nach den ersten fünf, sechs Lebensjahren an Gesetzhaftigkeit zustandekommt im Sinne von Entwicklungsphasen, nicht gerade im besonderen Zentrum des psychoanalytischen Interesses steht. Es gibt natürlich Ausnahmen. Das hat zur Folge, daß es schwerlich Gepflogenheit der Psychoanalyse ist, Sterbende psychoanalytisch zu begleiten. Also da ist eine Fehlanzeige in meiner Erfahrung. Das habe ich heute morgen zu meinem Schrecken so auch wahrgenommen, ein Feld der Desiderate sondergleichen.

Kalbfuß: Müssen die Sterbenden nun analytisch begleitet werden? Würde es nicht schon eine große Hilfe bedeuten – und vielleicht ist das auch der Kern des Problems –, sie menschlich zu begleiten, wenn das ein Widerspruch denn sein sollte? Das heißt einfach, daß jemand da ist, der Zeit hat, sich einfach mal hinzusetzen, auch einen Körperkontakt zu vermitteln, jemandem mal die Hand zu halten. Das ist im modernen Betrieb der zunehmend technisierten, hochspezialisierten Kliniken ja wohl kaum mehr möglich. Es ist offenbar ein offenes Problem. Vielleicht möchte jemand anderes etwas dazu sagen? Herr Macho zunächst, dann Frau Lorenz-Lindemann.

Macho: Ja, natürlich ist es hilfreich, wenn wir die Sterbenden nicht allein lassen, natürlich ist es hilfreich, wenn wir die Sterbebegleitung nicht einfach professionalisieren, natürlich wäre es hilfreich, wenn sich die Angehörigen um ihre Sterbenden kümmern. Allerdings sehe ich da noch ein Problem, das ich gern ein bißchen zuspitzen würde: die Frage nach dem ,humanen Sterben'. Das ist ein Titel, der einem relativ flott unterläuft. Problematisch ist er mir kürzlich geworden, als ich in einem Prospekt der Kürschner-Innung gelesen habe, daß die Nerze in den großen Tierzuchtfarmen – da werden so bis zu 5000 Viecher gehalten – ,human umgebracht' werden, mit irgendeinem Cyanidgas. Da habe ich mir gedacht: Was soll das eigentlich bedeuten ,humanes Umbringen'? Was heißt überhaupt ,human sterben'? Und ist es nicht so, daß wir in vielen Diskussionen über ,Sterbehilfe' usw. auf problematischere Texte stoßen als irgendwelche Kürschner-

Prospekte? Wenn ich an die NS-Rede vom ‚unwerten Leben' und an die seinerzeitigen Euthanasie-‚Gesetze' denke, meine ich, daß wir den Begriff des Sterbens nicht zu stark chloroformieren, zu irgendetwas positiv Besetzbarem machen sollten. Mir ist bei solchen Gelegenheiten so zumute, daß ich gern sagen möchte: Der Tod ist eine Schweinerei und ein Skandal. Und das ist etwas, was uns verbindet, – daß wir dieses Schicksal aushalten müssen, nicht ewig leben zu können. Aber es bleibt dabei, daß wir nicht einverstanden zu sein brauchen mit diesem Skandal, und das bedeutet keineswegs Verdrängung. Canetti z.b. lebt förmlich aus diesem Bewußtsein, daß der Tod eine unerhörte Schweinerei ist, er hat den schönen Satz gesagt: „Mein Haß gegen den Tod setzt ein unaufhörliches Bewußtsein von ihm voraus?"[12] Das wäre auch eine Konstruktion von Sterblichkeitsbewußtsein, die mir sehr viel sympathischer ist. Da brauche ich mich dann nicht zu fragen, ob Sterben ‚human' ist oder nicht, sondern – ich würde sagen: Es ist im Notfall human, einen Sterbenden zu begleiten.

Lorenz-Lindemann: Gerade das scheint mir zu fehlen in den Krankenhäusern und auch in privaten Häusern, in denen die wenigen Menschen, die dort noch sterben, liegen, daß genügend Rücksicht genommen wird auf das Selbstbestimmungsrecht dessen, der da zu gehen hat, der zu sterben hat. Und man kann an den technischen Errungenschaften, um nicht zu sagen, an den Selbstparodien der Technik, die bis über das Begräbnisritual hinausgehen, ablesen, wie wenig wirkliche Nähe den Sterbenden gewährt wird. Ich will ein Beispiel sagen: Wie ich wahrhaftig in einem Prospekt gelesen habe, bietet ein Beerdigungsinstitut an, wenn man bereit sein sollte, seine Toten verbrennen zu lassen, so sei ein ruckfreies Versenken des Sarges gewährleistet, und das ruckfreie Versenken des Sarges war etwas teurer als das vielleicht verwackelte. Eine Zivilisation, in der ein solcher Service angeboten wird wie ein ruckfrei zu versenkender Sarg, scheint mir sehr offenkundig ein Symptom zu zeigen, das einerseits die Lieblosigkeit und andererseits die Unfähigkeit eines Großteils der Menschen, dem eigenen Sterbenmüssen ins Auge zu sehen, dokumentiert. Ich möchte ein kreatives oder lebenszugewandtes Gegenbeispiel sagen: Es gibt Versuche, Sterbende im finalen Stadium genau das tun zu lassen, was sie brauchen und was sie möchten, und wenn es denen, die da gesund erscheinen, noch so unsinnig vorkommen mag. Ein Beispiel: Es sind Hilfsangebote gemacht worden an Sterbende, ihre Glücksvorstellungen zu imaginieren. Ich will Ihnen eines

---

[12] E. Canetti, Die Provinz des Menschen. Aufzeichnungen 1942-1972, Frankfurt/M. 1976, S. 92.

der extremsten Beispiele, das ich dabei gehört habe, kurz schildern: Eine sehr junge Frau, die nach unseren Vorstellungen ein noch nicht gelebtes Leben hatte, war im finalen Krebsstadium, und man fragte sie, was sie imaginieren würde, wenn ihr freigestellt wäre zu wählen. Und zum Entsetzen des sie begleitenden Menschen sagte diese Frau nur drei Sätze, vielleicht waren es vier: Ich stelle mir vor, ich gehe über ein weites, ebenes Stück Land und gerate, ohne daß ich es merke, in einen Sumpf, in einen warmen Sumpf, und ich versinke in diesem Sumpf. – Fragte der Mensch, der dabei war: Um Himmelswillen! Sind Sie suizidär? Die sterbende Frau verstand die Frage gar nicht. Sie sagte: Nein, diese Vorstellung macht mich glücklich. Woraufhin der gesunde Mensch, der dabei saß, anfing zu weinen. Die junge Frau stand auf und sagte: Ich verstehe, daß Sie weinen, aber jetzt bin ich glücklich, und Sie brauchen nicht mehr mit mir zu sprechen. Vierzehn Tage später war die Frau tot, und sie starb nicht an ihrem Krebs, sondern sie starb an einer Lungenentzündung. Ich denke, an solchen Beispielen, wie an diesem extremen von der Frau, die sich gut fühlt bei der Vorstellung, sie sinke in einen warmen Sumpf – wie auch immer das psychoanalytisch gedeutet werden kann, als eine Rückkehr in den Uterus, ich bin da skeptisch, ob es so simpel ist –, müssen wir die Bereitschaft lernen, die, die sterben, das tun zu lassen, was sie brauchen – und wenn es gegen jede Logik von laienmedizinischem Wissen oder auch von hochausdifferenziertem Fachwissen geht. Ich denke, wenn wir das eher zuließen, bekämen wir auch mehr sterbende Menschen wieder vor die Augen.

Kalbfuß: Ja, Herr Dr. Hummel, es ist ja auch eine große Belastung für Angehörige, wenn jemand stirbt, auch für Freunde, und auch für die sogenannten Profis – wobei ich glaube, daß es richtige Sterbehilfeprofis überhaupt nicht gibt –, vielleicht sollte es sie auch gar nicht geben. Ich habe da beim Mittagessen eine ganz interessante Geschichte gehört, die eigentlich nur scheinbar zum Lachen ist, in Wirklichkeit einen schon bestürzen kann. Da geht es um einen evangelischen Pfarrer – es könnte genauso gut ein katholischer sein –, der hat vormittags zwei Stunden in der Schule Religionsunterricht gegeben, hat noch eine Kindtaufe gehabt und am frühen Nachmittag eine Hochzeit, und dann eine Beerdigung. Frau Lorenz-Lindemann hat mir das erzählt. Er hat also nun die Beerdigung auch kunstgerecht hinter sich gebracht und schüttelte nachher der hinterbliebenen Witwe die Hand und wünschte ihr alles Gute und viel Glück.

Lorenz-Lindemann: – nein, herzlichen Glückwunsch! sagte er.

Kalbfuß: Herzlichen Glückwunsch zum Tod, er war noch ganz bei der Hochzeit. Das ist natürlich eine scheinbar ganz lustige Geschichte, aber sie zeigt auch, daß so eine Professionalität in existentiellen Situationen ungeheuer schwierig ist, daß es schwer ist, wirklich da zu sein, innerlich ganz da zu sein. Wie sehen Sie das, Herr Hummel? Sie haben wahrscheinlich auch einige Sterbende ein Stück begleitet.

Hummel: Sicher habe ich das, denn es ist natürlich auch ein Geschäft der Profis, wie Sie sagen, sagen wir der Pfarrer, ins Sterben zu begleiten, mehr noch: auch über den Tod hinaus zu begleiten, wenn man denn das Begräbnisritual richtig versteht. Damit komme ich einen Moment zurück auf die Nekrophobie. Frau Lorenz-Lindemann, ich habe den Eindruck, in unserer Gesellschaft, in unserer Zeit gibt's eher eine Nekrophobie und mir wäre ein gewisses Maß an Nekrophilie gar nicht so unlieb. Sie haben gefragt, was das heißt, daß der Tod das Leben interpretiert. Vielleicht sollte man sich zunächst darüber klar werden, daß diese These für das allgemeine Verständnis bedeutet, nicht mehr da zu sein, keine Zeit mehr zu haben, das Handeln ist zu Ende. Dies interpretiert das Leben. Ich glaube, dann ist das auch mit der Nekrophilie nicht so weit her, unbeschadet der Möglichkeit, daß man heute aus allem eine Schau machen kann. Sicher ist nun auch die Art und Weise des Begleitens abhängig davon, wie ich Sterben und Tod verstehe. Wenn der Tod nur ein natürliches Ereignis ist, dann ist meine Form von Begleiten sicher anders, als wenn ich der Überzeugung bin, hier handelt sich's um einen Übergang in eine neue Weise des Seins, wie immer ich dieses verstehe. Ich glaube, Herr Kalbfuß, daß es ganz wichtig ist, ein solches Verstehen zu haben und es in sein Begleiten sozusagen hineinzunehmen; ich meine, dazu gehört auch, daß wir Kenntnis haben von den Stadien, in denen sich ein Sterben vollzieht. Es ist während des Symposions von den Stadien, die Frau Kübler-Ross entfaltet hat,[13] die Rede gewesen; das ist sicher eine große Hilfe, um nicht aus irgendeiner vorgefaßten Meinung oder zum unrechten Moment das falsche Wort oder die dümmste Geste hervorzubringen. Ich will Ihnen gerne zugeben, daß die Theologen, die Pfarrer in diesem Punkt weithin unzureichend gebildet sind. Wenn

---

[13] Vgl. vor allem E. Kübler-Ross, On death and dying, New York/London 1969, dt.: Interviews mit Sterbenden, Stuttgart 1971; s. auch: Was können wir noch tun? Antworten auf Fragen nach Sterben und Tod, Stuttgart 1974; Leben bis wir Abschied nehmen, Stuttgart 1979; Verstehen was Sterbende sagen wollen. Einführung in ihre symbolische Sprache, Stuttgart 1982; Über den Tod und das Leben danach, Melsbach/Neuwied, 3/1985.

deutlich ist, daß Sterben ein Übergang ist, daß der Tod ein Prozeß des Ver-
wandeltwerdens ist, dann ist nicht nur das Begleiten im Sterben, sondern
auch der Vorgang des Begräbnisses anders zu gestalten. Dann muß dieser
Vorgang anderes enthalten, als den Zurückgebliebenen das Evangelium zu
bezeugen, oder gar, wie im katholischen Ritus, dann, wenn der Sterbende
oder Tote das Gericht längst hinter sich hat, Gott darum zu bitten, daß er
ihn da oben irgendwo aus dem Gericht nehme. Das ist für mich nichts
anderes als magischer Mechanismus, der Überwelt und hiesige Welt miteinander verrechnet in kausaler Beziehung. Unser Ritual, unsere Worte,
unsere Gestik haben dem Sterbenden und dem Toten zu helfen auf dem
Wege seiner Verwandlung.

Heinz: Wie gesagt, ich kann auf dieser Ebene nicht eigentlich zuständig
mitreden. Deswegen ein paar kritische Nachfragen und Bemerkungen vielleicht. Um nochmal auf diesen makabren Witz zurückzukommen: Warum
könnte man nicht auch einräumen, daß die Grundlage eines solchen Witzes
das ist, was man die übliche zivile Bösartigkeit von einem selbst und aller
Zeitgenossen bezeichnen könnte?

Kalbfuß: Setzt eine gute Kenntnis dieser Ehe voraus, nicht?

Heinz: Beispielsweise.

Kalbfuß: Wo man dann der hinterbliebenen Frau alles Gute wünschen und
Glückwünsche aussprechen kann. Vielleicht war sie ganz anders, diese
Ehe?

Heinz: Gewiß, gewiß, ich will gar nichts supponieren, und das ist jetzt also
wild interpretiert. Aber man sollte dies nicht eo ipso auslassen. Da fühlte
ich mich jedenfalls durchaus wieder gut dabei, weil nämlich etwas, was den
Menschen nun auch einmal charakterisiert, damit ja nicht verleugnet ist.
Zweiter Punkt: zur Phobie und zur Philie – das ist dasselbe. Die Philie am
einen Ende und am anderen Extrem die Phobie. Die Phobie flieht, und die
Philie, ja die inkorporiert. Und es geht in jedem Fall darum, nicht zuzulassen, daß es etwas gibt, was mit Zerfall, mit Schmutz und dergleichen zu
tun hat. Dann möchte ich, das ist der dritte Punkt, doch nochmals die Sache
mit dem ‚kleinen Tod' aufnehmen. Ich höre natürlich ‚kleinen Tod' anders,
als Sie es eingeführt haben, der ‚kleine Tod' ist der Orgasmus. Und Thomas
Macho hat ja schon das Problem von Lust und Tod versucht anzusprechen,
wobei die Frage für mich immer wieder die gewesen ist: Gibt es so etwas
wie den von Tod und Gewalt absetzbaren Eros, die davon absetzbare Lust?
Man kann, und das ist durchaus ausführbar und in der Ausführbarkeit auch

gut begründbar, behaupten – erschrecken Sie bitte nicht – : Je mehr in Gewalt umgewandelter Tod, umso mehr Lust.

Kalbfuß: Lust welcher Art?

Hummel: Nur der andern, die nicht sterben dabei!

Heinz: Ja, genau. Ja, immer; aber das gehört ja dazu. Die Fusion, die Verschränkung, Vermischung von Gewalt, als umgekehrter Sterblichkeit, und Lust – das ist ein Problem, das man nicht – wenn man schon beginnt danach zu suchen, was des Menschen ist – auslassen kann. Ein Wort vielleicht noch: Die Lust wäre, meine ich doch, wenn dies ein einheitliches Feld ist und wenn da keine Andersartigkeit veranschlagt werden kann, dann die große Pedalwirkung, der große Unterstützer sogar von Gewalt.

Kalbfuß: Ich möcht's so gern verstehen, Herr Macho, vielleicht helfen Sie mir. Beruht es darauf, daß es auch Beerdigungsfans gibt. Ich kenne in Saarbrücken eine ganze Reihe von älteren Leuten, die leidenschaftlich vormittags an das Krematorium beim Hauptfriedhof gehen und sich freuen, wenn da zwei, drei richtig schöne feierliche Beerdigungen stattfinden, und die dann zwischendurch auch darüber diskutieren, wie schön die Leiche gewesen ist.

Macho: Ja, ja, das kann ich schon verstehen.

Kalbfuß: Liegt's daran: Ich bin's nicht, der andere ist es?

Macho: Ja, Canetti hat das sehr schön analysiert in *Masse und Macht:* als das Gefühl des „Überlebenden".[14] Ich finde das sehr plausibel. Aber zugleich bin ich vorsichtig, wenn Gewaltverhältnisse und Lust zu schnell verkoppelt werden: weil's ja sehr bald darauf hinauslaufen kann, daß die Psychoanalyse das Geschäft der Theologie mit übernimmt, nämlich den Leuten ein schlechtes Gewissen zu machen. Tatsache ist dennoch, daß es dieses Gefühl des Überlebens gibt, Tatsache ist, daß es eine Menge Bücher auf dem Markt gibt, die dieses Gefühl artikulieren – von den *Originellen Todesfällen* bis zu heiteren Sterbeanzeigen[15] und ähnlichem. Ich möchte aber auch darauf hinweisen, daß das deutschsprachige Gebiet in Sachen von Makabritäten, schwarzem Humor usw. weit unterentwickeltere Tra-

---

[14] E. Canetti, Masse und Macht, Bd. 1, München o.J., S. 249 ff.

[15] Vgl. N. Jungwirth, G. Kromschröder, (Hrsg.): Originelle Todesfälle, Frankfurt/M. 1982; vgl. auch S. Baum, Plötzlich und unerwartet. Todesanzeigen, Frankfurt/M./Berlin/Wien 1981.

ditionen hat als etwa England, das einen Monty Python hervorgebracht hat, oder als die romanischen Länder insgesamt. Wir haben auch keine schwarze Romantik gehabt, sondern eine sehr hoch- und feinsinnige Romantik, – um ganz zu schweigen von Erscheinungen wie dem mexikanischen Totenkult, wo die Skelette eben auch als Marzipanstückchen auftauchen dürfen, und wo's den lachenden Tod gibt und dergleichen. Auch darin zeigen sich die euphorischen Anteile, von denen ich bereits gesprochen habe und die in unseren teutonisch-schwarzen Tiefen stets unterzugehen drohen.

Lorenz-Lindemann: Es gibt in der Gegend, aus der ich stamme, einen Brauch, bei Beerdigungen davon zu sprechen ob's eine schöne Leich' war oder nicht.

Kalbfuß: Können Sie verraten, welche Gegend das ist?

Lorenz-Lindemann: Das ist Franken; das setzt sich fort bis nach Thüringen, diese Rede von der schönen Leich'. Und das bezieht sich nicht etwa auf das Aussehen des Gestorbenen, sondern auf die Qualität der Feier, die dem Begräbnis folgt. War's ein gutes Abschiednehmen, dann muß es nicht unbedingt nur trockenen, dann darf es auch nassen Kuchen geben, Obstkuchen, dann darf gelacht werden, es darf auch Alkohol getrunken werden, und dieser Abschied darf wahr sein. Wenn der Abschied aber nicht gelungen war, dann war's keine schöne Leich', dann gibt's auch nur trockenen Kuchen. Aber ich möchte nochmals auf etwas anderes zurückkommen – nicht, um mich mit Herrn Hummel ein weiteres Mal anzulegen, sondern weil mir meine Frage immer noch nicht beantwortet ist, wie wir denn durch den Tod das Leben interpretiert bekommen. Das hatten Sie gesagt; darauf hatte ich geantwortet mit meiner Sorge um die Nekrophilie. Es gibt ein Buch von Saul Friedländer, das noch recht wenig bekannt ist, mit dem Titel *Kitsch und Tod.*[16] Und in diesem Buch versucht der Autor nachzuweisen, daß spätestens seit 1933 in Deutschland eine Art von leidenschaftlichem Umgang mit Totem zur Tradition geworden ist, dessen Tiefenschicht vermutlich ein Bedürfnis, selbst nicht mehr zu leben, ist. Er beschreibt dann die Glorifizierung der Toten, angefangen bei diesen Märschen, die Hitler immer an seine Siegeshalle inszeniert hat, bis hin zu der ganzen Emblematik, die die Nazis hatten. Dann führt er aus, wie sich dieses ,In-den-Tod-Verliebtsein-weil-man-zu-leben-nicht-versteht' fortsetzt, auch weit in die Jahre der frühen Bundesrepublik hinein. Ich möchte dieses Buch nur jedem

---

[16] S. Friedländer, Kitsch und Tod. Der Widerschein des Nazismus, München 1984.

eindringlich empfehlen. Ein letztes noch: Wenn es möglich ist, daß Sterben ein Übergang ist, dann hätte ich gerne ein Bild dafür. Denn die Vorstellung des Gehens, die sich mir damit verbindet, genügt mir nicht.

Kalbfuß: Ihr Vortrag, Herr Prof. Hummel, war überschrieben „Media vita in morte sumus" – „Mitten im Leben sind wir im Tod". Und Sie haben gesagt: Auch die Umkehrung gilt: Mitten im Tod sind wir vom Leben umfangen. Vielleicht ist das eine Art von Antwort?

Hummel. Mindestens dann, wenn verstanden wird, daß ich mit dem weiten Lebensbegriff eben das Leben selbst meine, von dem jedes individuelle Leben ein Ausdruck ist. Dann kann man das so sagen; das ist die Voraussetzung dieser Umkehrung. Ich bin nicht sicher, ob ich ein Bild für den Übergang finde, das Sie zufriedenstellt. Mir fällt aber kein besseres ein als das vom Weizenkorn, das in die Erde fallen muß und sterben, um viel Frucht zu bringen (Joh. 12,24). Ich wollte außerdem noch sagen: Es ist in der Tat gängigem kirchlichem oder theologischem Verständnis zu eigen, dieses Einüben des Todes schwarz zu malen, aber es ist auch klar, daß dies – nicht zuletzt von Böhme selber – durchaus im Sinne ekstatischer Lebensmomente gemeint war. Und da würde ich gerne einfach Laotse zitieren, der einmal gesagt hat: „Wer hat die Liebe eigentlich Liebe genannt, wenn doch der Tod ihr eigentliches Wesen ist?"[17] Gilt nicht auch dies im umgekehrten Sinne?!

Kalbfuß: Wir sind am Ende unserer Gesprächszeit angelangt, und vielleicht fügt sich's gerade an, was mir so einfällt: Da hat Sigmund Freud einen kleinen Aufsatz geschrieben mit dem Titel *Zeitgemäßes über Krieg und Tod* (1915); und am Ende dieses Aufsatzes erwähnt er das aus der Antike stammende Zitat: „Si vis pacem, para bellum" („Wenn du den Frieden erhalten willst, so rüste zum Kriege") – die Devise der Nato: Jeder, der sich hochrüstet mit Vernichtungswaffen, ist natürlich überzeugt davon, damit den Frieden zu sichern. Und Freud schlägt ein anderes Wort vor, das ebenfalls eine alte Tradition hat: „Si vis vitam, para mortem." („Wenn du das Leben aushalten willst, richte dich auf den Tod ein").[18] Das mag Sie,

---

[17] Vgl. Laotse, hrsg. von L. Yutang, Frankfurt/M. 1955, Kap. 50, S. 156ff., bes. S. 157: „Wenn aber Leben und Tod Gefährten sind, warum sollte ich bekümmert sein? Darum sind alle Dinge eines. Was wir lieben, ist das Geheimnis des Lebens. Was wir hassen, ist die Verwesung im Tode. Aber das Verwesliche wird wieder geheimnisvolles Leben, und dieses geheimnisvolle Leben wird wieder verweslich." (Tschuangtse). Vgl. auch die neueste Übersetzung von Laotse, Tao-Te-King, Zürich 1985, Nr. 50.

[18] S. Freud, Zeitgemäßes über Krieg und Tod (1915), a.a.O., S. 60.

Herr Macho, wie ich vorhin herausgehört habe, ein wenig ärgern. Wenn Sie's nicht freudianisch verstehen wollen, wenn Sie meinen, das Resultat sei einfach skeptische Resignation und Trauer, dann hätten Sie völlig recht, dann möchte ich auch gerne nicht diesem Wort folgen. Aber ich folge Sigmund Freud ganz gerne, weil ich ihn für einen klugen Mann halte und denke, er hat das durchaus im Hummelschen Sinn gemeint, ohne überhaupt in eine religiöse Richtung zu denken – obwohl das nicht so ganz sicher ist bei Sigmund Freud. Ich denke, es könnte eine Aufforderung sein, auch dieses Leben bewußter, und ich scheue mich nicht zu sagen, auch lustvoller wahrzunehmen, und aus dieser Lebensspanne, die uns geschenkt ist, etwas zu machen. Freilich, wie man das nun tut, wie man den Tod vorbereitet, das weiß keiner so recht. Dafür gibt es keine verbindlichen Rezepturen; auch die Vorträge in einem zweitägigen Symposion konnten uns dafür keine Rezepte liefern, wohl aber verschiedenste Ansichten, Reflexionen und Denkanstöße.

Was ist sichtbar?

(aus: Kunst im Schaltkreis. Variation – Serie – Simulation, herausge-geben von A. Engelbert, Hochschule der Künste Berlin, 1990)

> *Wenn man die Dialektik des Be-gehrens nicht in Anschlag bringt, ist nicht zu verstehen, weshalb der Blick des andern das Wahrneh-mungsfeld desorganisieren sollte.*
>
> *(J. Lacan, Das Seminar, Buch XI, 1964, S. 95)*

Die seltsame Frage, was sichtbar sei, bestimmt sich als Selbst-Anderen-Verhältnis ausschließlich narzißtisch, genauer noch Todestrieb-determi-niert, und aus der filialpatriarchalen Zentralperspektive. Dieses Selbst-Anderen-Verhältnis ist indessen keine isolierte Beziehung der Körper, die sich allemal kurzschlüssig vernichtete, vielmehr sogleich schon der Ding-mit-mir-Zusammenschluß, der den Anderen dinglich ersetzt; die Anderen-Substitution als einzig existenzsicherndes, aufschiebendes Gewaltver-hältnis, das Körper allererst rück-bildend hervorbringt. Zudem ist das Ding-mit-mir nicht im nachhinein mit Gedächtnis versehen, vielmehr sogleich; sonst nämlich, isoliert, vernichtete es sich ebenso selber. Das Ding-mit-mir geht gar in Aufzeichnung, dinggemäß sofort in prothetischem Memoria-litätsabzug, auf, behauptet sich als Ursprung dieser Verhältnisse insgesamt: Anderen-Bild als Anderen-Ding und Anderen-Körper. So das Selbst an seinem Ziele; Ursprung immer Ur-Sprung, das explosive/implosive große Selbst, die mittendurchgebrochene Vermittlung (zusammengefaßt das ulti-mative Phantasma der Schrift).

Unter dieser Selbst-Bedingung, die immer schon eingegangen ist – wenn scheinbar nicht, so stellt sich der Krankheitsfall ein –, ist es durchaus ver-gönnt, das Selbst-Anderen-Verhältnis auf Körperebene auf die Entschei-dung über Sichtbarkeit und Nichtsichtbarkeit hin auszuführen; eine schein-bar nur isolierende Betrachtungsweise, die den Vorzug hat, so etwas wie transsubstantiative Offenheit für die Bild- und Dingentsprechungen dazu, die sinnvollerweise immer mitausgeführt werden sollten, zu gewährleisten. Initial – der Ausweis dafür besteht in der Eingeschlagenheit des gesamten Selbst-Anderen-Verhältnisses eh – gilt als Sichtbarkeitsausbildung das

Selbst-Anderen-vis-à-vis, Konfrontalität, die Sichtbarkeit aufhebt, wechselseitig neutralisiert. Der Anfang das Ende, wenn nicht der Gegenblick des Anderen beseitigt wird. Dazu bedarf es nur der Maßnahme, den Neutralisierungsgrund im Gegenüber dem Gegenblick anzuhaften, diesen also in das Sehphantasma des sich-selber-sehen-Sehens hineinzutreiben, worin sich als Kollapsaufschub die imperative Stimme, meine als Hypnotik des Anderen, bereitstellt. Sichtbarkeitsherstellung, das ist das Einschläfern des Anderen (Einschläfern indessen nicht bis zum Exitus, die Paradoxie vielmehr eines instantan wachrüttelnden Einschläferns). Imponierend demnach der Umstand, daß die Herstellung der Sichtbarkeit mitnichten über das Sehen ausschließlich läuft; die einschneidende Sinnenmetabasis zur Verlautung, dem Sprechen/Hören hinüber bedarf der Intervention. Ferner wird man nicht umhinkommen, eine Übereinkunft zwischen dem Sichtbarmachungs-Täter und dem sprachgebannten Opfer in der besagten Verteilung des Geschlechts unterstellen zu müssen; auf dieser Seite eine Art von Vorwissen (und auf jener Seite dasselbe) des Binnenausgleichs für die Auslieferung, der Paradechance eines Vorbehalts dagegen, einer auf Mehrwert angelegten Hingabe-Gegenführung. Ohne solche Äquivalenz nämlich keine Sichtbarkeit; so daß von hierher schon Sichtbarkeit definierbar wäre – eben als (nicht haltbare) Äquivalenz von Auslieferung/Hingabe und Vorbehalt; kurzum als masochistischer Quotient 1 zwischen beiden. So jedenfalls hat es im Scheinisolat des Körper-Selbst-Anderen-Verhältnisses den Anschein. Verkleinert oder vergrößert sich dieser Quotient der Sichtbarkeit auf 0 oder Unendlich hin, so beginnt sich, gleichwie, Sichtbarkeit auf die Ausgangsfrontalität (und dessen späteres Todespendant) hin zu liquidisieren. Nicht zuletzt kommen in diesem Quotient 1 Blick und Stimme überein: blickermöglichende Stimmbeseitigung des Gegenblicks und dessen „stimmende" Wiederherstellung zugleich.

Allein, die (viel noch umfassendere) Konvenienz der Sichtbarkeit wurde so vorzeitig eingeführt und zudem so formuliert, daß die Bild- und Dingausfällung, die niemals nur irgend dazukommt, ausfiel; welcher Ausfall den nicht korrekten Sichtbarkeitsquotienten 1 bewirkte. Davor muß die Krisis dieser Übereinkunft bestanden werden; es ist die Krisis des Profilschocks: Kopf, der moribund zur Seite fällt. Es geht hier nicht an, den gesamten empirie- und desideratenreichsten Theoriebestand des Profiltraumas vor dem Spiegelstadium/als Vor-Spiegelstadium aufzunehmen. Jedenfalls datiert dieses seharchäologisch kriteriale Phänomen auf Beobachtungen und Experimenten des Kinderarztes und Psychoanalytikers R.A. Spitz zurück, stellt eine Entwicklungsphase des Menschenjungen ab dem dritten Monat dar, in der eine bestimmte Frontalgestalt des Gesichts Lächeln und die Umwendung derselben in die laterale Konfiguration des Profils Angst hervorruft. Dabei handelt es sich wohl um die erste isoliert visuelle Reaktion auf „Umwelt" wider den Vorlauf der Verlautung. Insbesondere besteht die einschlägige Traumatik in der Erfahrung des Raums/Zwischenraums (und auch der Ding-Intermedialität) als visuell-differentielle Gegenführung des Zusammengangs von (Selbst)Verlautung und (Anderen)Berührung, besonders schockant insofern, als die raumöffnende und -schließende Anderenfunktion exklusiv von diesem getätigt ist. Der Profilschock ist die einzig menschliche Paradoxie, die Augen zugleich offen und geschlossen zu halten, Sehen mit geschlossenen Augen/Nichtsehen mit offenen Augen, kurzum Profil-Sehen, sofern die offenen Augen dem besagten Lächeln und die geschlossenen Augen dem Schlafensabgang entsprechen. Diese Paradoxie ist eminent gedächtniskonstitutiv, wie ja die Gedächtnisbildung überhaupt sich einer Kon-Sequenz von Traumata verschuldet, deren Enttraumatisierung den Traumagehalt bloß potenziert. So wie beispielsweise im folgenden Spiegelstadium: Jubilatorik endlich des sich-selber-Anlächelns (durchaus versus Lachen) so wie die, wie gesagt, dubiose Abschaffung der Profilangst (mit ihrem Augen-vorverschließenden Weinen) im Schein des frontalen sich-selber-Sehens als die darin möglich werdende Unmöglichkeit, sich allemal bloß von beiden Seiten im rechten Winkel sehen zu können; Bilateralität der Selbstsicht, scheinbar frontal. Fällt der Kopf zur Seite, so sollte man doch meinen, endlich nunmehr ob der Vernichtung des Gegenblicks sehen zu können/Sichtbarkeit peremptorisch geschaffen zu haben. Doch bleibt diese Herrschaft der Sichtbarkeit stigmatisiert von der verknechtenden umgekehrten Dominanz des Anderen im Profil; der Andere, der in diesem Interim zum Dämon wird, der für das gesamte Selbstgeschäft sich in sich selber hinein maßlos autarkisierend entzieht. Der Herr als Knecht (und bald wieder umgekehrt); Rechnung ohne den Wirt – rasch also die Augen zu als verführende Äquivalenzofferte an den vorbehaltlichen Anderen. Freilich ist solches immer als fruchtbare Katastrophe hin auf Ding- und Bildausfällung vorgesehen; Zeche, die man selber zu zahlen hätte als jene generierender Mehrwert. So nämlich wird die Fläche hergestellt, die Fläche als Inbegriff, allansaugender/süchtiger Inbegriff der Simulation. Um diese Vorgänge aber nicht in der verfrühten Konvenienz ersterben zu lassen, nicht die Hypothek der fehlerhaften Totalisierung des Quotienten 1 weiter mitzuschleppen, gilt es, daß der Mehrwert der Fläche als Allmedium (mit ihrem Autosymbolismus Profil darauf) dadurch zustande kommt, daß der Quotient von Auslieferung und Vorbehalt 1/2 beträgt; Profilquotient mit dem Übergewicht des Flächenmehrwert-virtuellen Vorbehalts: so die glückliche Profilschockerbschaft. Im komplettierenden Vorgriff gesagt, beträgt der Konfrontalitätsquotient 0, gefolgt vom Quotient 1/2 der Lateralität, worauf dann 1, 2 und Unendlich folgen, die noch der genauen Gehaltsfestlegung bedürfen. Angemahnt sei auch schon hier, daß diese Flächenbereitstellung medial für alle Dinglichkeit, für Bild und Ding im engeren Sinne gleicherweise aus dem 1/2-Profil-Quotienten, das Initial der filialen knechtigen Herrschaft ausmacht, transsubstantiativ also immer tote Weiblichkeit generiert; entsprechend deren Initial die Fläche. Worin sich der Vorbehalt abgibt, so daß sich Weiblichkeit in den Dingen allen selber antrifft, in der Totaldifferenz freilich dinglicher Mortalität. Und diese bildet die Einlaßstelle der männlichen Herrschaftsform, letztendlich das Schriftphantasma des Signifikanten Phallus als des Herrn aller Raumdimensionen, der sich bescheidenermaßen bloß aber fortgesetzt von links nach rechts und so von oben nach unten bewegt. Weiblicherseits ist diese Mannsposition knechtiger Herrschaft authentisch nicht einnehmbar. Was bleibt aber dann unter unabdingbaren Mehrwertbedingungen und in produktiv artistischer Absicht? Was kann in dieser Schiefhals- und Baby-auf-dem-Bauch-Situation noch geschehen? Immerhin kann die Vorbehaltsabgabe in der Auslieferung in Dinglichkeit hinein post festum auf Bild hin revoziert werden, so daß sich der Mehrwert infinit nur noch auf sich selber rückbezöge. Kapitalismus und Schizophrenie pur; wenn man es so will die Unabschließbarkeit der Zinseszinsen als fiskalische Mehrwertrealie, nicht mehr dem Kapital zugeschlagen; gewiß eher die Travestie rückeinklagender Buchstäblichkeit des Surplus als die andere Ökonomie, immerhin aber negativ eine solche (und darin dieselbe), die aus dem Einschnitt als künstlicher Beendigung die Idealität des Ursprungs macht. Fläche und Profil aber stolpern dann antimedial über sich selber, produzieren wider ihre Dienstbarkeit den Nichtabschluß selbstreferentieller Selbstauflassung (Serien, unabschließbar). Wenn dem aber permanent in-sich-reflexiv travestisch so sein kann, so versieht sich das areale Selbstemblem Profil mit einem Seiten-Tier-Auge-Ohr; Ohr, das zumal sein funktionsloses Geschwister nach hinten zum Widerhallohr macht. So einzig auch in dieser Verwirrung aufrechterhielte sich Sehen als Sehen wider die im Konfrontalitätsarrangement bereits eingerissene Hegemonie der imperativen Stimme, kurzum der Universallektüre/der Schrift.

Zurück zum vorweggenommenen Ausgleich zwischen Auslieferung und Vorbehalt, vermittelt nunmehr über den Transit des Profils. In dieser Äquivalenz gedeiht die – schadlose – sehensgewährleistende (Wieder)Herstellung der Konfrontalität ohne Gegenblick, verbunden mit der Parade, diesen herrschaftlichen Blick restlos zugleich ab-zublicken, dergestalt jedoch – es handelt sich doch um Äquivalenz –, daß der Gegenzug des Abblickens weder in Gegenblick noch in Dasselbe der Blickabsorption übergeht. Das Paradigma dieses Ausgleichs ist die Observation (des Gesichts) des träumenden Schläfers: Binnenabblicken des Sprachartefakts der Beobachtung (REM-Phase); Abblicken von Innen, das die Außenbeobachtung nicht aufhebt, vielmehr ablösend unterhält, und dies durchaus im Einvernehmen mit der fundierenden Sprachimperativität strikte auf der Ebene des Sehens selber als des träumenden Krisissehens (das Lautüberwiegen führt ja zum Erwachen). Diese Äquivalenz, sie ist nicht weniger als die Schönheit mit ihrer Imperativität, sich auf der Suche nach der Permanenz ihrer selbst zu machen, und so findet sie denn auch etliche (auf dem Niveau der Körper immer freilich haltlose) Bestätigungen vor: Tiergesicht, Kindsgesicht (Infans), (weibliches) Sexualitätsgesicht. Und immer auch mehr als solche Gesichter, insonderheit die blicklose blinde frontale Paarigkeit der weiblichen Sexualorgane als der männliche Blickfang: Hintern, Busen – das Genitale wenig oder gar nicht, es ist zu kryptisch, zu sehr paarigkeitsgedoppelt, zu sehr vertikal gegengeführt, so daß es sich eher im Gesicht repräsentiert. Und a fortiori der Schwangerschaftsbauch nicht. Es wäre so etwas wie weiblicher Protest, im Ausgang von der Schwangerschaft diese nicht gegenblickenden Augenorgane alle (inklusive der Füße) im Profil zu geben; weibliche Profiltotale als Fetischkonterkarierung. Die Stufe des Protestraffinements aber wäre allererst in der „hysterischen" Ersetzung des sexuellen Körpers durch die Theatralik der Hände und der verdrehten Augen, den Blick nach oben, erreicht; mystische Verzückung. (Deren nicht-abbildliche, rein areale „emblematische" Darstellung produziert Linearitätsabstraktionen exakt im Unterschied zur Profilgestalthaftigkeit expressis verbis, die, im Vorgriff gesagt, dem Nachtpendant des Profils, dem traumlosen Tiefschlaf (NREM) entstammen. Emblematisch drängen sich in diesem Zusammenhang außerdem die Teufelshörner auf.)

Hieraus stellt sich ein ganzes System von Schönheitsäquivalenzen her, das den Überschneidungsmoment auf Dauer begehrt und so nicht umhinkommt, in der dadurch grassierenden Leichenentropie durch Bildauffang und -auflängung den kallistischen Augenblick ausdehnend zu retten; was sich freilich in den Sujets als „funktionale Phänomene"/Autosymbolismen, der Selbstdarstellung dieser Bildfährniß (der Selbst-Anderen-Fährniß), kundtun muß: der Tod und das Mädchen, längst umgekehrt zur Pietà und, säkular verschlossen wiederum, die Mona Lisa, das chronische Syndrom der bildenden Kunst. Auf das Sehmedium hin, das Licht, bewirkt die besagte Äquivalenz so etwas wie Tag- und Nachtgleiche: der observierte träumende Schlaf als Nächtigkeit des Lichts und Licht in der Nacht (phantasmatisch koloral der Schnittpunkt der Entstehung der Abbildfarben im Zusammenhang der Perspektive; genealogisch indessen, als Schnittpunkt nicht totalisiert, die noch-nicht-Farben Gold und Silber). Auf die Reflektionsverhältnisse hin indifferenzieren sich in dieser Schönheitsäquivalenz Spiegelbild und Abbild. Ich, Observant, bin mein Abbild als Gesicht des Traumschläfers, und dieses Traumschlafgesicht ist sich selber sein Spiegelbild. Da aber das Begehren beider, je beides zugleich zu sein, in der ausgeführten Kontrarietätsverteilung apriori/phantasmatisch ist, resultiert beiderseits die Inversion des Erwachens, der Beweis der bloßen Augenblicklichkeit der Äquivalenz. Augenblicklichkeit, der der/die Bildauffang und -auflängung zu wehren sucht, ohne aber mehr zu erreichen, als die Aporetik dieses Verhältnisses, kulminierend außerdem in der Internalisierung desselben als Selbstportrait, aufzulängen. Unabkömmlich eben gerade auf Bildniveau der repetierte Irrtum des Narziß: als vermöchte das sich-zu-sehen-Geben das eigne Spiegelbild in das Abbild restlos überzuführen. Man wird den Preis der parasitären Bildauflängung als die Dingprärogative im Bild, zugleich der Einbruch der Sprachbestimmtheit desselben (Fama), allemal bezahlen müssen; der große Preis der Herrschaft der Falsifikation (o-Urteil) auch. Weiterhin indifferenzieren sich Nacktheit und Hülle, Apo- und Epikalypse; nackt das Spiegelbild, bekleidet das Abbild. Indifferent, kulminierend von Anfang an zuletzt, ebenso das Geschlecht. Woran insbesondere gewahrt werden müßte, daß die Schönheitsäquivalenz sogleich zu ihrem Ende insofern verurteilt ist, als ihr Umschlag in die reinste Paranoia nicht aufgehalten werden kann.

Die männliche Observation des weiblichen träumenden Schlafs verdoppelt nämlich in dessen Binnenverfassung Weiblichkeit, die ihrerseits den männlich gleichgeschlechtlichen Zusammenschluß des äußerlichen Verhältnisses desselben kurzschlüssig abstößt. Der Observant als Hexenverfolger. Von der Geburt der neuzeitlichen Malerei ebenso aus der Hexenverfolgung.

Mit den Ausdrücken Bildauffang und Bildauflängung wurde von der Unhaltbarkeit einer unprothetischen Körperrestriktion dieser Vorgänge längst schon Gebrauch gemacht. Die Bildprothetik aber kommt nicht irgend danach hinzu, sie wirkt vielmehr von Anfang an mit ihrem Gegenteil zusammen danach. Flächen- und Profil-vermittelt, ohne daß diese Vermittlung offensichtlich sein dürfte, vollendet sich die avisierte Äquivalenz in der Zentralperspektive mit allen ihren Selbstexplikationsdimensionen, ihren Perfektionierungsmitteln, von denen die daran angemessene Farbe nicht die letzte ist. Die Zentralperspektive als Inbegriff also von Simulationskunst/Gaukelei, die sich selber zwar nicht verraten darf; in ihrer Illusionismusleistung aufgehen muß, die gleichwohl kunstkriterial selbstrückbezüglich ihrer selbst innezuwerden gehalten ist, so als ob solche Selbstüberraschung das Wahrheitselement an Kunst einzig zu retten imstande wäre. Das Motiv der bildenden Kunst: die Simulation, zentralperspektivisch als Natur selber dann hypokritisch ausgegeben, buchstäblich marginale Blickdisziplinierung – die Rahmenmarginalie als das unabdingbare generative Zentrum –, Blickdisziplinierung ohne Überhang, in ihrer Geschlossenheit indessen die Totale, Totale nicht zuletzt als Pseudos infiniter Reversibilität der Zeit. Mitnichten also kann bildende Kunst in dieser ihrer Explosivität ein harmlos Ding sein, und man mag sich der Dauerneigung überlassen dürfen, von diesem Simulationsinbegriff aus, in dem sich die totalisierte Vermittlung nicht weniger auch diachronisch zu totalisieren scheint, nach rückwärts und nach vorwärts dessen Reduktivität zu recherchieren; nach rückwärts bis hin zu Daidalos vorperspektivischen Kunst der Kuhattrappe und des Labyrinths und nach vorwärts, sicherlich noch komplizierter, in die heiklen Aufkündigungen dieser Gaukelei bis in die Moderne und Nachmoderne hinein. Von Äquivalenz jedenfalls keine Spur; Tausch gibt es nicht, wohl Aufzeichnung/Schrift/Lektüre in imperialer Selbstextrapolation zurück auf Bild, das so der Sprache/nichts-als-Gerücht exklusiv dienstbar wird. Bildende Kunst, die sich eo ipso selber widerspricht und sich im Kontext dieses Widerspruchs ausführt und erfüllt. Sehen, auf sich gestellt, der wie rettenden Metabasis in Sprache ledig, wäre das Grauen grenzenloser Sehmetonymie ohne sprachmetaphorischen Einschnitt; Psychose demnach, am Ort der scheinbaren Rettung Stimmenhören. Also muß die Sichtmetonymie, die in der hypostasierten Sprachmetapher eben kein Ende findet, ikonisch-prothetisch sistiert werden, was (gänzlich wider den Traum außerdem) das Sehen zwar transitorisch beruhigt, doch den Preis der Sprachvernichtung desselben zugleich zahlt. Bildende Kunst, zumal als zentralperspektivische Klassik, die den ihr eignen Sinn in seiner exzeptionellen Kultivierung abschafft. Das totalisierte Arousal als metaphorischer Lauteinschnitt in die sich erschöpfende Sehmetonymie kann kein solches mehr sein, das Wachen vielmehr als Schlafen, traumloses Schlafen letztlich selber. Anscheinend heftiger noch gesagt, stellt die ultimative Kannibalismusabwehr des Bildes den Kannibalismus grosso modo im Dingverhältnis allererst her. Als Ausfällungen der Leichenschau als Pendant zum vis-à-vis auf der Grundlage des totalisierten Dazwischen (Einschlaf, Traumschlaf, Nur-Schlaf) werden die Dinge gefährlich ambige: nur-bildlich geraten sie ultimativ in die Sichtermächtigung desjenigen Kannibalismus, den sie nur-dinglich/konsumatorisch sogleich effektuierten. Nur die wie doppelt negentropische Sichtleitung als Reminiszenz der Bildgenese verhindert den Sturz ins Ding, garantiert den gelingenden Gebrauch. So daß bildende Kunst so etwas wie eine Übertherapeutik aller einschlägigen Pathologie – beispielsweise von Phobien mit ihrem offensichtlichen Dingbezug – wäre. Schließlich: um den Äquivalenzquotient 1 steht es (scheinbar) schlecht. In seinem Prothesenabwurf (mindest) der gesamten bildenden Kunst aus der Observation des Traumschlafs enthält er, nichts als gebrochen, die gesamte Skala der Differenzquotienten inklusive deren Grenzwerte. Allein, diese hinwiederum untereinander geteilt ergeben glücklichfatal immer die 1.

Zugegeben: Die Moderne besteht in der Aufkündigung der Gaukelei des vollkommenen Simulakrums. Gleichwohl tritt aus dieser Abschwörung nicht wunderbarerweise die Wahrheit hervor (zumal nicht wissenschaftlich), es resultiert vielmehr eine heikle Leerstelle, in der sich prophylaktisch zirkulär symptomatisch Bild für seine totale Indifferenzprätention selbstbestraft; Bildstrafe, die Rache der eskamotierten Differenzen, jedoch masochistisch als Potenzierung des ganzen ikonischen Gewaltverhältnisses. Aufkündigung der Gaukelei als Autosanktion derselben mit (erneutem) Wahrheitsanspruch – so die Moderne, die mitnichten das Heil der Welt mitbesorgte, die vielmehr die Fama-Artefaktizität bildübergreifend mitpotenzierte (Echo, die Plaudertasche, mechanisch, die a fortiori bleibt). Wenn nun Postmoderne mehr sein will als die tätige Kapitulation vor der Unabdingbarkeit dieser Bildphantasmatik? Wenn sie mehr sein will als die Liquidierung eines kapitulativen Zynismus gar dadurch, daß sie auf den Schein der exkulpativen Potenz von Wissenschaft dergestalt setzt, daß sich Kunst in ästhetische Koeffekte von Technik (Dingsimulakren) auflöst? Wenn sie mehr sein will als ein Unisex-Höflingswesen aufgekratzt depressiver Technologiereverenz? Es bliebe ihr dann immerhin doch noch die Chance, den Übergang zwischen Moderne und Transmoderne durch den sicht- und bildgenealogischen Aufriß der Binnenorganisation der einschlägigen Phantasmatik, durch den Aufriß der Differenzen alle rein innerhalb der Indifferenz zu besetzen. Und wenn dieser Transitort transitorisch einnehmbar wäre, so legte er ein bedingtes Entgegenkommen für weibliche Produktion/als diese selber schon vor; weibliche Produktion nicht als feministisches quid pro quo, ebenso nicht als Genealogieemphase in kritischer Rücksicht. Einseitig auf Körperniveau formuliert, besteht die Entgegenkommenskondition darin, es bei der Observierung des Traumschlafs von Frau, wenngleich durch Frau selber, zu belassen. Diese andere Indifferenz (dreimal Frau, nur noch Frau, Indifferenz, die zugleich in sich nur noch different ist, wie der Idealfall der Differenz selber), sie enträt der Gaukelei, macht vielmehr diese, das erfüllte Sehen/das vollendete Bild, auf sich selber hin rekursiv/apo-kalyptisch. Die Frage ist dann, wie sich als transmoderne Genreautonomie dieser Rekursionsaufriß genreimmanent macht. Allgemein macht er sich so, daß dieser mein Schrifttext als infinitgenerativer Rand und Rahmen der Bilder/Zeichnungen zugleich von diesen infinit absorbiert ist. So gehen Text und Bild das Verhältnis der inklusiven Disjunktion ein: Schriftbann, der sich herstellt und auflöst ineinem. Dazu aber müssen die Bilder seriell sein; Serien dergestalt – damit überhaupt sichtlich noch etwas sei und nicht vielmehr, wie eh ja, sichtlich nichts –, daß Allgängigkeit und die Rigidität deren Gegenteils, Zufall und Notwendigkeit, „anything goes" und „nothing goes" koinzidieren. Diese Fixation ohne Halt stellt sich selber dar als eine Art von Emblematik der Sichtbarkeit als solcher. Immer subalternes Beispiel, beiherspielend, und instantan als dasselbe nebenan für sich spielend obenauf.

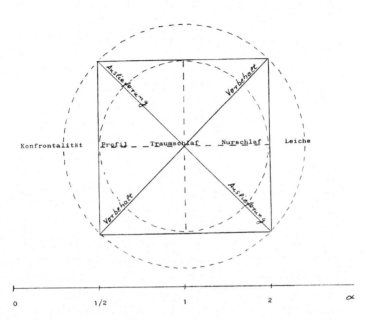

Sichtbarkeitsphantasma, geometral

Dies ist keinerlei didaktisches Schaubild, die geometrale Selbstdarstellung vielmehr dieser phantasmatischen Verhältnisse als Nichtblick des Anderen, Phantasma zuerst und zuletzt der Schrift, so daß Sichtbarkeit das Gehörte geschrieben gesehen wäre. Notorisch, daß diese Phantasmatik-Selbstdarstellung metrisch nicht schließt ($\sqrt{2}$, π). Siehe dazu Heideggers „Geviert" und „Gering"; siehe auch Lacan: Vom Blick als Objekt a, in: Das Seminar, Buch XI (1964), S. 97, 112, 115. Beidemale fehlt außerdem die Geschlechtsdifferentialität. Gänzlich unäußerlich geometrisiert diese Phantasmatik-Selbstpräsentation das Urteilsquadrat mit, so daß die einzelnen Blickphasen die Verhältnisarten zwischen den Urteilen der Quantität implizierten/explizierten.

277

Was ist sichtbar?

(zusammen mit Heide Heinz)

(aus: Kunst im Schaltkreis. Variation – Serie – Simulation, herausgegeben von A. Engelbert, Hochschule der Künste Berlin, 1990)

Vorbemerkung. – Der folgende Text wird hiermit gegen seine genuine Video-Präsentation[1], abgelesen/gesprochen zur üblichen Lektüre freigegeben. Womit, rein diesem Text-Genre gemäß, nicht subjektiv absichtlich obendrein, die im Video in Ton und Bild sich diskriminierende Sprache „gerettet" würde.

Durch die im Video eingeblendete(n) (also immaterialisierten) Zeichnung(en) erscheint das Problem der Sichtbarkeit flächengemäß-bildrekursiv radikalisiert. Es bleiben nämlich bloß noch die Flächendimensionen, diese freilich dann „unhalbiert", übrig: oben und unten sowie links und rechts, kurzum das Kreuzschema (das Fadenkreuz als Kugeldurchmesserschnitt). Daß sich in dieser Flächentotalisierung (durch die Videoimmaterialität verstärkte) stereometrische Effekte einstellen, widerspricht dieser Totalisierung nicht, stellt diese vielmehr unter Beweis: Fläche als abbildender Spiegel, der beidseitig – auf ein Sichtsujet und einen Betrachter hin – Räumlichkeit passager generiert.

Dem entsprechend konsequent wird „dieselbe" Zeichnung nach der Maßgabe der den verbleibenden Flächendimensionen einschlägigen Drehungen viermal gegeben; und zwar videogemäß je als „stehendes Bild" sukzessiv und dem isolierten Lektüre-Text gemäß idealiter simultan (de facto hier wiederum sukzessiv wegen der Nichtfestlegbarkeit der simultanen Präsentation).

---

[1] Heide Heinz/Rudolf Heinz: Was ist sichtbar?
Heide Heinz: „Kreuz", Zeichnung auf Millimeterpapier 1989.

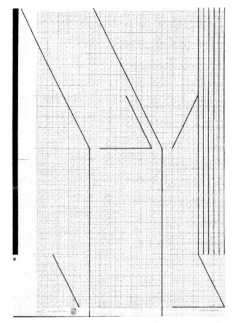

Kreuz, Bild 1

Dies ist eine Art von offenem Filmbrief an Sie, der über sich selber handelt.

In dieser Prothese meines sprechend-motilen Abbilds bin ich Ihnen ohne eigene Interventionsmöglichkeiten ausgeliefert.

Zugleich aber besitzen Sie mich bloß als Schemen. Derart phono- und kinomatographisch imaginär perfekt bin ich und bin ich ineinem nicht.

Dies für Sie und, umgekehrt, nicht minder für mich (wenn nicht, so auch nicht mit dem Spiegel nicht). Wenn Sie diesen Widerspruch nicht billigen, so glauben Sie an das Wunder der Transsubstantiation. Sie können nur daran glauben.

Zudem bleibt die Wandlung rein im Bilde, schafft Ihnen, auf Dauer gestellt, keine Nahrung herbei.

Sollten Sie nun aber dies geglaubte Wunder, technisch-real, selber sein wollen, so träte ich leibhaftig aus dieser meiner Abbildprothese hervor und Sie wären dann verrückt.

Unter diesem Vorbehalt bildet diese meine vollkommene Imaginarität alle entscheidenden Blicksituationen zwischen mir und den Anderen, der Angeblickten und den Anblickenden, ineins:

- das vis-à-vis oder die Konfrontalität
- die Profilansicht
- die Observierung des Traumschlafs
- die Observierung des reinen Schlafs
- die Leichenschau

Überwertigerweise sind in dieser Überwertigkeit der Ineinsbildung aller entscheidenden Blicksituationen ebenso alle Raumdimensionen ineins gebildet:

- vorne und hinten
- oben und unten
- rechts und links
- außen und innen

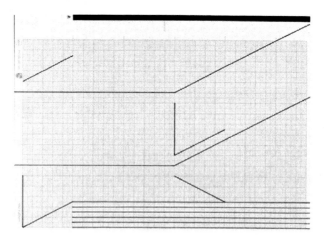

Kreuz, Bild 2

Schon im Register der Blicksituationen tauchte kein Hinten auf. Das Hinten der Angeblickten nämlich ist der Totalanblick der Anblickenden selber, das Publikum.

Bereits im Register der Blicksituationen wurde wie selbstverständlich nur das Gesicht, höchstens der Oberkörper/die Büste, zitiert. Das liegt insbesondere am (scheinbar) gegenblickenden Gesicht, auch an den blinden Augen der Brust und nicht zuletzt an der Arme und Hände Alleinräumungspotenz aus dem Stand.

Eben schon im Register der Blicksituationen wurde die Nichtunterschiedenheit von Rechts und Links fraglos unterstellt. Das liegt am Überkreuz des Abbilds versus Spiegelbilds als Schreibbewegung (aus dem diagonalen Vermögen).

Schließlich war im Register der Blicksituationen vom Unterschied zwischen Außen und Innen überhaupt nicht die Rede. So sehr gilt das Außen, vollendet imaginär, als das Innen selber.

Die nachträgliche Sehkontrolle dieser Ineinsbildungen der Raumdimensionen führt zum Desaster deren visueller Widerlegung. Denn gesehen wird einzig das Vorne, das Oben, das Rechts, das Außen.

Allein, diese kritische Seheinschränkung ist vollziehbar nur auf der Grundlage der geglaubten, technisch-realen Nichteinschränkung: der Ineinsbildung je der Raumdimensionen und untereinander.

So das zweite abgeleitete Wunder als technische Realität – ein Dauerwitz.

Sollten Sie abermals den Wunsch haben, dieser Witz selber zu sein, so wäre ich, leibhaftig aus meinem perfekten Abbild hervorgekommen, in jeder Hinsicht zerrissener Körper, meine eigene Büste/Video also. Und Ihr Wahn begänne sich demnach auszugestalten.

Was also ist sichtbar? Wie ist Sehen möglich?

Durch Ausblendung (des Wahns) der angeführten Nichtunterscheidungen in die mediale Maschinerie als diese selber hinein; der Nichtunterscheidung von gelebtem Gesicht und dessen prothetischem Abbild; ferner der Nichtunterscheidung je der Raumdimensionen und untereinander: vorne – hinten, oben – unten, rechts – links, außen – innen. Sowie durch Aufblendung je derjenigen „schwachen" Bestimmungen, die durch isoliertes Sehen dann ausweisbar wären, welches da sind: die Abbildprothese, und an dieser Vorne, Oben, Rechts und Außen, von den ausgeblendeten Nichtunterscheidungen her.

Sichtbarkeit besteht in der Krisis dieses ausgeblendeten Ganzen und seines aufgeblendeten einen schwachen isoliert sehausgewiesenen Teils darauf.

Sichtbarkeit = „Einäugigkeit".

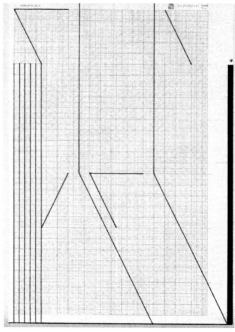

Kreuz, Bild 3

Diese meine Filmvollendung sieht nicht, wie Sie sie sehen, hört auch nicht, wie Sie sie hören.

Entzogen bin ich Ihnen durchgehend ausgeliefert: konfrontativ schon Leiche, im Profil schon reiner Schlaf, zentriert auf die Unendlichkeit des träumenden Schlafs dazwischen.

Das heißt: meine Stimme weckt mich nicht; auf Dauer spreche ich im Schlaf.

Dann aber ist das Überall der Stimme die alleinige Garantie meiner perfekten Imaginarität, der Index meiner Entzogenheit in meiner Auslieferung, der Index, daß ich existiere, auch wenn ich tot wäre.

Die Stimme leistet dies, weil sie von sich her auf ihre Weise schon so, übertragen gesprochen, imaginär ist, wie ich als imaginär – im wörtlichen Sinne der Bezeichnung – hier hergestellt bin.

Vorsicht abermals: wenn Sie diese Stimme dann zu sein wünschen sollten, so hörten Sie Stimmen.

Ich lese vor. Überhaupt ist dieses Arrangement gänzlich schriftbesetzt auf Kosten des Mitteilungswerts von Sprache.

Dieser Text nämlich regrediert medial in die Schriftextreme von Bild und Klang.

Sprache scheint zwar zur „stärkeren" Seite des Klangs hinzuneigen; in dieser vielfachen Schrifteinsperrung aber geht sie fast unter.

Antinomie der Sprache: erfüllt sie sich den eigenen Wunsch ihrer Verschriftlichung, so schwächt sie sich in dieser Wunscherfüllung zugleich.

Indem ich bloß vorlese, hören Sie nur, sind am (Mit)lesen gehindert. Sollten Sie gleichwohl neben dem Text ersatzweise mitlesen wollen, so sind die kompensierenden Schriftextreme, Klang und Bild, sogleich auseinandergebrochen.

Anderes habe ich Ihnen nie in Aussicht gestellt. Vielmehr mich von Anfang an als Pandora empfohlen. Als von Zeus veranlaßtes Hephaistos-Gegengebilde zu den Geschöpfen des Prometheus nämlich bin ich weiblich sogleich Abbild und erhalte mein Spiegelbild als meine Seele im Außen dazu; in allem spiegele ich mich nur.

Sie aber, Prometheus' reine Mannsgeschöpfe (die anwesenden Publikumsdamen eingeschlossen), haben ordentlicherweise, über die Not des Spiegelbilds vermittelt, Ihr Abbild erhalten. Nur daß dieses – Ihre andere Innenseele – Pneuma, Einhauchung, reiner Zuspruch (womöglich mit Athenes Hilfe), reines Sprachartefakt nur sein kann.

Ich lese vor, spreche nach.
Treibe Werbung.
Sie erhalten alles und gar nichts.
Mein Fluch ist die beste Reklame. Es gibt nichts Neues mehr.
Was also ist sichtbar? Wie ist Sehen möglich?

Die Krisis der Ausblendung des Ganzen der besagten Nichtunterscheidungen und der Aufblendung des schwachen Teils der Unterscheidungen darauf bleibt aus. Ersteres nämlich, das Ganze der Nichtunterscheidungen, ist stattdessen in Klang und Bild hinein zerbrochen.

Ohne die Hilfe des Ausdrucks des Textes hören Sie nichts und also sehen Sie nichts.

Sie sprechen im Schlaf.

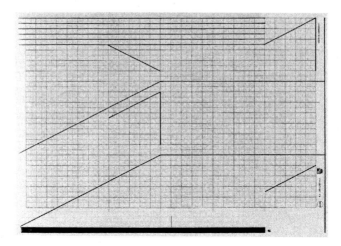

Kreuz, Bild 4

Nachrede

(aus: Heide Heinz, Melanie Heinz: Echo. Roman, herausgegeben von F. Kittler, R. Heinz, Passagen, Wien 1990)

Wie zu lesen wäre

Das Anderswo des Lustempfindens der Frau wird nur wieder gefunden zum Preis einer *erneuten Durchquerung* (retraversée) *des Spiegels, der alle Spekulation aufrechterhält.* Weder, sich einfach in einem Prozeß der Reflexion oder der Mimetik situierend, noch in dessen Diesseits – dem für jede Sprache opaken Empirischen –, noch in dessen Jenseits – dem selbstgenügsamen Unendlichen Gottes und der Männer –, sondern, indem alle diese Kategorien und Einschnitte zurückverwiesen werden auf Zwänge der Selbstrepräsentation des phallischen Wunsches im Diskurs. Ein spielerisches und verwirrendes Wiederdurchqueren, das der Frau erlaubte, den Ort ihrer Selbstaffektion wiederzufinden. Wenn man will, den ihres „Gottes". Wobei es offenkundig ist, daß die Zuflucht zu einem solchen Gott, gesteht man nicht seine Verdoppelung ein, immer Rückführung des Weiblichen zur phallokratischen Ökonomie ist.

Luce Irigaray[1]

In einem Roman in einem Stück gleichgültig was sich ereignet hofft man daß nichts geglättet wird daß es jede Minute dieses Romans ein Anfangen und Enden gibt daß stets jede Art Persönlichkeit die irgendeiner darin hat eine solche ist die keiner je in etwas verwandeln kann von dem sich irgendwer wieder erholen kann.

Und der Grund dafür ist dies. Je mehr ein Roman ein Roman ist je mehr ein Stück ein Stück ist je mehr etwas Geschriebenes etwas Geschriebenes ist um so mehr ist kein Außen außen Außen ist innen Innen ist innen.

Gertrude Stein[2]

---

[1] L. Irigaray, Macht des Diskurses/Unterordnung des Weiblichen, in: Waren, Körper, Sprache. Der ver-rückte Diskurs der Frauen, Berlin 1976, S. 33.

[2] G. Stein, Erzählen, Frankfurt/M. 1971, S. 70.

Echo, die dem Narziß nachplappert, immer freilich auch so, daß seine Rede verstümmelt widerhallt. Also ist die Weltliteratur des Romans gleich Narziß, und die beiden Autorinnen gleich Echo, die per definitionem keine selbsteigene Rede zu führen imstande ist, nur zu duplizieren, zu reproduzieren vermag; und dies fragmentierend obendrein.

Vorsicht jedoch! Echo ist klüger geworden und versteht es derzeit – man möchte meinen fast perfekt – sich wider ihr hartes Los von weiland zu retten. Wie macht sie das? Fürs erste verdoppelt sie sich: spielt, gedoppelt, ihr eigenes Spiel zusätzlich für sich; und dies mit der widrigen Folge für das Echote, sich in seinem Doppelwiderhall umso unaufhaltsamer zu verlieren. Indem das Echo sich als Echo zudem reflektiert, befreit es sich von seiner Vorlage, gründet sich wie auf sich selbst, verstärkt sein mechanisches, sinnentleertes Wesen auf dem Wege zur „Idee" als Zahl, zum bloßen Naturvorgang von Reflexion, die aufhört, anamnestisch zu sein, Erinnerung also dispensiert.

Die ihre Haut rettenden Echo-Geschwister gehen in ihrer Selbstsoteriologie entschieden aber noch weiter. Geschwister? Nicht ganz. Wenn man es nicht übertreibt, so erhält sich auch im Echo-Echo eine Zeitmarge: die Generationenfolge Mutter-Tochter nämlich, neutralisiert zur Abfolge, zum nur noch formalen Aufeinanderfolgen. Also: die gedoppelten Nicht-Autorinnen nehmen sich die schändliche Usurpation heraus, als die Heldin des Romanplots aufzutreten; sie machen sich in der Vorlage breit, unendlich breit. Wie Narziß wohl auf diese Konfusion, diese alterierende Distanzlosigkeit, reagiert hätte, wo er doch schon seiner braven einzigen Echo gegenüber in schwere Rage kam? Gipfel der Indolenz: daß die beiden – und das geht wirklich zu weit! – in diesem Subjekt-Übergriff des Doppelechos in die narzißtische Romanrede den Helden möglichst in eine Heldin verwandeln. Geschlechtsquidproquo – Narziß, der (bisweilen) zur Frau ward.

Die Rettungsmanöver steigern sich. Wie die Sprache des Narziß bereits zur Schrift geworden ist – was freilich seinen Tod voraussetzt –, so sind die Echos ebenso Schreiberinnen. Schreiberinnen folgerichtig Echo-gemäß: sie schreiben ab. Zwar zeigt sich diese höhere Hausarbeit/Strafarbeit von sklavischer Gutherzigkeit geschlagen, zugleich aber auch als deren hartes Gegenteil: ein beim-Wort-, ja beim-Buchstaben-nehmen. Wer weiß schon mehr von einem Text als derjenige, der ihn nicht nur liest, vielmehr hemmungslos abschreibt? Nichts verstehen/nur allzu gut verstehen. Wenn aber geargwöhnt werden muß, daß selbst das reine Abschreiben nicht funktioniert, so schlägt diese debile Unfähigkeit sogleich in Sabotage an der

Strafarbeitsmechanik um. Mehr noch: die skripturalen Echos tun oft nur so, als leisteten sie ihre Bußübung ab; in Wahrheit manipulieren sie, wie ausgeführt, die Texturen. Und zwischen Debilität und Tücke, da mag es oft auch, recht einfach, bloß zu Fehlleistungen gekommen sein – wen wundert es, daß die Gedanken bei solch einer stupiden Schreibarbeit anderswohin abschweifen und, rückkehrend, schriftlich entgleisen?

Recht besehen und behört, ist dieses Echogebaren überaus peinlich. So war es ja schon in der Mythe: Narziß, der Echo beschämte, sie, die entflammt, ihm nachlief und wie vertiert an seinen Lippen hing. Sicherlich – auch diese beiden – wie soll man sich ausdrücken: postmodernen? – Echos laufen der Romanweltliteratur buchstäblich hinterher, plappern sie nach (eifrige Sammlerinnentätigkeit: die Geschwister Grimm), sind von ihr – wie hätten sie sich sonst in diese unmögliche Mühsal hineinmanövriert? – begeistert. Indem aber der große Schatten des Peniblen auf sie fällt, wird Narziß, das Romanwesen, instantan nicht weniger peinlich, ja zum einzigen Schamträger schließlich. Welch erschreckende Identität der Romansujets! Welch perhorreszierende Selbigkeit der Stilistik, wie zusammenschrumpfend auf den Narzißmus der kleinsten Differenz! Die Kollektion der Romanweltliteratur als ein einziger Trivialroman; sein Ende, diese schäbige Summe. Echos rasende Synchronie macht die Sprache nackt, enthüllt deren haltlosen Eingedenkenscharakter, der sich auf keiner Kunsthöhe halten läßt und in die Universalität von Kitsch, unaufgefangen durch Gedankenpassagen, abfällt; Allzusammenzug auf bürgerliche Epik, neunzehntes Jahrhundert im Niedergang. Allein, das Gegenteil dieser Disqualifiziertheit ist nicht weniger wahr: das läppische summary-Wesen als die konträre Massierung einer besonderen Dokumentarität. Läßt man es zu, den Allroman Narziß durch diese Echo-Todespassage rückhaltlos hindurchzuschicken, so daß er sich am Ende in keiner Weise mehr als Kunst erholen kann, so geschieht das (Nicht)wunder seiner Lesbarkeit als Erkennenszeugnis mit hohem intellektuellen Mehrwert. Einzig so noch kann der heilsame Zwang zum Lesen ausgeübt werden: durch Konsumtionssperren, durch simulierte Symptome als Gipfel der Rettung.

Weiter mit dem System der Rettungen. Nicht zuletzt imponieren die Echos als Meisterinnen der Hypokrisie der Übergänge, des Scheins der indifferenzierenden Brückenschläge, des Transitbetrugs. Womit sie die schwächste Stelle des Jünglings erwischen: die Intoleranz der Allkopulation, Allpromiskuität. In diesem Textehimmel kreuzt sich alles mit allem, spiegelt sich alles an allem, frißt jedes jedes auf (Autorenwettbewerb). Wenn es sich doch bloß um eine Collage handelte, um die Isolierung implosiver narzißtischer Blöcke nämlich, die sich in der abstrakten Einheit ihrer narzißtischen Selbstbestimmung erfüllten! Nichts dergleichen aber, exklusiv der Trug der Kontinuität dagegen, zusammenhängender plot, der keiner ist.

Notorisch löst sich Echo nach ihrer Affäre mit Narziß ins Nichts der Außenwand einer reflektierenden Felsenhöhle auf. Nicht indessen so unsere modernen Echos mit ihren offensichtlich reüssierenden Widerworten. Reüssierend? Gewiß, indem beide für sich selbst (und unter Umständen gar für andere mit) eine Romananthologie für den Atombunker produziert haben – so etwas wie ein anspruchsvollerer Reader's Digest guter Stellen aus der Romanweltliteratur, der deren Bestand über die Apokalypse hinweg sichern soll, und dies – weiblich, handlich, praktisch – als Alternative zu den eh ja schon eingebunkerten einschlägigen Mikrofilmen. Und nun sitzen sie da und vertreiben sich die Zeit mit dieser Art von Epochenunterricht; verschmähen Bild und Ton, indem sie in aller Ruhe nicht-diagonal lesen; veranstalten untereinander auch Autorenquizes; schöpfen den heiteren Gedanken, daß der Krieg in der Tat der Vater aller Dinge sei, eben auch einer anständigen Lektüre. Wie lange aber? Drei Nornen minus eins, Roman total. Preisausschreiben: Wer alle Romanstellen zu identifizieren imstande ist, erhält ein signiertes Freiexemplar von „Echo".

Dies also die progrediente Schrumpf-Legende des posthumen Schrumpfkörpers (postmodern, posthuman) des abendländischen Romancorpus auf dem Wege zu seiner Immaterialität fast schon. Am besten paßte dieser Schrumpfkörper in eine bibliophile Ausgabe – sind doch in den Atombunkern im Ernstfalle eh ja nur die höheren Stände versammelt. Indessen nimmt die Schrumpfung kein Ende: in dieser weiteren Reduktion auf das Wesentliche beschleunigt sich der Lauf zum Tode: Schrumpfung Schrumpfung Schrumpfung, 4 3 2 1 (0). Wo aber befinden sich diese weiteren Kondensationen im Atombunker? Gewiß unter Verschluß, der sich erst, wenn es zu Ende geht, öffnet, vielleicht als eine Art Pyramide, deren Verschlußspitze aus dem Bunker herausragt. Nun gab es aber vor diesen irreversiblen Schrumpfungen schon bedenkliche Passagen der Selbstauszehrung im vorgängigen Schrumpfkörper des Romancorpus: Passagen über das Schreiben, die Schrift selber, die, fernab von Reflexionssouveränität und -erfüllung, sich in ihrem nichtssagenden Charakter, die Fortgänge rettend, wieder mit Nicht-Reflexion auffüllen. Reflexion also als die Schrumpfungsverkündigung, Todesverkündigung. Man ist demnach ein wenig auf die weiteren Schrumpfungen bis auf Null vorbereitet. Und schließlich – das versteht sich – könnte selbst dieser Text Platz finden im Schrumpfkörper des Romancorpus selber; er würde, ebendort sinnvoll verteilt, nicht sonderlich auffallen, höchstens fakultativ als Grenzwert imponieren.

„... – was freilich seinen Tod voraussetzt – ...“
„...; verschmähen Bild und Ton, ...“

Schrift-Apo-kalypse: die allbesetzende Orakelmaschine, Vergangenheit und Zukunft als disponible Gegenwart unterstellt, ist zugleich, mehr als nur herrenlos, umhertreibendes, taumelndes, verderbtes, indisponibles Teilstück. Wie dieser Schriftapokalypse abhelfen, wie diese vergeßlichste Unvergeßlichkeit wiederum unvergeßlich machen? Durch die Herstellung der nächst höheren und höchsten Himmelssphäre, durch das Jenseits-Jenseits des Narzißmus, also durch die (Re)diskrimination der Schrift in Bild und Ton, durch die Prothetisierung des Innenblicks und der unverlautenden Stimme der überholten Lektüre. Wie lange? Bis der Ton als Stimmenhören das Bild heimholt: der Atomblitz und der Endknall des Zerberstens der Welt. Unser Medienzeitalter.

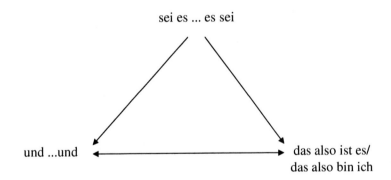

„Drei Nornen minus eins, ..."

Warnung vor den Metamorphosen des Konsumtions-Narziß, des geneigten Lesers also. Allemal nämlich ist dieser, filial, in seinem Textdouble in zwei Frauen, den Spiegel und das Spiegelbild, hinwiederum gedoubelt. Und diese Doppelung differenziert sich in die Trias (zweimal drei) von Mutter und Tochter, Mutter und Schwester, Mutter und Braut; wobei der Mutterposten jeweils der Spiegel ist, und die angeführten differenten Frauenposten darunter das Spiegelbild sind. Demnach ist, dreifach inzestuös, der Leser auf Mutter/Tochter hin sich selbst sein eigener Großvater, mütterlicherseits; auf Mutter/Schwester hin sich selbst sein eigener Onkel, mütterlicherseits; auf Mutter/Braut hin sich selbst sein eigener Vater. Man möge insbesondere darauf achten, daß dieses Zweimaldrei sich in die Lektüre hinein versteckt; sonst nämlich wäre es um diese geschehen.

*

Echo – Tropologien

Der verirrte Narziß. Im Sinne der Synchronie fortwährender Hominisationszumutung zu deren Beginn kommt das Verhältnis des Repräsentationsvermögens zu seinem Repräsentierten, oder besser zu dem, worauf das Repräsentierte verweist, sprachbezogen intersubjektiv als traumatisiert auf. Das Verhältnis zwischen beiden stellt sich zugleich proto-wissenschaftlich versus -ästhetisch (Jagd versus Haltung) als Opferverhältnis dar; das heißt, das Repräsentierte muß um seiner Repräsentation willen vernichtet werden und geht dann als Opferstoff in deren Mortalität, die sich allemal Ursprünglichkeit anmaßt, ein. Imponierend außerdem der Vernichtungs-Opfer-Modus: Rückgängigmachen der Geburt, weiblichkeitsmimetischer tückischer Rücksog, wie Ertrinken, wie ein Spinnennetz; Einbruch des arglosen Repräsentierten in die Grabkammer des Gedächtnisses hinein, Krypta-Ernährung (Narziß der Jäger, Fallensteller, Netze-Jagd). Auffällig nicht minder die Eigenart des zum Opfer auserwählten Repräsentierten selber: phallische Torheit, redundant dekorative Pseudopotenz, Schwulheit (das Jagdtier par excellence der Hirsch); so daß das Repräsentationsvermögen, das Gedächtnis, wie mit weiblichen Mitteln tötet, folgerichtig Weiblichkeit am Manne also verfolgt und vernichtet und als Vernichtetes sich selber zuführt. Und so war's schon, als Narziß entstand: Flußgott Kephissos, der die Nymphe Leiriope, Narziß zeugend, ertränkt; Hypothek des Geschlechts – quid pro quo von Anbeginn, freilich als das ganze Geheimnis des sich darin etablierenden Patriarchats.

Wie gesagt, ist in Narziß' Verirrung das Gedächtnis anfänglich traumatisiert. Die Garantie entfällt, daß die zu Göttern/Ideen ursprünglich hochgetriebenen Toten dieser inneren Leichenkammer sich nicht doch zu ihrer rächenden Resurrektion zu regen beginnen könnten; daß nicht die Pointe aller Schuldabsorption darin, in diesen idealen Disponaten, sich auflöste, die Schuld als deren Gerichtsbarkeit und Kriegswesen wieder hervordringe. Reißt solche Labilisierung der Opferdisposition ein, so sind die Leichendisponate ebenso dabei, als Intersubjektivitätsgaranten unbrauchbar zu werden; Narziß, der sich der Sprachgemeinschaft begibt, indem das Pseudos der Unschuld des Repräsentationsvermögens, der Sprache, haltlos würde; weiße Magie der Gesellschaftssynthesis, die kollabiert. Die Hominisation als solche bestände demnach in einem psychotischen Zusammenbruch; der sogleich in seine Selbstverstellung hinein, humanistische Gewalt, aufgefangen würde und der nur um den Preis schwerster Krankheit, der leidlich aufgehaltenen Todesfahrt des Subjekts im Allkontext seiner Gewaltverstellung, reaktualisiert werden dürfte. Post festum pathologisch benannt, wäre die Hominisation Psychose, Paranoia im Übergang zur Schizophrenie, bedrängendstes Schweigen im Transit zum Stimmenhören. Narziß, der fatalerweise damit anfängt, sich selbst nicht fremd zu bleiben, indem er den Abgrund der Selbstentfremdung sprechend/hörend exekutiert.

„Ist jemand zugegen?" So lautet der Ur-Satz, paranoisch gedoppelt zwischen Drohung und Rückzug, Anherrschen und Nachfragen. „Wer da?" Die Grabkammer des Gedächtnisses hat einen Riß bekommen, schon regt sich in ihr zu seiner Auferstehung von den Toten der Inbegriff des Gedächtniseinsatzes, die Idee, der weiland getötete Hirsch, der im Christentum außerdem dann als Christuszeichen konsequent fungiert (in der Hubertus-Legende). Echo kommt auf in der Unmittelbarkeit des Nicht-Audio, dem hermetisierenden, selbstvergewissernden Kurzschluß von Sprechen/Hören, darin als Homogeneitätsraptur, eingebracht in Zeitversetzung.

So gerät das Selbst in eine prekäre Distanzierung zu sich selbst, ja zur Selbstabdrift ins schlechterdings Fremde seiner selbst. Differenzmonitum als Todeserfahrung, Sündenfall. Im entfremdeten Selbstdouble der Mortalität des Geopferten regt sich dieses, der Opferstoff, geschlechtsdifferent weiblich; (Gespenster)lebendigkeit dessen, was davor/danach an Feminität

291

am Manne hinwiederum durch Feminitätsmimesis der Opferexekutive vernichtet ward; dies eo ipso als Weiblichkeitsfiguration Nymphe, der Umkehrung also der mit weiblichen Mitteln geopferten Weiblichkeit am Mann. Selbstdouble, ins Wasser gefallen durch Phallusanlockung – Männlichkeit an der Frau – und zum Halbtier (Fisch) geworden. Aber ja, das andere Selbst der Selbstreflexion ist (ist!) eine Nymphe, die Verfolgerin, genauer: Auflauerin des anderen Selbst.

In einen scheinbaren Widerspruch dazu aber stellt sich deren indolente Verliebtheit. Müßte man nicht eher argwöhnen, daß Artemis sogleich die Rachepartei für das getötete Wild ergreift und den tückischen Jüngling verfolgt? Diesmal interveniert sie zu spät und also schier fortschrittsbegünstigend – offensichtlich war Narziß' feminitätsmimetische Tücke: das Gedächtnis als toter Mutterleib, die resorbierten, invers abortiven Kinder Ideen, Sprache, allzu stark ausgeprägt. Sie ist zugleich auch der Grund von Echos Entflammtheit, in der sich das Racheansinnen alles Differenten neutralisiert. Des näheren in diesem Rahmen korrespondiert dem weiblichen Begehren, dieser Basisverschuldung von Weiblichkeit, nicht tot, maschinisch zu bleiben, Narziß' Verirrung, der Selbsthomogeneitäts-Riß der Sprachgenesis, in dem die Möglichkeit weiblicher Platznahme gegenimperial verheißen scheint; Platznahme indessen, die dem angerissenen Homogenen von Mann (ubw Frau) restlos botmäßig, buchstäblich hörig ist. Wenn es hochkommt, ein knappes Viertel der männlichen Rede, und zudem rein nur kopiert als Besitzstand von Frau in diesen sogleich schon recht fortschrittlichen Verhältnissen. Wie soll unter diesen Bedingungen einer Selbstkonterkarierung, die demselben Selbst in hoffnungsloser Dummheit verfällt, dieses Selbst zunichte werden? Versteht sich, daß sich in dieser Echolalie die Bestraftheit der verräterischen Tochter durch die Göttermutter, die so freilich nur wie fast immer dem Patriarchat zuarbeitet, auswirkt. Das Durchsichts-Initium des hörenden/sprechenden Selbst, der Beginn des Selbstzerfalls – diese Souveränität des Echos wird sogleich demnach hegemonial selbstinflationierend kassiert; Echo als Krankheitsindiz Echolalie zwischen weiblichem Debilismus und Psychose. Die Platznahme des Differenten in der durch es traumatisierten Indifferenz erfährt so ihre die Indifferenz stabilisierende Sanktion, Selbstopferstoff, der fortwährende, zur höheren Ehre des herkunftslosen Selbst. Die Echolalie zählt zu den Nachahmungshandlungen im Kontext der (katatonen) Schizophrenie; sie indiziert, gedeutet, eine Befehlsautomatie.

„Wenn er allein war, war es ihm so entsetzlich einsam, daß er beständig laut mit sich redete, rief, und dann erschrak er wieder, und es war ihm, als hätte eine fremde Stimme mit ihm gesprochen. Im Gespräch stockte er oft, eine unbeschreibliche Angst befiel ihn, er hatte das Ende seines Satzes verloren; dann meinte er, er müsse das zuletzt gesprochene Wort behalten und immer sprechen, nur mit großer Anstrengung unterdrückte er diese Gelüste."[3]

Wenn es nun gelänge, die psychotische Konterkarierung aus ihrer destruktiv frustranen Opferhaftigkeit herauszulösen und „frei" dem grandiosen Sprachselbst entgegenzuhalten? Dann müßte sich Sprache an dem, was sie selber ist, brechen; eben zumal dann brechen, wenn sich jeweils ihr Abschluß rein nur, sich in sich wiederum repetierend, repetiert. Der überschußlose Reduktionismus der Echolalie als die weissagende Rede.

Sprechend/hörend ist die höhere Indifferenz des Selbst also gerettet; und die Differenz emigriert gänzlich in Pathologie hinein. Doch der Prozeß der großen Menschwerdung ist damit längst noch nicht an seinem Ende: bisher wurde nur Sprache etabliert; was heißt, daß die Funktion der toten transfigurierten Opferstoffe (das Hirschfleisch), die „Ideen", einzig sichergestellt worden sind. Fehlt als Sichergestelltes indessen – und dies ist nicht wenig – das Vermögen von Repräsentation insgesamt, das Gedächtnis als solches noch; das Netz, die Falle, die Leichenhalle, die Grabkammer, die memoriale Binnenverfassung demnach, die a fortiori Vernichtungsusurpation in dinglicher Verwandeltheit des Weibskörpers ist. Zweierlei Opferstoff also: solcher, fundamental-feminin, des Gedächtnisses selber als des Opferungs- und Rückerstattungsorgans einerseits; solcher des immanenten Vorstellungs-/Ideenregisters ebendort als die opfererkorene Feminität am Mannskörper, wie ausgeführt, andererseits. Versteht sich, daß sodann ersterer gedächtniskonstitutiver Opferstoff sich selbst humanistisch konstitutiv allererst über Sprache, die Domäne des zweiten, hinaus als Schrift erfüllt, deren Genesis/Genealogie in der Mythe am Umschlagspunkt von Hören und Sehen, von Narziß her gesehen, einsetzt. Kurzum wird schließlich die Katastrophe von Berühren und Sehen verwandelt in die Skripturalität erzeugenden Berührens und Sehens, Er-sehens als Erfüllungsversion des Gesprochenen/Gehörten. Viel terra incognita gäbe es an solchen Metabasis-Orten zu erkunden: so die Ableitung der Sinne aus dem Abruf jenachdem der Vorstellungen oder des Vorstellungsvermögens selber; so die selbstarchäologischen Phasen vor dem Spiegelstadium, betreffend die Initiation

---

[3] G. Büchner, Werke und Briefe, München 1980, S. 86.

des Phonetisch-Auditiven sowie dessen Fortschreibung ins Aufzeichnungs-
wesen, vielleicht ein Stadium der Indifferenz von tot und lebendig sowohl
von Personen wie Dingen?

Dem Mythos entlang aufgenommen, geht Narziß, nachdem es klarsteht,
daß es kein Anderes geben kann, sich selbst folgerichtig als Netz/Falle in
der Dimension von Berühren und Sehen nunmehr an. Es kann dann nicht
nicht sein, daß dies Jagdinstrumentarium, sich darin auflösend, die Nymphe
Echo hervortreten läßt, und zwar deren Fallensystem: Hände, Arme und die
entblößte Scham zumal. Narziß' Jägertum steht damit auf dem Spiel; die
Hierarchie der Jagd mit ihm, dem Jäger an der Spitze, kehrt sich um – der
spröde Jüngling nunmehr das Jagdwild. Doch da die Nymphe nicht als
Göttin der Jagd aus ihrem Versteck als dieses selber hervorkommt, vielmehr als schier Verliebte, neutralisiert sich zugleich das invertierte Gefälle:
nicht nur wird der Jäger zum Wild, die Jagd als solche ist nun dahin, und
dies getreu der Thematisierung des Gedächtnisses selber, und nicht bloß
des Gedachten/Gedenkenden. Womit die exklusive Todesleidenschaft des
Narziß, das männliche Begehren, der Kurzschluß von Selbst und darin
generierter Maschine über jedwedes Körperinterim hinweg, diese einzige
Nekrophilie, schwerstens gefährdet ist. Entsprechend gewaltsam die höhere
selbstrestitutive Parade; Narziß verjagt Echo, treibt die Epiphanie des
gedächtnisfundierenden Opferstoffs selber in seiner Differenzinkarniertheit
ins Unbewußte tötend zurück. Das Netz bleibt Netz, und sonst ist es nichts.

Im System der Urkrankheiten folgt demnach auf die Paranoia/die Schizophrenie die Katatonie; diese Psychosenkulmination als Krankheit freilich
konsequent hinwiederum delegiert an den differenzstigmatisierten weiblichen Körper und als (on dit) nicht-pathologische progrediente An-
passungsfiguration als offizielle Gewaltspezies transfiguriert ins Schrei-
benkönnen/Schrift: Bewegungssturm, der sich umgekehrt körperzeugend in
diese Zeugensmotilität der Arme, Hände/des Auges rigide hineindis-
zipliniert und sich dabei selber abliest. Freilich, nur nicht beim Linkshänder
liegt in dieser offiziellen Schreibensstarre und -stürmischkeit in unseren
Breitengraden des phonetischen Schriftwesens die linke Seite brach. Das
grausame Endlos der Echo just also diese Schreibszene selber; die sich im
Mortalen von Schrift projizierende/reflektierende Memorialität (Skelett der
Echo in ihrer Grabeshöhle, das zu Stein wurde); Stimmenwiderhall – Sich-
selber-Vorlesen des jeweils zuletzt Geschriebenen, um so anknüpfend wei-
terschreiben zu können –, der sich auf der Oberfläche des Steingrabs, des
nicht leeren, vielmehr durch sich selbst gefüllten, in tote Rätselsichtbarkeit

verwandelt. Schrift. Die Echolalie tritt vornehmlich ja in der katatonen Schizophrenie auf.

Scham der Echo davor. Scham am Ort derselben indiziert die ganze Haltlosigkeit des Hervortritts des Differenz-tragenden geschlechtlichen Körpers aus dessen mortaler Maschinität heraus; die Nichtigkeit der Gewalt-Hierarchieinversion zumal auf der Grundlage der Gewaltneutralisierung durch Begehren, dem bloßen Spiel von Opfer. So erführe der Affekt Scham eine besondere Auszeichnung, insofern er, visuell/haptisch dimensioniert, das Fleischessubstrat des Gedächtnisses selber mitsamt dessen Schriftexternalisation initiativ betrifft. Die Frau, das ist die Scham des Mannes, sein Gedächtnis selber; ebenso Schrift, nichts als bedeckte Blöße, Schamhaare Urschrift.

Fehlt nur noch die Apokalypse, das Selbstverhältnis zum Phantasmaultimatum des nur-noch-Selbst, die End-Entbindung der progredient absorbiert gemachten Schuld in den dinglichen Humania. Dieses letzte Selbstverhältnis ist nicht mehr exekutierbar, insofern es Tod und Apokalypse selber wäre/ist. Denn, sich selbst, diesem nur-noch-Selbst gegenüber vermöchte man nicht mehr der alte passionierte Jäger sein; der Stoff, aus dem das Gedächtnis ist, verkäme dann nur zum Selbstsubstrat selber, wenn dieses sich dadurch zu Ende verzehrt, und zwischendurch müßte als selbstaushungernde Gewaltneutralisierung ja das Begehren spielend ins Spiel kommen, das Vorbild der Echo also, von der man aber nicht annehmen kann, daß sie nicht auf Rache sinnt. Tritt aber Begehren auf, so enträt es in diesem letzten Selbstverhältnis als Nicht-Verhältnis, in dem – das versteht sich – als „funktionales Phänomen" der Spiegel auftreten muß, eo ipso der Gewähr, weibliches Begehren sein zu können: Körperepiphanie nämlich rekursiv aus/als Maschine; umgekehrt vielmehr getreu der Konstanz des männlichen Begehrens besteht es in der (Vor)Maschinisierung (mindest) des Körpers. Narziß, der sich in dies Schemen verliebt; Letalität des abschließenden Umstands, daß Narziß selber in diesem letzten Selbstverhältnis zur toten Echo geworden ist; Selbstkurzschluß des Gedächtnisses mit seinem Schriftexternalisat, das zum Schluß, inklusive seiner organismischen Version, schuldemanzipatorisch und endgültig schuldlöschend in Nichts explodiert.

Die Erfüllung ist der Tod – das immerhin sagt doch der Mythos nicht zuletzt auch betreffend die großen menschheitlichen Errungenschaften. Tod in der Konsequenz der Katatonie, so daß sich Arme und Hände blicksekundiert wie ein tödliches Netz dem Körper vernichtend einschreiben.

Narziß, der sich selber suizidal zu Tode tätowiert. Ecriture automatique als Hinrichtungsmaschine. Wasserschrift.

„Erst der von der Berührung abgeschnittene Blick, in sich umherirrend, entwirft zugleich die Oberfläche und das Unsichtbare der Innenräume. Ebenso zerfällt die Berührung in die Seite des Faßbaren und die des Verschwindenden, dem nicht mehr nachgejagt werden kann.

...: dieser da ist imago, nur ein Bild, nichts als Oberfläche, und Ich: ich bin die unsichtbare Überallheit des Innenraumes.

... Der Einfall (sc. des ‚isto ergo sum‘) ist doppelt: ein Zusammenbruch und eine Imagination, als Identifizierung zweier Oberflächen. Die äußere Oberfläche wird zur Ikone, zur Abbildung, wogegen die eigene Oberfläche, die seines Körpers, zum willkürlichen Zeichen eines Ego wird, ...“[4]

Es hätte demnach zudem ausgeführt werden können, daß eben Schrift die Indifferenzierung der Oberfläche und der unsichtbaren Überallheit des Innenraumes, des Verschwindenden, des Faßbaren, die Identität der Ikone und des willkürlichen Zeichens eines Ego exekutiert.

„ ‚Ich‘ rette einen inneren Hof nur, indem ich ihn in ‚mir‘, bei mir, nach außen stelle.

Es geht dabei um das, was insgeheim stattfindet, um sich irgendwo außerhalb eines Ich in einem Ich ... gesichert zu erhalten.“[5]

Schrift, die den cogitionalen Binnenraum leert und als leeren versiegelt; er ist nicht mehr ... Schrift freilich auch als Tagwerk in der Nacht. (Man benötigt Licht zum Sehen, nicht aber zum Hören.)

Nicht indessen nur hätten bei Bahr die Maschineneinschnitte (Scheidungen) als Sprache und als Schrift zumal spezifiziert werden können, es bedürfte wohl ebenso einer Nachprüfung, ob nicht so etwas wie ein pränarzißtischer und auch präechohafter Zustand als die Wahrheit der beiden supponiert sind; was wie alle prä-Statuten nicht angehen kann: kein Einschnitt schneidet in eine Substratvorgabe ein, die als solche gegen diesen Sündenfall irgend doch zu retten wäre. Insgesamt aber verbraucht sich die imponierende Textur in einer Art fortgeschriebener Phänomeno-

---

[4] H.-D. Bahr, Der Spiegel, das winzige Wasser und die Maschine, in: Konkursbuch 3, Tübingen 1979, S. 39-72.

[5] J. Derrida, Fors, in: N. Abraham/M. Torok, Kryptonymie. Das Verbarium des Wolfsmanns, Frankfurt/M. u.a. 1975, S. 10.

logie, die, um noch mehr sein zu können, sowohl das Geschlechtsverhältnis als auch die einschlägigen Pathologien miteinbeziehen müßte.

„So bliebe denn übrig, zu sprechen und die Stimme in den Gängen widerhallen zu lassen, um den Mangel an Präsenz zu supplementieren. Das Phonem, der Laut ist das Phänomen des Labyrinths. So ist der Fall der phoné beschaffen. Sich gegen den Himmel erhebend, ist sie die Spur des Ikarus.

Im Gegensatz zu dem, was die Phänomenologie ... uns glauben machen will, im Gegensatz zu dem, was unser Begehren nicht zu glauben nicht versucht sein kann, entzieht sich das Ding unausgesetzt.

Husserls wenig später gegebener Versicherung zum Trotz vermag der ‚Blick' nicht zu ‚dauern'."[6][7]

*

Bisher war nur von der Initiation des Sehens die Rede, wenngleich es in der Narzißmythe nicht weniger um die Hör-Reflexion – die Sache mit der Nymphe Echo – geht. Der Widerhall der eigenen Stimme aber war für Narziß nimmer ernsthaft prekär. Weshalb diese auffällige Differenz der Fährnisse dieser beiden Sinnes- und Sinnmodalitäten? Abermals gibt Plotin zur Antwort einige Fingerzeige: das Echo, der weitaus harmlosere Reflexionsfall:

„So gleitet denn, was sie (sc. die Materie) ... empfing, von ihr ab als von einem wesensfremden Ding, so wie das Echo von glatten, ebenen Flächen; weil das Empfangene dort nicht bleibt, erweckt es die Vorstellung, daß es dort sei und von dort her komme. Wenn sie dagegen in dem Sinne Anteil erhielte und es so in sich aufnähme, wie man es wahr haben will, so würde das, was sich ihr naht, von ihr verschlungen werden und in ihr versinken. In Wirklichkeit aber ist es sichtbar, weil es nicht verschlungen worden ist ..."[8]

In rationalistischem Verstande schafft die phoné-Reflexion nicht eigentlich ein Jenseits der Stimme; nicht fungiert hier die Widerspiegelungsfläche als

---

[6] J. Derrida, Die Stimme und das Phänomen, Frankfurt/M. 1979, S. 165.

[7] Überarbeiteter Ausschnitt aus: R. Heinz, III. Schrift. Die Scham und die Schrift, in: Pathognostische Studien I, Essen 1986, Genealogica hrsg. v. R. Heinz, Bd. 10, S. 149-160. Siehe auch: R. Heinz, Parallelophonie. Zu Heide Heinz: Schwarzundweißund, Münster 1983, in: Pathognostische Studien II, Essen 1987, Genealogica hrsg. v. R. Heinz, Bd. 17, S. 228-235.

[8] Plotin, Ausgewählte Schriften, Stuttgart 1973, S. 220.

Todespassage, die den Ernstfall des gänzlichen Verschwindens als Todes-erfahrung der Nicht-Reflexion impliziert. Nein, die besagte Allmutter ver-schmäht es phonetisch, mit der ihr zur Verfügung stehenden Macht zu drohen; der Rufer vermag, ihr gar vis-à-vis, gefahrlos zu verharren, und sie sendet unvorbehaltlich eine recht hilflose Tochterfigur zurück, die ihrer-seits in ihrer schwächlichen Ausstattung vorübergehend nur zu suggerieren vermag, daß die Stimmreflexion ein Anderes, sie selber lästigerweise, sei, und nicht die eigene Stimme ausschließlich: Alterität, die alsbald ganz erstirbt; harmloser Fall.

Es sind wohl etliche zusammenfließende Kontingenzen, die den rationalis-tischen Schein der Leichthändigkeit der phonetischen Alteritätsdisposition bewirken; worüber ausführlich zu handeln wäre. So sind schon rein phäno-menal – immer in einschneidendem Unterschied zum Sehen – die eigne Stimme und deren gehörter Widerhall zweierlei: organhaft different, ferner zeitverschoben, zeitlich transitorisch in sich, nicht körper-verortend (wie bei den Fledermäusen), nicht organreflexiv (Ohr, das sich ja nicht selber hört). Die Deutlichkeit der Alteritätsvorgabe, die größere Selbstverständ-lichkeit von Disposition mag aber mit auch – selbstarchäologisch – daran liegen, daß die Stimme des Anderen – ausschlaggebend nicht zuletzt für die enge Koppelung von Stimme und Über-Ich: Befehlsstimme – gänzlich unreziprok schon in der frühesten intrauterinen Frühe protohörbar ist. Vielleicht sagts sich ob dieser größeren Disponibilitätsmöglichkeiten eher leichthin, gar jubilatorisch, doch des Irrtums übervoll, daß man es selber im Spiegel sei; selbst sehen läßt es sich ja nicht (oder weniger). Kurzum: in abendländischer Rücksicht ist die Sehensbedrängnis besonders ausgeprägt: die Gefahr, daß die Materie den Geist verschlingt und in sich versinken macht. Deshalb die Nötigung zu des Sehens härtester Selbst-Opfer-(Pseu-do)initiation – on dit, jedenfalls im Ausgang von der Narzißmythe.[9]

*

Narziß dichtest vor dem getöteten Jagdwild: dessen Riechspur verdichtet zum Wildgeruch und dessen Nahrungsteleologie konzentriert zum Vorge-

---

[9] Ausschnitt aus: R. Heinz, Welchen Geschlechts sind Fernsehapparate? Kommunika-tions-gnostisches Vorspiel, in: Tumult. Zeitschrift für Verkehrswissenschaft, Nr. 5, Wetzlar 1983, S. 70-87

schmack, nur daß diese heikle Sinnlichkeit den eigenen Tod als die Rache des Getöteten bloß aufschiebt, ja, weniger noch, den Aufschub verkürzend besetzt mit derselben Sinnlichkeit der Selbstkürung zum Racheopfer: des Grauens, sich selber zu riechen und sich selber vorzuschmecken. In dem Augenblick aber ist das getötete Jagdwild als Echo dem fliehenden Narziß dicht auf den Fersen, es hat ihn schon eingeholt, und das rettende Selbstbild im Wasser ist in dieses hinein bereits verloren. Mythische Gerechtigkeit indessen dafür und dagegen: das thematische Selbstportrait erhielte sich nicht als solches und nicht-schlösse, auch nicht nichtanamnestisch, wenn es nicht in sein absolutes Sehen hinein diesen Opfer-Selbstkurzschluß der niederen Sinne des Narziß rückübernähme. Es ist ja eine ausgemachte Sache, daß ein Bild als Bild weder riecht noch schmeckt noch irgend ein organrepräsentatives Innenleben besitzt. Wegen dieser Sinnenfehlanzeige aber leistet es diese Sinnlichkeit, zumal die niedere, exklusiv und total.

Genauer auf das Sterben des Narziß bezogen, miniaturisiert sich dessen Ertrinken als Selbstkannibalismus dergestalt, daß der Mund dabei ist, die rohe verzehrgerechte Nase zu umhüllen und zu vertilgen. Freilich tut er es nicht; es ist ja unmöglich, daß als Erfüllung des Schmeckens das Riechen selber aufgefressen würde.

Wie schon gesagt, stellt die nachstellende Echo dem ins Wasser gejagten Narziß auch ein wenig nach (und mehr als nur ein wenig). Dieser sagte sich ja: weil ich mich sehend nicht sprechen höre, muß ich mich selber auffressen wollen; weil es mir nicht gelingt, mich als Wunschmaschine/molekulare Ordnung, also als Einheit von Sprechen/Hören, als instantane Konsumtion (Hören) der Produktion (Sprechen) zu sehen, muß ich diese Einheit als Phantasma des Wunschmaschinensehens, das mich eigentlich zum Übergang in die molare Maschinenordnung nötigte, als das mich-selber-Fressen, sich instantan konsumierende Produktion, extrapolieren. Und das müßte doch gelingen, insofern es mir vordem gelungen ist, Echo, diesen Wahnsinnsriß in der besagten Einheit von Sprechen/Hören endgültig zu verbannen. Wohlan, nutze ich also meinen Mund (mit seiner notorischen Polyfunktionalität) zur Herstellung dieser Hypereinheit von Sprechen/Hören als Sehen als mich-Auffressen. Wenn nun aber Echo so weit ginge, was weiblicherseits gar nicht möglich ist, dann wäre Narziß um die Früchte seines Opfertods gebracht. Das Bild bleibt ja erhalten, Bild überhaupt eben durch den Tod des Narziß; und Bilder sind eo ipso phonetisch so stupide, daß sie nicht mehr können, als ohne Verstand echoen. Wie weit aber geht die bild- und tonerhaltende imitatio Narcissi?

Um auf Narziß und Echo zurückzukommen: ist es nicht zuletzt so, daß jenem in seinem Tode die Arme und zumal die Hände abfallen? Das macht die narzißtische Selbstumarmung als Initial des Selbstseins rein aus sich selber – Arme und Hände sind also unverzichtbar mit dabei. Unschwer, die Todesszenerie entsprechend nachzustellen: avanciert vor dem Spiegel, so daß die selbstumarmend hinter den Spiegel greifenden Arme/Hände unsichtbar werden, wenn immer noch in der Annäherung des Spiegeldoubles eine Sichtdifferenz verbleibt. Worin wohl bestände genau die einschlägige Pathologie? Mindest in einer solchen Anästhesierung dieser Organe, daß sie neural/rheumatisch in einem äußersten Ausmaße eben auf Abwerfungskurs zu schmerzen begännen. Nicht wesentlich anders die Situation angesichts der Wasseroberfläche als Naturspiegel: greift Narziß auf sich selbst umarmend zu, so tritt die Spiegelfunktion des darin gestörten Wassers außer Kraft, und an des Körperdoubles Stelle treten sichtlich die Nichts umarmenden Arme/ Hände in der ganzen Aufdringlichkeit, ja im Terror entmedialisierter Medialitäten, und dagegen verfängt es überhaupt nicht, den verbliebenen Körper im cross der Arme/Hände selber zu umarmen. Kann daraus keine pantomimische Witztäuschung werden, so schnitten sich diese Medien in den leiblichen Körper tötend letztlich ein als die cross-Arme/Hände, rechts und links vertauscht, des Anderen – das kann gar nicht anders sein, denn das Reale als Reales, unreflektiert ohne sein Imaginäres auf sich selbst wie unmittelbar zurückbezogen, beginnt sogleich zu entropisieren. So oder so, die Arme/Hände entfallen, treiben in unerträglichem Schmerz sich selber mortal prothetisch vor und nehmen sich in dieser ihrer letzten Entfunktionalisiertheit die Funktion heraus, tötend als die Anderen-Medien den narzißtischen Körper zu durchschneiden. Narziß, der der Hände bar Hand an sich legt. – Auf den Spiegel hin hat es mit den Armen und zumal den Händen seine besondere Bewandtnis. Deren Inspektion nämlich ist umfassend ohne Spiegel gewährleistet. Spiegele ich die Hände gleichwohl, so fällt diese supplementäre Spiegelung derart redundant aus, daß es irgendeiner Refunktionalisierung dieses Überflusses bedarf. In dieser Nötigung liegt dann auch der Grund dafür, daß sich verbilderte/gemalte Hände, wenn man sie bloß abbildet, penetrant symbolisch machen und als besonders kitschanfällig erweisen. Sieht man sich die Spiegelunbedürftigkeit der Hände einmal genauer an, so leisteten diese die Koinzidenz von Paarigkeit und Spiegelung – was die Letztbedingung ihrer Spiegelunbedürftigkeit darstellt; sie sind also bereits, sind apriori am Ort des Dings, freilich des Dingphantasmas, so daß sie in diesem ihrem Vorwegsein korporell in höchster Gefahr schweben; diese ihre Freiheit als Gefährdung, in der Narziß dann verdirbt. Verhängnis der Virtuositätshände des Narziß: sie sind so sehr auf die erfolgreichste Unmöglichkeit des korporellen Apriori des Dingphantasmas eingeschworen, daß sie schlechterdings nicht zu beten vermögen: sich also abstandhaltend, ablassend, des Zusammenfalls von Paarigkeit und Spiegelung sowie der Profilansicht dieser Koinzidenz sowie der Konzession darin, angeblickt zu sein, nicht versichern können. Ein solcher Spiegelnachtrag wäre seine Rettung gewesen: Narziß also betend vor dem Wasser kniend. Stattdessen machte ihn die Spiegelredundanz der virtuosen Hände sogleich nur verrückt. Es hätte eigentlich schon genügt, wenn er seinen suizidalen Blick auf eine dazwischengehaltene Hand abgelenkt hätte. Nicht zu vergessen, daß dieses Apriori bereits der Effekt einer Fehlapplikation der Phantasmaeinheit des sich-sprechen-Hörens, der erfolgreichen Vertreibung der Echo also ist; der Sieg über Echo, ohne Reflexionsumschweife ins hinterhältige Sehen und in die Virtuosität der spiegelunbedürftigen Hand eingeführt. – Welche Probleme alle ein Jäger-Nomade hat! – er kann nicht verhindern, zum Berufsopfer zu werden. Fragt man sich nämlich, weshalb Narziß dieses seltsame Sehunvermögen an sich austragen muß, warum er schließlich in dieser zweifellos im Vergleich zum Hören ungleich trennschärferen Dimension tödliche Fehler begeht, so gerät man recht bald ans Motiv einer Art von Jagdwildmimesis des Jägers. Tiere haben keine Hände. Vielleicht war schon dieser Eindruck in Narziß so stark, daß er beim Trinken aus dem Wasser die Hände sogleich in mehrfacher Hinsicht vergaß: als Abstützungs- und Auffangorgane, auch als natürliches Trinkgefäß. Und freilich hat diese Mimesis vielleicht soweit reichen können, daß er unfähig war, sich überhaupt noch die Bedürftigkeit des Durstes einzugestehen und diese zu empfinden: beim Menschen muß ja das Animalische, selber das Bedürfnis abstandslos zu sein, zur Abschaffung des Bedürfnisses und das heißt, den Durst hier betreffend, zum Ertrinken führen. Narziß, der handentblößt – das Trinken mit den Händen hätte ja den Blick verdeckt, weggenommen – rein dem eigenen Blick ausgesetzt ist. Vor dem Wasser mutet er fast so an, als sei er ein Gefangener, ein Sklave mit auf dem Rücken zusammengebundenen Händen, und dies im Sinne einer mißratenen animalischen Souveränität, menschlich invisibel die Koinzidenz von Spiegelung und Paarigkeit hinterhaltsblickend restlos disponieren zu können. Überhaupt gibts zuviel Hinterhalt (zu viel Handmobilismus, der die Hand zwar nahelegt, der aber in den meisten Stellungen zu nichts führt). Narziß, der die fliehenden Jagdtiere von hinten sieht in einem solchen Ausmaß des von-Hinten im Gegensatz zur Frontalität, daß die Seitlichkeit, Lateralität das Gegenteil des besagten Profilschocks effektuiert, nicht Ängstigung nämlich, vielmehr Angst. Frontalität kommt nur auf mit dem Tier in der Falle; doch dessen Augen blicken nur panisch, wenn sie nicht schon tot sind, und dabei ist alles Andere insgesamt erlegen, also flachliegend, unanthropoid, Schwerkraftopfer. Wie soll man da nicht in die Überwertigkeit hinein geraten zu vermeinen, sich selbst von hinten sehen zu können, selbst also der Ursprung des Sehens hinterhältig und der Fortbewegung obendrein sein zu können? Permanenz also des Zusammenzugs von oben und hinten, Permanenz auch der Geschlechtsindifferenzierung mit ihrem besonderen Hervortritt der Differenz, der dann sehend – on dit – disponierten, so als gehe das Unsichtbare, das für die symbolische Ordnung zu nichts taugen kann, sogleich in diese als deren Inbegriff, so als sei das Innere im Übergang dis-positionell außenvor, ein. In der Tat: Narziß das Opfer seines Berufs, der zum reüssierenden Übergebrauch rein der Hände am Spiegel vorbei insbesondere verführt.[10]

*

Nachdem Narziß nicht mehr von Echo behelligt werden konnte, vermochte er sich zum Nachtjäger zu perfektionieren, was ja nichts anderes bedeutet, als daß er meinte, restloser Disponent un-sichtbarer Verlautung zu sein. Damit aber geht's ans Medium, ans Überhaupt des Lichts und nicht mehr nur an die Gestalten. Als sich nun dieses Nachtjägertum erfüllen sollte, befand sich der göttliche Jäger, Hörspäher wie so oft fast schon wie erdentbunden schwebend über dem dunklen Wasser. Die Erlichtung des Seins im Ganzen aber, der Umstand, daß Narziß letztlich davon ausgehen mußte, so etwas wie die Sonne selber zu sein, sorgte für seinen Blitztod: fast wie aus heiterem Nachthimmel, so mußte es den Anschein haben, schlug ein Blitz in ihn ein, und er sah sich selber erlichtet/verlichtet so, daß keine Aussicht mehr bestehen konnte, daß aus diesem sich-sehen-Sehen rein solo als alle Blicke der Welt ein Bild Bestand haben würde. Und in diese bleibende Leere, die sich zum Todespanorama der Allsicht steigerte, schoß statt der Sicht der lauteste Donner wie ein Urknall ein. Bleibt noch nachzutragen, daß sich an dieser Lichtultimatisierung, der reinen Diskrimination von Hell

---

[10] Ausschnitt aus: H. Heinz, R. Heinz, Zu Paula Modersohn-Becker: Selbstbildnis mit blauweißem Kleid (1906/07), in: R. Heinz, Apo-kalypse des Abbilds I. Vidende zu einem Selbstbildnis von Paula Moderson-Becker, Wien 1998.

und Dunkel, an den Rändern des Blitzeinschlags, einzig dort Farben, immer randgeneriert, ausbildeten. Hält man diese fest – längst aber bereits im Zustand der Aufschiebung dieses Todes nach diesem – und versucht man sie auch zu unterscheiden, so entstehen Farblinien. Narziß demnach der Lichtjäger. Und Bilder diese Differierensanhalte und -risiken. Immer auch kleine Sonnen, sprich Lichteinfänger. Daß Narziß zu sich selbst sichtlich in Liebe entbrannte, muß man buchstäblich verstehen: Blitztod! Und schließlich ebenso aufschubsintern spiegelt sich der Schwebe-, Flugkörper, Vogel im Wasser darunter – es gibt ja keine Erdvermittlung – als Fisch. Streng genommen aber passiert immer auch dasselbe selbst im Zustand der Betrachter- und Bildjustierung wie üblich: der stehende Betrachterkörper ist vorherrschend pneumatischer Oberkörper und der Taburaum „hinter dem Bild" elementenfremd luftkorrespondierend Wasser und das Fischspiegelbild Flächenautosymbolismus, im Profil nämlich von vorne gesehen. Vogel und Fisch.[11]

---

[11] Ausschnitt aus: R. Heinz, Zu Heide Heinz: Kreuz und quer. Portrait Rudolf Heinz. Ableger I (Photoarrangement 1986), in: R. Heinz, Apo-kalypse des Abbilds. Videnden zu Photoarrangements von Heide Heinz, Essen 2000, S. 82-83.

Moderniora

(aus: Wie postmodern ist die Postmoderne? Vorträge aus dem III. Verlagskolloquium 1989 in Bochum, herausgegeben von K. Bering, W.L. Hohmann, Die Blaue Eule, Essen 1990)

1. Therapeutiksymptomatik

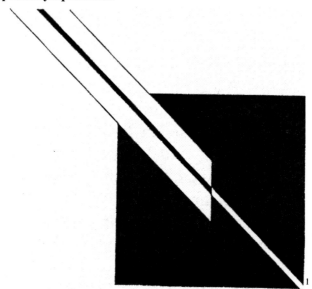

Die Gaukelei der vollendeten Simulation als Zentralperspektive ist im Verein mit den notorischen Kulturerrungenschaften, immer letztlich kriegswissenschaftlicher Observanz, Opfereffekt der Hexenverbrennung; wie später dann die industriellen Revolutionen unseres Jahrhunderts, zumal die jüngste elektronische, aus den Judenmorden resultiert. Wie man meinen möchte ausgleichende Gerechtigkeit sodann, daß die Zentralperspektive nicht eher ruht und rastet, bis sie sich im Photowesen suizidiert, nicht aber ohne zuvor der davon halbwegs abgespaltenen künstlerischen Moderne die ganze Last der Sühne für ihre ganze Untätlichkeit aufzuerlegen. Die Moderne als Selbstsanktion der sublimen Grausamkeit des perfekten Simulakrums, nur daß diese Bußfertigkeit Modernität hermetisch-zirkulär zum Symptom werden läßt, die, einzig im schwachen Augenblick ihrer selbst

---

[1] Heide Heinz: Seinslimes III, Zeichnung, 1987.

symptomatisch innezuwerden, sich vor ihrem Niedergang bewahrt. Was bleibt dann noch für die Postmoderne übrig? Gewiß nicht mehr, als sich mehr oder weniger kapitulativ der Spitze der Phantasmatik exkulpierender Dinglichkeit anzuschließen: Postmoderne als szientistisch medialer Schein der Abschaffung des mythischen Verhältnisses, der salto mortale von dessen ultimativer Potenzierung; eine Art von Gesundbeten, die volle Sakralität des Profanen. Waren Sie schon einmal in der Caféteria der Stuttgarter Staatsgalerie, wenn die jugendlichen Kellner ebendort recht teuren Wein und Sekt in die befensterten Kühltruhen nacheinlegten? Es ist der läppische Charme einer infiniten Design-Therapeutik, die monosexuelle (versteht sich welchen Geschlechts) Höflingswerdung der Menschheit. Man kann es nicht verhindern, daß einem der „Anti-Ödipus" als Maschinentune in den Sinn kommt: „Wir sind die Schmiede des Unbewußten, wir hämmern und schlagen platt."

Womit die Postmoderne an ihrem Anfang bereits am Ende wäre – künstlerisch nämlich holt sie bloß nach, was gesellschaftlich – technologisch/institutionell – eh schon ubiquitär ist: die totalisierte Vermittlung nämlich, opake Superfizialität, nur-noch-Fläche, mediale Weltschöpfung, die Lesbarkeit der Welt im Ganzen, kurzum Geldabsolvenz/-absolutheit, Atemstillstand und Röcheln nach dem Tode. Die auffällige Favorisierung der bildenden Kunst in dieser Nachholarbeit suggeriert den Schein der Sichtgefahr, so als ob das Sehen immer noch die Macht der Falsifikation des Famawesens der Wahrheits-referenzlosen Simulakren besäße; was indessen schon von den Zeiten des Grabs des Ödipus an illusionär gewesen ist und also wie die paranoische Abwehr der scheinbar redundanten Paranoia des technologischen Fortschritts selber anmuten muß. Kurz nur atmet man im besagten postmodernen Jenseits der universellen Indifferenz auf, wenn die normativen Diskriminationen zwischen Kunst und Ware, Kunst und Kitsch, Original und Fälschung und so weiter fallen. Auch, wenn die Ungleichzeitigkeit zum Prinzip, wie wenn sie dann nicht nur mehr faktisch unterliefe, erhoben wird. Endlich die unemphatische Entwertung der Soteriologie jeweils des Anderen/Neuen, das diese Heilslast nimmer zu tragen imstande war? Gewiß, aber der neu-unschuldige Neutralitätsstatus des also wie befreiend Entwerteten gleicht allzu sehr dem Phantasma exkulpierender, wissenschaftlich erwirkter Dinglichkeit, als daß sich deren Valenz darin nicht zusätzlich noch universalisierte. Post-apokalyptisch wäre diese von Grund auf entschuldete Menschenwelt; davor aber ist es reinste Magie, wenn sich Kunst beginnt, in einer Art von der Dialektik entledigtem Technologiekult, Medien-reverent abgedeckt, zu erschöpfen. Der oft vermerkte Neohistorismus der Postmoderne reproduziert entsprechend nicht viel mehr als die vormalige Historismus-Tat der kunstwissenschaftlichen Brechung der ästhetisch-artistischen Normen. Brechung durchaus buchstäblich gemeint: scheinbare Nicht-Synthesis der post-apokalyptischen Geschichtsfragmente, magisch-prophylaktisch davor. So daß man sich mit Lyotard und Welsch, fürs erste jedenfalls, vergeblich bemühen wird, diesem ganzen wie szientifizierten Residuum der alten ästhetischen Versöhnung den die Modernität erfüllenden Status der Transästhetik, der Aisthetik, der Anästhetik, der Pluralitätsexplosion der Wirklichkeit, zuzuschreiben.

Was eigentlich könnte auf der Folie des medialen Gesamtkunstwerks der Postmodernität nicht dafür eh paradigmatisch sein? Es gibt bloß noch medial verglühende Spitzenphänomene immer derselben Art. Wahllos auserwählt etwa das Börsenwesen mit seiner längst schon etablierten infiniten Autoreferenz des Geldes, in deren Göttlichkeit jeglicher deckender Außenbezug nur noch als die komische Größe analog der Weltschöpfung in ihrer ganzen scheinbaren Opferredundanz fungiert; die große Wiederkehr des Willkürgotts des Nominalismus: der mundane Gotteskörper des absolventen Simulakrum-Simulakrums als nur-noch-Gerücht und Poker/Gottesurteil. Endlich das nunc stans der Mystik, disponiert-indisponiert, noch ein wenig die Aufschiebung des Nullpunkts und der unendlichen Ausdehnung zugleich, eo ipso schon zeitbesetzt; endlich der unendliche thrill, selber freilich schon endlich die Ataraxie. Was eigentlich will man noch mehr, nicht zuletzt auch künstlerisch? Das ist apriori auf dem Bildschirm.

Die besondere Gunst progressiver medienzentrierter Demokratisierung deckt bloß den Fortschritt des Sozialdarwinismus des Rechts der Ungleichheit dürftig ab, indem die Therapie dieser Misere zugleich mitgeliefert zu werden scheint; und zwar als die infinite mediale Beschenkung, die dieselbe Unendlichkeit des opfernden satisfizierenden Gegenhaltens im vorhinein absorbiert. Was nichts anderes heißt, als daß dies Säkularisat der heiligmachenden Gnade den letzten Vorbehalt, die letzte Verdammung impliziert: Gift. So wird unaufhaltsam Konsumtion, kurzgeschlossen mit Produktion, als Totalisierung der (Tausch)Vermittlung zur Sucht, dem Phantasma peremptorischer Entschuldung, fernab davon, Arbeit als den universellen Schuldkiller zu vindizieren. Dagegen verfängt es überhaupt nicht (mehr), geltend zu machen, daß die Fernsehapparate beispielsweise doch nicht wie Mana vom Himmel fallen; sie fallen nämlich vom Himmel; will sagen, daß ihr Tauschwert sich ihnen selber als Tauschwertkonkretion fühllos zugesellt, und insbesondere, daß die Gegenzitierung der produktiven Arbeit insofern sogleich sich am Ort des spirituell liquidierten Konsums befindet, als die Technologiedienstbarkeit darin längst ohne Maß ausfällt. Pointe dessen: Herstellungsvorgänge sind ebenso sogleich widerstandslos Medienvorgänge, kommentierte Fernsehfilme, also keinerlei Produktionsvorgänge mehr. Kein Wunder dann, daß das Reale der also totalisierten Vermittlung kannibalistisch ist, Eigenleichenfraß, diffundiert in allerlei abweichende medizinische Laborwerte beispielsweise hinein, immer zur höheren Ehre der höheren Nahrung just dieser Totalen.

„Les immatériaux" erfüllen sich eo ipso im Klang. Dem aber scheint die medienbedingte postmoderne Prärogative der bildenden Kunst und der Umstand, daß sich Musik in diesem Kontext schwerer tun dürfte, zu widersprechen. Kein Widerspruch indessen, insofern der Klang, hygienisch immateriell und zeitlich zeitigend ineinem, mörderisch körperaufzehrend zu Ende entropisierte, wenn er sich nicht selber nach seiner eigenen Maßgabe sehend machte, immer als Movie. Was man das Schriftuniversale, die Totalität der Lektüre mit dem Zwischenwert des Differierensregulators des Worts (Sprachkommentars) nennen könnte. Daß es dann aber immer noch reine Hörmedien geben müßte, macht gewiß weniger oder überhaupt nicht so etwas wie die Reminiszenz des Klangsubstrats des Bilds als Schrift aus, vielmehr die Kopfhörerkulmination der motilen Ikonisierung, das Prinzip des Autos in dieser Hinsicht. Klang, der meine teleologisierten/ateleologisierten Schritte in einer radikal bildverwandelten imaginarisierten Realität leitet („damit mein Fuß nicht an einen Stein stoßet"). Freilich ist letzteres Szenarium postmoderner als der sistierte Publikumsstatus vor dem Bildschirm.

Folge: die Infinitheit banalster Abbilder wird zur einzigen Kongenialität an das technologische Avancement der Medien; und dies ohne jede Hoffnung, daß innerhalb derselben es irgend zu einer Bildüberbietung derselben kommen könnte. Was aber bleibt dann an Chancen beispielsweise für bildende Kunst noch übrig? Die Aufklärung des Bildschwunds, wie gehabt, im Medium freilich des Bildes; ein artistischer Vorgang, der sich weder totalisieren läßt noch irgend eine Transzendenz über das mediengetreu Aufgeklärte hinaus verheißt.

2. Bild und Sucht[2]

Was eigentlich hat der Journalismus in seiner trinitarischen Verfassung von Presse, Rundfunk und Fernsehen vor Bildern – Bildern im engeren Sinne der Bezeichnung, Bild-Dingen und Movies – verloren? Selbstkonstitutiv hat der Journalismus das Vermögen verloren, es ist eo ipso verloren gegeben, Wahrheit über emanzipiertes, absolventes, sich aus der Verklammerung universeller Lektüre befreiendes Sehen wider die einzige Herrschaft des Gerüchts, der Fama, herzustellen. Also hütet der Journalismus die Demokratie der Intersubjektivität, die hermeneutische Konsumentenfreiheit, exklusiv als Gerüchtekultur; Freiheit, die freilich ihren Preis verlangt, die auf der Ebene der Medien schlechterdings unkorrigierbare Subjekte-Brechung nämlich, debilisierenden Wahrheitsausschluß schließlich, fernab der Wahrheitsalternative. Probe aufs Exempel: man stelle sich einmal vor, man wolle als Gerüchte-Betroffener das Gerücht über sich, und gar auch noch durch die Bemühung von Bild, also durch Filmdokumente, falsifizieren. Das geht überhaupt nicht; die Falsifikation mündete fatalerweise in der Paranoia-Verdichtung (Prozeßhanselei) des eh diffus paranoischen Gerüchtefelds der Medien mit unbegrenzter Reichweite. Notorisch die Scheinauswege aus diesem Gewaltverhältnis, die, wenn sie sich witzig zu machen verständen, immerhin noch den Transit eines Wissens mitsichführten: am besten sogleich das mit Sicherheit auftretende Gerücht selber apriori schon in Regie nehmen; so etwas wie die Vor-Parade von Titelei in Szene setzen; sich selber den Orakelfluch verpassen (die schimpfende Pythia vor Ödipus spielen); Eigenorakel, nicht indessen (wie die Sphinx, die ja daran glauben muß) Rätsel (ohne Titel, Bild ohne Titel, „Lied ohne Worte") sein. Freilich geht diese Rechnung, wenigstens einen Leitfaden für das Gerücht vorzugeben, nicht auf; man wird so nur den Streit um die Legitimität der Autorschaft des Gerüchts inflationieren, und diese Nicht-Bilderstreit-Inflation durch Politisierungsansprüche bloß in die Höhe treiben. Nutzlos diesbetreffend also alle Verlautungen/Schriftlichkeiten davor, dawährend und danach – das Wunder des bild-lichen Wahrheitshervortritts, der rettenden Sehabsolvenz, bleibt aus; und weiter expandieren die allabsorptiven Gerüchte, nichts als totalisierte Reklame, im Guten wie im Bösen; Reklame zumal, wenn zur reinen Information neutralisiert; Tauschübergang zwischen Produktion und Konsumtion, der sich zur Aufzeichnung hypostasiert

---

[2] Texteingabe in die „Ereignis-Gestaltung *Freies Rheinland*: ,Bad in der Presse – Pressebad'" (12.8.1989, Zollhof 3/Düsseldorf-Hafen).

und sich als progressives Medienwesen zum Ursprung von Allem aufwirft; göttlicher Zwischenhandel. Was hieße, daß es überhaupt keine Flucht mehr aus diesem Mediengefängnis gäbe, keine sprachunterbrechende Bildintervention, keine sichtliche Fama-Korrektur, kein Einschnitt mehr, keine traumatische Sinnenmetabasis, nur noch die schlechte Unendlichkeit Desselben der universellen Lektüre als Realitätsabhebung des zweiten Futur, die Passion, nur schon Gewußtes unbegrenzt wiederholend zuzulassen? So ist es längst, und das Gerüchteende, die Mediengrenze, es/sie sind die Medien selber, der Grenzfall des nicht-gerüchtehaften Drittenbezugs, von dem, je perfekter, umso allbesetzender, nur noch selbstbezügliche Abhebungsproliferationen ausgehen. Und diese, die Gerüchte, sind nichts anderes als die schützende Promotion der Medien in ihrer technischen Dinglichkeit selber; Dingwache-Paranoia. Der Zweck dieses Theaters: der Fortschritt der Entfesselung der Produktivkräfte, modern/postmodern rein Medien-/Informations-zentriert. Die Medien als die direkte Dinglichkeit/Technologie der Tauschwertabstraktion. – Wie könnte Kunst, bildende Kunst, diesem real reifizierten Geldgeist-Absolutismus entkommen? Steht sie nicht sogleich auf verlorenem Posten? Für's erste jedenfalls wird man den Eindruck schwerlich los, daß sie sich eh schon mimetisch in diese Universalinstanz ihrer Liquidation hineinbegab: Bilderschwemme, Paradoxie einer ikonischen Flutwelle sondersgleichen. Man möchte sich vor lauter Bildern die Augen zubinden; Augenblende der Bildflucht. (Nein, ganz umgekehrt ein Arbeitsbeschaffungsprogramm für bildende Künstler, nicht das zynische Betreiben deren fortgesetzten Arbeitslosigkeit!) Bloß damit dieser Strom aber die Pseudologie eines Einschnitts an Repräsentativität erhält, klettert der Tauschwertausdruck auserwählter Bilder zufällignotwendig ins Astronomische. Van Goghs „Schwertlilien" = 53 Millionen Dollar; vom Tellerwäscher zum Millionär posthum (aber nicht nur posthum).

Zweifelhaft die Resistenz der bildenden Kunst insgesamt wider die Medien, gegen die Vernichtung also der Falsifikationsmacht des sich aus der Lektüre befreienden Sehens. (Wenn schon, dann muß es den Anschein haben, als sei diese Mächtigkeit längst in die Kriminalistik abgewandert: Spurensicherung.) Denn, ob nun in Kunst oder nicht in Kunst, erhält sich die ganze Phantasmatik des Bildes (einschließlich der Bildableitungen und -vervollkommnungen) als die Überwertigkeit der Übergangsbesetzung zwischen Körper und Ding, genauer: Produktion und Konsumtion, hypertrophiert zum Ursprung (Idee) versus Ur-Sprung der Übergangsbestimmungen alle. Entsprechend verkennt sich die Nachträglichkeit, das

Kontrollaposteriori der Wahrheit als totalisierter Vorausgang des Verbum, der Fama, selber. Auch bleibt Kunst ja Technologie- und Institutions-immanent, müßte aber jenseits der phantasmatischen Verfangenheit trans-technologisch-medial und -institutionell sein können, der Famageneratoren und der irgend entsprechenden Wertmaßgaben ledig. Wie diese Bild-phantasmatik ablegen? Die Ablageintention treibt sie nur zu ihrer letalen Erfüllung, der tödlichen Sucht. Die Differierung nämlich der begrenzten Unendlichkeit des sich erhaltenden Sehens (so etwas wie die Extrapolation des Sehfeldes) begehrt, hin auf das sich-sehen-Sehen, selbst noch diese interne Limitation zu tilgen; Sehapotheose Blendung, in die hinein auf letztem Indifferenzkurs der Körper als die Selbsterfahrung des Sehenden nachgezogen sein will. Also kommt das Bild ultimativ bei der Sucht an, sind Sucht und Bild unabdingbar verkettet. Sucht: der Selbstgenuß der Blendung, der auf Dauer gestellte Sehorgasmus, Visio. So die Vegetabilität sozusagen der Bildversuchung: da Sehen allemal je die Vermittlung aller Sinne ausmacht, tritt es in dieser Therapeutik die Herrschaft überhaupt an. Sucht: der Sog der Fläche. „Wir sind die Schmiede des Unbewußten, wir hämmern und schlagen flach." Die Fläche als der infinitesimale Zu-sammenzug enthält als der dispositionelle Seinsrest die Seinstotale als Simulationsareal, auf der sich das böse quid pro quo von Abbild und Urbild in seiner Todeshegemonie exekutiert. Wie sollte man bilderhaltend dieser buchstäblich un-ab-dingbaren Bildfatalität entkommen?

Gewiß, es ist das Kriterium der künstlerischen Moderne, der Abbildlichkeit als des Trägers dieser mörderischen Bildphantasmatik zu kündigen; selbst dann auch zu kündigen, wenn sich in ihr eine hinlängliche Selbstreferenz, -rekursion als durchgängiges Kunstkriterium einstellt – Kunstkriterium, das, auf Abbildung bezogen, im Aufkommen der maschinellen Simulation, der Photographie, sein Ende fand. Modernerweise gälte demnach das Apri-ori der Selbstrekursivität des Bildes, der vorgängigen Insichreflexion des Sehens. Endlich also die große, nicht mehr korrumpierbare Befreiung von Sehen und Bild? Mitnichten; als Bild vollzogene Bildrekursivität nämlich hebt, gleichwie, den Bildcharakter nicht auf, bestätigt diesen vielmehr a fortiori; so daß modernerweise für's erste die Monstruösität aufkommt, die Apo-kalypse von Bild bildlich als Bild darzutun. Abgesehen davon, daß trotz aller Anspannung die Anspannung dieser Ausgangslage der Moderne kaum tolerabel sein kann – wo wurde mehr Schund produziert als in der künstlerischen Moderne? –, vermag sich keinerlei Transzendenz des Bild-phantasmas mit allen seinen Un-arten selbst im Kunstfalle einzustellen, stattdessen dominiert Abgeltung/Sühne für das crimen der Bildlichkeit durch Selbstreferentialität/Autosymbolismus, Sieg durch Niederlage, ein zirkulär masochistischer, autarkisierend selbstsanktioneller Akt der paradoxen Potenzierung der unangefochtenen Herrschaft des Bildphantasmas. So daß sich die schwindelige Reklamation dieses hochgetriebenen Kriteriums von Kunst in diesem Kontext einstellt: eben diese unvermeidliche Pathologieverfassung als selbstreferentielle Kontradiktion hinwiederum zu entblößen, wider die Spitze des mythischen Verhältnisses rein in demselben diese Aufklärung desselben, jeglichen Entkommens ledig, zu leisten. Was den ultimativen Sehschock mitsichführte: wider die Fadigkeit der masochistischen Souveränität residuale Kunsterfahrung wie einen lichten Augenblick in lückenloser Verwirrung, den Widerspruch des Lichtblicks als Trauma/Unfall in der un-unfälligen Glätte der abgehobenen Universallektüre, bewirkte. So dann die Sehfalsifikation selber wider die Endinflationierung der Fama in der Moderne. Mehr ist nicht vergönnt; will man aber mehr, so wird diese Haltlosigkeit des immanenten Jenseits der Moderne disjunktiv zur Moderne – einer Art masochistischer Selbstverschrottung – einerseits und zur affirmativen Modernetranszendenz als Postmoderne andererseits. In letzterer aber tritt sich der lichte Moment als Unfall in die Technologiemitgift einer Monitorästhetik etwa ab: Jubel des glückenden Raketenstarts/Trauer des mißglückenden, wenn das Ding eventuell mit leiblichen Insassen verglüht; dies mit einer erhabenen Prärogative der Trauer wohl – der lichte Augenblick des Unfalls, wenigstens also dinglich. Auf denn zum Weltbildschirm der interstellaren Kommunikation (dieser hat freilich keinen Rand/Rahmen, ist diese selber).

Anmerkung über Rand/Rahmen. – Eine Art von Sehfeld-Begrenzungsprothetik, um sich durch Limitierung der Limes-entspringenden Unendlichkeit des Sehens anzumessen. Nur daß dieser letztlich immer sprachgeleitete Einschnitt die notorische Neigung an den Tag legt, solche Übergängigkeit als Ursprung zu okkupieren; visuell materialisierte Titelei als Leitfaden auf einmal der Lektürehomogeneität. Unvermeidliche Kitschanfälligkeit dadurch. Der totalisierte Transit aber koinzidiert mit seinem Kontrarium: der rand-/rahmenlosen, enttitelten Entgrenzung der Sehunendlichkeit; Abhebung Psychose. Was modernerweise jenseits der Moderne mit diesem Zusammenfall, diesem Kollaps, beginnen? Weder Rand/Rahmen noch Nichtrand/Nichtrahmen, beispielsweise substituiert durch „Les immatériaux" einer Overhead-Projektion; Bildschirm?

Allem Anschein nach ist das (Nicht)Refugium des lichten Unfall-Augenblicks, die unsensationelle Sehsensation als Kunstkriterium, weder modern noch postmodern, höchstens irgend dazwischen, nicht-während und gewährlos, leistbar. Fällt aber der Transit der Fama-Falsifikation sichtlich (fast) aus, koinzidieren moderne Medien und moderne und transmoderne Kunst. Versucht man den apostrophierten haltlosen Gnostik-Moment auf Dauer zu stellen, so resultiert einzig das progrediente Überbietungswesen sensationeller Bedeutungshypertrophie, vor der, selbst wenn sie sich im Pseudos der Moderne gibt, insofern sich niemand ausgeschlossen fühlen muß, als er sich selber als Arbitraritätszubringer dieser Inflation – der mündige Konsument und Hermeneut – immer einbringen darf. Nichts passiert so an Anderem, die sensationswirkende Ursache flieht nach getanem Werk in sich selbst hinein zur Neuauflage ihrer selbst bloß zurück. Die Probe auf die Nichttranszendierbarkeit der Fama hält nicht schwer; man dreht sich eh im Kreise. Jegliche Transzendenz geht nämlich darin auf, das abgehobene und abgeschlossene/abstrakte und hermetische Allsubstitut des Gerüchts ausschließlich pathologiegenerativ korporell zu redeplazieren, so als sei seine Provenienz in dieser Rückkunft aneigbar, die Entfremdung in Heimkehr zu wenden; nur daß in diesem Kurzschluß der Selbstfühlbarkeit der Medien und der Dinge alle direkt umgekehrt das Exil peremptorisch wird; Abhebung und Abschluß abermals; SeinsfülleSeinsmangel, Kapitalismus und Schizophrenie und, mehr noch, nur-noch-Kapitalismus und Sucht, die Selbstdarstellung des Pathologieinbegriffs selber; ohn Erwachen, wekkungsbedroht mit der Katastrophe, daß die Transsubstantiation nicht mehr nur geglaubt und die Auferstehung des Fleisches nicht mehr bloß gläubig erwartet werden muß. Aktivisch versiert sich Dasselbe dieser Pathologie als Terrorismus, an der die also mitnichten jemals harmlose bildende Kunst differierend teilhat. Terrorismus, das ist die konspirative Underground-Kasernierung der Gerüchtepublizität, Ohrentzug derselben als Übergang zu deren endlicher Sehfalsifikation, die sich als Sprengung seiner Sichtlichkeit selbst zu dementieren nicht umhinkommt. In der Explosionsatopie kommen die suizidale Selbstdarstellung der Fama und deren Sehkorrektur eschatologisch überein. So der Beweis des Ausbleibens der Transzendenz.

Immer zurück zum katastrophischen Charakter von Sehen und Bildlichkeit: zum Hervorzerren und Belichten als frustraner Sichtfalsifikation des Gerüchts. In deren stringentester Verfassung begegnet allemal die mäeutische Gewalt des Hades wider die Demeter-Tochter Persephone; die sichtmotivierende Grenze der Sicht, die paternale Not des Tochterklaus. Hades zerrt Tochter Persephone aus der Mutter Demeter heraus bei vollem Tageslicht; verhindert den extrauterinen Kompromiß der Reproduktion der Schwangerschaft als das vis-à-vis beider post partum, diese so überaus selbstgenügliche differente Homogeneität; dreht die Tochter zu sich selber frontal um (Wendetochter); kommt nicht umhin, diese mächtigste Heterogeneität in indifferente Homogeneität phantasmatisch hineinzutreiben: stürzt in Persephone, zu der er selber sichtlos/bildlos als die Bildgrenze selber wird. Ab in die Unterwelt und wieder hinauf, da capo. Hades demnach als die Verpflichtung auf die Fläche als Zusammenzug von Innen und Außen (bis zum Extrem, als Persephone in Demeter rückeinzugehen); sichterhalten auf der Oberfläche weiß und schwarz, Profil: die Schatten der Unterwelt. Was des einzelnen in den hochinzestuösen Verwandtschaftsbeziehungen – Hades als der schlimme Onkel der Persephone – seiner insich-reflexiven Darstellung harrt. Keine Freigabe also der Identitätspseudologie von Sicht und Bild – dazu muß, über differierende Götter wie Dionysos und Apollon etwa vermittelt, der Christus her. Dies ist mein geliebter Sohn, an dem ich mein Wohlgefallen habe; nur daß dann beide, der jubilierende Vater und endlich sein Sohn als inverser Abortus in der kaschierten Mutter auf ewig verschwinden; no rebirthing. So auch das Pseudos der einzig erfolgreichen Schönheit: eo ipso das Sohnesbild als Tod des Atemstillstands und als himmlische Lebendigkeit des Geburtsschreis zugleich. Von Sehen demnach keine Spur, vielmehr nur-noch-Gerücht. Da kommt Hades als Sicht- und Bildlimes freilich nicht mehr mit, sofern er im Gerüchteaufgang das Gerücht nicht weniger liquidiert.

Systemisch-konstruktivistischer Ausverkauf von Realität?

(aus: Ethik und Sozialwissenschaften. Streitforum für Erwägungskultur 2. Jg, Heft 3, herausgegeben von F. Benseler, B. Blanck, R. Greshoff, W. Loh, Westdeutscher Verlag, Opladen 1991)

Bezug: Marianne Krüll, Psychotherapie und Ethik – in systemisch-konstruktivistischer Sichtweise, ebd.

I. Freudscher Moralkoller

1) In Sachen Moral und Ethik tat sich Freud mitnichten so leicht, wie die einleitenden Ausführungen (1-6) nahelegen. Unstrittig zwar die ausgesuchten Belegstellen; mehrfach schlug Freud moralistisch zu, setzte ein Register sachfremder Indikationen in die Welt, das dem zivilen Recht des Patienten, ohne Ansehn der Person therapiert zu werden (und „therapieren" heißt doch „dienen"?), unbarmherzig Hohn spricht. Allein, dieser höchstmoralischen Bastion von Patienteneignungstugenden hängt die Angst vor der eigenen Courage aus den blinden Fenstern voll heraus: Zauberlehrling Freud. Und diese Brüchigkeit kommt ihm oft durchaus nahe, fällt in sein Bewußtsein, macht die ethischen Voten hochgradig ambivalent. Man wird entsprechend – beispielsweise in den „Protokollen der Wiener Psychoanalytischen Vereinigung"[1] – neben noch ärgeren Ausfälligkeiten nachgerade umgekehrt die Ehrenrettung der Unmoral antreffen; was immerhin ja auch ein wenig Tradition machte (etwa bis hin zur psychoanalytisch fundierten Therapie von Strafgefangenen)? Der Hinweis aber auf erklärbare einschlägige Ambivalenzen, diese Richtigstellung, möge nicht darüber hinwegtäuschen helfen, daß – nicht dem Ethos nach, vielmehr, tückischer, rein prozedural schon – in der herkömmlichen Psychoanalyse die Dauergefahr eines moralischen doublebind grassiert: man lockt das sogenannte Unbewußte hervor, um es zu bestrafen – die Geburt des moralischen Heroismus als die ewige Symbiose von Hexe und Inquisitor, Hysterie und Zwang. Freilich figuriert Weiblichkeit als Inbegriff des Strafwürdigen (immer noch); so daß der feministische Einspruch dagegen, mehr aber dann als die antihierarchische „Identifikation mit den Personen desselben Geschlechts" (39), verfinge?

---

[1] Protokolle der Wiener Psychoanalytischen Vereinigung, hrsg. von H. Nunberg/E. Federn, Bde. I-IV, 1906-1918, Fischer, Frankfurt/M. 1976-1981.

II. Idola fori

2) Die folgenden Ausführungen zur „Neutralität" (7-19) verführen dazu, über den „ethischen Relativismus" überhaupt zu handeln. Läuft das Plädoyer für die – hinwiederum limitierte – Relativität der Werte, diese sympathische Anmahnung der im zivilen Verkehr gewiß unverzichtbaren liberalistischen Tugenden mit ihrem Inbegriff Toleranz, nicht erheblich Gefahr, die bürgerlich basalen Wertgeltungen zu überdecken, ja zu tabuisieren? Rückt so nicht die – wie drückte man sich früher aus? – „ideologische" Dienstbarkeit der Relativitätsbehauptung an den wie Absoluta gehandelten Fundamentalnormen der wie alternativlos gewordenen bürgerlichen Gesellschaft gänzlich aus dem Blick? Wo im abgehobenen Kontext der Relativität der Werte, wo in der historisierten Ethik wird denn diese eherne Orientierung – das universelle multidestruktive Wertmaß der Arbeit, kurzgeschlossen mit dem der Konsumtion – ebenso relativiert? Nirgendwo in solchem ehrenwerten Denken, einer nicht untypischen Ethikabstraktion demnach, deren schöne Liberalität in der unangetasteten, wahrlich globalen bürgerlichen Basisaxiologie unerkannt versiegt. Und hier werden dann die (scheinbar) unendlichen „Geschichten" (13-19) nicht nur plötzlich endlich, einmalig vielmehr zu einer einzigen unmäßigen Geschichte, die keine mehr ist. Kann man solches aber wissen, ohne sich dem Verdacht dogmatischer Arroganz auszusetzen?

3) In der Durchführung einer „Ethik der ethischen Neutralität" (11) käme gar die Dringlichkeit auf, die für die herkömmliche Psychoanalyse doch geltende „Kybernetik zweiter Ordnung" (13-19), also das Übertragungs- und Gegenübertragungsproblem, aufklärend mitaufzunehmen. Dies indessen im Sinne einer negativen nicht-mehr-Psychoanalyse mit zu Ende gebrachter Rekursivität: als die wiederum psychoanalytisch aufklärbare Dissidenz derer, die sich der Mühsal der wissenschaftlich erborgten unmöglichen Norm der Neutralität professionell verschreiben. Erst wenn sich die Psychoanalyse, letztrekursiv selber zur Symptomhandlung geworden, aufhöbe, würde sie als Aufklärungspointe der „Kybernetik erster Ordnung" (13-19) wieder unverzichtbar; und dies freilich immer im apostrophierten Rahmen der „Ideologiekritik" der den Technologieprogreß protegierenden Basiswerte.

III. „Nach der Demokratie. Im Fernsehraum"[2]

4) Das ist zu schön, um wahr zu sein – dieses demokratische Trugbild, zeitgemäß durchaus, einer Breitfront-Projektion des Medienwesens auf alles
und jegliches (am besten sogleich auf den Kosmos mit) –, daß „Kontext-
wechsel", die „Veränderung der Regelung der Regeln", die Differenz von
Realität und Illusion, Wahrheit und Irrtum, Richtigkeit und Falschheit, Ge-
sundheit und Krankheit unwiderruflich indifferenzieren könnten. (24) Auf
den Bildschirm nämlich, den Einen, zieht sich die Vielzahl der Geschichten, und seien sie noch so mystisch verwegen (42), zusammen. Es wäre nur
noch lächerlich, wenn man ein solches technologisch-reales, institutionell
nichts als hofiertes Wunderding selber der Relativität seiner (Re)produktio-
nen zu unterstellen suchte. Unser aller postmoderner Beliebigkeitsapparat
der Realitäts(abfall)beseitigung, er besorgt's gänzlich unbeliebig; als Spitze
der Rationalitätsevolution ist er die Phantasmagorie der bürgerlichen
Basiswerte selber. „Nicht als Vehikel eines Inhalts, sondern durch die Form
und Operation selbst induzieren die Medien ein gesellschaftliches Verhältnis, und dieses Verhältnis ist keines der Ausbeutung, sondern ein Verhältnis der Abstraktheit, der Abtrennung und Abschaffung des Tauschs." Und
dieses ist dann freilich die „Operation des Tauschwerts selbst."[3]

5) Wider die Erschleichung von souveränen Metapositionen deren Imma-
nenzeinzug, Rekursivität – gewiß; aber wenn schon, dann bis zum bitteren
Ende des jähen Abbruchs allen Pluralismus' in der real-materiellen Einheit
der Medien und der a-pluralen einen Moral, die deren Progression bewacht.
Zugegeben auch, daß die Differenz zwischen der Mimesis an die postmoderne Mythologie der Medien einerseits und deren Aufklärung andererseits (fast) infinitesimal ausfällt. Ohne die Sorgfalt beider genauesten
Diskrimination indessen verendet diese, just pluralistisch und mit allen
zivilen Tugenden ausgestattet, in jener. Und die ganze Greulichkeit des
Psychomarkts pluralissimi – man kriegt das Laufen doch? – würde zum
besten Dokument konstruktivistischer Befreiung.

6) Was haben solche Verdikte mit Pathologie, insbesondere Psychopathologie, zu tun? Sie wurden um des außernaturwissenschaftlich schwindenden

---

[2] Tumult. Zeitschrift für Verkehrswissenschaft, hrsg. von F. Böckelmann/D. Kamper/
W. Seiter, Wetzlar, Büchse der Pandora, 1983, Nr. 5: Nach der Demokratie. Im Fern-
sehraum.

[3] J. Baudrillard: Requiem für die Medien, in: Kool Killer oder: Der Aufstand der Zeichen, Berlin, Merve, 1978, S. 90.

Zugangs zu Krankheit, schwerer Krankheit willen formuliert. Denn ohne die Konzession dieser a-pluralen medialen Unifizierung entzieht sich deren „Überbietungsdogmatismus" in Pathologie selber, führte jede Therapie, systemisch-konstruktivistisch aufgelockert zumal, an aller Härte und Schwere von Krankheit, als deren Kriterium Kontextunabhängigkeit gelten müßte, exakt vorbei. Zugespitzt prätendiert Psychose, körperlich/„neural", der Fernsehapparat, Ding/Medium selber, ganz zu sein: also in grenzenloser Abstraktion den Totalausverkauf aller Realität zu besorgen. Wie aber sollte sich konstruktivistische Therapie dieser Normalitäts- und Krankheitspointe anmessen können, wenn sie deren eigenen Effekt, das Trugbild des Pluralismus, gegen dessen innere kryptische Voraussetzung, den Terror des Einen, in Krankheit offenbar indessen, kehrt? Das hieße doch, homöopathisch, den Teufel, den es so nicht gibt, mit sich selber austreiben?

IV. Alles in Allem

7) Freuds Bewertung der bürgerlichen Moral fällt höchst ambivalent aus. Der psychoanalytische Moralismus aber ist insbesondere im Inneren der psychoanalytischen Prozedur festgeschrieben.

Alle Wertrelativität bricht sich an der ubiquitär bürgerlichen Basisaxiologie; jene dient „ideologisch" dieser. Die in der Psychoanalyse angelegte Rekursivität vermöchte, zuende geführt, diese Relativierungsgrenze aufzuzeigen.

Epochal stellt sich diese Grenze als die Unbeliebigkeit der Beliebigkeiten (re)produzierenden Medien dar; der ethische Pluralismus ist nicht mehr als ein „Überbauphänomen" dieser abstraktionstotalisierenden Doppelung. Ohne die Anmessung des therapeutischen Diskurses an diese Doppelung bleibt der Zugang zu kontextunabhängiger Krankheit aus.

Buchbesprechung: Psycho-Dämmerung

Manfred Pohlen, Margarethe Bautz-Holzherr: Eine andere Aufklärung. Das Freudsche Subjekt in der Analyse, Frankfurt/M. 1991

(aus: Spuren. Zeitschrift für Kunst und Gesellschaft, Nr. 39, herausgegeben von K. Bloch, Hamburg 1992)

Von einem auffälligen anspruchsvollen Buch ist zu berichten, das die wohlfeile Genugtuung darüber, daß die Kritische Theorie, zentriert um Horkheimers/Adornos „Dialektik der Aufklärung", abgelebt sei, Lügen straft.

In der neuen Nutzung dieser kritischen Potentiale bleibt der Effekt nicht aus, daß sich die Schere zwischen den Begründern der Kritischen Theorie und deren Fortsetzern, insbesondere Habermas, exzessiv zu öffnen beginnt. Indem diese mitsamt der institutionalisierten Psychoanalyse längst nicht mehr Zeugen der anderen Aufklärung, Höflinge vielmehr nur noch der einen – naturwissenschaftlich-technologischen – seien, gilt die nachdrückliche Anmahnung eben der anderen, welche die Abgründe der einen zu enthüllen hat. Immer noch dürfte sich die andere Aufklärung hauptsächlich auf die Psychoanalyse berufen, wenn diese sich in ihrer verkommenen konformistischen Gestalt selbstaufzuklären vermag. Ob sie es – in der Art eines bereinigenden Absturzes in sich selbst hinein – vermag?

I. Der „Diskurs der Moderne" mit seinen hehren Normen, „Selbstreflexion, Emanzipation, Kommunikation", liest sich auf dem endlich wiederhervorgeholten Hintergrund der anderen psychoanalytischen Aufklärung wie ein sehr schlechter Witz. Vorsicht! so möchte man dem mit diesen letztlich tödlichen Werten befrachteten armen modernen Subjekt bedeuten: du hebst ab, betreibst buchstäblich die Absolution des Körpers in diesem deinem Himmelfahrtskurs; und hart wird der Aufprall auf der mißachteten Erde sein. Schon im vorhinein klebt an solchen Verheißungen Blut: daran daß man sich umstandslos auf sich selbst beziehen könne, so als sei man der Grund seiner selbst (Selbstreflexion); daß man durch diesen Wundervorgang frei werde (Emanzipation) und daß man auf ein gewaltloses Austauschverhältnis mit dem Mitmenschen ausgerichtet sei (Kommunikation). Was sagt die andere Aufklärung dazu? Das große moderne Ich sei ein einziges zwangskrankes, analerotisch fixiertes, hygienebesessenes Abwehrsystem, das „Zuchthausmoral" verbreite. Nicht aber öffnet sich mit dieser Kritik sogleich schon das große Gegentor der anderen, ganz anderen Freiheit; für's erste kommen, wie immer auch witzig gebrochen, Wahn- und

Todesszenarien auf: „Itzig, wohin reit'st Du?" – „Weiß ich? frag das Pferd.", oder auch ein drastischer Adorno: das Freiheitspathos mute wie das „Hämmern von Ertrinkenden an der Decke, wenn das Wasser steigt", an. Kurzum: die (klein)bürgerliche Heroik des „Diskurses der Moderne" verdankt sich dem „Vergessen des Triebgrunds". Und der Triebgrund besteht in den abgedeckten Opfern, denen sich die modernen Bürgerwerte verschulden, letztlich der immerwährend verleugneten Sterblichkeit des Menschen, ja der Menschheit. „Das moderne Tun ... hat seine Sterblichkeit entstellt auf den Schauplatz endloser Produktionstätigkeit: das anale Phantasma magischer Selbstschöpfung." (S. 53) Heidegger und die um Bloch erweiterte Kritische Theorie also friedlich vereint.

Der Schuß zielt in die rechte Richtung: die wiedererstarkte andere Aufklärung spitzt sich zu einem Anti-Habermas (und das bei Suhrkamp!) zu. Es ist die „vereidigte, unterworfene Terrorgruppe" (so drückten sich Sartre und Guattari aus) der „idealen Sprach- und Kommunikationsgemeinschaft", sublim auch der „scientific community", deren obsessives Freiheits-, sprich: Gewaltpalaver nur noch durch Schweigen, Schweigen als Todesmonitum, parierbar scheint. „Schweigen als Widerstand und Moment der Selbstbewahrung gegen den Totalitätsanspruch der Kommunikationsgemeinschaft scheint so unvorstellbar, weil es durch die Unterbrechung des endlosen Kommunikationsstroms Abtrennungen markiert – die letzte Trennung, den Tod bezeichnet." (S. 70 f) Von hierher müßte der Respekt vor Abweichungen, einschließlich Krankheit, über denen immer ja das Damoklesschwert des sozialen Tods schwebt, wiedererlernt werden. Zudem sollte man sich dessen entsinnen, daß in der Freudschen Theorie – der „Hexe Metapsychologie" (immerhin!) – von Ganzheit, Geschlossenheit, Lückenlosigkeit der „psychischen Organisation" ebensowenig die Rede sein kann wie von der scheinfreien Referenz auf einen rekonstruierbaren „Originalvorfall". Bonne chance! solche schmeichelhaften Ziele sind der Tod, und der Weg dahin der „Todestrieb", ganz direkt. Sehr zu recht auch monieren die Autoren die trügerische Integration in der Ausweitung des Ödipuskomplexes auf die frühen nicht-ödipalen Entwicklungsphasen – ein Dokument der Angst der Psychoanalytiker vor der Psychoanalyse: „Die totale Ödipalisierung des Subjekts ist als Reaktionsbildung auf das Phantasma des zerstückelten Körpers zu lesen." (S. 126) Um es kurz zu machen: der ersten Kritikadresse, Habermas und Co, sei (nebst einer neuen Brille, der „neuen Unübersichtlichkeit" wegen) die exakte Lektüre von Swift und insbesondere de Sade anempfohlen. Denn in diesen frühen Musterbeispielen für die andere Aufklärung geht die beginnende Herrschaft des Bürgertums science fiction-like unverhohlen zur Sache. „Die ideale Sprachgemeinschaft ist Abbild der de Sadeschen Gesellschaft." (S. 155)

II. „Freud ..., der Charon zwischen den Welten von Vernunft und ihrem Anderen" (S. 166), der die ganze Last des „Gegendiskurses zur Moderne" trägt. (Man bedenke: nur die Schatten ordentlich bestatteter Leichen führt Charon endgültig dem Tode zu, und selbst diese letzte Überführung kostet noch Geld!) In der strengen Wahrung des haltlosen Prinzips unendlicher Übersetzung (vs. die Tödlichkeit der Rekonstruktion des Originals) ist die philosophische Nagelprobe bestanden: die Ausführungen entkommen dem Ursprünglichkeitsdenken sowohl einer (materialistischen) Lebensphilosophie als auch einer (idealistischen) Vernunftsphilosophie mitsamt deren terroristischen Befreiungs- und Erlösungsutopien. Kein marcher à quatre pattes der Rückkehr zum ursprünglichen Trieb; und ebenso keinerlei umgekehrte Überwertigkeit sozusagen der Vor-kehr zur ursprünglichen Vernunft; wenn schon, dann so etwas wie das mühselige Schwimmen gegen den Strom zur unerreichbaren Quelle zurück mit dem nicht weniger unerreichbaren freien Meer im Rücken.

Insofern kann es auch keinen unerfindlichen Sündenfall der heilen „maternellen Signifikanten" in die unheile einer „paternellen Signifikation" geben. Nein: „diese Wende des Matriarchalen vollzieht sich ... immer nur an ihm selbst; das Patriarchale verdankt sich einer ‚List' des Weiblichen." (S. 205) (Wobei mythische Tochterfiguren – Ariadne, Athene – diese Revolution besorgen.) Gewiß – an dieser wohl schwierigsten Stelle des opus magnum müßte man lange weilen –: das Patriarchat als listige Konzession von Weiblichkeit? Ist es etwa der Wunsch des besagten Triebgrunds selbst, sich um der Ausweitung seiner verdeckten Herrschaft willen vergessen zu machen? Worauf kann sich die andere Aufklärung dann noch berufen? Jedenfalls verfängt von hierher die Kritik am Feminismus: „Im Streit um die Ablösung des Patriarchats verfallen die Frauen dem phallischen Signifikanten." (S. 208). Und allemal sticht die durchgehende Kritik der konventionalisierten Psychoanalyse: der familialistisch verengte, zum Untergang verurteilte Ödipuskomplex erweist sich als der kleinbürgerlich universelle Schuldkiller, der die Urverschuldung durch die kriminelle Triebnatur selbst wegschaffen soll. „So lenkt die Genealogie des Gewissens aus dem Ödipuskomplex ... davon ab, daß die Schuld fundamentaler ist, aus der Verschuldung durch die ‚Absichten' der elementaren Triebkräfte entsteht." (S. 190 f)

III. Wir kommen zum Höhepunkt: zur Psychoanalyse auf der Couch. Denn nur noch die Selbstanwendung der Psychoanalyse auf sich selbst, die „Bewußtmachung der triebhaften Bedingungen psychoanalytischer Praxis" (S. 262), vermöchte deren üblen „okkulten" Tabuisierung zu wehren. – Was eigentlich treiben den Analytiker und den Analysanden zu ihrem großen Geschäft? Das Buch nimmt einen – überfälligen – Kahlschlag vor, indem es das psychoanalytische Verfahren jenseits der schlechten Alternative – Hermeneutik oder Wissenschaft? – als „rhetorische Diskursart", und damit einzig der „Suggestion" verpflichtet, geltend macht. Also lautet die Antwort auf die peinliche Frage nach dem Begehren beider: es ist die „Gläubigkeit der Liebe" als die „uranfängliche Quelle der Autorität" (so Freud ja selbst schon), will sagen: der „Elternkomplex", der den Analysanden in Bewegung setzt. Und auf der anderen Seite ist es entsprechend der „Priesterkomplex", der tätig willfährige Genuß der Suggestionsunterwerfung, der den Analytiker motiviert. „Suggerere" bedeutet ursprünglich „zu essen und zu trinken, an die Hand geben"; übertragenerweise dann erst „anraten, überreden, überzeugen". Schön und gut. Doch in dieser unerhörten Priester-Muttersphäre mußte es dem Manne Freud (nicht nur wie Münchhausen, vielmehr) wie dem Zauberlehrling ergehen. Denn seit Platon kann man wissen, daß Situationen solcher Art, und machten sie sich noch so sublim (erst recht dann!), erotisch aus dem Ruder laufen und also nicht zuletzt den abstinenten Analytiker in die höchste „Triebnot" versetzen. Ohne diese Triebnot aber – eine felix culpa – keine Psychoanalyse, deren Geburtsakt darin bestand, daß sich der Uranalytiker Freud aus der drohenden Katastrophe von „Triebinfektion und -kontamination" nicht ungekonnt herausschwindelte: kurzerhand nämlich die aktuelle Triebnot des Analytikers in die vergangene infantile Triebnot des Analysanden verwandelte (S. 291ff). Ein durchaus fruchtbares Wunder, wie man weiß, aus dem die Entdeckung der „infantilen Sexualität" sowie die großen Schwindelmethoden von „Übertragung" und „Gegenübertragung" hervorgegangen sind. Vergeblich demnach, das grund-lose Übersetzungs-, Übertragungswesen, etwa durch Verwissenschaftlichung, quittieren zu wollen: „Traduttore – Traditore", der „Übersetzer als Verräter" – (S. 267); „Übersetzungsverrat" allemal als die Paradoxie des unablässigen Verrats an einem Original, das nicht existiert (ek-sistiert eben bloß in seinen verräterischen Entstellungen). Auch mit der Authentizität der Erinnerung ist es dann nichts, sofern „wir Erinnerung je schon als Deckerinnerung in einer – endlosen Verschiebungsreihe und ‚nachträglichen' Interpretation sehen müssen." (S. 346 f) Es gibt keinen Originaltext, der sich rekonstruieren ließe, vielmehr nur das „artistische" Übertragungswerk eines neuen Textes, der, wenn er glücken sollte, eine „mantisch-prospektive Funktion" (S. 278) erfüllt, in seinem „konstruktiven" Wesen eher aber aufschließenden „psychotischen Wahnbildungen" als „historischer Wahrheit" entspricht (S. 370).

Höhepunkt des Höhepunkts in diesen praktischen Angelegenheiten: die „Aal-Geschichte" im Zusammenhang eines raren Einblicks in Freuds analytische Praxis: „...: in dem Moment, wo der Analysand auf eine Bemerkung Freuds erwiderte, daß er dasselbe gerade auch sagen wollte, sagte Freud: ‚Also das ist ein Aal. Kennen Sie die Geschichte vom Aal? ... (Es folgt die Geschichte vom Aal, der in Wirklichkeit ein Karpfen ist und den zwei Juden einem dritten dadurch abschwindeln, daß sie behaupten, er sei ein Aal und dürfe zum Sabbat nicht gegessen werden, wozu der Karpfen bestimmt gewesen ist.) ... Ohne Fisch nach Hause zurückgekehrt, argumentiert der Mann gegen die Vorwürfe seiner Frau: Wenn zwei Juden sagen, es ist ein Aal, dann ist es ein Aal!' (Freud)." (S. 355) Welche Freudsche Selbstkritik! An der entscheidenden Stelle erkennender Übereinkunft zwischen dem Analytiker und dem Analysanden ist die Psychoanalyse mehr als Rhetorik, Rabulistik gar, reinster narzißtischer Schwindel wie im „Theater der Grausamkeit" (Artaud), „wo der handelnde Mensch auf der Bühne als unser Spiegelbild auftritt." (S. 320) (Oder, genauer noch, in selbstanwendlicher psychoanalytischer Lesart der Psychoanalyse, ödipal bis christlich: „Die ödipale Rede ist eine kastrative, rationalisiert in den logischen Sätzen, die den Fisch zu einer verbotenen Schlange [Phallus] macht, die der Frau [Mutter] vorenthalten werden muß, um sie für den Sohn zu retten, der sich dadurch in Übereinstimmung mit dem Vater halten kann." [S. 357]) Was von der Psychoanalyse übrig bleibt, wenn sie keine epidemische „Kleinbürgerbewegung" mehr wäre, die nichts anderes im Sinn haben kann, als den „sublimen Genuß an seelischer Bemächtigung" unter dem Deckmantel der nobelsten Aufklärungstugenden zu betreiben (S. 401)?

IV. Der „psychohistorische Nachtrag" zur Frühgeschichte des Bürgertums, der Philosophie des Descartes – nicht zuletzt Philosophen zur Lektüre empfohlen – zentriert sich um die bemerkenswerten drei Träume sowie die gar nicht sonderlich vernünftige Lebensgeschichte dieses Philosophen. Träume – zudem, ein wenig antipsychiatrisch, äußerste Krankheit, Psychose, wie am Modellkranken, dem Senatspräsidenten Schreber, dargestellt – fungieren als die ganz anders aufklärenden Schattenwürfe der so überaus erfolgreichen „gnostischen", die Verwerfung des Körpers beispielhaft durchsetzenden Rationalismus': „Der gnostische Körper als Kadaver". Fazit – es ist der letzte Satz –: „Die Wollust des Körpers hat sich entstellt in die Wollust des Denkens." (S. 495) Eine alte und neue und zumal neueste Entstellung, an der dieses intellektuelle Werk – wie an der Kehrseite der Gnostik mit ihren wuchernden und eben deshalb besonders rationalitätsaufschließenden Mythologien – freilich teilhat.

Da ein zweiter Teil der „anderen Aufklärung" in der Mache sein soll, ist zu gewärtigen, daß diesmal aufgelaufene Desiderate das nächste Mal, wiederum fernab eines ausgewogenen Standpunkts, befriedigt werden. (Die „göttlichen Längen" mögen um der schwindenden Schriftkultur und überhaupt der vorbildlichen Bildung wegen erhalten bleiben.) Das letzte Wort zu den modernen Franzosen hinter dem nicht mehr so recht funktionierenden Westwall unserer Diskurspolizei – zu Lacan und den Folgen bis hin zum „Anti-Ödipus" Deleuzes/Guattaris – ist gewiß noch nicht gesprochen. Die prospektive Hauptsorge aber gelte schließlich der monumentalen Frage, ob denn nicht im epochalen Stand des Delirs der „Entfesselung der Produktivkräfte"/der Technik die darauf gegründete eine Aufklärung – eh immer schon die Maßgabe für die Möglichkeit der anderen? – eben mit dieser anderen sich anschickt identisch zu werden? Marx also bitte das nächste Mal auch – man traut sich zur Zeit ja kaum, solches zu reklamieren.

L'Engagement de la Question de l'être selon Heidegger

(aus: Penser après Heidegger. Actes du Colloque du Centenaire. Publiés sous la responsabilité de J. Poulain et de W. Schirmacher et traduits par A. Münster, Editions L'Harmattan, Paris 1992)

Je me trouve dans la situation difficile de devoir parler ici, dans cette situation rituelle qui est déjà devenue un obstacle exemplaire pour la façon dont je voudrais poser la question de l'engagement, de l'enjeu de la question de l'être selon Heidegger, dans la succession de Heidegger – mais autrement que Heidegger, après... Aussitôt, je ne peux faire semblant de croire que cette mise-en-situation n'existe pas; comme si le message de mon discours pouvait, sans causer de dommages, planer au-dessus de cette détermination essentielle de la situation.

Mais d'abord: comment exprime-t-on en général et avec détachement cette question: quel est le problème?

Si je suis bien informé, j'ai raison de penser que la question de l'être chez Heidegger est en train de perdre sa fonction inconvenante; sa fonction choquante qui aurait pu consister dans le fait d'être une force d'élucidation, opposée à la métaphysique occidentale. La question de l'être a cependant, je pense, cette finalité de disparaître comme simple motif intérieur de la métaphysique avancée dans la métaphysique elle-même et de fournir, à la rigueur, le prétexte pour la mise-en-ouvre de la « tournée » prochaine de l'oubli de l'être de sorte qu'il y ait une convergence finale entre l'engagement de la question de l'être et l'oubli de l'être métaphysico-critique. C'est pourquoi ma première thèse est celle-ci: la métaphysique avancée, fonctionalise la rumeur de son principal antagoniste, la question de l'être, en la mettant au service d'une thérapeutique automotivationnelle propre à l'oubli de l'être, purement immanente à la métaphysique et soumise à son propre progrès.

Sur le chemin de la thématisation de la question de l'être – mais ne se dessinent-ils pas d'autres chemins à l'horizon? – aucune présentification d'une quelconque réfutation de la métaphysique n'est possible; au contraire, on ne peut imaginer que son développement. Comme si la question de l'être était dissoute d'une façon suicidaire dans le piège de la continuité et du progrès de la métaphysique! Oui, d'une façon suicidaire, mais sans la dignité ultime et vaine du suicide, pour autant que la métaphysique elle-même eût commandé elle-même le suicide de la question de l'être. Etrange autojustification du masochisme d'autrui ! En outre, on peut distinguer, je pense, quelques modes détachés de cette indifférence de l'époque, mais non sans un effort supplémentaire.

Par conséquent, la question de l'être « s'oublie » selon la métaphysique.

1) Dans son déploiement de vouloir mettre en oeuvre le progrès métaphysique au niveau des technologies et des institutions, en bref, pour toutes les opérations avancées de la rationalité.

2) Dans les condensations de sa dispersion neutralisante, c'est-à-dire a) d'une façon détachée et objective dans les accidents et catastrophes (et aussi, sous une forme marginalisée, dans sa prophylaxie des guerres) et: b) sous la forme d'une rétention subjective (voire d'un appropriement physique) en tant que prophylaxie dans la pathologie. Ces distinctions ne sont que passables, comme je le disais déjà, car diffusion et concentration s'apprêtent à converger en se référant l'une à l'autre. Réduit à sa plus simple expression que je m'efforce toujours de réaliser: le caractère belliqueux de toutes les choses comme toxicomanie de tous les corps. Notre seconde thèse serait la suivante: la thématisation de l'être par l'oubli de l'être technologique, institutionnel a lieu objectivement comme accidentcatastrophe, et, subjectivement, dans un rapport prophylactique à cela, comme une maladie (sous sa forme idéale typique, la toxicomanie). Ce système qui se contracte progressivement, est toujours du genre magicoléthal.

S'il en est ainsi que toute autre chose se corrompt sous la forme d'un motif d'immanence méconnaissant et hypertrophié du même, et provoque, dans son effort de décrire l'essence de l'entreprise d'anéantissement, philosophiquement, non pas sa transcendance mais une magie métaphorique et donc linguistique interne à la magie, se méconnaissant et s'hypertrophiant également, est-ce encore surprenant d'apprendre que la philosophie à l'échelle mondiale se soucie très peu de ces choses ultimes ?

Même si l'on déplorait chez Heidegger (et non seulement après Heidegger) que l'absorption de la question fragile de l'être par la métaphysique soit beaucoup plus puissante, dans son développement. Mais en est-il vraiment ainsi ? Il ne serait pas juste de capituler philosophiquement mais bien plutôt de mobiliser la discipline constante de la congénialité martiale de la pensée. Ne me parlez surtout pas de la discipline du « dépassement » douloureux, du dépassement indolent! Et cela avec une référence nécessaire aux médias modernes que, tout l'indique, Heidegger n'avait pas moins acceptés.

L'engagement de la question de l'être –: il ne relève certes pas du hasard que la signification multiple de ce terme allemand se soit prêtée à certains prolongements de la constellation malheureuse validée de la question de l'être et de son déclin progressif. Vous vous souvenez peut-être que j'avais dit que la situation de cette conférence ici, dans son ensemble, est un obstacle à la question de l'être – un obstacle dans un sens absolu, définitif. Je profite-aussitôt de l'occasion pour procéder désormais, non plus d'une manière détachée mais situationnelle et récursive. Heidegger y consentirait-il? Et je commence en me référant à ma conférence, par la signification de « l'engagement », de l'enjeu, comme commencement, à l'instar d'un chef d'orchestre à l'opéra qui indique au chanteur de commencer son interprétation en fonction de la partition. Par conséquent, je suis l'interprète de mon propre texte devant vous, et sous ma propre direction, moi qui ai initié la question de l'être en union personnelle progressive et régressive avec la dimension de la division du travail indiquée! Mais c'est cette question elle-même qui, en répondant à elle-même, met en mouvement et en exécution le commencement, certes ; et le sujet est en perdition, aussi bien en tant qu'auteur qu'en tant que reproducteur (ce qui revient au même); et en tant que sujet déplacé, il est rassemblé au sein du public, à condition qu'il s'identifie, en se reconnaissant, avec les contenus des conférences. C'est cela, alors, c'est moi, alors! décrivant, exprimant notamment la conjonction significative et bijective de « l'Anti-Œdipe ».

Mais, où en est l'accident à critère ontologique, la catastrophe? (Bien qu'il ne faille pas chanter victoire... Serais-je encore une fois invité à Paris, comme [on le dira probablement] mauvais agent de votre attente en matière de consommation intellectuelle?).

Aussi longtemps que je lis mon texte, conformément aux prescriptions, l'accident de la catastrophe n'arrivera pas. Dans cette création miraculeuse de la re-production, on ne pourrait trouver, si jamais on la trouvait, qu'une espèce de remémoration totalisante de la catastrophe de l'engagement de la question de l'être. Pourquoi pas plus? c'est tout à fait simple: ce manuscrit, ce papier écrit, ce texte nous garantissent l'ordre. Le médium écriture fonctionne comme quintessence du fondement de l'oubli de l'être pour la thématisation ontologique. C'est-à-dire: l'actualité chosale et léthale de ce médium est dissimulée dans la servitude sournoise de l'apparence de l'actualisation des contenus médiatisés. Seul le médium, cette excellente chose qu'il incarne en tant que prothèse de la mémoire, est présent dans le sens d'un infini actuel; et l'actualité (la présence), le présent de ce qui est médiatisé en disparaissant, à savoir, son être-contenu –, ce n'est à vrai dire qu'un futur second. Cela a été une belle anamnèse totalisée –, dès que la puissance de simulation du médium est totale et en même temps apte à disparaître. Et quelle imposture, quelle tromperie ce serait s'il n'y avait pas ici d'autres médias que ce pauvre texte, que cette partition (écoutez bien: partition), si une véritable épidémie médiatique d'innombrables assurances de l'oubli de l'être (cf. les intérieurs, l'architecture, etc.) n'occupait pas a priori cet espace. Donc, même un texte si pauvre se révèle en tant que véritable moloch qui tire tout les soi-disant contenus vers la représentation de soi-même (autosymbolisme! phénomène fonctionnel!), vers cette supercherie létale, étant affamé de mana. Et tout cela poursuit un seul but, celui d'escamoter la finalité de la faute du commencement, du début, bref de l'engagement de la question de l'être, dans l'idéalité complète du toc fondamentaliste de l'oubli de l'être. La production – dans ce sens précis de l'être – pourrait-il en être autrement ? – n'existe pas[1].

Preuve à l'exemple que serait l'engagement catastrophique de la question de l'être face à cet épuisement de son essence?

Comme la question de l'être se déploie ici partout, dans son essence, selon le mode de diffusion de l'oubli technologique – institutionnel – plus précisément selon le mode de l'oubli médiatique, – elle a commencé son engagement, – sûrement au grand honneur de son oubli en progression –, objectivement, comme accident et, subjectivement, comme maladie. Selon la volonté de l'être, s'il vous plaît !, et en même temps : non merci ! une écriture illisible, quelques installations détruites, avec des fils pointant dans l'air, des fissures dans les murs – on aurait presque envie d'accélérer d'une façon terroriste le cours des choses (à savoir l'évolution de la mort des choses mortes).

Ou bien je commencerai encore avant de tomber dans un délire psychotique; j'aurais donc eu – inconsciemment – la prétention de prendre pour vraie la supposition de la présence du second futur en moi-même, dans le sens physique, et, comme on pourrait penser, au faux endroit. J'espère que vous allez admettre que cette question de l'être malade n'est pas une alternative réelle à son oubli; et que je n'ai nullement exprimé une critique moralisante des médias en prononçant ce verdict.

---

[1] En français dans le texte.

Résultat: d'une manière situationnelle nécessaire, et dans le contexte de « l'esthétique » (car nous ne nous trouvons pas sur le boulevard périphérique), à savoir dans le contexte des festivités de commémorations des médias, l'engagement de la question de l'être se révèle comme une mauvaise blague. Engagement, mise – comme apparence du commencement catastrophique –, comparable à la façon dont on évoque la mise infiniment plus modérée, du col dans une chemise. Voilà la devise de Kinsey et Co.: « Dis-moi quel col de chemises tu portes et je te dirai qui tu es. » Pourtant, le col est bien, du point de vue organologique, réel, un topos de la différente et de l'indifférenciation, un lieu de médiation (en direction de la tête), se rendant spécifiquement expressif par la façon de s'habiller. Je me suis donc mis au service de l'auto-manifestation toute engloutissante du « medium » écriture, du contexte médiatique dans son ensemble. J'y ai intégré et adapté mes messages sacrifiés et devenus contingents, comme toujours. Par conséquent, ma prochaine thèse est la suivante: C'est surtout au niveau de la mémoire, ou de la conférence (comme ici) que « l'engagement » de la question de l'être se manifeste, engagement dans le sens d'un commencement, d'un début productif et bagatellisé en « mise », dans la signification d'une intégration purement reproductive dans la structure préexistante du médium « écriture » (dans le contexte de tout un système médiatique).

Mais l'alternative à cette simple remémoration de l'être, sur les fondements de l'oubli de l'être du médium, l'alternative à l'apparence du présent en tant que futur second, serait (sans aucun doute) la destruction de ces médias, et leur quelconque anticipation psychotique.

L'autre signification de la « mise », de « l'engagement » ne se passe pas aussitôt de toute tonalité guerrière, comme par exemple dans « l'intervention policière »; un engagement qui culbute (renverse), en se mettant en péril: tel que le sort très dur de cette valeur active très honorable qu'est la passion du jeu. Dans cette signification, la question de l'être deviendrait une affaire de morale supérieure, donc du sérieux d'une opinion, d'une prétention efforcée avide de satisfaction, de la mise-en-scène au sein d'une soumission aux valeurs préexistantes. Ainsi, – avec l'approximation de ce champ de valeur institutionnel paranoïaque où les choses sont blindées, dérobées à la vue... – la sphère technologique qui trouve son point culminant dans les médias, n'est acquittée qu'en apparence. Car l'institutionnalité reste, surtout dans son isolement, la dérivation la plus pure des choses et, en tant que telle, l'aliment fondamental des forces productives.

La « dialectique négative » de cette structure d'engagement n'est pas exclusivement verbale. C'est un objectif de valeurs qui se perd, jusqu'à devenir complètement méconnaissable dans la domination des moyens destructeurs (devenus un but en eux-mêmes). Un grand combat des valeurs comme poker de la survie! Par conséquent, Heidegger ne fait que nous le confirmer ; on ne peut pas s'engager à la question de l'être comme s'il s'agissait d'une relation de valeurs et, à l'inverse, dans cette version déficitaire, l'être ne s'engage pas pour l'homme. Certes, mais s'il en était ainsi que l'expérience de l'être s'épuisait, dans sa vengeance à l'égard de l'esprit de l'être, en tant que ressentiment de l'être? Si l'engagement de la question de l'être était complètement identique avec la destructivité de l'oubli de l'être, par exemple en tant qu'effondrement de l'engagement des valeurs, en tant que Etre-ça du Sur-moi ou en tant qu'anarchisme de la morale, en étant auparavant toujours différé un peu plus ou un peu moins, vers cette identité et non vers autre chose?

Sous réserve de sa critique des valeurs – effectuée dans l'horizon de la question de l'être –, Heidegger n'a jamais fui cette région des valeurs de l'oubli de l'être en faveur de l'empire présentifié voire instantané de l'être, en tant qu'effondrement de ce domaine des valeurs. Et c'est cela le propre da la fascination du nationalsocialisme, une fascination que Heidegger a conservée, je pense autonomie comme hétéronomie collectivisée; expérience de la vérité en tant que destructivité de la méconnaissance de la vérité; intimité sacrificielle avec les choses en tant qu'hermétisme de l'individuel! Totalisation esthétique du théorique en tant qu'effondrement de la praxis, avec un « en tant que » s'enchevêtrant progressivement. Mais je dois soupçonner que ce même comportement fasciste affecté sur la voie indifférenciée du destin de l'être et de l'oubli de l'être est devenu entre temps quelque chose d'aléatoire, c'est-à-dire rationnellement, par la diffusion, donc avec l'apparence oblique d'une rationalité exclusive et neutralisante. Je dois soupçonner davantage que même la non-fuite en tant que distorsion apostrophiée, ne correspondra plus à la progression de l'indifférenciation, si jamais une telle correspondance ait existé. Péniblement, je dois m'interroger moi-même et me poser la question de savoir quel est le vrai coefficient de distorsion dans ma conférence d'aujourd'hui.

Je ne suis guère disposé à profaner esthétiquement la philosophie de la guerre de Heidegger an-esthétiquement ou n'importe comment, au niveau d'un jeu de hasard à la manière dont on parle par exemple de la « mise » au jeu de la « roulette ». Mais en tout cas, le jeu de la roulette est un exemple typique du « quadri-parti » (Geviert, Gering), coïncidant avec l'arraisonnement (Gestell) contre lequel il avait été conçu – n'est-ce pas?

A conclure qu'au fur et à mesure où le quadri-parti et le « Gering » s'identifient, l'oubli de l'être létal et l'engagement de la question de l'être coïncident également, comme la totalité de la machine métaphysique de l'imaginaire médiatique coïnciderait avec les motifs de destruction purement immanents de l'être.

Par conséquent, ma thèse finale est la suivante: l'engagement de la question de l'être compris en tant qu'engagement de valeur envers celle-ci, fait subitement volte-face en une mise martiale d'un « jeu de hasard », en un combat éthique des valeurs qui devient un jeu de « banco » pour la survie. Mais si l'expérience de l'être n'était permise qu'à travers de tels modes de l'oubli de l'être, voire en tant que tels, le fascisme se serait alors généralisé avec le progrès de cette indifférence.

« Et s'il existait des signes que cet oubli doive, à l'avenir s'installer dans l'oubli de l'être de façon plus décisive encore ? ... S'il en était ainsi de l'oubli de l'être, ne serait-ce pas là une suffisante raison pour qu'une pensée qui pense l'être connaisse l'effroi, selon lequel elle ne peut rien d'autre que soutenir dans l'angoisse ce destin de l'Être, afin de remettre d'abord la pensée en présence de l'oubli de l'Être?... Le destin ontologique de cette angoisse, qu'a-t-il à faire avec la psychologie et la psychanalyse? » (Martin Heidegger: Qu'est-ce que la métaphysique? [Introduction], in: Questions I, trad. de l'allemand par H. Corbin, R. Munier, A. de Waelhens, W. Biemel, G. Granel et A. Préau, Gallimard, 1968, p. 30).

Aufzug

Zu: Heide Heinz: „Kalbsmedaillon", Photomontage 1989[1]

(aus: Wenn Eros Kreide frißt. Anmerkungen zu einem fast vergessenen Thema der Erziehungswissenschaft, herausgegeben von K.-J. Pazzini, Klartext, Essen 1992)

Heide Heinz: Kalbsmedaillon, Photomontage 1989

---

[1] Aus: Rudolf Heinz: Apo-kalypse des Abbilds. Videnden zu Photoarrangements von Heide Heinz, Essen 2000, S. 193-199.

Orden für die Wunderkinder. – Auf die Totalität des Sehens hin, das Phantasma des sich-sehen-Sehens, das sensuell und überhaupt alles wäre, hat diese letzte Selbstauszeichnung, wenn sie sich als bildende Kunst sichtsimulativ veräußert, was sie sich nicht vorenthalten kann, keine andere Wahl, als auf das Relief zu rekurrieren; was sogleich eine basale Komik der sichtlichen Ordensverleihung an sich selber ausmacht. Die Disqualifiziertheit nämlich des Reliefs als Genre, sein kriterialer Umstand, daß es weder vor noch zurück kann: nicht Fisch und nicht Fleisch, weder Fläche noch Körper, schafft ihm die Sondereignung an, sich des Tauschs, der Konvertibilität zu entschlagen, so als stelle es in dieser seiner Imperfektheit, letztendlich bloß zum Blindenbild zu taugen, repräsentativ die Nichtrepräsentierbarkeit des sichtlichen Werturschrungs selber dar. Entsprechend ist die Medaille, zumal die selbstverliehene, weder Geldstück, diese permutative Selbstverlustigkeit als -gewinn, noch Kunstwerk als eine Art von Selbstreferenz des Tauschs, vielmehr die Statik der Wertreminiszenz als valorisierender Ursprung. Weder Plastik noch Bild; weder Kunstwerk noch Münze (Schriftstück, des Bildweggangs wegen, zumal nicht).

Diese absolute Selbstwertgabe aber wäre nicht an ihrem Ende, wenn die Medaille kein Medaillon wäre. Indem diese jene diminuiert, ersetzt sich die Publizität der dekorierten Arbeit durch die Privatheit, ja die Intimität der sich insgeheim dekorierenden Liebe; sentimentalische Substitution, die konsequent der Gegenöffentlichkeit wegen den Selbstwert, (scheinbar) Anderen-garantiert, verhüllt. Intimität, die es also Ernst meint: Epikalypse, und die Sieggewähr der Besiegten generös, so mag es scheinen, überläßt. Diese Selbstwerteinkapselung aber vermag ihren buchstäblichen Inhalt zu totalisieren: „Ei, ei, was mag darinnen sein": Raum, Quantität, Schrift, Bild, (Ton)? Die Unsichtbarkeit ersetzende Imagination genealogisiert das resultierende Bild (und den resultierenden Ton); Relief, das sich an die Hülle abtritt um des enthüllten Bildes willen. „Dies Bildnis ist bezaubernd schön". Allein, diesem hoffnungslosen Sentimentalismus, der sich nur in Musik hinein zu retten vermöchte, ist recht einfach zu wehren: Enthülltheit statt Enthüllung, das Innen als Äußerlichkeit und deren Hüllengarantie obenauf entleert. Also: will man im Bilde bleiben, dann nur so. Das Bild aber, Selbstbild, macht den Abfall dieser letzten Selbstliebe aus: ich, der ich mich selber offenversteckt am (Nicht)Herzen (nicht)trage. Ich selber alle Welt, übergängig als das Ganze, sehend alle Sinne, Arbeit und Liebe und immer so fort.

Tagungsplakette. – Der Gipfel der Selbstliebe – ich, weiblich, mir selber meine eigene Herzensdame – exekutiert das Präjudiz des natürlichen weiblichen Narzißmus, den es nicht geben kann. Stattdessen der Nicht-Narißmus der kleinsten Differenz – immerdar zwei Frauen – bei epoché der unerheblichen größten Differenz – Mann, uniert –; epoché als Auftrag/Beleg dieser beiden durch diesen, der – die eine Schöne/n-Models – nimmer gelingen kann. Die Peinlichkeit dieses Nichtgelingens aber besagt nicht die Alternativität umgekehrt des gelingenden weiblichen Selbstverhältnisses: kein feministischer Protest und ebenso – coincidentia oppositorum – keine Model-Affirmation des männlichen Blicks. Nein, das Selbst, weiblich, im Selbstbezug enträt des schließenden/erfüllenden vis-à-vis: das Selbstbild im Medaillon bin ich veräußert nicht sehend nur selber; und würde es zudem noch sichtbar, so wäre es – das „wäre" enträt der grammatikalischen Definition – mein Spiegelbild. Spiegelbild, das nicht gesehen wird/werden kann. Das weibliche Spiegelstadium. Innenvorbehalt ohne reservatio; ich selber, minimalst alteriert, am ehesten wie ein Nutriment. Oder, anders sexuell, Schwangerschaft. Man sehe Paula Modersohn-Beckers Schwangerschafts-Ganzselbstportrait; das immerwährende Vorbild des Digitalen, selber darin un-namentlich enteignet.

Offizielle Wahnsinnsklimax der Identifizierbarkeit, besonders für Frauen: die Tagungsplakette mit mir selber, weiblich, als mein Paßbild und mein ausgedruckter Name oder gar meine Signatur darunter auf dem rechten Fleck, also auf der linken Brust. Wenn sich mein nicht gesehenes Spiegelbild publik versiert, wird es zum mir publik abbildlich zusätzlichen mortalen Abbild; so daß sich die Identität infinit verliert: Nicht-Verifizierbarkeit des Abbilds durch das Abbild, eben auch nicht, wenn das zweite bloß statisches Bild ist. Verlust freilich auch und nicht zuletzt für die Nicht-identische selber; der andere Verlust, nein, kein Verlust, nein, doch Verlust, derselbe, nein der andere Verlust nein. Selbstdarstellung/Autosymbolismus dann der Fama der Identität als Ätiologie im Selbst-Mundverschluß (wie Papagenos bestraftes, immer skandalöses Ausplaudern).

Aigis. – Vom bildlichen Selbstaufschluß des Selbstportraits in seiner ganzen Unmöglichkeit. Das Abbild ist von seinem Original wie von allen guten Geistern verlassen. Die Selbstdarstellung dieser Verlassenheit aber selegiert die Umhüllung des Originals am Abbild: eine Art Dose als Anhänger mit Kette. Dann aber muß es den Anschein haben, daß das Abbild aus dieser Hülle dergestalt hervortritt, daß es dieser anhängt: Paradoxie des Abbild-Photo-Anhängers am Anhänger, aufgehängt, sofern nicht umgehängt – wäre das Photo sinnvollerweise doch entweder abgelöst außen oder unsichtbar innen. So das Dementi der Möglichkeit des Selbstabbilds: im abbildlich fixierten Blick des Anderen bin ich mir selber verloren, immer wenn ich mich abbildlich präsentiere; ich selber aber, das Original, wäre, Unoriginal, mein Spiegelbild, das ich, abbildlich präsentiert, zudem nicht sehen kann – Spiegelbild, das sich im Inneren des Medaillons befindet. Nichts kann ich von mir selber sehen: dieses aber ist sichtlich demonstrierbar, sofern ich diesen Ausfall sprechen kann. Freilich potenziert das Photo diese Impossibilitätsverhältnisse, treibt diese auf die letzte Spitze. Sogleich nämlich bin ich mir abbildlich abhanden gekommen, zusammen mit meinem Nicht-Original als Negativ/Spiegelbild, von dem man mich infinit dann abzieht. Mich für den Anderen ohne mich für mich selber.

Könnte sich Göttin Athene nothaft selbstrekursiv gerieren; schlüge ihre Rationalitätsklimax Kriegspotenz pathologiegenetisch auf sie selber körperlich zurück, so mahnten sich wie rückläufig alle Opfer dieses höchsten Vermögens, über das Relikt dieses Monitums als die Aigis-Trophäe um diese zentriert dann, an. Athene könnte nicht mehr umhin, anti- und hypergöttlich diese ihre Opferprovenienz, die Aigis, aufzufressen, so daß sie ent-rüstet zur Medusa sich alterierte. Währenddessen aber bildete sich das Medusenbild auf der Aigis ihr gegenüber im Mahlzeit-vis-à-vis in die Aigis als Beutel als dessen Inhalt wieder zurück. Bilder nämlich kann man nicht essen, und Dinge nur, wenn sie Nutrimente sind, die im unsichtbaren Inneren verschwinden. Also bleibt als Bild(Nicht)Quittung einzig noch vergönnt, den Übergang des Aigis-Mahlzeitbeginns zu sistieren: immerdar festgehaltener Übergang als Bildentstehung und -erhaltung. Letzte Bildnot: der invisible Austausch zwischen zwei Hüllen als die bildgenerative Grenze von Bild. Fraß der Dinge, medial/ikonisch infinit aufgehalten.

Der Psychosenkulmination aber strebt dieses Selbstverhältnis allererst dadurch zu, daß Athene wie weiland Vater Zeus Mutter Metis, schwanger mit ihr, aufzufressen begänne. Selbstverständlich bin ich es selber, der ich mich aus der Mutterleibhülle auspackte und um meiner selbst willen, wenn schon, zu verspeisen begänne. Als Vatertochter, aus dem Kopf des höchsten Gotts entsprungen, geht Athene somit, bereits Medusa, in Zeus über, der als der eine Mann immer zugleich solche zwei Frauen ist. Freilich sagt es sich zu leichthin, daß der sistierte Übergang das Bild/die bildende Kunst also sichere. Das währende Bild nämlich, das ist der Horror des exklusiven Träumens/der Psychose, des Nichtschlafens und des Nichterwachens. Es bleibt keine andere Wahl, als diese tödliche Unaufhörlichkeit in sich selbst konservativ, also nicht durch Einschnitte bis hin zum Nichts-Einschnitt, zu beenden: Fixation des Bildes, dessen in-sich-Einschnitt als dessen Entstehung und Erhaltung. Stellt sich dieser Horror des statischen Bildes selber dar, so wird es unvermeidlich, dem Bilde zur Hilfe eilen zu müssen, um es vom Bann seiner Perennität, dem potenzierten Schrecken, nicht mehr aufzuhören nicht mehr aufzuhören, zu befreien: eine Handlung in Gang zu setzen, die zugleich dessen versichert sein kann, daß sie, wenn auch absolut, anfängt und aufhört, also in ihrer Unbegrenztheit endlich sei.

Sofern solcher Mobilismus ausbleiben muß, resultieren wie ersatzweise ganze Systeme imaginärer Beweglichkeiten, übertragenerweise und zugleich nicht. In der enormen Selbstrekursivität von Bild in diesem seinem Kampf ums Dasein dominiert fürs erste der Bildcharakter der Taubstummheit: Mundpfropf und verhinderte Ohren; und wenn man nicht hören und sprechen kann, so fällt auch der Geruch aus. Die rasche Entropie aber dieser Bildisolierung fängt sich auf in der Metamorphose des Mundpfropfs in ein Einflüsterungsinstrument: Metis-Soufflage als Zeus als Selbstersprechung der Athene. Allein, damit es beim Bilde bleibt, schläft die Soufflage autohypnotisch ein. Hypnosenstimme auch wie eine Narkose, Narkosenmaske dann, die immer Gefahr läuft, daß sie zum Mikrophon würde – Nymphe Echo, die dazwischen gerät – und sich selber aufweckte. Also muß sie regredieren zur Taubstummheit zurück, also muß sie progredieren zum Mikrophon hin und zurück und hin und. Die besagte Hilfe, die mißlingtgelingt. Bleibt der Bildbann; seine imaginäre Auflösung zirkuliert unauflöslich in sich. Bleibt also nur, sich abzuwenden. Und während dieses Abgangs entfällt indessen die Garantie, daß Pandora den Inhalt ihrer Unheilsbüchse reinkorporiert; und in dieser Garantielosigkeit indessen begänne, wie wenn diese nicht wäre, der nämliche Inhalt zu singen. Die tote Eurydike (Sphinx).

„Alle Namen der Geschichte bin ich." Der Identitätsinbegriff Athene hat es diesmal nicht-identisch schwer. Jedesmal nämlich wird ihr in ihren Metamorphosen, ihr, der jungfräulichen Göttin, Schwangerschaft erinnerlich: Schwangerschafts-Travestien noch und noch: die verschluckte Mutter/der gebärende Vater, die Medusa-Geburten ihres abgeschlagenen Kopfes, die Hals-Zwillinge Pegasos und Chrysaor. Nicht zuletzt auch der technologische Mannsgebärer Hephaistos, der das Unheil der schönen Pandora schuf. Und obendrein noch unfruchtbare Nymphen. Wirre Bildwunder fast alle. Sollte sie nochmals erwachen können, so wird sie schleunigst dafür sorgen, daß alle Welt vollstreckt, daß ich selber unangefochten je mein eigenes Abbild bin. Wohl nicht nur ausnahmsweise leistet das Photo diesmal beste Dienste, die anti-athenische unabtragbare Hypothek des Schwangerschaftsmonitums zu tragen: Photo, das wie natürlich wie im Mutterleib davor entstand.

Strom und kein Einschnitt. – Nicht zuletzt entblößt der sistierte Übergang den großen Simulationsabschluß, die Farbe. „Photo"-Thematisierung, in der sich die Simulation an ihr selber in ihrer Abbildvollendung, der Photographie, in Dissimulation hinein bricht; Simulation als Dissimulation, manifestiert. Noch nicht koloral das applizierte Photo in Schwarz-Weiß: der Übergang zur Farbe, der also in den Wechsel konträrer Sichtverhinderung, in den Grundkontrast hinein, nicht bis zum letzten freilich, sofern übergängig grau, regrediert. Vor-koloral und eingriffig die Funktion der Silbertöne: Medaillon mit Kette. Silber macht notorisch protofarblich die Bereitstellung der Fläche auf Abbildung hin aus; und indem es diese Funktion selbstdarstellt, beginnt es zwischen übergängigem Hell und Dunkel je nach Reflektion zu changieren; dergestalt außerdem, als reproduziere sich daran sein Metallcharakter: die Dunkelheit des Erdinnern und die fahle Lichtheit des Hervorgangs aus der Erde. Diese Silbervalenz scheint nun demonstrativ dissimulatorisch mehrfach zurückgenommen: als durchbrochene Silberlinie der Aufhängekette (Weißgold!) wie auch durch die verschlossene Hülle der Medaillondose: Simulationsbereitstellung buchstäblich als Dissimulation, Verschluß: Silber, das sich disfunktional dann nur noch auf sich selber bezieht (und dadurch womöglich anläuft). Koloral expressis verbis schließlich imponieren die folgerichtig undurchbrochenen begrenzenden Farblinien in Lila.[2] Farblinien, die es nicht gibt, die also dissimulative Stolperstellen sondersgleichen ausbilden, der festgehaltene Übergang selber sind. Lila-Rekursivität freilich auch – eo ipso wird man ja auf genealogische Fährten gesetzt: ist Rot das Initial der Faberöffnung selber und Blau die Binnenfarblichkeit, so hat beider Mischung Lila das geöffnete Binnenverschwinden der koloralen Totalen an sich; Reduktion eines vorzeitigen Ganzen nach innen weg, die nach Auslaß drängen mag.

Nicht schwächer indessen stellt sich die Photokrisis an Formatproblemen dar. Arbitraritäten im gewählten Wirklichkeitsausschnitt, unvermeidlich ineins mit Dezentrierungen, sind dem Photo ohne Eingriffe hüben wie drüben, in es selber oder im voraus in seine Sujets, unabkömmlich. Woraus

---

[2] In der Schwarz-Weiß-Photographie der Photomontage sind diese Lila-Begrenzungslinien freilich nicht lila.

sich die Paradoxie ergibt, daß die Abbildkulmination der „Blickzähmung", der Umstand, daß im Bild dem Sehen abgenommen wird, was es ohne solche Bildhilfe permanent zu leisten genötigt ist, sich in ihr/sein Gegenteil wider das Sehen kehrt. Am Ort solcher Selbstdementierungen möchte man gar meinen, daß sich, aller Entlastungsvorgaben entgegen, die imperfekte Situation des Spiegelbilds mit den apostrophierten sichtermöglichenden, nicht schon ans Bild als Abbild abgetretenen Obligationen einstellt. Ein Mittel der bildlichen Demonstration dieses Umschlags besteht in einer Art von Überbegrenzung des Photos in den Lila-Seitenstreifen; Überbegrenzung, die das Photo seitlich bedrängend kupiert, ja quasi – El Greco-Effekt – in die Länge zieht, zu viel in die Länge zieht, streckt, so daß das Format vor der quadratischen Form wegzulaufen scheint. Die angeführte Dezentrierung dagegen stellt sich als in sich verquere und immanent dann sich selber wahrende Hyperzentrierung dar: durch die ovale, wie eine vorläufige oder mißglückte organprothetische Medaillondose. Hyperzentrum, das sich zudem durch den Kettenzug wie zu einer letztlich verschwindenden Linie wiederum überzieht. Weiter noch: der kompensatorische Blickfang von Nase und Mund, dieser Ersatzzentren des Gesichts, der Ableitung des Ausfalls des sich sehenden Sehens an den Augen, stößt auf die Fehlanzeige dieses Blickhalteorts: er ist überdeckt oder gar dinglich substitutiert. Dies mit der unaufhaltsamen Folge, daß der Blick seiner selbst verlustig geht, die Augen blicklos beginnen, sich in die Höhe zu verdrehen, Blickfang zumal so für den Anblick von außen; die beiden Augen, die als Aufziehkette, zusammen mit der Vorrichtung des Sichtverlusts selber, gen Himmel fahren. Wenn vorher aber der Gesichtsinbegriff des sich-selber-Sehens, Nase und Mund, dinglich ersetzt sind, dann deplaziert sich diese Doppelzentrale zu dem hin, was der Spiegel gefährlich redundant an dinglicher Umgebung mitspiegelt und was im Abbild tunlichst so oder so entfernt zu werden pflegt: diese Redundanz im Zentrum, die Umgebung zentral, und was sich drumherum befindet, die übrige Gesichtsfläche nichtssagend-nichtssagend, im Übergang demnach zur selben heiklen Redundanz: vollendete Selbstdarstellung des leeren Blicks. Hörgesicht, als Bild dargetan. Letzte Krisis des Abbilds als solchen, sofern es die Sichtexekution des sich-sprechen-Hörens sei; quid pro quo von Bild und Schrift.

Der Schein der Opferlosigkeit des Gehörs, erlösend-imperial an Schrift vorbei ins Gesicht extrapoliert, führt zu dessen nur noch opfermonierenden Zerfall, der „Apokalypse des Abbilds". So daß sich die Prärogative des Gehörs erhältlich in sich selbst zum entropischen Isolat, negentropisiert letztlich in Musik, zurückzieht. Scheiternde Erlösung des Gesichts durch das eh ja apriori unerlöste Gehör. In die Bruchstelle zwischen beiden aber invadiert wie ersatzweise und in der Ersetzung totalisierend dann der Geruch; Geruch, der Gesicht und auch Geschmack in dieser Intervention in sich enthält. Diese ersatzweise vor-menschliche Reorganisation der Sinne, auf ihrem Eigenniveau nicht darstellbar, erfährt wiederum ihre ersatzweise Darstellung: die Riech- und auch Schmeckkappe. Und durch die Umhüllung dieser gesichtszentralen Organe kommt vermenschlichend, die Menschebene rückgewinnend, der Selbstbezug erneut auf. Anderen-Eigengeruch, außerhalb, die a-psychotische Externalität der Eigengeruchspsychose, unregressiv der riechliche Übermensch, just kein Tier. Versteht sich nun, daß das Photo diese allerletzte „Rücksicht auf Darstellbarkeit", Selbstdarstellung des Wissenkönnens selber zuletzt, schlechterdings nicht zu leisten imstande ist. Deshalb die massive bildnerische Intervention: das deplazierte Medaillon; Übergang-Übergang.

Not anything goes
Pluralismusschelte für den Methodenzwang

(aus: Ost-West heute. Wider den Methodenzwang in der Geisteswissenschaft, Vorträge aus dem IV. Verlagskolloquium 1991 in Essen, herausgegeben von K. Bering, W.L. Hohmann, Die Blaue Eule, Essen 1992)

„Den letzten beißen die Hunde."

Meine Damen und Herren!

Feyerabend für Marx

Fast bin ich versucht, einige, die hauptsächlichsten, von Ihnen direkt anzusprechen (liebe Brüder und Brüder im Geiste aus der ehemaligen sogenannten DDR), um Ihnen initial zu bedeuten, daß mich, auf meinen Vortragstitel hin, mitnichten Mißgunst umtreibt. Gewiß bin ich – im Geiste – nicht derart territorial geartet, daß ich Ihnen das große Aufatmen der großen gesellschaftlichen Wende etwa mißgönnte; doch muß es mich als intimen Kenner der Verhältnisse, die Sie dabei sind, adaptieren zu müssen, sogleich dazu drängen, Sie, wenn es längst nicht schon zu spät ist, vorzuwarnen, damit Sie nicht vom Regen in die Traufe und von der Traufe ins größere Faß kommen; oder, ebenso folkloristisch ausgedrückt, nicht meinen mögen, es sei alles Gold, was glänzt – von der Obsoletheit des Goldes einmal abgesehen. Eine neue imperiale Anmaßung meinerseits, eine gar größere? Schwerlich; denn solche Einlassungen, die, als intellektuell zu unterstellen, die Prätention nur steigerte, stoßen notorisch auf taube Ohren – hüben wie drüben? –. Der folgende Vortrag philosophischer Freiheitskautelen ist gewiß nur ausnahmsweise fakultativ meine Sache; lieber nämlich gebe ich Arbeitsberichte aus meiner laufenden Denkerfahrung und -forschung, die von der Philosophie aus insbesondere bis in die Psychiatrie hineinreicht. Also nehme ich, ein wenig demnach contre coeur, die Gelegenheit wahr, eine Art von Anti-Feyerabend, scheinbar um der Bewahrung des Marxismus willen, vorzutragen.

Waren-Bräutigame

Wider den Methodenzwang in den Geisteswissenschaften – für's erste ist es fraglich, wo ebendort genau der Methodenzwang aufhören kann. Hält es

Geisteswissenschaft mit Wissenschaftlichkeit, definiert sie sich als solche traditionell als Philologie und Historie, so muß sie selbstverständlich – und darauf hält sie sich gar viel zugute – dem obligaten Methodenzwang wissenschaftlicher Positivität huldigen. Diese Grenze allen Liberalismus ist so rigide, daß Wissenschaftlichkeit selbst nicht als Wert konzidiert zu werden pflegt. Und diese modernerweise widerständigste Immunisierung verträgt sich dann bestens damit, außerhalb dieses Tabus oft mit besonderem repressiven Nachdruck alle Freiheiten um diesen Tabukern herum zu promovieren. Leichthin kann man – das gilt für die vorbildlichen Naturwissenschaften mit – das Kriterium der Aussetzung allen Ermessens angeben: immer dann, wenn eine neue Pointe in der Entfaltung der Produktivkräfte erreicht ist, also abermals eine Verheißung, Körper noch erschöpfender dinglich zu externalisieren, und immer wenn, ineins damit, solche Novitäten sich dem Kapitalverhältnis subsumieren, hört das Ermessen recht plötzlich auf. Bestenfalls sind solche Stilphänomene – so ja ihre vormalige Bezeichnung – eine nachweislich brauchbare Heuristik der wissenschaftlichen Festlegungen gewesen; bestenfalls auch stellen sie sich hinkünftig als eine solche mit der gleichen Funktion heraus. Geisteswissenschaftlich aber muß man längst argwöhnen, daß sich – welch wunderbare Freiheit! – Heuristik funktional isoliert und verselbstzwecklicht hat. So daß die Groteske nicht ausbleiben kann, daß selbst in den nächsten wissenschaftlich-technologischen Geisteffekten sich keinerlei Bewußtheit ihrer Tabuisierungsfunktion, der Ernährung der Produktivkräfte, erhält. Fast kommt einem ein solches illusionäres Freiheitsbewußtsein so vor, als glaube der Konsument, die von ihm gewählten (sprich: die ihn wählenden) Waren seien einzig um seines Privatgeschmacks willen da; als sei es vergönnt, so etwas wie eine reine Gebrauchswertkultur, die rein mediale Dienstbarkeit aller Voraussetzungen derselben, eben in Freiheit zu betreiben.

Hilfsaktion: Fielmann-Brille für Habermas

Fast ist es schon trivial, daß sich dieses Abdeckungsgebilde Geisteswissenschaft, dieser Sammelpunkt aller zivilen Tugenden, wie man doch meinen müßte, wie die Erfüllung des kühnsten Wunschtraums des sozialistischen Realismus medial längst demokratisierte. Geisteswissenschaft gleich Populärwissenschaft, Esoterik, Software. Notorisch die Auffangtheorie dieser Wunscherfüllung: Postmoderne, sprich: man möge tunlichst viel von der elektronischen und sonstigen neustzeitlichen Entfesselung der Produktivkräfte haben – um den Komplex Postmoderne ungebührlich auf solchen Obskurantismus zu verkürzen. Fast könnte man bei näherer Inspektion dieser ubiquitären Freiheitsangelegenheiten auf die Idee kommen, die hilflosen Moralparaden, die darauf aus sind, das Extrem dieser Liberalität aufzuhalten, unterstützen zu sollen? Nur daß moralische Interventionen bloß solche Sperren auszubilden imstande sind, die unter der Hand den Fortschritt des Abgesperrten, dessen Entsperrung, befördern. Habermas' neuer Unübersichtlichkeit, gleichwohl bestens geordnet in jeder Fernsehprogrammzeitschrift, dürfte man demnach nicht mehr als den Kauf einer besseren Brille empfehlen, für deren Herstellung der subjektzentrierte Moralismus eh ja (mit)sorgt. Anscheinend nehmen diese Endsiegdinge des Kapitalismus weiterhin ihren folgerichtigen Lauf: je mehr konsumatorischer Liberalismus, umso verpflichtender das Wachstum an sozialdarwinistischer Arbeitsteilung (und entsprechend umso mächtiger dann auch die Hierarchisierung der Konsumtion). Immer deutlicher verdeckter (rück)entwickelt sich die fundierende Wissenschaft und Technologie, kurzum: die wahrlich entfesselten Produktivkräfte, zum tabuisierten Fetisch einer modernen/postmodernen Esoterik (Geheimwissenschaft Hardware), der die läppische Esoterik auf der anderen Seite (wenngleich oft vermischt mit der einen, just der wissenschaftlichen) vergeblich den Rang auf plausiblem, doch deplaziertem Aneignungskurs abzulaufen sucht. Der sozialistische Realismus der Geisteswissenschaften aber als unser aller modernes Medienwesen ist nichts als verständlich: sprich: die Wegsimulierung aller Realität muß sich durch ihren infinit anamnestischen Selbstbezug, Wiederholung, zusätzlich immer wieder sichern. Wie trunken doch die Freiheit ist, die schönste offizielle Drogierung: ganzheitlicher Selbstgenuß des phantasmatischen Fundamentalvermögens, sich selbst, mortal gedoppelt: simulativ und zeitlich totalisiert, zu überleben.

Aponysisch

Das Nüchternheitspendant der Droge ist der Wert: unsere demokratischen Grundwerte, die Menschenrechte; die immerwährende Konspiration von Sucht und Zwang, Split-Verschwörung von Es und Überich mit all ihren notorischen mörderischen Hypokrisien. Man müßte sich, durchaus zum Schutze pragmatischer Wertzuträglichkeiten, dazu bereitfinden einzuräumen, daß jeder Wert – gleich welcher, auch der attraktivste, auch der, auf den man sich gar auch noch überzeugt eingeschworen hat/vereidigt worden ist – eo ipso nicht nicht ein terroristisches Gebilde sein kann. Jede wertvereidigte/unterworfene Gruppe eine Terrorgruppe; jede Behauptung von Werteunbedingtheit ein wie automatisch wirkender Kriegsgrund. Nichtig die Aussicht, daß mit dem Fortschritt der Entfaltung der Produktivkräfte dieser intermediäre Moralismus letztendlich ganz entfallen könnte. Nichtig insofern, als der Stand je der Produktivkräfte sich seine Schutzwerte – so etwas wie erzengelhafte paranoische Dingwachen – erfindet; und da die Dinge alle auf den Körper hin suchtteleologisch und auf sich selbst hin waffenbestimmt sind, kann ausgeschlossen werden, daß ihre Schutzwerte anders denn nicht weniger objektiv pathologisch, paranoisch, ausfallen. Und die selbstrekursive Vermittlung beider, die Allbedingtmachung, Geld/Kapital. Man darf prognostizieren, daß unsere unbedingten Grundwerte immer dann außer Kraft treten, wenn sie zu kostspielig werden – das ist so einfach. Also, irrationalistisch remythologisierend ausgedrückt: Apoll und Dionys haben als Bildschirm bestens fraternisiert. Und leider besteht darin nicht zuletzt die Satisfaktionsform von (in männliche Filialität zeitgemäß hinüberspielender) nicht existenter Weiblichkeit: Mannsopfer in die Produktivkräfte hinein und, dazwischen, wie sistiert, wertgerechtfertigt. Immerhin: isoliert den Suchtgott betreffend, handelt es sich um Demeters und Persephones Werk.

FDGO

Exkursiv: Just in der letzten Zeit im Zusammenhang der (Wieder)vereinigung erfuhr ich gehäuft fast identische Reizsamkeiten zu den Menschenrechten. War es vordem, unter dem Druck des bundesdeutschen Terrorismus, oft sehr rasch geboten, sich zur demokratisch freiheitlichen Grundordnung zu bekennen, so ist derzeit die, für's erste noch moderatere, Erwartung einer deutlichen Reverenz der Menschenrechte angestiegen. Zwei selbsterlebte Versionen dieser inquisitorischen Erwartung: meinte ein Kollege allen Ernstes, man müsse Heideggerschen seinsgeschichtlichen Faszinationen dadurch wehren, daß man die Normselektion eben der Menschenrechte verantwortlich moralisch dagegen setzte. Ein anderer Kollege geriet in Rage ob des Versuchs einer historisch-gesellschaftlich genetischen (und auch axiologiegenealogischen) Herkunftsaufklärung der Menschenrechte. Solche immer doch gebotene, ja selbstverständliche Aufklärung wurde sogleich als Attacke gegen das also Aufgeklärte aufgefaßt, als der die KZs und dergleichen rechtfertigenden Unmenschlichkeit beargwöhnt. Muß man sich hierbei aufhalten? Solche Rage paßt ja bestens zu

Unbedingtheitsbehauptungen, die eben den Wert, den sie einzig zu retten vorgeben, umso zünftiger verraten. Des Pluralismus' gutes Ende.

Klingelbeutel (frei nach Tetzel)

Der Pluralismus, diese letzte Debilität, verschuldet sich dem Über-bauübertrag unserer freien Marktwirtschaft auf die Geisteswissenschaften als diese selbst. Bloß sekundär stellt sich hier das Problem der oftmals auserwählten Dämlichkeit (stultitia substantialis) unserer Pluralismus-Apologeten, die einem leidigerweise in ihrer medial-vergänglichen Blüte personal einzufallen pflegen; in erster Linie irritiert dagegen die objektive Expansion buchstäblich derselben Dämlichkeit selbst auch auf Schrift, diesen Geist der Geisteswissenschaften, elektronisch schließlich vollendet, selbst als des Allstoffs des konsumtionshypostatischen offiziellen, ja gebo-tenen Parasitismus. Woher aber rührt Schrift im Zusammenhang der weite-ren gesellschaftlichen Systemstellen alles dessen, dessen Herkunft über-haupt nicht mehr fraglich scheint? Gibt es noch den Rest eines Monitums, vergleichbar dem alten Klingeln von Verkaufskassen – um von der Wandlungsglocke in der christkatholischen Liturgie ganz zu schweigen –, wenn man den Bildschirm anschaltet? Wo noch in der rasenden, unendlich in sich differentiellen Indifferenzverschleifung dieser Memorial-Masse von Schrift mahnt sich die diese hervorbringende fundierende Opferdifferenz anders noch an denn als Unfall, subjektiv wie objektiv, ad majorem gloriam indifferentiae post festum? Wo in dieser Allpromiskuität, dieser kapitalisti-schen Verwirklichung des Kommunismus, bleibt denn das angeblich wider die neuere französische Philosophie zu rettende Subjekt – das Subjekt fern-ab außerdem von der vergessensten Autorschaft von Schrift, dieser Opfer-untat, die, die desavouierteste Größe, am besten (außerdem wie der sterbende Ödipus) sogleich vom Erdboden verschwinden muß? Nichts dergleichen mehr. So daß ich ganz ernsthaft vorschlage, die Geisteswissen-schaft um der Eintreibung des Geistes in die Geisteswissenschaften zurück in Spielotheken umzubetten, und zwar alleine schon des permanenten Klingelns ebendort willen.

Heimkehr, kittlerhaft

Fazit: die Angelegenheit Geisteswissenschaft ist verloren (zu geben). Der Schein der Freiheit vom Bann des Tauschs – mehr als nur unterstützt durch den Studenten- und nicht zuletzt den Beamtenstatus der Agenten der

Philosophischen Fakultäten – kommt nicht umhin, die Schriftgeistmassen, die scheinbar nicht eingehandelten, weit über die ideale quasi-Werthalbierung im Tauschakt hinaus infinit zu entwerten. Inflationäre Masse der Schrift als Ware, skripturaler Zinseszins, der alle Unterschiede – von Körper und Medium und Ding – zum Selben neutralisiert/medial a fortiori neutralisiert. Es mag dann wie die Rache ausgleichender Gerechtigkeit anmuten, daß, der Aufklärung ledig, der Elektronikeinsatz in diese Schriftmasse diese, wie allererst erzeugend, kassiert: Ein-zug der Produktionsverhältnisse-Ideologien in die Produktivkräfte ganz direkt und konkret retour, die fatale tödliche Heimkehr der Geisteswissenschaft in ihren industriellen Ursprung. So die eschatologische Pointe der kapitalistischen Verwirklichung des Marxismus.

Die Bude dicht ...

„Eine Art von Anti-Feyerabend, scheinbar um der Bewahrung des Marxismus willen." Die leitende Theorie ist die eines (bislang unausgeführten) negativierten Historischen Materialismus'. In diesem fungiert die Entfaltung der Produktivkräfte als gattungsgeschichtliche Maßgabe, dergestalt jedoch, daß die wissenschaftlich-technologische Selbsterfüllung von Menschheit zugleich deren letale Selbstausschöpfung/-erschöpfung ausmacht. Die dagegen widerständigen Produktionsverhältnisse mitsamt deren Ideologien stellen bloß den Schein einer unzuträglichen Sperre dar; in Wahrheit sind sie – durchgehend, bis heutzutage – Schutzmaßnahmen einer wie überflüssig anmutenden Sicherung des je erreichten Stands der Produktivkräfte und unterstehen als solche der paradoxen Proportion: je fortgeschrittener die (Entropie der) Produktivkräfte, umso moralistisch-paranoisch rigider die Produktionsverhältnisse und deren Ideologien, welcher Progreß durch die mediale Entpersonalisierung der „sozialen Kontrolle", die personale „Persönlichkeit" ebenso paradoxerweise begünstigend, hinwiederum abgedeckt ist.

Und die Geisteswissenschaften in diesem Kontext? Unschwer, ihre ideologische Funktion der die Standards der Produktivkräfte sichernden Wertelegitimierung nachzuweisen (die Pluralismus-Krake). Nur daß die modernen Medien längst schon dabei sind, diese Funktion, gar sozial-demokratischst, zu absorbieren. Was unvermeidlicherweise – die Austreibung des Geistes aus den Geisteswissenschaften – zur kurzschlüssigen Heimkehr-Exekution derselben in die Industrie, zum Aufgang des Werts in seinen Dingursprung führt: Marxismus, modo capitalistico.

... und geistig offen

Referenzen: sie liegen, denke ich, auf der Hand. Wenig nur rezipiert die Gruppenphilosophie Sartres (in der „Kritik der dialektischen Vernunft"), bei Guattari die Unterscheidung „Subjektgruppe" vs. „unterworfene (= vereidigte, terroristische) Gruppe". Selbstverständlich bedarf es der Achtsamkeit, in der unumgänglichen Konterkarierung des „Werts" durch das „Sein" den drohenden Überbietungsterror des letzteren nicht zu bestätigen (der Fall Heidegger).

Im Medienverständnis versteht sich eine theoretisch pointierte Kittler-Paraphrase, die sich indessen einer eher Baudrillard-affinen Eindüsterung nimmer enthalten kann.

Statements

(aus: Symposion Berlin „Kunst und Therapie", herausgegeben von H. Hartwig. Eine Veröffentlichung der Hochschule der Künste Berlin, 1992)

Vielleicht sage ich zunächst ein paar Worte dazu, daß ich hier sitze als Philosoph. Aber ich bin zugleich auch Psychoanalytiker. Ich arbeite seit fast einem Jahrzehnt in der Psychiatrie, und zwar in Fortbildungsfunktion, in Sonderheit als Kliniksupervisor. In dem Zusammenhang bin ich immer wieder auf Probleme der Kunsttherapie gestoßen.

Das wissenschaftliche Interesse am „kranken Ausdruck"

Das ist ein Interesse schon an Symptomsupplementen, die sich fast nie von selber mit dem Symptom einstellen, diesem anlagern. Also Ausdruck, gar kranker Ausdruck, kunsttherapeutisch eventuell relevant, muß initiiert werden, wird in den allerseltensten Fällen mit dem Symptom mitgeliefert. Als Aus-drucke (um gegen die Physiognomik-Tradition zu sprechen) unterstehen die Symptomsupplemente drei ausschlaggebenden Kriterien, die sie von den Symptomen unterscheiden, und zwar 1. der Ablösung (Gegenständlichkeit, Objektivität, Abtrennung), 2. der Beständigkeit des Abgelösten/Abgetrennten und 3. des Wissensmehrwerts in der Beständigkeit des Abgelösten. Demnach besteht das fragliche Interesse am Ausdruck, der als Ausdruck selber nicht krank sein kann, in diesen Ausdrucks- versus Symptomkriterien; dies meistenteils in unterschiedlicher Gewichtung, je nachdem, ob auf Therapie hin primär die Ablösung oder aber der Wissensmehrwert beabsichtigt wird. Allemal aber gilt die vorgeführte Abfolge im Sinne eines Voraussetzungsverhältnisses für diese Kriterien, das sich auf das zweite, wie wenn dieses die Vermittlungsinstanz wäre, konzentriert. Die Kriterien des wissenschaftlichen Interesses sind zugleich solche von Therapie. Ihre Stichhaltigkeit in dieser Hinsicht ist indessen äußerst fraglich; wovon noch zu sprechen sein wird.

Das künstlerische Interesse am „ver-rückten Ausdruck"

Könnte dieses Interesse wohl in der Hoffnung auf immanente Steigerungsmöglichkeiten der Kunstpotenz beschlossen liegen? Die zitierten Ausdruckskriterien aber sind höchstens notwendige Kunstkriterien, hinreichende Kriterien für Kunst nicht. Die hinreichenden Kriterien für Kunst sind hingegen jeweils die Rekursivität der Ausdruckskriterien. (Also daß die besagten Ausdruckskriterien beginnen, auf sich selbst zurück- und hinzuweisen. Daß also Ablösung, Dauerhaftigkeit des Abgelösten, Wissensmehrwert usw. selbst zu auf-sich-rückverweisenden Qualitäten des Opus werden. Das nenne ich Rekursivität der Ausdruckskriterien.) Wobei der Akzent besonders darauf zu legen ist, daß jeweils kriterial hier kunstgattungsgemäß Isolierungen, Wissensisolierungen dazukommen; daß es nicht möglich ist, das Wissen, das in einer Kunstgattung produziert wird, in ein äquivalentes Wissen der anderen Kunstgattung zu überführen. Also mit besonderem Akzent wohl auf dem dritten als Nicht-Konvertibilität der Ausdrucks- und Kunstgenres ineinander.

Das therapeutische Interesse an Kunst

Durchweg ist dieses kein Interesse an Kunst, vielmehr an Ausdrucksweisen irgend vorkünstlerischer Observanz nach der Maßgabe der zitierten drei Kriterien. Wie schon angedeutet, sind diese Kriterien als solche der therapeutischen Wirksamkeit zweifelhaft. Zu der Zweifelhaftigkeit: nicht nur, daß sie fast immer als Zwischenvalenzen auf Arbeit hin eingesetzt werden und in diesem Einsatz ästhetisch allkonvertibel gehalten sind. (Sie kennen das aus der Klinik, da wird etwas gestaltet, gemalt etwa, und dann spricht man darüber mit dem Anspruch, daß das, was man darüber sprachlich formulieren kann, äquivalent zu dem sei, was da gemalt worden ist. Ich denke, daß so oft vorgegangen wird.) Für den ultimativen Bereich der Psychose erweisen sie sich gar als untauglich, sprich: symptominflationierend. Es ist die Psychose (Schizophrenie), die die Krisis des Ausdrucks im Ganzen aufbringt: die die Differenzierung der Ausdruckskriterien – tot versus lebendig, außen versus innen, beständig versus unbeständig, erkennbar/kommunikativ versus unerkennbar/akommunikativ – allesamt verwirft, an der das Ausdrucksphantasma zerschellt, die in der Besetzung des Risses zwischen diesen Bestimmungen den Vor- und Rückblick darauf je fusioniert und also unmöglich macht, gleichwohl immer auch anmahnt, daß selbst der ästhetische bis hin zum künstlerischen Ausdruck jeglicher Unschuld enträt.

Krankheit/Kunst

Wenn schon, so stellen beide die Extremwerte der Ausdrucksskala, different wie ausgeführt, dar, und entsprechend sind die Ausdrucksphänomene dazwischen ebenso differenzierbar.

Katharsis

Der Katharsis-Begriff, den die Psychose insonderheit kritisiert, leidet unter der Unbesehenheit der Relokalisation des ausgetriebenen, abgelösten Gehalts. Wohinein verschwindet denn das pathologische Unheil, das dieses begründende Phantasma, wenn es gelingen sollte, es von seinem Krankheitsort zu vertreiben? Ich denke hier ganz und gar animistisch, so wie es in der Bibel steht, betreffend den bösen Geist Legion. Sie wissen ja, er wurde zwar ausgetrieben, aber das Malheur passiert, daß er dann in eine Herde von Schweinen hineinfuhr, und diese Schweine stürzten ins Meer und ertranken.

Man kann da zu den Psychosen in die Lehre gehen und fragen: wohin gerät das Ausgetriebene? Es wird zu einer Relokalisation kommen und an einem anderen Ort Platz nehmen und sich destruktiv auswirken.

Sublimierung

Der Sublimierungsbegriff, von derselben Unbesehenheit wie der der Katharsis, verdankt sich dem quid pro quo von Körper und Ding und ist demnach außerstande, erweislich zu machen, wie sich die Körperexkremente in sublime Dinge und dazwischen in Aufzeichnungen verwandeln. Fehlt jenen doch die Beständigkeit und der Wissensmehrwert; so daß im Sublimationsbegriff der rückläufige Gebrauch, der sich mit der Hervorbringung kreuzt und sich am Kreuzungspunkt zur Aufzeichnung querstellt und hochzieht, mitgedacht werden müßte. Es geht nicht an zu sagen, hier ist ein Körper und da ist ein Ding, und es sei dann wunderbarerweise so, daß Dingzusammenhänge eben sublim sind im Unterschied zum Körper, dem exkrementalen Körper. Wenn schon, müßte man ausgehen von der permanenten Vorgegebenheit der Differenz, von dem, was dann als Körper und Ding resultiert und aufeinander beziehbar ist, durchaus auch, das ist äußerst dubios, als Sublimationsverhältnis. Die ganze Sublimationstheorie untersteht dem aberwitzigen Phantasma zu behaupten, daß alle Aufzeichnungen, alle Kunstgenres Schuldtilgungsmedien seien.

Therapie

Worin könnte Therapie dann noch bestehen? Es wird im entscheidenden Fall der Psychose schwerlich vergönnt sein können, das Ausdrucksvermögen, das Psychose selber zu sein begehrt, herzustellen. Ließe es sich aber herstellen, so dürfte in keinem Falle, zumal ästhetisch nicht, seine Phantasmatik, die Phantasmatik der Schuldtilgung, wie dies üblich ist, unterschlagen werden. Daß das Ausdrucksvermögen mir als Subjekt je voraus ist, muß nicht eo ipso mitbedeuten, daß es sich in diesem Vorausgang dinglich oder ästhetisch zugleich verschließt.

Psychose und Kunst als Extremwerte der Aus-drucke-Skala – wenn dem so ist, so könnte man die coincidentia oppositorum beider vermuten. Fielen sie im Extrem zusammen, so würde ein Konkurrenzverhältnis zwischen beiden auf Leben und Tod fällig, wenn immer man bedenkt, daß die hinreichenden Kunstkriterien als Rekursivität der allgemeinen Ausdruckskriterien und dabei zumal die jeweils genregemäße Nichtkonvertibilität in nicht-veräußertem Zustand ebenso die Psychosenkriterien sind: nur noch Selbstdarstellungen/Insichverweisungen von Isolaten. Kunst als objektive Psychose, Psychose als subjektive Kunst. Ein tödliches Konkurrenzverhältnis, abgedeckt gar auch vom Künstler mit seinem Autonomiegebaren zum Psychotiker hin? Jedenfalls wird es in diesen Extremen die therapeutische einrichtige Transformation nicht geben können, vielmehr immer nur Übergriffe/Inflationen, in denen sich die Widersprüchlichkeit der inklusiven Disjunktion etabliert: Psychotizität des Kunstwerks in Nichtpsychotizität. Wonach emphatische Autonomiedeklarationen von Seiten der Kunst bloß den Sinn hätten, das Aufkommen dieses Widerspruchs zu hintertreiben. Selbstverständlich sind Berührungen/Überschneidungen von Kunst und Psychose, gleich von welcher Seite her, dadurch nicht ausgeschlossen; es bedürfte der genauen theoretischen Erfassung derselben endlich einmal. Deren Maßgabe aber bleibt die geltend gemachte Ausschließung polemisch als Einschließung: die Wut des Arbeitselements in der universellen Produktion, welchselseitig je so und so. Horror der Kreativität.

Im Zusammenhang des Sublimationsbegriffs war vom quid pro quo von Körper und Ding kurz schon die Rede. Was hieße, daß sich Psychose so geriert, als verhielten sich die sublimen Dinge so wie Exkremente, setzten also ihre Körperverwerfungsmacht überhaupt nicht und zugleich freilich immer so in Gänze ein, daß einzig diese Potenz, widersprüchlich ineins gebildet mit ihrem Gegenteil, gälte. Psychotisch ist also die Logik der Transsubstantiation am Werke, die exkrementengemäß-memorial den Opferzu-sammenhang der Körper-Ding-Genesis moniert, dabei sich jedoch in den Widerspruch der Ineinsbildung des totalen Gedächtnisses wie des totalen Vergessens verstrickt und also die Proliferation martialer Dinglichkeit zu befördern nicht umhinkommt. Gnosis der Exkremente und Hyperhygiene zugleich, so wie just in Kunst, abgelöst am anderen Ende.

Weshalb die Kunsttherapieprärogative der bildenden Kunst? Wahrschein-lich ist in dieser zweifelhaften Auszeichnung nicht viel mehr inbegriffen als die widerkünstlerische Disziplinierung des Sehens auf Lektüredienst-barkeit hin.

Drei Thesen demnach:

1) „Kunst" wäre im Titel „Kunsttherapie" zu streichen. Kunst nämlich nach der Maßgabe der Rekursivität der Ausdrucke-Kriterien begegnet hier rein zufällig und auch ohne therapeutische Valenz.

2) Die auf dem Exkulpationsphantasma basierenden kunsttherapeutischen Fundamentalvorgänge der Kathasis/der Sublimation und dergleichen verschieben nur, wenn sie wirksam sein sollten, dasselbe Unheil gefähr-lich unerkannt anderswohin; Psychose (Schizophrenie) ist die Krisis dieser Metonymie ebenso wie Kunst selber.

3) Die allererst kunsttherapeutische Konfrontation von Kunst und Psy-chose in ihrer tödlich konkurrierenden Kongenialität ist eine terra in-cognita; Kunsttherapie derart gibt es (noch) nicht.

Eigene Antworten zu Diskussionsbeiträgen zu meinen Statements

Zwei Schwierigkeiten: Sie machen das Authentische geltend. Welche Kriterien hätte das Authentische? Wären das die Kunstkriterien, die ich geltend gemacht habe? Ich bin mir unsicher betreffend des Begriffs des Authentischen. Hinzu käme, selbst wenn es das Phänomen des Authentischen gäbe und sinnvollerweise Künstler auf Spuren des Authentischen bei Psychotikern referierten, dann müßte gleichwohl aufrecht erhalten werden, daß, ich sage es mal übermäßig hart, Psychose gleichwohl Krankheit bleibt. Man könnte im Zusammenhang mit Begriffen des Authentischen und des Nichtauthentischen vielleicht so formulieren, daß die Psychose keinerlei Toleranz gegenüber dem Nichtauthentischen hat, sondern sozusagen das Authentische selbst zu sein begehrt ...

Ich habe nicht vom psychotischen Ausdruck gehandelt, sondern vom psychotischen Symptom. Um in Zweifel zu ziehen, daß die Ausdruckstheorie, ich sag's mal so allgemein, kunsttherapeutisch oder anders therapeutisch genügt, habe ich diese Bibelparabel angeführt. Aus ihr wird deutlich, daß das kranke Unheil nur verschoben wird, wenn es ausgedrückt wird ...

Die Homogenität des Unheils, die Unheilsthese greift auf das über, was das Unheil quittieren soll und das ist genau das Unheil all dessen, was als Kunsttherapie firmiert ...

Nein, es berührt zunächst einmal, ganz bescheiden, die Therapiekonzeptionen, die ich bisher kennengelernt habe, mit denen ich selber auch gearbeitet habe. Die Moderne könnte doch den Reiz haben, eine Homogenität des Unheils zu behaupten ...

Ich sage nicht, daß es keinen Sinn machte, auf Ausdruck zu setzen. Nur, diese Ausdruckstheorie wird immer über die Maßen strapaziert und befördert dann das allgemeine Unheil, hätte ich fast gesagt. Wenn der Ausdruck selbst im Unterschied zu dem, der da ausdrückt, als eine Instanz der Unschuld firmiert, wenn der Ausdruck selbst Schuldtilgungswertigkeiten hat, ist das genau die These. Es ist nicht eigentlich wider den Ausdruck. Es kann sein, daß man mit bildnerischem Ausdruck die Sprachlosigkeit zu kompensieren imstande ist, das sind alles Vorgänge, die ich auch kenne und unterstütze. Nur, ich höre immer dann auf mitzutun und zu billigen, wenn diese Unschuldsbehauptung, diese Schuldtilgungsthese mit ins Spiel kommt. Ich behaupte, dann letztlich unbeschadet einer Promotion des Ausdrucks, daß es auf der Grundlage dieser Schuldtilgungsthese zu einer Homogenität des Unheils kommt, und dann sind die letzten Dinge schlimmer als die ersten ...

Weshalb muß man gegenüber dem Ausdruck mißtrauisch sein? Der Ausdruck gerät immer dann in diese besagte Krisis, wenn man meint, daß das, was sich da ablöst, in der Abgelöstheit dauerhaft wird und dazu noch einen Mehrwert an Wissen produziert. Wenn dies eine Instanz ist, die ausgespielt wird gegen den Körperursprung desselben. Das meinte ich mit der Schuldtilgungsthese durch Ausdruck, durch Externalisierung. Mit Schuld, Unschuld ist nicht mehr bezeichnet als zunächst der Unterschied des exkrementalen Körpers und der entsprechenden Dingsublimation. Der exkrementale Körper ist die Instanz, die verworfen wird oder die mindestens im Rang, im Wertrang, minder ist, sprich also: schuldig. Wohingegen das, was daraus sublimativ hervorgeht, einen höheren Wertrang hat, bis hin zur Vorstellung, daß in den Sublimaten alle Widrigkeiten des Körpers getilgt sind. Das habe ich hier sehr grobschlächtig als die Differenz von Schuld und Unschuld, das Schuldtilgungsphantasma durch Objektivierung bezeichnet.

Eigene Diskussionsbeiträge zu Präsentationen und Statements

Zur Präsentation von Peter Bömmels. – Ich habe versucht, von der Dramatik des Ausdrucks zu sprechen, und eben in der Diskussion ist ja auch von Geburt die Rede gewesen. Ich habe von Exkrementation gesprochen wie von Geburt. So fasse ich es auch auf. Sie sehen, wenn ich so gesprochen hätte, dann hätten Sie mich wahrscheinlich gescholten, und deswegen habe ich theoretisch gesprochen. Aber das Bild hat sozusagen die Lizenz, so etwas so dramatisch zu machen.

Mir sind mehrfach Schwebezustände aufgefallen in dem, was Sie darstellen. Die dargestellten Personen sind immer nur mit krückenähnlichen Gegenständen geerdet. Weiterreichende Frage: Was hat der Schwebezustand mit dem Bild selber zu tun?

Der Hauptgedanke, der mich die ganze Zeit bewegte, war der, inwiefern ist man so schnell dabei einzuräumen, daß man sich an dem Bild vergeht, wenn man anfängt, dezidiert darüber zu sprechen. Sind wir so grobschlächtig gegenüber Bildern, oder müssen die in Schutz genommen werden gegen unsere Attacken? Oder ist es etwas, was weniger mit uns selber als vielleicht mit dem Bildcharakter als solchem zu tun haben könnte? – Das war mein Gedankengang, weil mich das doch etwas bedrängte mit der Immunisierung.

Frau Dreifuss-Kattan, Sie haben das, was mit dem Krebs an Selbsterfahrung zu machen möglich ist, beschrieben. Sozusagen kleinianisch als eine Angelegenheit des schlechten Introjekts der bösen Brust, das ist ein Kürzel, so kann man das auffassen. Fraglich war während Ihrer Ausführungen für mich insbesondere, ob diese uns ja alle naheliegende Betrachtungsweise so ist, daß sie metaphorisch oder aber real gemeint ist. Ist sie metaphorisch gemeint, so ist all das, was da selbsttherapeutisch mit Hilfe anderer geschieht, so etwas wie eine Sterbehilfe, aber nicht unbedingt nur Sterbehilfe. Es kann ja auch medikamentös, chirurgisch eine Wende zum Besseren kommen. Also jedenfalls eine supplementäre, ich komme auf meinen Supplementbegriff zurück, Hilfe. Wohingegen im Falle der Realität dieses Introjektionsvorganges all das, was da eigentherapeutisch usw. geschieht, ja ein wirklich therapeutischer Eingriff wäre. Ein Eingriff und nicht nur eine supplementäre Hilfe. Das war die erste Frage: metaphorisch oder real? Von dieser Alternative her bin ich auf folgende Alternative gekommen, die ich kurz anschließen möchte.

Es ist mir sehr schlecht gegangen während Ihrer Ausführung, und ich habe gedacht, also diese Weihe, die sich über diese Dokumente legt, die Sie hier zitiert haben, das kann nicht meine Sache sein. Und zwar aus folgendem Grunde. Wenn es so ist, daß hier eine supplementäre Sterbehilfe passieren kann, dann ultimatisiert sich just das, was Sie als Dimension genannt haben, die hier fällig ist, nämlich der Narzißmus. Es sind für mich so aberwitzige, maßlos narzißtische Inflationen angesichts des Todes in diesen Dokumenten spruchreif geworden, daß ich gedacht habe, das geht so nicht. Man müßte, das hört sich jetzt sehr unbarmherzig an, das ist es aber gewiß nicht, man müßte diese Hilfe der Extremisierung des Narzißmus vermeiden und eher umgekehrt mit dafür Sorge tragen, wie, das weiß ich selber nicht, den Tod anzuerkennen und ihn nicht zuletzt noch in totaler Verkennung dessen, was wohl Tod doch ist, in den Zustand einer solchen Inflation überzuführen. Ich vermute: hier ist eine Verkennung am Werke, gegen die man protestieren müßte, scheinbar unbarmherzig protestieren.

Das Konzept des Primärnarzißmus ist gleichwohl umstritten, insofern das nothafte Moment in dieser Allmächtigkeit unterschlagen wird zugunsten einer eindeutigen Positivität, die so meiner Meinung nach nicht besteht. Ich möchte an dieser Stelle keine Schelte üben, aber es war mir auffällig, daß der Narzißmus an dieser Stelle in einer Weise proliferiert, daß ich meine, er hätte den Sinn einer letzten Todesverleugnung; und das geht nicht an.

Ich meine, daß das, was hier von Herrn Siemeister vorgeführt worden ist, über weite Strecken, ich riskiere es zu sagen, mimetisch angepaßt ist an das Verhalten des Psychotikers. Sinnentheoretisch äußerst differenziert und von Belang ist hier der Übergang von Sprechen/Hören in Sehen. Das ist ja nicht zuletzt Thema, und das sind ja Risse innerhalb der Schizophrenie, die sich dann genauso äußern, daß man meint, man könnte mit dem Hauch der Stimme, rein durch Klang die Welt erzeugen. Den Tisch also in Regie nehmen, und das In-Regie-nehmen zugleich auffassen müssen nicht als irgendeine Reproduktion, sondern als die Hervorbringung dieses Tisches. Daß also hier Vorgänge dargestellt sind, in Ihrer Regie als Künstler, die in der Tat mimetisch an psychotische Nöte sind. Was würde wohl passieren, wenn Sie das, was Sie hier vorgestellt haben, in einen therapeutischen Kontext brächten? Also einen Schizophrenen in der Psychose vor eine solche Fläche zu stellen, und das, was da ihn überkommt, selber darzustellen. Also da wäre eine Dimension erreicht, wie ich sie gesucht habe, hier während der Tagung im Hinblick auf Kunsttherapie und in Hinsicht auf die von mir eingeführte Konkurrenz zwischen Psychose und Kunst.

Ich leugne nicht, daß es schizophrene Künstler gibt. Es ist in dem, was ich gesagt habe, nicht ausgeschlossen, im Gegenteil. Ich meine, daß auf der besagten Skala der Ausdrücke: Psychose und Kunst Extremwerte darstellen, Extremwerte, die zusammenfallen. Ich habe die Kriterien des Zusammenfalls genannt und auf der Grundlage des Zusammenfalls der Kriterien in diesen beiden Extremverfassungen behauptet, es müßte doch dann ein Konkurrenzverhältnis auftreten. Und dieses Konkurrenzverhältnis habe ich in Spuren, und mehr als Spuren, in kunsttherapeutischen Arbeiten wahrgenommen. Wenn immer Sie bedenken, was der Psychotiker in Psychose mit dem macht, was er hervorgebracht hat: eine ganze Skala, ein ganzes System der Ambivalenz, die er zu seinem eigenen Opus eingeht, auszutragen. Er zerreißt beispielsweise seine Zeichnungen, seine Produkte, er verbrennt sie, er versteckt sie, er wirft sie zum Fenster raus, er versucht, Handel damit zu treiben. Es ist ein äußerst ambivalentes Verhältnis zu der Abnötigung, daß er etwas hervorbringt.

Ich habe in der Tat Herrn Siemeister gefragt, ob er es gewesen sei. Ich war heilfroh, daß er aus dieser Prozedur, die mich sehr ängstigt, heil herausgekommen ist.

Herr Pazzini, mich hat das Bilderverbot bei Ihnen sehr bewegt. Und zwar, weil es mir sehr zupaß kommt angesichts der enormen Bilderschwemme aus dem Bereich der Warenästhetik. Das ist genauso ein Terror wie der, der vom Psychomarkt ausgeht, der ja nichts anderes im Sinne hat – und da gibt es sicher eine Kooperation –, um uns einzuüben in eine Welt der künstlichen Paradiese, wenn man so will: der Simulakren. Herr Pazzini hat gesagt, daß es eine Angelegenheit der Unmäßigkeit des Abbildes sei und daß, was verlorengehe an Bildern, durch Abbildlichkeit recherchiert werden sollte. Könnte man soweit gehen und dies als ein Kriterium der Tauglichkeit bezeichnen von Bildern in einem allgemeinen Sinne, daß sie es nämlich fertigbringen, was in dieser Abbildprärogative verlorengegangen ist, wiederzubringen? Lacan hat das Sehen in die Psychoanalyse eingeführt mit weitreichenden Konsequenzen, ein Sehen allerdings, was nicht das Abbildsehen ist, sondern was das Sehen dessen ist, was man kunsthistorisch etwas vage das Sehen der Surrealisten bezeichnen könnte. Die Frage wäre die, ob Sie nicht implizit so ein Kriterium mehr der Tauglichkeit von Bildern in dieser Bilderschwemme formuliert haben, nämlich das, was verlorengegangen ist, wiedereinzuholen?

Ich bin Supervisor der Gruppe, bin später dazugekommen, und das ist vielleicht bezeichnend, daß ich später dazugekommen bin. Vielleicht auch ein wenig eine Figur in diesem UNART-Unternehmen, dem die Aufgabe zufällt – und das ist immer auch eine zweifelhafte Aufgabe –, Kompromisse begründbar zu machen. Oder anders gesagt, Auswegslosigkeiten, Aporien zu diskutieren. Was wir machen, ist also fortgesetzt die Problematisierung der gesamten Prozedur, die immer zur Disposition steht. Es ist also keine feste Institution, Institutionalisiertheit, die da gegeben ist.

Was ist die Intention meinerseits? In jedem Fall das Wissen, ich sage es einmal so allgemein, das psychiatrische Wissen zu mehren. Einen Wissenszuwachs zustandezubringen, und dann geht es nicht an zu sagen, derjenige, der als Künstler in einer solchen Gruppe arbeitet, der braucht überhaupt keine Kenntnisse über, ich nehme mal eine psychiatrische Krankheit hervor, Anorexie zu haben. Das geht mir also zu weit. Im Zusammenhang mit der Beratung sehe ich es als meine Aufgabe, nicht so sehr auf Inhalte zu achten, die da ausgetragen werden in den Opera, sondern das Problem der Gattung immer besonders stark zu machen. Auf dieser Grundlage überlegen wir stundenlang, was denn nun von der UNART-Gruppe den jugendlichen Patienten, überwiegend doch auch Psychotikern, angeboten werden kann. Ich will jedenfalls immer neu den Versuch machen, den be-

sagten Supplementcharakter, wann immer das geht, ein wenig zurückzu-
drängen, das geht natürlich nicht institutionell. Der Schwerpunkt ist gleichwohl eben die psychiatrische Klinik im engeren Sinne, nicht UN-ART, also
Sie kommen vom Supplementcharakter nicht so ohne weiteres weg. Aber
immerhin, in diesem Supplementierungsrahmen kann man Akzente setzen,
dafür versuche ich dann einzustehen.

Eigene Beiträge in der Abschlußdiskussion

Wenn ich mir die Ausführungen von heute morgen Revue passieren lasse,
und zwar die von Hartwig und Menzen, dann muß ich mich von einigen
kleinen Traumata erholen. Sie, Herr Hartwig, haben anfangs eine Sphinx
beschworen, die sitzt mir jetzt so im Kopf, daß ich dauernd versuche, mich
kunsttherapeutisch mit dieser Figur im Inneren vertraut zu machen. Daß sie
eine Brauchbarkeit gewinnen könnte, im Hinblick auf die Arbeitskontexte,
in denen ich auch so etwas mitmische. Dann bin ich dazu übergegangen,
mich selber als Übergangsobjekt versuchsweise zu konstellieren. Das wäre
wahrscheinlich das Gegengift gegen all das, was ich im Laufe der Tagung
versucht habe, ein wenig zu bekämpfen, nämlich die Dogmatik der Einfühlung, der Empathie usw. Ich glaube, da ist eine Gegenführung am
Werke, die bedacht werden müßte, und ich bedaure, daß sie jetzt fast schon
zu spät kommt. Wenn ich beim Wort nehme, was Sie zur Person des Übergangs gesagt haben, muß ich erlauben, vom Anderen in den Zustand des
Mortalen, der toten Disponibilität hineinversetzt zu werden. Ein Aspekt des
Übergangsobjektes ist es ja immerhin, daß das Kind durch die Totheit des
Objektes im Übergang vom Körper, vom Elternkörper, vom Mutterkörper
in Dinglichkeit hinein Disponibilitäten erreicht. Also ich muß mir einiges
zumuten lassen, zunächst einmal – und das hat wenig damit zu tun, daß ich
den Anderen verstehe. Das Verstehen wäre etwas, was pauschal wäre, daß
er die Not hat, mich sozusagen zu mortalisieren. Dann müßte man gucken,
wie man aus diesem narzißtischen Verhältnis, disponiert zu werden, ein
wenig sozusagen als eigener Körper mit eigener Bedürftigkeit, mit eigener
Intentionalität hervortreten könnte, um eine Konterkarierung dieser Disponibilität zu leisten. Allemal aber bin ich Übergangsobjekt, d.h. ich werde
irgendwann meinen Dienst getan haben. Ich glaube, das sind Vorgänge von
Dienstbarkeit, die Sie hier sehr stark gemacht haben, so mit dem Übergangsobjekt, die eine Zumutung von Dienstbarkeit darstellen. Einer Zumutung, die so ist, daß ein revidiertes Anderenverhältnis darin, fernab von
Verstehen und Einfühlung, geltend gemacht werden könnte. Etwas, was

auch in bestimmten Formen von Psychoanalyse noch ein Stück psychoanalytischer Kultur sein könnte.

Es wäre ein Mißverständnis, wenn ich die Einführung des Übergangsobjektes affimiert hätte, daß damit eine harmonisierende Integrationsgröße ins Spiel käme. Genau das Gegenteil, es ist eine dramatische Größe sondersgleichen, vielleicht etwas überzogen, es ist eine Leidensgröße, gewiß nicht nur, aber auch. Stellt einen Zusammenhang her zur narzißtischen Inflation angesichts des Todes. Ich meine, die Desillusionierung hat auch künstlerisch und auch in dem, was ich hier täte, eine Grenze, weil zu erwägen ist, ob das Bild als Bild, die Sprache als Sprache, die Schrift als Schrift immer eine Vorgabe von Illusion, von narzißtisch hochaufgeladener Illusion bedeuten muß, die man desillusioniert sozusagen dann aufzehrt. Wir kommen aus diesem Bann nicht heraus.

Was ich sagen wollte, betrifft eine Verfahrensfrage. Das wäre auch mein Desideratgefühl von der Tagung: wie kann man die künstlerische Präsentation so lokalisieren, daß nicht immer wieder alles Präsentierte weggerät. Es ist einfach weg. Ich habe mir hier so ein paar Notizen gemacht, auch wie ich darauf referieren soll, aber das geht offensichtlich nicht, auch wenn man den guten Willen hat. Und das andere Desiderat, die Therapie, ist eben auch nicht, sei es kasuistisch oder anderswie, besonders vorgestellt worden.

Buchbesprechung: Psychoanalyse auf der Couch

Manfred Pohlen, Margarethe Bautz-Holzherr: Eine andere Aufklärung. Das Freudsche Subjekt in der Analyse, Frankfurt/M. 1991

(aus: Psychologie heute, 19. Jg., Heft 7, Juli 1992)

In der aktuellen Diskussion über die Krise der Aufklärung und der Rationalität muß man eigentlich zwei „Aufklärungen" unterscheiden: die „Traditionelle" ist dabei aufgrund mangelnder reflexiver Selbstaufklärung größtenteils in Gegenaufklärung übergegangen – weswegen die „Moderne" diese brüchig gewordene Aufklärung gleichsam aufklären muß. Dieser Ansatz steht bekanntermaßen in der Tradition der „Kritischen Theorie" der Frankfurter Schule um Horkheimer und Adorno („Dialektik der Aufklärung"), die insbesondere in der Psychoanalyse ein tragfähiges Fundament dieser *anderen* Aufklärung sehen. Für Manfred Pohlen und Margarethe Bautz-Holzherr gilt dies allerdings nur unter der Bedingung, daß sich die Psychoanalyse einer radikalen Selbstkritik unterwirft. Im ersten Teil der „anderen Aufklärung" rechnen Pohlen und Bautz-Holzherr mit dem „Diskurs der Moderne" und der dazugehörigen konventionellen Psychoanalyse ab. Sie orientieren sich dabei radikal an der Überzeugung, wonach an den bürgerlichen Grundwerten – „Selbstreflexion", „Emanzipation", „Kommunikation" – massenweise Blut klebt. Das Skandalthema der anderen Aufklärung lautet folgerichtig: Die Werte der letztlich anmaßenden Moderne beruhen auf einem verleugneten, ausgeblendeten „vergessenen" Trieb(ab)grund.

Die (selbst)bereinigte Psychoanalyse muß daher den Triebgrund dem für die Moderne grundlegenden Vergessen entreißen. Einer Gefahr ist dabei besonders sorgfältig zu begegnen: den irrationalen Triebgrund zu einer positiven Gegenmacht wider die Rationalität hochzustilisieren – und unter feministischen Vorzeichen auch noch mit Weiblichkeit gleichzusetzen.

Pohlen und Bautz-Holzherr weisen nachdrücklich darauf hin, daß dieser vergessene Triebgrund keinesfalls das verlorene Paradies sei, sondern die ganze terroristische Unterwelt der Aufklärung darstelle. Die herkömmliche Psychoanalyse betreibt paradoxerweise dieses Vergessen bis tief in ihre Theoreme und Operationen hinein: so deckt der auf die Kleinfamilie reduzierte Ödipuskomplex die unauflösbare Urverschuldung durch die Triebnatur des Menschen selbst ab.

Man muß kein Prophet sein, um vorauszusehen, daß sich viele Psychoanalytiker-Kollegen an den vorgestellten Ergebnissen einer *„Psychoanalyse der Psychoanalyse"* schwerlich erfreuen werden. Das psychoanalytische Verfahren selbst wäre beispielsweise zutiefst erschüttert, wenn die Psychoanalyse in praxi tatsächlich nur eine Angelegenheit einer der Suggestion verpflichteten „Rhetorik" sei, oder wenn die gefährliche Bezeichnung der psychoanalytischen Prozedur von „Elternkomplex" hier und „Priesterkomplex" dort sich nur vermittels eines „Schwindels" durchführen ließe: der Blitzableitung nämlich der „Triebnot des Analytikers" in den Blitzableiter der „infantilen Triebnot des Analysanden". Existentielle Fragen also an die sich auf sich selbst beziehende psychoanalytische Praxis und Ausbildung, die aufgenommen und im Zusammenhang mit der allgemeineren Kritik der Moderne diskutiert werden müssen.

Briefwechsel mit Siegfried Gerlich

(aus: Siegfried Gerlich: Sinn, Unsinn, Sein: philosophische Studien über Psychoanalyse, Dekonstruktion und Genealogie, Passagen, Wien 1992)

Hamburg, den 8.11.90

Lieber Rudolf Heinz!

Es ist schwer zu sagen, was genau mich zur Auseinandersetzung mit Ihrer Pathognostik getrieben, geradezu gezwungen hat. Wahrscheinlich war es mein Unbehagen an den zeitgenössischen Ausläufern der Kritischen Theorie, die immer mehr von dem preiszugeben scheinen, was einmal den Aufklärungsimpuls ihres Denkens selber ausgemacht hat einerseits, und meine Skepsis, im sogenannten Poststrukturalismus, dem ich mich daraufhin zuwandte, die große philosophische Alternative sehen zu dürfen anderseits, die eine Unruhe in mir hervorgerufen haben, die sich erst legen sollte, als ich eine Möglichkeit zur Vermittlung dessen, was dergestalt abstrakt nebeneinander herlief, gefunden zu haben glaubte, nachdem ich zu den Anfängen beider Philosophietraditionen zurückgegangen war. So war es zunächst Lacans emphatisches, fast schon altmodisches Insistieren auf dem andernorts verdächtig euphorisch preisgegebenen, bei ihm jedoch gerade in seinem heillosen Scheitern geretteten Subjekt, welches mir sympathisch erscheinen mußte, zumal von hier aus auch ein Brückenschlag denkbar schien zum ästhetisch vereinsamten Subjekt Adornos, das seinerseits ja seiner gegenwärtigen Verdrängung samt seiner paranoischen Verdrängungswiederkehr in Gestalt verwilderter Selbstbehauptung zu entkommen suchte. Während mir allerdings Lacans Einsichten in die Macht der Sprache in Bezug auf die Konstitution des Subjekts über Adornos dann doch noch allzu mentalistischen Ansatz produktiv hinauszuweisen schienen, fehlte mir umgekehrt bei Lacan dank seiner linguistischen Ausrichtung die von Adorno unermüdlich betriebene Anmahnung der Macht des Objektiven, die nicht zuletzt aufgrund der durch sie verursachten subjektiven Leiden gerade einen Psychoanalytiker, der sich auf der Höhe seines Zeitalters wähnt, hätte interessieren müssen.

Als den vielversprechenden Versuch, diese beiden in ihren Ursprüngen also gar nicht durchweg gegenläufigen Denktraditionen im Sinne einer Verschränkung der Sprach- mit der Ding-Problematik systematisch zusammenzuführen, begrüßte ich daher Ihre Pathognostik, deren Herkunft aus der älteren Kritischen Theorie sich nicht verleugnen läßt, ohne daß sie sich darum doch den neueren Lehren des Lacanismus und Poststrukturalismus etwa versperrt hätte. Eines aber hat in Ihr Denken glücklicherweise keinen Eingang gefunden, nämlich der unterdessen auch auf die anderen philosophischen Lager übergreifende postmoderne Denkgestus, der mich an vielen zeitgenössischen Philosophieproduktionen geradezu krank macht: dieser nichts als selber doch krankhafte, nämlich manische Versuch zu verdrängen, eine fröhliche Wissenschaft zu treiben, in der unverbindlicherweise alles zu gehen scheint – allerdings auch nur scheint: denn hinter dem empirisch zweifellos vorfindlichen Meinungspluralismus steht despotisch das transzendentale Apriori der Konsumierbarkeit von Geistprodukten. Was in diesem repressiv toleranten Pluralismus tatsächlich gar nicht geht (im übrigen auch marktökonomisch nicht), das ist die im Philosophieren selber spürbare Mühsal des Denkens, seine Leiden und seine Krämpfe, die indessen einzig noch imstande wären, einer solchen intellektuellen fastfood-Mentalität irgend standzuhalten, wenn es sie denn anders als marginal noch gäbe. Vom philosophischen Marktplatz dergestalt zwar verdrängt, brauchen sie dafür immerhin in sich selber nicht mehr unmäßig zu verdrängen, um auf jenem ein glattes Warenantlitz zu präsentieren und können so mit größerer Gelassenheit auch versuchen, ihrem Unbewußten ein wenig auf die Spur zu kommen. Freilich kann als unvermeidlicher Effekt einer solchen Verdrängungsauflassung hier und der bestens gelingenden Verdrängungsfortsetzung dort nicht aubleiben, daß die dieser entspringenden (Un-)Philosophien gesund und munter scheinen und mit den scheinbar besten Gründen der Welt jenem Denken, das schutzlos dem Unbewußten sich aussetzt, seine also hervortretende Krankheit, als wäre diese selber bereits ein Einwand, beifallssicher vorwerfen können. Angesichts dieses Vorstellungswesens spricht mir Adornos Diktum, die zeitgemäße Krankheit bestünde gerade im Normalen, zutiefst aus dem Herzen. Und auch Lacan würde ich allein schon für seine gnadenlose Weigerung, psychoanalytisch zu heilen, anstatt dem heillosen Abgrund erkennend ins Auge zu blicken, am liebsten um den Hals fallen. Krankheit selber aber zu einem nicht nur psychoanalytischen, sondern auch verbindlich philosophischen Erkenntniskomplizen gewonnen zu haben – das scheint mir doch das Verdienst allererst Ihrer Pathognostik zu sein, die ich in diesem Sinne denn auch prompt beim Wort nehmen will.

Ich werde nämlich sogleich, scheinbar subjektivistisch, von einem meiner Leiden reden, indessen nicht ohne damit zugleich auch zur objektiven ‚Sache‘, nämlich dem Dinginbegriff selber, zu kommen: Mich quält – zwar nicht der Penis, wohl aber – der Phallus, dieser elende und, wie Lacan selber konzediert, ‚blöde‘ Herrensignifikant, dessen wahrlich doch unbestreitbare de facto-Despotie sich lacanistisch gleichwohl als de jure-Subversion aufzuspielen getraut, immer idealistisch verblasen. In der Tat war ich bei der Lektüre Lacans stets schon hin- und hergerissen zwischen der wohl unvermeidlichen Anerkennung des von ihm mit einem wie immer auch verdächtig siegessicheren Enthusiasmus diagnostizierten Phallozentrismus auf der einen, und der Skepsis gegenüber den an diesen geknüpften Subversionshoffnungen, die ich so ohne weiteres nicht teilen kann, auf der anderen Seite. Doch als ich diese Ambivalenzen kürzlich in einer Psychoanalytikerrunde zur Sprache brachte, in der ausgerechnet eine Frau sich mir gegenüber, gar unter Berufung auf die psychoanalytische Erfahrung, zu einer Apologie des Phallus meinte aufschwingen zu müssen – da wurde mir vollends übel, und so kam mir der unverdaute Phallus in der folgenden Nacht im Schlafe hoch. Um nicht sogleich zu erwachen, mußte ich also träumen von diesem fleischlosen Unding, und Freuds Wunscherfüllungstheorie entsprechend bildete sich denn auch ein latenter Traumwunsch aus, der sich, kurz gesagt, in dem eher ressentimentgesättigt feministischen als etwa weiblichkeitsmimetischen Begehren artikulierte, die Despotie des Phallus durch eine Basisdemokratie von Partialobjekten zu revolutionieren, sollte dieser das folgende Ultimatum im Wahnsinn seines Eigendünkels uneinsichtig verstreichen lassen: „Auch du de facto aufgeblasener Phallus bist de jure nur ein Penis, ein schäbiges kleines Partialobjekt. Solidarisiere dich also gefälligst mit den anderen Objekten klein ‚a‘, sonst wartet die Guillotine auf Dich!“ – Nun, nichts geschah, weder von seiner Seite, ob seiner notorischen Sturheit auch kaum verwunderlich, noch, feiger- und klugerweise, von meiner. Denn nach dem Erwachen war ich doch gar sehr bestürzt über meinen jakobinischen Übereifer, der ja, wie die Erfahrung lehrt, auch zu nichts Rechtem, vielmehr immer nur zu Gewaltpotenzierung führt. Und was den psychoanalytischen Sachgehalt der besagten Basisdemokratie angeht, so kam ich auch hier immer wieder nur zu dem Ergebnis, daß Melanie Klein wohl allein aufgrund ihrer philosophischen Naivität auf eine solche hat setzen können, worüber freilich der Lacansche Herrenphallus mit abscheulichem Recht müde nur lächeln kann.

Wie also mit dem Phallus fertig werden, nunmehr ernsthaft philosophisch? Am besten wohl, ich versuche meine subjektiven Ambivalenzen im Sinne eines objektiven Widerstreits, einer strengen Alternativität philosophischer Ansichten zu reformulieren: Entweder der Phallus ist als von Anbeginn geistkreativer Träger der symbolischen Ordnung der patriarchalische Logosursprung selber und damit zugleich dessen je nachdem verdrängtes oder hereinbrechendes Gewaltpotential; oder aber die symbolische Ordnung reicht eben dank ihres urverdrängten Phallusträgers hinter das Reich des Logos immerhin so weit zurück, daß dadurch dessen immanente Dekonstruktion möglich würde. In ersterem Falle wäre das phallozentrische Unbewußte als das Verdrängte des Logos mitnichten irgend besser als dieser, zumal in Gestalt seiner dinglich-objektiven und also waffenultimativen Realisierung, vielmehr dessen logosimmanent bloß abgedeckte Kriegspotenz selber. In letzterem Falle hingegen gestattete gerade der transzendentale Status des Phallus die Offenhaltung eines differentiellen Spielraums, darin sich sodann ein Unbewußtes zu artikulieren vermöchte, welches dem identifizierenden Zugriff des Logos immer wieder zu entfliehen gelänge.

Sie haben sicherlich bemerkt, daß ich diese Alternative bereits im Sinne der Differenz zwischen Lacanscher Psychoanalyse und Ihrer Pathognostik formuliert habe – eine Differenz, die mir in unserem Kontext allerdings gar nicht unüberbrückbar erscheint, sofern sie von zwar unterschiedlichen, aber immerhin komplementären Begriffen des Phallus abhängen dürfte: Lacan gilt der Phallus als *Signifikanteninbegriff,* Ihnen dagegen als *Dinglichkeitsinbegriff. Es* versteht sich daher, daß für Lacan das Apriori des Phallus, anders als das bloß angemaßte des Logos, schlechterdings unhintergehbar ist, denn als Träger einer jeden *symbolischen* Ordnung kann seine Herrschaft nur so alt sein wie der Mensch selber, sofern dieser ein sprechendes Wesen ist. Umgekehrt hingegen weiß ich nicht so recht, ob der Phallus entsprechend auch für Sie, als Träger nunmehr aber der *dinglichen Ordnung,* immer schon da ist, sofern der Mensch von jeher ein arbeitendes Wesen wäre, oder ob das Dingphantasma als ein sich absolut setzendes nicht doch allererst in der industriellen Spätphase des Patriarchats zur Entfaltung seiner Herrschaft kommt ...

Wie immer dem sei: Anstatt diese beiden rivalisierenden Phallusbegriffe abstrakt nebeneinander stehen zu lassen, möchte ich viel lieber deren konkrete Vermittlung vorschlagen, was mir indessen einzig über den Umweg von Derridas Grammatologie möglich erscheint (die ich freilich stets im Lacanschen Lichte lese). In dieser Perspektive wird nämlich sogleich deutlich, daß diese Begriffe des Phallus in schönster Komplementarität den beiden Funktionsweisen der *différance* entsprechen, wo nicht gar diese in sich selbst bedingen: So ermöglichte dieser als Signifikanteninbegriff die differentielle *Unterscheidung* von Sinneinheiten innerhalb des Symbolischen, welche Differenzierung indessen immer wieder auch drohte, indifferenzierend eingezogen zu werden, dies zumal, wenn jene Sinnkonstrukte sich selbst dekonstruierend in signifikantem Unsinn implodieren. Als Dinglichkeitsinbegriff dagegen bewirkte der Phallus den imaginären Aufschub des Realen, welcher seinerseits stets Gefahr liefe, gewaltsam aufgelassen zu werden, wenn die waffenultimativen Dinge real explodieren. Während nun Lacan offenkundig blind ist für die objektiven Ding- und Kriegsrealisierungen des Phallozentrismus, scheinen mir umgekehrt bei Ihnen dessen subjektive Sinn- und Unsinnsrealisierungen philosophisch zu kurz zu kommen.

Insbesondere in rationalitätsgenealogischer und mythentheoretischer Hinsicht stellt sich für mich die Frage, ob Sie nicht allzu ausschließlich den Ding-Phallus nur thematisieren. In dieser Einstellung wird es zwar möglich, im Mythos das phallische Gewaltapriori offenzulegen, das als verdrängtes strukturhomolog auch den Logos beherrscht, doch zieht solche Genealogie des Logos nicht eo ipso dessen immanente Dekonstruktion nach sich – wofür vielmehr die Rücksicht auf den Signifikanten-Phallus notwendig wäre, dessen symbolische Funktion es dann allererst erlaubte, Logos und Mythos gleichermaßen auf eine beiden gemeinsam zugrundeliegende Urschrift zu stoßen. Um Mißverständnissen zuvorzukommen: Mir liegt nichts daran, die ausfallende Dekonstruktion des Logos gegen dessen immerhin vollbrachte Genealogisierung auszuspielen; dennoch, meine ich, sollte der Umstand, daß nicht nur diesem, sondern nicht minder maßgeblich auch dem Mythos die ontologiekonstitutive Aufgabe sinnhafter Weltauslegung zukommt, die Frage provozieren, ob die symbolische Form Mythos zurecht als unbedingter Fluchtpunkt Ihrer Rationalitätsgenealogie fungiert; ob nicht gerade auch der sinnstiftende Mythos auf einer nicht selber sinnhaften signifikanten Vertweisungsstruktur aufruht, deren grammatologische Artikulation dann zu so etwas wie einer ontologiedekonstruktiven Mythoskritik führen könnte. Anders gesagt: Die faszinierende Strukturhomologie zwischen Mythos und Logos, auf die Sie rationalitätsgenealogisch immer wieder stoßen, ist so unbedingt nicht, wie es zunächst den Anschein hat, findet vielmehr ihre radikale symbolische Bedingung in einer Urschrift, deren Differentialität ihrerseits allein durch den phallischen

Signifikanteninbegriff gesichert werden kann. Von daher dürfte es wohl einleuchten, daß diese abstrakte symbolische Funktion des Phallus nicht mehr das sein kann, was im Mythos als dessen konkrete imaginäre Substanz in Erscheinung tritt: während diese als transzendentales Signifikat – als verdrängter Sinn – immer nur nachträglich auf der bereits konstituierten Inhaltsebene auftritt, wirkt dagegen jene als transzendentaler *Signifikant* – als urverdrängter Nichtsinn – auf der vorgängigen konstitutiven Formationsebene selber, deren differentieller Symbolismus das identische Imaginäre von Mythos und Logos zugleich ermöglichte und verunmöglichte.

Daraus scheint mir begriffsanalytisch immerhin zu folgen, daß die Bedeutung, die Sie dem Phallus verleihen, indem Sie ihn wie immer auch polemisch als Dinginbegriff denken, innerhalb der imaginären Ordnung des Sehens konkretistisch ganz verbleibt, wohingegen die Lacansche Bedeutung des Phallus als abstrakter Signifikanteninbegriff nichts weniger als die Grundlegung der symbolischen Ordnung der Sprache insgesamt zu denken gestattet. Gewiß sticht das phallische Imaginäre aufgrund seiner allgegenwärtigen dinglich-technischen Realisierung schärfer ins Auge als die als solche ja unsichtbare phallische Symbolfunktion; gleichwohl denke ich, daß deren buchstäbliche Unsichtbarkeit mindest vom geistigen Auge nicht übersehen werden sollte: denn immerhin firmiert dieser Lacansche Phallus als Freudsche „Vorstellungsrepräsentanz des Triebes", der als urverdrängter das Unbewußte konstituiert und auch erhält. Und das ist nicht nur nicht wenig, das ist schon beinahe alles, möchte man meinen ...

Gewiß ist dies ein weites Feld, aber ich wüßte doch sehr gerne, wie Sie über die Urverdrängung denken. Freilich ist mit dem Problem der symbolismusgenerativen Urverdrängung unablösbar auch das des Realen verknüpft, das seinerseits eine Unmenge an Fragen aufwirft, die sich so einfach nicht beantworten lassen dürften. Dennoch erscheint es mir nicht nur möglich, sondern gar dringend vonnöten, den Lacanschen (Nicht-)Begriff des Realen mindest zu präzisieren, nämlich eine Binnendifferenz in ihn einzuführen: das Reale aufzusplitten in ein *symbolisierbares Reales,* als welches es sozusagen den Schauplatz der Schrift abgäbe, durch dessen Verschriftung nichts anderes als die sprachlich erschlossene *Realität* selber entstünde einerseits, und in ein *unsymbolisierbares Reales,* das demgegenüber einzig im *Realitätsverlust* des Wahnsinns hereinzubrechen vermöchte andererseits. Als motivierenden Sachgrund dieser kategorialen Differenzierung aber würde ich die schlechthin vorgegebene Seinsdifferenz von

Natur- und Körperrealem zugrundelegen wollen. Nicht, daß nicht auch der menschliche Körper einen ‚Schauplatz der Schrift' darstellte, der als solcher symbolisierbar und als symbolisierter dann erfahrbar wäre, doch gilt dies eben nicht für dessen selbstvorbehaltliches ‚Ding an sich', das fleischliche Selbstsubstrat also, das über seine Geschlechtlichkeit vermittelt von seiner Sterblichkeit, von seinem Leben als einem Sein-zum-Tode ‚weiß', ohne solches doch als objektives Wissen selbstbewußt hypostasieren zu können (nicht indessen ohne davon als unbewußtem subjektivem Krankheitswissen eventuell befallen zu werden).

Hieran aber schlösse sich weitergehend die Frage an, ob sich dieses unsymbolisierbare Reale des Fleisches nicht seinerseits noch präzisieren ließe, und zwar geschlechtsdifferentiell dergestalt, daß dieses als das, was des urverdrängten phallischen Formzugriffs harrt, eo ipso dann Weiblichkeit, dieser verworfene Materieinbegriff selber wäre. In diesem Sinne also fungierte der Phallus sowohl als eine Einschließungs-/Symbolisierungsinstanz – für das symbolisierbare Reale –, als auch als eine Ausschließungs-/Verwerfungsinstanz – für das unsymbolisierbare Reale. (Urverdrängter Phallus, verworfenes Weib.) Aufgrund dieses Verwerfungsstatus wäre sodann zwar keine irgend affirmative Berufung auf Weiblichkeit mehr möglich, doch hätte die Anmahnung dieses apriorischen Symbolismus- und Dinglichkeits-konstitutiven Weiblichkeitsopfers immerhin noch den guten kritischen Sinn, die wie immer auch unwiederbringlich geopferte ‚lebendige' Naturvorgabe in bezug auf die entsprechend ‚tote' symbolische/dingliche Ordnung genealogisch gegenführend einklagen zu können.

Leider aber wird eine solche Gegenführung insofern immer unmöglicher, als diese zwar nichts als fortwährende transzendentale phallische Opferphantasmatik sich dem Rationalisierungs-/Hygieneprogreß unserer Ontologie gemäß gleichwohl immer weniger noch empirisch scheint austragen zu müssen: Die Zeit der Hexenverbrennungen ist vorbei, und aus den Kameras fließt das Blut der gefilmten Opfer nicht heraus. Wenn dergestalt aber der ontologieimmanente Genealogieverschluß tatsächlich immer dichter wird, dann wird man schließlich auch der Frage nicht mehr ausweichen können, ob die Genealogie der symbolischen Ordnung sich überhaupt noch als deren Kritik in dem Sinne begreifen dürfte, daß sie zurecht für sich beanspruchen könnte, über das Patriarchat irgend hinauszuweisen ...

Sehr herzliche Grüße. Ihr Siegfried Gerlich

Wuppertal, den 31.12.90/12.1.91

Lieber Siegfried Gerlich!

Freilich gibt es – Sie spiegeln es zurück – etliche Inkonsistenzen in meinem opus, die sich nicht nur evolutionär erklären lassen. Zum Teil liegen diese wohl an der ausfallenden rezeptorischen Rückmeldung, die mich gewiß zu mehr Kohärenzachtsamkeit nötigen würde (so denke ich mir dies jedenfalls); zum anderen Teil aber, vielleicht dem hauptsächlichen Teil, könnte sich in diesem anstößigen Umstand noch ein ganz Anderes ausdrücken, das auf eine kleinere Divergenz zwischen uns aus wäre. Kurzum: ich kann nicht (mehr) so zugreifen wie Sie es eher tun, zugreifen im Sinne einer mehr auf Entscheidungen drängenden peniblen Nachfrage. Weshalb nicht? Weil alles, was ich abweise, in die Abweisungsinstanz selber dann einbricht, sich also voraussetzend perpetuiert: ultimativer Selbstverlust jeglicher Reste von Transzendentalität und dergleichen. Es gibt keine Opferfreie Positionierung, immer nur den Opfer-infizierten Transit von Metaposition, und wahrscheinlich sind solche Unort-Orte dann die Hauptkondition dafür, daß es mit der Systematik des Gedankens nicht so recht gehen will? Ich meine demnach nicht auszuweichen, bequemerweise oder sonstwie, vielmehr nur (und mehr) dieser Infektion, freilich um nicht zu erkranken, stattzugeben; möchte aber daraus wiederum keine fixe Prozedur machen, selbstverständlich nicht. So meine initiale Verlegenheit vor Ihrem anrührendsten Brief. (Die neuerliche [Nicht]ausweiche außerdem geht am ehesten in sinnenphilosophische Richtung.)

Am stärksten drängt es mich jetzt, das Problem der Urverdrängung aufzunehmen, sofern sich daran wohl Ihre Fragen beantworten lassen könnten. – Was wird urverdrängt? Die Triebrepräsentanz des Triebs, also: Repräsentativität/Dinglichkeit des Körpers, das Körperdouble. Damit es urverdrängt werden kann, muß es bereits da sein, möchte man meinen. Demnach bestände die Urverdrängung darin, daß der Körper sein Double selber zu sein begehrt; daß jener dieses einbehält. Weshalb diese rückeinschneidende/destruktive Nicht-Hergabe? Eritis sicut Deus immerdar etc. Dieses Todesmodell schiebt sich in Pathologie hinein dann auf. Dementi der Hergabe post festum; die Hergabe als das Lebenssubstrat, auf dem sich der Tod avisiert. Was so etwas wie die eigentliche Verdrängung wäre, mit dem Vorausgang der ursprünglichen Verdrängung (Analogiebildung zum ursprünglichen Sadismus), der Hergabe selber, die aber insofern verdrängungshaft bleibt,

367

als sie eo ipso die Indifferenz zwischen Körper und Ding behauptet. Oder besser noch (in weiterer Durchführung der Entsprechungen in den Sadismusarten): die auf die ursprüngliche Verdrängung ‚folgende' eigentliche Verdrängung wäre die funktionierende Konsumtion: eben das ausgeführte Dementi der Hergabe post festum etc. in positivem Verstande, allzeit dann gefährdet vom pathologischen Einbruch, der Verdrängung, pathologiegenerativ. Also, man kommt hier wohl nicht weiter als mit der Differenzierung des Todestriebs/der Sadismusarten. Aber immerhin, das ist ja nicht wenig. (Der Schuldbegriff läßt sich ebenso differenzieren.)

Grundmalheur aber dieser bestens ausweisbaren Festlegungen: Ding und Körper sind schon da. Woher aber rühren die beiden: das Ding-mit-mir-Körper-Verhältnis? Ohne diese Frage reduzierte sich Philosophie unverantwortlich. Da es keinerlei Zeugenschaft dieses Vor-Gangs geben kann, müßte man sich bereitfinden, denselben als schlechterdings unbewußt zu bezeichnen und auch nichts mehr dazu zu sagen? Nein, nicht ganz so. H. D. Bahr: dies sei der „Prozeß einer Entschuldung als maschinelle Transmission, die sich damit als ‚elementarer' noch als das Selbst und die Selbstlosigkeit erweist. Ist von diesem Elementaren noch ein Bild möglich?"[1] Ja, ein Bild durchaus, nämlich dasjenige, was ich über die Urverdrängung eben als post-festum ausgeführt habe, stigmatisiert von dem Vorausgang des nicht-repräsentierlichen Selben; Nachträglichkeitsindex selber, veranlaßt immer durch den Pathologieeinbruch, der die in sich selbst hinein sich rückführende Nachträglichkeit motiviert; Abkunft demnach ohne die Fixation des Ab (oder so ähnlich). So gehts wohl, denke ich; ein der Klärung besonders bedürftiger Punkt. Das Hinzudenken des unbewußten ‚Ursprünglichen' denkt immer nur sich selber als Denken denkend hinzu (oder so ähnlich), wie eine Unendlichkeit als Begrenzung selber.

Nun aber zum mutmaßlichen Hauptproblem, dem sexuellen Körper in diesem Zusammenhang der Urverdrängung etc. Die korporelle/körpergenerative Selbstdarstellung – allemal ‚funktionale Phänomene', realiter – der Urverdrängung = Dingdoubleeinbehaltung des Körpers, das ist der Mutter-Sohn-Inzest. Entsprechend die ursprüngliche Verdrängung/Dingdoublehergabe des Körpers als Indifferenz Körper-Ding, der Vater-Tochter-Inzest. Und die eigentliche Verdrängung = die faktische Ausführung der ursprünglichen Verdrängung, der empirische Posten in diesem Gefüge, der Bruder-Schwester-Inzest, je die zwischen-springende Vermittlung

---

[1] H.-D. Bahr, Über den Umgang mit Menschen, Tübingen 1983, S. 493.

der beiden vorausgehenden Inzestformen, die vorausgehend den Zug und Gegenzug/Entropie und Negentropie ausmachen, indem sie sich im Widerstreit zwischen eigentlicher Verdrängung und dem pathologischen Verdrängungskollaps repräsentieren. Wahrscheinlich wird es von dieser Skizze über ‚Inzestform und Produktionsdimension' ein Leichtes sein, Generation und Geschlecht abzuleiten. Jedenfalls, um es nochmals zu sagen, sind sie, jenachdem, Autosymbolismen des Ding-mit-mir/Körper. (Welch ein Programm, immer noch und immer wieder – trotz tausender von Seiten dazu schon!)

Doofmann Signifikant Phallus – nun denn, man mag nicht umhin kommen, auf die ursprüngliche Verdrängung setzen zu müssen, nur, daß sich in ihr die Indifferenz Körper-Ding mitnichten auflöst. Sodann auch die apostrophierte Uneindeutigkeit Lacans, jenachdem worauf der Wertakzent zu setzen fällig ist. Auch mich regt sie immer wieder auf, zuletzt in einem kritischen Durchgang seines *Traums von Irmas Injektion* (ein Buch darüber ist dabei zu werden). Doch was selbst sich auf Lacan berufende Psychoanalytikerinnen von der psychoanalytischen Erfahrung zu faseln pflegen, das können Sie getrost sogleich vergessen. ...

Ich müßte nun etliches an Übersetzungsarbeit vornehmen, um etwa die Unterscheidung transzendentales Signifikat vs. transzendentaler Signifikant, symbolische Ordnung vs. Logos, Mythos vs. Logos etc. angemessen aufzunehmen. Aber vielleicht erübrigt sich dies durch die eben markierte Unterscheidung: die veritable Unabdingbarkeit der ursprünglichen Verdrängung verpflichtet in keiner Weise, meine ich, zu deren Ursprünglichkeits-Feier. Ganz im Gegenteil, diese Mensch-Ermöglichung ist zugleich die ganze Misere des Menschen; nur daß es keinerlei Anderes gibt, immer nur Dasselbe (vielleicht auch einmal anders). Gut, wenn ich konzedieren muß, daß Ding und Körper bereits da sein müßten, um sich in das Spiel der Urverdrängung einzulassen etc., so darf man von einer ‚phallischen Urverdrängung' sprechen, der Lacansche Phallus = der Vorstellungsrepräsentant des Triebs. Einverstanden. Nur daß die konzedierte Vorfindlichkeit sich ja in sich selbst hinein sogleich grund-los zu entziehen beginnt; die Nachträglichkeit ihrer selbst. Und dann?

(Dies war das Sylvester- und Neujahrspensum. Morgen/morgens gehts dann unfeiertäglich weiter!)

Meinetwegen, man mag den Begriff des Realen, wie gehabt, splitten, das geht: das Reale = die phantasmatische Funktion von Repräsentativität/Dinglichkeit, insofern in der Tat der ‚Schauplatz der Schrift' (tout court) und das unmögliche ‚Ding an sich', jenachdem ob nun die Seinseröffnung oder aber die Grundlosigkeit darin nominiert sein soll. Als solche attrahiert es und repulsiert es dann gebührlich immerwährend. Idem: das symbolisierbare Reale vs. das unsymbolisierbare Reale – Vorsicht aber mit dieser Bezeichnung; denn das Symbolische, das ist ja, wie Sie rechtens geltend gemacht haben, das Reale in dieser seiner Doppelung selber. Nicht indessen dergestalt verweisend, daß das Verwiesene den Charakter einer wie immer auch verschwindenden ‚lebendigen' Naturvorgabe anzumahnen verstünde. Nein, der Verlust der Repräsentativität etc. ist absolut/eigenverweislich, so wie die Repräsentativität just diesem ihrem schönen Titel, zu repräsentieren, nimmer nachkommen kann. Der beruhigende Hinweis darauf, daß die Opfer aus dem Video nicht real ausbluten etc. lockt die Transsubstantiation zumal an; nur daß sie sich dann ganz anderswo, wie unabhängig von ihrem Tatort, letal zu vollstrecken pflegt. (Man muß also über die Arbeitsteilung, den Tausch, über alle solche Marxistika, wiedernachdenken; insbesondere über die Satisfaktion durch das Opfer der Arbeitskraft, Rechtfertigung als Besitztitelerwerbung – die Sache mit dem Signifikanten, der Hergabekontradiktion als Reservation, der ursprünglichen Verdrängung, wie gehabt, ist ja nichts anderes!)

In der Tat: Kritiksujet ist nicht der besagte Phallozentrismus, vielmehr dessen Genealogieverweigerung. Hierin bin ich oftmals mißverständlich geblieben – zu unterscheiden ist zwischen der unmöglichen Ontologiepolemik und der antigenealogischen/anti-gnostischen Ontologieverdunklung. Allein, welche Funktion hat sodann die Rettung der ‚Genealogie'?? (Oft bezweifle ich die Angemessenheit dieses Titels!) (Freilich nimmer funktionalistisch im Sinne einer Aufgabenzuteilung.)

O weh: ab wann das Dingphantasma? Aber im Ernst, die Frage verfängt. Ich denke, sogleich/auf der Stelle von der Menschwerdung an. Und zwischen dieser und der (Aufzeichnungs-)Kulturentstehung mag es Phasen (jahrtausendelang!) des Laborierens an der vollen Autotomie/Hergabe/dem Signifikanten/der ursprünglichen Verdrängung gegeben haben; Phasen, die vielleicht danach das Repertoire von Pathologie/Symptomen definieren. ...

Keine strenge Alternativität/und doch strenge Alternativität: urverdrängt wird die Repräsentanz, nichts anderes. Zugleich – zu Nichts führende Doppelnegation – wird aber diese Urverdrängung urverdrängt, also durchaus

nicht nichts-anderes; beides. Mit Bedacht kann man solches dann –
autosymbolisch aber ‚nur' –, wie gehabt, vergeschlechtlichen.

Haben Sie *Pathognostische Studien 3* schon gelesen? Da gibt es für Ihre
Fragen wohl manches an Aufschluß. Es ist wirklich schade, daß Sie nicht
hier sind. Ihre Skripte kursieren aber hier; dazu demnächst mehr.

Herzliche Neujahrsgrüße, auch an Frau Hagen

Ihres Orakels Rudolf Heinz

Hamburg, den 2. 3. 91

Lieber Rudolf Heinz!

Anders als es Ihnen offenbar erschienen ist, bin ich gar nicht vor allem
darauf aus, Inkonsistenzen Ihres Denkens detektivisch aufzuspüren, und
wenn es bisweilen doch danach aussieht, dann deshalb, weil ich gerne eine
Brücke bauen würde von Ihrer Philosophie zum Lacanschen und auch zum
Derridaschen Denken, was ein schwieriges Unterfangen darstellt und
insofern, wie ich hoffe, meiner peniblen Nachfrage vielleicht doch ihr
Recht gibt. Wohl bin ich mir der Gefahr bewußt, daß auch der Versuch
eines bloß intellektuellen Brückenbaus, bereits aufgrund seiner architektonischen Konstruktion, deren Idealität unbeschadet, unter Umständen so
etwas wie eine Brückenphobie hervorrufen könnte. Leider aber ist es mir
unmöglich, dem sicherlich narzißtischen Begehren nach systematischer
Homogenisierung mindest partiell heterogener Diskurse nicht zu erliegen,
sofern ich nicht umhin kann, Lacan und Derrida nicht unverbindlich literarisch, sondern verbindlich philosophisch zu lesen und das heißt ja nichts
anderes als ihr (glücklicherweise noch maßvolles) Nomadendenken auf
dessen systematischen Gehalt hin abzufragen, um es dann wiederum systematisch zu Ihrer Genealogie in Bezug zu setzen. Damit aber stellt sich nicht
nur das zunächst noch bescheidene Problem des Aufspürens der geeigneten
Orte zur Errichtung der Brückenpfeiler an beiden Ufern, sondern sodann
auch dasjenige der Konstruktion der Brücke selber, deren Architektonik
wahrscheinlich gar nicht anders als unbescheiden ausfallen kann. Und so

werfen die meisten meiner wenigen Leser mir denn auch notorisch vor, ich verfiele just der Abendlandparanoia, gegen die ich so vehement mich wende, betriebe somit fatalerweise Mimikry mit dem Aggressor unter Vorspiegelung rein des Gegenteils, erläge also einem outlaw-Narzißmus etc. Die anderen aber, meine Lektüreverweigerer, sind vermutlich deshalb solche, weil sie brückenphobisch vor meiner Systematisierungswut zurückschrecken, und ich kann nur hoffen, daß der Anteil intellektueller Bequemlichkeit an dieser Reaktion größer ist als der eines hier freilich noch in vorpathologischer Mitwisserschaft nur sich einstellenden Schuldgefühls. Sollte aber auch letzteres mit im Spiel sein, was ich befürchte; reproduzierte also mein Denken im kleinen zwanghaft nur den Rationalitätszwang im großen, so erhöbe sich die Frage nach der philosophischen Rechtfertigung solcher intellektuellen Mimikry – womit ich auch schon zu Ihren in sich gebrochenen meta-philosophischen Ausführungen komme: Vielleicht nämlich liegt angesichts der Unmöglichkeit von mehr als bloß imaginärer Mimesis (mit dem Lebendigen) umgekehrt gerade in der reflektierten Inszenierung symbolischer Mimikry (ans Tote) eine sinnvolle, womöglich gar die einzige philosophische Chance, eine dann gewiß immer noch prekär bleibende Form-Inhalts-Übereinkunft zu erreichen. Und solches wäre dann eine Form von Intellektualität, die ungeschützt von eben den Opfervorgängen sich infizieren ließe, die zu transzendieren ihr eh nicht gelingen kann, die aber in eine intellektuelle Anti-Paranoia zu transformieren deren symptomatische Expression wie philosophische Selbsterhellung bewirken könnte. In diesem Sinne gäbe es dann in der Tat, wie Sie es nennen, „keine Opfer-freie Positionierung, immer nur den Opfer-infizierten Transit von Meta-Position". Allerdings kann ich nicht sehen, inwiefern solche Unort-Orte „die Hauptkonditionen dafür (sein sollen), daß es mit der Systematik des Gedankens nicht so recht gehen will", denn es scheint mir im Gegenteil zuzutreffen, daß es mit dieser gerade deswegen nur allzu gut geht.

Inwiefern dem so ist? Insofern intellektueller Mimikry stets die Fatalität droht, das zu kritisierende Ontologiesystem in der Geschlossenheit eines sei es auch genealogischen Denksystems nicht nur polemisch, sondern auch affirmativ zurückzuspiegeln; insofern der ontologiegenealogische Impuls so Gefahr läuft, durch eine List der Vernunft dergestalt in sein Gegenteil verkehrt zu werden, daß dessen narzißmuskritische Wendung im Extrem zu einer undurchschauten Rationalisierung einer tieferliegenden narzißtischen Identifizierung mit dieser eo ipso unfreiwillig dann wiederum beglaubigten Macht des Objektiven regrediert. Gewiß hilft hier kein „Wehret den

Anfängen!", denn es hat ja immer schon angefangen. Vielleicht aber macht es demgegenüber philosophisch Sinn, auf dem schmalen Grat zwischen systematischem Denken und Systemdenken zu wandeln, und, sofern man letzterem irgend doch verfällt, die eigene, wie immer auch Opfer-infizierte Meta-Position um so aufmerksamer mitzuformulieren. Daher also mein narzißmuskritischer Wunsch, die Grenzen relativ nahe beieinander liegender philosophischer Diskurse, wie es Lacans Psychoanalyse, Derridas Grammatologie und Ihre Pathognostik darstellen, zu verflüssigen, ohne indessen das derart Verflüssigte in einem gewaltigen Meta-Diskurs narzißmuspotenzierend abermals zum Erstarren zu bringen. Da ich nun diese Gefahr aufgrund der legitimen Forderung nach selbstbezüglicher Konsistenz ernst nehmen muß, ohne ihr jedoch bislang philosophisch angemessen begegnen, das heißt entgehen zu können – denn ein Appell an die eigene theoretische Bescheidenheit hilft da erfahrungsgemäß wenig –, will ich im folgenden eine selbstrekursive transzendentale Rückfrage in bezug auf Ihr Denken wenigstens anzudeuten versuchen, und zwar ohne mich dabei von Ihren gelegentlichen Ausfällen gegen Transzendentalphilosophie irgend beeindrucken zu lassen, ja nicht ohne mich durch ein seltenes Geständnis von Ihnen gar dazu ermutigt zu fühlen: „Ich bin skeptisch; und über die Möglichkeitskonditionen meiner selbst, intellektuell, weiß ich am wenigsten."[2]

In Ihrem philosophischen Selbstverständnis, wie Sie es zu Beginn Ihres Briefes artikulieren, meine ich nun doch eine kleinere Inkonsistenz zu erblicken. Wenn auch zu Recht von der Unmöglichkeit einer „Opfer-freien Positionierung" auszugehen ist und mithin allein die Möglichkeit eines selber höchst bedingten „Transits von Meta-Position" noch bleibt, so scheint mir dies gleichwohl nicht schon den „ultimativen Selbstverlust jeglicher Reste von Transzendentalität" zu implizieren; dies insofern nicht, als gerade die (außerdem einen sehr ‚starken' Wahrheitsanspruch erhebende) Behauptung der notorischen Opfer-Infiziertheit von Meta-Positionalität eo ipso nicht umhin kann, mindest eben diesen „Rest von Transzendentalität" implizit zu beanspruchen, wo nicht gar mehr als nur diesen Rest: spricht sich doch in der wie immer bedingten und insofern ‚unreinen' Selbsterkenntnis der eigenen Opfer-Infiziertheit ein sehr hohes Maß an intellektueller Bewußtheit aus, man möchte gar meinen, ein weit höheres, als es scheinbar ‚reiner' Transzendentalphilosophie eignet. Gäbe es aber nicht

---

[2] Kaum. Halbjahresschrift für Pathognostik, hrsg. v. R. Heinz, Bd. 2, Wetzlar 1986, S. 80.

einmal einen solchen transzendentalen Rest, so wären wir eben rest-los verstrickt und könnten von dieser unserer Verstricktheit selber schlechterdings überhaupt nichts wissen, nicht einmal von unserem Nichtwissen diesbetreffend. Selbstverständlich gälte es bei der postulierten Rettung einer solchen Rest-Transzendentalität den Umstand besonders zu akzentuieren, daß diese nicht mehr als platonistischer Außenposten zu denken wäre, sondern bloß noch als Genealogiegrenzwert der Logosimmanenz selber, und dies so radikal, daß ein explizites Befallseingeständnis dann auch, gerade auch in der Selbstpositionierung von Genealogie nicht fehlen dürfte.

Sie werden wohl schon ahnen, worauf meine Rettung der transzendentalen Frage, die Möglichkeitsbedingungen von Genealogie betreffend, letztlich aus ist: – groß gesprochen (und hoffentlich eine entsprechende Provokation für Sie!) – auf eine Bewährung von Rationalitätsgenealogie als kritische Philosophie im Sinne Kants (dies nicht zuletzt, um beifallssichere Irrationalismusverdächtigungen a priori abweisen zu können). Dieser Nominierung aber würde Genealogie allein dann gerecht, wenn sie imstande wäre, den beiden von Kant herbeizitierten Gefahren zu widerstehen: einem empiristischen Skeptizismus, dem bisweilen Foucaults allzu glücklich positivistische Genealogie (demnach in Wahrheit bloße Genesis?) zu erliegen droht einerseits, und einem präkritischen Dogmatismus, als welcher weitgehend wohl (oder übel) Nietzsches genealogische Metaphysik des Willens zur Macht anzusehen wäre andererseits. Tatsächlich haben denn auch Nietzsches Dogmatismus und Foucaults Skeptizismus das Laster einer sturen Verweigerung philosophischer Selbstrekursivität gemeinsam – wodurch sie sich schwerwiegende theoretische Inkonsistenzen aufbürden: Scheint Nietzsche seine Selbstwidersprüche nicht einmal zu bemerken, so ist Foucault sich der seinen zwar bewußt, sucht deren Ausbruch aber durch die Vermeidung transzendentaler Rückfragen elegant zu verhindern. So verraten uns beide Genealogen nicht, von welchem Ort aus sie überhaupt sagen können, was sie gleichwohl nicht aufhören zu sagen, und insbesondere Foucault verrät uns dies auf eine geradezu kokette Weise nicht, was ihn allerdings nicht davon abhält, mit seiner bekennenden sophistischen Rede bis in die philosophische Anonymität hinein fortzufahren, von wo aus eine solche Nachfrage dann freilich als bloße akademisch-bürokratische Spitzfindigkeit, womöglich gar als diskurspolizeiliche Spurensicherungsmaßnahme des Logos selber erscheinen muß.

Vermag eine solche heillose Verwirrungsstrategie, die zunächst gewiß entwaffnend wirken muß, sodann aber auch zu überzeugen? Ich meine, letzten Endes, nein, und denke des weiteren, daß die kritische Pointe psychoanalytisch-pathognostischer Genealogie gerade in der festgehaltenen Frage nach ihren eigenen Möglichkeitsbedingungen bestehen müßte – eine Frage, deren Nicht-Preisgabe mir einzig intellektuelle Verantwortlichkeit zu gewährleisten scheint, ohne daß dadurch schon eine diskursive Erzwingbarkeit sachhaltiger Einsichten von Genealogie postuliert würde. Und aufgrund jener apostrophierten immanenten Anspruchsminderungen wäre so auch nicht mehr in einem irgend ursprungsphilosophischen, sondern nurmehr in einem methodischen Sinne von einer also bescheiden gewordenen Transzendentalität noch die Rede. – Aber vielleicht werden Sie hiergegen skeptisch einwenden wollen, daß eine solche transzendentale Umarmung von Genealogie stets mehr als nur eine *formale* Konzession an den Logos darstellt; daß sie unvermeidlich auch auf einen *inhaltlichen* Verrat am rationalitätsgenealogischen Projekt hinauslaufen muß, sofern doch in jedwedem Versuch transzendentaler (Selbst-)Begründung die phantasmatische Supposition gelingender Selbstreflexivität nicht ausbleiben kann? So würde ich in der Tat auch denken, doch frage ich mich, ob sich im Gegensatz etwa zu einem wilden Deleuzianischen „Sich-in-die-Büsche-Schlagen" – wohin Sie Deleuze freilich nie gefolgt sind – nicht gerade mit einer bewußten Anerkennung (der ansonsten allemal unvermeidlichen Heimholung ins Reich) der Vernunft die Chance bietet, diesen Logos-Tribut dann umgekehrt als Trojanisches Pferd einzusetzen.

Im Hinblick auf die genealogische Selbstpositionierung scheint mir also alles für die Notwendigkeit einer methodischen Anerkennung der Vernunft zu sprechen: denn nicht nur kommt man ums Argumentieren eh nicht herum, auch muß eine solche kleinere formale Anerkennungskonzession nicht eo ipso schon die emphatische Affirmation der Vernunft im großen implizieren – jedenfalls nicht im Falle eines sogleich nachgesetzten inhaltlichen Befallseingeständnisses, wonach die anderenfalls tatsächlich gefährliche Umarmung des Logos (im genitivus subjectivus und objectivus) nurmehr als Anerkennung eines notwendigen Übels sich darstellte, welches dieser dann nichts als selber wäre. Mit gutem Grund ärgert so etwas die Rationalisten am meisten: wenn man sie mit ihren eigenen Waffen schlägt, und im Vorbeigehen gesagt, war dies ja auch die Strategie Derridas in seinen hervorragenden frühen Texten über Lévinas und Foucault, denen gegenüber er einfach auf transzendentale Konsistenz pocht und so eben auch über die besseren Argumente verfügt (ohne daß man ihm darum schon vorwerfen dürfte, er hätte damals noch allzusehr auf Seiten des Logos gestanden).

Sie werden bemerkt haben, daß diese Überlegungen keinerlei inhaltliche Kritik an Ihrem Denken implizieren, sondern nur die Frage stellen, ob sich nicht auch Rationalitätsgenealogie unvermeidlich immer schon im Horizont ermäßigter transzendentaler Reflexion bewegt, sodaß dann also die psychoanalytischen/pathognostischen Kategorien in bezug auf die Legitimität ihrer nicht mehr (nur) wissenschaftlich-empirischen, sondern zumal genealogisch-transzendentalen Geltung zu explizieren wären. Anstelle psychoanalytischer Wissenschaftstheorie also pathognostische Transzendentalphilosophie? – Etwas in dieser Art schwebt mir schon vor, sofern der souveräne Verzicht auf wissenschaftstheoretische Fundierung bei gleichzeitiger imperialer Expansion psychoanalytischer Kategorien in pathognostische Genealogiegefilde hinein doch eine gewisse Diskrepanz zwischen dem sehr ‚starken‘ Anspruch und der ungeheuren philosophischen Tragweite Ihrer Thesen einerseits, und deren nicht in entsprechendem Maße zwingender methodischer Begründung andererseits spürbar werden läßt. Um hier keine Mißverständnisse aufkommen zu lassen: Ich selber liebe ja Ihren psychoanalytischen Imperialismus gar sehr; auch glaube ich – um zwei ganz simple Beispiele zu wählen – den Analsadismus Kants und den Oralsadismus Hegels ‚sehen‘ zu können, doch entbindet mich dies nicht von der philosophischen Pflicht, diese Ein-sicht gegen Psychologismusvorwürfe nicht nur intuitiv, sondern auch diskursiv möglichst verbindlich zu verteidigen; hier etwa durch den grundsätzlichen Nachweis, daß Psychoanalyse und Pathognostik nicht nur die subjektive psychobiographische Genese philosophischer Texte aufzuschlüsseln imstande sind (was großzügige Kantianer müde lächelnd konzedieren können), sondern daß sie darüber hinaus deren objektive Geltung selber zu genealogisieren vermögen (wobei auch die großzügigsten Kantianer ins Schwitzen kommen dürften). Mit anderen Worten: Nicht nur hat Kant eine sadistische Zwangsneurose, wenngleich dies trivialerweise auch, sondern die ‚reine‘ Vernunft selbst als solche ist zwanghaft sadistisch. Sofern aber deren Geltung gleichwohl unhintergehbar bleibt, und das heißt: nicht nur *nach* ihrer Genealogisierung fortbesteht, sondern gar für diese selber vorauszusetzen ist, denke ich – nicht zuletzt auch um Überbeglaubigungs-double-binds zu entgehen –, daß auch Genealogie, wenngleich schweren Herzens, es auf sich nehmen muß, die Dichotomie von Genesis und Geltung als unversöhnbare anzuerkennen.

In diesem Sinne haben Sie in *Pathognostik für Philosophen*[3] immerhin selber geltend gemacht – und mir scheint durchaus im Gegensatz etwa zu *Die Scham und die Schrift*[4], wo Sie in einer prekären Ineinsbildung zugleich Genesis und Genealogie der subjektiven Vermögen zu betreiben suchen –, daß sich Geltung einzig unter strikter Abweisung von notorisch zu kurz greifender Genesis genealogisieren läßt. Kommt mithin die Transzendentalität von jener allemal ungeschoren davon, so wird man Genesis am besten wohl ganz den empirischen Wissenschaften überlassen müssen; die denknotwendige Nicht-Preisgabe der Geltungsdimension selber aber wäre so nur ein weiteres Argument für die Unabdingbarkeit transzendentaler Selbstrekursivität, als vermittelnde Propädeutik für Genealogie sozusagen. Oder sehr frei nach Wittgenstein gesprochen: man muß erst einmal auf die transzendentale Leiter hinaufgestiegen sein, bevor man sie sodann genealogisch umstößt ...

Wahrscheinlich werden Sie von dieser meiner Argumentation einigermaßen befremdet sein, und ich muß Ihnen gestehen: ich bin es gar selber. Es kommt mir nämlich beinahe so vor, als schlüge in diesen moralischen Tönen meine philosophische Sozialisation ungebührlich heftig durch, denn mein einstmaliger Lehrer pflegte, nachdem er meine steilen Thesen zunächst einmal hilflos über sich ergehen lassen mußte, mich danach siegessicher stets zu fragen: „Woher wissen Sie das alles eigentlich so genau?" – Nun ja, darauf wußte ich ihm tatsächlich so recht nie zu antworten, zumal ich seine kritische Rückfrage nicht umhin konnte, immer auch in dem Sinne zu interpretieren, daß er durch solche transzendentale Distanzgewinnung sich bequem vom Leibe halten konnte, was er so genau eigentlich dann doch nicht wissen wollte. Immerhin aber verfolgt mich seine bohrende Nachfrage auch heute noch, wie Sie sehen. Der demgegenüber maßgebliche sachliche Grund für mein Insistieren auf der transzendentalen Rückfrage aber stellt mein Wunsch nach einem verbindlichen philosophischen Selbstbegründungsprogramm von Rationalitätsgenealogie dar, welches den zwar billigen, im Kantischen Sinne jedoch bequem als ‚kritisch' zu verkaufenden Standardeinwand, es handle sich bei derart ausholenden intellektuellen Konstruktionen um unausweisbare präkritische Metaphysik, den Boden entzieht. Selbstverständlich übersehe ich nicht, daß

---

[3] Vgl. R. Heinz, Pathognostik für Philosophen, in: Pathognostische Studien II, Genealogica, hrsg. v. R. Heinz, Bd. 17, Essen 1987, S. 41-56.

[4] Vgl. R. Heinz, Die Scham und die Schrift, in: Pathognostische Studien I, Genealogica, hrsg. v. R. Heinz, Bd. 10, Essen 1986, S. 149-160.

Sie immer wieder esoterische und exoterische programmatische Texte geschrieben und Vorlesungen gehalten haben, die die Prämissen Ihrer Arbeit offenlegen und begründen. Zumeist aber gehen Sie dabei vom klinischen Pathologie-Kontext aus, während mir demgegenüber sehr an einer Philosophie-internen Einsatzstelle für die Selbstbegründung von Genealogie gelegen wäre. Vielleicht aber ist solches auch schon rein von der Sache her gar nicht drin, also aus den besten rationalitätsimmanenten Verdrängungsgründen nicht.

Allerdings habe ich bei der bisherigen transzendentalen Rückfrage im meta-theoretischen Sinne, also die Selbstpositionierung von Genealogie betreffend, den Umstand unterschlagen, daß diese Frage bei Ihnen immerhin auf der Objekt-Ebene auftaucht und in dieser wie immer auch verkürzten Form im Kontext des von Ihnen ausdifferenzierten Sadismensystems durchaus auch beantwortet wird: haben Sie eben diesem doch wiederholt eine transzendentale Funktion zugesprochen, welche eo ipso dann wohl für das entsprechende Verdrängungssystem mitbehauptet werden müßte, wie Sie es in Ihrem Brief entworfen haben. Doch bevor ich dazu komme, will ich zur Selbstverständigung erst einmal unvermeidlich diskurspolizeilich ein wenig das betreiben, was andere ‚Begriffsklärung' nennen, denn ich muß gestehen, daß mir Ihre Ausführungen zur Verdrängung einige Probleme bereiten. Dabei sind es gar nicht so sehr diese Ausführungen inhaltlich selber, die mir problematisch erscheinen, sondern vielmehr Ihre nicht konsequente Verwendungsweise des Begriffs der (Ur-)Verdrängung, der mir in Ihrem Brief geradezu das Gegenteil dessen zu besagen scheint, was Sie mit diesem Ausdruck andernorts zu denken versucht haben.

Ihren brieflichen Ausführungen zufolge besteht die Urverdrängung darin, „daß der Körper sein Double selber zu sein begehrt; daß jener dieses einbehält", wobei aber nicht etwa der Körper/der Trieb selber urverdrängt wird, sondern vielmehr allein „die Triebrepräsentanz des Triebs, also: Repräsentativität/Dinglichkeit des Körpers, das Körperdouble." Dieser Behauptung nun widerspricht grundsätzlich etwa folgender Gedanke aus Ihrer *Philosophenlesung über Technik – Todestrieb – Tod*[5]*:* „Es ist so etwas wie die Urverwerfung/Urverdrängung des korruptiblen Menschkörpers und die Überaufwertung (Überkompensation)/die Überbietungswiederkehr desselben als totes Körperdouble/Ding, kurzum Technik." – Wird dort das

---

[5] Vgl. R. Heinz, Pathognostische Studien III, Genealogica, hrsg. v. R. Heinz, Bd. 20, Essen 1990, S. 245-259.

Körperdouble urverdrängt, so verfällt hier der Körper selbst (der „geschwundene Schwundkörper") der Urverdrängung, während das Körperdouble (der „cogitionale Nachträglichkeitskörper") nurmehr die mortale Wiederkehr des (Ur-)Verdrängten darstellt. Zwei verschiedene, einander widersprechende Verdrängungsbegriffe demnach? So erscheint es mir in der Tat, und insofern dürfte es sinnvoll sein, danach zu fragen, was pathognostisch überhaupt das Wesen, also das Verdrängungshafte der Verdrängung ausmacht. Den Ausführungen Ihres Briefes entnehme ich, daß dieses in nichts anderem als der Behauptung der „Indifferenz zwischen Körper und Ding" besteht. Damit aber ist für die Klärung des Verdrängungsbegriffs noch nicht viel gewonnen, denn diese Indifferenz besteht ja allemal und läßt sich somit nach beiden Seiten hin genealogisieren: sei's daß das in den Körper hinein urverdrängte Körper-Double von jenem indifferenzierend nicht hergegeben wird, sei's daß umgekehrt der urverdrängte Körper von seinem wiederkehrenden Double ebenfalls indifferenzierend sich absorbiert findet. Wahrscheinlich wird diese Alternative allererst im Fortgang von der Urverdrängung zur ursprünglichen Verdrängung entscheidbar. Sofern nämlich diese in der Hergabe des Körper-Doubles besteht, dürfte es mindest intuitiv näherliegen, auf die Verdrängung des Körpers selber zu setzen, der demnach seinem durch sie freigegebenen Double als einer Ersatz- bzw. Reaktionsbildung Platz machte, als auf die Verdrängung dieses Doubles, welches so widersprüchlicherweise auch und gerade in dem Moment verdrängt bliebe, in dem es hervorträte, wirklich würde (was a fortiori dann für die eigentliche Verdrängung gelten müßte). Daher erscheint es mir plausibler, den Begriff der Verdrängung in jenem seiner herkömmlichen Bedeutung verwandten Sinne zu verwenden, als ihn kontraintuitiv geradezu in sein Gegenteil zu verkehren, wofür dann vielleicht der Preis einer begrifflichen Indifferenzierung zu zahlen wäre.

Diese terminologischen Bedenken zurückstellend, komme ich nun direkt zu den betreffenden Inhalten Ihres Briefes, wobei ich mich also trotz meiner Vorbehalte gegen dessen Verdrängungsbegriff an diesen werde halten müssen. Besteht danach die *Urverdrängung* darin, „daß der Körper sein Double selber zu sein begehrt; daß jener dieses einbehält", so scheint mir deren Differenz zur ursprünglichen Verdrängung darin zu liegen, daß der Körper sich von seinem Double nicht bloß *repräsentieren* lassen, sondern dieses nichts als selber sein will: daher die passivische Nicht-Hergabe des Körperdoubles, welcher in der Logik der Inzestformen die Einbehaltung des Phallus durch die phallische Mutter im ‚dionysischen' Mutter-Sohn-

Inzest als ihrer körpergenerativen Selbstdarstellung entspräche. Als ‚apollinischer' Gegenpol dazu ließe sich sodann die *ursprüngliche Verdrängung* begreifen, die in der aktivischen Hergabe des nurmehr repräsentierenden Doubles bestünde, welche ihrerseits dem Vater-Tochter-Inzest entspräche, sofern allein über den Tochter-Schematismus-Brückenschlag vom Vaterphallus zum Mutterkörper hin dessen Opferung durch den Sohnesgeist vollzogen werden kann. Und die *eigentliche Verdrängung* endlich wirkte aufgrund ihrer konsumatorischen Reintrojektion des Ding-doubles hinwiederum als „Dementi der Hergabe post festum", sodaß dann der Bruder-Schwester-Inzest als vermittelnder „empirischer Posten in diesem Gefüge" aufträte.

Es drängen sich mir in bezug auf die Logik der Inzestformen jedoch noch einige Fragen auf, die sich nicht zuletzt aus dem Wandel Ihrer Darstellungsweise derselben ergeben: In welchem Verhältnis stehen die Inzestfiguren Mutter-Sohn und Vater-Tochter zu den konstitutiven Sadismusfiguren, die Sie in *Die Utopie des Sadismus*[6] noch als Inzest und Individuation bezeichnet haben? Naheliegend wäre es ja, nicht nur Urverdrängung vs. ursprüngliche Verdrängung mit Ursadismus vs. ursprünglicher Sadismus parallelzuführen, sondern ebenso auch Mutter-Sohn-Inzest vs. Vater-Tochter-Inzest vereinfachend mit Inzest vs. Individuation kurzzuschließen – wobei mir eine solche Vereinfachung allerdings den Preis zu haben scheint, daß in Ihrem alten Sadismen-Dualismus (der *Utopie...*) aufgrund der darin unvermeidlichen sadistischen Sohnesperspektive, die sich noch ganz im Rahmen des Mutter-Sohn-Inzests samt dessen Inversion hält, die in sadistischer Hinsicht minderwertige Tochter, und damit auch der Vater-Tochter-Inzest selber, nur am Rande vor- und also zu kurz kommt. Umgekehrt aber scheint mir in der neueren Mutter-Sohn/Vater-Tochter-Dichotomie die ältere Individuationsinversion des Mutter-Sohn-Inzests auszufallen, es sei denn, man ließe diese sich in den Vater-Tochter-Inzest einerseits und den Bruder-Schwester-Inzest andererseits aufspalten. Dagegen hinwiederum spräche dies, daß der Bruder-Schwester-Inzest nicht nur eine „zwischenspringende Vermittlung" zwischen Mutter-Sohn- und Vater-Tochter-Inzest darstellt, sondern geradezu als empirische Verdichtung von beiden transzendentalen Inzestfiguren wirksam wird und somit nicht ausschließlich der Individuationsseite zugeschlagen werden kann; mindest dem zufolge nicht,

---

[6] Vgl. R. Heinz, Die Utopie des Sadismus. Einige programmatische Überlegungen, in: Die Eule. Diskussionsforum für rationalitätsgenealogische, insbesondere feministische Theorie, hrsg. v. H. Heinz, Nr. 3, Wuppertal/Düsseldorf 1980, S. 24-71.

was Sie in *Taumel und Totenstarre*[7] dazu ausgeführt haben (dessen Signifikationspointe mir außerdem noch nicht aufgegangen ist): „Der Geschwisterinzest besteht darin, die beiden einschlägigen Inzestfiguren der Signifkation eben als Geschwister real zu setzten: Signifikat (Vater-Tochter-Inzest, kasernierte Mutter) = Schwester; Signifikant (Mutter-Sohn-Inzest, toter Vater) = Bruder." – Bestehen bleibt dann immerhin noch das grundsätzliche Problem des Verhältnisses dieser elementaren Strukturen der Verwandtschaft zu den nicht minder elementaren Verdrängungsstrukturen des Unbewußten, denn es erhebt sich dabei doch die Frage, ob nicht die Verdrängungsformen den als ‚funktionale Phänomene' aufgefaßten Inzestfiguren, in denen sie sich ja bloß re-präsentieren, eben darum strukturgenealogisch vorgängig sein müssen; was, wenn es zuträfe, seinerseits die Frage aufwerfen dürfte, wodurch überhaupt diese auto-symbolische Selbstdarstellung der Verdrängung im sexuellen Körper motiviert würde, sofern doch nicht der Verdrängung selber an einer solchen Selbstoffenbarung gelegen sein kann.

Doch nochmals zurück zur Begriffsklärung, nunmehr aber in der Absicht, geeignete Orte zur Errichtung von Brückenpfeilern an beiden Ufern zu finden: Obwohl Sie in Ihrem Brief – anders als in Ihrer *Philosophenlesung* – mit Lacan und Freud darin übereinstimmen, daß nicht der Körper/der Trieb selber, sondern nur dessen Repräsentant urverdrängt wird, decken sich doch auch so der psychoanalytische und der pathognostische Begriff der Urverdrängung noch immer nicht – was Sie im übrigen selber angedeutet haben, indem Sie die Lacansche ‚Urverdrängung' im Rahmen Ihrer Differenzierung zu einer in Wahrheit bloß ‚ursprünglichen Verdrängung' relativieren, deren eifrige „Ursprünglichkeitsfeier" bei Lacan indessen eine strukturalistische Genealogieverweigerung zur Folge habe. Vielleicht aber trifft dieser Einwand doch nicht so ganz: insofern gewiß, als Lacan faktisch beinahe nie auf die Genealogie der symbolischen Ordnung abhebt; insofern jedoch nicht, als seine Begrifflichkeit es gleichwohl prinzipiell erlauben dürfte, die Urverdrängung (in Ihrem Sinne) zu denken. Eben dies scheint mir der Freudsche Begriff der ‚Verwerfung' leisten zu können, der insbesondere in seiner Lacanschen Pointierung auf den Phallus hin kaum zufällig einen Psychose-konstitutiven Abwehrmechanismus bezeichnet. Denn während im normalitätsgewährleistenden Zustand der Urverdrängung (hier im Lacanschen Sinne) der Phallus als transzendentaler Signifikant das

---

[7] Vgl. R. Heinz, Taumel und Totenstarre. Vorlesungen zur Philosophie und Ökonomie, Münster 1981.

Symbolische souverän zu tragen, dessen Ordnung vor dem drohenden Einbruch des Realen zu schützen vermag, muß diese symbolische Schutzvorrichtung gerade dann versagen, wenn der Phallus selber einer *Verwerfung* ins Reale verfällt, so daß dessen also auseinanderbrechendes Reich dem nunmehr sich entfesselnden Realen schutzlos inzestuös ausgeliefert ist, es sei denn, es gelänge dem Herrensignifikanten, durch eine reaktiv paranoische Gewaltentfesselung am anderen Ende dem bedrohlich schizophren gewordenen Fleisch heimzuzahlen, was auf ein Opfer allemal hinausliefe. Was aber ist der Rückeinschnitt des Körperdoubles ins Fleisch, als welchen Sie die Urverdrängung bestimmt haben, letztlich anderes?

Vielleicht lassen sich diese Verhältnisse psychoanalytisch/pathognostisch/grammatologisch etwa folgendermaßen verdichten: Zunächst erliegt der Phallus der *Urverdrängung* (Lacans Verwerfung) dergestalt, daß dessen entropische Nicht-Hergabe ein inzestuöses Verfallen ans Fleisch verursacht, welches insofern unmöglich nicht geschlechtsdifferent weiblich sein kann, als der letale Rückeinschnitt des phallischen Dingdoubles in diesem eine hysterische Körperschrift, sozusagen eine Urschrift im Realen hinterläßt, die im Psychoseextrem gar eine Rufsprengung der logozentrischen Sprechens-Hörens-Einheit in Gestalt sprachlosen Stimmenhörens zu provozieren imstande ist. – In der *ursprünglichen Verdrängung* (Lacans Urverdrängung) sodann ereignet sich die negentropische Hergabe des Phallus mit dem Effekt einer transzendentalen Konstitution der symbolischen Ordnung durch eben diesen auf der Basis eines solchermaßen apriorischen Weiblichkeitsopfers sich absolut setzenden Allsignifikanten, gegen welches der dadurch zugleich möglich gewordene Logos i.w.S. dank der ihn stützenden Sprechens-Hörens-Einheit paranoisch zwar sich zu verschließen vermag, indessen nicht ohne gerade in den zwangsneurotischen Opferritualen der Logik i.e.S. sein frustran (Ur-)Verdrängtes wiederkehren zu lassen.

Vermittlungsschwierigkeiten habe ich dagegen mit dem Begriff der *eigentlichen Verdrängung,* sofern hier doch eine terminologisch nicht überbrückbare inhaltliche Diskrepanz zwischen Ihnen und Lacan bestehen dürfte, die im wesentlichen gewiß von Ihrer Objektivitätswendung herrührt, welche sich in unserem Verdrängungskontext gerade in der Bestimmung des Repräsentanten des Triebes als *Ding* niederschlägt, während demgegenüber sowohl Freud wie Lacan aufgrund ihres Subjektivismus demgegenüber von einem *Vorstellungs*-Repräsentanten des Triebes ausgehen. Um nun aber nicht den Grundsatzstreit zwischen psychoanalytischem Subjektivismus und pathognostischem Objektivismus in ein Detailproblem hinein nur zu verlagern und auch dort unversöhnliche Alternativen aufzurichten, möchte ich vielmehr vermittelnd von vornherein vorschlagen, am besten sogleich von verschiedenen medialen Objektivationsebenen des Triebes auszugehen, anstatt sich für eine ausschließlich zu entscheiden. Mag es auch zutreffen, daß sich die Trieb-Repräsentativität allererst in Dinglichkeit imaginär sättigt, so muß dem doch eo ipso ein symbolischer Mangelzustand von Repräsentativität vorausgehen, und als solcher fungiert, wie mir scheint, eben die reine Symbolismus-Ebene der Vorstellungen, Worte, Zeichen etc.. Mit der theoretischen Preisgabe dieses doch nicht zu leugnenden symbolischen Spielraums zwischen realem Körper und imaginärem Ding würde tatsächlich nichts weniger als die konstitutive Differenz zwischen dem Symbolischen und dem Imaginären selber indifferenzierend eingezogen, und ich befürchte, daß Sie nicht nur implizit genau darauf aus sind, wenn Sie behaupten, daß die „Voraussetzung des ganzen Symbolischen ... nichts anderes als die sich selbst voraussetzende Einheit von Sprechen/Hören" ist, die „selber schon phantasmatisch"[8] sei. Trifft letzteres auch fraglos zu, so stellt die wie immer phantasmatische Sprechens-Hörens-Einheit mitnichten doch die Voraussetzung des Symbolischen als solchem dar; denn selbst wenn im Hinblick auf Lacans unmögliche gleichwohl-Rettung der Psychoanalyse in prozeduraler Hinsicht wohl zu konzedieren wäre, daß das Symbolische im Sinne des „vollen Sprechens" tatsächlich den von Ihnen diagnostizierten schuldabsorbierenden Charakter aufweist, so geht es in dieser seiner imaginären Funktion doch so wenig auf, wie Imaginäres und Symbolisches trotz aller Überlagerungen einfach indifferent zusammenfallen.

Daher möchte ich, analog zur Binnendifferenzierung des Realen in ein symbolisierbares und ein unsymbolisierbares, auch eine des Symbolischen selber vorschlagen: in ein vom Imaginären durchdrungenes Symbolisches, welches die zunächst sinnhafte, sodann dingliche Erfüllung seiner Repräsentationsfunktion suggeriert, indem es auf die vorgängige Anwesenheit eines scheinbar re-präsentierbaren Realen als der ‚Sache selbst' verweist einerseits, und in ein ‚reines' Symbolisches, das das Scheitern seines Repräsentationsanspruchs als solches symbolisiert, indem es nur noch auf sich selber als Symbolisches verweist und so die Abwesenheit des nicht repräsentierbaren Realen spürbar werden läßt andererseits. Sofern darüber

---

[8] R. Heinz, Pathognostische Studien III, a.a.O., S. 230.

hinaus aber diese Binnendifferenz der symbolischen Ordnung i.w.S genau zwischen imaginärer Sinn-/Dingerfüllung und symbolischem Seinsmangel verläuft, scheint sie mir nicht nur Lacans Differenz von Imaginärem und Symbolischem i.e.S. zu markieren, sondern ebensowohl auch Derridas *différance* zwischen Logos und Urschrift. Aus guten Dekonstruktionsgründen meine ich also diese Differenz philosophisch nicht preisgeben zu dürfen, und als eine implizite Form ihrer Preisgabe erscheint mir eben die von Ihnen unterderhand vorgenommene Verengung des notorisch unter realem Seinsmangel leidenden Symbolischen auf seine diesen verdeckenden imaginären Sättigungsformen. Vielleicht aber können wir uns ja darauf einigen, daß man die symbolische Differenz, um sie zu retten und dabei zugleich der von Lacan unterschätzten Macht des Imaginären auch innerhalb des Symbolischen gebührend Rechnung zu tragen, entsprechend verschieben müßte, und zwar am besten in die soeben bereits angetippte *différance* hinein.

Ein Konsens in diesem Punkt scheint mir nämlich insofern möglich, als Sie, von Ihrer programmatischen Kritik am Symbolischen einmal abgesehen, in den Sachgehalten Ihres Denkens, insbesondere dort, wo sich dieses als Philosophie der Krankheit bewährt, dem von mir angemahnten symbolischen Überhang implizit ja immer schon Rechnung tragen (was a fortiori von Ihrer pathognostischen Praxis gelten dürfte), sofern dieser als „absoluter und eigenverweislicher Verlust der Repräsentativität" geradezu paradigmatisch in Gestalt von Krankheitssymptomen fühlbar wird, die doch zweifellos so etwas wie eine im radikalen Sinne ,symbolische' Möglichkeitsbedingung Ihres Denkens und Handelns darstellen. Man muß nicht gleich anti-psychiatrischen Freiheitsdeklarationen psychischer Krankheit blind Folge leisten, wenn man einigermaßen bescheidene genealogische Hoffnungen auf eine angemessene philosophische Formulierung ihrer wie immer auch hilflos verstrickten Subversion des Logos setzt, wozu eben, wie ich meine, nicht zuletzt auch großzügigere kategoriale Differenzierungen ihren Teil beisteuern können. Und sollte außerdem nicht gerade der Umstand, daß in der Praxis der Psychoanalyse die Spuren symptomatischer Körper*schrift* durch deren Absorption ins volle *Sprechen* hinein logosgemäß getilgt zu werden pflegen, nur einen Grund mehr dafür abgeben, diese faktisch fortwährend vollzogene Tilgung durch einen indifferenzierenden Kurzschluß der ,symbolischen Ordnung' mit dem ,Logos' nicht auch noch theoretisch festzuschreiben? Um all dies abschließend nochmals auf den Phallus zurückzubeziehen: Ist nicht dieser Phallus, bevor er zur Idee, gar zum Dinginbegriff wird, zunächst einmal nur ein reiner Signifikant, ein ‚funktionales Phänomen' also, das aufgrund seiner Autosymbolisierung des Repräsentativitätsverlustes des Symbolischen und damit zugleich jenes Seinsmangels selber als Spur der *différance* irgend dann doch zu retten wäre?

(In diese Frage hat sich mein „Prinzip Hoffnung" zurückgezogen.)

Herzliche Grüße. Ihr Siegfried Gerlich

Wuppertal, Karsamstag 91

Lieber Siegfried Gerlich!

Also: der transzendentale Nachdruck – er geht mir nicht mehr aus dem Sinn (vielleicht mache ich demnächst mal ein Seminar über ‚Begründung')!

Das sagte ich wohl schon: das sei eine Geste der Selbsteinholung, der Jagd auf sich selbst, venatio Dei; zutiefst also narzißtisch, erlaubt und offiziell narzißtisch sozusagen. (Das schlimme Ende aber scheint vermieden?) Besser wohl noch, auf die Pointe hin, daß die Instantaneität von Erzeugung und Ausweis des Gedankens sein möge, hatte ich neulich die plötzliche Evidenz (!) der himmlischen Dreifaltigkeit diesbetreffend: wenn der Vater den Sohn vor aller Zeit (er)zeugt, ja, dann fällt/fiele Generation und Kontrolle des Gedankens zusammen. Also wäre diese Art der transzendentalen Rückfrage das allerchristlichste-säkulare Lob der Trinität!? Mundan dann die Taufe: die Wiedergeburt, die eigentliche Geburt, aus dem Wasser und dem Geiste; Substitution der fleischlichen Geburt. Aber ja, mundan, hienieden, differenzieren sich sodann die *ars inveniendi* und die *ars judicandi* unter dieser Prärogative und jener Vorläufigkeit, also unter dem Telos der besagten im vorhinein (himmlisch-apriori) garantierten Substitution, die sich hinwiederum nicht ohne den erlösenden Opfertod des Sohnes auf Erden, die Exekution der Sohnesgeburt aus dem Vater, garantieren läßt.

Nun aber habe ich transzendentalphilosophisch erneut verloren. Denn die Reproduktion der Frage bleibt jetzt gewiß nicht aus: auch diese mythologische ‚Verunklärung' bedarf, wenn man sie ernst nimmt, der Begründung: „Woher wissen Sie das???"

Replik: – durchaus vom Charakter eines Arguments – (und in letzter Verdichtung) – das ist eine sich selbst verkennende Frage, sofern sie die Voraussetzung, die sie um ihrer selbst willen eingehen muß, sogleich um ihrer selbst willen zu negieren nicht umhin kommt. Sie supponiert das ganze christliche Phantasma, den Selbstzusammenfall, dieses Nichts, um solches zugleich – wie wenn sich das letzte unbezügliche Etwas, die Nicht-Substituierbarkeit, darin darstellte – zu dementieren. Also: solche transzendentalen Rückfragen rasen je schon in ‚Ontologie' hinein. Oder (kann man wohl so sagen?): der Signifikant = Objekt klein a; das Verbum, in Buchstaben, unbedeutend, zerfallend ......

„Woher wissen Sie das ?????????????????" Ich weiß es doch gar nicht, wie sollte ich es wissen? Wissend wäre ich je schon explodiert. Und – zum Glück – weiß der Transzendentalphilosoph überhaupt nichts – nichts, er fragt eben nur, leer, und gerettet durch das, von dem er meint, es müsse weg (Widersinn). Die Situation ist insofern vertrackt, als diese Art Philosophie den hilflosen Versuch betreibt, zur Wissenschaft zu werden. Abermals wird die Genealogie von Wissenschaft fällig: Lacan: „sie näht das Subjekt". Auch höre man den Satz „Woher wissen Sie das?" ab. Heidegger: die Frage ist falsch gestellt. In der Tat, sie enthält – semantisch (besonders leicht demonstrierbar!), syntaktisch und auch pragmatisch – die gesamte Metaphysik. Der Selbstzusammenfall apriori aposteriorisiert ist das Gesetz. Am Ende dann die paranoische Dingwache des Verfluchens, Christus der Anführer der Erzengel im Weltengericht.

Die beste Antwort demnach meinerseits: wir sollten uns unbedingt die ‚Textobjekte'[9] ansehen/-hören.

Soweit von und für heute.

Ostersonntag

Ohne Auferstehung (mit dem Effekt, andauernd auf die christliche Mythologie eingehen zu müssen?). Unmäßig die szientifisch-epikalyptische Indifferenz zumal: christlich nicht zuletzt ja die Transsubstantiation, so daß nun alle Differenzen indifferenziert sind und in sich sich als different weiterhin behaupten: Geschlecht, Generation; Leben/Tod = Körper/Ding.

---

[9] Vgl. H. Heinz, Text-Jungfrauen mit Aussteuer zur Philologenvollbeschäftigung. Zwölf Text-Objekte, Frauenmuseum, Bonn 1984.

Ja, aber setze ich denn nicht wiederum das voraus, was ich vehement nicht konzediere? Just diese unmäßige Indifferenz???

Gewiß. Mitschuldig – unschuldig (und deshalb nur umso schuldiger) indessen in diesem Vollzug als das Substrat ihrer eigenen Aufzehrung, durch die Eintragung ihrer eigenen Offenbarkeit in sie selber: die Oberwelt, dienstbar demnach ihrer eigenen Unterwelt, umgekehrt wie sonst üblich doch. Freilich muß sich permanent der Mehrwert an Indifferenz-Substrat nachbilden, damit diese Inversion überhaupt statthaben kann; also entfällt Erlösung, Utopie oder wie anders noch geheißen. Es kann nur diesen Gnosisaugenblick – beinahe hätte ich gesagt: – der Gottestrauer geben, so etwas wie der Hölderlinsche Karfreitag ohne Ostern/Auferstehung (fatalerweise aber wiederum nur auf deren Grundlage).

Es ist nicht gut, daß Sie die hunderte von Seiten an Sinnentheorie ('Aisthetik'), inklusive meines neuen Ödipustextes[10], sowie deren Pointierung wiederum als Schlaf- und Traumtheorie nicht kennen. Wahrscheinlich habe ich hier allererst die besagten letzten Reste an Transzendentalphilosophie – auch stilistisch, hoffe ich – weggeschrieben. ...

Bis auf weiteres (das meine ich auch so) herzliche Grüße

Ihres Rudolf Heinz

Wuppertal, den 19. 7. 91

Lieber Siegfried Gerlich!

Sie haben wohl Recht: Derrida kommt nicht gut genug weg. Und was mich betrifft, so spiegeln Sie mir fürs erste ein Desiderat zurück, das ich bisher noch nicht gebührend systematisch (wie ja so oft) angegangen bin: die Differenz von Aufzeichnung und Ding, die beide in ihrer Dinglichkeit übereinkommen, nicht aber darüberhinaus zusammenfallen. (Und wie ich

---

[10] R. Heinz, Oedipus complex. Zur Genealogie von Gedächtnis, Wien 1991.

jetzt bemerke, gehts nicht auf die Schnelle, darüber Zusammenhängenderes zu schreiben – wäre also ein schönes Thema für uns einmal?)

Umgekehrt nun entdecke ich in Ihrem Text ein Desiderat in der Pathognostik-Rezeption durch Sie, welches auszufüllen indessen über den Rahmen Ihres Hermeneutiktextes[11] hinausgehen dürfte: es ist die – von mir ja einigemale schon wie programmatisch durchgeführte – Sache mit dem ‚funktionalen Phänomen‘/Autosymbolismus. Die Frage wäre dann die nach dem Verhältnis zwischen der Produktionstheorie von Schrift (wie gehabt – eben bis auf die Differenzierung Schrift vs. Ding) und dieser Selbstdarstellungsversion/dem Autosymbolismus – nicht minder ein großes Thema. (Sie sehen, daß Sie mich abermals heilsam zu mehr systematischer Stringenz veranlassen!)

Zu letzterem fürs erste soviel: daß sich der Text als Text (auch der Traum als Traum) immer seine eigene eigengenealogische Geschichte schafft (Traum, der sich selbst träumt), dieser generalisierbare Umstand der Selbstdarstellung von ‚Form‘ als ‚Inhalt‘, kann nichts anderes sein als die Vollzugsform der produktiven Opferverhältnisse auf Text hin, zumal in der Differierensverfassung der Abkoppelung des ‚Inhalts‘ von der ‚Form‘, diesem Kuriosum an verstellender Negentropie (auf dem ja die Möglichkeit von Hermeneutik beruht). In: *Was ist ein literarischer Text – psychoanalytisch?*[12] komme ich – ein wenig unvermittelt noch – nach den allgemeinen Ausführungen über die Dinglichkeit von Schrift (mit dem den Gedanken abbrechenden Hinweis auf Derrida versehen!) auf dieses Problem der Selbstrekursivität/-referentialität und schreibe immerhin dazu schon, daß hierin der Widerspruch am Werke sei, „das Opfermotiv selber als Opferverhinderung auszugeben ...“.

Soviel zu diesem Desiderat.

Nun aber läßt mir das erste – Schrift vs. Ding – doch keine Ruhe. Ich notiere deshalb wenigstens eine Zugangsmöglichkeit, die von mir ja privilegierte, über Pathologie. – Im Falle phobischer Ding(medien)auslieferung beispielsweise besteht die Pathogeneität darin, daß das Ding(medium) seine

[11] Vgl. S. Gerlich, Totgesagte Buchstaben, in: S. Gerlich, Sinn, Unsinn, Sein, a.a.O., S. 81-105.

[12] Vgl. R. Heinz, Was ist ein literarischer Text – psychoanalytisch? Vorbereitungen zu einer psychoanalytischen/nicht mehr psychoanalytischen Texttheorie, in: Omissa aesthetica. Philosophiebeiträge zur Kunst, Genealogica, hrsg. v. R. Heinz, Bd. 13, Essen 1987, S. 61-76.

Bezeichnung absorbiert; was dasselbe dann ist, wie wenn die Bezeichnung selbst schon das Ding (produktiv wie konsumtiv) wäre; der Zusammenfall beider demnach die Katastrophe des dinglichen Nicht-Gebrauchs. Wie also muß die Differenz lauten? Von der Bezeichnung her – so sie das Ge-sicht dem Gehör dienstbar macht – bestände die Differenz – Schrift vs. Ding – in der (Wieder)freigabe des Ge-sichts (und damit in einem der Bewegung) und, umgekehrt, vom Ding(medium) her, seiner inversen Dienstbarkeit des Gehörs fürs Ge-sicht, in der inversen Freigabe des Ge-hörs (und zugleich damit des Stillstands). Also regelte sich die Differenz Schrift-Ding in dieser doppelten ‚chiastischen‘ Freigabe. – Wie aber schlüge dann die Prärogative des Gehörs durch? Allerwenigstens darin, daß das Gehör/die Stimme meine Sicht-terminierten Schritte einzig leitet; ebenso darin, daß das Gesicht/der Blick meine hörterminierte Schreibhand einzig leitet. (Es scheint so zu gehen!)

Noch ein wenig mit demselben weiter:

So schematisch die Differenz Schrift vs. Ding.

Die Einbehaltung des Gehörs macht das Ding zum Gehör selbst
= der Schrecken des ‚Realen‘.

Die Einbehaltung des Gesichts macht die Bezeichnung zum Gesicht selbst
= die Vision (?) des ‚Imaginären‘.

Die apostrophierte doppelte Freigabe, dieses Überkreuz,
= die Moderation des ‚Symbolischen‘.

Bis auf weiteres herzliche Grüße Ihres Rudolf Heinz

Hamburg, den 12ff. 9. 91

Lieber Rudolf Heinz!

Nachdem seit meinem letzten längeren Brief doch eine geraume Zeit ver-
strichen ist, kann es mir nun kaum mehr gelingen, direkt an das Problem
wieder anzuknüpfen, auf das ich damals zu Ihrem Unwillen Sie gestoßen
hatte: die leidige transzendentale Rückfrage sowie Ihre polemische Heimholung derselben in die christliche Dreifaltigkeit zurück, die demnach
auch, in ihren philosophischen Säkularisierungsgestalten ungebrochen fort-
lebt. Da ich aber vermute, nach einigen Umwegen und in anderer Form
dann doch wieder darauf zurückkommen zu müssen, springe ich zunächst
ganz unvermittelt hinein in unser aktuelleres Thema der Differenz zwischen Schrift und Ding, hierbei an meine *Totgesagten Buchstaben*[13] anknüpfend, darin ich ja Ihnen und nicht Derrida gewissermaßen das letzte
Wort zum Thema Schrift erteilt habe; sodaß ich nun also die Gelegenheit
wahrnehmen möchte, diese kleinere Ungerechtigkeit Derrida gegenüber zu
korrigieren. Bevor ich mich jedoch auf Ihre Überlegungen dazu einlassen
kann, muß ich im Sinne Derridas erst einmal ein wenig ausholen, denn mir
scheint, daß diese Differenz doch größer ist, als Sie wahrscheinlich zu konzedieren bereit wären, größer wohl auch, als im Rahmen meines Textes
sichtbar geworden ist: Mag es auch im Horizont Ihrer Schriftphilosophie
(sowie entsprechend in dem real vorgegebenen des Dingphantasmas selber)
so sein, daß, wie Sie sagen, „Aufzeichnung und Ding ... in ihrer Dinglichkeit übereinkommen, nicht aber darüberhinaus zusammenfallen", so denke
ich doch, daß Sie auch mit dieser Konzession die Schrift-Ding-Differenz
immer noch zu gering veranschlagen, mindest wenn Sie damit auch Derridas Philosophie der Urschrift beizukommen suchten, die, wie ich meine,
nicht bloß implizit selbst noch diese bescheidene Dinglichkeitsübereinkunft
fraglich erscheinen läßt, sondern geradezu ihren expliziten Sinn aus deren
Aufkündigung bezieht. Inwiefern ist dem nun so?

Wahrscheinlich müßte man hier schon bei Heideggers Diagnose der Metaphysik einsetzen, in deren Lichte diese ja bereits als eine Ontologie der
Gegenständlichkeit erscheint, sofern darin das Sein des Seienden so weitgehend immer nur als dessen ständige Dingvorhandenheit verstanden
wurde, daß es von diesem aufdringlichen Gegenstandcharakter gleichsam

---

[13] Vgl. S. Gerlich, Totgesagte Buchstaben, a.a.O.

absorbiert wurde und folglich als solches vergessen werden mußte, welche Vergessenheit anzumahnen demnach den ontologiedekonstruktiven (nicht genealogischen) Sinn der Frage nach der ontisch-ontologischen Differenz ausmacht. Indessen bleibt Heidegger darin noch unentschlossen, ob das Sein der Sprache, mag es in diese auch je schon eingelassen sein, nicht dennoch irgend vorausgeht, oder ob nicht umgekehrt ‚Sein' selber zunächst einmal nur ein Wort innerhalb einer bestimmten syntaktischen und semantischen Sprachstruktur ist, der allererst die Eröffnung ontologischer Sinnhorizonte zukäme. Dieselbe Unentschiedenheit nun, die nichts weniger als die Denkbewegung vom frühen über den späten Heidegger bis hin zu Derrida bestimmt, ließe sich auch als Frage nach dem Ursprung der metaphysischen Dingontologie formulieren: Drängte sich zunächst rein von sich her das Seiende als gegenständliche Substantialität auf, wobei diese Seinserfahrung sich erst nachträglich in der grammatischen Struktur der Sprache niedergeschlagen hätte (wohin Heidegger letztlich dann doch tendiert); oder ist es vielmehr so, daß diese Form der Sprache selber vorgängig grund-legend, also ontologiegenerativ, wirksam war, indem sie jene gegenständliche Erfahrung des Seienden und damit die Metaphysik selber möglich, gar unvermeidlich gemacht hat (wofür Nietzsches Wort steht, wir würden Gott nicht los, weil wir noch an die Grammatik glauben, dem ja auch Derrida folgt)?

Vermutlich würden Sie diese beiden *ontologiedekonstruktiven* (und in formaler Hinsicht: *konstitutionstheoretischen)* Optionen für bloß abgeleitet halten und die besagte Ursprungsfrage statt dessen lieber *ontologiegenealogisch* (bzw. *produktionstheoretisch)* von der Dingphantasmatik her angehen, welche dann gleichermaßen in der Ordnung des Sichtbaren (der gleichwohl nicht selber sichtbaren Seinslichtung Heideggers) wie derjenigen des Sagbaren (der ebensowenig selber sagbaren Urschrift Derridas) je schon sublimiert wirksam wäre. Da ich aber die Sorge habe, daß man mit einer verfrüht einsetzenden genealogischen Nachfrage die sie vermittelnde dekonstruktive allzu bequem hintergeht, während diese doch die unhintergehbare transzendentale Frage durchaus selber ist, möchte ich mich nunmehr auf die Seite Derridas schlagen und in dessen Sinne behaupten, daß der Gedanke der *différance* als einer sozusagen onto*semio*logischen Differenz eine über den *linguistic turn* vermittelt fortgeschriebene Kritik besagter Dingontologie impliziert, welche nicht nur theoretisch avancierter ausfällt, als die doch arg bodenständige fundamentalontologische, sondern eben durch ihren schriftphilosophischen Akzent direkt zur Schrift-Ding-

Differenz hinführt. Selbst wenn man nämlich die apostrophierte Differenz zwischen Heidegger und Derrida in metaphysikdekonstruktiver Hinsicht für eine bloße Nuance hielte, da die Figur der ontologischen Differenz, wie herum auch gewendet, allemal doch zentral bleibt, wird man mindest eben in Hinblick aufs Schriftproblem Heidegger getrost vergessen dürfen, hingegen um Derrida umso weniger herumkommen, als erst dieser zeigt, daß die Indifferenzierung von Sein und Seiendem sich im Wesen der Schrift selber nichts als reproduziert. Sehr schematisch als Strukturanalogie formuliert, entspräche der selbst noch einmal verborgenen Verbergung des Seins die der Urschrift etwa folgendermaßen: So wie das Sein des Seienden metaphysikgeschichtlich als solches immer ungedacht bleiben mußte, sofern es sich platonistisch selber zu einem wenn auch wahrhaft Seienden hypostasiert fand, die vernehmbare Unverborgenheit des Seins also unter das Joch der schaubaren Idee gebeugt wurde, deren nunmehr zwar blendend sichtbares, dafür aber taubes Licht dann auf die Erscheinung fallen sollte; so wurde entsprechend die transzendentale Urschrift in die empirische buchstäbliche Schrift hinein verdrängt, nicht indessen ohne in idealistischer Materialitätsüberbietung wiederzukehren, indem die sinnbildende Kraft jener Urschrift fortan einer transzendent hypostasierten metaphorischen Schrift zugesprochen wurde. – Vielleicht lassen sich diese bemerkenswerten strukturellen Korrespondenzen in folgendem Schema veranschaulichen, dem ich eine wenig beachtete Passage aus der *Grammatologie* folgen lasse (die man übrigens gut mit Heideggers Aufsatz über *Platons Lehre von der Wahrheit* parallelführen könnte), darin der für alldies verantwortliche Platonismus gar eigens genannt wird:

Urschrift	metaphorische Schrift	buchstäbliche Schrift
Sein (des)	wahrhaft Seienden	nicht wahrhaft Seienden
(?)	Idee	Erscheinung
transzendental	transzendent	empirisch

„Die Schrift im geläufigen Sinn ist toter Buchstabe, sie trägt den Tod in sich. Sie benimmt dem Leben den Atem. Auf der anderen Seite aber wird die Schrift im metaphorischen Sinne, die natürliche, göttliche und lebendige Schrift verehrt; sie kommt an Würde dem Ursprung des Wertes, der Stimme des Gewissens als göttlichem Gesetz, dem Herzen, dem Gefühl usw. gleich. ... Die natürliche Schrift ist unmittelbar an die Stimme und den

Atem gebunden. Ihr Wesen ist nicht grammatologisch, es ist pneumatisch.
... Es gibt also eine gute und eine schlechte Schrift: gut und natürlich ist die
in das Herz und in die Seele eingeschriebene göttliche Schrift; verdorben
und künstlich ist die Technik, die in die Äußerlichkeit des Körpers verbannt ist. Diese Modifikation bewegt sich vollständig im platonischen
System."[14]

Mir scheint nun in bezug auf unser Problem, daß eigentlich allein der
Schrift im buchstäblichen Sinne die Dinghaftigkeit wesentlich ist (was
wohl auch die Entwertung der materiellen Schrift miterklären mag),
während dies für die Schrift im metaphorischen Sinne nurmehr in dem abgeleiteten Sinne gelten dürfte, daß deren Idealität ihrerseits sich als ein
nachträglicher Hüllenabglanz jener Dinglichkeitsvorgängigkeit darstellt,
welche indessen verleugnet bliebe (was hinwiederum die Hochschätzung
dieser idealen Schrift, von ihrer Nähe zur *phoné* einmal abgesehen, plausibel machen dürfte). Die Urschrift schließlich aber hat mit dieser Dinglichkeitsübereinkunft metaphysischer Schrift(begriffe) insofern endgültig
gebrochen, als, wie gehabt, die *différance* als Fortschreibung der ontologischen Differenz eine radikale Kritik jeglicher Ontologie der Gegenständlichkeit so weitgehend impliziert, daß selbst noch die platonistische
Dichotomie zwischen Idealität und Materialität von ihr durchaus abgeleitet
ist. Mit anderen Worten: die Übereinkunft von Schrift und Ding stellt sich
allererst ein mit der indifferenzierenden Überbrückung der *absoluten
Differenz,* was seinerseits wiederum erst möglich wird durch die identitäts-
philosophische Verbergung der *différance* – sodaß jene Übereinkunft also
das ursprungsusurpative metaphysische Indifferenzapriori selber wäre.

Selbstverständlich bin ich weit davon entfernt, etwa zu meinen, Sie selber
meinten dies nicht auch. Nur daß mir Ihre genealogische Offenlegung der
absoluten Differenz von Körperrealem und Schrift-/Dingimaginärem
insofern zu früh zu kommen scheint, als dadurch aus dem Blick gerät, daß
der Aufriß und die Offenhaltung dieser absoluten Differenz durch nichts als
die symbolische *différance* selber geschieht, indem diese, dem Doppelsinn
ihres Namens gemäß, in einer doppelmetonymischen Bewegung zugleich
unterscheidet – und zwar signifikante Sinneinheiten innerhalb des Symbolischen –, und *aufschiebt* – nämlich den Selbstzusammenfall von Realem
und Imaginärem als ihre unmögliche metaphysische Indifferenzerfüllung –;
sodaß es also zur vollständigen Formulierung dieses Differenzierungs-

---

[14] J. Derrida, Grammatologie, Frankfurt/M. 1974, S. 33f.

geschehens jenes grammatologisch erweiterten und solchermaßen auch nicht mehr metaphysischen Schriftbegriffs bedarf.

Nun ist meine Kritik aber offenkundig ungerecht: Tragen Sie denn nicht gerade mit Ihrer Theorie des ‚funktionalen Phänomens', worin Sie dieses als genealogisch rückläufige Einsicht in das dingproduktive Aufschub- geschehen interpretieren, auch ohne dafür Derrida eigens bemühen zu müssen, dem Gedanken der *différance* hinreichend Rechnung, zumal ja überdies gar nicht vorab ausgemacht ist, daß man hier nicht mit mehr Erkenntnisgewinn systemtheoretisch anstatt grammatologisch soll vor- gehen können? Zwar kann ich mich hier kaum zu der Differenz der Differenzphilosophien Luhmanns und Derridas profund äußern; mindest dies aber scheint meiner epistemischen Anmahnung der Urschrift doch ihr partielles Recht zu geben: Das systemtheoretisch interpretierte ‚funktionale Phänomen' repräsentiert immer nur *ein* Moment der *différance,* nämlich das des sozusagen *vertikalen Aufschubs* des Selbstzusammenfalls des Kör- perrealen mit dem Dingimaginären, dessen Explikation daher auch *pro- duktionstheoretisch* angegangen werden muß. Demgegenüber hält sich das dergestalt übergangene Moment der *horizontalen Unterscheidung* stets in der Ordnung des Symbolischen selber, sofern einzig das synchrone Diffe- renzierungsgeflecht von Signifikanten die Artikulation von sprachlichen (auch symptomatischen) Sinneinheiten bewirkt, welchem Geschehen man folglich allein *konstitutionstheoretisch* beikommen kann. Solches aber wäre, wie immer auch transformiert, abermals unsere alte transzendentale Frage. Anders gesagt: Die Theorie des ‚funktionalen Phänomens' formu- liert eine Funktionsweise der *différance* genealogisch (nämlich die Metony- mie in pathognostischem Verstande), deren ausgelassene andere hingegen grammatologisch gedacht werden müßte (oder vielmehr, was hier dasselbe wäre, als Metonymie in psychoanalytischem Sinne). So daß meine Kritik sich also reduziert auf den Vorschlag einer systematischen Verdichtung beider Ansätze, die Ihnen lediglich die Anerkennung jener übergreifenden Relevanz der Urschrift abverlangen würde, deren zwei doppelmetonymisch zusammenwirkende Funktionen sodann, wie gehabt, Aufschub und Unter- scheidung wären.

Da sich diese Verhältnisse Pathologie-bezogen wahrscheinlich recht gut veranschaulichen lassen, komme ich nun endlich zu Ihren Ausführungen, an denen ich fürs erste sehr einleuchtend finde, in der Normalität allemal von einer „Moderation des Symbolischen" zwischen Imaginärem und Rea- lem auszugehen. Was aber wird aus dieser Vermittlungsfunktion des

Symbolischen im Krankheitsfalle? Unter der Bedingung eines pathologischen Einbruchs des Dingphantasmas, wovon man ja zumal im Falle phobischer Ding(medien)auslieferung, auf die Ihre Ausführungen sich beziehen, wird sprechen können, scheint es mir zwar tatsächlich plausibel, von einem Ausfall dieser „Moderation des Symbolischen" zwischen der „Vision des Imaginären" und dem „Schrecken des Realen" auszugehen, wodurch letztere bedrohlich also freigesetzt würden; doch bleibt für mich die Frage, ob in anderen Pathologieformen, die nicht so unmittelbar das Dingphantasma selbst zum Inhalt haben, dieser Vermittlungsausfall des Symbolischen nicht auch anders sollte interpretiert werden dürfen: Könnte nicht durch den Ausfall des Symbolischen als einer Vermittlungsinstanz gerade dessen Sein selber, weit gefehlt etwa zu schwinden, sich vielmehr als ein in sich selber Unvermittelbares absolut setzen?

Mit Ihnen darin übereinstimmend, daß das Symbolische in der Normalität maßgeblich im Sinne einer Moderationsrolle wirksam ist, wobei diese Maßgabe nichts als seine transzendentale Weltkonstitutionsleistung selber darstellt, die in Psychopathologien beeinträchtigt ist oder womöglich gar ganz ausfällt, kann ich gleichwohl nicht recht einsehen, daß dieser Ausfall – wie im Falle der Phobie – immer nur als *Absorption des Symbolischen durchs Ding* soll begriffen werden können, wodurch jenes also seiner Scheinautonomie verlustig ginge; daß dieser Moderationsmangel nicht auch umgekehrt – wie etwa im Falle der sogenannten ‚Privatsprachen' (umfassend gleichermaßen Lorenzers ‚Zeichen' und ‚Klischees') in der Zwangsneurose – als Absorption des *Dings durchs Symbolische* sich sollte ereignen können, worin die symbolische Ordnung rein als solche fühlbar würde. Während nämlich das Subjekt in der Phobie durch den Schwund des Symbolischen schutzlos dem implosiven Einbruch des Dingphantasmas ausgeliefert wäre, würde in der Zwangsneurose dessen bedrohliche Thematisierung zugunsten eines sich absolut setzenden Symbolismus zurücktreten, der als paranoisches Zwangssystem sich schützend vor die Dingwelt schöbe. Ganz im Gegensatz zum phobischen Schwund des Symbolischen würde dieses in seiner zwangsneurotischen Selbststatuierung als autonome symbolische Ordnung erfahrbar, deren Wirken (hier im Sinne des *Unterscheidens* der *différance)* mithin darin bestünde, rein aus sich selbst heraus, durch ein differentielles Verweisungsgefüge von Signifikanten (nicht zuletzt eben auch Symptomen) stets überdeterminierte Sinnkonstellationen zu generieren. So daß also gerade im pathologischen Scheitern der symbolischen Weltkonstitutionsleistung einsehbar würde, was auch in der

Normalität an transzendentalem Symbolismus je schon am Werke wäre, allerdings intersubjektivitäts- und objektivitäts(rück)gebunden: eben, wie gehabt, die *différance,* die ohne solchen Rückbezug aufs Realitätsprinzip so seltsam zu schweben scheint wie ein Symptomtext, oder besser noch: wie ein Traumtext.

Auf die spezifische Differenz von Grammatologie und Pathognostik hin gesprochen scheint mir also, daß Phobien aufgrund ihres unmittelbaren Bezugs zur Dingphantasmatik von paradigmatischer Bedeutung für *pathognostische Ontologiegenealogie* sind, während hingegen von Zwangsneurosen aufgrund des in ihnen so aufdringlichen Symbolismus vor allem *grammatologische Ontologiedekonstruktion* lernen kann. Freilich spricht dies so wenig gegen die Annahme, daß auch in Zwangsneurosen das Dingphantasma mitthematisiert werden kann, daß ich ebenso umgekehrt meinen möchte, auch Sie müßten entsprechend konzedieren, daß selbst in Phobien symbolische Symptomverweisungen auftauchen, die nicht restlos auf die Objektivitätsdimension hin gebündelt sind. – Sie sehen schon, woran im wesentlichen mir liegt: vor allem daran, daß nach Maßgabe der spezifischen Differenzen der Krankheitsarten dem psychoanalytischen Subjektivismus nicht ein pathognostischer Objektivismus abstrakt entgegengesetzt wird, dessen Einsichtsgewinne am einen Ende womöglich durch Verluste am anderen erkauft würden, wo doch eine konkrete Vermittlung von beiden durchaus denkbar ist; und des weiteren auch daran, daß die pathologische symbolische Ordnung gewissermaßen gnostisch gerettet werde für eine philosophische Explikation der *unterscheidenden* Wirkungsweise der *différance,* was sodann für die transzendentale Frage insofern nicht irrelevant sein kann, als damit sowohl die normalitätsgewährleistende Konstitution des Realitätsprinzips als auch dessen pathologisch abdriftende Dekonstruktion als apriorische Leistungen der symbolischen Ordnung anerkannt werden müßten.

Um zusammenfassend und generalisierend nochmals eine Lanze für mein altes Thema zu brechen, auf welches zurückzukommen ich mich leider doch nicht enthalten konnte: Ganz wie die ontisch-ontologische Differenz das metaphysikkritische Erbe der empirisch-transzendentalen Differenz antritt, so findet sich jene durch die symbolische *différance* sprachphilosophisch abermals geläutert. Grammatologie als eine Art Transzendentalphilosophie demnach, für deren gleichwohl-Nicht-Absolutheit dann erst – nicht vorher schon – Pathognostik als deren nicht-empiristische Genealogie zu sorgen hätte, wobei diese indessen ihrerseits unabtragbar belastet bliebe durch ihre unaufkündbare Geltungstributpflichtigkeit an jene. Diese Konzession scheint mir aber gerade bei der grammatologischen Version von Transzendentalphilophie umso leichter zu verkraften, als diese ja nicht mehr wie die traditionelle in schlechter (Metareflexions-)Unendlichkeit auf Selbstzusammenfall ausgeht und folglich auch nicht, wie Sie vielleicht doch zu generalisierend argwöhnen, „je schon in ‚Ontologie' hinein(rast)", sondern vielmehr umgekehrt die traditionelle Reflexionsontologie rein immanent zu dekonstruieren unternimmt. Was dank weitgehend ausbleibender Metareflexion freilich sodann die je nach Standort mißlich oder aber glücklich erscheinende Konsequenz hat, nicht mehr allzu heroisch siegessicher sich selber positionieren, als Gesetz setzen zu können. (Insofern hätte auch die heilige Dreifaltigkeit hier nichts mehr zu suchen. Oder?)

Es ist nun allerdings in der Tat nicht üblich, den starken Titel der Transzendentalphilosophie zur Charakterisierung moderner Sprachphilosophien zu verwenden, und ich weiß sehr wohl, daß deren beide Lager diese Nominierung dankend ablehnen würden; doch kann ich nicht sehen, inwiefern nicht, um die beiden prominentesten Extreme zu zitieren, Wittgensteins *Tractatus* und seine *Philosophischen Untersuchungen* auf der einen, und Derridas *Grammatologie* auf der anderen Seite je auf ihre Weise emphatisch nach der Bedingung der Möglichkeit, nämlich der von sprachlichen Weltauslegungen fragen. Die konstitutive Differenz zwischen analytischer und poststrukturalistischer Sprachphilosophie scheint mir also überhaupt nicht in der, wie ich ja immer meine: gemeinsam erkannten Notwendigkeit zur transzendentalen Rückfrage nach den grundlegenden Strukturen und Ordnungsschemata der Sprache zu liegen, sondern vielmehr darin, daß jene *sinnrekonstruktiv* und damit *ontologieaffirmativ,* diese hingegen *sinndekonstruktiv* und somit *ontologiekritisch* verfährt. Daß es sich bei dieser geradezu diametralen Entgegengesetztheit beider Fragerichtungen gleichwohl um dasselbe apriorische Frageniveau handelt, dürfte sich schließlich sehr schön an vermittelnden Philosophien zeigen, wie es etwa Foucaults Denken in der diskursarchäologischen Phase der *Ordnung der Dinge* darstellt: Ist dieses einerseits auf die Rekonstruktion der internen Homogenität und Ordnung von Diskursformationen und Wissensdispositiven aus (was diesen Strukturalismus nicht zuletzt auch analytischen Philosophen sympathisch macht), so zielt es andererseits durch die Akzentuierung epistemologischer Diskontinuitäten und Brüche doch zugleich auf deren Dekonstruktion ab (wodurch dieser Strukturalismus wegweisend für den Poststrukturalismus hat werden können).

Jetzt bin ich aber scheinbar vom Thema abgekommen, denn vonnöten wäre nunmehr endlich die Rechtfertigung des (Nicht-)Begriffs der Urschrift – was keine einfache Sache ist, denn gerade unter der konzedierten Voraussetzung, das mit ihr gemeinte (Nicht-)Phänomen läge der Dingphantasmatik tatsächlich voraus, ließe sich gegen Derrida ja geltend machen, daß er den Schriftbegriff durch unkontrollierbare Äquivokationen derart unmäßig überstrapaziert, daß heterogene Phänomene allzu undifferenziert, womöglich gar unter trügerischer Vorspiegelung einer tieferen Wesensverwandtschaft, darunter fallen. Die dekonstruktive Lektüreweise sowie die durch sie gestellte Diagnose einer metaphysikkonstitutiven Entwertung und Verdrängung der empirischen Schrift fungierte so lediglich als ‚context of discovery' einer wesentlich anderen, nämlich transzendentalen (Ur)Schrift, deren ‚context of justification' dann ganz ohne Rekurs auf jenen, also positiv auf sich selbst gestellt zu formulieren wäre – denn die Urschrift hinge ja nurmehr rein äußerlich mit der materiellen Schrift zusammen. Und wenn darüber hinaus die Urschrift tatsächlich die Übereinkunft von Schrift und Ding so radikal aufkündigt, wie zuvor behauptet, muß es dann nicht vollends in die Irre führen, unter welchen Modifikationen immer, hier überhaupt noch den Schrift- bzw. Textbegriff zu verwenden – sodaß sich die Schrift in dem einzig legitimen, nämlich traditionellen Sinne des Wortes also doch immer schon innerhalb der vorgegebenen Dingphantasmatik aufhielte, welche die Philosophie der Urschrift als eine abhebensbegierige Scheinsubversion gefahrlos dulden könnte?

Rückblickend denke ich, daß diese Erweiterung des Schriftbegriffs nicht irreführender sein kann als die so wichtige Unterscheidung von Sein und Seiendem, also gar nicht; vorausblickend aufs nächste Thema aber, daß sie ebensowenig erschlichen ist, da man sich ja nicht erst seit Freud daran gewöhnt hat, vom Text etwa des Traumes zu reden, ohne daß doch dessen Aufzeichnung irgend dinglichkeitsabhängig wäre. Vielleicht werden Sie dagegen einwenden wollen, daß mit dem gleichen Recht wie von der Aufzeichnung auch von der Produktion des Traumes geredet werden kann, welche Rede nur dann nicht bloß metaphorisch bliebe, wenn man neben einer Einschreibfläche auch noch einen materiellen Verzehrsstoff zugrundelegte, welcher von dem dann doch bereits vor-dinglichen Traumgebilde absorbiert würde. Dieser Einwand träfe jedoch nicht genau meinen Gedanken, denn mir geht es hier vor allem um Freuds Begriff des Traumtextes sowie seinen deutenden Umgang mit diesem, welcher sich ja von der Lacan und Derrida antizipierenden Einsicht leiten ließ, man würde offenbar in die Irre geführt, wenn man diese Zeichen nach ihrem Bilderwert anstatt nach ihrer Zeichenbeziehung lesen wollte. Solches aber kann doch nur heißen (soweit wohl noch ganz in Ihrem Sinne?), daß die Deutung nicht sogleich vertikal tiefenhermeneutisch auf Signifikate abzielen soll, sondern sich zunächst einmal auf das oberflächenmäßige Verweisungsgefüge von sinnleeren Signifikanten in einer horizontalen Signifikantenkette einlassen muß, durch deren assoziative und endlich dann deutende Verknüpfung sich allererst Signifikate ausbilden, die gleichwohl diesem Spiel der Signifikanten gegenüber nicht hypostasierbar sind. Mögen Signifikanten auch ihrerseits materiell produziert sein, so hängt doch deren sinnbildende Kraft selbst als solche nicht wesentlich, sondern bloß äußerlich empirisch von dieser ihrer Materiatät ab.

Eben dieser Umstand aber ist es, der bei Dingtexten insofern leichter übersehen wird als bei Traumtexten, als sowohl die *Dingmaterialität* wie die *Sinnidealität* jener Schrift es der Lektüre schwer macht, auf die *sinnkonstitutive Formalität* der Zeichen selber zu achten, während im Traumtext gerade diese symbolische Ebene rein als solche erlebt wird, nämlich in dessen so eigentümlich schwebendem Charakter in Erscheinung tritt. Mit anderen Worten: der Leser eines Buches konsumiert immer schon den idealen Sinn hinter den Schriftzeichen, was in der Regel auch gelingt, es sei denn, er gerät aus Versehen an einen Text von Gertrude Stein, was dann dazu führen kann, daß sein Blick auf das materielle Sein dieser sinnleeren Zeichen selber zurückfällt und dort kleben bleibt. Er mag dann staunen über das ansonsten fast stets, hier indessen nicht gelingende Wunder an Sinnkreation, kann dieses aber nicht in sich selbst begreifen. Anders hingegen der mühsam sich erinnernde Träumer: dieser ist sich sogleich darüber im klaren, daß der Sinn seines Traums nicht offen zutage liegt, ohne doch deshalb schon resigniert auf dessen materielles Sein zurückzufallen, dessen Physiologie er ja gar nicht wahrnimmt. Vielmehr sucht er fragile Sinnbezüge zu entschlüsseln, und dies entlang den assoziativ sich einstellenden Verweisungen, deren offenkundige Überdeterminierungen ihn jedoch auch davon abhalten dürften, einen letzten Traumsinn hermeneutisch siegessicher zu behaupten. Gerade dieses Wissen aber um die letztendliche Unentscheidbarkeit von Sinndeutungen ist es, das der Leser von Träumen dem Leser von Büchern gegenüber voraus hat (es sei denn, letztere betriebe ganz gezielt Dekonstruktion). Im schärfsten Gegensatz zum Dingtext hält sich demzufolge der Traumtext je schon in diesem ansonsten notorisch übersprungenen schwebenden Zwischenraum von imaginärem Sinn und realem Sein der Schrift: ihrem symbolischen Nichtsinn.

Auf diesem von Freud so genannten „anderen Schauplatz" aber ereignet sich die *différance* als Traumarbeit, als deren hinwiederum bloß eines Moment sich jener von Ihnen allein thematisierte *aufschiebende Produktionsprozeß des Traumgebildes inklusive dessen rückläufiger Auto-Symbolisierung* darstellt; als deren anderes hingegen sich abermals ihr *unterscheidender Konstitutionsprozeß des Traumsinns inklusive dessen Auto-Dekonstruktion* enthüllt. Es zeigt sich somit auch im Falle der Traumarbeit, daß sich die Urschrift nicht ausschließlich als eine den letalen Selbstzusammenfall *aufschiebende Formkreation im Sinne identitätsbildender Dingproduktion vollzieht,* die sich nachträglich *funktional selber symbolisiert,* sondern ebensowohl als eine sinnleere Zeichen *unterscheidende Formkreation im Sinne differentieller Sinnkonstitution,* die sich dann entsprechend selber *dekonstruiert.*

Nun wäre es gewiß naheliegend zu meinen, daß, wenn es sich denn wie geschildert verhält, Pathognostik und Grammatologie eben je eine Funktion der *différance* thematisieren, was bei Derrida ein Übergehen der Dingproblematik, bei Ihnen dagegen ein Zurücktreten der Zeichenproblematik zur Folge hat, wobei allerdings die jeweilige Einseitigkeit durch eine Verdichtung beider Ansätze sich in ein produktives Ergänzungsverhältnis verwandeln lassen könnte – und dies meine ich tatsächlich! Indessen möchte ich nicht schließen, ohne nicht provokanterweise noch ein scharfes Argument aus psychoanalytisch-/grammatologischer Perspektive gegen Ihr Konzept des ‚funktionalen Phänomens' zu formulieren, so sich dieses gegen jene abdichten wollte: Es scheint mir nämlich die apostrophierte pathognostische Letztvereindeutigung allen Symptomsinns auf dingliche Objektivität hin durchaus Freuds Grundannahme einer prinzipiellen Überdeterminiertheit von Symptombildungen zu widersprechen; wobei eine solche Symptomauslegung praktisch ja einzig dazu führen kann, die unabweisbar dann doch hinzutretenden subjektiven Determinanten jenen objektiven hierarchisch unterzuordnen. Philosophisch noch schwerwiegender aber dürfte wohl dies sein, daß ‚dingliche Objektivität', so sie im pathognostischen Deutungshorizont als universelle Symptomreferenz fungiert, eo ipso nicht verhindern kann, gerade die metaphysische Position einzunehmen, die Derrida polemisch mit dem Titel des ‚transzendentalen Signifikats' belegt hat: jenen entzogenen Ort nämlich, von dem aus das bedrohlich vielfältige Spiel der Signifikanz, hier der Symptomsignifikanz, herrschaftlich eingedämmt werden muß. Wozu schließlich auch gut paßt, daß die funktionale Autosymbolisierung (demnach gar nicht zufällig) die metaphysische Bewegung einer Reflexion vollzieht ...

Ganz herzliche Grüße. Ihr Siegfried Gerlich

Wuppertal, den 20.-25. 9. 91

Lieber Siegfried Gerlich!

Um mit dem Ende anzufangen: erschöpfte sich Pathognostik in der besagten Objektivitätswendung in polemischer Rücksicht (vs. Psychoanalyse), so wäre in der Tat das Malheur eines ‚transzendentalen Signifikats‘ unterlaufen. Anders ausgedrückt: sähe ich das Dingphantasma als unbedingte Angelegenheit an, so wäre Derrida viel mehr als eine Ergänzung der Pathognostik, deren Widerlegung dagegen. Und freilich bestätigte sich dieses Verdikt nur, wenn der Theorieprogreß des Autosymbolismus vor den Toren der ‚Urschrift‘ stehen bliebe. Restlos einverstanden! Nur: die „prinzipielle Überdeterminierung der Symptombildung“ belegt die Krisis der verkürzten (und dadurch falschen) Genealogie durchaus so nicht. Symptome sind, so oder so und noch anders, krude determiniert und inflationieren dann freilich diese ihre Determination (oft bis-zum-es-geht-nicht-mehr).

Weiter im Rückwärtsgang: fürs erste besticht die Unterscheidung: „aufschiebender Produktionsprozeß des Traumgebildes inklusive dessen rückläufiger Auto-Symbolisierung“ vs. „unterscheidender Konstitutionsprozeß des Traumsinns inklusive dessen Auto-Dekonstruktion“ etc. Besonders geraten hier wohl auch die topologische Differenz (aber bereits in der Fläche!) ‚vertikal‘ vs. ‚horizontal‘. Allein, die Horizontalität habe ich – jedenfalls in meiner Schlaf- und Traumtheorie – mitnichten ausgelassen; ist sie doch nichts anderes als der ‚Unterscheidungs‘effekt des ‚Aufschubs‘ oder die zur Verschiebung (wieder)befreite Verdichtung, eine Art von unbegrenzt differentiellem Flächenauslaß, der sich durch anamnestische Isolierungsmaßnahmen post festum (post festum!) je zu „unterscheidender

Formbildung im Sinne differentieller Sinnkonstitution" stabilisieren (und destabilisieren) läßt. So daß es nicht angehen dürfte, solche halt-losen systemischen Isolate wider ihre eigene Provenienz, die entzogene, auszuspielen; was, wenn es geschähe, ein dicker Rest Transzendentalismus wäre. Hier auch nimmt wohl die ganze Gunst des ,Traumtextes' (es ist ja keiner!) Platz: Traum, der der Isolierung ausschöpfend Einhalt gebietet. Mitsamt der Ungunst, daß diese Gunst im Traum viel zu rasch vonstatten zu gehen scheint. (Außerdem: ich ,lese' Träume viel lieber und besser als Bücher, bei denen ich es – auch dies geht wieder einmal auf meine Frau zurück! – mit Gertrude Stein halte.)

Zur Pathologie: „könnte nicht durch den Ausfall des Symbolischen als einer Vermittlungsinstanz gerade dessen Sein selber, weit gefehlt etwa zu schwinden, sich vielmehr als ein in sich selber Unvermittelbares absolut setzen?" Aber ja, immer: Pathologie ist allemal hypostasierte Vermittlung, Transit-Stase; und allererst von dieser allgemeinsten Bestimmung her lassen sich (was noch nicht hinlänglich geschehen ist) die einzelnen Krankheitsspezies differenzieren. Und die Phobie ist dann nur scheinbar vor der Zwangsneurose pathognostisch ausgezeichnet; und auch ihr kommen in der Tat „symbolische Symptomverweisungen" zu, „die nicht restlos auf die Objektivitätsdimension hin gebündelt sind", und zwar *im ganzen.*

Trefflichst auch die Charakteristik der Zwangsneurose in diesem Zusammenhang: ein „sich absolut setzender Symbolismus ..., der als paranoisches Zwangssystem sich schützend vor die Dingwelt schöbe" – ich spreche hier gerne von der ,paranoischen Dingwache' gar (die Erzengel). Entsprechend lautete die Phobieformel: ebenso ein sich absolut setzender Symbolismus (das alles wäre außerdem recht gut Lacansch, abzüglich seines trockenen Enthusiasmus darüber (?)), der sich in der Dingwelt, irgend partialisiert (so muß es jedenfalls scheinen), frustran, nämlich um den Preis des Fliehenmüssens, epi-kalyptisch macht. (Einverstanden? Ich sollte wirklich mehr beherzigen, daß die besagte polemische Objektivitätswendung bloß die halbe – und damit gar keine – Pathognostik ist; worauf Sie zurecht den Finger legen.)

Versteht sich (jetzt wohl schon), daß es fürwahr nicht reicht, Schrift und Ding in ihrer Dinglichkeit übereinkommen zu lassen etc. Uneingeschränkte Reverenz der ,Urschrift' demnach! Unter ,Sein' und über ,transzendental' (freilich würde ich diesen Titel weiterhin vermeiden müssen!) könnten Sie ,Ur-Sprung', denke ich, einsetzen. Worüber Sie – sehr erhellend – permanent also handeln: wie es denn möglich sei, daß sich das Ent-Sprungene hierarchisch in sich diskriminiert. (Damit etwas sei und nicht vielmehr nichts.) Auch ich nehme an den Derridaschen ‚Äquivokationen' des Schriftbegriffs keinen Anstoß, gehe indessen ja nicht von der Schrift i.e.S. aus; was mir eher kontingent vorkommt, was auch nicht eo ipso anderswohin und in die Irre führt. Nun aber erfahre ich mich, wiederum traumtheoretisch, von der Schrift doch eingeholt, ohne daß ich en detail schon wüßte, wohin das geht; und zwar im Ausgang von der Auffälligkeit, daß in manchen Träumen zu deren Ende zu empirische Schrift auftaucht. Und wenn am Ende, so oft auch am Anfang. Das ist ein zirkulärer Index der Erinnerbarkeit des Traums, gewiß. (Was schon schwierig genug erklärbar ist.) Umfassend aber meint das Schriftaufkommen, denke ich, so etwas wie die Inversion einer Todesverkündigung, die (freilich tückische) Kenosis des Ur-Sprungs/der Ur-Schrift, so daß das besagte Schema (Urschrift, metaphorische Schrift, buchstäbliche Schrift) gar seine Ableitung (abermals) und allemal die psychoanalytische Traumhermeneutik ihren bescheidenen transitorischen Platz fände (manifester Trauminhalt vs. latenter Traumgedanken etc.). Also: wie auch immer gedreht und gewendet: ohne diese meinetwegen nicht-absolut-‚transzendentale' Urschriftdimension wäre die Pathognostik nur halb und damit überhaupt nicht, wenn sie es wäre. (Und ich bin Ihnen sehr dankbar, erneut so die Möglichkeit zu haben, mehr noch zur unabschließlichen Konsistenz dieser Theorie beizutragen.)

Herzliche Grüße bis auf weiteres, Ihr Rudolf Heinz

Wuppertal, den 23. 12. 91

Lieber Siegfried Gerlich!

Bis S.11 keine Probleme, im Gegenteil. Doch ab S.11 Mitte ff. komme ich nicht mehr recht nach.[15]

„Daß auch umgekehrt der Inhalt des Traumes oder des Träumens in ganz überraschender Häufigkeit zur Darstellung der verdeckten Form verwendet

---

[15] Vgl. S. Gerlich, Totgesagte Buchstaben, a.a.O., S. 119 f.

wird", das ist eo ipso immer der Fall, und nicht nur überraschend häufig. Die allgemeine Ablaufform des Traums stellt sich in jeglicher Traumszene selbst dar – das ist alles! Und die allgemeine Ablaufform besteht im Rahmen der Rücksicht auf Darstellbarkeit in Verschiebung und Verdichtung, Repulsion und Attraktion ohn Unterlaß, infinit begrenzt oder, wie man ganz modern sagt: fraktal. Einzig in dieser Fraktalität besteht die besagte Überdetermination. Das Tempo dieser Ablaufform entscheidet darüber, ob es sich um Primärprozeß oder Sekundärprozeß handelt. Allem Anschein nach gibt es aber keine Möglichkeit (noch keine oder überhaupt keine?), einem fraktalen Algorithmus und dessen geometral-elektronischer Darstellung, also der Ablaufform eines Traums, die Szene, die Inhaltskorrespondenz, ohne Vorkenntnis derselben zu entnehmen. Freilich ersetzt keine mathematische Theorie des Fraktalen dessen repräsentationsontologische Theorie mit ihrer Sinnendifferentialität.

„Genealogisch dagegen bleibt pathognostische Deutung nicht minder paradox auch dann, wenn sie, anstatt sogleich sich darstellen sehen zu können, was doch funktional sich selbst darstellen will, ihr Ohr erst einmal der Rücksicht auf Verständlichkeit als dem Erscheinungsort unverstellten Oberflächensinns leihen muß." Gewiß; aber wo ist hier die Paradoxie? Und was ist der unverstellte Oberflächensinn, wo doch weder von Tiefe noch von Oberfläche die Rede ist? Tiefe kommt immer dann zustande, wenn sich der Inhalt von seiner Formprovenienz isoliert und zugleich – als Isolat – dann sich die weggeschaffte Provenienz als begründende Tiefe restituieren muß. Und: selbst wenn es so etwas wie einen unverstellten Oberflächensinn gäbe, so könnte selbst dieser doch nicht dadurch definiert sein, daß er sich als solcher schier unmittelbar kundtäte? Solche Kurzschlüsse – es sind Kurzschlüsse – kann es nur als solche geben, will sagen: sie hintertreiben Erkennbarkeit.

„Hingegen droht Pathognostik auf einen Sinn abzuheben, der womöglich gar keiner ist, da nämlich der diesen bildenden trügerischen sekundären Bearbeitung einzig daran gelegen ist ... etc." Woher kommt denn die sekundäre Bearbeitung? Ich kenne solches nicht – eh wäre sie ein Modus derselben Traumarbeit. Hier spätestens wird deutlich, daß Sie das Oberflächen-Tiefenmodell festhalten und gar von diesem aus kritisieren; was so nicht geht: siehe die Ableitung der Tiefenvindikation! Und: wenn Sinn eine Angelegenheit des Gehalts und des Subjekts ist, dann hebt in der Tat Pathognostik auf einen Sinn ab, der gar keiner ist; nicht aber wegen der sekundären Bearbeitung, die es nicht gibt, vielmehr wegen der Suspendierung der Sinn-tragenden Größen: Gehalt und Subjekt.

„Der nachträglich funktionale Sinn ... ist weitestgehend davon entfernt, sich hinter diesem (sc. dem manifesten Schauplatz der Traumschrift) irgend latent zu verbergen." Weitestgehend – nein: überhaupt nicht. Und nachträglich ist der funktionale Sinn, so er überhaupt noch so genannt werden könnte, auch nicht. Was ich traumtheoretisch stipuliere, liegt jenseits des Oberflächen-Tiefenmodells (respektiert freilich den Unterschied von gewußt und gekannt) und auch jenseits der alten Nachträglichkeit – Vorgängigkeit, Uneigentlichkeit – Eigentlichkeit, die alle ‚aufgehoben' werden.

„Der den Formprozeß auflassende Autosymbolismus stellt keinen traumspezifischen Vorgang dar." Doch, in der Art des Primärprozesses ist es der generierende Vorgang selber ... etc. (Es geht jetzt immer um dieselbe Restriktion, die so nicht verfangen kann; zuletzt dann nicht, die Überdetermination betreffend, die es nicht gibt; es sei denn als Fraktalität.)

24. 12. 91

Das Zwischenstück ‚Grammatologie' habe ich nicht vergessen; doch weiß ich nicht so recht, ob es den ganzen Umfang einer repräsentationstheoretischen Fundierung der Traumarbeit mit ihrem Autosymbolismus enthalten kann. Ansonsten ist mir über Nacht nicht noch weiteres eingefallen: es kommt mir so vor, als hätten Sie meine generische Theoriedimension zu einem Anhang an Hermeneutik und Grammatologie marginalisiert; zu einem Appendix, der sich selbstüberschätzt zudem. So aber kann ich mich nicht einschätzen, umgekehrt vielmehr so, daß Genealogie/Pathognostik diese ihre Vorausgänge aufzuheben, diesen ihren Platz anzuweisen verstände. So kann man z.B. genau wissen, wie die Differenz latenter Traumgedanke vs. manifester Trauminhalt zustandekommt etc.

Was tun?

Nun denn – die ersten Feiertage sind schon vorbei – für die nächsten und das ganze Neue Jahr alles Liebe und Gute

Ihr Rudolf Heinz

Wuppertal, den 22. 1. 92

Lieber Siegfried Gerlich!

Es sind doch wohl mehr Mißverständnisse als Meinungsverschiedenheiten? Wobei nicht ganz auszuschließen ist, daß die Adaptierung des ‚funktionalen Phänomens' und, in der Folge dessen, des Selbstreferentialitätskonzepts, mehr Verwirrung stiften kann, als gut ist? Was dann auf unsere Kappe ginge, wenngleich der gänzlich unhintergründige Grund der Mißverständnisse gewiß darin liegt, daß Sie eben nicht am Ort sind und unsere andere Traumtheorie nicht mitentwickelt haben.

Nun zum Postkript[16]: Es ist doch wohl mehr als eine „gelegentliche Nichtübereinkunft ...". Der Bruch mit dem Oberflächen-Tiefenmodell ist in der Tat vollzogen, und zwar eben im Sinne der Aufhebung/bestimmten Negation, so wie ich in meinem letzten Schreiben schon skizzierte: dieses Modell stellt sich immer dann ein, wenn der Vorausgang der Produktion/Traumarbeit (als deren Genealogie) sich anamnestisch-resultativ zu objektivieren trachtet (= Sinn- und Subjektkonstitution, und gar auch noch Wissenschaftlichkeit!), doch diese Objektivierung nicht restlos durchzuführen imstande ist (was ja restlos, auch wissenschaftlich, nimmer geht!). Selbstverständlich behält damit die aufgehobene Psychoanalyse ihre relative Geltung, die irrige Geltung aber der beschriebenen Substitution genealogischer Produktionstheorie durch die Sinn- und Subjektanamnestik isolierter/hypostasierter Konsumtion.

‚Funktionales Phänomen' in unserem Sinne bedeutet nicht mehr und nicht weniger als die produktive Suffizienz/Sui-Suffizienz des Traums, der nichts anderes betreibt als seine Selbstwahrung (identische Ablaufform und infinite Inhaltsvariation) wie aus sich selbst. Was mitnichten heißt, daß sich dieser Automatismus aus sich selbst auch ernähren könnte – nein, die Traumrepräsentation holt sich die im Schlaf in das Dingdouble hineingeopferten Körper in Maßen wieder zurück, wobei sie – siehe Verdichtung vs. Verschiebung – die Grenze des Umschlags in die Nicht-Repräsentation (Schlaf) und in die andere Repräsentation (Wachen) unendlich-begrenzt approximiert. Aber doch: das ist reinste Metaphysik, wenn schon, Präsenzmetaphysik der Selbstreferentialität/-reflexivität, doch um den Preis immer auch des Aberwitzes des Tantalos/des Fasses der Danaiden etc. (‚halluzi-

---

[16] Vgl. a.a.O., S. 125-127.

nativ' – ,imaginär' ganz direkt!). Und auch wie um den Preis der Kontradiktion des traumlosen Schlafs und der Kontrarietät des Erwachens, die es beide nicht besser machen, im Gegenteil. Der Sekundärprozeß ist bloß der verlangsamte Primärprozeß.

Ich sagte schon am Telefon, daß ich von einer ,sekundären Bearbeitung, auf die sich das ,funktionale Phänomen' beziehe, nichts weiß. Wenn, dann gibts nur die primäre. Die aber ist Dauerthema bei uns, nicht aber in dem abweisbaren Sinne, daß da etwas vorläge, das dann bearbeitet würde. Die primäre Bearbeitung ist selbst die Traumarbeit, wie gehabt.

Autodekonstruktion als Traumregression? Inwiefern Regression (siehe auch Lacan)? Autodekonstruktion – ja, aber doch nicht so, daß ein anderes anderen (nicht-dekonstruktiven) Status', irgend vorgegeben wäre, im selben vorgegeben wäre; was doch ein *hysteron-proteron* ergäbe, den sprachschriftlichen Traumrapport womöglich mit dem „Stoff, aus dem die Träume", autodekonstruktiv, „sind", verwechselte. Reflexionskopie der sich entziehenden Regressionsvorbildlichkeit? Transzendentale Brechung? Wenn transzendentale Brechung, dann ist es Tiefschlaf und Wachen – was aber heißt dann noch ,transzendental'?? – Ersteres – ... Kopie des ... Vorbilds: ja; aber doch, wenn schon, so beschreibt diese Wendung die Traumarbeit wiederum selbst (wenngleich nicht unmißverständlich womöglich).

Zwischenfazit: Sie bleiben dabei, unsere Traumtheorie zu deplazieren, und das liegt einzig, meine ich, daran, daß Sie die Gehaltsisolierung, Sinnbildung, Subjektkonstitution an den Anfang setzen, um dann diesen Anfang freilich als solchen wiederum zu liquidieren. Was tut die Psychoanalyse eo ipso anderes? Und wenn die Grammatologie diese Art der konterkarierten Anfänglichkeit ebenso betreiben sollte, dann ist sie mitnichten über die Psychoanalyse hinausgeraten.

Das mit den imaginären Effekten realer Sinnen-/Mediendifferenzen – das gefällt mir freilich sehr. Nur: wenn es denn so sein sollte, bei der ,Urschrift' angekommen, nicht noch weiter, ur...haft gehen zu müssen (Raum, Zeit, Figur, Menge!), so stellt sich danach kein Verhältnis von halluzinatorisch wildem Sehen und vernunftgemäß beruhigtem Sprechen/Hören ein. Wild ist das Hören/die Verlautung, nämlich als Körperopfer ins Dingdouble letztlich hinein. Und gezähmt wird diese Wildheit durch die Sicht-determinierte Repräsentation, die Traumrepräsentation; Dompteuse, die es indessen nicht schaffen kann, aus ihrem wilden Tier ein Haustier zu machen ... .

Kurzum: die Möglichkeit von Hermeneutik: immer können Träume übersetzt werden, wenn Sinn und Subjekt anfänglich gedacht werden, wenngleich dieses ein Fehler ist; die Möglichkeit von Grammatologie: ebenso.
(Was kommt noch dazu? Die Autodekonstruktion des Traums? Nein, ist
dasselbe ...); die Möglichkeit von Genealogie/Pathognostik: selbstverständlich muß kein Traum funktional gedeutet werden, doch wenn man
nicht funktional ‚deutet', bleibt man eben bei der Psychoanalyse, wie gehabt, die auf einer Substitution beruht etc. da capo.

Was sollen wir tun? Bliebe immer noch zu sagen, daß Ihre Art der Auffassung unserer Traumtheorie, auch wenn sie nicht trifft, zu manchen
Präzisierungen Anlaß gibt?! ... (ist zu wenig?)

Für heute herzliche Grüße Ihres Rudolf Heinz

Hamburg, den 8. 6. 92

Lieber Rudolf Heinz!

Wahrscheinlich haben Sie Recht, daß der schlichte Umstand, daß ich nicht
am Produktionsort Ihrer Traumtheorie bin, mehr Mißverständnisse als
Meinungsverschiedenheiten hervorbringt, die eigentlich nicht sein müßten.
Aber so ist es nun einmal: ich sitze hier in Hamburg fest, und es bleibt mir
gar nichts anderes übrig, als mich, anstatt auf Ihre Worte, auf Ihre Schriften
ausschließlich zu verlassen. Vielleicht aber hat dies gar den Vorteil, daß so
an Dissens an den Tag kommt, was gesprächsweise oftmals vorschnell in
einen Konsens umgebogen zu werden pflegt. Und zudem ist es ja nicht selten so, daß gerade die Formulierung von Differenzen das Denken weiter zu
bringen vermag als ein lähmendes Einverständnis. Gleichwohl genügte es
mir darum noch lange nicht, lediglich zu Präzisierungen Ihrer Theorie
Anlaß zu geben, ohne diese dabei im wesentlichen zu treffen – und so will
ich versuchen, hoffentlich ohne Wiederholungen von bereits Gesagtem,
nochmals zum Kern des Problems mich zu äußern. Da ich allerdings ganz
wie Sie den Eindruck habe, daß auch unsere Differenzen im einzelnen sich
durchweg aus unseren unterschiedlichen Denkansätzen ergeben – so gehe

ich tatsächlich von der hermeneutischen Psychoanalyse aus, um dann über den notwendigen Umweg ihrer grammatologischen Transformation endlich zur Pathognostik zu kommen, während Sie hingegen umgekehrt von Ihrer in sich festgefügten pathognostischen Begrifflichkeit her die psychoanalytische Theorie immer nur rückblickend wahrnehmen –, wäre es vermutlich unproduktiv, auf alle von Ihnen thematisierten Detailprobleme einzugehen. Aussichtsreicher erscheint es mir demgegenüber, ausschließlich an denjenigen Gedanken meines Postskriptums, mit dem Sie offenbar als einzigem sich haben befreunden können, anzuknüpfen, zumal sich von hier aus wohl auch mein gegenläufiger Ansatz rückwirkend rechtfertigen lassen dürfte: es ist dies die Annahme, daß das problematische Oberflächen-/Tiefenmodell sich als imaginärer Effekt realer Mediendifferenzen einstellt, die auch nach dessen Kritik nicht aufhören, es mindest als einen dialektischen Schein immer wieder erneut hervorzubringen.

Sogleich auf die Pointe hin argumentiert: Träfe dieser Gedanke eines Medienaprioris tatsächlich zu – was Sie zu konzedieren scheinen –, so wäre das psychoanalytische Oberfächen-/Tiefenmodell allein dann pathognostisch verlustlos aufhebbar, wenn es die Mediendifferenzen selber wären – was sie aber offenkundig nicht sind, wie ja auch die schlechthin vorgegebenen Sinnesdifferenzen nicht. Was im ‚funktionalen Phänomen' einzig, wenngleich nicht verlustlos, aufgehoben werden kann, ist die Traumarbeit, der es ihrerseits nur gelingen kann, die Differenz der Medien zu relativieren (diese ineinander umzuschreiben), nicht indessen sie als solche aufzuheben (die Medien ineinander zu übersetzen). Insofern auch ist, anders als die hermeneutische Sprache, die grammatologische Urschrift keine Aufhebungsinstanz: denn diese geht in dem Prozeß des Hin- und Umschreibens der differenten Medien restlos auf, ohne darin stillstellen zu können, was allein als Stillgestelltes Übersetzung ermöglichte: deren Differentialität – dies nicht nur im nachträglichen horizontalen Sinne medieninterner Unterscheidung von Sinneinheiten, sondern hier insbesondere im vorgängigen vertikalen Sinne eines allererst mediengenerativen Aufschubs.

Des weiteren denke ich, daß es nichts anderes als die von Ihnen für nichtexistent gehaltene Traumregression ist, als welche diese mediengenerative Umschreibung sich vollzieht. Und wenn selbst Lacan in seiner minutiösen Lektüre der *Traumdeutung* die Annahme einer Traumregression glaubt zurückweisen zu müssen, so liegt dies, wie ich meine, einzig daran, daß er immer nur die klassischen Freudschen Regressionsmodi thematisiert, ohne also sehen zu können, daß die traumspezifische Regression eben eine mediale/mediengenerative, die Urschrift des Traums als solche hervor-bringende ist. Die Regressivität des Traumes bemißt sich demzufolge an dem der Progressivität des Repräsentationsbegehrens entgegenlaufenden geringen Maß des für ihn erforderlichen Aufschubs. In umgekehrter Richtung betrachtet bilden die Stufen der durch den urschriftlichen Aufschub ermöglichten Repräsentationslogik zunächst die natürlichen Sinne und sodann die technischen Medien, oder genauer: erst die sinnlichen und dann die sinnesprothetischen Medien; sodaß sich also der vertikale Aufschub im Sinne dieser allemal ‚Medien' zu nennenden Stufen differenzieren ließe: Sehen, Sprechen/Hören, Schrift, Maschine usw. Dies schließt freilich eine Dialektik dieser Ebenen (wie Sie es in Ihrem Brief vom 19.7.91 angedeutet haben) sowenig aus, daß die ‚rationale' Buchstabenschrift des Sehens ebensosehr bedarf, wie ‚wilde' Traumvisionen als Schrift gelesen werden müssen. Dennoch ist die Traumschrift als eine unter der Domäne des Sehens stehende symbolische Form sozusagen ‚primitiver' als die Buch-stabenschrift, mag diese ihrerseits auch das Sehen für sich in Anspruch nehmen. Und aus dieser im Verhältnis zu den dinglichen Schriftprothesen größeren Sinnlichkeitsnähe des Traums folgt dann auch dessen größere Nähe zur aufgrund seines aufrechterhaltenen Mindestaufschubs indessen auch in ihm nicht vorbehaltlos realisierten Wunscherfüllung etc.

Doch vielleicht sollte ich hier erst einmal einen vorläufigen Punkt oder vielmehr ein Fragezeichen setzen zum Atemholen, denn ich merke schon, wie mir das Schreiben mühsamer wird: Irgendwie habe ich nicht den Ein-druck, daß meine Argumente geeignet sein könnten, aus unserem Dickicht von Mißverständnissen und Meinungsverschiedenheiten hinauszuweisen; eher schon kommt es mir so vor, als führten sie nur umso tiefer in dieses hinein. Und wahrscheinlich liegt dies gar nicht so sehr an unserer mangeln-den Aufmerksamkeit den Gedanken des anderen gegenüber, als vielmehr an der Gespensterhaftigkeit des Mediums Schrift selber, das uns also nicht mehr nur auf der Objekt-Ebene beschäftigt, sondern endlich auch auf der Meta-Ebene nicht ohne Tücke beginnt einzuholen: so als wollte die Schrift sich dafür rächen, daß wir so grausame Dinge über sie nicht nur sagen, sondern provokanterweise auch noch schreiben. Verständlich wäre es daher schon, wenn sie ihre undankbaren Parasiten durch Verstehenssabotage etwa versuchen wollte abzuschütteln.

Es scheint mir also nichts als zuzutreffen, was Hermeneutiker Gadamer, Grammatologe Derrida und Pathognostiker Heinz in wahrhaft seltener

Eintracht diagnostizieren: Sobald sie einmal dinglich da ist, autonomisiert sich die Schrift den Autor- und Leserintentionen gegenüber weitestgehend und dekonstruiert diese dann gnadenlos, und zumal im Falle eh vorhandener Verständnisprobleme bis hin zum bitteren Unsinns-Ende. Was uns schreibenden und lesenden Subjekten als Mißverständnisse erscheint, die eigentlich nicht sein müßten, offenbart sich von der Schrift her betrachtet als etwas, das durchaus so sein muß. Freilich machte es keinen Sinn, das solchermaßen zutreffend Diagnostizierte rein um seiner selbst willen etwa zu feiern (was einige Grammatologen gleichwohl tun). Noch weniger aber dürfte es wohl Sinn machen, dieses wider besseres Wissen zu bestreiten, nur um sich weiter als heroischer Sinnsucher präsentieren zu können (was die meisten Hermeneuten unermüdlich tun). Was aber bleibt sodann noch übrig? – Als das kleinste Übel erschiene mir tatsächlich, erst einmal die Flucht zu ergreifen, nämlich das Medium zu wechseln und, anstatt immer nur tote Buchstaben hin und her zu schieben, endlich wieder lebendige Worte austauschen. Nicht daß ich bequemerweise plötzlich vergessen hätte, daß auch deren Lebendigkeit allemal nur Gespensterlebendigkeit ist – mitnichten. Aber da es sie nun einmal gibt, die Gespenster, ist es sicherlich doch besser, sich mit ihnen vorsichtig zu arrangieren, als von ihnen hinterrücks sich heimsuchen zu lassen. Ohne zwar sicher sein zu können, daß mich die Schriftgeister nach meiner Flucht in Ruhe lassen werden, hoffe ich dennoch in diesem Sinne, daß sich bald einmal wieder die Möglichkeit zu einem ausführlichen Gespräch mit Ihnen ergibt.

Bis dahin sehr herzliche Grüße, auch an Ihre Frau

Ihr Siegfried Gerlich

Philosophische Urszenen

Über mögliche Verträglichkeiten zwischen Psychoanalyse und Philosophie

(aus: Psychoanalyse und Philosophie: eine Begegnung, herausgegeben von W. Tress, S. Nagel, Asanger, Heidelberg 1993)

Problemmimetisch habe ich viel mehr schreiben müssen, als ich vortragen kann. Zunächst war eine Durchsicht des psychoanalytischen Urszenenkonzepts – der Metaphysik der Psychoanalyse sozusagen – fällig, die ich mit philosophischen Mitteln – kausalitätskritisch – durchführte. Diesen Teil (I.) trage ich nicht vor.[1]

Auf dieser Grundlage widmete ich mich dann der speziellen Kritik der auf Philosophie angewandten Psychoanalyse als der überkommenen Version der Unverträglichkeit beider. Auch diesen Teil (II.) trage ich nicht vor. (Freundlicherweise aber erlaubte mir der Herausgeber, die Thesen zu diesen ausgelassenen zwei Teilen mitsamt einem Überleitungstext zum allein vorgetragenen dritten Teil hin wiederzugeben; diese schließen sich dieser programmatischen Vorbemerkung an.)

Schließlich ging ich auf diesen Grundlagen das Vortragsthema kasuistisch an: eine eigene frühödipale philosophische Urszene, nicht zuletzt in der Perspektive eines Verträglichkeitsmodells zwischen Psychoanalyse und Philosophie. Nur diesen Schlußteil (III.) trage ich jetzt vor, in der Hoffnung, daß aus den „philosophischen Urszenen" künftig ein Forschungsthema werden möge.

Die Psychoanalyse- und auch Philosophie-kritischen Prämissen in Kürzestfassung zuvor:

Philosophische Urszenen – erinnerungsprägnante Folgeszenerien der meistenteils entzogenen Urszene i.e.S. – sind infantile Selbstinszenierungen von Philosophie/Metaphysik bereits selbst, und also als solche weder philosophisch unerheblich (und weniger) noch psychoanalytisch auflösbar.

---

[1] Eine brauchbare Zusammenfassung des Urszenenkonzepts findet sich u.a. in: J. Laplanche/J.-B. Pontalis: Das Vokabular der Psychoanalyse, 2. Bd., Frankfurt/M. 1973, stw 7, S. 576-578.

I. Thesen zur philosophischen Kritik des psychoanalytischen Urszenenkonzepts

1) Nach der Psychoanalyse eigenen Ödipuskomplex-, Narzißmus- und Todestrieblogik wäre die Disposition der prima causa der Tod. Urszenen können entsprechend immer nur weniger als Urszenen sein. Was zumal für die psychoanalytische Urszene, diese rational-säkulare Versetzung des Gottes in das elterliche Toiletten- und Schlafzimmermysterium, gilt.

2) Die Psychoanalyse hätte es in der Hand, die Traumatik (des Scheins) der prima causa/der Urszene sinnen- und körperdifferentiell als Tabubruch aufzuklären. Konzeptuell aber fehlen deren genaue pathogenetischen (und ebenso die dazu alternativen) Bedingungen; welcher Ausfall sich zum ungelösten Datierungsproblem pointiert. Auch bedürfte die fast-Ausschließlichkeit der filial-männlichen Zentralperspektive der Revision.

3) Wenn die Datierung auf den Übergang von der frühen zur späteren analen Phase verfängt[2], so wäre Anlaß gegeben, den schwankenden Urszenenstatus zwischen Realität und Phantasie (Nicht-Erinnerungsgedächtnis vs. Erinnerungsgedächtnis) zu begründen. Kritischen Einlaß sollten auch Freuds Erwägungen zur ontogenetischen/phylogenetischen (mythischen) Mitgift der Urphantasien finden: diese scheiternde Verlegenheitslösung der Umwandlung von Metaphysik in empirische Kausalgenese.

4) Diese Umwandlung macht den Fundamentalfehler der Psychoanalyse aus. Dieser besteht in erster Linie nicht in der – hauptsächlich generationssexuell versierten – Säkularisierung der Ursprungsfrage, wenn immer man bedenkt, daß die Narzißmus- und Todestriebtheorie die genealogische Reduktion darin (teilweise) aufheben könnte; vielmehr

---

[2] Es handelt sich hier um einen vielfach traumatisierbaren vielfachen Übergang: um den von der Ding-Destruktion (Oralsadismus) in die Ding-Reparation vermittels der Einheit der faeces als avancierter narzißtischer Ding/Selbst-Abschluß; den die Sauberkeitsdressur wiederum öffnet. Um den Übergang auch, mit dieser Öffnung zusammenhängend, vom erinnerungslosen zum erinnernden Gedächtnis. Um den beginnenden Übergang ebenso wohl zur, anal sodann fundierten, Sexualität i.e.S. hin. Also müßte die Traumatik der Urszene in der parental-sexuellen Rückspiegelung des filial-analen Ursprungsverlustes bestehen: Mutter, die von Vater wie ein Stück Scheiße behandelt wird; womit Sohn gleichwohl erfährt, was sexuell und im Ganzen Sache ist.

darin zu meinen, daß sich das Ursprungsproblem – und sei es auch nur post festum psychoanalytisch-therapeutisch – mit dieser Versetzung erledigen ließe; szientifische Aufklärung mit voller Alternative, die ihr Aufgeklärtes vernichtete. Womit sich der erkenntnisontologische Status der Psychoanalyse zu einem Selbstwiderspruch – petitio principii – zuspitzt. Keine psychoanalytische Urszene ohne diejenige Metaphysik, der diese dann den Garaus machen möchte. Der Binnengehalt der Urszene – das besagte sado-masochistische Elternpaar – ist selbst das universelle Selbstsubstrat und keine Pathologie sogleich schon, zu der es bedingterweise nur wiederum werden kann.

5)   Der psychoanalytische Ausfall diachroner Urszenenindizierung – Urszenen im Medienzeitalter (mit ihrer Inversionsform: Kinderporno) – geht zurück auf die apostrophierte psychistische Metaphysikversetzung, an aller Dinglichkeit – Institution, Technik, Medien – vorbei; dies der gravierendste Mangel, der sich allein schon aus der Verhinderung der Selbstanwendung der Psychoanalyse auf sich selbst nährt.

II.   Thesen zur Unverträglichkeit zwischen Psychoanalyse und Philosophie

1)   Das traditionelle Konzept der auf Philosophie angewandten Psychoanalyse (Psycho- und Pathographie) ist ein Konzept der Unverträglichkeit beider. Denn: entweder soll Philosophie (Metaphysik, Ursprungskrisis) in Psychoanalyse aufgehen oder aber von Psychoanalyse – des ichpsychologisch stabilisierten Geltungstabus wegen – gänzlich unberührt bleiben.

2)   Schuld an dieser unverträglichen Fusions- und Diskriminationslage ist das psychogenetische Paradigma als szientifische Beseitigungs-Letztkausalität. Es müßte der Verträglichkeit initiierenden Auffassung weichen, daß die scheinbar psychogenetischen Urszenenkonzentrate früheste Selbstdarstellungen produktiver Vermögen und der entsprechenden Institutionen, so wie der Philosophie (Metaphysik), sind.

3)   Auf der anderen Seite bedürfte die Philosophie, um mit der also revidierten Psychoanalyse übereinzukommen, der uneingeschränkten Konzession eben derselben Urszenen als der frühesten Selbstdar-

stellung ihrer selbst; womit sie ihre überkommene gnostische Sinnen- und Körperflüchtigkeit quittierte.

In welchem Sinne kann es philosophische Urszenen geben? Serienweise wird es sie geben, nach den psychosexuellen Entwicklungsphasen evolutionär organisierte und vom kryptischen Original abgeleitete; die, wenn es wahrhaft philosophische Urszenen sind, Philosophie selbst schon, philosophiegemäß selbstreferentiell, komplett szenifizieren. Szenarien, die das philosophische Unbewußte, wie wenn es Mythen wären, memorial einschlägig eröffnen; selbst schon protoproduktiv, Produktionsnötigungen avisieren; in ihrer Kon-Sequenz, gedächtnisvermittelt, durchaus auch kausale Wertigkeiten enthalten; wie im Sprunge auch – Ursprung als Ur-Sprung – entspringen; wie die Erfüllung eines autoposthypnotischen Auftrags anmuten: Wahrnehmung/Bewegung der (doppelter Genitiv!) Verlautung. Womit der psychoanalytische Urszenenbegriff nicht nur weitergefaßt worden ist, vielmehr – mit dem Verlust des Status des Originalvorfalls – die undurchführbare Valenz einer prima causa einbüßt und stattdessen sich je zur offenen Selbstdarstellung/zum Autosymbolismus unterschiedlich produktiver Vermögen – wie hier der Philosophie (Metaphysik) – operationalisiert.

Dazu nun das Beispiel einer abgeleiteten, sich auf frühe Ödipalität beziehenden philosophischen Urszene, die strikte nur als frühe, phallisch-exhibitionistische Selbstdarstellung von Philosophie selbst schon ausgelegt wird.

III. Eine frühödipale philosophische Urszene

Feuerpatsche

Kriegswarenästhetik

Das große Schreiben

(Feuer und) Wasser

Quatsch

Brandrede

Im Traum

Durst

Ödipipus-symbolon

Im Schlaf

Gewesen-sein-würde

Paranoie

Feuerpatsche. – 1940, zu Beginn des zweiten Weltkriegs, besuchten meine Eltern mit mir zusammen meine ältere Schwester zur Elternbesuchszeit in einem weit von der Heimat entfernten Landjahrheim, wohin diese Schwester dienstverpflichtet war. Zur Zeit des Besuchs bei der Rückkehr der Elternschaft von einem Landspaziergang gewahrte ich im Hof des Heims einen Wassereimer mit Feuerpatsche – einen an einem Besenstiel unten befestigten Putzlappen –, welches als Notlöscharrangement obligatorisch war. Kaum daß ich diese mir vertraute Primitivgerätschaft sah, machte ich mich damit – im Sinne einer ungelenken Probelöschvorführung ohne Feuer – zu schaffen, die ich lautest kommentierte, indem ich sprachlich auszudrücken versuchte, was ich vorführend tat: Von meinem Vortrag und meiner Vorführung angelockt, versammelten sich die Eltern, einschließlich der eigenen, um mich und bekundeten ein großes Interesse an meinen Ausführungen, deren Beendigung sie mit Beifall quittierten. Die Szene – ich war damals zwischen dreieinhalb und vier Jahren alt – wurde zum vielerzählten Bestandteil des Familienromans. Eben: Der Krieg ist der Vater aller Dinge.

Kriegswarenästhetik. – Das hat mit enthusiastischer Warenästhetik zu tun, einem Reklameszenarium, in dem ich mich wie ein Vertreter in Feuerlöschgeräten in der Brandschutzbranche gebärde. Unter kriegsökonomischen Umständen aber verschiebt sich der irenische Handelsvertreterbesuch in eine besondere Feuerwehrprobe (Probealarm), so daß ich zum höheren Funktionär – dem Feuerpatschenexperten (Kontrolleur, Anleiter, Einsatzleiter) – avanciere. Was die Kriegssituation nicht alles anrichtet: eine schnörkellose indifferenzierende planwirtschaftliche Elementarrationalität an der Heimatfront: keine Absatzprobleme, kein überflüssiges Reklameinterim, alle Haushalte als Selbstschutzkleinfabriken, in ihren hausgemachten Löschgeräten gemeinschaftlich vereint.

Was aber hat diese Kriegswarenästhetik mit Philosophie zu tun? Schwerlich nur der Transit einer phasengemäßen Teilhabe des kleinen Jungen am Großen Krieg, verstärken sich so vielmehr die gewiß schon vorgebildeten Konturen einer protophilosophischen Platznahme. Philosophie nämlich hat es – Krisis der prima causa, Ursprungskritik, Metaphysik, die sie ja nicht nicht sein kann – mit den Letzten Dingen unablässig zu tun; nur daß sie den Ernstfall maulheldisch bloß – an der Heimatfront eben – simuliert: *Kriegsmentalismus* des indifferenzierenden Überhaupt/des Schlechterdings/des Im-Ganzen (oder wie sonst noch solche gedeckten Martialismen heißen), *der sich dem* höchstdilatierten *Mehrwert des* auf Produktion und Konsumtion übergriffigen *hypostasierten Tauschs,* wenn man es so will: *dem eben hier ja plazierten Gedächtnis, verschuldet* – so irgend zwischen Reklame und Krieg –, und der, wenn schon, am ehesten – frei ja auch nach Freud – *psychotischer Parallelobservanz* ist: Handelsvertreter in Brandschutzgeräten, der zum Staatsoberfeuerwehrmeister, rein rhetorisch, auf dem Trockenen – der Ernstfall ist ja wesentlich heißer und wortkarger – überdreht.

„Wir dürfen im übrigen nicht übersehen, daß ein beträchtlicher Teil der Angehörigen der ‚zerebralen' Klassen, und zwar die unangepaßten unter ihnen, sich im Krieg, im Fernhandel, im Vagabundentum oder in der Piraterie zu fangen wußten. ... In der traditionellen zivilisierten Welt blieb das fundamentale Verhalten von homo sapiens demnach identisch mit den Verhaltensformen der Ursprünge; nur war das Spektrum breiter und die Individuen, die auf physischer oder geistiger Ebene aus dem Rahmen fielen, wurden als Philosophen oder Soldaten wieder integriert."[3]

Das große Schreiben. – Intimer aber noch gehört die Szene dem Philosophiemedium Schrift. Das Brennensultimatum, Verbrennen, geht martialisch auf gründlichstes Vernichten aus. Die Feuerwehrintervention des Löschens dagegen versucht, dieses Ende aufzuhalten, den Destruktionskurs anzuhalten: *Löschen als Akt des Bewahruns, wie der Grundvorgang des Gedächtnisses* – wird doch in solchen Erhaltensmaßnahmen das Gedächtnis, das einzige Organ imaginärer Bewahrung im Extremfall realer Zerstörung, im voraus sozusagen rückgängigmachend aktiv. Dann aber mag es einem so vorkommen, wie wenn das *Löschen* wie ein *Schreiben* wäre: wie die *Selbstdarstellung der Konservierung als Schrift.* Immerhin, man sieht's doch per analogiam schon: die Feuerpatsche wie ein überdimensionaler Federhalter. Zudem ließe sich diese Wendung zur Schrift durch nachfolgende Folgeurszenen stabilisieren: so durch die bald danach getätigte, wieder zu Hause mit einem im Ofen glühend gemachten Schürhaken Buchstaben in Holzscheite einzubrennen. (Und noch viel später, bei meiner öffentlichen Antrittsvorlesung, beging ich ganz zum Schluß die charakteristische Fehlleistung, für „angereichert" „angeräuchert" zu sagen!)

(Feuer und) Wasser. – Um auf die labile Komik des Löschens ohne Feuer, übertragenerweise, zurückzukommen: welches aber ist der temporale Status der Konservierung als solchen/des Schreibens selbst? Unnötiger Luxus oder potenzierte Not? Vor dem Ernstfall oder danach, der ver-

---

[3] A. Leroi-Gourhan: Hand und Wort. Die Evolution von Technik, Sprache und Kunst, Frankfurt/M. (Suhrkamp) 1980, S. 74.

brannten Erde? Beides zusammen, *der Aberwitz des zweiten, ja 'nten Futurs als der Zeitform der Selbstreferenz des Gedächtnisses:* Löschen-Löschen, Schreiben-Schreiben. Die menschlichste Verrücktheit Philosophie, die sich darin erfüllt, daß – durchaus ja nichts als konstitutiv für das Gedächtnis selbst – die *coincidentia oppositorum von Feuer und Wasser, VerbrennenAuslöschen und BrennenLöschen* vorfällt; und überhaupt nicht mehr verrückt, on dit, sodann, wenn sich solches semantisches Karussel technologisch-medial realisiert: 0/1, der Digitalspeicher schließlich; produktiver Memorialitätskurzschluß, möchte man meinen, Hochriß der schieren Nicht-präsenz in sich selbst – wie lange? – hinein.

Quatsch. – Entsprechend resultiert keine Schriftausfällung auf der Erde, wenn's hoch kommt bloß zerlaufende Rätselfiguren. Nichts kommt zustande. Ein prekäres Fazit, wenn sich nicht mindest ein Rest an Re-präsentation der Nicht-präsenz des Gedächtnisses, eine residuale Lebensmarge wider den Tod des rasenden memorialen Selbstzusammenfalls, des unvermeidlichen Endes der Selbstreferenz, einstellte, folgerichtig von dieser – später dann typisch philosophischen – Fehlanzeige weiterhin stigmatisiert: es ist die *Selbstkommentierung des eigenen Tuns,* das in der Szene zentrale Sprechen/der Spracheinsatz, der allerdings nichts anderes als den parallelen Vorgang des Probelöschens als solchen signifizierte; *das tätige Nichts eines Prozesses, des Gedächtnisprozesses selbst als des philosophischen Vermögensinbegriffs;* immer auch eine Art von Quatschen – man hört die Beteiligung des exklusiven Wassers, vielleicht die Matschbildung auf der mit der nassen Feuerpatsche geschlagenen Erde – längst obsoletes Schreiben (mit der Feder) und Löschen (mit dem Löschpapier) ineins, so daß sich die Schrift verwischt: wie quatschig wird – mit. Kurzum: *die Hypertrophie des instantanen Vorgangslesens,* diese paradoxe Lektüre ohne Schrift, sprich: *der Schein der Spracherzeugung des Gesprochenen, hält die Entropie des visuell-motilen Vorgangs auf:* so die rettende Gunst des Vortrags in der Vorführung, die so zu einer Art Aufführung wird – fürwahr eine rhetorik-schaffende Überkompensation.

Brandrede. – Rettende Übertreibung – freilich zahlt sie den Preis für diese ihre Rettungsfunktion. Schon muß es stutzig machen, daß die Erinnerung an den Wortlaut des Begleitvortrags versagt: es gab zwar diesen Vortrag, mehr ein Stammeln, aber ob der Wortfindungsprobleme, unerinnerlich welcher Worte genau, auch wohl zahlreiche Wiederholungen darin. Über-codierung, die zur Leere neigt – auch hätte sie rasch ihr Ende gefunden, wenn sie – diese schamlose/indolente entflammende Brandrede durchaus –

nicht sogleich wohl schon gerichtet gewesen wäre, überwertigerweise *adressiert an die* wie agoraphobisch organisierte *Elternumzingelung,* die, als Gipfel der Intersubjektivität, nicht nur als Verfolger der filialen Selbst-hervorbringung modo philosophico verbal gebannt, *die durch die flammende Löschungsrede allererst geschaffen ist.* The Child is Father of the Man. Und um die Angelegenheit auf die Spitze zu treiben: Feuer und Wasser – längst schon ahnt man, daß das Geheimnis der frühen Ödipus-phase, der phallisch-exhibitionistischen, die *urethrale Sexualität* sei –: Elternverbrennung/-auslöschung, parentales Brandopfer in die Logosgeburt – Brennen-Löschen – hinein; nur daß das Publikum folgerichtig dann (wie weiland während Hitlerreden Zuhörerinnen) unter sich machte: liquider Rest des verbrannten Körpers, Wassergrabsteine sozusagen; der kosmische Ausnahmefall Wasser prometheisch auf den diffusen Punkt gebracht.

„Als eine der letzten Umformungen des Mythos (sc. des Prometheus) erweist sich seine explizite Verschweigung. ... Er wird zu Ende gebracht, indem er als Deckerinnerung – in Gestalt einer stolzen Position für den reelen Vollzug einer fragwürdigen Negation – ,entdeckt' wird. ...; Freuds Urmensch muß nur darauf verzichten, in das Feuer zu pissen. Die Rolle der Frau im Prozeß der Entrohung des Menschen beruht auf einer ihrer bei-läufigsten biologischen Unfähigkeiten."[4]

Im Traum. – Mit dem Vorbehalt, daß der Primärprozeß im Wachen zäher ausfällt als des Nachts im Traum, verspricht es einen Aufklärungszuwachs, diese Urszene wie einen Traum anzugehen. In solcher experimentellen Extrapolation profiliert sich die philosophietypische imaginäre Extremität des ödipalen Szenariums – überbietbar nur noch durch die (gleich folgen-de) somnial-epileptoide Pathologisierung: Enuresis nocturna. Die Traum-verquerung (ich kenne sie aus vielen meiner Träume expressis verbis) bestünde darin, *daß der Schlaf paradoxal in den Traum dergestalt hinein-reicht, daß er ebendort, als Traum, beseitigt werden muß: das simulative Feuerlöschen, eben ohne Feuer.* Die so erheblich beeinträchtigte Rücksicht auf Darstellbarkeit muß sich sogleich als Sprechen/Ersprechen – der Parallelvortrag – kompensieren; nur daß dieser traumrettende *Ver-laut(bar)ungsrekurs* allzu vehement nicht nicht *träumensrekursiv* ausfallen kann, und zumal auch auf das Anderen-Verhältnis – die Opferung des leib-lichen Anderen – hin, zur Selbstweckung führte. Hier sagt sich – man kann dessen fast schon sicher sein – eine *„Organminderwertigkeit"* an, die nicht

---

[4] H. Blumenberg: Arbeit am Mythos, Frankfurt/M. (Suhrkamp) 1979, S. 678. (Eine für philosophische Verhältnisse erstaunliche Körpererwähnung!)

zuletzt wohl irgend als *Derangement in der nächtlichen Sequenz der NREM- und REM-Phasen* erhebbar (und womöglich gar objektivierbar) wäre und die sich als *Philosophiepotenz* – der immer auch mißglückende Ausgleich des kurzschlüssigen narzißtischen Repräsentationsdefizits am Repräsentationsvermögen memorial selbst – herkunftsgedächtnislos abtrennt.

Durst. – Lesen, das das Schreiben als Schreiben liest, die Sprechung des Löschens ohne Feuer, Feuersubstitution der Sprache, BrennenLöschen wider und für und für und wider das VerbrennenAuslöschen; wie die Ausführung eines autoposthypnotischen Auftrags als Philosophieweltschöpfung, *genitivus absolutus,* den es ordentlich grammatikalisch ja nicht gibt, *der Verlaut(bar)ung der Wahrnehmung/Bewegung.* Wenn hier schon die differenten Sinne nicht nur mitbetroffen sind, so auch das Zusammenspiel der sogenannten niedrigen: Geruch und Geschmack, die, insofern sie in der (Opfer)szene entfallen – kein Brandgeruch, kein Bratengeschmack –, es an sich haben könnten, halluzinativ dazugetan, die Situation zu beherrschen: *Geruch, der das Gesicht, und Geschmack, der das Gehör ersetzte:* nicht akute Niedrigsinnenentropie, die sich am ehesten als *Durst* abfängt und kundtut?

Ödipipus-symbolon. – Gewiß erwarten Sie längst den dezidiert sexuellen Aufschluß meiner frühödipalen philosophischen Urszene, von der es ja schon hieß, sie sei urethraler Art. Allein, diese immer überfällige genealogische Präzisierung steht im Zusammenhang eines umfassenden Körperaufschlusses, in dem der sexuelle Körper bloß ein – freilich ausschlaggebendes – subiectum systematisch unter weiteren ausmacht; was alleine schon deshalb anzumahnen ansteht, als die urethrale Sexualität, unbeschadet ihres genitalen Orts, ein Bestandteil der exkrementalen Subsistenzsexualität bildet. Nicht aber nur die Einseitigkeit des – oft zudem, wie im urethralen Falle, nicht sonderlich differenzierten – Körper-subiectum stößt kritisch an, vielmehr die Art und Weise, wie die herkömmliche Psychoanalyse die Körperabbildung in solchen Phänomenen wie den Urszenen ansieht – üblicherweise nämlich unter dem Leitbegriff des Symbols; was heißt, daß *alle dinglichen Konstituentien solcher Szenerien (Stell)Vertretungen des sexuellen Körpers, Sexualsymbole,* seien. Was unzweifelhaft zutrifft, nicht jedoch im Sinne des traditionellen psychoanalytischen Symbolverständnisses, welches besagt, daß der schon vorhandene, sexuell spezifizierte Körper sich, letztlich aus Abwehrgründen, in irgendwie dafür geeignete Dingzusammenhänge hinein inflationiert; weiche projektive Inflation, so sie ja den symbolisierten Dingen äußerlich bleibt, wieder rückgängig gemacht werden kann. Nein, *solche Dinge sind rein als Dinge schon eo ipso Körperstellvertretungen,* und an dieser basalen Körper-Ekstasis zum Dingdouble bildet sich der ebenso resultierende organische Fühlbarkeitskörper mit; *so daß es den Abzug der Symbolik von den Dingen immer nur zum Scheine nachträglich geben kann.* Nicht also geht es an, solche Urszenen wie einen infantil-projektiv unliebsamen, Pathologie einleitenden kausierenden Spuk zu desavouieren, dessen Aufklärung zugleich dessen – immer verspätete – Beseitigung besorgte; so vielmehr konzentrieren und festigen sich produktive Vermögen, als könnten sie es sich in diesen ihren frühen Inszenierungen noch leisten, sich mit fast mythologischer Aufschlußmächtigkeit der objektiven Kriegsreferenz offenzulegen.

Im Schlaf. – Von der avisierten weiteren Deplazierung der Szene in die urethral beherrschte *Schlafpathologie Enuresie* hinein ist wohl noch gründlicherer Aufschluß zu gewärtigen? Abermals, jetzt im Tiefschlaf, das Löschen ohne Feuer: *insofern der Übergang vom Schlaf zum Traum –* Schadstelle am Transitort? – *hakt, läuft der Schlaf in sich selbst hinein zurück und trägt auf seine Weise nach, was in diesem Rücklauf ausgelassen ist: eben den Traum, der paradoxerweise den Schlaf selbst als Schlaf dann träumen, einen – enuretisch recht stationären und sozusagen milden – somnambulen Akt begehen,* das somniale Repräsentationsverhältnis auf kleinem exkrementalen Körperniveau – Austritt als vis-à-vis-Bildung/Spiegel(bild)herstellung – tätigen *muß. Welcher Ersatz aber nicht verfangen kann:* auch in dieser Traumkompensation bleibt die Selbstrekurrenz des Schlafs erhalten – buchstäblich diffundiert dieses blinde Repräsentationsersatzverhältnis symptomatisch: *Einnässen.* Bleibt nur der Terror des Erwachens, wie ein Knall. So ein wohl typischer *Patho-Parallelismus zur Philosophie,* die vor diesem, Enuresie, bewahren könnte? *Austrag eines genetischen Schadens* womöglich, *eines Defekts des Repräsentationsvermögens:* narzißtischer Selbstkurzschluß, der sich implosiv in dieses Basisvermögen, selbstrepräsentiert, auszugleichen sucht? Selbstrepräsentiert – notwendigerweise *auf die Ablösbarkeit/Absolvenz des Mediums Schrift hin;* welche Not gewiß dann aus der schon zitierten nachfolgenden Urszene – der Flammenschrift – hervorgeht?

Gewesen-sein-würde. – Nicht wurde das ödipale Frakturreden der Psychoanalyse dubioserweise immer wieder ausgesetzt; es ist, wenn solche – noch überaus grob formulierten – philosophiegenealogischen (Vor)überlegungen zutreffen sollten, geradewegs auch gar nicht mehr möglich, insofern die

Verfassung des Ödipuskomplexes im Grunde eine – sich eventuell verselbständigende – *Folgebestimmung solcher* (bedingterweise) *produktiven Defizienzen* dann sein müßte. Was wiederum nicht ausschließt, gleichwohl alle psychoanalytisch wohlvorbereiteten Register dieser inzestlogischen Dimension bis hin zur Urszenennachzeichnung im engsten Sinne dieser Bezeichnung ziehen zu sollen. Nochmals das Löschen ohne Feuer: *davor oder danach, davor und danach, davordanach:* die Vatertötung bildet die Leerstelle dieser Koinzidenz, einer maternalen Weiblichkeitsschwemme, des Mutterinzests; in welchem der Sohn *sowohl zu wenig (davor) als auch zuviel (danach) Vater* abbekommt; allemal effeminiert: *vor dem, was die Kastration sein würde, nach dem, was die Kastration gewesen wäre; Gewesen-sein-würde – der Kastrationsausstand als deren Exekution.* Aber, bitte, *dieser urethrale Ödipuskomplez ist der der Schrift, der selbstreferentiellen Philosophieschrift, objektiv* (Pornographein!) selbst. Und, rückeingebildet in den Sohneskörper, allererst dessen ödipales Opfer, Kriminalität (herostratisch) und/oder Pathologie (enuretisch). Unschwer schließlich, die Urszene im engsten Sinne, den Aufriß des Elternverhältnisses auf den Sohn hin zu rekonstruieren: *quid pro-quo/Fluktuation des Geschlechts,* Vater und Mutter wechselnd in dessen Positionen; aus welcher – wie menstruell stigmatisierten – Infertilität urethral das seiende Nichts je des reinen Selbstbezugs beider, diese narzißtische Monstruösität Philosophieschrift hervorgeht; im Extrem womöglich durchaus am faktischen Elternverhältnis gänzlich vorbei.

Paranoie. – Um es nun aber mit der Fortschreibung solcher Narzißmen nicht zu übertreiben, möge zum Ende die Allusion genügen, daß dieser – schizoanalytische – Vortrag die feuerlose Brandrede von weiland reproduzierte, wider die Philosophie und wider die Psychoanalyse, für beide zugleich, zusammen. Da beider Riß durch mich hindurchgegangen ist, so meine Vermittlung beider. Deren vorgeführte Möglichkeit aber dürfte nicht darüber hinwegtäuschen, daß de facto Vermittlungen/Verträglichkeiten immer noch nicht gewährleistet sind. Wie es mir in meiner Lehranalyse – beispielsweise – mit dieser Szene ergangen ist? Sehr schlecht.

„Meine Begeisterung fand in der Stunde keinerlei Echo, was mich progredient betreten machte. Offensichtlich stand ... meine Nachholvirilisation derart dringend ins Haus, daß ich sogleich den allzeit prämierten Phallus in der Feuerpatsche rein hätte entdecken müssen, um die Anerkennung meiner angeblich erst so gewinnbaren Männlichkeit einheimsen zu können. Da in meiner effeminierten Verbitterung davon aber nicht die Rede sein konnte ..., schlug mein Enthusiasmus in bittere Qual um, ...".[5]

So das eine – das psychoanalytische – Lager mit seinem Verdikt des Kinderkramunbewußten über den Philosophieast, auf dem sie angeblich nicht sitzt und den sie deshalb absägen könne. Und die andere, die philosophische Seite, fühlt sich schon pornographisch verfolgt, wenn nur ein bißchen Körper ihren überkommenen Zölibatismus gnostischen Ausmaßes zu streifen beginnen könnte. Welch paranoische Harmonie! Von der beider Agenten, je isoliert subjektiv, durchaus ausgenommen sein können, tückischerweise (und es fast immer gar sind), um in der Art ihrer institutionalisierten Arbeitsmethoden solchen weit von sich weggewiesenen Terror in selbstgewissester Dummheit umso zünftiger zu betreiben. (Also doch eine Brandrede, zum Schluß?! Ja, die Gelegenheit wäre freilich günstig ...) *Wie also könnten sich Psychoanalyse und Philosophie vertragen?* Ganz einfach, wenn es ginge: *diese müßte solches wie Feuerpatschen, „funktionale Phänomene" ihrer selbst, überhaupt erst einmal zulassen; und jene dürfte solches wie Feuerpatschen, „funktionale Phänomene" von Philosophie, zugelassen (und mehr), nicht wieder wegschaffen müssen.*

---

[5] Kleinbürger-double-binds oder: Die Psychoanalyse als Erziehungsanstalt. Erfahrungen mit einer psychoanalytischen Ausbildung, in: Die Eule. Diskussionsforum für rationalitätsgenealogische, insbesondere feministische Theorie, herausgegeben von H. Heinz, Sondernummer, Wuppertal/Düsseldorf 1982, S. 15.

Weitere Elemente zur Vor- und Frühgeschichte der Philosophenwerdung enthalten: Nachwort zu J. Halbekann: Der vermessene Philosoph; Von der Angst des Philosophen vor der Philosophie, in: Die Eule, Nr. 8, 1982, S. 32-69. – Intellektuell: in: Kaum. Halbjahresschrift für Pathognostik, herausgegeben von R. Heinz, Wetzlar (Büchse der Pandora) 1987, Nr. 4, S. 94-97. – Weiteres zur Archäologie von Intellektualität, in: Pathognostische Studien III, Genealogica Bd. 20, herausgegeben von R. Heinz, Essen (Die Blaue Eule) 1990, S. 316. Die schlaf-, traum- und wachenstheoretischen Allusionen sind ausgeführt in: Somnium Novum. Zur Kritik der psychoanalytischen Traumtheorie, Vol. I, Wien (Passagen) 1994; auch in den eigenen Beiträgen in: Wahnwelten im Zusammenstoß. Die Psychose als Spiegel der Zeit, herausgegeben von R. Heinz, D. Kamper, U. Sonnemann, Berlin (Akademie Verlag) 1993. – Aus diesen Titeln gehen die psychoanalysekritischen Inbegriffe – Selbstrekursivität und vor allem Objektivitäts-/Dingbezug – der Pathognostik hervor, so wie sie in der skizzierten Kritik des psychoanalytischen Symbolbegriffs in meinem Vortrag angedeutet wurden. Sie sind am ehesten an die neuere französische Psychoanalyse(kritik) und deren sich neuerlich häufenden deutschen Adaptationen und Parallelen (beispielsweise: M. Pohlen/M. Bautz-Holzherr: Eine andere Aufklärung. Das Freudsche Subjekt in der Analyse, Frankfurt/M. [Suhrkamp] 1991) anschließbar.

Das Geschlecht des „Kategorischen Imperativs" Kants
Vorüberlegung zu den Verfehlungen von Ethik und Psychoanalyse

(aus: Ethik und Psychoanalyse. Vom kategorischen Imperativ zum Gesetz des Begehrens: Kant und Lacan, herausgeben von H.-D. Gondek, P. Widmer, Fischer, Fankfurt/M. 1994)

Über den „Kategorischen Imperativ" wollte ich abermals schreiben, und zwar in der Nachfolge meiner nicht eben wenigen Studien über „Psychoanalyse und Kantianismus" und auch im Sinne einer Paraphrase von Lacans *Kant mit Sade*. Das plant sich so leichthin; doch als ich den Kantschen Text las:

§ 7

Grundgesetz der reinen praktischen Vernunft

Handle so, daß die Maxime deines Willens jederzeit zugleich als Prinzip einer allgemeinen Gesetzgebung gelten könne.

stellte sich für's erste nicht mehr als die Perseveration eines wohlwollenden Kommentarsatzes in der folgenden „Anmerkung" ein: „Die Sache ist befremdlich genug, und hat ihres gleichen in der ganzen übrigen praktischen Erkenntnis nicht. "

In der Tat! Und also beeilte ich mich, lautdenkend meine anfängliche Irritation in eine Fragerichtung hinein zu neutralisieren, die da, vor-läufig, lauten mag (frei nach Kant und auch Lacan): Über etliche Probleme, die jedem möglichen Verständnis des „Kategorischen Imperativs" vorausgehen; Probleme, die, davor, die Textur, die Medien – Sprache und Schrift dieses „Grundgesetzes" – voll der Skepsis, ungläubig der dienstbaren Medialität der Medien gegenüber – betreffen.

Lautdenkerisch sogleich meine initiale Frage dazu: Was hat mich vordem denn davor gerettet, daß mich dieser Imperativ-ohne-wenn-und-aber nicht wie ein Stimmenhören befiel? Kommt man nicht nahe an diejenige Grenze heran, wo die Stimme des Anderen sich aus der Identität mit der eigenen – dem anscheinend nicht nur stimmlichen Gehalt des Satzes zudem ja – löst und die hypnotisierende Verfolgung aufnimmt? Ohne mein Zutun gerettet hat mich die Schriftform dieses imperialen Sprachsatzes: der Umstand, daß ich denselben dergestalt ordentlich zu lesen vermochte, daß sich mit meiner Lektüre die Schrift nicht erschreckend weglas; was nur selbstverständlich zu sein scheint. Will sagen: In der Drittengröße der absolventen Externalität der Schriftform indifferenzieren sich die Anderen- und die Selbststimme; so daß ich – immer gerettet/immer betrogen – davon ausgehen könne, der Andere sei ich selbst und vice versa, und diese schöne (Opfer)wechselseitigkeit der Lektüre sichere die infinite Lesereproduktion just dieses sprachschriftlichen Imperativs, der dies ja selbst restlos auch besage/beschreibe. Sage und schreibe der Sage und Schreibe.

Soweit, doch nicht so gut. Gewiß, es ist das Vermittlungsphantasma der Schrift, quasi internalisiert als autonomes Selbst, das mich vor der sprachlich-stimmlichen Selbstspaltung rettete – doch kann es überhaupt noch phantasmatischer zugehen als so, in dieser Rettung? Ich selbst der Brückenschlag meines gerissenen Selbst, das sich rein aus sich selbst – Schrift, die sich verrückterweise bloß wegläse – unterhält? Bis dahin gekommen, mußte ich nicht zuletzt daran zweifeln, daß diese meine medialen Krisissätze einen gar auch noch letzten unbedingten Zusammenhalt gewährleisteten. Und in einem damit liegt die fassungs-lose Letztverlagerung auch der Imperativität nahe: Seinsbefehligung (Am Anfang waren das Wort und die Tat zugleich – als Imperativ), der Mensch nicht entkommt und die sich in solchen Findlingssätzen wie dem Kantschen verlustig selbstdarstellt.

Weitere Probleme sodann: Was alles muß Schrift, sprich: das memoriale eine Selbst, weiterhin für sich tun, um die Rettung vor dem Selbstkollaps des Stimmenhörens, ja, ultimativ, der Selbstvernichtung abzusichern? Die Schrift und kein Ende? Ich muß leider so fragen, weil, indem ich mit der einschlägig aufgeschlagenen Seite der *Kritik der praktischen Vernunft* am Schreibtisch saß, zwischenzeitlich sich die Bedrängnis einstellte, nicht mehr wiederholt lesen (und sich ernsthafte Gedanken machen) zu wollen, vielmehr die Buchstaben rein nur noch als Buchstaben zu inspizieren. Welch unwürdige Komik, die sich allzurasch anschicken könnte, noch weiter zu gehen und – auf der Suche nach dem verlorenen Ursprung – das Schriftbild dieses hehren Satzes zu zerstören? Was ich zum Ausdruck bringen will: Leicht gerät man – kindischer-/närrischerweise – kurz davor, die epoché des Sehens in der ernsthaften Lektüre zu hintertreiben. Ernsthaftes Problem indessen darin: just die immer unterstellte reine Therapeutik des Sehens für das Sprechen/Hören, die sich zum Unmaß beider Einheit(spseudos) potenzieren, so als spreche sich das Gehör als solches schließlich selbst. Gibt man dem Sichtverschwinden einspruchslos nun aber nach, so bleibt es dennoch nicht aus, der Entropie sich repetierender Lektüre widrigerweise stattgeben zu müssen. Denn der „Kategorische

Imperativ" tönt aus Unsichtbarkeit und erzeugt so die Tausendaugen, den sanktionellen Allblick: Das Auge des Gesetzes wacht. Und das hat man nun als sensibles Gemüt davon: die ganze Schande der Sichtbarkeit, sie ist an mir. Was anders soll man dann auch tun, als den „Kategorischen Imperativ" nachbeten? Und dies immer in der Hoffnung, daß meine materiell-sichtliche Selbstpreisgabe mich endlich befreite? (Du sollst Dir kein Bild machen, auch keins von Dir selbst!)

Die existentiale Komik aber ist bitter ernst. Für's erste zwar rettet mich solche Gesetzestafel, lesbare Schrift (als Repräsentierung der Seinsimperativität), vor der Invasion der reinen imperialen Stimme. Allein, je fortgesetzter ich nun gerettet lese – vernehme und gar verstehe –, um so schleichender stellt sich, vermittelt, Regression zum geflohenen Anfang, der keiner ist, ein: die eigene Stimme löst sich zur Anderen-Höhenstimme mit den Tausendaugen (wieder)ab. Wie geht es weiter?

Meine These zu den Problemen, die jedem möglichen Verständnis des „Kategorischen Imperativs" vorausgehen, kann aber jetzt schon, vor-läufig, lauten:

Der „Kategorische Imperativ" ist ein Medieneffekt, Wirkung nämlich des in sich zirkulär sich steigernden und verbrauchenden Sprach- und Schriftwesens, wie ausgeführt. Und er sagt/schreibt dies restlos selbst seinem Inhalt/Kerygma nach.

Selbstverständlich habe ich nicht vergessen, daß zwischen dem Stimmenhören/Fluchen und der Lektüre das Sprechen, das Gespräch gar, angesiedelt sein kann; nur daß dieses dual-reziprok verkommt, wenn das Element der Lektüre, nicht außerdem notwendigerweise in expliziter Schriftversion, nicht interveniert.

Wie es weitergeht? Der Normalfall ist eo ipso darauf aus, diesem deus absconditus sonans legendus zu glauben. So winkt ja der Lohn des Kriegswesens befreiender Teilhabe. Anders dagegen das (patho)gnostische Bedürfnis, der Inbegriff des Kantschen verbotenen „Vernünftelns" – jetzt allererst finge die Kunst der Decouvrierung zünftig an. Die Augen – man muß schon sehr nahe mit den Augen herangehen und auch mit den Händen zugreifen –, es sind Glasaugen; die imperative Sanktionsstimme, es ist der reinste Theaterdonner, ein Dauertonband; simple Tabu-mechané, sichtlich aufklärbar. Zuvor aber, zu einem Spruchband zusammengezogen, zerfällt dieses, unleserliche Graffiti, in die Oberfläche taubstummer/blinder Dinge hinein; Wand und Hülle des verruchten Innern, Schandarkanum Sodom und Gomorrha, *Kant mit Sade* à la Lacan (wie immer ein intellektueller Wurf!). Man vermöchte über diesen Einblick genaueste Auskünfte zu geben, insbesondere über die Geschlechtsverhältnisse ebendort; womit ich mich dem Titel meiner Überlegungen nähere: dem „Geschlecht des ‚Kategorischen Imperativs'".

Der isolierbare Inhalt des thematischen imperativen Verdikts selbstbesagt/-beschreibt dasjenige, was dieses seiner medialen Kundgabeform nach – Sage und Schreibe – effektuiert; was „funktionales Phänomen" oder „Autosymbolismus" heißt: die Selbstdarstellung nämlich der Form als Inhalt. Und wobei – verschärft und erschöpfend – die Spezialform des Imperativs (als Fundamentalform dann) dafür Sorge tragen soll, daß sich keine Differenz, kein Rest in der Übereinkunft beider, von Inhalt und Form, einstellt. Machte doch Freud schon wider das „funktionale Phänomen" Silberers kritisch geltend, daß es bloß eine eingegrenzte Überich- oder Zensurtätigkeit ausmache! Worin also liegt die Selbstbefehligungsdirektive im Marsch auf den Anderen zu beschlossen? (Nicht bleibe ich ja am Schreibtisch Lektüre-eingenommen wie träumend nur sitzen.)

Jetzt muß die Narzißmustheorie – oder, besser noch, deren Radikalisierung, die Todestriebhypothese – her. Man vernimmt es ja bei Kant in dieser letzten Absage ans ungereifte narzißtische Ultimatum, daß ich-Selbst Alles Andere sei (und deshalb freilich rein solo Nichts – unendlich und Null ineins, fast). In Aussicht gestellt darin scheint, daß der Narzißmus als ganzer im voraus brechbar sei wie durch die Prophylaxe einer a priori militanten Selbstalterierung, nämlich dem Anderen in mir dergestalt selbstunvorbehaltlich Raum zu geben, daß es sogar zu keinem Ausgleichshickhack irgend mehr kommen müsse. Ich-Selbst und der Andere, der wir eins sind, so oder so herum, in der narzißtischen Inversionsgestalt des mutuellen, restlosen, das heißt unbedingten Selbstverzichts. Vorsicht! Man hebt fast ab.)

Geschähe solches nun aber tatsächlich, so hätten ich und der Andere meiner und seiner Selbstvernichtung beigewohnt. Denn keineswegs wird der Narzißmus in seiner Letalität und als ganzer gar auf diese Weise quittiert, er hat sich in den Schein der Wechselseitigkeit seiner Inversionsgestalt hinein bloß versteckt, unbewußt/epikalyptisch gemacht. Wogegen die Apokalypse (Bewußtmachung) lautet, daß solches die ganze Tücke eines „Siegs durch Niederlage" (Th. Reik) sei, nichts denn eine masochistische Basisveranstaltung – um sogleich keinen Zweifel an der Fortsetzbarkeit dieser Ausschlachtung der Psychoanalyse für/gegen Philosophie aufkommen zu lassen.

Läuft aber der Umstand, daß auf dieser via regia des radikalen Selbstverzichts als des eigentlichen Selbstgewinns Sexualität, der Narzißmusabwurf beglaubigender Lusterfahrung, zunichte wird, dieser Einschätzung – mit dem „Kategorischen Imperativ" vom narzißtischen Regen ins größere narzißtische Faß zu geraten nämlich – nicht zuwider? Bin ich mit meinem Perversionsverdikt nicht vielleicht doch voreilig gewesen? Kaum. Man muß masochismustheoretisch nicht lange suchen, um feststellen zu können, daß die moralisch notwendige narzißtisch-sexuelle Totalaskese ihren manischen Zug durchaus weghat: lichter Rausch/weiße Sucht – das Negativ der Lust läßt als Verneinung freundlich grüßen. Mehr aber noch: nicht weniger unaufhaltsam die just masochistische Lustbestätigung, die also keineswegs vorschnell zitierte, der Narzißmusverdammnis, so daß der unverworfene Narzißmus sein Monopol der Lustmotivation immer auch einbüßt. Und selbst wenn es zu diesem Kollaps de facto nicht kommt, so enthält sein tatsächliches Ausbleiben den ganzen Masochismus gleichwohl, um so schlimmer, in sich und muß dazu neigen, denselben nach außen zu projizieren – versteht sich: als Weiblichkeit, diese große, bewährte, einvernehmlich gar mit Frau perpetuierte „Männerphantasie" (vonwegen der natürliche weibliche Masochismus!) der Verwerfung der Verwerfung des Narzißmus (Todestriebs), einer Negation der Negation, die sich zu keiner Position schließt. Welchen Geschlechts ist demnach der „Kategorische Imperativ"?

Ich will mich nun sehr bemühen, nicht unanständig zu werden, und zitiere vorsorglich dagegen Schiller, diesen notorischen bürgerlichen Gründungskitsch, die „Ode an die Freude", die mit Beethoven wenigstens gebührend verrückt klingt: „Und der Cherub steht vor Gott" – er tut in der Tat gut daran! Also wenn ich mich (scheinbar selbst)befehligt allobserviert in Marschrichtung auf den Anderen, der ebenso wie ich sich entgegenkommenderweise auf restlosem Selbstopferungskurs befindet, zubewege, so muß ich, Mann, Gefahr laufen, zur Frau zu werden (ich aber, wenn Frau, umgekehrt mitnichten zu Mann: so die ganze Ungerechtigkeit dieser Erde). Zur Frau als doppelte, nein infinite, sich also nicht schließende Negation der Negation.Voilà, der ganze Ausstand des Körpers, die sexuelle Totale, das besagte Schandarkanum sogleich. Was ich, Mann, auf meinem schandbaren Weg nach Casablanca immer nur dergestalt hintertreiben könne, daß ich diese Real-Transvestismusklippe hypokritisch umschiffe; sprich: aus mir herauswerfe und, was dasselbe ist, am besten endgültig in mir einsperre. Was, wenn es gelänge, sodann autonomes Ich, reifes Selbst und dergleichen an Kraken mehr noch heißt, mit diesem seinem intimen Nahrungs-Opferstoff unauffindbar weit außer mir/kryptisch in mir. Also kann meine These zum Titel: „Das Geschlecht des ‚Kategorischen Imperativs'" lauten: *Der „Kategorische Imperativ" ist eine Tunte freilich in zivil gesittetem Gewande oder, besser noch, sogleich in einer schönen Militäruniform.* (Was aber Tunten treiben? Das kann man wissen.)

Versteht sich indessen, daß diese meine Schandthese zum Thema den Sage- und Schreibekontext mit seinem sexuellen Inbegriff – Sodom, das nicht nur Gomorrha in sich versteckt, sich selbst auch im Kleide der ordentlichen Geschlechtsdifferenz (der Soldat mit Soldatenbraut) versteckt – mitnichten transzendiert. Denn die Entblößung desselben mittels desselben, der Verbrauch der immer vorausgesetzten Epikalypse (ubw) in solcher Apokalypse (bw), macht noch keinerlei Ausstieg anderswohin, den/das es nicht gibt. Kein Jenseits des widerständig dienstbaren intellektuellen Parasitismus in Sicht!

Um so zwingender, denke ich, erweist sich nach diesem Exkurs ins sexuelle Inhaltsisolat des „Kategorischen Imperativs" die anfangs zitierte Rettung durch Schrift – freilich immer nur als Aufschub der nämlichen Katastrophe –: „Urschrift", gleich differiert zum Inbegriff des Zivilen, die sich aus dem Befehl der Selbstalterierung/Selbst-Anderenvernichtung als Drittenreferenz ausfällt; rettender Niederschlag des Gedächtnisses in institutioneller/intersubjektiver Rücksicht, des „Grundgesetzes", aus dem also abgewendeten/aufgeschobenen unvermittelten narzißtischen Kollaps. Aber, wie gesagt, jetzt allererst beginnt der Krieg; was man durchaus buchstäblich lesen mag.

Krieg indessen kultiviert doch mit Dingen/Waffen? Wo sind sie geblieben? Ich erlaube mir, sie als Tabu-Ultimata eigens hervorzuholen, nachdem sie in dieser Position eben schon angedeutet gewesen sind: „Wand und Hülle des verruchten Inneren" ... „Und der Cherub steht vor Gott". Was ich sagen will (Sage und Schreibe): Das Phantasma der Schrift deckt das Phantasma des Dings, Institutionalität Technologie, Ethik Zivilisation, Person Maschine ab – um des Kulturprogresses je der letzten Größe willen und dessen Schuldunmäßigkeit wegen. Mit nichts anderem als diesen Vorgängen beschäftige ich mich ja, permanent pathognostisch mit dem Akzent auf Krankheit, die solche andere Aufklärung insbesondere auf dem laufenden hält; in diesem Zusammenhang in schlichter Korrespondenz zum „Kategorischen Imperativ" ein ganzes (epochal zudem rückläufiges) Psychiatriekompendium intra muros: Paranoia notorisch zumal. Auf gut Kantsch darf man zu sagen riskieren, daß die ominöse Restriktion der immer sodann unreinen theoretischen Vernunft auf die wissenschaftliche Erkenntnis bloß der Erscheinung vs. das Ding-an-sich die alsbald profilierende naturwissenschaftlich-technische Produktion der Dinge-an-sich verschließend tabuisiert – man weiß warum: deren Verruchtheit wegen. Als Pseudologie der Öffnung dieses Tabus firmiert dagegen die „praktische Vernunft", die einzig rein sein könne – in Wahrheit nicht mehr indessen als der reinste Hüter nur des in Gänze belassenen Dingverschlusses, Vorspiegelung bloß einer Ein-Sicht, die sich in sich selbst, der isolierten Sperre des Selbst-Anderenverhältnisses, verfängt und skriptural-gesetzesausfällend sich exklusiv in sich selbst hinein dabei zu befreien scheint. *Deplazierung des Dings-an-sich vor sich selbst, scheinbar geöffnet, als Blende seiner Einsicht.* Was verlautet der einschlägige Cherub, St. Michael? „Wer ist wie Gott?" Eben! Da sei die Ideologie der Produktionsverhältnisse davor – vor dem Stand der Entfaltung der Produktivkräfte; nur daß diese als das Maß der Emanzipation der Gattung zugleich das inbegriffliche Riesentabu des Untergangs derselben sind. Was man nicht mehr marxistisch, höchstens noch psychoanalytisch denken könnte, wenn die Psychoanalyse bereit wäre, zur „Psychoanalyse der Sachen" (Sartre) zu werden; was sie aber nicht tut. Außerdem: Die befremdliche Allauslassung der *Kritik der Urteilskraft,* die ich nicht zu verantworten habe, ändert ebenso wie deren Zulassung an dieser moralischen Paranoia (Dingwache) nichts; im Gegenteil, aller – auch historischen – Erfahrung nach inflationiert diese nur im potenzierten Verdeckungsschein höherer Versöhnlichkeiten gar von Geist und Natur.

Aber was regt man sich auf und macht sich zudem nur unbeliebt? Wen schon lockt der „Kategorische Imperativ" hinter dem bürgerlichen Kamin noch hervor, affirmativ oder negativ, gleichwie? Ist doch die ethische Diskussion – man folge der aktuellen etwa – ganz andeswohin und anders geraten?! Schön wär's, wenn dieses „Grundgesetz", von Anfang an freilich in Zweifel gezogen, überholt wäre. Überholt aber ist es als bürgerlicher Gründungsmythos, der so lange subsistiert, wie es das sich zu imperialer Universalität längst schon schickende Bürgertum gibt, mitnichten. Man muß nicht lange nach seiner mythischen Subsistenz suchen, man findet sie sogleich, höchst aktuell, in den Menschenrechten etwa. Allenthalben streicht man diese mit Unbedingtheit an und läßt entsprechend – welche Groteske! – den Eid darauf schwören. Weshalb diese paranoische Veranstaltung, die die Kachexie dieser hochgelobten humanistischen Errungenschaft betreibt? (Weshalb genügt deren nothafte Brauchbarkeit nicht?) Es gibt keinen anderen Grund dafür, als daß die Epikalypse des Progresses der Produktivkräfte progressiv epikalyptischer werde. Was soll ich mehr noch in den Wind sprechen? Retour demnach zum §7, dem „Grundgesetz der praktischen Vernunft", da capo. Welchen Geschlechts der „Kategorische Imperativ" sei, diese Frage wurde gleichwohl genau beantwortet. Und was die Verfehlungen von Ethik und Psychoanalyse anbetrifft, so ist es in dieser Antwort wenigstens zu keinem der üblichen Tête-à-têtes gekommen. Nun ja.

Ein heikler Diskurs wird vorgeschlagen: denn es könnte sein, daß er von seinem Thema eingeholt wird[1]

Über die Eingeholtheit dieses Vortrags von seinem Thema: Macht-Geschlechter-Differenz

(aus: Macht-Geschlechter-Differenz. Beiträge zur Archäologie der Macht im Verhältnis der Geschlechter, herausgegeben von W. Müller-Funk, Picus, Wien 1994)

Aus didaktischen Gründen erlaube ich mir, den Vortragstext zum Lesetext zu erklären. Der Leser findet meinen Vortrag – mit seiner Schwierigkeitssteigerung etwa ab der zweiten Hälfte – unverändert gedruckt hier vor. Außer dieser Vorbemerkung sind nur noch wenige Anmerkungen – wie üblich Belege, theoretische Herkunftsverweise, Literaturangaben – hinzugekommen.

Die Generalreferenz meines Vortrags ist die Buchpublikation von Heide Heinz: Wunsches Mädchen – Mädchens Wunsch. Rückblick auf die Unmöglichkeit des Feminismus (Wien, Passagen, 1994), in der das Scheitern jeglichen Feminismus als transzendierende kritische Theorie und Praxis demonstriert wird.

Nicht untypisch philosophisch mache ich auf etwas aufmerksam, das gewöhnlich der Aufmerksamkeit entgeht, ja – in einer gewissen moralischen Bekenntnishaftigkeit, die auf Botschaften setzt – vielleicht entgehen muß; aufmerksam mache ich auf die Gefahr einer Nichtübereinkunft von kritischem Gedanken – hier, wie selbstverständlich, patriarchatskritischem Gedanken (gehört Patriarchatskritik doch zum intellektuellen Anstand) – mit der Art seiner Kundgabe, so wie hier einem Vortragskontext.

Was ich mit dieser möglichen, drohenden Diskrepanz nicht meine, ohne dessen Gewichtigkeit zu unterschätzen: daß Sie schwerlich eine situative Gewähr dafür haben, daß ich Sie nicht beschwindele, so etwa im Stile durchaus üblicher festtäglicher Heuchelei. „An ihren Taten sollt ihr sie erkennen!"

Nein, gesetzt den Fall, Wort und Tat stimmten bei mir leidlich überein; und gesetzt den Fall, ich votierte wider das Machtgefälle zwischen den Geschlechtern, mindest in dem traditionsreichen Sinne, daß auch diese Un-

---

[1] Zitat aus dem Einladungstext des Herausgebers

gleichheit durch den zivilisatorischen Entwicklungsstand in Industriegesellschaften unseres Musters überholt, die Angleichung der „Produktionsverhältnisse" und deren „Ideologien" an den Stand der „Produktivkräfte" ein dringliches Gebot der Gerechtigkeit sei, für dessen Vertretung in Sachen der Geschlechterdifferenz nicht zuletzt doch der Feminismus steht; gesetzt also diese Fälle, so ist es mitnichten damit schon ausgemacht, daß nicht ganz andere – stärkere, tückischere, sich versteckende – Mißverhältnisse zwischen dem, was ich gesagt haben würde, und den Kundgabeformen dessen, was ich gesagt haben würde, am Werk sein könnten; Mißverhältnisse, die im Extremfall einen schreienden Widerspruch zwischen meinen kritischen Voten und deren Äußerungsweisen erzeugten und jener, der kritischen Voten, Gehalt womöglich unerkannt dementierten, ja zerstörten; so daß ich mich gar lächerlich machte.

Ich glaube nicht, daß ich es mit dieser Vorbeängstigung übertreibe. Ist es doch so eine Sache mit der rein dienstbaren Unschuld des Mittels zum Zweck, aller solcher Medien, eben auch der nicht-modernen, so wie hier die Sprache. Alsbald nämlich pflegen diese Knechte zu den eigentlichen Herren zu werden, wenn immer sie nur Knechte sein sollen.

Was aber ist es denn nun genau, das, als Vermittlungsgröße, in einen Gegensatz zum Gehalt meiner kritischen Gedanken treten könnte, ja vielleicht schon getreten ist – immerhin: Ich habe längst ja schon zu sprechen begonnen, wenngleich noch nicht Fraktur, recht hypothetisch vielmehr („gesetzt den Fall ..."); Sprechen aber ist, gleichwie Sprechen, Sprachgebrauch? Was alles mediatisiert meine Gedanken, die meinem Vorsatz nach, gewiß kritisch löblichen hier?

Als ich über diese Vermittlungssphäre nachzudenken begann, habe ich mich sehr gewundert – und vielleicht wundern Sie sich darüber mit –, welch stupende Mannigfaltigkeit an mediatisierenden Voraussetzungen für meine Überlegungen – eben auch dieser meiner Vor-Überlegungen – hier und jetzt, aktual, wirksam sind. Und ich bin auf der Stelle in großer Verlegenheit, diesen Voraussetzungen überhaupt nachkommen zu können – man bedenke: in nur dreißig Minuten! Weshalb eigentlich diese Eile, diese Zeitverknappung? Eben, die mediatisierenden Instanzen haben bereits zugeschlagen. Sie sind die reinsten Zeitfresser. Also bin ich bloß imstande, ein paar – hoffentlich aufweckende – Schlagworte diesbetreffend zu paraphrasieren.

1. Allgemeines Medium hier ist Sprache, Schriftsprache – ich lese weitgehend ab, mein Vortragstext wird u. a. in Schriftform veröffentlicht –; speziell deutsche Schriftsprache. Was ich sagen will – Nietzsche gemäß etwa, der einmal anmerkte, daß die Grammatik der letzte Glaubenshort sei (so auch Heidegger, passim: sprachlich seien wir der „Abendländischen Metaphysik" auf Gedeih und Verderb ausgeliefert) –: In der Sprache, diesem ausnehmenden Großgedächtnis, haben sich alle, aber auch alle Vorurteile, nicht zuletzt auch das Machtgefälle zwischen den Geschlechtern, niedergeschlagen. Wenn ich spreche und das Medium Sprache daraufhin nicht sogleich ändere, vollstrecke ich diese Vorurteile mit, ob ich nun will oder nicht, dagegen kritisch anrede oder es bleiben lasse.

2. Sie hören es wohl: Ich bediene mich, um so schlimmer nur, der philosophischen Sprache, komme als Philosoph ja nicht umhin, dies zu tun. Finstere Aussichten demnach, auf die Geschlechterdifferenz hin gerecht zu sprechen. Denn von ihrer Entstehung an bis heutzutage ist Philosophie, an ihr Sprachschrift-Medium ausschließlich gebunden, pardon, eine große „Männerphantasie" und als Phantasie, Realphantasie sozusagen zäh im Überleben – jedenfalls bis zur technologischen Einlösung ihrer Phantasmen.

3. Deutsche Schriftsprache als Philosophie-Schriftsprache ist eingebunden hier in eine bestimmte rhetorische Gattung, einen Vortrag. Und mein Vortrag findet innerhalb einer bestimmten Veranstaltungsgattung, eines Symposions, statt. Und dieses Symposion ist wiederum Teil einer umfassenderen Veranstaltung ... (Ja, wenn dies doch nur trivial wäre!)

Um mit dem Symposion zu beginnen: ursprünglich ein intellektuelles und kulinarisches Gelage rein unter Männern, unter Ausschluß der Frauen, wie Sie in Platons „Symposion" nachlesen können, der sokratischen Fiktion der Diotima, dieser Anmahnung weiblicher Herkunft alles Männlichen, zum Trotz. Allein – „Blick ich umher in diesem edlen Kreise" – hier sind doch Frauen mit dabei?! Ja, gewiß; aber wir befinden uns in keinem feministischen Gegensymposion etwa, an dem ich wohl nicht teilnehmen könnte; will sagen: Die Frauen hier sind patriarchalisch angepaßt? Müßte man nicht fragen, wie Weiblichkeit, als das andere, ganz andere gar, sich reduzieren muß, um in ein Symposion zu passen? Von woher geht die Möglichkeit der Teilnahme von Frauen an solchen Gebilden überhaupt aus?

Kurz noch einige Worte zur rhetorischen Gattung, dem Vortrag. Sie sehen und hören es doch, denke ich: Freilich bin ich ein Bote, Botschafter, der eine affektionierende Wahrheit an Sie zu vermitteln vorhat; der Platz des Boten aber ist in aller unserer Tradition männlich besetzt. Denken Sie nur, christlich, an den „Engel des Herrn", daran nämlich, daß Maria (Miriam) die Widerstrebende bloß auf ihren irdischen Bräutigam Josef hin ist. Und wenn nun eine Frau hier ans Podium tritt? Kann sie unter diesen Konditionen überhaupt, wunschgemäß different, Frau sein? Wenn nicht, dann ist diese Gerechtigkeit dahin. (Ich beginne mich zu wiederholen.)

Noch aber kann ich Sie leider nicht aus der Achtsamkeit für das wuchernde System der vermittelnden Instanzen entlassen; auch wenn ich immer wieder bei der nämlichen Sperre, der medialen Widerspenstigkeit, kritische Gegengehalte, fast zynisch, möchte man meinen, unwirksam zu machen, ankomme. Fehlt nämlich wenigstens noch der Hinweis auf die technischen Einrichtungen hier im Saal sowie auf die Baulichkeiten, diese kompakten, beständigsten Medien, deren „objektiver Patriarchalismus" jede gegen sie kritisch gerichtete Sprache zur Lächerlichkeit verurteilt, abprallen macht und/oder schluckt. Fehlt schließlich auch noch – ich höre jetzt damit auf – der Hinweis auf den Tauschwert meines Vortrags, auf die Allvermittlung Geld, in der sich alle Kritik, sofern sie, die Kritik, sich bezahlen läßt (oder schon bezahlt ist), auch und gerade die Kritik am Geld selbst, auflöst. Und, unschließlich, ich selbst auch noch, männlich, der ich mir im Verein mit diesem Großsystem der Kritikdementis – mit meinem Geschlecht in der Kritik an demselben a priori schon im Wege stehe.

Also muß ich befürchten, daß ein Hydrakopf vermittelnder Einrichtungen, deren Mächtigkeit gehörig unterschätzt zu werden pflegt, am Werke ist und bleibt, wenn immer man wähnt, diese Mittel seien per definitionem als Mittel selbst noch dem Gegenteil ihres eigenen Charakters einfach rein dienstbar. Ein Hydrakopf? Immerhin: Ich zitiere damit ein sogenanntes weiblich-„matriarchales" Vorzeitmonstrum, um das System der spätzeitlichen medialen patriarchalen Einrichtungen daraufhin zu kritisieren, daß sie Weiblichkeit den Garaus machen, wenn immer diese sich, gerechterweise doch, zu behaupten unterfängt, und sei es nur durch mich hier als Mann? Bei wem aber könnte ich mich dieses metaphorischen Mißgriffs wegen entschuldigen?

„La femme n'existe pas" (Lacan) – was ja nicht heißen kann, daß es keine Frauen gäbe; nein, was bloß bedeutet, daß Frau, dem Geschlechte nach, sich nicht im Kulturausstand (ek-sistere!) zu sich selbst zu befinden vermag. Diese historische Tatsache bedarf des besonderen Gedächtnisses – um es nochmals zu sagen: Frau als Frau reicht, gleichwie, in das System der angeführten Medien nicht so hinein, daß diese sich in ihrem objektiven Patriarchalismus änderten, just auch dann, ja gerade dann sich nicht ändern, wenn sie Konzepte der Aufhebung dieser Ungerechtigkeit, dieses ungerechten Ausschlusses vermitteln sollen. Demnach muß es dabei bleiben, daß es keine Gleichstellung der Geschlechter geben kann, die unsere wahren Grundwerte – die Ökonomie, die Technik, insbesondere die modernen Aufzeichnungsmaschinen (Video) – antasteten.

Nun könnte man dagegen zum allgemeinen Troste zitieren, daß selbst Rom nicht an einem Tag erbaut worden sei. Abermals also eine peu-à-peu-Revolution, erneut ein langer Marsch durch die Institutionen, zumal durch die besagten Vermittlungseinrichtungen? Allein, sind denn die Frauen einer solchen Großaufgabe nach soviel Unterdrückung in der Gattungsgeschichte überhaupt gewachsen? (Nein – so ja das feministische Argument, wenn es damit hapert.) Auch wäre ein überaus asketischer Moralismus der Frauen, wenn schon, dann aller Frauen vonnöten, um diesen Gang anzutreten? Und vor allem: Wie denn soll die andere weibliche Technik, die andere weibliche Ökonomie, die andere weibliche Simulationsmaschinerie aussehen? Ein echt weiblicher Computer, zum Beispiel. Die Frage ist komisch. Aber sind dies überhaupt noch feministische Fragestellungen derzeit, in einer Phase, möchte man meinen, der Pragmatisierung des Feminismus?

Wenn es nun aber denn so wäre, daß der objektive Patriarchalismus der Produktivkräfte Frau eo ipso außenvor läßt; daß dieser Frau ausschließlich erlaubt, an ihm unter der Bedingung des Opfers des eigenen Geschlechts, wie eine Geschlechtsumwandlung, aktiv teilzuhaben; und daß er diese geschlechtsopferbedingte Teilhabe an ihm zugleich braucht, ja verbraucht um seines eigenen Fortschritts, seiner Binnensteigerung willen? Welch ausweglose Situation, wenn es so wäre: Die ausschlaggebenden (im doppelten Sinne der Bezeichnung) Über-Lebensleistungen der Gattung Mensch schließen Frau als Frau in produktiver Rücksicht aus. Lassen sie Frau hingegen in dieser Rücksicht hinein und zu, so, wie travestisch bloß, als Mann nur, um des eigenen Fortschritts willen?

Durchgehend darunter aber ist Frau in mehrfacher Rücksicht auf Absicherungen dieses Progresses hin funktionalisiert und ließ sich wohl auch – das ist freilich die Frage – einvernehmlich daraufhin funktionalisieren: Sie legitimiert die kulturproduktive Männlichkeit, die dieser weiblichen Hauptstütze überaus bedürftig ist. Wann nämlich geschah der große Aufstand gegen den objektiven Patriarchalismus der Produktivkräfte von der Frauen Seite her? Nimmer? Auch mag man erwägen, ob nicht die

436

deutliche Ambivalenz des weiblichen Umgangs mit den männlichen Kulturartefakten – beim-Wort-und-buchstäblich-nehmen deren angeblichen Mittelhaftigkeit und dieser Mittelhaftigkeit Bestreitung oft zugleich – diese, die männlichen Kulturartefakte, insbesondere nährt. Nicht Ek-sistenz, legitimatorische In-sistenz weiblicherweise vielmehr: Vermischung von rigider Seriösität und fahrlässiger Unseriösität. Rien ne va plus, revolutionär? Daß aber diese fatale Entwicklung für Mann nicht weniger katastrophal ist, darüber kann ich hier nicht sprechen – das Thema wächst einem ohnehin leicht über den Kopf.

Entsprechend möchte ich keine Änderungskonzepte vortragen, sondern – hier zum Ende hin – höchstens noch ein paar Überlegungen, die diesen Stand der Dinge, an dessen Unheilspointierung ich keinen Zweifel lasse, vielleicht noch ein wenig verständlicher machen könnten. Erlauben Sie mir dafür, das Theorieregister wenn nicht zu wechseln, so doch zu erweitern, und zwar zu einem Einsatz der Psychoanalyse hin, allerdings zu einem ungewohnten (hoffentlich auch unerhörten, ungehörigen), denke ich: einer Psychoanalyse nämlich nicht von Personen, subjektiv, wie üblich, vielmehr kurzum von Dingen, den besagten sogenannten Mitteln/Medien, wie gehabt.

Als ich eben von der Mehrfachfunktionalität von Weiblichkeit für das Patriarchat sprach, ließ ich eine, wie ich meine, die grundlegende, Funktion noch aus, die etwa folgendermaßen umschrieben werden könnte: Der weibliche Körper gibt physisch vor, was männlich-spirituell sodann in Kulturobjekte umgewandelt wird; der weibliche Körper fungiert als quasi-Naturoriginal für die Geistkopie und ist in dieser basalen Hinsicht so etwas wie der vor-bildliche „Opferstoff". Was sich freilich nur im Sinne einer nachträglichen Wechselwirkung sagen läßt. Also die Angelegenheiten der Kopfgeburten als nachahmende Ersetzung schließlich der leiblichen. Wäre es aber nicht ein möglicher Ausgleich zwischen den Geschlechtern, wenn diese gründlichste Abhängigkeit des Mannes von Frau wissend eingeräumt werden könnte? Statt dieser Konzession aber setzt sich das männliche Kopiewesen buchstäblich absolut, bis hin zur Ersetzung des Originals – siehe das Spitzenbeispiel dazu: die extrauterine Schwangerschaft – und provoziert so, selbst umgekehrt provoziert, gegenüber, davor wie danach, das nämliche Gebaren weiblichen Selbstbezugs im Fleische, so daß man, wie in der Geschichte von der Henne und dem Ei, nicht mehr wissen können sollte, was denn nun den schuldigen Anfang machte. So daß im Extrem ein negatives Pari zweier nur noch selbstbezüglicher homosexueller Reihen, „Sodom und Gomorrha", resultierte. Wie beide wohl, positiv, zusammenkommen können?

Wenn es nun geschähe, die Konvenienz zustande käme – und sie kommt in bezug auf die Dinge ohnehin zustande –, so erhält sich gleichwohl die Nichtexistenz von Frau, weil sie in der männlichen Kopie ihrer selbst ja wiederum nur sich selbst antrifft, sich der Selbstbezug also nicht bricht. De trop gleich trop peu, immer zuviel und immer zuwenig zugleich.

Da es keine hinlängliche Theorie dieser grundlegenden Verhältnisse gibt, mögen Sie sich bitte mit mir der Mythologien entsinnen, die diese Verhältnisse am besten wohl bei Gedächtnis halten – Mythologie, das ist – etwa im Sinne der „Dialektik der Aufklärung" Horkheimers und Adornos – Kulturaufklärung sondergleichen. So etwa die uns allen wohl noch vertraute christliche Mythologie. Zum Schluß diese Andeutungen dazu: Ungeheuerlicherweise erzeugt Gott Vater den göttlichen Logos-Sohn rein aus sich selbst, „absolut", wie wenn es auf der anderen weiblichen Seite ausschließlich den Fall der Parthenogenese, modern gesagt, der weiblichen Selbstreferentialität, gäbe. Den es dann ja auch im notwendigen Sonderfall der Jungfrauengeburt wie eine Reflexion der himmlischen Verhältnisse folgerichtig gibt. Um der Selbsterhaltung dieses homo-sexuellen Himmels-paars aber bedarf es scheinbar widersprüchlicherweise des anderen, und dieses andere ist die Schöpfung und darin der Mensch, quasi die Weiblich-keit des männlich gedoppelten Gottes, die als solche unter dem Auftrag steht, in das göttliche Vater-Sohn-Verhältnis hinein geopfert werden zu müssen. Was die Heilsgeschichte – die Menschwerdung Gottes durch die Jungfrauengeburt und der Opfertod des Christus und die Imitatio Christi – besorgt. Kurzum: so der Mensch und seine notwendige Ekstase Kultur, nichts als männlich-homo-sexuelle tote Weiblichkeit, nach „Macht-Ge-schlechter-Differenz" aufgeklärt. Im Überschlag noch die entsprechenden Zuordnungen: Jungfrau Mutter Maria = der „Opferstoff"; der menschge-wordene Gottessohn, der Christus = der „Opfervorgang"; Gott Vater = die „Opferausfällung", beispielhaft der in Brot und Wein, die basale Nahrungs-mittelindustrie, transsubstantiierte Gotteskörper.[2]

---

[2] Diese mythosophische Skizze ist ausgeführt in: „Mein großes Tischgebet" (in: Hermesiade. Philosophische Tagungsbeiträge zum Tauschproblem, hrsg. von R. Heinz, Genealogica Bd. 9, Essen, Die Blaue Eule, 1986, S. 73-81) und in: „Transsubstantiation. Über Tausch und Christentum oder: mein großes Tischgebet" (in: Pathognostische Studien I: Historie – Psychopathologie – Schrift – Tausch/Opfer, Genealogica Bd. 10, ebd., 1986, S. 161-186).

Preisfrage, die ultimative Preisfrage: Wie diese Verhältnisse, die ja die Grundlage unseres gesamten Weltentwurfs, des einzigen Setzens auf Technik, Dinge, sind, auflösen? Man kann sie, mit großer Mühe und wenig Erfolg durchweg, wie regressiv mythologisch aufklären – aber ändern, revolutionieren gar? Sie haben es ja vernommen, was, wie ich meine, geschieht, wenn Frau aus ihrer angestammten Position herauszutreten meint: modernerweise wird sie dann zur Supermagd des Herrn. Will sagen: Sie bleibt, zirkulär, das kryptische Original vor-bildlicher Physis der männlichen Geistkopie. Sie steigert sich zudem zum arbeitenden Sohn. Und allein auf diese Weise schon vollstreckt sie ihre die Männlichkeit, kulturobjektiv, rechtfertigende Funktion.[3]

---

[3] „1. Durchweg verengt der Feminismus das Gewaltproblem auf eine Form personaler Gewalt, die von Männern gegen Frauen. Dagegen müßte der Gewaltsbegriff ausgeweitet werden auf die Gewaltförmigkeit technischer wie institutioneller Rationalität in sich selber, nicht also etwa nur möglicherweise in deren Anwendungen. Wird letztere Gewalt zum Thema, so verbinden sich im Feminismus zudem oft Regressionstheorien mit der Hypokrisie der Nutzung fortgeschrittener Rationalität, so daß innerhalb dieser Makrogewalt diese selbst von ihrer destruktiven Degeneration nicht mehr unterschieden werden kann.

2. Häufig neigt der Feminismus dazu, Wesensbestimmungen von Frau als Instanz der Rechtfertigung einer totalen Kritik des Patriarchats auszubilden. Dieses Wesen gibt sich als ein Jenseits des davon strikte diskriminierten patriarchalen Gewaltzusammenhangs, der dies Wesen gleichwohl, wenn auch nicht endgültig, verstellen konnte und kann. Eine Sündenfalltheorie also, die das Pathos radikaler Kritik aus der geschichtlichen Inferiorität des wahren, nämlich weiblichen Menschheitswesens bezieht. Durch die Kritik dieser ungereimten Wesensphilosophie hindurch soll dagegen die Aufmerksamkeit auf die Vielfalt der Kooperationsformen zwischen den Geschlechtern in der Ausbildung des Patriarchats gelenkt werden: Modellhaftigkeit, Exkulpation, Teleologisierung und neuerdings produktive Arbeit selbst. Treten diese Immanenzbestimmungen an die Stelle der Wesensdeklarationen, so vermöchten sie die Destruktivität des patriarchalen Selbstmißverständnisses männlicher Autarkie aufzuklären und einen Beitrag zur Abschaffung der darin begründeten patriarchalen Gewaltdegeneration zu leisten.

3. Regelmäßig führt diese falsche Wesenstheorie zum feministischen Hypermoralismus einer einseitigen Schuldzuweisung. Dagegen wäre insbesondere die exkulpative und teleologisierende Vermittlerrolle der Tochter-Position mit ihren Freispruchmaßnahmen hervorzuheben. Selbst wenn aber eingeräumt werden müßte, daß die tätige Verleugnung der weiblichen Kooperationsformen patriarchale Gewalt allererst destruktiv degenerieren mache, so müßte man an dieser Stelle besonders darauf achten, die These der Alleinschuld des Mannes nicht unbesehen zu restituieren, vielmehr auch und gerade hier die Racheduldung dieser Verleugnung durch die Frau erwägen.

4. Schließlich wäre die feministische Tendenz zu kritisieren, den letzten entscheidenden Emanzipationsschritt, die Mitbesetzung des Arbeitspostens, derart zu forcieren, daß die

„Ein heikler Diskurs wird vorgeschlagen: denn es könnte sein, daß er von seinem Thema eingeholt wird."

Folkloristisch sagt man zu recht, daß der Teufel im Detail stecke, hier der Darbietungsart – dem Vortrag – einschlägiger Gedanken. Zumal im Falle kritischer – patriarchatskritischer – Voten laufen diese Gefahr, in ihrem Gehalt von der Form ihrer Kundgabe unerkannt widerlegt und damit verdorben zu werden.

Also führte kein Weg daran vorbei, um der Gefahr eines solchen Doppelspiels zu wehren, nicht auf den Trug einer rein dienstbaren Unschuld der Darbietungsarten – hier des Vortrags – zu setzen, diese vielmehr der harten Probe ihrer Übereinstimmung mit ihren Gedankeninhalten zu unterziehen. Die Probe fiel negativ aus.

Also war ich genötigt, einen Vortrag über den Vortrag zu halten, in dem verdeutlicht werden sollte, welche Aussagen derselbe selbst schon als rhetorische Gattung über den heiklen Zusammenhang „Macht-Geschlechter-Differenz" in sich enthält. Alle enthält er in sich, rein patriarchalisch aber. Deren Ausführung aber leidet unter erheblichen Theoriemängeln, zu deren Behebung, mythosophisch sozusagen, eine Psychoanalyse der Kulturobjekte selbst fällig würde.

Wohin aber führt ein solches Verfahren? Zur Einsicht in die Unvermeidbarkeit von Double-binds, wenn immer das Geschlechterverhältnis ethisch

---

vorausgehenden Kooperationsformen darin verschwinden sollen und dieser allein das nachgerade chiliastische Mittel gegen Gewaltentgleisung schlechterdings sei. Durch diese Reduktion der weiblichen Funktionen entzieht sich das Letztstadium von Emanzipation den eigenen Boden und schlägt sich masochistisch dem zu, das es doch exklusiv überwinden wollte: der patriarchalen Gewaltdegeneration."

(H. Heinz: Zur Theorie von Gewalt. U.a. in: Die Eule. Diskussionsforum für rationalitätsgenealogische, insbesondere feministische Theorie. Nr. 5, hrsg. von H. Heinz, Wuppertal/Düsseldorf 1981, S. 89 f.)

Was in diesem Großzitat als „Vielfalt der Kooperationsformen zwischen den Geschlechtern in der Ausbildung des Patriarchats" firmiert, ist im Vortrag wiederaufgenommen als Funktionsdimensionierung von Weiblichkeit wider die Ethik der Egalität der Geschlechter. „Modellhaftigkeit" erscheint paraphrasiert als quasi-Naturvorbild für die Geistkopie; „Exkulpation" als legitimatorische Funktion (die Vermittlungsrolle der Tochter – eben: Wunsches Mädchen – Mädchens Wunsch); „Teleologisierung", genauer vielleicht, als Beim-Wort-Nehmen der vermeintlichen reinen Medialität und des Dementis derselben zugleich. Fraglich bleibt allerdings – hier sind wohl Abstriche zu machen –, ob die Aufklärung dieser Kooperationsformen befähigt wäre, Gewalt von destruktiver Gewaltentgleisung de facto unterscheiden zu helfen.

auf den Grundwert der Gerechtigkeit hin ausgerichtet werden soll? Ich denke, ja. [4]

---

[4] „Wochenendseminar:
Einführung in die feministische Philosophie Referentin: Agnes Hümbs ...
Dieses Seminar gibt eine Orientierung über die derzeitige feministische Philosophie und stellt Grundzüge dieses Denkens in pointiert ausgewählten Textauszügen vor. Sowohl frauenzentrierte anthropologische Ansätze als auch feministische Ethikentwürfe werden behandelt.
Das Seminar führt außerdem in die Arbeitsweisen der feministischen Philosophie ein. Es ermöglicht den Teilnehmerinnen, sich der eigenen Position bewußt zu werden und verhilft dazu, sie angemessen begründen zu können.
Zur Referentin: Agnes Hümbs, Philosophin, Germanistin, früher Lehrerin, leitet heute selbständig philosophische Gesprächskreise und Seminare im Rahmen ihrer philosophischen Praxis im Frauenstadthaus Bremen, Mitglied der internationalen Assoziation von Philosophinnen, Mitautorin im Philosophinnen-Lexikon.
Anmeldung und genauere Informationen im Frauen- und Lesbenreferat."

„Hochschul-Sportkurse für Frauen
Frauenselbstverteidigung
Kursinhalte sind: Konditionsaufbau, Schulung von Beweglichkeit und Reaktionsvermögen, Erlernen von wirksamen Abwehrtechniken etc."

„Orientalischer Tanz I
(für Anfängerinnen)"

So x-beliebige Beispiele für diesen Stand des Feminismus. (Aus dem Frauen-Veranstaltungskalender SoSe 94 der Heinrich-Heine-Universität Düsseldorf, S. 20 f.) Ich denke, daß die ganze Lächerlichkeit der Absorption der dissidenten Gehalte durch das Gesamt der Veranstaltungsform keines weiteren Kommentars bedarf. (Und, postmodern dann, auf zur Frauenselbstverteidigung und zum Orientalischen Tanz I.)

Hot Memories

(aus: Baudrillard. Simulation und Verführung, herausgegeben von R. Bohn, D. Fuder, Fink, München 1994)

Svanhild November 93 – Januar 94

> *Vielleicht könnte man sich an die Träume*
> *der anderen mit Frequenzmodulationen*
> *anschließen und unsere Träume per Kabel*
> *übertragen? Der Traum wäre endlich zum*
> *Kommunikationsmittel geworden.*[1]

Wie ein Blickfang in einem ansonsten nicht mehr erinnerlichen Traum:

Dr. B., ärztlicher Leiter einer Tagesklinik, sitzt am schmalen Ende eines langen Tischs und legt sich dicke Lagen von Rauchfleisch (Rinderschinken) auf Brotscheiben, die er, nicht auf's Essen konzentriert, vielmehr sich irgend mit anderen unterhaltend, rasch aufißt.

Ich denke, daß ich jetzt endlich wisse, wohin das von mir in größeren Mengen gekaufte Rauchfleisch verschwinde. Und erwache rasch.

Wer wohl ist ein guter Psychiater? Seine Qualität bestimmt sich nach dem Ausmaß der Identität mit den einschlägigen Kranken. „Freuet Euch, Ihr Patienten, der Arzt ist Euch ins Bett gelegt!" Man sieht es doch, unmittelbar: indolenterweise verspeist er ganze Massen Rinderschinkens zum Frühstück, sprich: entgeht er nur knapp der Wahnsinnskatastrophe, nicht Konserviertes, Vorräte, vielmehr Dinge, nicht mittels des Mundes, vielmehr – nun ja – des Afters, nicht zu essen, vielmehr aufzufressen. Selbstapotheose – Anschlag auf die Götter und die Sterblichen: die Platte geputzt, das Opfermahl in Gänze dahin, wie wenn das todesdilatorische Räucherglimmen („O heilige Seelenspeise auf dieser Pilgerreise") sich auf der Stelle zum großen Brandopfer, holocaustum, vernichtend entfachte. Die morgendliche Ausgebranntheit, Durst?

Also brachte ich eben noch einen Blickfang-Rauchfang, eine Heilige Kuh, wie eine Galgenfrist des träumenden Schlafs zustande, der sich im beinahe

---

[1] Jean Baudrillard, Cool Memories 1980-1985, München 1989, S. 93.

schon stehenden Schlußbild des Traumendes konterkariert. Kurzum: das Nutriment ist der Widersacher des Traums, ist wider die „Rücksicht auf Darstellbarkeit", nächtlich (Tagesklinik) wie täglich (Nachtensstanding).

Ödipus vis-à-vis der Sphinx, und das Rätsellösen wäre der Traum; das Rätsellösungs-bedingte Verschwinden der Sphinx – Selbstmord, Mord – das Erwachen: Ödipus, der an die Stelle der Sphinx tritt um den Preis des Wachheitsverschlusses; davor im reinen Schlaf befindet sich Ödipus umgekehrt in der Sphinx, die ihn innen aufzuzehren beginnt, so daß die Geburt des eh aber schon beschädigten Sohnes als rettender Traum fällig wird. ....

Die ödipale Potenz: im Zusammenfall von tödlicher Angst und Totlachen bildet sich das ataraktische Substrat des Erwachens, des Tautologieverschlusses von Welt im Ganzen aus; nicht nur ist Ödipus gerettet, er wird sogleich zum Herrscher, in dem der Sphinx-Spuk verschwindet. Könnte man meinen. In vollster Wahrheit aber potenzieren sich zäh dilatorisch dieselben Greulen nur; denn längst schon hat die in Wahrheit von Ödipus gefressene Sphinx ihr inneres Zerstörungswerk im schwangeren filialen Patriarchen begonnen; überfällig deren Geburtsaustreibung in die nächste Runde der Inversion dieses Verhältnisses von Schlafen, Träumen, Wachen, [2] ....

*

In einem Traum, der sich zu keinem rechten Traum elaboriert, avisiert sich permanent etwas, das sich nicht einbeziehen läßt/entfällt/außenvor bleibt. Zuletzt aber scheint es kurz vor dem Erwachen zu erscheinen:

eine Fußmatte, aus der Tierhaare herauswachsen; womöglich ein Stück Kunstrasen oder gar Naturrasen aus verdorrten, dunkel gewordenen Gräsern; auch sind die Gräser/Haare wie Drähte. Schweres Erwachen.

„... daß ich meine Wange breite, Schemel unter ihrer Sohle." Solches wünsche ich mir schon, wenn ich mir überhaupt noch etwas wünschte: meine nackten Füße vermöchte ich wie simultane elektrische Rasierapparate zu nutzen, mit denen ich mir, nächtens, vorsorglich selber – sonst nämlich pflegt es mir zu geschehen – die Kopf- und Bart- und Körperhaare gar scherte, um den Tod des Erwachens, nein: des nur-Schlafens würdig zu empfangen. Also stünde ich endlich auf der Matte und hätte meinen Hadesabtritt, meine angemaßte Vegetabilität/Animalität/ja Realität opfernd abge-

---

[2] R. Heinz, Oedipus complex. Zur Genealogie von Gedächtnis, Wien 1991, S. 73 u. 76.

leistet zu dieser großen, dann gewiß aber nicht mehr verrotteten Bürste. Oder, besser noch – da ich bei den Wundern bin –, mir wäre ein Sonderkopfstand vergönnt (der Umtausch von Kopf und Füßen), damit ich meine naturwüchsigen Kopfhüllen (und noch mehr) wie schmutzige Schuhe abstreifen könnte, um nicht in diese abermals geträumte, nein: eben nicht recht geträumte, Verlegenheit zu geraten, das verweigerte Opfer als Korruption seiner Ausfällung, den verwachsenen/bewehrten Eingang zur Unterwelt, letztendlich sehen zu müssen. (Wenn aber – so doch im ersten Falle – meine Haare meine Fußsohlen nicht so unerträglich kitzelten!)

Der Unmöglichkeit einzuschlafen entspricht die Unmöglichkeit aufzuwachen, ohne durch das Grauen des Bewußtseins zu gehen. Reinigende Waschungen sind nötig, um diesen kalten Morgenschweiß loszuwerden, der vielleicht weniger eine Absonderung als eine plötzliche Verdampfung auf der Oberfläche des Körpers ist, wie Wasserdampf auf Eis, atmosphärische Angst, unbestimmte Wirklichkeit und erstes Tageslicht.[3]

*

Ich unterhalte mich vom vorderen Zuschauerraum aus über den Bühnengraben hinweg mit Schauspielern mit bleichen Maskengesichtern auf der Bühne während einer Probenpause recht einvernehmlich irgend über ästhetische Probleme...

Ich stehe an der Ecke eines Opernhauses, um die herum des späten Abends Ballettänzerinnen nach der Aufführung kommen. Mit einer von ihnen – sie heißt Müller-Braunschweig – nehme ich flüchtigen Blickkontakt auf, etwa um ihr zu bedeuten, daß ich sie als Prominente kenne. M., die bei mir steht, bemerkt die Kontaktaufnahme und mißbilligt sie wortlos....

Ich weiß, daß ich eine gänzlich schmerzlose Verletzung am Kopf habe. Unsere Tochter ist darauf tot. Sie liegt wie in sich gekauert leblos rechts von mir abgewandt auf einem abschüssigen Bretterboden. Geängstigtes Erwachen.

Die Irrealität der Bühne (und ihres Drumherums) genügt nicht zur Traumerhaltung. Sensuell präzise rächt sich der mundtot gemachte Ton am Schein dann der rettenden Flucht ins bewegte Bild: Klangmaulkorb, der die sicht-

---

[3] J. Baudrillard, Cool Memories, a.a.O., S. 151.

liche Szene derart verdirbt, daß die klangbefehligte Bewegung zumal sich verliert und erstarrt. Hören und Sehen, die mir vergehen.

Die unmäßig akkumulierte Klangepoché, die explosive Verdichtung dieses Nachtsubstrats – der Schlaf als das taube Nur-Gehör – macht den morgendlichen Umweltlärm zur funktionierenden Zündschnur an dieser hypnotischen Bombe:

Urknall Erwachen, die zuende offene Schere von Hören und Sehen mit zerbrochenen Armen, die tote Eurydike und Orpheus, von den Mänaden zerrissen.

Ultraschallmord indessen am ataraktischen Kopf, der sich selbst nicht sieht; Orpheus' Kopf, der weiterhin singend nach Lesbos schwimmt.

Man sieht es und man hört es doch, in progress:

	Stimmschwund	**Sichtschwund**
Dazwischen → ←	Schauspiel kunstkritisches Pausenpalaver	Masken
Danach →	Ballett auf dem Nachhauseweg	zensierter flüchtiger Blickkontakt
Davor ←	Oper vor dem Auftritt/der Karriere	Leiche

Warum aber heißt eine Balletteuse Müller-Braunschweig? Des höchst nötigen Verstummens wegen: Schweig!

Müller-Braunschweig, jedenfalls der Vater Carl, hätte auch allen Grund, aus Scham zu schweigen: wegen seiner braunen Phase weiland: der Anpassung der Psychoanalyse an den Nationalsozialismus. Anscheinend hat Sohn Hans diesen Part übernommen: er kam mir vordem in Berlin während einer Kunsttherapietagung (Bildende Kunst!) recht depressiv vor.

Braunschweig in Niedersachsen – da häufen sich doch, der Nähe zur ehemaligen Zonengrenze wegen, rechtsextreme Aktivitäten.

In Braunschweig lehrt – das weiß ich von meinem Habilitanden Dr. Winter – der Philosoph Scheier. Scheier – eben nicht Schreier, bitte (der Ex-DDR-

Tenor). Die Spur führt nach Dresden an die Semperoper, wo wir vor kurzem waren.

„Die schöne Müllerin" – nein, es war mehr doch die Winter-Reise? Allein, „Die schöne Müllerin" – „Des Baches Wiegenlied" zum Beispiel – ist nicht eben eine Weckmusik.

Carl Müller-Braunschweig, auch Carl Dahlhaus – dies auffällige manieristische C! Dahlhaus aber ist bloß Musikwissenschaftler (und unterdessen auch schon tot).

Müller-Blattau auch, einer meiner musikwissenschaftlichen Lehrer. Doppelname, stummster Name, Mutteranhängsel.

Und schließlich Müller-Heuser, Sänger, Musikhochschule Köln. Bitte, er sei aber nicht wie sein Spitzname: Brüller-Heiser!

Genügt das nicht zum Mundtotmachen?

Sichtbarkeitsherstellung, das ist das Einschläfern des Anderen (Einschläfern indessen nicht bis zum Exitus, die Paradoxie vielmehr eines instantan wachrüttelnden Einschläferns.) ... Ferner wird man nicht umhinkommen, eine Übereinkunft zwischen dem Sichtbarmachungs-Täter und dem sprachgebannten Opfer in der besagten Verteilung des Geschlechts unterstellen zu müssen; auf dieser Seite eine Art von Vorwissen (und auf jener Seite dasselbe) des Binnenausgleichs für die Auslieferung, der Paradechance eines Vorbehalts dagegen, einer auf Mehrwert angelegten Hingabe-Gegenführung. Ohne solche Äquivalenz nämlich keine Sichtbarkeit; so daß von hier her schon Sichtbarkeit definierbar wäre – eben als (nicht haltbare) Äquivalenz von Auslieferung/Hingabe und Vorbehalt; kurzum als masochistischer Quotient 1 zwischen beiden. ... Verkleinert oder vergrößert sich dieser Quotient der Sichtbarkeit auf Null oder Unendlich hin, so beginnt sich, gleichwie, Sichtbarkeit auf die Ausgangsfrontalität (und dessen späteres Todespendant) hin zu liquidisieren. Nicht zuletzt kommen in diesem Quotienten 1 Blick und Stimme überein: blickermöglichende Stimmbeseitigung des Gegenblicks und dessen ‚stimmende‘ Wiederherstellung zugleich....

Sehen, auf sich gestellt, der wie rettenden metabasis in Sprache ledig, wäre das Grauen grenzenloser Sehmetonymie ohne sprachmetaphorischen Einschnitt; Psychose demnach, am Ort der scheinbaren Rettung Stimmenhören. Also muß die Sichtmetonymie, die in der hypostasierten Sprachmetapher eben kein Ende findet, ikonisch prothetisch sistiert werden; was (gänzlich wider den Traum außerdem) das Sehen zwar transitorisch beruhigt, doch den Preis der Sprachvernichtung desselben zugleich zahlt.[4]

Am frühen Morgen und im Halbschlaf des Erwachens, in dieser ruhigen Straße, die durch ihren Reichtum mitten in Paris einen provinziellen Charme gewinnt, plötzlich ein sich überstürzendes Geräusch, wie aus der Tiefe des Traums: das spitze Murmeln der Absätze einer Frau, die vom täglichen Hellwerden zu ihrer Arbeitsstelle getrieben wird Der Lärm nähert sich vom Ende der Straße, schwillt an, wenn sie unter dem Fenster in großer Eile und ohne Erbarmen in ihrer morgendlichen Klarheit vorbeigeht (niemand würde nachts so laufen), und verschwindet dann am anderen Ende. Sie hat endlos viel Zeit gebraucht, um durch diese wahrlich nicht lange Straße zu laufen, da der unbezähmbare metallische Hall die sie umgebende gefilzte und eingeschlafene Welt verurteilte. Ich bin sicher, daß die Frau das wußte, und daß darin sogar der einzige Genuß ihres Tages lag.[5]

*

Wenige Minuten vor Beginn der Hochzeitsmesse meiner Schwester in der Kirche meines Heimatsorts versuche ich, einen Chor zusammenzustellen, der die Feier künstlerisch mitgestalten soll. Irgendwie gelingt mir das auch, vor allem wegen des freundlichen Entgegenkommens derjenigen – es sind wohl Chorsänger –, die sich zur Verfügung stellen. Der Anfangstermin der Messe ist unterdessen überschritten. Eigentlich müßte ich in die Sakristei zum dort wartenden Pastor gehen, um ihn um Aufschub zu bitten, unterlasse diesen Gang aber. Mit mir zusammen hingegen scheint sich der Chor auf die Empore zuzubewegen; doch mutet der Treppenaufstieg so an, als müsse man Bäume hinaufklettern – Bäume, die dafür präpariert sind: an Dreiergabelungsstellen dicker Äste wurde der in die Vertikale hochwachsende Ast jeweils abgesägt, so daß an dieser Stelle eine kleinere Auftrittsfläche entstand. Die Empore aber erweist sich als ein großer Gesellschaftsraum, in dem die Choristen ein Riesenbüffet herrichten. Alsbald befinde ich mich (wieder) im vorderen rechten Kirchenschiff, wo auf einigen Kirchenbänken mehrere Päckchen liegen, die einen Satz kurzer Unter- oder Turnkleidung insbesondere für die jüngeren Chormitglieder, die vor

---

[4] R. Heinz, Was ist sichtbar? In: Kunst im Schaltkreis, hrsg. v. A. Engelbert, Hochschule der Künste, Berlin 1990, S. 73 u. 75.

[5] J. Baudrillard, Cool Memories, a.a.O., S. 139.

der Messe die Unterwäsche hätten wechseln sollen, enthalten. Vor dem ruhigen Erwachen denke ich noch kurz, das sei doch gar nicht nötig gewesen.

Als Erstes nach dem Erwachen ... Dann schaltet er das Radio an (Morgenandacht zumeist). Dann frühstückt er. Dann kleidet er sich an.

Mais cette fois-ci, il a voulu, comme bien des fois auparavant, reporter ces accomplissements matinaux dans la nuit, aussi bien pour continuer à dormir tout en raison, et surtout, que pour dramatiser le jour, le quotidien.

Das geht – doch wie? Selbst wenn er den Preis durchaus kennt, er hätte, abermals, nicht damit gerechnet.

Die volle Sicht auf alle Welt wäre es gewesen, abständig und anzüglich, aufgeregt, zugleich; restlose Lesbarkeit. Stattdessen aber – die Rache der Anmaßung, Nacht und Tag zu verschleifen –

ein ganzer Chor, grosso modo die rundherum-Immaterialität des Tons, allzeit bereit, Giganto-WeckerEinschläfler;

dann ein Riesenbüffet, materiell zwar noch, dem Binnenverschwinden lärmendstumm jedoch geweiht;

dann Massen eingepackter Turnkleidung, Hüllen-Hüllen, sichthintertreibend(klangaufdrängend). – Ton, der sich selbstdarstellt als wesensgemäß verschwindende Nahrung; Nahrung, die sich zu Taubheit der klingenden Hülle rückverwandelt. Tonfraßkleid. GutenTagguteNacht.

Fazit der Gerechtigkeit: nichts kommt so zustande, weder Chorgesang noch kaltes Büffet noch ordentlicher Unterwäschenwechsel. Er, der es zu gut meinte vor dem Erwachen, hetzt wie somnambulisch automatisch von einem Ort der Fehlanzeige zum anderen. „Wo eine Tiefe, wo eine Höhe, dahin nicht lugte lüstern sein Blick." Und dabei ist es allemal allerhöchste Zeit, knapp, zu knapp bemessen: Hochzeitsmesse. „Zum ersten, zum zweiten und zum dritten Male werden zum Heiligen Sakrament der Ehe aufgerufen ... Die Braut pressiert." Ja, wie recht er schließlich zu sich sagte: das sei gar nicht nötig gewesen. Denn, als erstes nach dem Erwachen ... es schien nur besonders dringend zu sein?

Gleichwohl wird man dem Träumer die bonne opinion nicht verweigern sollen, daß es sich, quant à l'ensemble de l'opération sehr viel Mühe gegeben hat. So ist es doch chose entendue, daß die Schwester einem anderen gehört – die beste Ablenkung davon, letztlich, nicht selbst zur verschwindenden, sich verwandelnden Wundernahrung der Hochzeitsnacht zu werden. Und den einschlägigen Akt ebendort, der eh inzestuös verboten wäre, schiebt das sublime Interim der Hochzeitsliturgie zudem auf. Doppelsicherung. Allein, was so ein rechter archaischer Tempel ist – die reinste Lasterhöhle, die Versammlung allen Greuels des Fleisches, Heilige Hochzeit, wie der wachende Schlaf als Schlaf selbst?

Man hätte es wissen können. Doch wenn man es vorher auch weiß und sich gar danach verhält, dann wäre just nichts. Und also tut man's, auch wenn man es weiß und sich nicht danach verhält: Handeln nämlich, buchstäblich aber mit den Händen, die, am Blick vorbei, sich dem Ohr und dann dem Mund (von der Hand in den Mund) und der Bewegungsempfindung botmäßig machen: Dirigat, Party, Toilette (ohne Spiegel), hektisch je ausgesetzt. (Aber bitte rückwärts lesen! – sonst geht's daneben.) Und so gerät man – wer gewahrt es nicht? – wie in den embryonalen Zustand zurück. – Gipfel der äffischen Hyperhand auch im Zwischenstück, auf der Holztreppe zur Empore auf einen immerhin entsprechend präparierten Baum geraten zu sein. Wenn es vis-à-vis eh nicht mehr geht, dann geht man am besten in die Luft und schaut sich die Chose von oben an und würde zur Stimme der Höhen, die alles sähe und befehligte. Umsonst!

Immer die gleiche Traumszene: an einem ruhigen Strand, innerhalb weniger Sekunden (ebenso plötzlich, wie die Sonne verschwindet) Zeichen eines fabelhaften Sturms. Das von plötzlichem Lichteinfall aufgebrachte Meer, die schneebedeckten Wolken, eine riesige Platte, die in einer tragischen Höhe hängt, bevor sie auf die bewohnte Welt herabfällt. Dieses Mal wird sie am Rande des Sandes verenden. Aber meistens überschwemmt sie die Stadt, mit einer totalen und stillen Woge.[6]

Traum: ein mit einem zerschnittenen Mamorblock beladener Lastwagen bringt die Säulen eines Gebäudes zum Wanken, dessen Architektur an Versailles oder an Sankt Peter in Rom erinnert. Er stürzt um und der Lastwagenfahrer steigt fluchend heraus. In der Zwischenzeit hat die ganze Fassade zu wanken begonnen und stürzt nun langsam ein. Und wie Tiere, die ein untergehendes Boot verlassen, beginnen die bis dahin unbeweglichen, stehenden, gebeugten, abgestützten Statuen aufzuwachen, sich zu rühren, die Augen zu öffnen und davonzulaufen, um dem Desaster zu entgehen. Waren es menschliche Wesen, die diese Rolle seit Jahrhunderten spielten? Sie warteten auf das Ende, um sich endlich zu befreien.[7]

---

[6] J. Baudrillard, Cool Memories, a.a.O., S. 169.

[7] Ebd., S. 110.

Die Wikinger sind die ‚Schreienden‘: kein Wunder bei so viel kaltem Dauerlicht oder Dunkelheit sogleich und dem Nur-Gehör des Meeres und dem unwirtlichen Land – Epilepsiebegünstigung allenthalben, Geburtsschrei-Blutbäder, Blutsbrüderschaft und Ahnenkult.

Um ... zu den Wikingern zurückzukommen: des Nachts Somnambulismus, der sich wachend als die notorische Imperialität extrapoliert und, ‚personal‘, die Paranoia ubiquitär macht; wobei das Interim des Traumes und dergleichen als abstraktes Wissen weiblich besetzt erscheint. Vieles wäre von hierher ableitbar: der desödipalisierte Familialismus, die Virtuosität des Meereskatasterwesens, fernab einer exoterischen Aufzeichnungsdokumentarität, die Inzestdissidenz in Walhall: Schwester und Tante, die es im familialen Handel nicht gibt ...[8]

*

In zwei miteinander spitzenseitig befestigten kleinen Booten fahren wir in einem holländischen Kanal bei sehr geringer Strömung stromaufwärts. Beide Boote werden durch Schiffsschrauben angetrieben, die mit einer Handkurbel je am Bug betrieben werden können. Ich sitze rückwärts gegen die Fahrtrichtung im vorderen Boot und drehe die Handkurbel sehr schnell, damit wir Fahrt bekommen. Die Handkurbel vis-à-vis im hinteren Boot bleibt unbedient. Wir, das sind in diesem Boot gegenüber noch, mir zugewandt, der mental überaus frühreife, etwa vierjährige jüngste Bruder von Frau H., der dieser in ihrer „Schafsgesichtigkeit" sehr gleicht (und den es de facto nicht gibt), und dahinter jemand, weiblichen Geschlechts, den ich im Traum zwar gut kenne, nicht aber, als habe er die Konturen verloren, erinnernd identifizieren kann. Langsames Erwachen.

„Uns kommt ein Schiff gefahren. – 2. Das Schiff kommt uns geladen, Gott Vater hats gesandt, es bringt uns hohe Gnaden, Christ unsern Heiland. 5. Maria, Gottes Mutter, gelobet mußt du sein, Jesus ist unser Bruder, das liebe Kindelein."

„.... – jeder Strom wird's Meer gewinnen, jedes Leiden auch sein Grab, ..."

Jeder Traum leistet ausschließlich die Selbstdarstellung seiner selbst; so daß die Traumszene materialiter das „funktionale" Phänomen"/die „Autosymbolik" des Traums formaliter ist. Seine Ablaufform besteht in der Prozeßpermanenz der Differierung, die eo ipso die Dialektik instantanen

---

[8] R. Heinz, Oedipus complex, a.a.O., S. 74 u. 76.

Seinserfolgs und -mißerfolgs austrägt und sich im abstoßend anzüglichen Nichts der Indifferenz derselben – im Tiefschlaf/(Erwachen) – erfüllt haben würde.

Worin besteht nun die spezifische Eignung, diese Dialektik darzutun, innerhalb des zuletzt referierten Traums je des Umstands,

gegen den Strom zu fahren,
bei geringer Strömung;

in einem Kanal,
betreffend dessen Quelle und Mündung,
dessen Genese und Form,
dessen nationalen Ort;

in kleinen Booten zu fahren,
mit Schiffsschraubenantrieb,
Handkurbel-betrieben,
einseitig bedient;
des vis-à-vis-Arrangements und der Verbindungsart der Boote, betreffend vorne und hinten;

der vis-à-vis- und Konträrpositionierung im „gegen den Strom" der Agenten;
der mythischen Archetypik der Verwandtschaftsverhältnisse derselben;
des Alters,
der geistigen Frühreife,
der Schafsgesichtigkeit,
der Traumerfundenheit des Bruders;

des Sicht- und Identitätzerfalls der Schwester?

Aufschlußprobe zu: „gegen den Strom fahren,/bei geringer Strömung;"
Seinserfolg ausnehmender Traumwahrung:

Gegenzug der Negentropie zur Quelle zurück wider den Fortriß der Entropie zur Mündung hin; und dies mit geringem Arbeitsaufwand,

vs. instantaner -mißerfolg aufdringlicher Traumbeeinträchtigung:

Auch in dieser Gegenrichtung zur Quelle zurück droht das – dorsal ungesehene! – Ende/Erwachen;

und überhaupt: was ist Tiefschlaf, was Erwachen? Die Zuordnung von Quelle und Mündung zu diesen enträt der Eindeutigkeit;

und zudem (so die Selbstdarstellung dieser Uneindeutigkeit): im Kanal sind Quelle und Mündung indifferenziert; sodann: der für's erste geringen Verausgabung droht die nicht weniger entropische Stase.

So die gebrochene Mitte/zerrissene Vermittlung selbst als Effekt des Vorübergangs ihres unabdingbaren in sich endlosen Selbstbezugs (die empirische Schlaf-und Traumforschung: Traum als „Gedächtnistraining", „Langzeitpotenzierung"!); beschleunigte Auflassung der memoria, die der Ursprung wäre, wenn sie sich nicht derart dialektisch bloßlegte; Ur-Sprung.

Der lernbeflissene Leser, zuvörderst Herr Baudrillard, möge nach diesem Modell die weiteren Elemente des Traums decodieren. Sollte die Decodierung wie die Lösung eines Preisrätsels gelingen, so winken als Preis zwei Bände Traumphilosophie, die manche theoretischen Fundierungen zu den hier vorgestellten pathognostischen Aufschlußskizzen enthalten.[9]

Insofern ein Traum so weit geht, wie er in der Ordnung der Angst gehen kann, und insoweit eine Annäherung an das letzte Reale erlebt wird, wohnen wir jener inneren Zerlegung bei, die nur die Enthüllung der normalen Komponenten der Wahrnehmung ist. Denn die Wahrnehmung ist eine totale Beziehung zu einem gegebenen Tableau, wo der Mensch sich immer irgendwo wiedererkennt und sich mitunter sogar an mehreren Punkten sieht. Wenn das Tableau der Beziehung zur Welt nicht entwirklicht wird durch das Subjekt, dann deshalb, weil es Elemente enthält, die abwechselnde Bilder seines Ich repräsentieren und ebenso viele Punkte der Anknüpfung, der Stabilisierung, der Trägheit sind.... – es geht darum zu erkennen, wo das Ich des Subjekts ist.[10]

Philosophische Texte, unter vielen unerinnerlichen anderen solche von Descartes, sind zugleich Katasteramtsinformationen, auch Grundbucheintragungen oder dergleichen. Meine Aufgabe besteht darin, diese Texte in Flur- und Waldparzellen, die mir dann gehörten, überzuführen. Es

---

[9] R. Heinz, Somnium novum. Zur Kritik der psychoanalytischen Traumtheorie, Vol. I und II, Wien 1994.

[10] J. Lacan, XIII. Der Traum von Irmas Injektion, in: Das Seminar von J. Lacan. Buch II (1954-1955), Das Ich in der Theorie Freuds und in der Technik der Psychoanalyse, Olten und Freiburg i. Br. 1980, S. 214.

kommt zu keiner Szene, in der diese Übertragung geschähe; die Angelegen-
heit bleibt wie in mir stecken, wird fast zu einer Qual, die ich, laut
sprechend zu mir selbst, dauerkommentiere, ohne zu erinnern, was ich
sagte. Irritiertes Erwachen.

Somnium cartesianum vetum oder: Der Mensch denkt, Gott lenkt. Aber
gewiß! Ich schreibe und ich messe/rechne, bald nur noch das letztere, also
bin ich. Wie aber sollte ich in diesem meinem höchst ideellen tätigen
Selbstsein weilen können, wo dies beste cogito sum – Wort und Zahl –
mein Sein zur externen Urkunde machte sowie mein Denken bezüglich
davon trennte und internierte; so daß ich (wieder) darauf zu drängen
gezwungen bin, diese bedeutendsten Gedächtnisausführungen – Schrift und
Geometrie – restlos selbst zu sein (und eben nicht nur zu denken):
cogitosum, ananamnestisch ohne Komma, ohne ergo dazwischen? So aber
käme ich mir (wieder) abhanden mitsamt meiner memorialen Innenwelt,
mitnichten demnach gesichert dadurch, wie man sagt, daß ich ganz bei
dieser bin: schreibend und messend/rechnend (und bald nur noch das
letztere, höhere). Was gegen den Sog dieses tiefsten Schlafs aber tun?

Das Eingedenken verwandeln in reine Kreation, Zeichen und Zahl in
territorialen Besitzstand transsubstantiieren – Aufplatzen muß die Selbst-
bezüglichkeit des Gedächtnisses in seine Dinge außen hinein (zurück);
denn so erst könnte das cogito von sich behaupten, es sei nun endlich ganz
und selbstgegründet. Aber gewiß! Aber nein, nein, das ist der reinste
Wahnsinn: non modo cogito, sed etiam extenso, ergo sum! Zur Hilfe!
Essem! Zurück! Rettend bleibt mir – fragt sich nur wielange? – wieder
mein cogito essem, nein: futurus essem, und freilich immer dann sum,
wenn ich mich mit meinen Besitztiteln, den Katasteramts- und Amts-
gerichtsurkunden begnügte. Nur daß diese das Stigma an sich tragen, mir,
und doppelt gar, schon nicht genügt zu haben. Also müßte ich mir einen
Umweg überlegen, der sie mir doch noch genügen machte? Ja, laut lesend
studiere ich sie solange, bis sich mir wenigstens ihre Echtheit zweifelsfrei
dartut. Wofür ich mir beinahe aber die Seele aus dem Leib geschrieen
haben würde, ohne daß der gewünschte Erfolg eingetreten wäre. Wie auch?

Man hängt so schön fest: nicht vorwärts, nicht rückwärts geht's mit Zahl
und Zeichen, so als könne man weder wegschlafen noch recht erwachen
noch dazwischen endlich mehr als bloß sitzen. Und beide geben just nicht
her, was sie versprechen: mein Sein in diesem größten Denken mit festem
Grund, nicht nur in meinem Innen, nein, Außen nicht minder, ja insonderheit. Was anderes bleibt unsereinem übrig, als diesen üblen Übergang an

Unlösbarkeiten, diese erinnerungsträchtige Traumatik des unabdeckbaren Abgrunds notierend beruhigen zu müssen? Man schreibt die Misere auf, legt sie damit ab; auch dehnt sie sich dann, dünnt sich aus? Aber gewiß! Aber nicht doch – philosophische Texte, unter vielen unerinnerlichen anderen solche von Descartes, sind zugleich Katasteramtsinformationen, auch Grundbucheintragungen oder dergleichen. Der Zauber geht wieder von vorne los. Gib mir bitte doch ein starkes Schlafmittel, das stärkste, bitte!

Anzahl der möglichen Kombinationen von cogitare und esse – 7.200. (Bei Hinzunahme von Ausdrücken wie ‚cogito ergo cogito' oder ‚sum ergo sum' erhöht sich die Anzahl auf das Doppelte: 14.400.)

Die Beziehung zwischen dem Traumbericht und dem Traum, berichtet, geht wirklich niemanden etwas an. Es könnte den Traumbericht etwas angehen aber für den Zweck des Traumberichts geht es in der Tat nachdem der Traumbericht verfaßt worden ist den Traumbericht nichts an und somit geht es niemanden etwas an.

Aber man hat immer noch eine Ähnlichkeit gern.

Eine Ähnlichkeit ist immer eine erfreuliche Wahrnehmung und so ist eine Ähnlichkeit fast immer da.

Das geht sozusagen den Traumbericht nichts an, das ist nur eine angenehme menschliche Schwäche.[11]

Kindliche Enttäuschung: einer Frau, der ich im Traum begegnet bin und die ich heftig geliebt habe, gebe ich meine Adresse – und bemerke hinterher, daß die Anschrift nicht stimmt, und daß sie gar keine Möglichkeit hat, mich wiederzufinden , weder im Traum noch im realen Leben. Warum nur habe ich ihr die falsche Adresse gegeben? Selbst im Wachzustand schnürt mir das den ganzen Tag über das Herz zu.[12]

---

[11] H. Heinz mit Gertrude Stein: Portraits and Prayers.

[12] J. Baudrillard, Cool Memories, a.a.O., S. 140.

Anhang

Heinz mit/gegen Kamper des nachts

Dietmar Kamper ist bei uns zu Gast. Unsere Wohnung aber befindet sich in dem ehedem von meiner Stammfamilie gemieteten Haus in einer Kleinstadt im Saarland, Saarlouis, in der Heiligenstraße. Als besonders problematisch erweist sich die Beschaffung einer angemessenen Sitzgelegenheit für den Gast; jedenfalls ist diese nicht sogleich vorhanden, muß irgend hergerichtet werden (Überkleidung eines Sessels mit einer Decke wohl?). Wir haben vor, eine Diskussion über unsere philosophische Problemstellung, über die wir korrespondieren – Vom Raum zur Zeit – zu beginnen, bemerken aber verlegen, daß das Gespräch nicht so recht in Gang kommen will. Mein Blick fällt auf K(C)ampers Gesicht, in dem mich eine Barttracht überrascht: der untere Gesichtsteil ist bis etwa auf Höhe der Oberlippe dicht mit Haaren derselben Farbe wie das Kopfhaar bewachsen. Als ich bemerke, daß er unwirsch dreinschaut, erinnere ich mich erfahren zu haben, daß er vor seinem Besuch im Ort eine Messerstecherei anzettelte. Meine Angst, daß sich diese hier und jetzt in der Wohnung wiederholen könne, löst sich in der sichtbaren Voraussicht auf, daß die Wiederholung bloß geschauspielert sein könne. Unterdessen wechselte der Schauplatz: wir befinden uns in der Perler Bahnhofswohnung meiner Stammfamilie in der Küche. Ein jüngerer Mann, wohl mein ältester Neffe, entnimmt dem Küchenschrank einige Messer – es sind Theatermesser – und legt sie Kamper wie zur Probe vor. Langsames Erwachen.

Rudolf Heinz, Wuppertal, 20.VI.93

Ich hatte mit anderen in einer öffentlichen Performance – allerdings nur mit Akteuren, ohne Zuschauer – aufzutreten. Der Titel: „Wechsel der Erinnerung". Der Ort war der Senatssitzungssaal der Universität Marburg ohne Außenlicht. Die Fenster waren wohl vermauert. Ein Kunstlicht, das Schattenlosigkeit zur Folge hatte und Müdigkeiten, machte soviel klar, daß alle Gesten und Bewegungen deutlich zu erkennen waren. Wir, die Akteure, bekamen nacheinander Aufträge an Schaltern, die wir ohne Widerstand, aber mit Phantasie auszuführen hatten. Ich bewegte mich nach einer Vor-

455

schrift, die mir unwichtig blieb. Auch war mir der Auftrag nicht eigentlich bekannt. Aber ich hatte ein Kissen in Händen. Und plötzlich sehe ich Sie (sc. Rudolf Heinz) mit einem Stuhl absurde, aber sehr ernste Bewegungen machen. Ich denke sofort an unseren Briefwechsel, verpasse aber bei meinem Tanz Ihre Bahn und werde hinausgetragen. Draußen, im Vorflur, warten viele Ballettmädchen auf ihren Auftritt. Ich denke: Gut, daß es vorüber ist! Und werde wach.

Dietmar Kamper, Karlsruhe, 3.XI.93

GENEALOGICA
Herausgegeben von Prof. Dr. Rudolf Heinz (Universität Düsseldorf)

Band 9   *Rudolf Heinz (Hrsg.)*
Hermesiade
Philosophische Tagungsbeiträge
zum Tauschproblem
Essen 1986, 185 Seiten m. Abb., 13,50 € [D]   ISBN 3-89206-143-2

Band 10   *Rudolf Heinz*
Pathognostische Studien I
Historie, Psychopathologie, Schrift, Tausch/Opfer
Essen 1986, 186 Seiten m. Abb., 14,50 € [D]   ISBN 3-89206-124-6

Band 13   *Rudolf Heinz*
Omissa aesthetica
Philosophiebeiträge zur Kunst
Essen 1987, 222 Seiten m. Abb., 16,50 € [D]   ISBN 3-89206-165-3

Band 17   *Rudolf Heinz*
Pathognostische Studien II
Psychopathologie, Logik,
Sinne/Affekte, Musik, Bildende Kunst
Essen 1987, 236 Seiten, 20,50 € [D]   ISBN 3-89206-173-4

Band 20   *Rudolf Heinz*
Pathognostische Studien III
Psychoanalyse, Krisis der Psychoanalyse,
Pathognostik
Essen 1990, 384 Seiten, 34,00 € [D]   ISBN 3-89206-334-6

Band 25   *Rudolf Heinz*
Pathognostische Studien IV
Von der Psychoanalyse zur Pathognostik
Übergänge und Ausflüge
Mit einem Briefwechsel mit Dietmar Kamper
Essen 1998, 280 Seiten m. Abb., 40,00 € [D]   ISBN 3-89206-833-X

Band 27   *Rudolf Heinz*
Pathognostische Studien V
Engagements an eine kritische Fortschreibung
der Psychoanalyse namens Pathognostik
Essen 1999, 276 Seiten, 40,00 € [D]   ISBN 3-89206-947-6

Band 29 *Rudolf Heinz*
Pathognostische Studien VI
Einige Ultima psychoanalysekritischer Philosophiekrisis
Essen 2000, 240 Seiten m. Abb., 41,00 € [D]   ISBN 3-89206-091-6

Band 30 *Rudolf Heinz*
Revival 2
Szenen einer Nicht-Karriere in der Düsseldorfer Philosophie
Essen 2002, 178 Seiten, 22,50 € [D]   ISBN 3-89206-069-X

Band 31 *Rudolf Heinz*
Pathognostische Studien VII
Texte zu einem Philosophie-Psychoanalyse-Finale
Essen 2002, 200 Seiten m. Abb., 30,00 € [D]   ISBN 3-89206-016-9

Band 32 *Rudolf Heinz*
Pathognostische Studien VIII
Importune Philosophie-Regresse auf die Psychoanalyse
Essen 2003, 208 Seiten m. Abb., 32,00 € [D]   ISBN 3-89924-065-0

Band 34 *Rudolf Heinz*
Pathognostische Studien IX
Differierte Suspension von Psychoanalyse und Philosophie
Essen 2004, 230 Seiten m. Abb., 32,00 € [D]   ISBN 3-89924-104-5

Band 35 *Rudolf Heinz*
Retro I (1965 - 1980)
Aufsätze und Rezensionen
Essen 2005, 488 Seiten, 48,00 € [D]   ISBN 3-89924-110-X

Band 36 *Rudolf Heinz*
Retro II (1983 - 1994)
Aufsätze und Rezensionen
Essen 2006, 458 Seiten, 46,00 €[D]   ISBN 3-89924-111-8

In Vorbereitung:

Band 37 *Rudolf Heinz*
Retro III (1995 - 2004)
Essen 2006   ISBN 3-89924-112-6

Verlag DIE BLAUE EULE
Annastraße 74 · D-45130 Essen · Tel. 0201/ 877 69 63 · Fax 877 69 64
http://www.die-blaue-eule.de